Beck-Wirtschaftsberater

Schlüsselqualifikationen

Beck-Wirtschaftsberater

Schlüsselqualifikationen

Handlungs- und Methodenkompetenz,
Personale und Soziale Kompetenz

von
Rudolf W. Lang

Deutscher Taschenbuch Verlag

Anfragen und Anregungen bitte an den Autor.
Rudolf W. Lang
Postfach 1263
74602 Öhringen
Fax 0 79 41-32 50

Originalausgabe

Deutscher Taschenbuch Verlag GmbH & Co. KG,
Friedrichstraße 1 a, 80801 München
© 2000. Redaktionelle Verantwortung: Verlag C.H. Beck
Druck und Bindung: C.H. Beck'sche Buchdruckerei, Nördlingen
(Adresse der Druckerei: Wilhelmstraße 9, 80801 München)
Satz: Fotosatz Otto Gutfreund GmbH, Darmstadt
Umschlaggestaltung: Agentur 42 (Fuhr & Partner), Mainz
ISBN 3 423 50842 6 (dtv)
ISBN 3 406 46083 6 (C.H. Beck)

„Die Welt wird eines Tages sein,
wozu die Arbeit sie gemacht haben wird." (E. Zola)

Vorwort

Wem nützt dieses Buch? Zum einen den Unternehmern und Managern, die das Unternehmen heute an vielen gefährlichen Klippen vorbeisteuern müssen; zum anderen den Führungskräften, von denen erwartet wird, dass sie mit ihren Mitarbeitern die Unternehmensziele auch unter erschwerten Bedingungen erreichen; aber auch den engagierten Mitarbeitern, die trotz hoch entwickelter Technik unverzichtbar sind, um die technischen Möglichkeiten einer mit großem Kapitalaufwand errichteten Fabrik auszuschöpfen und sie den ständig wechselnden Anforderungen anzupassen. Dazu kommen die Absolventen von Hochschulen und Universitäten, die sich im praktischen Beruf besser zurechtfinden und rascher vorankommen, wenn sie sich die Erfahrungen zunutze machen, die dieses Buch vermittelt. Sie alle können anhand einer „Problemübersicht von A–Z" Abschnitte auswählen, die für sie wichtig sind, um ein Problem zu lösen oder sich weiterzuentwickeln. Und noch etwas vorab, was bis zur letzten Seite gilt: Ich meine natürlich immer auch die Frauen, wenn ich Mitarbeiter erwähne oder vom Menschen als Arbeitspersönlichkeit spreche.

Vom Weltmarkt geht ein gnadenloser Wettbewerb aus, der zur Kostensenkung zwingt. Die durch ein Überangebot verwöhnten und sehr anspruchsvoll gewordenen Käufer äußern immer ausgefallenere Sonderwünsche und fordern komplexere Produkte in kleinen Stückzahlen zu niedrigen Preisen in Null-Fehler-Qualität und einer bisher für unmöglich gehaltenen extrem kurzen Frist zur Lieferung direkt an das Montageband „Just-in-time". Diese Situation, durch Umweltschutzmaßnahmen und -auflagen verschärft, zwingt die Unternehmen, noch stärker zu rationalisieren und zu automatisieren. Die Arbeits- und Organisationsstrukturen müssen flexibler werden; dies ist von der Technik her gesehen durch die Mikroelektronik möglich.

Mit „Personal" im bisher üblichen Sinne: Menschen, über die

verfügt wird wie über eine Sache, lassen sich die beschriebenen Sachzwänge nicht mehr bewältigen. Gefragt ist jetzt auf allen Ebenen der Hierarchie die lern- und belastungsfähige Arbeitspersönlichkeit mit hoher Frustrationstoleranz.

Um mit neuen Arbeitsformen die Produktionskosten senken und die Qualität verbessern zu können, *sollen* die Mitarbeiter sich langfristig folgendem „idealtypischen" Arbeitsverhalten annähern:

1. Sie denken und handeln unternehmerisch, vor allem kostenbewusst.

2. Auf wechselnde und neue Anforderungen reagieren sie flexibel und positiv; ihre Frustrationstoleranz ist relativ hoch.

3. Mit ihrer Aufgabe und dem Unternehmen identifizieren sie sich voll.

4. Sie übernehmen mehr Verantwortung; zu einer hohen und qualitativ guten Leistung sind sie motiviert.

5. Sie verfügen nicht nur über eine gute kognitive Intelligenz, die sie zum Denken in Systemen und Prozessen befähigt; sie entwickeln auch ihre emotionale Intelligenz, durch die sie zu einer reibungs- und konfliktarmen Arbeitsatmosphäre beitragen.

6. Zum Leben, zu sich selbst und zu den Personen in ihrem sozialen Umfeld sind sie konstruktiv eingestellt.

7. Sie verhalten sich gesundheitsbewusst und sind belastungsfähig.

8. Sie sind lernfähig und ständig lernbereit.

9. Ihre Kreativität entfalten sie; für die Weiterentwicklung bewährter und die Entwicklung neuer Produkte und Dienstleistungen machen sie innovative Vorschläge.

10. Zur Gruppen- bzw. Teamarbeit sind sie befähigt; aber auch in der Gruppe behalten sie ihre persönliche Eigenart.

Diesem Idealbild versucht eine zunehmende Zahl von Männern und Frauen am Arbeitsplatz zu entsprechen, allerdings mit sehr unterschiedlichem Erfolg; denn die wenigsten von ihnen sind dafür ausgebildet. Es genügt nicht, dass das Unternehmen von seinen Mitarbeitern nur ein verändertes Verhalten fordert; es muss sie auch dazu befähigen und durch Weiterbildung fördern.

Die vom Markt ausgehenden Sachzwänge können die Mitarbeiter nur bewältigen, wenn alle im Unternehmen tätigen Personen vom obersten Chef bis zum neueintretenden Auszubildenden kooperativ zusammenarbeiten. Anpassungsfähigkeit, Flexibilität und Kreativität der Mitarbeiter als „Werte der Zukunft" sind unverzichtbar. Dies machte *H. J. Bullinger* vom Fraunhofer-Institut für Produktionstechnik Stuttgart auf einer Tagung der Industrie über Menschenführung und Weiterbildung in Mannheim im Oktober 1992 deutlich. In seinem Referat zum Thema „Mensch – Arbeit – Technik" forderte Bullinger, dass die Mitarbeiter, die künftig verstärkt in prozessorientierten Gruppen arbeiten, an „allen Phasen des Produktionsprozesses", ja schon bei der Zielfindung, beteiligt werden. Alle Unternehmensbereiche müssten eng zusammenwirken; alle im Unternehmen müssten ihr Verhalten ändern, vor allem die Vorgesetzten.

Die Mitarbeiter müssen sich ständig informieren, orientieren, weiterbilden, um neue, mit großem finanziellem Aufwand erstellte Produktionsanlagen rasch zum Laufen zu bringen und die Anlaufschwierigkeiten zu beseitigen. Diese mit modernster Technik ausgestatteten Anlagen werden zwar sorgfältig und nach neuesten technischen Erkenntnissen geplant; oft wird jedoch versäumt, vor einer Entscheidung die Pläne der Kritik durch die Praktiker auszusetzen, wie dies in Japan schon lange üblich ist. Dort durchlaufen die Investitionspläne die ganze Unternehmenshierarchie von oben nach unten und wieder zurück. Jeder von der Investition betroffene Mitarbeiter muss sich dazu äußern. Änderungsvorschläge werden ernst genommen, sachlich diskutiert und, wenn sie berechtigt sind, berücksichtigt, auch wenn sie von einem Maschinenarbeiter stammen.

In dieser Beziehung muss sich in deutschen Unternehmen noch manches ändern; denn die Mitarbeiter können den Anforderungen nach hoher Arbeitsqualität und Leistung langfristig nur entsprechen, wenn sie als Arbeitspersönlichkeit geschätzt und ihnen menschengerechte Arbeitsbedingungen geboten werden.

Öhringen, im April 2000   *Rudolf W. Lang*

Inhaltsübersicht

Inhaltsverzeichnis

A. Problemübersicht von A bis Z: Tatbestände und Verhaltensweisen, auf die das Buch eingeht, zu denen es praktische Hinweise gibt

B. Um was geht es vor allem?

Hauptthema dieses Buches ist die Entwicklung von Schlüsselqualifikationen. Neben Fachkompetenz muss die Arbeitspersönlichkeit in zunehmendem Maße überfachliche Kompetenzen entwickeln. Dazu bietet dieses Buch viele Hilfen. Im einführenden
Teil wird der tiefgreifende Wandel in der Arbeitswelt umrissen, der
an das Unternehmen und seine Führungskräfte und Mitarbeiter
neue Anforderungen stellt. Diese können in der Produktion mit
einem einseitigen Taylorismus nicht bewältigt werden, deshalb
müssen künftig die Erkenntnisse mehr berücksichtigt werden, die
sich aus dem *Mayo*-Effekt ergeben. Dabei sind Spannungen unvermeidlich; sie erfordern eine faire Auseinandersetzung zwischen den Polen „Menschlichkeit" und „Wirtschaftlichkeit", die
sich nicht ausschließen, sondern einander bedingen. Deshalb
wird die Frage, ob menschlichere Arbeitsverhältnisse die Produktivität erhöhen, positiv beantwortet.

Klar ist auch, dass Fachkompetenz weiterhin in hohem Maße
erforderlich ist; sie muss aber durch überfachliche Kompetenzen
ergänzt werden. Der Begriff der Schlüsselqualifikation wird
erklärt, bevor die vier Kompetenzen im Einzelnen entwickelt
werden: Handlungskompetenz, Methodenkompetenz, Personale
Kompetenz, Soziale Kompetenz.

Im ersten Hauptabschnitt Handlungskompetenz geht es darum,
wie man zielbewusst und schrittweise vorgeht, welche Persönlichkeitsmerkmale erforderlich sind, welche Handlungsarten es
gibt, welche Verhaltensprobleme und Fehlleistungen auftreten,
welche Modellvorstellungen es gibt, wie man sich orientiert, mit
der Umwelt auseinander setzt und auch schon als Auszubildender
Ziele erreicht.

Im zweiten Hauptabschnitt Methodenkompetenz werden
zunächst die Begriffe „Methode, Technik, Prozess, System" erklärt. Ausführlich beschrieben werden fünf Techniken bzw. Methoden. Bei der Arbeitstechnik sind Schwerpunkte: die Organisa-

tion des Arbeitsplatzes, die eigene Arbeitsvorbereitung, die Einstellung und Einstimmung auf die Arbeit, die praktische Schreibtischtätigkeit, die Bewältigung der Informationsflut, das Schreiben von Texten, besondere Textprobleme, das Telefonieren, die Gesprächsführung und zusammenfassende Empfehlungen.

Bei den Lerntechniken werden unterschieden: Lernen als Schlüsselfähigkeit, Lernbereitschaft und Lernfähigkeit. In der **Vorbereitungsphase** geht es um innere und äußere Voraussetzungen, v. a. die Organisation des Selbstlernens. Die **Aneignungsphase** umfasst das verstehende Aufnehmen des Lernstoffs, das Einprägen und unbewusste „Verdauen". Unter **Speicherungsphase** wird beschrieben, wie das Gedächtnis funktioniert, wie es trainiert wird, wie man den Stoff wiederholt, welche Empfehlungen das Lernen erleichtern. Im Abschnitt über **Prüfung** geht es um die Einstellung zur Prüfung, die Vorbereitung, die Prüfer, den Umgang mit Prüfungsangst, das Verhalten am Prüfungstag und bei der schriftlichen und mündlichen Prüfung. Schließlich geht es in der **Erinnerungs- und Anwendungsphase** um die Einstellung zum Gedächtnis und die Anwendung des Gelernten beim Schreiben und Sprechen.

Die Moderationstechnik wird als partnerschaftliche Führungsmethode dargestellt. Der Begriff Moderation wird anhand verschiedener Moderatorenrollen beschrieben; von ihnen wird das Verhalten des Moderators in der Wirtschaft abgegrenzt. Dieses Moderationsverhalten wird mit dem normalen Führungsverhalten verglichen. Zweiundzwanzig Empfehlungen geben knappe Hinweise für die Einstellung und das Verhalten des Moderators. Als Moderationsmethoden werden erwähnt: Fragetechnik, Gesprächsführung, Visualisieren, Problemlösen, Präsentieren, Gruppensitzungen vorbereiten, durchführen, nachbereiten.

Bei der Problemlösungstechnik geht es um ein methodisches Vorgehen in acht praxiserprobten Schritten: Problem wahrnehmen, IST-Zustand beschreiben, SOLL-Zustand bestimmen; Differenz IST–SOLL: Ursachen, diese analysieren; Lösungsvorschläge erarbeiten, sich für besten Vorschlag entscheiden, ihn durchführen, das Ergebnis kontrollieren. Zu jedem dieser Schritte gibt es einen ausführlichen Kommentar. Besonders behandelt werden neben Sachproblemen damit zusammenhängende Verhaltensprobleme. Fragen und Kreativitätstechniken erleichtern das Problemlösen.

Die ZIT-Methode zum zeitsparenden Instruieren und Trainieren erleichtert und beschleunigt Ausbildungs-, Anlern-, Umschulungs-, Fort- und Weiterbildungsmaßnahmen. Beschrieben wird, was für diese Methode spricht, wo sie eingesetzt werden kann und welche psychologischen Elemente sie enthält. Bei der praktischen Anwendung werden Vorbereitungsphase, Durchführungsphase, Kontrollphase und Prüfungsphase unterschieden. Zum Verständnis der Methode wird erläutert, was Instruieren und Trainieren bedeutet, wer sich zum Trainer eignet, welche allgemeinen und psychologischen Faktoren den Trainingserfolg bestimmen und wie die Methode im Arbeitsalltag umgesetzt wird. Beschrieben werden auch der Zusammenhang zwischen Gehirn und Psyche und Parallelen zum psychologischen Training im Leistungssport.

Im dritten Hauptabschnitt Personale Kompetenz steht die eigene Person im Mittelpunkt: Wie gehe ich mit mir selbst – im Zusammenhang mit Sachen – konstruktiv um? Person und Persönlichkeit werden unterschieden. In einem Schichtenmodell werden die vegetative, emotionale und rationale Personschicht beschrieben, ebenso wie diese drei Schichten zusammenhängen und gegeneinander abgegrenzt werden. Die psychoanalytischen Begriffe des Es, Über-Ich und Ich werden entwickelt. Auf die Weiterentwicklung zur Selbst-Stufe wird hingewiesen. Viele Selbst-Funktionen werden beschrieben: Selbstwahrnehmung, Selbsteinsicht, Selbsterfahrung, Selbstbild, Selbstkonzept, Selbstbewusstsein, Selbstvertrauen, Selbstwertgefühl, Selbstverwirklichung, Selbstwirksamkeit, Selbstbehauptung – und welche Konsequenzen sich für den Umgang mit der eigenen Person als Einheit sowie mit den einzelnen Schichten ergeben. Techniken für die Entwicklung der eigenen Kreativität, zur Verhaltensänderung, Entspannung und Stressbewältigung werden praxisorientiert beschrieben. Besonders der Abschnitt „Ja zum gesund erhaltenden *Eustress*, Nein zum krank machenden *Disstress*" wird am Arbeitsplatz immer wichtiger; nur belastbare Mitarbeiter können auf Dauer den gestiegenen Anforderungen entsprechen, ohne am Burn-out-Syndrom zu erkranken oder einen Herzinfarkt zu erleiden.

Im vierten Hauptabschnitt Soziale Kompetenz geht es um die

zwischenmenschlichen Beziehungen und kooperative Formen der Zusammenarbeit. Sie werden in der Industrie nicht aus Gefühlsduselei eingeführt, sondern weil neue Anforderungen an die Produktion als Folge der Globalisierung des Marktes die Unternehmer dazu zwingen. Gruppenarbeit lässt sich aber nicht einfach anordnen; sie funktioniert nicht auf Knopfdruck wie eine Maschine. Sie bringt den gewünschten Erfolg nur, wenn das Unternehmen die nötigen Voraussetzungen geschaffen hat: einen kooperativen Führungsstil, den verantwortlichen Umgang mit Macht, kurz, ein ausreichendes Maß an Sozialer Kompetenz für den Umgang aller mit allen im Unternehmen. Wie man Soziale Kompetenz erwirbt, wird beschrieben. Wichtig ist, dass die Erwartungen aufeinander abgestimmt werden, die das Unternehmen und die Mitarbeiter aneinander haben. Neue Umgangsformen sind notwendig; die richtige Einstellung dafür muss eingeübt werden. Fehler, die dabei auftreten können, werden aufgeführt, ebenso Hinweise zur SOLL-Kritik und weitere Empfehlungen für eine sozial kompetente Führung, die mehr Menschlichkeit schafft und mehr Wirtschaftlichkeit ermöglicht.

Im Abschnitt Von der Wahrnehmung zum Urteil wird neben der Funktion des Bewusstseins beschrieben, dass unsere Sinnesorgane uns kein bloßes Abbild der Umwelt vermitteln und sie nur Ausschnitte aus der Wirklichkeit herausfiltern. Viele Denkvorgänge fließen in jede Wahrnehmung mit ein. Das Urteil ist das Ergebnis eines komplizierten Prozesses; die Möglichkeit, Fehler zu machen und nur zu Vorurteilen zu kommen, vorläufigen, unvollständigen oder falschen Urteilen, ist groß. Deshalb geht es auch darum, wie Vorurteile entstehen und wie wir selbstkritisch mit ihnen umgehen können.

Die Kommunikation als Fähigkeit, sich mit anderen über Personen und Sachen zu verständigen und sie zu verstehen, ist zentral wichtig. Informationen werden auf zwei Ebenen ausgetauscht. Beschrieben wird, wie sich die Fehler auf einer Ebene auf die andere Ebene auswirken und was die Kommunikation allgemein erschwert. Rhetorische Tricks werden entlarvt und Kommunikationstechniken beschrieben. Die Technik der Gesprächsführung wird in einzelnen Schritten dargestellt: wie man Gespräche vorbereitet, plant, organisiert; wie man sich auf den Gesprächspartner einstellt und einstimmt. Wie man durch Argumente überzeugt und aufmerksam zuhört. Hinweise helfen, das eigene Gesprächsverhalten selbstkritisch zu überprüfen; das Gleiche gilt für Regeln zum Führen von Sachgesprächen und Kontaktgesprächen; sie erleichtern den Umgang miteinander.

Konflikte sind am Arbeitsplatz nicht zu vermeiden; wichtig ist, sie fair so zu lösen, dass es keine Verlierer und keine Gewinner gibt. Beschrieben wird, wie Konflikte entstehen, wie man mit ihnen konstruktiv umgeht, welche Voraussetzungen eine gute Konfliktlösung ermöglichen. Die Rolle und das Verhalten des Vorgesetzten beeinflusst die Befähigung der Mitarbeiter zum Konfliktlösen; falscher Umgang mit Macht lässt neue Konflikte entstehen. Bestimmte Grundsätze erleichtern das Konfliktlösen, ebenso das methodische Vorgehen in sieben Schritten, ähnlich wie beim Problemlösen. Im privaten Bereich schwelende Konflikte belasten die Arbeitssituation im Unternehmen; durch Beachtung von Grundsätzen soll eine „Streitkultur" entstehen.

Der letzte Teil Gruppenarbeit im Unternehmen ist besonders aktuell. Wer Gruppenarbeit einführen will, muss sich klar werden über psychologische Voraussetzungen, Anforderungen an die Gruppenleiter und die Erwartungen an die Gruppenmitglieder. Welche Vorteile die Gruppenarbeit bietet, wird beschrieben, ebenso wie Gruppe und Team, formelle und informelle Gruppen sich unterscheiden, welche Struktur sie haben, wie Kontakte und Bindungen in der Gruppe entstehen, wie sich die Gruppenzugehörigkeit auswirkt, welchen Einfluss die Interessen, Aufgaben, Ziele, Gruppengröße und -zusammensetzung, Gruppennormen, Rolle, Rang und Status haben. Ein besonderes Kapitel beschreibt die Gruppendynamik, Macht und Einfluss des Gruppenleiters, das Wir-Gefühl und den Gruppendruck. Weitere Punkte sind: wie Gruppen gebildet werden und wie sie sich entwickeln, die praktische Arbeit in Gruppen für verschiedene Aufgaben und zum Problemlösen; Schwierigkeiten und Probleme, Grundsätze für eine produktive Gruppenarbeit, Versuch einer Bewertung.

Der letzte Beitrag soll eine Brücke zwischen Unternehmen und Mitarbeitern schlagen, die aufeinander angewiesen sind. Dadurch soll zweierlei erreicht werden. Zum einen sollen die Mitarbeiter und mit ihnen die Männer und Frauen des Betriebsrats die Pro-

bleme des Unternehmens und seine Entscheidungen besser verstehen; denn nur dann können sie unternehmerisch denken und
handeln, wie von ihnen zur Sicherung ihres Arbeitsplatzes erwartet wird. Zum anderen soll klar sein, dass das Unternehmen den
Mitarbeitern menschengerechte Arbeitsbedingungen bieten muss,
damit sie die erwartete hohe Leistung erbringen können. Zwischen den Anforderungen des Unternehmens an die Mitarbeiter
und den Erwartungen der Mitarbeiter an das Unternehmen muss
es zu einem fairen und gerechten Ausgleich kommen: „eine Hand
wäscht die andere".

C. Tiefgreifender Wandel in der Arbeitswelt

Alles fließt; nichts ist so beständig
wie die kontinuierliche Veränderung

Der immer schärfer gewordene globale Wettbewerb hat in der Wirtschaft zu einer Strukturkrise geführt. Ständig werden neue Verfahren, Produkte, Dienstleistungen entwickelt. Sie machen den Einsatz neuer Technologien, durch die neue Berufe entstehen und alte aussterben, aus ökonomischen und ökologischen Gründen erforderlich. Die Produktionstechnik, die sich durch die Möglichkeiten der Mikroprozessoren völlig geändert hat, wird immer mehr von der Prozesstechnologie bestimmt; diese hat u. a. zu einer früher nicht vorstellbaren Reduzierung der Rüstzeiten und -kosten und zu einer Verkürzung der Entwicklungszeiten geführt. Die Produktion ist dadurch sehr flexibel geworden und kann trotz zunehmender Komplexität der technischen Systeme und Produkte schnell und sachgerecht auf neue Anforderungen reagieren.

Neue Organisationsformen und Führungsstrukturen haben sich herausgebildet und sozial nachhaltig ausgewirkt. Was bisher von mehreren Abteilungen räumlich und zeitlich getrennt bearbeitet wurde, macht jetzt am gleichen Ort und zeitlich direkt abgestimmt eine Gruppe, die die Qualität ihrer Arbeit selbst überprüft, direkt dafür verantwortlich ist und auch für die Qualifizierung ihrer Mitarbeiter sorgt; dabei lernt jeder von jedem. Die Gruppenmitglieder, die kooperativ zusammenarbeiten müssen, um erfolgreich zu sein, sind für Planung, Ablaufsteuerung, Fertigung, Qualitätskontrolle, Wartung und Instandsetzung zuständig. Sie bearbeiten die gestellten Aufgaben und lösen erkannte Probleme gemeinsam, selbstbestimmt und eigenverantwortlich, und sie haben genügend Dispositionsspielraum. Die Zeiten, in denen nur am grünen Tisch geplant wurde, sind vorbei. Die Mitarbeiter bringen ihre Erfahrungen schon in der Planungsphase ein; dies verkürzt die Planungszeiten und reduziert Planungsfehler.

Durch das Lean Management ist die Hierarchie schlanker geworden. In manchen Betrieben gibt es in der Produktion nur noch Werksleitung, Leitungsteam und Produktionsteam mit Werkern, Einsteller, Teamleiter. Dies verkürzt die Informationswege und beschleunigt den Informationsfluss. Die werteschaffende Produktion ist die Mitte, um die sich alles dreht; alles andere ist nur Mittel zum Zweck, um qualitativ gute, kostengünstige Produkte herstellen zu können. Nicht die Einzelaktivität zählt, sondern das Ganze.

Alles ist komplexer geworden als zuvor: sehr vielschichtig, variabel, intransparent; alles ist auch ambivalent, schwer voraussehbar. Es entwickelt eine Eigendynamik; nach einer Entscheidung verläuft die Entwicklung oft anders als erwartet. Dabei zeigen sich zwei Effekte: Zum einen wird es immer schwieriger, alle Einzelheiten langfristig vorauszuplanen; zum anderen werden die Reaktionszeiten immer kürzer, wodurch viel Hektik entsteht. Die Arbeit wird zunehmend von vielen Sachzwängen bestimmt, unvermeidbaren und vermeidbaren, echten und gemachten. Probleme und Konflikte entstehen; sie lassen sich nur mit selbstbewussten Arbeitspersönlichkeiten lösen, die von ihren Vorgesetzten menschengerecht behandelt werden. Die Weiterentwicklung der Kommunikationsfähigkeit vor allem auf der Bezugsebene ist unverzichtbar.

Wertewandel vom Untertanen zur Arbeitspersönlichkeit

Nicht nur die technischen Strukturen wandeln sich, sondern auch die menschlichen. Seit Mitte der sechziger Jahre ist der technische Wandel bei jüngeren und gut ausgebildeten Mitarbeitern mit einem Wertewandel verbunden von Pflicht- und Akzeptanzwerten zu Werten der Selbstentfaltung, die auf Zweiweg-Kommunikation, Selbstbestimmung und Sinnerfüllung in der Arbeit beruhen.

Vorher, in der Wiederaufbauphase nach dem verlorenen Krieg, galten in Deutschland trotz aller Demokratisierungsbemühungen der westlichen Siegermächte noch die auf Befehl und Gehorsam beruhenden Führungsstrukturen, die die aufkommende Industrie im 19. Jh. vom kaiserlich regierten, von preußischen Grundsätzen bestimmten Obrigkeitsstaat mit seinem Heer und Verwaltungsapparat übernommen hat. Haupttugenden waren „Ordnung, Pünktlichkeit, Sauberkeit und Gehorsam". Die Hierarchie der kleinen und mittleren Betriebe entsprach der Struktur des Heeres mit Offizieren, Unteroffizieren und Mannschaften bzw. der Verwaltung des Staates mit höheren, mittleren und unteren Beamten.

Der Vorgesetzte sollte als Alleswisser und -könner seinen Mitarbeitern fachlich überlegen sein. Autoritär eingestellt legte er Wert darauf, dass er über jede Kleinigkeit genau informiert wird und alles über seinen Schreibtisch läuft. Der Mitarbeiter sollte nur ausführen, was er, der Vorgesetzte, sich ausgedacht hat. Erlaubte sich ein Mitarbeiter, kritisch mitzudenken und sich vielleicht sogar kritisch zu äußern, wurde er von seinem Vorgesetzten ermahnt: „Das Denken überlassen Sie bitte mir!"

Heute wird der Mitarbeiter aufgefordert: „Sie müssen mitdenken!" Unsere hoch technisierte Arbeitswelt kommt mit ergeben nickenden, bevormundeten Untergebenen nicht mehr zurecht. Dies wissen viele Mitarbeiter. Sie sind nicht mehr bereit, sich schweigend und zähneknirschend ein- und unterzuordnen. Für sie haben vorwiegend materielle Leistungsanreize an Wert verloren. Als Spezialisten erwarten sie, dass ihnen an ihrem Arbeitsplatz Handlungs- und Gestaltungsspielräume zugestanden werden, die es ihnen ermöglichen, bei technologischen, organisatorischen und sozialen Innovationsprozessen aktiv mitzuwirken. Dann sind sie auch bereit, sich auf technische und organisatorische Neuerungen einzustellen, sie zu bejahen, dafür Mitverantwortung zu übernehmen und sich ihnen anzupassen. Aber auch von den nicht an Selbstverwirklichung interessierten Mitarbeitern wird heute erwartet, dass sie in kritisch-konstruktiver Einstellung ziel- und situationsbezogen vernetzt denken und handeln und dabei das Ganze im Auge behalten. Jeder soll ständig lernbereit sein; man kann von einer „Lernenden Organisation" sprechen, die sich durch ihre dezentralen Organisationsstrukturen rasch an neue Anforderungen anpassen kann. Davon ist auch die Verwaltung, in der es vor allem um Informationsverarbeitung geht, betroffen.

Das bisher übliche Führungsverhalten ist bei der immer komplexer gewordenen Technik und den neuen Technologien nicht mehr wirksam. Der Mitarbeiter, der meist Spezialist ist und an seinem Arbeitsplatz mehr weiß und kann als sein Vorgesetzter, soll zwar im Rahmen allgemeiner Richtlinien fähig sein, in rasch wechselnden Situationen selbständig zu entscheiden und zu handeln; aber der Vorgesetzte muss die Teilfähigkeiten der ihm zugeordneten Spezialisten mit Blick auf das Ziel koordinieren, damit es gemeinsam erreicht wird. Er wendet andere Führungsmittel an, um seine Mitarbeiter zu beeinflussen. Es ist nicht mehr der autoritär anordnende oder gar befehlende, sondern mehr der übergeordnete Partner; er steuert nicht nur Prozesse im Unternehmen, sondern berät, begleitet, motiviert seine Mitarbeiter mehr und lenkt sie mit leichter Hand wie das kleine Mädchen, das mit Salz am angefeuchteten Finger einen schweren, störrischen Bullen in den Stall dirigiert und damit ohne Kraftaufwand schafft, was vorher drei starke Männer mit vollem Einsatz ihrer Körperkräfte durch Ziehen und Schieben vergeblich versucht haben.

D. Neue Anforderungen

Gegen das Gewicht der Dinge können wir nicht ankämpfen;
es geht darum, sie zu ändern.

Neue Anforderungen entstehen, weil unsere Wirtschaft sich in einer Umbruchsituation befindet; nichts bleibt wie es ist. Ziel einer Reorganisation ist die Steigerung der Produktivität, leider in vielen Fällen nicht auch mehr Menschlichkeit, obwohl sie, wie der Mayo-Effekt gezeigt hat, zu mehr Wirtschaftlichkeit führt. Dies unterstreicht *H.-J. Warnecke*, wenn er sagt, „dass die Forderung nach Humanisierung und die Forderung nach Wirtschaftlichkeit unserer Unternehmen... sich nicht widersprechen". Der Einsatz neuer Technologien erfordert informationstechnisch vernetzte umfassende Arbeitsprozesse, die ganzheitlicher sind und bei denen einzelne Mitarbeiter mehr Verantwortung als bisher übernehmen. Dies macht die Produktion flexibler; sie kann nun trotz der hohen Komplexität der technischen Systeme und Produkte schneller und sachgerechter auf neue Anforderungen reagieren. Planung, Ablaufsteuerung, Fertigung, Instandhaltung, Qualitätskontrolle usw. werden zusammengefasst und von einer Arbeitsgruppe gemeinsam, selbstbestimmt und eigenverantwortlich durchgeführt. Alle Gruppenmitglieder arbeiten kooperativ und weitgehend autonom zusammen. Jeder Mitarbeiter denkt vernetzt, in kritisch-konstruktiver Einstellung, zielbezogen und mit dem Blick auf das Ganze; auch soll er sich täglich weiterbilden, um beim Prozess der ständigen Verbesserung aktiv mitwirken zu können.

Durch die Einführung von Gruppenarbeit in Verbindung mit einem anderen Entlohnungssystem entstehen Probleme und Konflikte, die nur von den Betroffenen gelöst werden können, nicht durch Anordnung oder ein Machtwort von oben. Auch im Management muss sich einiges ändern. Bisher sollte der selbstbewusste, optimistische Manager als eine Art Held und als Sieger auftreten. Mit diesem Verhalten lässt sich der ständige Wandel nicht mehr bewältigen; gefragt ist eine veränderte Einstellung, die auch auf den Mitarbeiter als Arbeitspersönlichkeit setzt und nicht nur auf modernste Technik und das dafür erforderliche Kapital. Allein dann führen neue Arbeitsformen zu einer produktiven Dynamik, die die Marktposition des Unternehmens nachhaltig festigt und die Arbeitsplätze sicherer macht.

Ermöglicht die neue, dezentrale Organisationsstruktur keine ausreichend rasche Anpassung an neue Anforderungen, ziehen Großbetriebe und Behörden die Konsequenzen. Sie bauen Randbereiche ab, die für sie unrentabel sind, und vergeben die entsprechenden Aufgaben an Dienstleistungsunternehmen, die flexibler, effizienter und wirtschaftlicher arbeiten. Diese Freiberufler sind auf ihrem Gebiet nicht nur Spezialisten, sondern auch Generalisten, die für bestimmte übergreifende Tätigkeitsfelder komplexe Zusammenhänge überschauen, Defizite rasch erkennen und dafür Lösungsvorschläge anbieten. Sie haben nicht nur ihre Fachkompetenz, sondern auch Schlüsselqualifikationen entwickelt, so dass sie über eine umfassende Handlungskompetenz verfügen.

Was sind Arbeitsanforderungen?

Darunter verstehen wir die von einem Mitarbeiter oder einer Mitarbeiterin geforderte fachliche und menschliche Befähigung, die notwendig ist, um bei vorhandenen äußeren Arbeitsbedingungen allein oder zusammen mit anderen einen Auftrag zu erledigen, eine Aufgabe zu erfüllen, ein bestimmtes Arbeitsergebnis zu erzielen: einen bestimmten Ausgangszustand in einen definierten und bewerteten Endzustand zu verändern.

Je ungünstiger die äußeren Arbeitsbedingungen bzw. Leistungsvoraussetzungen durch Arbeitsplatz und -umgebung, Gestaltung von Arbeitsvorbereitung, -abläufen und -verfahren sind, umso höher sind die Anforderungen an den Arbeitenden, wenn er eine bestimmte qualitativ gute Leistung mit geringst möglichem Einsatz an Zeit, Kraft und Mitteln erbringen will oder soll.

Die fachlichen und einen Teil der überfachlichen, menschlichen Anforderungen erwirbt der Mitarbeiter bei bestimmter Veranlagung durch seine Berufsausbildung und -erfahrung; einen Teil eignet er sich an seinem Arbeitsplatz noch an; oder sein Unternehmen fördert ihn durch Weiterbildungsmaßnahmen.

Das Anforderungsprofil beschreibt die Anforderungen, die für eine bestimmte Arbeitstätigkeit bzw. einen Beruf in Bezug auf ihre Inhalte und die Bedingungen ihres Funktionierens gestellt werden. Dies sind z. B. Informationsaufnahme und -verarbeitung, Handlungsausführung, Aufmerksamkeit, Urteilsfähigkeit, Konzentrationsfähigkeit, die Fähigkeit zu unterscheiden und zu vergleichen.

Eine Anforderungsanalyse sollte enthalten: 1. Die Beschreibung der Einzelanforderungen und deren Gruppierung zu Anforderungskategorien. 2. Den Anteil der Anforderungsarten an der Gesamttätigkeit. 3. Die Gewichtung der Anforderungen, welche Bedeutung sie für die Erfüllung der Aufgabe haben. 4. Die quantitativ gestufte Höhe der Arbeitsanforderungen.

Die psychischen Aspekte bei speziellen Anforderungen beziehen sich auf die Eignung für bestimmte technische Arbeitstätigkeiten, z. B. Montieren, Bedienen, Überwachen, Kontrollieren, Konstruieren, Leiten. Der Mitarbeiter muss darüber hinaus aber auch motiviert, eigenaktiv, selbständig, selbstkritisch sein, eine konstruktive Einstellung zu seiner Arbeit haben; er muss kooperieren und kommunizieren können, sich sozial verhalten, teamfähig, lernbereit, lernfähig und verantwortungsbewusst sein.

Gründliches Fachwissen ist weiterhin erforderlich

Es wird durch technische Neuentwicklungen nicht entwertet, muss aber durch neues Wissen ständig ergänzt werden. Mehr und mehr sind auch fachübergreifende Qualifikationen erforderlich, sog. Schlüsselqualifikationen.

Durch die Einführung der EDV und eine „systemische Rationalisierung" sind die Tätigkeiten inhaltlich komplexer geworden. Die für eine Abteilung wichtigen Informationen sind leichter zugänglich geworden. Systemvermittelte Kommunikation und Kooperation haben sich verdichtet.

Dies bedeutet: Die Art der geistigen Arbeit hat sich verändert. Neben dem berufsfachlichen Wissen als Fundament spielt die formale Denkfähigkeit eine besondere Rolle; an sie werden besonders hohe Anforderungen gestellt. Ähnlich ist es im gewerblich-technischen Bereich; Fachwissen und fachliche Fähigkeiten für den Umgang mit Maschinen und Werkzeugen – ergänzt durch Planungs- und Handlungswissen – sind weiterhin erforderlich. Sie müssen unter dem Einfluss neuer Technologien nur anders strukturiert werden. Der Mitarbeiter muss mit Zeichen und Symbolen umgehen können, die Maschinen und Werkzeuge repräsentieren. In der Daten- und Fernmeldetechnik z. B. ist das Denken in Funktionsblöcken mehr erforderlich als das Stromlaufdenken; die Systemkenntnis ist wichtiger geworden als das Detailwissen. Aus dem Überangebot an Informationen die wesentlichen auszuwählen, wird immer wichtiger und dringender.

Selbstbewusste Mitarbeiter arbeiten in Gruppen

Die weniger autoritär als ihre Väter erzogenen jüngeren Mitarbeiter sind selbstbewusster und nicht mehr so anpassungsbereit und -fähig wie frühere Generationen. Sie wollen an allem, was ihren Arbeitsplatz und ihren Arbeitseinsatz betrifft, mitdenken, mitsprechen, mitwirken. Für ihren Einsatz erwarten sie nicht nur eine gute Bezahlung, sondern auch menschliche Anerkennung. Nur wenn sie als Partner akzeptiert werden, arbeiten sie gern, sind sie hochmotiviert, leistungswillig und leistungsfähig; als bloße Untergebene würden sie nur so viel arbeiten, als unbedingt notwendig ist, um Geld für den Lebensunterhalt zu verdienen.

Bei ihnen zeigt sich, dass durch Befriedigung bestimmter Bedürfnisse ein starker Leistungswille entsteht, der als „Öl im Getriebe" wirkt, während Frustration als Folge der Nichtbefriedigung wichtiger Bedürfnisse zu Reibungswiderständen führt und sich als „Sand im Getriebe" auswirkt. Kann der Mitarbeiter wichtige Bedürfnisse am Arbeitsplatz befriedigen, z. B. nach menschlicher Zuwendung, Anerkennung, Geltung, Selbstwert, Sicherheit, fühlt er sich wohl und zufrieden. Nichtbefriedigte Bedürfnisse dagegen machen ihn unzufrieden, gereizt, aggressiv; sie sind leistungshemmend, u. U. krank machend. Mitarbeiter, die sich an ihrem Arbeitsplatz wohlfühlen und Erfolgserlebnisse haben, sind auch eher bereit, in einer Gruppe oder einem Team bereichsübergreifend mit anderen zusammenzuarbeiten. Die Fähigkeit dazu wird immer wichtiger. Sie muss aber erst erlernt und im Arbeitsalltag trainiert werden, um die sozialen Prozesse zu verstehen, von denen ein Teil unbewusst abläuft.

In teilautonomen Gruppen bestimmen die Gruppenmitglieder ihren Arbeits- und Lernprozess in seinen operativen Aspekten weitgehend selbst; die praktische Arbeit ist mit ständigem Lernen verbunden. Die Mitarbeiter werden dadurch flexibler und leistungsfähiger; sie qualifizieren sich laufend höher, bis sie auch Planungsaufgaben, Disposition und die Beurteilung des Produktionsprozesses übernehmen können.

Andere Einstellung zu den Führungskräften

Durch die nach dem Krieg in der BRD einsetzende Demokratisierung hat sich in der Arbeitswelt das Verhältnis zwischen den Führungskräften und ihren Mitarbeitern verändert. Sie stehen sich nicht mehr als Befehlende und Befehlsempfänger gegenüber, sondern als Partner; dies erfordert bei beiden ein neues Rollenverständnis. Die Führungskraft, die von ihren Mitarbeitern eine hohe Leistung erwartet, muss jetzt die Mitarbeiter dafür motivieren. Ein Mitarbeiter möchte nicht nur Leistungsfaktor sein, sondern auch Mensch und Mitmensch. Trotzdem ist die Fähigkeit, als leicht verletzliche Führungskraft mit ebenso leicht verletzlichen Mitarbeitern umzugehen, noch nicht ausreichend entwickelt, obwohl eine möglichst reibungslose Zusammenarbeit und ein gutes zwischenmenschliches Verhalten auf allen Ebenen des Unternehmens bei dem raschen technischen Wandel und den ständig steigenden Anforderungen wichtiger ist als je. Hauptaufgabe der Führungskraft sollte deshalb sein, dass sie ihren Mitarbeitern nicht nur hohe und qualitativ gute Leistungen ermöglicht, sondern auch ein konstruktives Verhalten. Widerstände dagegen sollte die Führungskraft durch einen konstruktiven Umgang mit den betreffenden Mitarbeitern überwinden. Und diese sollten lernen, ihre Situation im Unternehmen und ihre Arbeit zu bejahen, mit der Führungskraft zu kooperieren und sich mit deren Anliegen solidarisch zu erklären.

Aber nicht nur die Führungskraft soll sich um ein positives Verhältnis zu den Mitarbeitern bemühen, sondern auch die Mitarbeiter zur Führungskraft. Bei guten Beziehungen lässt sich vieles Unangenehme leichter ertragen; auf diese Weise kann sich nach und nach Arbeitsfreude entwickeln, auch wenn die Arbeitsaufgabe selbst kaum Möglichkeiten zur Selbstverwirklichung bietet. Ein Mitarbeiter sollte wissen, dass bestimmte Erfolgserlebnisse auch bei einer Arbeit möglich sind, die er nicht ideal findet, so dass er eine positive Einstellung zu einer ungeliebten Berufstätigkeit entwickelt, die für seinen Lebensunterhalt notwendig ist. Er sollte sich auch bewusst machen, dass er an seinem Arbeitsplatz wichtig ist und gebraucht wird und er durch eine qualitativ und quantitativ gute Leistung zur Senkung der Produktionskosten und zur Erhaltung seines Arbeitsplatzes mit beitragen kann.

Gute Nerven sind erforderlich

Wir leben nicht mehr im Muskelzeitalter, sondern im Nervenzeitalter. Durch die fortschreitende Technisierung, Rationalisierung und Automatisierung und durch den Übergang von der Mechanik zur Elektronik haben sich viele Anforderungsprofile verändert. Die geistigen Anforderungen, die psychischen, physischen, nervlichen Beanspruchungen haben zugenommen. Beispielsweise ist die nervliche Anspannung und psychische Belastung bei der Bedienung und Überwachung teurer automatisierter Anlagen mit elektronischer Steuerung stärker geworden, weil deren Ausfall den Ablauf anderer Arbeitsprozesse stört und extrem hohe Kosten verursacht.

Der Arbeitsalltag bringt heute aber auch bei anderen Gelegenheiten viele unvermeidliche Belastungen mit sich. Ihnen kann auf Dauer nur standhalten, wer vital und psychisch stabil ist, sich entspannen kann, über Belastungsfähigkeit, Frustrationstoleranz, eine gute Konzentrationsfähigkeit und ein hohes Maß an Selbstdisziplin und Ausdauer verfügt.

Ein Facharbeiter muss über elektronische Kenntnisse verfügen, mit elektronisch gesteuerten Maschinen umgehen können und elektronische Arbeits- und Operationspläne verstehen. Er muss Signale konzentriert wahrnehmen, erkennen, differenzieren. In kritischen Situationen muss er unterscheiden, vergleichen, bewerten, überdenken, entscheiden – und rasch, trotzdem aber ruhig und überlegt, zielgerichtet handeln. Um diesen Anforderungen entsprechen zu können, muss der Mitarbeiter durch ein Training an seiner Anlage seine Fähigkeiten und Fertigkeiten erweitern. Für die veränderte Tätigkeit muss er sich ein inneres Modell, ein Abbild seiner praktischen Tätigkeit aneignen und es im Gedächtnis speichern, damit es sein Verhalten steuern kann. Außerdem muss er fähig sein, sich selbst zu aktivieren, oder sich aktivieren lassen durch künstlich herbeigeführte Störungssignale oder andere Bedingungen, die für Abwechslung sorgen.

Auch eine starke Eigenmotivation und das selbstgesetzte Ziel, ein gutes Arbeitsergebnis zu erreichen, wirken anregend und machen ausdauernd.

Am Arbeitsplatz ständig weiterlernen

Von den Mitarbeitern wird dauernde Lernbereitschaft erwartet, weil ihr Spezialwissen durch den raschen technischen Wandel bald veraltet. Jeder muss fähig sein, sich in veränderte oder neue Tätigkeitsfelder einzuarbeiten. Immer komplexere Aufgabenstellungen verlangen ein vernetztes, problemlösendes Denken in Systemen und Prozessen, das entschlossen in die Tat umgesetzt wird. Damit ist der Einzelne oft überfordert; deshalb müssen Spezialisten und Praktiker, die ihr Wissen und ihre Erfahrungen in knapper, anschaulicher und für alle gut verständlicher Form überzeugend darlegen können, in der Gruppe kooperativ, sachlich und engagiert zusammenarbeiten.

Und weil viele in ihrer Ausbildung das Verhalten nicht gelernt haben, das für eine reibungsarme Zusammenarbeit erforderlich ist, und dadurch Verhaltensprobleme entstehen, müssen sie lernen, ein weniger problematisches, konstruktives Verhalten einzuüben. Damit können sie auch Unsicherheit und Ängste abbauen, die durch neue Technologien und Techniken und die Einführung von Gruppenarbeit entstanden sind.

Überfachliche Qualifikation: was wird von den Mitarbeitern erwartet?

Die vom Markt geforderten neuen Produkte und Dienstleistungen stellen an die Mitarbeiter auch Anforderungen, für die sie nicht ausgebildet worden sind. Beispielsweise entstehen durch neue Ansprüche der von der Konkurrenz verwöhnten Kunden ständig Probleme, für die die Mitarbeiter ungewöhnliche, bisher nicht praktizierte Lösungen ausarbeiten müssen.

Neben Produkt- und Verfahrenskenntnissen erfordern sie von den Führungskräften ein konsequentes prozessorientiertes, mehrdimensionales Denken in Systemen und Regelkreisen. An ihr Abstraktionsvermögen werden durch hochkomplexe mikroelektronische Systeme wachsende Anforderungen gestellt. Pragmatisch denkende Praktiker müssen auch analytisch, analytisch denkende Intellektuelle auch pragmatisch denken können, damit sie in der Gruppe nicht aneinander vorbeireden, sondern den Blick für das Wesentliche bekommen.

Dieses Denken in Gegensätzen erfordert von den Mitarbeitern aller Ebenen des Unternehmens, dass sie eine gefestigte Persönlichkeit sind, die bei allem Wandel und Wechsel in ihrer Mitte ruht und aus ihr heraus denkt und handelt.

Hohe Anforderungen an die Mitarbeiter in der Produktion

Der Facharbeiter sorgt nicht nur dafür, dass er möglichst Produkte in Null-Fehler-Qualität produziert, sondern dass bei den teuren Produktionsanlagen, die er steuert, überwacht und kontrolliert, die produktiven Zeiten hoch sind. Mögliche Störungen und Verschleiß erkennt und beseitigt er vorbeugend oder möglichst früh, um die Stillstandszeiten niedrig zu halten.

Bei den neuen, relativ verschleißarmen Anlagen, die mit elektronischen Steuerungs- und Regelsystemen ausgerüstet sind, lassen sich die Störungsursachen nicht mehr direkt erkennen wie bei mechanischen Anlagen. Dafür sind abstrakt-analytische Kontrolloperationen erforderlich. Die Fehler findet der Facharbeiter nicht nur an der Anlage; er muss sie auch in Schaltplänen und Zeichnungen suchen und finden. Dafür muss er die abstrakte Symbolik seiner Anlage kennen und verstehen. Er schließt von einem Programmbefehl auf einen bestimmten Maschinenzustand bzw. führt einen gewünschten Maschinenzustand durch einen Programmbefehl herbei. In beiden Fällen stellt er eine gedankliche Verbindung her zwischen dem abstrakten Befehl und der bildlichen Vorstellung vom Ablauf.

Ziel ist heute schon bei der Ausbildung: der selbstständig planende, durchführende und kontrollierende Mitarbeiter, der über fachliche und überfachliche Qualifikationen verfügt, sie in unterschiedlichen Arbeitsvollzügen souverän anwenden kann und fähig ist, sich auf neue Arbeitsstrukturen und Produktionsmethoden flexibel einzustellen.

Bei diesen hohen technischen Anforderungen sind auch menschliche Qualitäten wie selbstständige Aktivität, selbstkritisches Denken, Selbstkontrolle, Verantwortungsbewusstsein, Selbstlern-, Kooperations- und Kommunikationsfähigkeit unverzichtbar.

Neue Arbeitsformen

Verstärkt werden Methoden eingesetzt, die die starke Arbeitsteilung wieder etwas aufheben, die Arbeit anreichern und sie mehr ganzheitlich gestalten. Sie ermöglichen eine direkte Kommunikation nicht nur; sie erfordern sie: Ein Sichtkontakt und eine direkte Verständigung sind Voraussetzung.

Durch überlappende Arbeitsinhalte lernen die Mitarbeiter benachbarte Arbeitsbereiche kennen und wachsen langsam in sie hinein; dadurch eignen sie sich andere oder höhere Sach- und Fachkompetenzen an. Das Erleben von Langeweile und Monotonie wird verhindert oder gemildert; auch wird die Möglichkeit zur systematischen Höherqualifizierung im Montageprozess bis hinauf zum Reparaturniveau erschlossen.

Dieser Erwerb neuer Kenntnisse und Fähigkeiten durch den Tausch von Arbeitsplätzen fordert einzelne Mitarbeiter und Gruppen heraus, selbst Entscheidungen zu treffen, die mit ihrem Arbeitsplatz und ihrer Arbeitsaufgabe zusammenhängen. Weitere Dispositionsmöglichkeiten für sie entstehen durch den teilweisen Wegfall von Führungskräften; Mitarbeiter übernehmen z. B. Verantwortung für Materialnachschub, Arbeitsplatzzuweisung bei Ausfall einzelner Mitarbeiter oder für die Regulierung der Arbeitsbedingungen.

Durch größere Puffer zwischen den Arbeitsplätzen können die Mitarbeiter das Arbeitstempo ihrer jeweiligen Befindlichkeit anpassen; sie sind von der Maschine nicht mehr so abhängig. Allein dieser persönliche Spielraum als ein Stück Selbstbestimmung am Arbeitsplatz führt oft schon zu einer Leistungssteigerung.

Ein besonderes Problem entsteht durch die immer abstrakter und komplexer werdende Technik, die die mehr anschaulich und praktisch begabten Mitarbeiter überfordert; ihr Training muss deshalb sehr praxisbezogen sein; diesem Kriterium müssen auch die schriftlichen Unterlagen entsprechen, die die Einarbeitung erleichtern und als Gedächtnisstütze dienen.

Die Büroarbeit wird durch die Textverarbeitung mit dem Computer formalisiert und automatisiert. Auch hier sind die Anforderungen an die Kommunikations- und Lernfähigkeit gestiegen; die Bereitschaft zum ständigen Lernen und zur Übertragung des bisherigen Wissens und Könnens auf neue Situationen wird als selbstverständlich vorausgesetzt. Von Sekretärinnen wird neben Fremdsprachenkenntnissen auch die Fähigkeit, selbst zu formulieren, verlangt.

E. Taylorismus und Mayo-Effekt als Spannungsfeld

Eine gute Organisation ist unverzichtbar;
sie muss aber, um ihren Zweck zu erfüllen,
von menschlicher Gesinnung durchdrungen sein.

Ist der von dem nordamerikanischen Ingenieur Frederic Taylor begründete und von seinen Nachfolgern weiterentwickelte Taylorismus noch zeitgemäß? In seiner dogmatischen, organisatorisch aufgeblähten Form mit der bis zum Perfektionismus getriebenen Arbeitsteilung, bei der in der Produktion der kleinste Handgriff in allen Einzelheiten geplant und festgelegt ist, sicher nicht mehr. Dadurch wurde der Arbeiter zum bloßen Arbeitsfaktor im Mensch-Maschine-System degradiert, zum Rädchen der großen Maschinerie Unternehmen, ohne jeden menschlichen Kontakt mit anderen Personen.

Für Produkte, die jahrelang nicht verändert wurden, erbrachte dieses relativ unflexible Fertigungsverfahren einst eine gute Produktivität. Heute ist eine solche Produktionsweise nicht mehr möglich, weil die Produkte sehr kurzlebig geworden sind und schon das gleiche Grundmodell sehr variabel ist, so dass sich nur noch kleine Stückzahlen ergeben. Im Übrigen hat sich Frederic Taylor getäuscht, als er meinte, mit seinem System der „wissenschaftlichen Unternehmensführung" werde der praktisch veranlagte, zum Denken angeblich zu träge oder unfähige Arbeiter zufrieden sein, weil es ihm bei Akkordlohn einen höheren Verdienst ermöglichte. Tatsächlich wehrten sich viele Arbeiter gegen Arbeitsanweisungen, die ihnen keinerlei persönlichen Spielraum ließen.

Viele Vertreter des Taylorismus erkannten nicht, dass der Mensch kein Mechanismus ist, sondern ein lebender Organismus, der bei der Arbeit wichtige Bedürfnisse befriedigen muss, um quantitativ und qualitativ gute Leistungen erbringen zu können. Dies entspricht im Prinzip der Zielsetzung des Verbandes für Arbeitsstudien (REFA) e. V. In Paragraf 2 der REFA-Satzung heißt es:

„Die Verbandsarbeit soll sowohl dem Aufbau und der Erhaltung einer leistungs- und wettbewerbsfähigen Wirtschaft als auch dem arbeitenden Menschen dienen, für den die richtige Bewertung von Arbeit und Leistung eine wesentliche Voraussetzung zur Erhaltung der Arbeitskraft und Arbeitsfreude" ist.

Mayo- bzw. Hawthorne-Effekt als Gegenpol des Taylorismus

Wie wichtig der menschliche Faktor für die Leistung der Mitarbeiter in der Produktion ist, zeigte sich bei den Experimenten, die die Betriebspsychologen E. Mayo und F. Roethlisberger mit ihrem Team in den Hawthorne-Werken von General Electric, Chicago, durchführten. Sie sollten ursprünglich nur zeigen, wie sich veränderte physikalische Bedingungen am Arbeitsplatz auf die Leistung von Fließbandarbeiterinnen auswirken. Eine Arbeiterinnengruppe wurde in einem besonderen Raum untergebracht, wo Mayo und sein Team sie beobachten konnten; diese variierten eine Reihe physikalischer Faktoren wie „Lichtverhältnisse, Temperatur, Feuchtigkeit… (und untersuchten) die Wirkung von Ruhepausen, kürzeren Arbeitswochen und Lohnanreizen".

Zu ihrer Überraschung stellten die Psychologen fest, dass sich die Leistung der Gruppe nach jeder Veränderung kontinuierlich steigerte. Was waren die Gründe und Hintergründe dieser paradox erscheinenden Situation? Die Arbeiterinnen hatten nicht auf äußere Veränderungen reagiert und ihre Leistung bis zu 25 % gesteigert, sondern auf soziale und menschliche Einflüsse, zum Beispiel:

1. Die Sympathie, die sie im Laufe des Experiments füreinander entwickelt hatten.
2. Das Gefühl der Zugehörigkeit, das gute Miteinander der Gruppe, das Wir-Gefühl.
3. Mehr Selbstbestimmung in Bezug auf Arbeitsmethoden und -rhythmus.
4. Die Erlaubnis, miteinander sprechen zu dürfen, und den Wegfall von Kontrollen.
5. Die menschliche Zuwendung und Anerkennung, also die Befriedigung wichtiger Bedürfnisse; dies war besonders wichtig.

Die Arbeiterinnengruppe fühlte sich aufgewertet. Sie hatte den Eindruck, die Geschäftsleitung kümmert sich um uns; wir sind für das Unternehmen wichtig. Wir werden gefragt, wie man Probleme besser lösen kann; wir können etwas zur Gestaltung unserer Arbeit und unseres Arbeitsplatzes beitragen. Mayo und Roethlisberger mit ihrem Team kamen zu der Einsicht, die als „Hawthorne- bzw. Mayo-Effekt" bezeichnet und in die wissenschaftliche Literatur übernommen wurde.

F. Können menschlichere Arbeitsverhältnisse die Produktivität erhöhen?

*Menschlichkeit und Wirtschaftlichkeit schließen sich nicht aus;
sie bedingen einander.*

Menschlichere Arbeitsverhältnisse erhöhen die Produktivität. Für die Manager der Hawthorne-Werke von General Electric war das wichtigste Ergebnis, dass die Arbeitsleistung von den sozialen Bedingungen mitbestimmt wird. Gute Beziehungen am Arbeitsplatz motivieren zur Leistung stärker als technische Erleichterungen.

Neben den offiziellen, den „formellen" sozialen Beziehungen im Unternehmen beeinflussen die inoffiziellen, die privaten Beziehungen in „informellen" Gruppen nachhaltig Einstellung, Verhaltensweisen und Arbeitsleistung der Mitarbeiter; dazu kommen unterschwellig noch die Bedürfnisse nach Selbstwert, Ansehen, Anerkennung und Sicherheit. Auch diese Faktoren wirken sich über das Betriebsklima und die Arbeitszufriedenheit auf das Leistungsverhalten aus. Werden sie nicht berücksichtigt, entsteht bei den Mitarbeitern chronische Unzufriedenheit, die sich vordergründig in Beschwerden und Lohnforderungen ausdrückt.

Die erwähnten Zusammenhänge bestätigen, dass ein Betrieb nicht nur ein großer Mechanismus ist, sondern auch ein großer Organismus, ein komplexes soziales Gebilde, für das psycho-soziale Gesetzmäßigkeiten gelten.

Welche Konsequenzen ergeben sich?

Natürlich kann das Unternehmen kein Experimentierfeld für Psychologen sein, die Mitarbeitern „Streicheleinheiten" geben und sich jahrelang um sie kümmern. Kein vernünftiger Mensch wird aufgrund der Hawthorne-Experimente mit Mayo-Effekt auf die Idee kommen, den REFA-Ingenieur durch den Betriebspsychologen zu ersetzen. Taylorismus- und Mayo-Effekt sind Pole, die sich nicht ausschließen, sondern einander bedingen und ergänzen.

Das Grundanliegen des Taylorismus, durch eine optimale Organisation des Arbeitsprozesses eine höhere Produktivität zu erreichen, ist ja nicht falsch. Dieses Prinzip muss aber aufgrund des Mayo-Effekts modifiziert und ergänzt werden durch eine dynamische Organisation, die sich ständig weiterentwickelt und den Menschen als zentralen Faktor nicht nur im Munde führt, sondern ihn als Arbeitspersönlichkeit in seiner Bedeutung ernst nimmt und ihn mindestens genauso berücksichtigt wie die Technik. Mensch und Technik müssen ständig aufeinander bezogen werden und gut zusammenspielen; denn erst durch die Beachtung des menschlichen Aspekts werden in allen Unternehmensbereichen Reibungsverluste vermieden, die sich ein Unternehmen heute nicht mehr leisten kann.

Je menschlicher alle Personen im Unternehmen – auch die Führungskräfte der oberen Ebenen, auch der Top-Manager – miteinander umgehen, umso höher ist die Produktivität des Unternehmens; nur dann ist es den ständig gestiegenen und noch zunehmenden Anforderungen gewachsen.

Die Forderungen nach Aufwertung des Mitarbeiters zur Arbeitspersönlichkeit und nach menschengerechter Arbeit können aber nicht einseitig vom Unternehmen erfüllt werden; auch die Mitarbeiter müssen mitwirken und ihr Verhalten zueinander und zu ihren Vorgesetzten ändern, damit neben einer höheren Produktivität auch ein gutes Arbeitsklima und mehr Arbeitszufriedenheit entstehen.

Wie haben deutsche Unternehmen auf die veränderten Weltmarktbedingungen reagiert?

Sie haben Fließbänder abgebaut, neue technische Systeme entwickelt, viele rasch umrüstbare Roboter angeschafft, die Produktion anders organisiert, Gruppenarbeit eingeführt, die Hierarchie schlanker gemacht. Lean-production ist nicht nur in aller Munde; sie hat sich vor allem im mittleren Bereich der Hierarchie arbeitskräfte-freisetzend ausgewirkt. Dies ist neben Strukturveränderungen mit ein Grund für die hohe Arbeitslosigkeit, die ökonomischen Erfolge in den Unternehmen und die boomende Börse.

In den meisten Unternehmen sind die physikalischen Voraussetzungen für eine hohe Leistung erfüllt: Ergonomische Faktoren werden beachtet. Die Beleuchtung ist intensiv und blendfrei. Der Luftaustausch ist zugfrei. Temperatur und Luftfeuchtigkeit sind der Arbeit angepasst. Arbeitsplatz und Arbeitsumgebung sind farblich wohltuend gestaltet.

Dies genügt aber nicht! Den harten Konkurrenzkampf werden langfristig nur die Unternehmen bestehen und überleben, die nicht nur viel Geld investieren, um die technischen Möglichkeiten zu nutzen, die ihnen die Mikroelektronik bietet, sondern auch den Menschen im Unternehmen als Arbeitspersönlichkeit ausreichend ins Spiel bringen: den mündigen Mitarbeiter, der an seinem Arbeitsplatz, wo er Spezialist ist, und in seinem Arbeitsumfeld als Partner mitdenkt, mitredet, mitentscheidet, und nicht mehr wie früher als braver Untertan zu allem gehorsam nickt, was am grünen Tisch ausgedacht und von oben angeordnet ist.

Was sollte sich in manchen Unternehmen ändern?

Vor allem die Einstellung aller im Unternehmen Tätigen zu sich selbst und ihrem sozialen Umfeld, ihr Verhalten zueinander und der Ton für den Umgang miteinander! Ein neuer Geist, der das zwischenmenschliche Verhalten bestimmt, müsste alle Personen im Unternehmen erfüllen. Diese veränderte Gesinnung ist allerdings nicht „machbar"; sie kann nicht angeordnet und wie eine technische Maßnahme „durchgeführt" werden. Sie muss gelebt, muss vor allem von den leitenden Personen im Unternehmen vorgelebt werden, die die Hauptverantwortung für das Unternehmen tragen und Modell für ihre Mitarbeiter sind.

Ein Unternehmen wird nur dann den vom Weltmarkt ausgehenden Sachzwängen und dem Leistungsdruck standhalten können, wenn es seine Arbeit anders organisiert und seine Mitarbeiter in Entscheidungs- und Steuerungsprozesse mehr einbezieht, wie dies schon jetzt Konkurrenten tun, die auf dem Markt den Ton angeben, Preise und Qualitätsstandards bestimmen und damit von ihren Mitbewerbern größere Anstrengungen und ein verändertes Verhalten erzwingen.

Der Gedanke, dass viele Personen im Unternehmen ihr Verhal-

ten ändern sollten, zieht sich durch das ganze Buch. In Abschnitt „3. Personale Kompetenz" wird aufgezeigt, wie der Einzelne mit der vegetativen, emotionalen und rationalen Schicht seiner Person in sich umgehen sollte, um Identität entwickeln und aus seiner Mitte leben, arbeiten und erfolgreich handeln zu können. Beim raschen wissenschaftlichen, technischen und sozialen Wandel haben eine besondere Bedeutung gewonnen:
- die Entwicklung und Anwendung von Kreativität
- die Fähigkeit, das eigene Verhalten zu ändern
- die tägliche Stressbewältigung.

Im Abschnitt „4. Soziale Kompetenz" geht es vor allem um Folgendes:
- das realistische Wahrnehmen und Urteilen
- die Kommunikation als Fähigkeit, sich mit anderen eindeutig zu verständigen
- das konstruktive Konfliktlösen, das niemanden abwertet
- die Erfahrung und Durchführung von Gruppenarbeit, bei der viele Voraussetzungen erfüllt sein müssen, damit sie erfolgreich ist.

Die für eine effiziente Zusammenarbeit und den Unternehmenserfolg unverzichtbare Soziale Kompetenz ist von der Personalen Kompetenz abhängig: der Fähigkeit, mit der eigenen Person konstruktiv umzugehen und das Verhalten im Umgang mit Personen und Sachen zielbewusst zu steuern.

Beide Kompetenzen wurden bisher bei Ausbildung und Studium nur bruchstückhaft behandelt. Führungskräfte, Nachwuchskräfte und Absolventen der Hochschulen und Universitäten benötigen deshalb verständliche und praxisbezogene Informationen, die das Buch bietet. Es kann auch als Nachschlagewerk eingesetzt werden; eine Problemübersicht am Anfang des Buches ermöglicht ein rasches Auffinden von Vorschlägen zur Abhilfe.

G. Fachkompetenz ist weiterhin erforderlich

Was heißt Fachkompetenz?

Unter fachlicher Qualifikation bzw. Fachkompetenz verstehen wir die für den Umgang mit Sachen und zur Erledigung von Sachaufgaben notwendige Befähigung, die neben theoretischen Kenntnissen auch praktisch anwendbares Handlungswissen umfasst und intellektuelle und handwerkliche Fähigkeiten und Fertigkeiten erfordert. Diese wurden einmal bei entsprechender Veranlagung bzw. Begabung durch Lernprozesse erworben; deshalb sind sie auch trainierbar und veränderbar.

Grundwissen und Grundfertigkeiten sind Voraussetzung zum Weiterüben und Aneignen zusätzlicher Fertigkeiten. Beim Lernen an betrieblichen Aufgaben bekommen Auszubildende oder Anlernkräfte im Unternehmen Einsicht in ganze Abläufe, Systeme, Gruppen und Produkte; dadurch machen sie die ganzheitliche Erfahrung von Sinn. Sie lernen vernetzt zu denken, statt nur linear. Probleme sehen sie in einem größeren Zusammenhang. Durch Fragen werden die Probleme von verschiedenen Seiten beleuchtet und eingekreist. Prüfungen stellen den Grad der Leistungsbefähigung als Fachkompetenz für bestimmte Arbeitsaufgaben fest.

Grundvoraussetzung ist eine gute Schulbildung. Von Schulabgängern wird erwartet:
- die Beherrschung der deutschen Sprache in Wort und Schrift: der Mitarbeiter muss Sachverhalte klar formulieren und aufnehmen können; er soll möglichst auch über Englischkenntnisse verfügen;
- die Beherrschung einfacher Rechentechniken: die vier Grundrechenarten, Rechnen mit Dezimalzahlen und Brüchen, Umgang mit Maßeinheiten, Dreisatz, Prozentrechnen, Flächen-, Volumen- und Masseberechnungen; Grundlagen der Geometrie. Der Lernende muss einfache Textaufgaben begreifen, die

wichtigsten Formeln anwenden und mit Taschenrechnern umgehen können;
- naturwissenschaftliche Grundkenntnisse und Grundwissen
  über Physik, Chemie, Biologie und Informatik zum Verständnis
  moderner Technik; positive Grundeinstellung zu ihr;
- Grundkenntnisse über wirtschaftliche und kulturelle Zusammenhänge: Einblick in die Wirtschafts- und Arbeitswelt.
  Grundinformationen über das Funktionieren unseres markt-
  wirtschaftlichen Systems im Rahmen unserer Gesellschaftsord-
  nung; Rolle der Unternehmen, des Staates, der Tarifparteien
  und der Haushalte.

Die beruflich-fachliche Befähigung wird auf einen bestimmten
Beruf und auf Arbeitsplätze mit bestimmten Aufgaben bzw. Aufga-
benbereichen bezogen. Der Mitarbeiter hat den richtigen Beruf gewählt, ist dafür begabt und ausgebildet und verspürt Neigung dazu.
Er verfügt über das nötige Wissen und die erforderlichen Fähigkeiten und Fertigkeiten und hat Erfahrungen auf Spezialgebieten in
bestimmten Branchen, z. B. EDV-Kenntnisse; Anwendungs- und
Bedienerwissen für Instrumente, Techniken, Einrichtungen.

Berufsübergreifende Fachkompetenz

Darunter wird verstanden, dass ein Ingenieur z. B. kaufmänni-
sche Kenntnisse hat, ein Kaufmann technische, z. B. in Zeich-
nungslesen, Werkstoffkunde, Fertigungstechnik, Energietechnik,
Elektronik. Und beide verfügen über Grundkenntnisse zu Arbeitsorganisation, Arbeitssicherheit, Umweltschutz. Dazu zählen
auch eine technische, wirtschaftliche und soziale Allgemeinbildung und gute Fremdsprachenkenntnisse mit Fachwortschatz,
ebenso Kenntnisse und Fähigkeiten für EDV, Mikroelektronik,
Pneumatik, Hydraulik, neue Technologien.

Ein Mitarbeiter gilt als qualifiziert, wenn er seine Aufgaben effektiv, d. h. qualitativ gut, kraft-, zeit- und mittelsparend erledigen
und hohe Leistungen erzielen kann: vom Unternehmen vorgegebene, oder aber selbstgesetzte, die seinem eigenen Anspruchsniveau entsprechen. Durch den beruflichen Erfolg macht ihm seine
Arbeit Freude und befriedigt ihn; seine Einstellung zur Arbeit ist
positiv, und er fühlt sich wohl.

H. Was sind Schlüsselqualifikationen?

*Die Grundfähigkeit, sich auf Neues, Ungewohntes, Fremdes
konstruktiv einstellen und es relativ angstfrei
erfolgreich bewältigen zu können, wird immer wichtiger.*

Was sind Qualifikationen?

Qualifikationen sind zunächst überprüfbare berufs- und fachübergreifende Kenntnisse, Fertigkeiten, Fähigkeiten, die zum Arbeiten im Beruf notwendig sind; dann aber auch und vor allem die
ganzheitliche Befähigung, sie als Können erfolgreich anzuwenden
bei unterschiedlichen Anforderungen, in wechselnden Funktionen, Positionen und Situationen, allein und in Zusammenarbeit
mit anderen. Qualifikationen beruhen auf Dispositionen: Anlagen, Bereitschaften, die es möglich machen, auf eine Anforderung,
einen Reiz oder einen eigenen Entschluss aktiv zu werden. Daneben wirken sich die Einstellungen als Grundhaltung auf die Qualifikationen aus, Anschauungen, Meinungen, Überzeugungen, die
sich in Motivation, Wahrnehmung, Erkennen und Verhalten zeigen. Durch Qualifikationen kann eine Person bestimmten Tätigkeitsanforderungen entsprechen: Aktivitäten, die notwendig sind,
um eine Aufgabe zu erfüllen, ein Ziel zu erreichen. Sie lassen sich
zu Tätigkeitskategorien zusammenfassen.

Wir unterscheiden zwischen der Bereitschaft, dem Wollen, und
der Fähigkeit, dem Können. Wer bereit ist, etwas tun zu wollen,
meint, dass er dazu fähig ist; er ist nicht träge, er resigniert nicht.
Wer fähig ist, kann seinen Entschluss, aktiv zu werden, tatsächlich
ausführen und eine Leistung in bestimmter Qualität und Quantität
erreichen.

Einstellungen als Basis der Schlüsselqualifikationen

Einstellungen hängen zusammen mit dem Antriebssystem, das
hohe Leistungen ermöglicht; dem Wertesystem, das verantwor-

tungsbewusst macht; dem Orientierungssystem, das zum Abstrahieren befähigt; dem Lernsystem, mit dem wir Begriffe neu fassen;
dem Steuerungssystem, das Ausdauer und Interesse weckt. Diese
Grundhaltungen als Basis der Schlüsselqualifikationen entwickeln sich in konkreten beruflichen Situationen, vor allem in
komplexen und problematischen, die den Mitarbeiter herausfordern.

Daraus lassen sich Fähigkeiten ableiten, die das Fühlen, Denken, Wollen und Handeln in konkreten Lern- und Arbeitssituationen einschließen:

1. persönlich-charakterliche Grundfähigkeiten wie z. B. Ausdauer, Aktivität, Initiative, Lernbereitschaft,
2. leistungsbezogene Fähigkeiten zur Erledigung von Arbeitsaufgaben wie z. B. Problemlösen, Entscheiden, Konzepte entwickeln,
3. soziale Fähigkeiten zum Kooperieren, Verhandeln, zur Kon-
   fliktbewältigung usw.

Was sind Schlüsselqualifikationen?

Schlüsselqualifikationen sind nicht arbeitsplatzbezogen; bestimmte praxisbezogene Kenntnisse, Fähigkeiten und Fertigkeiten
sollen einen Mitarbeiter oder eine Führungskraft vielmehr befähigen, sich auf viele sehr unterschiedliche Anforderungen, Funktionen und Positionen rasch einzustellen und sie erfolgreich zu bewältigen.

Sie beruhen auf Persönlichkeitsmerkmalen und zeigen sich in
bestimmten Einstellungen und Verhaltensweisen, die mit den psy-
chisch-geistigen Funktionen die Person bzw. Persönlichkeit eines
Menschen ausmachen. Im Arbeitsleben gelten sie als überfachliche Kompetenz des Mitarbeiters, die sich aufteilen lässt in Hand-
lungs- und Methoden-Kompetenz, Personale und Soziale Kompetenz. Diese Teilkompetenzen können nicht scharf getrennt
werden; sie beeinflussen sich wechselseitig.

Wichtig ist auch ein Orientierungswissen, ein Übersichts- und
Zusammenhangswissen, das neben dem sachlich-fachlichen
Grund- oder Kernwissen übertragbare Kenntnisse, Fähigkeiten,
Fertigkeiten umfasst, die die betriebliche Organisation, Fertigung

und Auftragsabwicklung betreffen. Dazu kommt ein personales, soziales und methodisches Allgemeinwissen zum Einsatz auf verschiedenen Kompetenzfeldern. Auf ihnen muss der Mitarbeiter sein berufliches und sein allgemeines Wissen als Basis der Urteilsbildung und des Handelns in Zusammenarbeit mit anderen Personen in kreativer Weise auf ständig wechselnde Situationen anwenden können.

Wer über Orientierungswissen verfügt, ist allerdings nicht auch schon orientierungsfähig; die Orientierungsfähigkeit als Teil der Handlungskompetenz muss in der Lebens- und Berufspraxis erst erworben werden. Besonders gilt dies, wenn Wertvorstellungen im Spiel sind, nach denen wir unsere Ziele überprüfen sollten. Für eine moralische Orientierung ist eine entsprechende ethische Grundhaltung unverzichtbar. Für die Menschen eines Unternehmens sind bestimmte Leitwerte wichtig, an denen sie sich für ihr Verhalten orientieren können.

Bei der bewussten Kompetenz weiß ich, dass ich zur Erledigung einer bestimmten Aufgabe befähigt bin; bei der unbewussten fühle ich es nur. Bei der bewussten Inkompetenz weiß ich, wo es fehlt, bei der unbewussten nicht.

Grund- oder Schlüsselqualifikationen wie z. B. die Orientierungs- und Handlungsfähigkeit veralten nicht; sie sind Voraussetzung für den Erwerb von Aufbauqualifikationen und helfen lebenslang, weitere Qualifikationen zu erreichen.

Erste Ansätze in der Ausbildung

Bisher stand bei der Ausbildung das Üben und Anwenden bestimmter fachlicher Fertigkeiten im Mittelpunkt; heute werden in zunehmendem Maße auch überfachliche: personale, soziale und methodische Kompetenzen mit entsprechenden Kenntnissen, Fertigkeiten und Verhaltensweisen verlangt. Diese sollen schon während der Ausbildung durch selbständiges, kreatives und kooperatives Planen, Durchführen und Auswerten vermittelt werden.

Dabei zeigt sich, dass sich Schlüsselqualifikationen im Unterricht nur bedingt vermitteln lassen; zu ihrer Entwicklung ist die Auseinandersetzung mit konkreten Aufgaben erforderlich.

Die wichtigste Qualifikation in der beruflichen Wirklichkeit ist, aktuelle Probleme rasch und mit geringst möglichem Aufwand lösen zu können. Dazu genügen viele Diplome nicht; sie bestätigen zwar ein hohes Maß an Fachwissen, sagen aber nichts aus über dessen praktische Umsetzung. Viele Hochschulabsolventen haben bei Antreten ihrer ersten Stellung in der Industrie einen Praxisschock erlitten; sie haben dreierlei erfahren: einmal, dass umfassende Kenntnisse auf einem Fachgebiet nicht ausreichen; zum anderen, dass man wissen muss, was am Arbeitsplatz gerade gebraucht wird; und schließlich, dass man sein Wissen für die Erledigung konkreter Aufgaben und zur Lösung von Problemen praktisch umsetzen kann.

Dies müssen viele Berufsanfänger zuerst lernen; denn bisher waren sie es gewohnt, auf hohem abstraktem Niveau zu denken; den Beweis für die Richtigkeit ihrer Ideen in der Praxis brauchten sie nicht zu erbringen. Nun aber muss, was sie sich in ihrem Kopf ausgedacht haben, der harten materiellen Wirklichkeit standhalten und in ihr funktionieren. Dies zeigt, wie wichtig Schlüsselqualifikationen sind. Sie ergänzen das Fachwissen; sie sind Meta-Wissen für den Umgang mit Fachwissen: ein Wissen, wie man Fachwissen in der Arbeitswelt bei Personen und Sachen anwendet.

Wichtige Voraussetzung: das Verhalten selbst ändern wollen

Schlüsselqualifikationen unterliegen nicht unserem bewussten Willen, weil sie im emotionalen Bereich der Person wurzeln und von Grundhaltungen geprägt sind. Wer Schlüsselqualifikationen lernen und einüben will, muss sein Verhalten ändern, und dies kann er nur, wenn er davon überzeugt ist, dass das veränderte Verhalten sinnvoll ist und es ihm hilft, sein Leben besser zu gestalten; er wird dann auch eher eine konstruktive Einstellung zum Wandel in unserer Zeit gewinnen.

Erleichtert wird die Veränderung von Einstellungen und Verhaltensweisen auch dadurch, wenn sich möglichst viele bemühen, einander zu verstehen und sich zu verständigen. Sind sie dazu bereit, werden sie nicht nur ihr eigenes Verhalten ändern, sondern auch die Verhältnisse. Und wer erfahren hat, dass die Veränderungen für alle gut und nützlich sind, dem fällt es in der Zukunft noch leichter, zum gegenseitigen Verständnis und Verstehen beizutragen.

Wichtig ist, dass Veränderungsprozesse in einer gewissen Ordnung ablaufen; diese darf nur nicht zur Erstarrung führen. Ziel bei allen Veränderungs- und Weiterentwicklungsprozessen in der Zukunft ist ein fairer Ausgleich zwischen hoher Produktivität des Unternehmens und möglichst großer Zufriedenheit der Mitarbeiter.

Am Arbeitsplatz lernen

Ein Mitarbeiter lernt am Arbeitsplatz, möglichst nahe an ihm, jedenfalls in ständiger Verbindung mit ihm nach der „entdeckenden", selbst gesteuerten und kooperativen Lernmethode unter Anleitung eines Lernberaters; denn Wissen lässt sich handelnd am besten erwerben. Die Lernmethode soll die Motivation fördern und das selbstständige Lernen erleichtern.

Äußeres Handeln als Tun ist vorwiegend auf die Veränderung der Umwelt gerichtet; inneres Handeln als Denken und Lernen beeinflusst die Innenwelt, die kognitive Struktur, das Gedächtnis. Wer z. B. lernen soll, wie man logische Schlüsse zieht, muss vorher die „Regeln des logischen Schließens" kennen lernen.

Bei der Weiterbildung lernt der Mitarbeiter nicht mehr unkritisch nach einem Kurssystem, was ein Lehrer sagt; vielmehr arbeitet er lernorientiert bzw. lernt er arbeitsorientiert. Dies ist auch schon in kleinen und mittleren Betrieben wichtig.

Wie W. Breitmeier von der IHK Stuttgart sagte, musste ein Dreher früher sehr exakt arbeiten. Heute bedient er numerisch gesteuerte Maschinen, die sehr viel schneller arbeiten als die Maschine, die er früher bedient hat. Er muss z. B. wissen, wie sich Material, Werkzeug und Maschine verhalten, wenn er bestimmte Steuerungsvorgänge auslöst. Dazu benötigt er sehr viel mehr kognitive Qualifikationen als früher. Er muss mitdenkend mehr Zusammenhänge erfassen, über seinen Arbeitsplatz hinaussehen, sich in immer neue Probleme hineindenken, sie selbstständig lösen und sich flexibel auf neue Situationen einstellen.

1. Handlungskompetenz

„Der Gedanke legt den Grund für die Tat." (H. v. Moltke)

Manche, die von der Hochschule kommen, haben aufgrund eines sehr guten Abschlusses unrealistische Erwartungen an einen Arbeitsplatz. Er soll nicht nur sicher und gut bezahlt sein, sondern viel persönlichen Spielraum, eine gute Entwicklung und einen raschen Aufstieg ermöglichen.

Was erwarten die Unternehmen von einem Mitarbeiter? Er soll zwar hoch und umfassend qualifiziert und innovativ sein, um neue Impulse für die Entwicklung setzen zu können. Aber er soll auch das wissen, was gerade gebraucht wird; und er soll praktisch umsetzen können, was er zur Lösung eines bestimmten Problems weiß. Auf der Hochschule hat er immer nur Wissen aufgenommen; wie man dieses Wissen am Arbeitsplatz transferiert und damit konkrete Probleme löst, war nicht Gegenstand seines Studiums. Seine Handlungskompetenz hat er nur schwach entwickelt, die neben beruflichen und berufsübergreifenden auch überfachliche Kompetenzen umfasst, z. B. Personale, Soziale und Methoden-Kompetenz.

Wer Ideen sammelt, sollte auch überlegen, ob er sie – wie – umsetzen kann; denn eine Idee erfolgreich umsetzen ist besser als hundert Ideen nur im Kopf zu haben. Partner können ihm dabei helfen; sie sollte er am Erfolg beteiligen.

Eine Führungskraft muss im Arbeitsalltag fähig sein, ihre Handlungskompetenz bei ihren Mitarbeitern im Spannungsfeld von Menschlichkeit und Wirtschaftlichkeit effektiv einzusetzen.

Was heißt handeln?

Handeln heißt, zielgerichtet, bewusst, aktiv werden, tätig sein: an einer aktuellen konkreten Situation und an Werten orientiert, in einer bestimmten Gesinnung, aus einer Grundhaltung heraus, selbstbestimmt und eigenverantwortlich. Aus Einsicht, nach Konzept, geplant, mit einer bestimmten Absicht, die Konsequenzen vor Augen, aus eigenem Antrieb, intrinsisch motiviert in die Wirklichkeit eingreifen. Unter Einsatz geeigneter und verfügbarer Mittel auf einem Weg gehen und methodisch, in logischer Folge, bestimmte Schritte tun in der Erwartung, dass ich in überschaubarer Zeit ans Ziel komme, Erfolg habe. Bei Misserfolg forsche ich nach den Ursachen; ich suche sie zuerst bei mir selbst. Das bisherige Vorgehen überdenke ich kritisch; evtl. korrigiere ich es. Gelegentlich kann es auch notwendig und sinnvoll sein, ohne gründliche Planung in Übereinstimmung mit dem eigenen Gewissen spontan zu handeln. Als Kurzformel für das Handeln im Alltag hat sich bewährt: „Mit einem emotionalen Ja zielen, tun, prüfen!"

Handlungsfähig ist, wer sich aus freier Entscheidung ein sozialverträgliches, an ethischen Prinzipien orientiertes Ziel setzen und beim Reden gut argumentieren kann. Beim Handeln beeinflussen uns unsere Einstellungen, Ziele, Motive; die aktuelle Situation, soziale Rollen, Symbole, Normen, Werte. Durch konsequentes, zielbewusstes Handeln, unbeirrt von inneren und äußeren Widerständen, lassen sich mit langem Atem große Zeiträume mit einem großen Spannungsbogen überbrücken, wenn der Handelnde über genügend Spannkraft und Ausdauer verfügt. Alltägliches Handeln bzw. Verhalten wird im Laufe der Sozialisation durch Anpassungsprozesse, Übung und praktische Anwendung automatisiert; dadurch entstehen feste, kraftsparende Gewohnheiten, die selbsttätig und weitgehend bewusstseinsarm oder unbewusst ablaufen und das Denken für andere Prozesse und Funktionen entlasten.

Im Umgang mit der Umwelt gegenüber Personen und Sachen sollten wir uns vernunfts- und willengesteuert, zweckmäßig und sinnvoll verhalten, um tätig ein auch für andere Personen nützliches Ziel erreichen und Bedürfnisse befriedigen zu können. Handeln bedeutet auch: planen, sich einen möglichen Ablauf vorstellen, alles vorbereiten; dann sich entscheiden, durchführen, kontrollieren. Den ganzen Prozess selbstbestimmt und eigenverantwortlich mit den Menschen und mit Maßnahmen, Vorgehensweisen, Abläufen im Unternehmen zu verbinden und das Ergebnis zu kontrollieren.

Gegenpol zum bewussten Handeln ist das zweckfreie Spielen. Ein Schuss spielerischer Einstellung kann das bewusste Handeln

und Arbeiten emotional fördern, ihm mehr Dynamik geben, einen
Erfolg wahrscheinlicher machen, ihm mehr Sinn verleihen.

Handlungsschritte

Durch Handeln als bewusste Tätigkeit will ein Mensch ein Ziel
erreichen, das er sich nach gründlicher Überlegung gesetzt hat.
Durch seine Entscheidung sind Antriebe für die Durchführung
entstanden. In der Informations- und Orientierungsphase fragt
der Handelnde sich u. a.: Ist das Ziel erstrebenswert bzw. lohnend? Kann ich es von meinem derzeitigen Ist-Zustand aus erreichen? Genügen z. B. meine Mittel dafür?

Bejaht er die Fragen nach dem Ziel, entscheidet und motiviert
er sich dafür. Er plant, d. h. er überlegt, wie er das Ziel erreichen
kann, und stellt sich die möglichen Schritte vor; er entwirft ein
Handlungsprogramm als inneres Modell. In der Phantasie handelt
er probeweise. Evtl. überprüft er seine Überlegungen durch einige
praktische Handlungsschritte. Eine gute Planung lässt dem Handelnden genügend Spielraum für selbstständiges Handeln in der
Wahl des Weges, der Mittel, Schritte, Methoden, Verfahren usw.

Als Reaktion auf Forderungen aus der Umwelt oder um ein eigenes Bedürfnis zu befriedigen, eigene Interessen zu verfolgen,
fasst der Handelnde sein Ziel bewusst ins Auge. Er identifiziert
sich mit dem Ziel und allem, was zu diesem Ziel führt. Beim Prozess der Entscheidungsfindung müssen alle Konsequenzen beleuchtet und durchdacht werden, z. B. Auswirkungen auf die Umwelt und künftige Generationen; erst dann wird entschieden.

Nach der Entscheidung kommt die Durchführung, die Phase
des Handlungsvollzugs, in der er praktisch zu handeln beginnt.
Dabei stellt er sich ein bestimmtes Arbeitsergebnis vor; dies
aktiviert seine Antriebe. Je klarer und eindeutiger das Ziel ist und
je eher es andere widerstrebende Ziele und Motive ausschließt,
desto leichter kann der Handelnde sich darauf konzentrieren,
umso stärker wird die Kraft zur zielbezogenen Handlung.

Der Handelnde kontrolliert und reguliert sein Handeln, d. h. er
vergleicht seinen Plan mit dem jeweils erreichten Zwischenziel
bzw. Ergebnis; danach korrigiert er evtl. sein Verhalten.

Erleichtert wird das zielbezogene Handeln, wenn der Handelnde sich selbst für das Ziel entscheidet; wenn das Ziel für ihn wertvoll, verlockend, anziehend ist und es ein für ihn wichtiges Bedürfnis befriedigt. Jeder Schritt mit Blick auf das Ziel vermittelt ihm Erfolgserlebnisse; jedes von ihnen als Vorschuss auf den ganzen Erfolg erleichtert die weiteren Bemühungen und das Erreichen des Ziels. Die Handlungsschritte werden verinnerlicht und automatisiert; sie laufen mehr und mehr ohne bewusstes Wollen ab und werden zur Fertigkeit.

Nachteilig wirken sich auf zielgerichtetes Handeln aus: starke Erregung, die zu einer spontanen Reaktion führen und dann riskante Affekthandlungen bewirken kann. Oder überstarke eigene Bedürfnisse, die eine unüberlegte, nicht bewusst gewordene Triebhandlung auslösen.

Merkmale des handlungsfähigen Menschen

1. Er stellt sich bewusst auf sein Ziel ein; sein Wille ist durch das erfolgreiche Streben nach Zielen stark geworden. Er rennt aber nicht mit Scheuklappen auf sein Ziel zu, sondern überprüft es von Zeit zu Zeit.
2. Auf veränderte oder neue Situationen stellt er sich besonnen ein; er reagiert flexibel darauf.
3. Schwierigkeiten grenzt er ein, um eine komplexe Situation besser bewältigen zu können; er achtet darauf, entspannt zu sein, um belastungsfähiger zu werden.
4. Er denkt mit, ist selbstständig und zuverlässig; bei abwechslungsarmen Beobachtungstätigkeiten bleibt er hellwach. Anderen gegenüber vertritt er selbstkritisch seine eigene Meinung.
5. Er verfügt nicht nur über strukturiertes Wissen, sondern auch über ein hohes Maß an Können, d. h. er ist fähig, sein Wissen gegenwartsbezogen in einer bestimmten Situation wirksam anzuwenden.
6. In seinem Verhalten orientiert er sich an einem ethisch fundierten Wertesystem; er kennt und beachtet die Goldene Regel.
7. Er sieht sich als Teil eines umfassenden Ganzen, in dem er einen bestimmten Platz einnimmt; dies macht ihn ruhig und sicher.

8. Er denkt und handelt konsequent und ist gesprächsbereit und -fähig. Mit anderen vereinbart er klare Verhaltensregeln; beim Verstoß dagegen erinnert er sich selbst oder die anderen daran.

9. Er verhält sich eigenaktiv und übernimmt Verantwortung für sein Handeln, auch für das fehlerhafte und dessen Folgen. Bei monotonen Tätigkeiten hält ihn sein Verantwortungsbewusstsein wach.

10. Er denkt umsichtig und vorausschauend; er ist auch kritikfähig und macht sich nichts vor. Außenwelt und Innenwelt, Wichtiges und Unwichtiges, Wesentliches und Unwesentliches, Richtiges und Falsches, Erfolg und Misserfolg kann er unterscheiden.

11. Er ist kritisch, aber konstruktiv zu sich, zu seinen Mitmenschen und zu Sachen eingestellt; er kann sich selbst führen und sein Verhalten steuern.

12. Entspannt und gelassen, mit innerem Abstand, nimmt er seine Umwelt wahr, bildet er sich eine klare Vorstellung von ihr. Aus seiner Mitte heraus, in innerer Gewissheit, urteilt und entscheidet er dann.

13. Er handelt eigenständig, aber situationsgerecht, wirft Ballast ab und lässt alles hinter sich, was seinem zentralen Ziel, v. a. dem Lebensziel, nicht dient.

14. Durch Liebe zu seinem Ziel steigert er seine Arbeitsfreude. Was noch als Sorgenberg übrig bleibt, zerlegt er in kleine Sorgenhäufchen; diese trägt er Schritt für Schritt ab.

15. Er ist selbstbewusst, verfügt über ein gutes Selbstwertgefühl und hohe Frustrationstoleranz. Überwundene Schwierigkeiten macht er sich bewusst. Er freut sich, es geschafft zu haben; dies stärkt sein Selbstvertrauen und seine Freude an der eigenen Leistung. Er bleibt sich aber der eigenen Grenzen bewusst.

16. Problemen und Konflikten weicht er nicht aus; er erkennt sie, packt sie entschlossen an, setzt sich erfolgreich mit ihnen auseinander und führt sie einer Lösung zu.

Verschiedene Handlungsarten unterscheiden

Bei Triebhandlungen gebe ich ohne Einsicht und Rücksicht einem starken Bedürfnis nach, um es zu befriedigen. Eigentlich ist dies keine Handlung, weil der bewusst gefasste Entschluss als Willensakt fehlt. Das Gleiche gilt für bloßes Wunschdenken, spontanes und rein emotional bedingtes Verhalten, vage Erwartungen und Sehnsüchte nach einer wunderbaren Veränderung in der Zukunft. Bei Wahlhandlungen kann ich mich für eine unter mehreren Möglichkeiten frei entscheiden; oder ich wähle unter mehreren Mitteln und Wegen, die mir helfen, das gleiche Ziel unterschiedlich zu erreichen.

Andere Unterscheidungen: Eine Handlung ist richtig oder falsch, gut oder böse, durchdacht oder riskant, verantwortlich oder unverantwortlich, erfolgreich oder gescheitert, angenehm oder unangenehm; und mein Handeln hat positive oder negative Folgen. Bei einem primären Willensakt strebe ich das Ziel direkt an; beim sekundären Willensakt dagegen erreiche ich mein Ziel auf Umwegen, über Zwischenziele, durch bestimmte Mittel.

Die Willensrichtung hängt ab von Ziel, Aufgabe, Situation, der seelischen Struktur des Menschen, seiner Innenorganisation und -steuerung, von Haltung, Charakter, eigener Mitte. Je klarer und spezifischer das Ziel ist, umso stärker wirkt es und aktiviert den Handelnden, bis er es erreicht hat. Hilfreich ist, das eigene Wollen und das Wollen anderer zu vergleichen und aufeinander abzustimmen. Was will ich für mich? Was wollen die anderen von mir? Was will ich von ihnen?

Ich kann von unterschiedlichen Ausgangspunkten das gleiche Ziel und vom gleichen Ausgangspunkt unterschiedliche Ziele erreichen. Der Wille kann nach innen gerichtet sein, z. B. um trieb- und affekthafte Regungen zu zügeln. Beim nach außen gerichteten Wollen werden Fähigkeiten und Kräfte mobilisiert, die hohe Leistungen ermöglichen. Die Willenskraft ist abhängig von vitalen Antrieben, von Emotionen und Affekten; sie macht Intensität, Stoßkraft, Tempo, Tiefe und Nachhaltigkeit des Wollens aus.

Worin besteht eine Willensschwäche? Mein Bezug zur Umwelt ist gestört; ich kann mich nicht aktiv und erfolgreich mit ihr auseinander setzen. Das Wollen fällt mir schwer, z. B. weil ich das Ziel nicht bejahen kann, das ich mir gesetzt oder das andere mir vorgegeben haben. Mein inneres Gefühl stemmt sich dagegen; die erforderliche seelische und körperliche Energie fehlt mir; ich leide unter Missempfindungen und Verstimmungen, bin überreizt, müde oder erschöpft. Oder starke Gewohnheiten bis hin zur Sucht stehen einem bestimmten Wollen, z. B. künftig nicht mehr so viel zu essen oder nicht mehr zu rauchen, hemmend entgegen.

Verhaltensprobleme und Fehlleistungen

Fehlleistungen entstehen durch nicht beabsichtigte Fehlhandlungen, die vermutlich auf unterdrückten oder verdrängten Tendenzen beruhen und mehr oder weniger unangenehme Folgen haben, z. B.:

- Etwas zur falschen Zeit und am falschen Ort sagen und tun.
- Ein anderes als das angestrebte Ziel erreichen.
- Etwas versehentlich nicht tun, es unterlassen, z. B. vergessen.
- Sich an einen Namen nicht mehr erinnern können, einen Gegenstand verlegen, etwas verwechseln.
- Sich verschreiben, verhören, versprechen. Beispiele für peinliche Versprecher: – Ein Mann sagt empört: „Da sind einige Dinge zum Vorschwein gekommen"; gemeint hat er, dass einige Schweinereien zum Vorschein gekommen sind.
- Der Versammlungsleiter sagt: „Ich begrüße die Anwesenden und erkläre die Sitzung für geschlossen", statt für eröffnet; er wollte, sie wäre schon geschlossen.
- Ein Mann wollte sich so rechtfertigen: „Darauf, dass es so war, wie ich sage, bin ich bereit, jeden Meineid zu leisten"; der Mann meinte wohl, er könne jeden Eid leisten, aber es wäre dann ein Meineid.

Viele Fehlleistungen sind banal, sind Flüchtigkeitsfehler. Um klären zu können, ob eine Fehlleistung eine wichtige persönliche Bedeutung hat, sollte man darauf achten:

a) Ist sie originell, sehr selten oder einmalig?
b) Hat sie nachteilige Folgen?

Warum verschieben wir manche Arbeiten? - Fehlt der richtige Einstieg? Schiebe ich auch sonst gern etwas vor mir her? Kann ich nicht „Nein" sagen? Bin ich mit der Arbeit überfordert? Fehlen mir bestimmte Informationen? Habe ich eine Abneigung gegen die Aufgabe?

Empfehlungen bei „Schieberitis":

- Nicht alles versprechen; auch das „Nein"-sagen lernen.
- Einen Vorgang möglichst nur einmal in die Hand nehmen; sofort erledigen. Wenn dies nicht möglich ist, das noch Unerledigte auf Zettel festhalten oder auf Vorgang vermerken.
- Auf Schwieriges oder Unangenehmes mit einem Zwischenbescheid reagieren.
- An das Ziel und den erwünschten Erfolg denken.
- Sich entscheiden:
  a) Reagiere ich; dann fange ich sofort an, tue es mit Leidenschaft und erlaube mir keine Ausnahmen.
  b) Unternehme ich nichts, lege ich den Vorgang unerledigt weg oder ab.

Erfolgsrezept nach William James, dem berühmten amerikanischen Psychologen:

1. Sofort beginnen, vor allem mit etwas Unerfreulichem.
2. Mit Leidenschaft an die Sache herangehen.
3. Sich keine Ausnahmen erlauben.

Modellvorstellungen

Die Person handelt denkend, sprechend, praktisch tätig in der Umwelt in wechselnden und oft sehr unterschiedlichen Situationen. Ziel ist, situationsgerecht zu handeln; dies ist mehr als über Kenntnisse, Fertigkeiten und Fähigkeiten zu verfügen.

Die allgemeine und sehr komplexe persönlichkeitsbezogene und situationsabhängige Handlungsfähigkeit im Beruf bedeutet: Der Mitarbeiter kann sich an seinem Arbeitsplatz, wo er Informationen aufnimmt, verarbeitet und umsetzt, plant, entscheidet und durchführt, d. h. das Ziel schrittweise erreicht, mit bestimmten beruflichen Anforderungen in unterschiedlichen und sich ständig ändernden Situationen erfolgreich auseinander setzen, sie gestalten und bewältigen, also nicht nur arbeitsplatzbezogen.

Ein Handlungsmodell umfasst Planung, Entscheidung, Ausführung und Kontrolle einer Tätigkeit. Die Vorstellung davon, ein

Bild der Tätigkeit, wird durch die Kontrolle der Tätigkeit abgesichert oder korrigiert; dies fördert den Handlungsprozess.

Der Handelnde soll sich ein möglichst genaues Bild vom Ziel seiner Tätigkeit machen, ebenso vom Weg, der zu diesem Ziel führt. Er soll überprüfen, ob seine Vorstellungen richtig waren; dies setzt eindeutige Rückmeldungen an den Handelnden voraus. Er soll erkennen, welche Wirkung er in seiner Umwelt durch seine Aktivität hervorruft, ob er das Ziel erreicht, das er sich gesetzt hat, und er den Weg zum Ziel gehen kann, den er sich vorgestellt hat: kurz, ob seine Erwartungen sich in der Realität erfüllen oder inwieweit sie davon abweichen.

Decken sich Erwartungen und die durch das Handeln erreichten Wirkungen, war die Einschätzung der eigenen Leistungsfähigkeit realistisch; der Handelnde fühlt sich dann sicher und ist leistungsfähig. Entspricht die Selbsteinschätzung der Handlung und eines möglichen Handlungserfolges dagegen dem erreichten Ergebnis nicht, hat der Handelnde viel weniger erreicht als erwartet, wird er unsicher und eher hilflos reagieren; langfristig könnten sogar Persönlichkeitsstörungen entstehen.

Sich entscheiden bedeutet: Ich bin fest entschlossen, mein Ziel zu erreichen; ich wünsche es nicht nur vage, ich sehne mich nicht nur danach, ich warte nicht passiv, dass etwas von außen auf mich zukommt und sich eine Art Wunder ereignet. Die Entscheidungsphase, die den eigentlichen Willensakt enthält, wird von Anfängern oft übersehen oder unterschätzt, besonders wenn das Ziel für sie sehr erstrebenswert ist und sie zum Handeln hochmotiviert sind. Wichtig ist, sich nicht nur spontan, aus einer emotionalen Situation heraus, zu entscheiden, sondern verantwortungsbewusst das Für und Wider, die Vor- und Nachteile, Gewinn und Einsatz, gegeneinander abzuwägen und neben den erwarteten Chancen das unerwartete, aber mögliche Risiko zu beleuchten, das in der Ausführung der Handlung liegt.

Was heißt Risiko? Ein Doppeltes: einmal in der ursprünglichen Bedeutung, abgeleitet vom griechischen Wort „riza": Wurzel, Basis; arabisch „risc": etwas Gegebenes, das Schicksal, eine Mischung aus Positivem und Gefahr; zum anderen, zurückgeführt auf das lateinische Wort „risco": das Umschiffen einer Klippe, etwas menschlich Produziertes, das beim Versuch entsteht, einer

Gefahr auszuweichen. Wir werden aktiv und wagen etwas; damit gehen wir ein Risiko ein, das wir vermeiden könnten, wenn wir passiv blieben.

Wichtig ist auch, dass wir uns den Unterschied zwischen Finalität und Kausalität vor Augen stellen. Final denken und handeln wir zweckbestimmt, zielgerichtet; wir sind davon überzeugt, das Ziel zu erreichen. Dieses finale Denken verändert die Wirklichkeit; es schafft neue Ursachen für neue Wirkungen. Wer nur kausal denkt nach dem Prinzip von Ursache und Wirkung, bleibt an die gegebenen Verhältnisse und deren Wirkungen gebunden, er verändert sie nicht.

Die Vorstellung des künftigen Zustands, der erwünschten oder erstrebten Zielsituation, motiviert, setzt Antriebe frei, macht ausdauernd, lässt das Ziel rascher erreichen. Die Bedeutung des Ziels kann sich auf dem Weg zum Ziel verändern; z. B. können die Mittel und ihre Anwendung wichtiger werden als der Zweck, das Ziel.

In der Natur und im menschlichen Körper ist vieles auf Zweckmäßigkeit angelegt, z. B. Bau und Funktion von Organismen, ohne dass der bewusste menschliche Wille eingreifen muss; oft stört er die Funktionen sogar, die unbewusst am besten ablaufen.

Wir unterscheiden auch „Zweck" und „Sinn"; etwas Unzweckmäßiges wie das Spiel kann „sinnvoll" sein.

Sich orientieren

Wer erfolgreich handeln will, muss sich vorher orientieren. Sich orientieren hat ursprünglich bedeutet: Sich auf den Osten, den Orient, ausrichten; später: Sich in der Welt räumlich zurechtfinden, nachdem man vorher die Himmelsrichtung festgestellt hat; in einer neuen Umgebung zurechtkommen: sich zurechtfinden, den richtigen Weg finden, sich nicht verirren, die Orientierung nicht verlieren, sich nicht verlaufen, nicht vom Weg abkommen. Oft müssen wir wieder an den Ausgangspunkt zurückfinden, entweder auf der bereits betretenen Strecke, oder auf einem neuen, unbekannten Weg.

Zeitlich bedeutet Sich-Orientieren z. B., zum richtigen Zeitpunkt eintreffen.

Erstaunlich sind die räumlichen Orientierungsleistungen von Tieren: Zugvögel überbrücken fliegend Tausende von Kilometern; sie finden ihr Ziel und kehren zum Ausgangspunkt zurück. Aale und Lachse finden ihre Brutplätze auf langen Wanderungen bis zu 10000 km.

Im übertragenen Sinne bedeutet Orientierung: Sich selbst ins Bild setzen, informieren, unterrichten; ich erkundige mich, ermittle etwas, forsche nach, befrage andere, interviewe sie, suche, finde. Auslöser für meine Bemühungen, mich zu orientieren, können sein: Fragestellungen, Aufgaben, Themen, Rätsel, Probleme, Ungewisses, Geheimnisvolles, Unerklärliches, Zweifelsfragen, Streitfragen, der kritische Punkt, ein Streitpunkt. Wir müssen allerdings darauf achten, dass das notwendige Fragen nach Zusammenhängen nicht zum bloßen „Infragestellen" verkommt; denn dadurch würden wir die Probleme in Gesellschaft und Wirtschaft verschärfen, die durch Wissensdefizite, zunehmende Komplexität, Unverständlichkeit und Anonymität entstanden sind.

Neben Bedürfnissen steuern Ziele, Interessen und Wertvorstellungen das Verhalten und damit immer auch den Prozess des Orientierens. Besonders wichtig sind die Ziele; was soll dadurch erreicht werden? Bei Gruppenarbeit ist es wichtig, dass Regeln abgesprochen werden, nach denen die Gruppenprozesse ablaufen; neben dem Rationalen soll auch das Emotionale ausreichend ins Spiel kommen.

Sich orientieren bedeutet auch: seinen Standort feststellen, sich zurechtfinden, sich Klarheit bzw. einen Überblick verschaffen, sich geistig zurechtfinden, klarkommen; etwas aufdecken, enthüllen, ans Licht bringen. Dies setzt innere Ehrlichkeit voraus. Mir werden dann die Augen geöffnet. Ich sehe und sage die Wahrheit, ich bin aufrichtig. Ich spreche mich aus, ich gestehe etwas ein, gebe etwas zu. Ich entlaste mich, öffne mich, vertraue einem anderen etwas an.

Wenn ich selbst orientiert bin, kann ich anderen etwas klarmachen, erklären, zeigen; ich mache sie auf etwas aufmerksam, unterrichte sie, weihe sie ein, setze sie ins Bild.

Mit unserem Orientierungsvermögen verfügen wir über einen Ortssinn, ein Ortsgedächtnis, einen Zeitsinn, ein Gespür, eine Art Spürsinn, über Intuition; wir sind offen, aufmerksam, wach, können gut beobachten. Wir haben eine Antenne, eine Witterung, ein feines Organ. Unser Orientierungsvermögen ermöglicht uns viele menschliche Orientierungsleistungen, z. B.:

– In einer Gefahrensituation instinktiv richtig reagieren; dadurch Schaden und Unfälle vermeiden oder begrenzen.
– Sich in der Vorstellung etwas vergegenwärtigen, sich auf diese Weise orientieren und dann wollen: sich für ein Ziel entscheiden und handeln, um an das Ziel zu kommen.
– Denk- und Gedächtnisleistungen: analysieren, vergleichen, differenzieren, Bezüge herstellen, sich mit etwas identifizieren. Klare Begriffe bilden; damit die Wirklichkeit ordnen, klassifizieren, zur Synthese kommen; sie in abstrakter Form abbilden.
– Das Wesentliche erkennen und in knappen Worten formulieren.
– Beim Lernen sich auf einem Wissensgebiet fortschreitend orientieren – auch an der Wirklichkeit.
– Sich einer Situation anpassen können; gut sozialisiert sein. Lage, Situation, Wissen, Denken und Sichentscheiden spielen dabei eine wichtige Rolle.
– Konvention, Tradition, Gewohnheiten, Sprache, Anspruchsniveau und vieles andere bestimmen das Orientierungsverhalten, ebenso Vorstellungen über die eigenen Fähigkeiten oder das eigene Naturell als subjektive Faktoren; dazu kommen die natürliche, wirtschaftliche und politische Lage, das Schicksal, die zeitlichen Umstände als objektive Faktoren.

Lageschema ist die Weise, „wie sich eine Person in ihrem Lebenszusammenhang selber sieht und sich in ihn einordnet".

Bei Orientierungsverlust ist ein Mensch z. B. unfähig, links und rechts zu unterscheiden und den richtigen Weg zu finden. Dieser Orientierungsverlust kann plötzlich auftreten in Gefahrensituationen, z. B. im Straßenverkehr, in einer affektiven zwischenmenschlichen Situation, bei einer ungünstig verlaufenden Prüfung. Dabei können Verwirrtheitszustände auftreten. Auch im hohen Alter und bei Psychosen tritt ein Orientierungsverlust auf.

Prinzipien, Wertmaßstäbe, Kriterien, Strategien, Grundsätze sind unter wechselnden Bedingungen unverzichtbar; zur Lebensbewältigung und zum Problemlösen sind sie wichtige Orientierungsmittel. Vor allem wer Probleme lösen will, sollte analysieren, strukturieren und transferieren können und synthesefähig sein; er sollte kurz-, mittel- und langfristige Ziele unterscheiden und alle klar definieren. Die langfristigen Ziele wird er sich selbst und anderen als Vision vor Augen stellen.

Handlungsgrundsätze:

1. Zielbewusst methodisch denken, konsequent handeln und arbeiten! Trotzdem flexibel bleiben, das Ziel aber im Auge behalten.
2. Sich und andere begeistern; Freude an der eigenen Leistung haben.
3. Nicht nur rational reagieren, sondern auch emotional und mit dem ganzen Körper.
4. Als Mensch einfach sein; so die Verhältnisse vereinfachen.
5. Grenzen erkennen und anerkennen; zwischen wichtig und unwichtig, richtig und falsch unterscheiden.
6. Das Wesentliche erfassen und in den Mittelpunkt stellen; Prioritäten setzen.

Sich mit der Umwelt konstruktiv auseinander setzen

Selbst umweltorientiert denken und handeln; dies auch bei Kollegen, Mitarbeitern, Vorgesetzten und dem Unternehmen anregen, ebenso bei Kunden, Lieferanten und in der Öffentlichkeit.

In der Umwelt eine Marktlücke erkennen, wo Bedarf, Bedürfnisse, Mangelzustände aller Art bestehen; Probleme und Konflikte erkennen. Den Betroffenen Vorschläge machen, wie sie ihre unbefriedigende Situation ändern können; ihnen dadurch einen Nutzen bieten. Darauf alle Fähigkeiten, Kräfte, Mittel konzentrieren. Dies hilft nicht nur den Mitmenschen; es führt auch zu einer positiven Lebenseinstellung, erhöhter Leistungsfähigkeit und mehr eigenem Wohlbefinden.

Wer über Kernkompetenzen verfügt, ist handlungsfähig. Durch aktives Handeln entsteht eine produktive Wechselbeziehung zwischen Mensch und Umwelt. Der Mensch lernt, indem er sich mit seiner Umwelt tätig auseinander setzt.

Was befähigt den Menschen zu zielgerichtetem, erfolgreichem Handeln? Handeln mit seiner dynamischen Struktur als wiederkehrende Abfolge von Ziel- und Situationsanalyse, Handlungsplanung und -realisation, lässt sich durch wiederholte IST-SOLL-Vergleiche steuern.

Nach *J. Piaget* ist „die aktive, interessengeleitete Auseinandersetzung mit der Umwelt Ausgangspunkt jeder geistigen Entwicklung ...". Nach *H. Aebli* entwickelt sich Denken „aus dem praktischen Handeln und aus dem Wahrnehmen"; andererseits ordnet Denken auch unser Tun. *W. Hacker* geht von drei Regulationsebenen aus, der intellektuellen, der begrifflichen und der sensomotorischen. Auf der intellektuellen Ebene dienen „operative Abbildungssysteme" zur Orientierung. Auf der begrifflichen Ebene entstehen Planungsstrategien und Handlungsmuster. Auf der sensomotorischen Ebene werden Handlungsabläufe automatisiert; dies entlastet die höheren Ebenen und macht sie frei für neue Handlungsanforderungen.

H. Roth stellt in seiner Persönlichkeitstheorie die Handlungsfähigkeit in den Mittelpunkt. Ausgehend von fünf Systemen menschlicher Kräfte und Fähigkeiten: Antriebs-, Wertungs-, Orientierungs-, Steuerungs- und Lernsystem, äußert sich das Handeln sachbezogen, sozialbezogen, wertbezogen. Voraussetzung dafür sind Sach- oder Fachkompetenz, Soziale Kompetenz, Personale Kompetenz.

Durch Handeln Ziele erreichen

Sich ein erstrebenswertes Ziel setzen. Wichtig ist eine eindeutige Zielvorstellung und die feste Entscheidung, das Ziel zu erreichen. Habe ich den festen Willen, finde ich auch einen Weg. Auf dem Weg zum Ziel sollte ich mir das Ziel immer wieder vor Augen stellen, mich mit allen Kräften darauf konzentrieren, durch nichts ablenken lassen und mich über jeden Schritt freuen, der mich dem Ziel näher bringt. Nähere ich mich dem Ziel konsequent, werden mir auf meinem Weg zum Ziel viele „Helfer" begegnen.

Der Wille lässt sich durch das erfolgreiche Überwinden von Widerständen und Hindernissen entwickeln; er dehnt sich unaufhaltsam aus und ergreift von den Dingen Besitz. Jeder aufsteigende Wunsch, jeder Gedanke, trägt einen Tatkeim in sich.

Ein gesundes Kind ist anpassungsfähig, aber auch voller Widerstandskraft. Es ist auf das Leben neugierig und freut sich am lustvollen Tun und an allem, was es erobert. Es versucht, seine Mitmenschen zu beeinflussen, und ist eigensinnig, wenn es unbedingt etwas erreichen will. Oft beherrscht das Kind seine Umgebung durch seine Hilflosigkeit, sein Nicht-anders-Können, wenn es von seinen Bedürfnissen getrieben einen starken Einfluss ausübt.

Schon Auszubildende sollen handlungskompetent werden

Ein Auszubildender bereitet sich auf eine Arbeit vor. Zunächst informiert er sich: Was soll ich tun? Er setzt sich ein Lernziel und wählt eine praktische Aufgabe aus. Das Wissen zur Erledigung der Aufgabe erwirbt er selbst; Leitfragen helfen ihm, wie er sich die richtigen Informationen beschaffen kann. Anhand einer Zeichnung macht er sich ein erstes Bild von der Aufgabe, ebenso vom Ziel, d. h. vom angestrebten Endzustand des Produkts, das er fertigen soll. Er analysiert die Zeichnung und die Auftragsunterlagen. Die abstrakten Angaben der Zeichnung setzt er in ein möglichst anschauliches Bild von der Aufgabe um.

Er fragt sich: Welche Bedeutung hat die Aufgabe für mich und mein Lernen? Ist mir alles klar? In Leitsätzen sind die arbeitsbezogenen Kenntnisse zusammengefasst, die zum Verstehen der Aufgabe und für deren fachgerechte Ausführung erforderlich sind. Der Auszubildende lernt, so vorzugehen wie ein qualifizierter, selbstständig denkender und arbeitender Facharbeiter. Er erfasst Form und Funktion des Werkstücks, den Werkstoff, die vorgeschriebenen Toleranzen, die auszuführenden Arbeiten.

Nun plant er; er erstellt den Arbeits- oder Ablaufplan mit Arbeitsschritten, Arbeitsmitteln, z. B. dem Werkzeug, und legt die Kontrollkriterien fest. Arbeitsplan und andere Unterlagen sollen zur gedanklichen Vorstrukturierung des Arbeitsablaufes dienen. Der Plan als Abbild für die mögliche praktische Ausführung, als Bild, Gedankenmuster, Programm usw. für das praktische Vorgehen in einer aktuellen Situation, als ein „Probehandeln in der Phantasie", wird durch ein Beratungsgespräch überprüft.

Wie ist die Rolle des Ausbilders? Er hat dem Auszubildenden zu Beginn die Aufgabe übergeben und ihm seine abgestufte Hilfe angeboten. Nun überprüft er den vom Auszubildenden erstellten

Plan; er korrigiert nur durch „selbstständigkeitsfördernde" Hinweise und überlässt es mehr und mehr dem Auszubildenden, dass dieser mit ihm von selbst Kontakt aufnimmt. Er berät ihn, dass er innerhalb notwendiger Grenzen selbst sinnvolle Entscheidungen treffen, angemessene Gütemaßstäbe entwickeln und seine Arbeiten selbst kontrollieren kann.

Nachdem sie über die Planungsvorschläge gesprochen, die Vor- und Nachteile abgewogen, über die Vorgehensweise diskutiert, mögliche Fehlerquellen erkannt und beseitigt haben, entscheidet sich der Auszubildende für den Bearbeitungsweg, die Werkzeuge, die Betriebsmittel und für Zwischenkontrollen. Den endgültigen Plan gibt der Ausbilder frei, um Bearbeitungsfehler zu vermeiden.

Der Auszubildende realisiert den Plan, er führt ihn aus, beginnt mit der Tätigkeit, bearbeitet den Auftrag, fertigt das Werkstück; dabei steuert der Plan sein Arbeitsverhalten. Der Auszubildende lernt, wiederholt, übt, vertieft bestimmte Fertigkeiten. Er arbeitet weitgehend selbstständig; lediglich bei sehr komplexen Aufträgen verteilt der Ausbilder die Arbeit auf verschiedene Auszubildende so, dass jeder genügend Lern- und Übungsmöglichkeiten erhält.

Von Zeit zu Zeit vergleicht der Auszubildende den erreichten IST-Zustand mit dem SOLL-Zustand, dem Ziel; dadurch kontrolliert er sich selbst. Er fragt immer wieder: Habe ich die Aufgabe richtig erledigt, den Auftrag fachgerecht ausgeführt? Stimmt das Arbeitsergebnis mit den Vorgaben der Zeichnung überein? Fehler korrigiert er, soweit dies möglich ist, durch Nacharbeit; er lastet sie nicht anderen Personen, Sachen, Sachverhalten an und erkennt seinen eigenen Anteil. Daraus zieht er Konsequenzen; denn Rückschläge können wichtige Impulse für eine konstruktive Verhaltensänderung geben.

Nach der Ausführung, in der Nachbereitungsphase, wird die Arbeit bewertet. In einem Fachgespräch vergleichen Ausbilder und Auszubildender miteinander: Auftragsunterlagen, gefertigtes Produkt, Kontrollergebnisse. Fehler und deren Ursachen analysieren sie gemeinsam. Sie besprechen, wie Fehler künftig zu vermeiden sind und welche Konsequenzen sich ergeben. Dabei lernt der Auszubildende, seine Stärken und Schwächen einzuschätzen und Maßstäbe für sein Handeln zu entwickeln.

Von einem Ausbilder wird viel verlangt, wenn er mit innovativen Ausbildungsmethoden arbeitet und z. B. die zielstrebiges Gestalten fördernde Projektmethode, die zum selbstständigen Handeln anregende Leittextmethode und das selbstgesteuerte, partnerschaftliche Lernen einsetzt. Er sollte über aktuelle pädagogische Probleme und Stütz- und Fördermaßnahmen Bescheid wissen und informiert sein über entwicklungspsychologische Grundlagen, Lerntechniken und Lernhilfen, Methodik der Ausbildung, Motivation, Gruppenpädagogik, Gruppendynamik, Rollenverhalten, Moderationstechniken u. a.

2. Methodenkompetenz

„Wer das erste Knopfloch verfehlt,
kommt mit dem Zuknöpfen nicht zurande." (Goethe)

Was heißt Methodenkompetenz? Eine Führungskraft, ein Mitarbeiter, eine Mitarbeiterin kennen und beherrschen verschiedene Methoden und sind fähig, sie an ihrem Arbeitsplatz zur Erledigung der ihnen gestellten Aufgaben in wechselnden Situationen im Umgang mit Sachen, Personen und Gruppen und zur Lösung von Sachproblemen erfolgreich anzuwenden. Zunächst werden die Begriffe Methode, Techniken, Prozess und System erklärt; dann werden einige Methoden und Techniken beschrieben.

Was ist eine Methode?

Unter Methode wird ein planmäßiges Verfahren verstanden. Wer ein Ziel erreichen will, geht methodisch vor: er handelt nach einem Plan und überlässt nichts dem Zufall. Methodik ist die Lehre von den Methoden, den planmäßigen Verfahren.

Methodisch vorgehen kann z. B. bedeuten: Unter dem Aspekt einer bestimmten Fragestellung beobachte ich aufmerksam Sachverhalte, Verfahren, Abläufe, Zusammenhänge, Strukturen. Ich erkenne, wie durch bestimmte Ursachen unter bestimmten Bedingungen bestimmte Wirkungen entstehen. Was ich bei der Beobachtung von verschiedenen Standorten aus wahrnehme, halte ich fest, analysiere es und vergleiche es miteinander; evtl. vergleiche ich einen neuen Tatbestand mit früher festgestellten ähnlichen Sachverhalten. Dann ziehe ich Schlüsse für die Beantwortung der Frage und für die praktische Anwendung.

Die Ergebnisse kann ich quantitativ, durch Maßeinheiten, beschreiben, oder qualitativ, durch Eigenschaftsbegriffe. Ich untersuche verschiedene Merkmale, Variablen: unabhängige Situations-Variablen und abhängige Reaktions-Variablen. Zwischen Reiz bzw. Stimulus (S) und Reaktion (R) liegt ein Teil des zu erforschenden Geschehens. Reaktionen (R): ein Urteil, eine Erinnerung aus dem Gedächtnis oder eine körperliche Reaktion sind

Zeichen für das, was sich in einem Menschen abspielt; auf dieses innere Geschehen kommt es z. B. dem Psychologen an. Es gibt Aufschluss, wie jemand einen Tatbestand wahrgenommen, einen Stoff gelernt, eine Denkaufgabe oder ein Problem gelöst hat, zu einer bestimmten Handlung motiviert ist. Wer das Verhalten eines Menschen beobachtet hat und die Reizsituation kennt, kann die psychische Verarbeitungsweise und deren Gesetzmäßigkeiten erschließen.

Wie ein Mensch reagiert, hängt nicht nur von äußeren Reizen ab, sondern auch von inneren Faktoren, z. B. „Leistungsfähigkeit von Sinnesorganen, Verständnis der Aufgabe, vorhandene Erfahrungen, Konzentrationsfähigkeit und dgl.".

Was sind Techniken?

Das Wort Technik bedeutet im Griechischen „Kunst". Unter Technik bzw. Techniken verstehen wir heute einmal die Anfertigung der Mittel oder Werkzeuge, die Menschen erfunden haben, um die Kapazität der menschlichen Sinnesorgane zu erweitern, zu steigern; zum anderen geht es darum, die geschaffenen Mittel in der Umwelt diszipliniert praktisch anzuwenden und damit die naturgegebenen Wirkmöglichkeiten bei vermindertem Einsatz an Zeit und Kraft zu vervielfachen.

Was ist ein Prozess?

Prozess ist ein Vorgang, ein Verlauf, ein Ablauf, eine Entwicklung. Bei der Führung im Unternehmen wird zwischen Managementprozess und Führungsprozess unterschieden, die in der Praxis eng miteinander verflochten sind. Der Managementprozess umfasst Planung, Entscheidung, Organisation, Kontrolle; dies ist der sachlich-materielle Aspekt der Leitungstätigkeit in der Unternehmung. Der Führungsprozess konzentriert sich i. d. R. auf die Durchführung von Maßnahmen und die Beeinflussung der Mitarbeiter; er schließt aber auch die Reaktion der beeinflussten Mitarbeiter ein, auf die der Vorgesetzte selbst wieder Entscheidungen treffen und zielbezogen handeln muss.

Der Führungsprozess lässt sich unterteilen in Willensbildung, Willensdurchsetzung und Willenssicherung. Bei der Willensbildung setzt der Vorgesetzte sich ein Ziel als Orientierungsmarke und bestimmt die Maßnahmen, die zum Ziel führen. Dieser Schritt entspricht den ersten beiden Stufen des Managementprozesses Planung und Entscheidung; dabei werden auch die Erwartungen und Absichten der Mitarbeiter möglichst mit berücksichtigt.

Die Willensdurchsetzung erfolgt durch Absprache, Anweisung oder Überzeugung. Der Vorgesetzte entscheidet sich für die Durchführung nach Plan; er beeinflusst zielgerichtet das in Schritte aufgeteilte Verhalten der Mitarbeiter und berücksichtigt ihre Leistungsfähigkeit und -bereitschaft.

Bei der Willenssicherung werden die Arbeitsergebnisse systematisch überprüft; stellen sich Fehler heraus, greift der Vorgesetzte korrigierend ein, damit die Fehler künftig nicht mehr auftreten. Neben der Fremdkontrolle durch den Vorgesetzten, die oft demotiviert, gibt es die Selbstkontrolle, die sehr motivierend wirken kann, weil sie das Selbstwertgefühl des Mitarbeiters stärkt.

Folgende voneinander abhängige Faktoren beeinflussen sich wechselseitig und den Führungsprozess:
1. Führungskraft.
2. Einzelner Mitarbeiter oder Gruppe.
3. Die gestellte Aufgabe.
4. Das Ziel, mit dem sich alle Mitarbeiter identifizieren sollen.
5. Die Situation.

Was ist ein System?

System ist eine Verfahrensweise, eine sinnvoll gegliederte Anordnung, ein Gedankengebäude, eine in Funktion befindliche Struktur. Alle Teile, Elemente, Komponenten, Variablen hängen zusammen und beeinflussen sich wechselseitig. Es gibt z. B. logische, technische, soziale Systeme.

Unter Systematik wird die Kunst der Systembildung, der planmäßigen sinnvollen Ordnung verstanden. Andere Systembegriffe sind Gestalt, Feld, Bezugssystem; das Feld gilt als „geschlossenes" System: ausgehend vom aktuellen Zustand wird ein zukünftiger Zustand vorhergesagt. Beim „offenen" System kann der künftige Zustand weder nach innen noch nach außen zur Umwelt vorhergesagt werden.

Prinzipien bilden die Grundlage für eine Handlungstheorie, die Folgendes enthält:
1. Wahrnehmen; die Wahrnehmungen verarbeiten.
2. Die Informationen zentral verarbeiten und speichern.
3. Die codierte Information in räumlich und zeitlich geordnete Handlungsmuster übersetzen; die motorische Handlung ist der Output an die Umwelt.

Besondere Bedeutung haben die kybernetischen Systeme erlangt; für sie gelten nach dem eingefügten Schema als Grundregeln:
1. Schalter A regelt die Zufuhr von Gas, Öl oder Strom zu einem Ofen B, der durch Verwandlung von Gas, Öl usw. Wärme erzeugt.
2. Die Wärme wird dem Raum C zugeführt und dort von einem Thermostaten D gemessen.
3. Die gemessene IST-Temperatur wird an Element E übermittelt; dieses vergleicht den gemeldeten IST-Messwert mit einer erwünschten und fest eingestellten SOLL-Temperatur.
4. E entscheidet, ob IST dem gewünschten SOLL entspricht. Wenn die IST-Temperatur die SOLL-Temperatur überschreitet, schaltet E den Schalter A und damit die Energiezufuhr zum Ofen ab; liegt IST niedriger als SOLL, schaltet E den Schalter A ein (Nach *G. S. Odiorne*: Management by Objectives, München 1973, S. 137 ff.).

Bei einem sozialen System bestehen Interaktionen, wechselseitige Beziehungen, zwischen den Mitgliedern einer Gruppe oder größeren Gemeinschaften. Die Einzelnen orientieren sich an verbindlichen Normen bzw. an Erwartungen und Zielen, die auf Normen beruhen und die Rollen der Einzelnen beschreiben; ein soziales System lässt sich deshalb auch als Rollengefüge darstellen.

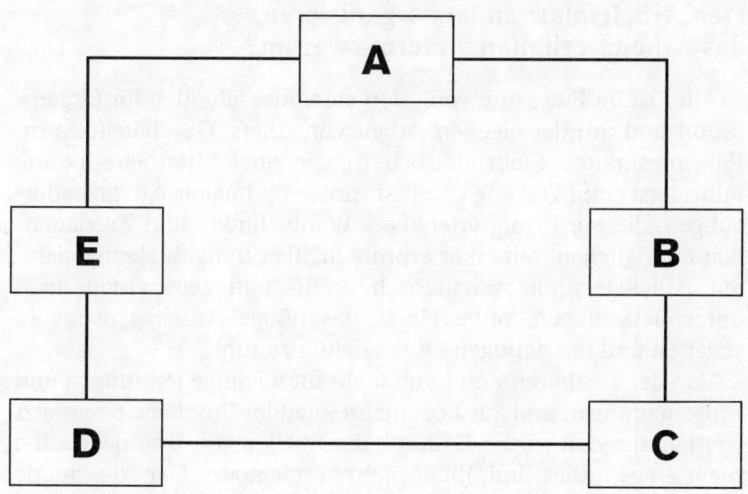

Kybernetisches System

2.1 Mit dem Kopf arbeiten – das tägliche Arbeitspensum bewältigen

> *„Gegenüber der Fähigkeit,*
> *die Arbeit eines einzigen Tages sinnvoll zu ordnen,*
> *ist alles andere im Leben ein Kinderspiel."* (Goethe)

Den Arbeitsplatz anders organisieren, das Arbeitsverhalten ändern – warum?

Alles ist im Fluss und verändert sich; dies gilt auch für Organisation und Stil der eigenen Arbeit von Chefs, Geschäftsführern, Führungskräften, Stabsmitarbeitern, aber auch Mitarbeitern ohne Führungsverantwortung. Ziel ist, unter optimalen Arbeitsbedingungen, die mir Erfolgserlebnisse, Wohlbefinden und Zufriedenheit ermöglichen, mit einer erprobten, aber individuell angepassten Arbeitstechnik systematisch, kraft- und zeitsparend auch unter Belastungen, ohne Hetze das nötige Arbeitspensum zu schaffen und die richtigen Dinge richtig zu tun.

Von der kostbaren Zeit kann mehr für wichtige Planungen und Entscheidungen und zur Lösung brennender Probleme eingesetzt werden; die Zeit wird z. B. durch das Suchen von Unterlagen, die nicht eingeordnet sind, nicht mehr verplempert. Der Arbeitende erlebt die eigene Arbeit als sinnvoll und befriedigt damit wichtige Bedürfnisse, z. B. die nach Kontakten, Anerkennung und Sicherheit. Eine klare Zielsetzung löst starke Antriebe aus, die hohe Leistungen ermöglichen.

Werden gute Arbeitsgewohnheiten entwickelt, reicht der „Dampf" für den ganzen Arbeitstag; unvermeidlicher Stress, auch Disstress, die negative Stressform, wird besser verkraftet. Unlustgefühlen und vorzeitiger Ermüdung wird entgegengewirkt. Eine gute Arbeitsstimmung entsteht, so dass sich das physiologisch bedingte „Tief" des natürlichen Tagesrhythmus nicht so nachteilig auswirkt. Durch die Erfolgserlebnisse, die die Arbeitstechnik vermittelt, z. B. wenn ein Auftrag zügig abgewickelt und Wissen in konkrete Maßnahmen umgesetzt worden ist, entsteht eine positive Einstellung zur Arbeit, zu Vorgesetzten, Mitarbeitern und zur Organisation; Reibungen mit ihnen werden verringert.

IST-Zustand mit Unbehagen und Problemen als Ausgangspunkt

Für eine erste Bestandsaufnahme frage ich mich: Wie ist mein Arbeitsplatz organisiert? Wie ist mein Arbeitsstil? Sollte ich etwas daran ändern? Wenn ja, was? Vergeude ich Zeit und Kraft? Fehlen mir Arbeitsruhe, Arbeitsfreude, Erfolgserlebnisse? Will ich mehr leisten? Bin ich mit meiner Arbeit unzufrieden? Entsteht bei mir Unbehagen an meinem Arbeitsplatz? Wenn ja, warum? Welche Probleme, Schwierigkeiten belasten mich? Trifft der eine und andere der nachstehenden Sachverhalte auf mich zu?

Katalog des Unbehagens

Sachverhalte, die mit mir selbst und meiner Arbeit zusammenhängen:

1. Ich bin mit meiner Position und meinem Aufgabengebiet nicht zufrieden.
2. Die Arbeit liegt mir nicht; sie macht mir keine Freude und ich ermüde rasch.
3. Ich finde etwas nicht sofort; das Suchen braucht viel Zeit, verstimmt, macht mich aggressiv, manchmal fast krank.
4. Ich weiß nicht, wo ich zuerst anfangen soll: einmal wegen der vielen Arbeit, zum anderen weil ich mich nicht richtig entschließen kann, wie ich am besten vorgehen soll.
5. Ich werde ständig unterbrochen; dadurch reißt bei schwierigen Arbeiten der „rote Faden"; das nimmt mir den Schwung und ich ärgere mich.
6. Ich meine, ich sei hoffnungslos überlastet. Die Arbeit frisst mich noch auf; ich fürchte, dass ich ihr nicht gewachsen bin.
7. Ich gehe bei der Erledigung nicht systematisch vor, bestimme keine klar durchdachte Folge.
8. Ich weiß nicht immer, wie ich etwas machen soll; mir fehlen Fertigkeit, Routine, Gewandtheit.
9. Ich habe Ausbildungslücken; ich müsste mehr wissen und können.
10. Ich bin in meinem Beruf nicht so vorangekommen, wie ich mir dies wünschte; ich habe zu wenig materiellen Erfolg.

11. Ich muss manches tun, was gegen meine Neigung und Überzeugung ist, nur weil ich auf meinen Verdienst angewiesen bin.
12. Mir fehlt Gelassenheit; ich rege mich rasch auf.
13. Ich kann psycho-soziale Bedürfnisse nicht befriedigen, leide unter Unlustgefühlen, bin unzufrieden mit mir und meiner Arbeit, habe viele Misserfolgserlebnisse.
14. Ich habe zu viel negativen Stress. Die Grenzen der Belastbarkeit sind oft erreicht; manchmal werden sie sogar überschritten.

Unbehagen durch die Beziehungen zu Kollegen und Kolleginnen:

1. Wir reiben uns zu oft aneinander, vor allem wenn es hektisch zugeht; unsere Beziehungen sind gestört.
2. Ich fürchte einen Kollegen, der mich ständig ärgert und quält.
3. Ein anderer ist ein Faulenzer, der es sich auf Kosten seiner Kollegen bequem macht.
4. Ein Dritter ist ein eiskalter Streber, der nur an seine Karriere denkt.
5. Ich lasse mich von den Verstimmungen der anderen leicht anstecken und bin dann auch verstimmt.
6. Auf Kritik reagiere ich überempfindlich mit massiver, oft ungerechter Gegenkritik.
7. Mein Selbstwertgefühl ist sehr verletzlich.
8. Auf Besserwisserei und Rechthaberei reagiere ich allergisch; ich fürchte mich davor, die Selbstkontrolle zu verlieren und loszuplatzen.

Unbehagen durch die betriebliche Organisation und den Vorgesetzten:

1. Ich reibe mich an der Organisation; meine Zuständigkeit und Verantwortung gegenüber meinen Kollegen sind nicht klar genug abgegrenzt.
2. Das eine und andere Hilfsmittel fehlt mir; vorhandene Mittel sind nur bedingt geeignet. Dadurch entstehen Sachprobleme, die meine Leistung mindern.
3. In der Beziehung zu meinem Vorgesetzten entstehen viele Spannungen, Verhaltensprobleme und -konflikte.

4. Mein Vorgesetzter beachtet mich zu wenig; er hört nicht auf mich.
5. Er gängelt mich und meckert an mir herum.
6. Er setzt mich ständig unter Druck; ich meine, er verlangt zu viel von mir.

Sich mit unangenehmen Sachverhalten auseinander setzen

Der „Katalog des Unbehagens" zeigt, dass die Bemühungen um eine gute Arbeitsorganisation und ein effektives Arbeitsverhalten nicht nur ein methodisch-technisches Problem ist, sondern von vielen psychosozialen Faktoren abhängt. Dies zeigt z. B. der IST-Zustand, der mit mir selbst zusammenhängt: „1. Ich bin mit meiner Position und meinem Aufgabengebiet nicht zufrieden" in Verbindung mit IST-Zustand „2. Die Arbeit liegt mir nicht; sie macht mir keine Freude und ich ermüde rasch". Bei diesen Punkten forsche ich nach den Ursachen meiner Unzufriedenheit und Unlust; mit vertrauenswürdigen Kollegen und meinem Vorgesetzten spreche ich darüber, wie sie mein Arbeitsverhalten einschätzen. Ihre Aussagen vergleiche ich mit meinen eigenen Feststellungen.

Die problematischen Punkte, die bei mir zutreffen, nehme ich nun getrennt unter die Lupe. Was ist die Ursache? Was kann ich selbst ändern, z. B. vereinfachen? Muss ich die Schwerpunkte künftig anders setzen? Was hat absolute Priorität unter meinen Aufgaben? Was ist weniger wichtig? Was unwichtig oder unnötig? Welche Fehler unterlaufen mir öfter, welche gelegentlich? Fehlt mir manchmal die Anregung, die mich aktiviert und mir Erfolgserlebnisse, Schaffensfreude und Zufriedenheit vermittelt? Bei welchen Punkten brauche ich die Hilfe meines Vorgesetzten und die Unterstützung von Kollegen? Mit ihnen sollte ich dann darüber sprechen. Vielleicht lässt sich einiges von der Unternehmensorganisation her ändern?

Um eine solide Basis für praktische Maßnahmen zu bekommen, sollte ich ein bis zwei Wochen lang die von mir durchgeführten Arbeiten mit der jeweils dafür benötigten Zeit aufschreiben. Nach der ABC-Analyse stelle ich fest: Was fällt unter den A-Bereich, bei dem ich mit 20 % Aufwand einen Effekt von 80 % erreiche? Der Rest von 80 % Aufwand, der einen Nutzen von 20 % erbringt, entfällt auf den B-Bereich mit mittlerem und den C-Bereich mit sehr geringem Nutzen.

Ist eine Entrümpelungsaktion notwendig?

Bevor ich meinen Arbeitsplatz anders organisiere, frage ich: Liegen in oder auf dem Schreibtisch, in oder auf Schränken vielleicht uralte Aktenberge? Dann sollte ich mit klarer Zielvorstellung zuerst eine Entrümpelungsaktion machen; diese darf sich über Tage oder Wochen erstrecken. Zum Erfolg trägt bei, wenn ich für diese Aktion jeden Tag eine gewisse Zeit einplane und Folgendes überlege:

1. Fällt es mir schwer, mich von Überflüssigem zu trennen? Meine ich, ich müsste jedes kleine Teil aufheben, weil ich es vielleicht einmal brauchen könnte?
2. Was ich nie benütze, sollte ich weggeben, damit ich für das, was ich zum Arbeiten brauche, Platz habe.
3. Bei der Auswahl der Dinge, die ich behalte, ist meine neue Zielsetzung entscheidend. Welches Ziel habe ich mir für meine Arbeitsorganisation gesteckt? Alles, was mir hilft, dieses Ziel zu erreichen, das auch anderen Menschen nützen soll, hat Vorrang; was dafür nicht notwendig ist, gebe ich weg oder beseitige es.
4. Was am Ziel gemessen noch sinnvoll erscheint, ordne ich nach:
   a) Zwingend notwendig
   b) Wichtig
   c) Wünschenswert.
5. Als Arbeitsmittel wähle ich die Dinge aus, die ich tatsächlich laufend benütze; sie stelle oder lege ich immer gleich an den richtigen Platz zurück, wenn ich sie ausgebraucht habe. Dinge, die ich ganz selten benötige, packe ich weg; Dinge, die ich voraussichtlich nie benützen werde, sortiere ich entschlossen aus.

Unterlagen neu ordnen

Beim Entrümpeln kann ich nicht-termingebundene, nicht-aktuelle Unterlagen, die für mich erhaltenswert sind und die ich durcharbeiten will, neu ordnen, z. B.:

1. Unterlagen „Allgemeines": Die Erledigung dieser Papiere sollte nicht mehr als fünf bis zehn Minuten erfordern. Kann ich die-

sen Haufen „Allgemeines" nicht innerhalb von vier Wochen erledigen, sortiere ich erbarmungslos aus, was zur Erreichung meiner Ziele nicht wichtig ist, oder ich lege es unter einem bestimmten Stichwort ab.

2. Auf einen zweiten Haufen kommen Unterlagen zur Erreichung „Mittelfristiger Ziele": Kriterium für die Wichtigkeit und Dringlichkeit ist neben meinem Ziel die Pflege zwischenmenschlicher Beziehungen; aber auch hier muss ich eine Auswahl treffen, die meinen Möglichkeiten in Bezug auf Zeit und Kraft entspricht. Wichtiges und Termingebundenes erfasse ich in einer „Aufgabenliste".

3. Auf einen dritten Haufen „Strategische Pläne" kommen alle Unterlagen, die mir helfen, Fernziele mit langem Atem systematisch zu erreichen; für die Bearbeitung dieser Unterlagen muss ich viel Zeit einsetzen.

Erwünschter SOLL-Zustand am Arbeitsplatz

Wie wünsche ich mir die Organisation meines Arbeitsplatzes? Wie kann ich, ausgehend vom jetzigen realen IST-Zustand, meine Arbeit effektiver tun?

Bei den Sachverhalten, die mir Unbehagen bereiten, bestimme ich den idealtypischen SOLL-Zustand mit optimalen Bedingungen. Ich überlege, wie ich mich ihm nähern kann: auf welchem Weg, in welchen Schritten, mit welchen Mitteln und Methoden. Diese halte ich in einem Plan fest; über ihn spreche ich mit vertrauenswürdigen Kollegen und meinem Vorgesetzten. Sie sollen den Plan kritisch unter die Lupe nehmen und konstruktiv kritisieren.

Hilfreich ist, wenn ich allein oder mit anderen Vorschläge sammle und dabei in zwei Schritten vorgehe. Im ersten, dem kreativen Schritt sammle ich durch ein Brainstorming, eine Ideenkonferenz, genügend Ideen; aus ihnen entwickle ich eine Ideallösung, das Wunschbild eines optimalen Zustands ohne Rücksicht, ob ich dieses Ziel realisieren kann. Im kritisch-auswählenden zweiten Schritt bereite ich die Entscheidung vor. Ich prüfe, ob bzw. inwieweit die Ideallösung praktisch durchführbar und wirtschaftlich vertretbar ist. Ihr stelle ich andere realisierbare Lösungen tabellenartig gegenüber und vergleiche sie. Zwei mögliche Lösungen bereite ich zur Entscheidung vor mit allen Einzelheiten.

Ich denke an mögliche Konsequenzen und überlege: Wie wirken sich auf mich und meine Kollegen die Lösungsvorschläge aus, wenn ich sie realisiere? Ist das vorgesehene System einfach? Geht eine Umstellung rasch und ohne Komplikationen vor sich? Schadet sie niemandem? Ist sie wirtschaftlich: macht sich z. B. ein Mehraufwand an Mitteln durch höhere Leistungen bezahlt?

Entscheidung und Durchführung nach Plan

Nach sorgfältigem Abwägen entscheide ich mich für den besten Lösungsvorschlag zur Änderung der Arbeitsplatz-Organisation und der Arbeitstechnik, um dem SOLL-Zustand möglichst nahe zu kommen, eine gute Leistung mit möglichst wenig schädlichem Disstress zu erreichen und Gesundheit und Leistungsfähigkeit zu erhalten. Einen entsprechenden Plan mit Maßnahmen stelle ich auf mit dem festen Willen, ihn mit Freude am wachsenden Erfolg konsequent durchzuführen, d. h. das neue System anzuwenden und einzuüben. Für Beginn und Ende der Umstellung setze ich feste Termine.

Nun kommt die Durchführung. Ich setze den Plan Schritt für Schritt um. Das Ergebnis, den jeweils erreichten neuen IST-Zustand, vergleiche ich mit der SOLL-Vorgabe. Bei negativen Abweichungen untersuche ich: Enthält der Plan unrealistische Aspekte? Muss ich ihn ändern? Oder brauche ich mehr Zeit zur Umstellung auf das neue System? Stemme ich mich vielleicht unbewusst noch dagegen?

Nicht alles auf einmal ändern

Zunächst wähle ich drei IST-Zustände aus, an denen ich arbeite. Habe ich sie durch konkrete Maßnahmen in Richtung SOLL weiterentwickelt, nehme ich mir weitere IST-Zustände vor. Beispielsweise bestimme ich für den IST-Zustand „4. Ich weiß nicht, wo ich zuerst anfangen... (und) wie ich am besten vorgehen soll", für den ich selbst zuständig bin, als SOLL-Zustand: „Ich habe immer einen klaren Überblick über alles, was ich tun muss, und gehe in der Reihenfolge so vor: Zuerst kommt das Terminge-bundene, vor allem Vorgänge, bei denen andere meine Unterstüt-zung brauchen oder ich ihre; dann Wichtiges und Wesentliches; schließlich Allgemeines, das rasch erledigt werden kann, und Allgemeines, das mehr Zeit zur Bearbeitung erfordert". Diesem SOLL kann ich nach Änderung meiner Arbeitsplatz-Organisation entsprechen.

In allen Fällen geht es mir um einen fairen Ausgleich zwischen den Erwartungen des Unternehmens an mich nach einer guten Leistung, und meinen Erwartungen an das Unternehmen nach fai-ren Arbeitsbedingungen einschließlich angemessener Bezahlung, der Befriedigung wichtiger Bedürfnisse und Arbeitszufriedenheit.

Wie wünscht sich der Unternehmer seine Mitarbeiter?

Der Mitarbeiter SOLL zielstrebig, genau, qualitätsbewusst ar-beiten. Er organisiert und koordiniert seine Arbeit, geht systema-tisch vor, bewertet das Ergebnis seiner Arbeit selbstkritisch. Er beherrscht Arbeitstechniken, kann abstrahieren, in Systemen denken, transferieren: Wissen, Fertigkeiten und Techniken von Bekanntem auf neue Situationen übertragen. Er ist bereit und fähig, sich alle notwendigen Informationen zu beschaffen, sie aus-zuwerten und weiterzugeben.

Zwischen der Organisation und den Mitarbeitern, zwischen Mit-arbeitern und Vorgesetzten, aber auch zwischen den Kollegen selbst entstehen unvermeidliche Spannungen; die Ursachen dafür lassen sich nie ganz aus der Welt schaffen. Die Mitarbeiter können aber versuchen, ihre Einstellung zur betrieblichen Organisation, zu ihrem Vorgesetzten und ihren Kollegen zu ändern: sich nicht stän-dig an ihnen zu reiben, sondern sich mit Kleinigkeiten abzufinden, über die sie sich bisher immer geärgert haben. Jeder sollte sich dar-auf konzentrieren, was er bei sich selbst ändern kann; dadurch schöpft er die Möglichkeiten voll aus, die er durch seine veränderte Einstellung und durch ein anderes Arbeitsverhalten schafft.

Selbsteinschätzung der bisherigen Arbeitstechnik

Dazu sollen folgende Gesichtspunkte anregen:
1. Eine zeitsparende effektive Arbeitstechnik soll einfach, klar und leicht handhabbar sein.

2. Voraussetzungen für eine gute Leistung sind u. a.: Physiologische Aspekte, z. B. genügend Energie und Frische durch Sauerstoff und richtige Temperatur. Seelisch-geistige Aspekte, z. B. Ausgeglichenheit, Ruhe, gute Stimmung; positive persönliche Einstellung zur Arbeit, das Erleben von Sinn. Sachliche Aspekte, z. B. gute Organisation bzw. Ordnung.

3. Konsequent in Zielen denken und handeln; das Erreichen des Zieles bewusst als Erfolgserlebnis werten, sich darüber freuen.

4. Den Vorgesetzten darauf hinweisen, wie wichtig ein regelmäßiges Feedback über erzielte Leistungen für die Leistungsmotivation ist.

5. Durch die eigene Arbeit und die Zusammenarbeit mit anderen wichtige Bedürfnisse befriedigen.

6. Bei der Arbeit einen ähnlichen Ehrgeiz entwickeln wie ein Leistungssportler, der seine Technik immer mehr verfeinert und ständig verbessert. Neben den persönlichen Stärken auch die eigenen Schwächen erkennen; versuchen, aus ihnen langfristig Stärken zu machen.

7. So arbeiten, dass durch das Erleben von Arbeitszufriedenheit und Gelassenheit eine hohe Lebensqualität entsteht.

8. Eine einfache Methode zum Lösen von Sachproblemen sowie von Verhaltensproblemen und -konflikten beherrschen und laufend anwenden.

Den Arbeitsplatz neu organisieren

Ziel ist mehr Freude an der Arbeit und höhere Leistung ohne schädlichen Disstress, um langfristig Gesundheit und Leistungsfähigkeit zu erhalten. Die Arbeit soll das Erleben von Sinn ermöglichen; Sinn ist ein wichtiges Motiv für Arbeitsfreude, Leistungsbereitschaft und Leistungsfähigkeit. Wer bei der Arbeit psycho-soziale Bedürfnisse befriedigen kann, entwickelt starke Antriebe und bleibt eher gesund; er ist auch fähig, seine persönlichen Erwartungen an seine Arbeit und das Unternehmen abzustimmen auf die Erwartungen des Unternehmens an ihn, auf die Unternehmensorganisation und die Unternehmensziele.

Die Arbeit sollte möglichst den Neigungen und Fähigkeiten des Mitarbeiters entsprechen; dann macht sie mehr Spaß und motiviert stärker für die effektive Erledigung von Aufgaben und die Lösung von Problemen. Der Mitarbeiter kann sich mit seiner Arbeit besser identifizieren; er arbeitet aufmerksam, entspannt, konzentriert, und seine Leistung fällt nur durch natürliche Ermüdung ab.

Lieber faul als ohne Ordnung

Die Ordnung, dies ist eine Binsenweisheit, hilft Zeit und Kraft sparen; Ordnung stimmt einen Menschen harmonisch und schont seine Nerven. Dies gilt für die äußere Ordnung von Unterlagen, die immer griffbereit sein sollten, genauso wie für die geistige Ordnung, die durch ein gutes Gedächtnis bis ins hohe Alter belohnt wird.

Grundvoraussetzung für die Ordnung war, falls nötig, eine Entrümpelungsaktion, durch die alles Überflüssige entfernt und Raum geschaffen wurde für eine sinnvolle Ordnung, in der alles seinen festen Platz hat, an dem es ohne Suchen gefunden und an den es ohne großes Nachdenken zurückgelegt werden kann. Ein Vorgang, der aus mehreren losen Blättern besteht, wird durch Büroklammern zusammengehalten, in eine Sichthülle oder einen Aktendeckel gelegt. Ist der Ablageplatz nicht eindeutig bekannt, wird auf dem obersten Blatt des Vorgangs das Stichwort für die Ablage vermerkt.

Auf dem Schreib- oder Arbeitstisch des „Leertischlers" liegen nur die Unterlagen, die gerade bearbeitet werden; alles Übrige kommt auf einen Wagen, einen niedrigen Schrank, in eine Schublade an einen dafür fest bestimmten Platz, in Arbeitsordnungs-Mappen oder Ordnungstaschen. Wichtige und termingebundene Unterlagen, die in absehbarer Zeit zu bearbeiten sind, werden in einer Aufgabenliste mit Eingangs- und Erledigungstermin erfasst.

Bewährt hat sich die Einteilung der Tischplatte in Arbeits- oder Systemfelder und Bewegungsrichtungen; dadurch entsteht auf dem Schreibtisch eine Art Verkehrsordnung, die die Arbeit erleichtert und beschleunigt. Feste Griffgewohnheiten und ein guter Arbeitsfluss sind die Folge. Unterlagen, Geräte und Arbeitsmappen haben ihren festen Platz.

Die Raumverhältnisse in Bezug auf Temperatur, Beleuchtung, Geräusche usw. sind genügend anregend, ohne aber störend zu sein.

„Wie der Herr, so's Gescherr"

Arbeitsmittel wie Schreibzeug, Werkzeuge, Geräte, Computer, Maschinen usw. sind für die vorliegenden Arbeiten geeignet; sie liegen griffbereit immer am gleichen Platz und sind, falls nötig, gegen Unfälle gesichert.

Neben dem Terminkalender hat sich als hilfreiches Mittel erwiesen eine Arbeits-Organisationsmappe. Sie schafft Übersicht: Wichtiges ist vom Unwichtigen getrennt; es kann „gebündelt" erledigt werden. Die Mitarbeiter einer Institution haben damit sehr positive Erfahrungen gemacht; ihr Leiter schrieb: Jeder unserer Mitarbeiter hat eine eigene Arbeits-Organisationsmappe erhalten. Alle bestätigen mir, dass sie damit gut und nervensparend arbeiten können; jeder hat so alles aktuell Nötige immer bei der Hand und kann sich auch schnell einen Überblick über das verschaffen, was anliegt. Dies zeigt, dass kleine organisatorische Hilfen, gezielt eingesetzt, viel unnötigen Stress wegnehmen können.

Weitere Mittel sind:
– Arbeitsgutmappe für Schwebeakten.
– Aufgabenliste dazu mit Inhalt und Ziel der Aufgabe; ungefährem Zeitbedarf, Priorität A, B, C. Erledigungstermin; spätester Starttermin.
– Wiedervorlagemappe zum Nachfassen
– Terminkartei
– Arbeitsbeschreibungen
– Betriebsanleitungen
– Schulungsmaßnahmen
– Besprechungspläne
– Listen mit Zielen: Tages-, Wochen-, Monats-, Jahresziele; übrige mittel- und langfristige Ziele.
– Liste für delegierte Aufgaben und Projekte
– Organisationsplan
– Kurzzeichen-Übersicht
– Datenbank: Adressen, Telefon- und Faxanschlüsse wichtiger interner und externer Partner (auch zum Mitnehmen auf Reisen).

Die eigene Arbeit vorbereiten

Die Arbeitsvorbereitung als wichtige Voraussetzung für ein erfolgreiches, lustvolles Arbeiten erfordert eine einfache, realistische, aber wirkungsvolle Tagesplanung, die den kommenden oder den vor mir liegenden Tag geistig vorwegnimmt und verschiedene Möglichkeiten für einen Tagesablauf in der Fantasie durchspielt. Ich teile mir meine Arbeit selbst zu, wie der Vorgesetzte dies früher bei einem Mitarbeiter getan hat und teilweise noch tut, und motiviere mich für eine erfolgreiche Erledigung.

Die Tagesplanung gestaltet den Tag; sie setzt Ziele voraus, eigene, mit dem Vorgesetzten, einzelnen Kollegen und einer Gruppe abgesprochene. Durch eine einfache Planung mit Schwerpunkten lässt sich die Zeit besser nützen. Höchstens 60 % der Arbeitszeit dürfen verplant werden; 40 % sollten als Pufferzeit für Unvorhergesehenes und für spontane Aktivitäten übrig bleiben. Die tägliche Arbeitszeit wird grob aufgeteilt für einzelne Aufgaben, Aufgabenbereiche, Projekte, Aktivitäten; für jede Aktivität wird eine ungefähre Zeitmenge vorgesehen. Der Zeitaufwand wird realistisch eingeschätzt. Durch die Setzung von Schwerpunkten wird Zeit für wichtige Arbeiten gewonnen.

Tagesplan aufstellen

Der Tagesplan für alle Aufgaben, Termine, Vorhaben usw. erzieht zur Selbstdisziplin. Er ist die kleinste Einheit im Zeitmanagement und kann schon am Vorabend aufgestellt und am nächsten Morgen bei Arbeitsbeginn ergänzt werden. Seine Vorteile sind: Er entlastet das Gedächtnis, macht die Aufgaben sichtbar, erleichtert die Konzentration auf die für den betreffenden Tag gesetzten Ziele, motiviert, ermöglicht eine Erfolgskontrolle. Das Durchstreichen der erledigten Aufgaben wirkt darüber hinaus als Erfolgserlebnis.

Wer für die Tagesplanung kein Zeitplanbuch besitzt, kann ein Papierblatt DIN A4 oder A5 verwenden. Links ist eine 5 cm breite Terminspalte vorgesehen für schon vorgemerkte und im Laufe des Tages noch anfallende termingebundene Arbeiten. Rechts daneben kommt eine 3 cm breite Kontaktspalte für Gesprächspartner; in ihr werden durch ein Kreuz (x) Arbeiten hervorgehoben, die Priorität haben. Im oberen Drittel des Papierblattes sind die Muss-Aktivitäten und die Terminarbeiten aufgeführt, die unbedingt am gleichen Tag erledigt werden müssen; in der Mitte die SOLL-Aktivitäten; darunter die Kann-Aktivitäten. Wichtig ist, dass der Arbeitende den Tagesablauf auf dem Plan sehen und den Ablauf beobachten kann.

Auch in der Tagesplanung sollte die Dreistufen-Planung **RTS** berücksichtigt werden:

R bedeutet Routine-Planung. Hier geht es um einen festen Rahmen für den normalerweise üblichen Tagesablauf. Der Planende sieht pauschal eine gewisse Zeitmenge vor für das, was an jedem Tag erfahrungsgemäß ohne besondere Bedeutung anfällt. **T** bedeutet Taktische Planung. Hier kommt es darauf an, flexibel auf überraschende Aktionen von außen rasch und richtig zu reagieren. **S** bedeutet Strategische Planung. Hier werden langfristige, wichtige, visionäre Ziele, auch selbst gesteckte, die dem persönlichen Erfolg dienen, Schritt für Schritt verwirklicht; dafür sollte täglich konsequent eine gewisse Zeit vorgesehen werden.

Überblick, Planungskriterien

Zunächst geht es um einen Überblick, bei dem berücksichtigt werden: die bereits im Terminkalender vorgemerkten, fest vereinbarten Termine, die neu eingegangene Post und alles, was vom Tag zuvor noch nicht erledigt worden ist, sowie um eine Bewertung nach Wichtigkeit und Dringlichkeit. Kriterien für die Schwerpunkte der Arbeit sind: Was ist wichtig und wesentlich? Was termingebunden? Was kann auch noch später erledigt werden? Danach die Prioritäten setzen mit der Konzentration auf das Wesentliche auf bestimmten Gebieten. Evtl. die ABC-Analyse anwenden, über die bereits berichtet wurde. Für die Reihenfolge der Arbeiten gilt: Ich unterscheide Arbeiten, die andere für mich erledigen; sie muss ich dem Kollegen oder Mitarbeiter möglichst sofort geben. Arbeiten, bei denen ich von anderen abhängig bin; hier muss ich sicherstellen, dass ich rechtzeitig bedient werde. Arbeiten, die ich unabhängig von anderen selbst mache. Bei Routinearbeiten, die täglich anfallen, gehe ich systematisch immer gleich vor.

Ich beginne mit einfachen, leichten Aufgaben, um mich „warmzulaufen" und erste Erfolgserlebnisse zu haben; dann packe ich wichtige, termingebundene und schwierige Dinge entschlossen an, solange ich noch genügend Kraft und Schwung habe. Zuletzt kommen Arbeiten, die mich selbst brennend interessieren, die mir

Spaß machen; sie schaffe ich auch noch, wenn ich nicht mehr so frisch bin. Bei größeren und schwierigen Aufgaben plane ich das Vorgehen im einzelnen; den Plan überarbeite ich evtl. und spreche mit anderen darüber. Bei Zeitdruck ziehe ich eine Aufgabe im Laufe des Tages vor; trotzdem aber arbeite ich an ihr systematisch. Wichtig ist auch, dass ich das Arbeitsprogramm abwechslungsreich gestalte; dies regt die Kräfte an und wirkt einer vorzeitigen Ermüdung entgegen.

Ich sollte auch versuchen, das „physiologische Tief" der Leistungskurve zu beachten, das am späten Vormittag einsetzt, durch die Verdauungsmüdigkeit nach dem Mittagessen verstärkt wird und nach 14.00 Uhr langsam wieder in ein „Hoch" umschlägt. Wichtige und schwierige Arbeiten erledige ich am frühen Vormittag oder am späten Nachmittag; in der Tief-Phase pflege ich soziale Kontakte und mache einfache Routinearbeiten. In manchen Fällen ist es unverzichtbar, eine persönliche Sperrzeit einzuplanen, in der ich abgeschirmt von allen Unterbrechungen und Störungen völlig ungehindert eine wichtige und schwierige Arbeit erledigen kann.

Für die Vorbereitung von Reisen oder Besprechungen haben sich erweiterungsfähige Checklisten bewährt, um auch für Unvorhergesehenes gewappnet zu sein; bei ihrer Verwendung wird nichts übersehen oder vergessen. Auf Reisen mit dem Zug oder dem Flugzeug, weitab von allen Störungen, kann ich etwas mitnehmen, über das ich schon lange in Ruhe nachdenken wollte; oder endlich gibt es Zeit zum ungestörten Lesen.

Entscheiden und durchführen

Nach einer gründlichen Tagesplanung, die allerdings, wenn gewisse Gewohnheiten bestehen, nicht länger als 15–30 Minuten dauern sollte, entscheide ich mich für den aufgestellten Plan. Bei der Durchführung setze ich die vorhandenen Energien und Mittel entschlossen ein, um meine Ziele durch systematische Arbeit planmäßig zu erreichen.

Grundsätze können dabei sein:
- In Zielen denken und nach Zielen arbeiten.
- Einfache, leichte Arbeit sofort ganz erledigen.
- Was nur zur Kenntnis ist, sofort zur Ablage geben.

– Bei allem, was ich durchlese, sofort das Wesentliche anstreichen. Auf dem Aktenstück oder einem angeklammerten Zettel vermerken: Was ist zu tun? Wer tut es, wenn ich es selbst nicht tun kann oder will? Bis wann? Wann damit beginnen? Reihenfolge?

– Einzelne gleichartige Arbeiten zu Arbeitsblöcken zusammenfassen; sie „gebündelt" erledigen.

Zeitplanbuch oder Taschenkalender für langfristige Termine

Dieses mit losen Blättern leicht erweiterbare, multifunktionelle Arbeitsringbuch wird als Zeitplaner immer mehr eingesetzt. Es enthält alle Zeitpläne, Formulare und Checklisten für den Berufsalltag und den privaten Bereich und ist „Terminkalender, Tagebuch, Notizbuch, Planungsinstrument, Erinnerungshilfe, Adressenregister, Nachschlagewerk, Ideenkartei und Kontrollwerkzeug zugleich". Seine Vorteile sind bei übersichtlicher Einteilung:

1. Man hat einen ständigen Überblick über alle Aufgaben, Projekte, Termine.

2. Der Tagesablauf ist systematisch geplant und nach Prioritäten geordnet.

3. Alle eigenen und alle delegierten Aufgaben können kontrolliert werden.

Ergänzt und teilweise schon ersetzt wird das manuelle Zeitplanbuch durch mikroelektronische Systeme, die unter dem Sammelbegriff CA-TIM: „Computer Aided Time and Information Management" angeboten werden.

Wer nur einen sehr dünnen Taschenkalender auf Reisen mitnehmen will, kann auf dem Monatsblatt die Tageszahl anstreichen, durchstreichen oder einkreisen, sobald er an dem betreffenden Tag einen ersten Termin vereinbart hat; dazu vermerkt er die Uhrzeit. Er hat dann einen raschen Überblick, welche Tage noch ganz frei sind und welche Stunden an einem bestimmten Tag schon belegt sind. Fallen mehrere Termine an einem Tag an, wird auf dem Taschenkalender nur die jeweilige Uhrzeit und eine laufende Nummer eingetragen; unter der laufenden Nummer werden dann in einem zusätzlichen Heftchen die Einzelheiten festgehalten.

Den Arbeitstag bewusst abschließen

Bei der Tagesplanung noch ca. 15 Minuten für den Abschluss des Arbeitstages und einen Rückblick vorsehen. Den Schreibtisch aufräumen; Kleinigkeiten noch erledigen. Auf den abgelaufenen Tag zurückblicken: sich Erfolgserlebnisse bewusst machen. Wahrnehmen, was ich erledigt und erreicht habe, und nicht nur, was noch zu tun ist.

Bin ich meinem strategischen Ziel auch einen Schritt näher gekommen?

Sich überlegen: Was hätte ich anders machen sollen? War meine Tagesplanung realistisch? Oder habe ich zu viel hineingepackt? Habe ich Terminarbeiten rechtzeitig begonnen, um nicht ins Hetzen zu kommen? Das Unerledigte für den folgenden Tag bereitlegen oder notieren.

Mit der Zeit umgehen

Zeit ist nicht nur Geld; sie ist unser kostbarstes Gut, das sich nicht beliebig vermehren lässt. Zeit bedeutet vor allem unser Leben, das langsam und unerbittlich verrinnt. Ein normaler Arbeitstag hat sieben bis acht Stunden, das sind 420 bis 480 Minuten oder 25 200 bis 28 800 Sekunden. Wie gehe ich damit um?

Was mache ich aus meiner Zeit, damit sie nicht nur verrinnt? Was schaffe ich in ihr? Was bewege ich? Welche Ziele will ich nach Ablauf einer bestimmten Zeit erreicht haben? Welche Bedürfnisse will ich befriedigen? Welche Werte verwirklichen?

Am Arbeitsplatz stehe ich im Spannungsfeld von Zeitmenge und Arbeitsmenge. Schaffe ich mein Arbeitspensum in den Stunden, die mir am Arbeitsplatz dafür zur Verfügung stehen? Werde ich rechtzeitig, zum richtigen Zeitpunkt, mit einer Arbeit fertig? Nehme ich mir genügend Zeit für die wichtigen Dinge? Bleibt auch noch Zeit für mich selbst übrig, für mein Menschsein, damit ich nicht zum bloßen Vollstrecker von Zeitplänen oder zum bloßen Arbeitssklaven werde?

Für das, was mir wichtig ist, sollte ich mir täglich morgens und abends etwa je eine Viertelstunde Zeit und Ruhe gönnen, um zur Besinnung, zu mir selbst, zu meiner Mitte, zu kommen; auf diese Weise kann ich mich orientieren und neu ausrichten, meines

Weges sicher werden. In solchen Zeiten kann ich in der Stille auch Abstand finden von Personen, Sachen, Sachverhalten, die mich emotional stark erregt, über die ich mich geärgert habe. Vielleicht finde ich nun den Mut und die Kraft, sie loszulassen und anders zu bewerten, um gelassen zu werden. Dadurch gewinne ich Zeit und Kraft für das Wesentliche und für konstruktive Aktivitäten. Dies erhöht meine Lebensqualität und trägt zur Gesunderhaltung bei.

Reicht meine Zeit nicht?

Wenn meine Zeit äußerst knapp ist, um die gestellten Aufgaben zu schaffen, sollte ich nicht nur meine Arbeitsweise überprüfen, sondern auch mindestens zwei Wochen lang feststellen, wo meine Zeit bleibt. Ich kontrolliere meinen Zeitverbrauch, indem ich schriftlich in einer Aufgaben- und Tätigkeitsliste festhalte, was ich an einem Tag mache und wie viel Zeit ich jeweils dafür brauche. Diese Zeitverwendungsliste analysiere ich.

Über die gewonnenen Einsichten daraus spreche ich evtl. mit einem Kollegen oder meinem Vorgesetzten; Einsichten und Empfehlungen berücksichtige ich bei der Aufstellung des Tagesplans, um meinen Tagesablauf noch rationeller zu gestalten.

Kann ich einfache Tätigkeiten „bündeln", d. h. sinnvoll zusammenfassen? Verzichte ich da, wo es nicht darauf ankommt, auf Perfektion? Kann ich etwas vielleicht ganz anders erledigen als bisher? Was könnte ich noch einfacher und schneller erledigen? Was kann wegfallen? Kann ich etwas delegieren? Beginne ich termingebundene Arbeiten rechtzeitig, damit ich sie ohne Hektik und Nervosität termingerecht beenden kann? Vermeide ich unnötigen negativen Stress?

Welche unproduktiven Tätigkeiten, welche Störfaktoren und Zeitfresser kann ich künftig ausschalten?

Störfaktoren und Zeitfresser – welche treffen bei mir zu?

Durch Planung, Arbeitsmethodik und -stil:
- Zielsetzung fehlt oder ist unklar.
- Tagesplan fehlt oder ist unzureichend; die Planung ist unrealistisch, oder zu viel Unvorhergesehenes kommt dazu.
- Ich habe keine Übersicht über alles, was zu tun ist.

- Ich will zu viel auf einmal tun.
- Ich setze keine oder die falschen Prioritäten.
- Ich beginne nicht früh genug mit termingebundenen Arbeiten und komme dann ins Hetzen, um den Termin einhalten zu können.
- Der Schreibtisch ist überladen; ich bin ein „Volltischler", der keine Ordnung hat und viel Zeit durch ständiges Suchen von Unterlagen verschwendet.
- Das Ablagesystem ist unklar; es wird nicht regelmäßig abgelegt. Ein „Aktenfriedhof" ist entstanden, der ständig durchwühlt werden muss, wenn etwas gesucht wird.
- Ich führe einen „Papierkrieg", der viel Zeit zum sichtenden Lesen erfordert.
- Bei mir treffen zu viele Aktennotizen ein; ich schreibe auch zu viel.
- Ich delegiere zu wenig oder an nichtkompetente Personen.

Durch persönliche Schwachstellen:
- Ich arbeite hastig, bin ungeduldig.
- Ich bin nicht oder zu schwach motiviert.
- Ich kann bei Anforderungen und Wünschen nicht „Nein" sagen.
- Ich halte mich zu viel am Kleinkram auf.
- Mir fehlt die Selbstdisziplin, immer gleich das Geplante und Notwendige zu tun.
- Ich bin unentschlossen, was ich vorziehen soll; ich schiebe Unangenehmes vor mir her.
- Auf Zeitdruck reagiere ich nervös mit zu viel negativem Stress.

Durch andere Personen und die Zusammenarbeit mit ihnen:
- Anrufe unterbrechen mich ständig.
- Unangemeldete Besucher kommen.
- Ich werde in langatmige Besprechungen verwickelt.
- Ein hoher Lärmpegel erschwert es mir, mich voll zu konzentrieren.
- Der Informationsfluss ist unbefriedigend; ich erhalte zu wenig und zu spät Informationen; ich gebe zu spät und zu wenig davon weiter.
- Die Arbeit ist nicht genügend koordiniert.

- Mit der Teamarbeit klappt es noch nicht richtig.
- Die Kommunikation erfordert zu viel Zeit; sie ist nicht effektiv.
- Zu viel Leerlauf und Wartezeiten.

Was ist zu tun?

Ich wähle drei der schlimmsten Zeitfresser aus, die ich selbst beeinflussen kann; sie nehme ich getrennt unter die Lupe. Ich bestimme den IST-Zustand; die Ursachen analysiere ich. Nun beschreibe ich den SOLL-Zustand als Zielvorstellung. Über die ausgewählten Zeitprobleme spreche ich mit anderen Personen; ich frage sie, was sie bei den betreffenden Problemen an meiner Stelle tun würden.

Nun lege ich Maßnahmen fest; ich entscheide mich, einen Teil schon im nächsten Tagesplan zu berücksichtigen und durchzuführen. In den folgenden vier Wochen achte ich besonders darauf – auch beim täglichen Rückblick bei Feierabend; über einen erreichten Erfolg freue ich mich.

Nach Ablauf von vier Wochen packe ich die nächsten drei Zeitfresser und Störfaktoren an. Ich gehe ähnlich vor wie bei den ersten drei; die bisherigen Erfahrungen berücksichtige ich dabei. Bei der Auseinandersetzung mit Zeitfressern halte ich mir vor Augen, was Goethe einmal geschrieben hat: „Der Mensch kann Unglaubliches leisten, wenn er die Zeit einzuteilen und recht zu benützen weiß."

Sich auf die Arbeit einstellen und einstimmen – gut motiviert sein

Was jeder Sportler und jeder Künstler vor Beginn eines Einsatzes praktiziert, sollte auch ich tun: Mich innerlich voll auf meine Arbeit zu konzentrieren, fest entschlossen, alle Kräfte einzusetzen und mein Bestes zu geben. Wichtig ist, dies mit voller Anspannung, gleichzeitig aber auch entspannt zu tun, d. h. in einem Zustand, der zwischen höchster Anspannung und tiefster Entspannung, aber auch zwischen tiefer Ruhe und lebhafter Bewegung, strengem Ernst und lustvoller Freude, liegt.

Einstellung im Zusammenhang mit meiner Arbeit bedeutet: Ich bin eins mit mir selbst, mit dem Leben, mit meiner Umwelt, mit

Personen, Sachen und Sachverhalten. So richte ich mein Interesse und meine Aufmerksamkeit entschlossen nicht nur auf das Ziel, z. B. die Erledigung einer Aufgabe, die Lösung eines Problems, sondern auch auf das nahe Liegende, auf den jeweils nächsten Schritt zum Ziel. Dabei habe ich die zuversichtliche Erwartung, dass ich dies sicher tun kann und ich damit meinem Ziel näher komme.

Einstimmung bedeutet: Ich stimme mich auf meine Arbeitsaufgabe ein, d. h. ich packe sie in guter Stimmung an, erwärme mich dafür, bin darauf begierig, stark motiviert, sie zu tun; ich bin auf das Ergebnis gespannt und freue mich darauf.

Motiviert bin ich, wenn ich zielorientiert arbeite, mich lustvoll auf das Ziel zu bewege und sehe, wie ich ihm näher komme. Ich spüre, wie das Ziel mich anzieht, wie es einen Sog auf mich ausübt; dies setzt starke Antriebe in mir frei. Ich kann mein Bedürfnis nach Aktivität befriedigen, und die Erfolgserlebnisse, die ich durch meine Leistung habe, halten mich frisch; sie verhindern eine vorzeitige Ermüdung.

Am Schreibtisch praktisch arbeiten

In diesem Abschnitt geht es darum, wie ich am Schreibtisch meines gut organisierten Arbeitsplatzes systematisch und zielorientiert u. a. die eingegangene Post selbst bearbeite, mir Erfolge bewusst mache, mich motiviere; wie ich die Informationsflut bewältige, schreibe, telefoniere, Besprechungen führe und mit anderen zusammenarbeite.

Eingangspost selbst bearbeiten

- In Abstimmung mit meinem Tagesplan überfliege ich – möglichst nicht länger als 30 Minuten – die neu eingegangenen Akten mit der Einstellung, meine Arbeit möglichst einfach, gut und rasch mit möglichst wenig Bewegungen zu tun.
- Das Wesentliche hebe ich sofort durch Unterstreichen oder Markieren mit einem Farbstift hervor.
- Was ich für eine Erledigung selbst weiß, notiere ich stichwortartig schon als Antwort am linken Rand der Akte oder auf einem angeklammerten Zettel.
- Was ich durch Nachforschen oder Rücksprache mit anderen in

bestimmten Schritten klären muss, bezeichne ich mit einem Fragezeichen (?). Dabei helfen mir die W-Fragen: Wer? Wo? Wie? Wann? (Bis wann?) Warum? Wozu?

– Wenn möglich, beantworte ich Anfragen durch handschriftliche Vermerke, die ich neben die Frage setze; sind mehrere Fragen gestellt oder Sachverhalte zu klären, nummeriere ich diese am linken Rand der Akte und schreibe die Stellungnahme mit der gleichen Nummer unten auf die freie Fläche der Akte oder auf ein zusätzliches Blatt mit dem Vermerk: „Kurzantwort vom…".

– Die bearbeitete Akte lege ich in meine Arbeits-Ordnungsmappe unter „Faxen" oder „Ausgangspost".

– **Bearbeitungsbeispiel:** Ich stelle beim Durcharbeiten fest: Für Akte 1 fehlt mir der Vorgang; ich notiere „V von Mü" (Frau Müller). Für Akte 2 fehlt mir eine Adresse; ich notiere „Adr. von Eink." (Einkauf). Für Akte 3 fehlen technische Daten; ich notiere „techn. Dat. von Verk." (Verkauf). Die drei Akten lege ich in das entsprechende Fach meiner Arbeits-Ordnungsmappe für die Weiterbearbeitung. Bin ich mit der Post durch, nehme ich die Mappe und gehe zu den betreffenden Personen, von denen ich die gewünschten Angaben erhalte. Habe ich sie, lege ich die Akte in das nächste Fach zur Weiterbearbeitung, z. B. unter „Diktieren", „Schreiben" oder „Faxen".

Verlasse ich meinen Arbeitsplatz, notiere ich auf einem Zettel, der neben dem Telefon liegt, ab wann ich wieder zurück bin oder wo man mich in ganz dringenden Fällen erreichen kann.

Für Besucher, wichtige Besprechungen, zum Diktieren von Post usw. lasse ich mich durch einen Kollegen abschirmen, der mich in dieser Zeit vertritt; umgekehrt vertrete ich ihn zu einer anderen Zeit, damit auch er ein bis zwei Stunden ungestört arbeiten kann.

Mit anvertrauten Hilfsmitteln und Einrichtungen gehe ich schonend um; ich versuche, auch zu ihnen eine positive Einstellung zu entwickeln.

Sich den Erfolg bei der Arbeit bewusst machen

Ich freue mich darüber, dass mein Aktenhaufen mit jedem bearbeiteten Schriftstück kleiner wird; damit motiviere ich mich laufend. Mein innerer Antrieb wird durch die Sogwirkung noch verstärkt, die von meiner Zielvorstellung, den Aktenhaufen ganz zu erledigen, ausgeht. Dies bedeutet: Ich halte mir vor Augen, was ich schon erledigt habe, den bisher erreichten Erfolg. Ich schiele nicht dauernd nach den Rückständen und ärgere mich nicht darüber; denn dies wäre sehr demotivierend. Es würde mir ständig den Schwung nehmen, und daraus könnte eine chronische „Schieberitis" entstehen.

Wie motiviere ich mich?

Zielbezogen arbeiten bedeutet: Ich fasse das jeweilige Arbeitsziel ins Auge – ich ziele! – und stimme alle Aktivitäten darauf ab. Ich wünsche mir, das Ziel möglichst rasch zu erreichen; ich arbeite vorwärtsdrängend auf das Ziel zu – ich handle entschlossen! – und überlege kurz, ob das Gemachte richtig ist – ich prüfe kritisch!

Kann ich das Ziel nicht in einem Zug erreichen, weil mir z. B. Informationen fehlen, schiebe ich die Arbeit voran, soweit mir dies jetzt möglich ist, und überlege: Was ist noch bis wann zu tun? Wer tut es bis wann? Die noch fehlenden Schritte zum Ziel halte ich auf dem schon erwähnten Zettel mit Termin fest; wichtige Termine notiere ich in meinem Terminkalender.

Akten, die andere teilweise oder ganz bearbeiten, lege ich, um Zeit zu sparen und andere nicht unnötig oft zu unterbrechen, in das dafür in meiner Arbeits-Ordnungsmappe vorgesehene Fach; nur die ganz dringenden Einzelfälle bringe ich sofort zur Weiterbearbeitung weg oder rufe die betreffende Person direkt an, die mir die Information geben kann.

Muss eine Akte von mehreren Personen oder Stellen bearbeitet werden, hänge ich ein Bearbeitungsblatt an, das Hinweise enthält auf Sachbearbeiter, Teilaufgabe, „Bitte erledigen bis...", „Tatsächlich erledigt am..."; auch ein Stichwort, unter dem der Vorgang abgelegt wird.

Im Prinzip gilt dies auch für umfangreichere schriftliche innerbetriebliche Aufträge oder Arbeitsanweisungen. Erteile ich einen Auftrag mündlich, sollte ich mich überzeugen, ob der andere alles richtig verstanden hat. Ist die Anweisung zu umfangreich und kompliziert und erfordert die Ausführung einige Zeit, sollte ich Einzelheiten schriftlich fixieren; dies erspart zeitraubende Besprechungen. Eine interne Notiz sollte dann enthalten:
– Name des Mitarbeiters, der die Anweisung erledigt.

- Auftragsdatum
- Erledigungsdatum als Zieltermin
- Hinweis auf Anlagen
- Verteiler: Hinweis auf die anderen Stellen, die von der Notiz eine Kopie erhalten.

Der Termin wird durch eine zusätzliche Terminkopie überwacht.

Informationsflut bewältigen

Das Wissen verdoppelt sich in immer kürzerer Zeit; zwischen 1800 und 1900 dauerte es noch hundert Jahre, zwischen 1900 und 1950 fünfzig, seit 1966 nur noch fünf Jahre. Allerdings ist nicht alles Wissen in seiner Substanz neu, die Redundanz dürfte sehr hoch sein; vieles bekannte Wissen erscheint nur unter neuen Begriffen. Wichtig sind deshalb Kriterien für die Sichtung, die als Filter dienen, z. B.:

1. Was ist in der Substanz ganz neu? Was nur zum Teil?
2. Trägt es zum Fortschritt bei? Wenn ja, in welcher Beziehung?
3. Interessiert mich die Information überhaupt? Wenn ja, warum?
4. Ist sie wichtig für mich? Wenn ja, warum?
5. Wozu brauche ich sie? Welches Ziel kann ich dadurch besser erreichen?
6. Hilft sie mir, Sach- und Verhaltensprobleme und Konflikte zu lösen?
7. Welche Zeit brauche ich, um sie aufzunehmen, zu verstehen, zu verwerten?
8. Genügen schon die Kerngedanken, Basiswissen, sog. „heißes Wissen"?
9. Brauche ich die Informationen zum Weiterlernen an meinem Arbeitsplatz allgemein?
10 Kann ich sie zunächst einordnen, um sie später zu bearbeiten? Wenn ja, unter welchem Stichwort?
11 Dient das neue Wissen dem Menschsein?
12. Schont es die Umwelt; hilft es, sie zu erhalten?

Informationen verarbeiten

Es gibt viele Aufgaben, bei denen wir Informationen verarbeiten und darauf – mit Rückgriff auf unsere Erfahrungen – reagieren müssen, z. B. um eine Entscheidung zu treffen oder ein Problem zu lösen. Wer eine technische Anlage überwacht, erhält über Kontrollinstrumente ständig Informationen, die er mit wachen Sinnen aufnehmen und verarbeiten muss, um rasch eingreifen zu können, wenn die angezeigten Werte von SOLL-Vorgaben abweichen. Er ist gezwungen, seine Aufmerksamkeit dauernd auf mehrere Instrumente zu richten, und steht unter einem starken Verantwortungsdruck; denn von einem störungsfreien Betrieb ist neben der Leistung auch die Qualität der gefertigten Produkte abhängig.

Neben solchen konkreten Überwachungs-, Kontroll- und Steuerungstätigkeiten in der Produktion gibt es aber auch geistige Tätigkeiten am Schreibtisch, wenn es darum geht, Informationen richtig aufzunehmen, zu verstehen und darauf zu reagieren, d. h. neue Informationen zu schaffen. Dieser Vorgang, bei dem der Arbeitende erhaltene Informationen auch mit seiner Erfahrung verknüpft, zerfällt in Informationsaufnahme, -verarbeitung und -abgabe.

Für die Informationsaufnahme zur Wahrnehmung sind funktionstüchtige Sinnesorgane, vor allem Augen und Ohren, erforderlich. Durch sie entstehen Empfindungen als Voraussetzung der Wahrnehmung. Durch eine bestimmte Einstellung, z. B. das Ziel, eine bestimmte Leistung, ein bestimmtes Ergebnis zu erreichen, entsteht Aufmerksamkeit. Die Sinnesorgane konzentrieren sich auf einen Ausschnitt der Umwelt. Ein Filter lässt nur die Informationen durch, die für eine bestimmte Aufgabe erforderlich sind. Die Wahrnehmung als verarbeitete Empfindung ist immer das Ergebnis einer Mischung, die aus der Empfindung mit früher gemachten Erfahrungen und anderen psychischen Faktoren besteht.

Für die Informationsverarbeitung durch „Denken als Probehandeln" ist Intelligenz, Denkvermögen, erforderlich, durch die ich Buchstaben, Wörter, Worte, Sätze, Zahlen, Zahlenkombinationen, Rechenaufgaben usw. verstehe, mir klare Vorstellungen bilde, Zusammenhänge mit bisherigen Erfahrungen herstelle und sie miteinander vergleiche; außerdem mir die neuen Informationen einpräge und sie speichere, um sie später abrufen zu können. Ich vergleiche den realen problematischen IST-Zustand mit einem idealen verbesserten SOLL-Zustand. Ich frage nach dem Weg von IST zu SOLL, analysiere einzelne Faktoren, bewerte verschiedene rationale und emotionale Möglichkeiten, die Sache bzw. Sachverhalt und Menschen betreffen, und entscheide mich für die beste von ihnen; diese dient als Plan, als Handlungsentwurf.

Intelligenz ist die Fähigkeit zur kognitiven, erkenntnismäßigen, Strukturierung bzw. zur optimalen Kodierung. Sie erfordert Sachlogik, die praktisch-technisches Verständnis ausdrückt und z. B. fähig ist, optische Wahrnehmungen anschaulich zu strukturieren. Notwendig ist auch Sprachlogik, die Fähigkeit, sich durch einen reichen Wortschatz und klare Begriffe sprachlich gut auszudrücken und Objekte anschaulich zu beschreiben bzw. zu benennen. Diese Fähigkeit ist für die zwischenmenschliche Kommunikation von zentraler Bedeutung. Schließlich ist noch Zahlenlogik erforderlich, die Fähigkeit zu formalisierender Abstraktion, um mit Hilfe von Zahlen die Beziehungsstrukturen zwischen Wahrnehmungs- und Denkinhalten auf abstrakte Weise formulieren zu können.

Für die Informationsverarbeitung schlägt *K. W. Deutsch* folgende kreative Schritte vor:

1. Auswählen
2. Abstrahieren
3. Speichern
4. Auflösen
5. Neu kombinieren
6. Selektiv-kritisch erkennen
7. Informationsmuster erneut anwenden.

Die Informationsabgabe durch Handeln schließt auch sprachliche Äußerungen ein. Nach gründlicher Prüfung entscheidet sich die Person für die Durchführung, das Handeln nach Plan. Dazu können Fertigkeiten als automatisierte Fähigkeiten bzw. motorisches Geschick erforderlich sein.

Bei einer Informationsverdrängung wehrt der Betreffende bestimmte Informationen pauschal ab; er nimmt vor allem aktuelle neue Informationen oft nicht genügend zur Kenntnis. Gründe dafür können sein: Der Betreffende ist durch zu viel Information überlastet; oder er hat Angst, sich entscheiden zu müssen.

Von einem Informationsverlust sprechen wir, wenn zwischen Informationsmenge und -inhalt, zwischen dem Vorgang des Sendens und dem des Empfangens, zwischen Eingang und Ausgang bzw. Input und Output eine zu große Differenz besteht; diese wird auch als Informationsüberlastung bezeichnet. Auf diese Weise können Gerüchte entstehen.

Wie beschaffe ich mir Informationen, die ich brauche?
- Durch Gespräche mit hilfsbereiten Kollegen, die am gleichen Problem interessiert sind.
- Durch Nachdenken in Form eines Brainstorming, allein oder mit anderen.
- Durch Gespräche mit Spezialisten; diese können in der Form eines sorgfältig vorbereiteten Interviews erfolgen. Dem Fachmann werden klare Fragen vorgelegt – evtl. vorab, damit er sich darauf vorbereiten kann. Die Antworten werden schriftlich festgehalten oder aber auf Tonband aufgenommen und anschließend ausgewertet.
- Durch Lesen in Fachzeitschriften und Büchern, z. B. Nachschlagewerken, die entweder am Arbeitsplatz vorhanden oder aber an einer anderen Stelle frei zugänglich sind. Dazu zählt auch der Zugang zur EDV, die in zunehmendem Maße viele aktuelle, umfassende Informationen bereithält.

Zuerst werde ich mir klar darüber: Wozu brauche ich die Informationen? Was ist meine Aufgabe, mein Thema, mein Ziel? Über welches Grundwissen zum Thema verfüge ich? Muss ich zuerst mein Grundwissen erweitern, um fähig zu sein, mir das notwendige Aufbauwissen und aktuelles, ständig sich veränderndes Einzelwissen anzueignen und zu verstehen? Welche Wissenslücken in Bezug auf mein Thema habe ich konkret? Und wo will ich mich zuerst informieren?

Lesen und sich das Wesentliche merken

Wie gehe ich vor? Welche Informationen benötige ich? Wo finde ich sie?

Sich mit klarer Zielvorstellung zuerst einen Überblick verschaffen, sich orientieren, sichten, auswählen. In einem ausgesuchten Buch oder einer Zeitschrift das Inhaltsverzeichnis überfliegen; welche Abschnitte entsprechen meinem Thema? Gibt es dazu Übersichten, Schemata, Tabellen, Zusammenfassungen? Diese herausschreiben und zuerst lesen. Im Register nach Stichworten suchen; diese mit Seitenangabe ebenfalls notieren.

Soll ich die ausgesuchten Abschnitte zuerst nur überfliegen? Oder sie gleich gründlich und sehr kritisch lesen, mir das Wesentliche bildhaft vorstellen, es mir merken oder notieren? Wichtige Abschnitte, die zu meinem Thema passen, kann ich nachdenklich, tief in mich aufsaugend, mir alles einverleibend lesen, mit Bezug zu meinen bisherigen Erfahrungen; aber auch völlig frei davon, wenn es sich um ganz neue Erkenntnisse handelt, bei denen mir ein Licht aufgeht. Ich kann einen Bezug zu anderen Beiträgen oder Büchern herstellen und Tatsachen von Interpretationen, Meinungen, Argumenten unterscheiden.

Auch beim Schnelllesen sollte ich leicht und entspannt atmen und dabei versuchen, das Wesentliche eines Satzes oder Absatzes so zu erfassen, als ob ich anderen Personen darüber berichten müsste. Unklares werde ich nochmals lesen; unbekannte Fremdwörter oder Fachausdrücke schreibe ich heraus oder schlage sie in Wörterbüchern sofort nach.

Sich schriftlich wirksam ausdrücken

Dies liegt nicht jedem, obwohl sehr viel davon abhängt; Briefe an Kunden sind die „Visitenkarte des Unternehmens".

Seit Jahrzehnten wird versucht, die Schreibarbeit anders zu organisieren. Für häufig sich wiederholende Texte wurden z. B. Textbausteine als Vorlagen geschaffen, nach denen Schreibkräfte Briefe ohne Diktat schreiben mit der Möglichkeit, selbst Zusätze für Vorgänge anzubringen, die nicht routinemäßig anfallen. Auf dem Original eingegangener Briefe wurden vorzugsweise mit der Hand Kurzantworten geschrieben; davon erhält der Geschäftsfreund eine Kopie als Stellungnahme. Fertige Schreibsätze und Endlosformulare wurden eingesetzt, so dass das zeitraubende Zusammenstellen der Papierkopien und das Zwischenschießen des Kohlepapiers entfielen. Die Sekretärin stenografierte individuelle

Briefe nicht mehr; der Sachbearbeiter oder Chef sprach sie vielmehr ins Diktiergerät. Aus der Stenotypistin wurde die Fonotypistin, die keine Zeit mehr für das Aufnehmen des Textes benötigte. Die Schreibkräfte hatten keine Einzelarbeitsplätze mehr; sie wurden zu zentralen Schreibbüros zusammengefasst und schrieben jetzt als Fonotypistinnen für mehrere Sachbearbeiter, so dass mancher Leerlauf entfiel. Gleichzeitig erhielten sie elektrische Kugelkopfmaschinen, die weniger Krafteinsatz erforderten. Schließlich wurden für die programmierbare Korrespondenz Computer eingesetzt.

Solche Maßnahmen sparen zwar Kosten; sie genügen für eine gute interne und externe schriftliche Kommunikation aber nicht.

Von der Psychologie des Schreibens

Was unterscheidet das Sprechen, die mündliche Kommunikation, vom Schreiben, der schriftlichen Kommunikation? Beim Schreiben fehlt die Verstärkung durch Erscheinung, Gestik, Mimik und Stimme des Schreibenden; die Brücke zum Lesenden kann allein durch das geschriebene Wort geschlagen werden. Außerdem kann der Angeschriebene nicht sofort reagieren; die spontane Rückmeldung fehlt, die es bei der mündlichen Kommunikation sofort ermöglicht, Missverständnisse zu beseitigen oder Fehler zu korrigieren.

Wer schreibt, sollte zuerst überlegen: Welches Ziel will ich durch mein Schreiben erreichen? Welche Wirkung will ich beim Empfänger erzielen? Dieser soll sich in der vom Schreiber gewünschten Weise verhalten, z. B. einen Besuch erbitten oder eine Beratung anfordern. Dieses Verhalten soll ihm die Mitteilung erleichtern; z. B. soll sie nicht zu viel von seiner Zeit beanspruchen. Das Schreiben soll nur das Notwendige enthalten, aber doch so viel, dass es seinen Zweck erfüllt, z. B. durch die Begründung mit maximal drei Argumenten. Ein wichtiges Kriterium ist, dass der Angeschriebene die Informationen so versteht, wie der Schreibende sie gemeint hat.

Der Schreibende soll sich originell ausdrücken, damit er sich durch sein Schreiben profiliert; aber zu allererst muss er die Aufmerksamkeit des Empfängers erregen, emotional auf ihn wirken, in seinem Unbewussten ein Echo wecken, damit er das Schreiben interessiert liest. Dafür muss das Schreiben schon im ersten Satz werben, z. B. durch eine Frage, die deutlich macht, warum der Brief geschrieben wurde. Und wenn der Schreibende eine Problemlösung anbietet, muss er dem Angeschriebenen zuerst bewusst machen, dass er das Problem hat und es für ihn wichtig ist, es zu lösen.

Wer den Empfänger für etwas gewinnen will, sollte sich auch fragen: Welchen Bedarf hat der andere, wie sind seine sachlichen Erwartungen und Wünsche? Darauf sollte er vom Standpunkt des Briefempfängers eingehen und entsprechend argumentieren, d. h. im Sie-Stil anstatt im weithin noch üblichen Wir-Stil. Der nächste Punkt ist: Welchen Nutzen kann der Schreibende dem Angeschriebenen durch die Deckung eines Bedarfs, die Befriedigung von Bedürfnissen oder die Lösung von Problemen bieten? Dies bedeutet, dass er nutzen-orientiert schreibt statt produkt-orientiert. Er überlegt auch: Was weiß der andere vermutlich schon? Was sollte er unbedingt noch erfahren? Und was sollte im Schreiben hervorgehoben werden? In diesem Zusammenhang kann er beim Angeschriebenen dessen Bedürfnisse ansprechen, z. B. die nach Geltung, Anerkennung, Zugehörigkeit, Sicherheit.

Nur gut formulierte Texte sind wirksam

Wer sich schriftlich unmissverständlich ausdrücken, einen Text verfassen, d. h. Gedanken, Eindrücke, seelische Inhalte in Worte fassen, einen Sachverhalt angemessen beschreiben will, muss zuerst eine klare Vorstellung davon haben. Wirksames Formulieren setzt entsprechendes Denken voraus. Und wer richtig denken kann, besitzt einen geübten Verstand, eine lebhafte Vorstellungskraft; und er kennt die Dinge, über die er schreibend etwas aussagen will.

Angenommen, eine Information ist vom Schreibenden nicht eindeutig abgefasst, d. h. nicht richtig codiert, erhöht dies die Schwierigkeiten beim Empfänger, sie zu verstehen. Dieser kann sich in Zeitnot befinden, unter Stress stehen, gleichgültig, träge oder skeptisch sein, kein Problembewusstsein haben. Außerdem ist es denkbar, dass er von Mitbewerbern durch anders lautende Informationen beeinflusst wird. Er kann und wird dann meine Information nicht richtig decodieren und sich anders verhalten, als ich mir als Schreiber dies gewünscht habe.

Texte aller Art, vorwiegend aber Briefe, sollten weitgehend folgenden ideal-typischen Anforderungen nahe kommen:

1. Schon im ersten Satz wecken sie Interesse und Neugier des Empfängers.
2. Sie aktivieren und motivieren ihn in Richtung auf das Ziel zu, das der Schreibende in seiner Mitteilung verfolgt.
3. Sie sind konstruktiv, freundlich, empfänger-orientiert, anschaulich, abwechslungsreich, spannend, vorwärtsdrängend.
4. Trotzdem sind sie knapp, treffend, echt, einfach, konkret, verständlich, genau, eindeutig formuliert, übersichtlich gegliedert und überschaubar.
5. Der Schreibende unterscheidet:
   - Fakten und Interpretationen bzw. Meinungen
   - Behauptungen und Vermutungen
   - Schlussfolgerungen und Empfehlungen
   - Wichtiges und Nebensächliches
   - Primäres und Sekundäres
   - Zentrales und Peripheres.
6. Der Schreibende vermeidet Klischees, abgegriffene Ausdrücke, Phrasen, Floskeln, Geschwätzigkeit, Weitschweifigkeit, Eintönigkeit, langweilige Aufzählungen, abstrakte Begriffe, Bandwurm- und Schachtelsätze.

Wie sollte ein Geschäftsbrief systematisch aufgebaut sein?

1. Adresse, Datum, Anrede.
2. Warum schreibe ich? Bezug/Anlass: Auf das Anliegen des anderen eingehen, vor allem wenn der Empfänger meines Briefes zuerst an mich geschrieben, mir gefaxt, mich angerufen oder besucht hat.
3. Einführung: Beim Empfänger für meine Information sofort Interesse erwecken, seine Neugier erregen.
4. Hauptteil: Zur Sache kommen: Gestellte Fragen beantworten. Selbst nummerierte Fragen stellen, die der Empfänger dann in der gleichen Reihenfolge beantwortet. Angebot machen, Vorschläge unterbreiten; zuerst kurz die Hauptpunkte, dann die Einzelheiten dazu. Dabei immer das bereits geweckte Interesse wach halten. Eigene Vorschläge durch überzeugende Argumente in logischer Folge begründen; den Empfänger rational

und emotional überzeugen, dass die Sache gut, für ihn vorteilhaft ist. Die Argumente können betreffen: Material, Ausführung, Form, Gebrauchswert, Nutzen usw. Vor allem den
Nutzen betonen. Beispiele bringen, bei wem und unter welchen Bedingungen die Sache bereits Vorteile gebracht hat. Im
Briefempfänger den Wunsch wecken, die Sache auch zu besitzen und den gleichen Erfolg damit zu haben.

5. Erwartungen an Briefempfänger: Nach einer knappen Zusammenfassung, Schlussfolgerungen, Empfehlungen usw. den
Empfänger motivieren, an ihn appellieren, ihn zur Aktion auffordern, damit er bei uns kauft oder uns die gewünschten Informationen gibt. Die Befehlsform, den Imperativ, vermeiden,
weil sich der Empfänger nicht gern befehlen lässt; besser ist die
Frageform oder der Ausdruck zuversichtlicher Erwartung.

6. Schluss, Dank, Gruß, Anlagevermerk. Den Vorgang mit zum
Schreiben geben. Einen dringenden Fall vorziehen; absprechen, bis wann der Brief fertig geschrieben sein soll. Beilagen
angeben; klären, wer sie rechtzeitig bereitstellt. Evtl. zusätzliche Terminkopie anfertigen; danach die Antwort überwachen.

Kriterien für das Verfassen von Texten, besonders von Geschäftsbriefen

Die folgenden Fragen sollen als Filter für die selbstkritische Beurteilung von Texten aller Art dienen:

1. Ist klar, welches Ziel ich durch meinen Text erreichen und welchen Inhalt ich schreibend vermitteln will?
2. Habe ich eine klare Vorstellung vom Empfänger, kann ich mich
in ihn einfühlen?
3. Spreche ich, wenn niemand anwesend ist, beim Formulieren
die Worte laut vor mich hin, um sie auf ihre Echtheit zu testen?
4. Lasse ich jedes unnötige Wort weg? Habe ich den Mut zum ri-
gorosen Streichen?
5. Hebe ich die Hauptgedanken hervor, um die ich die Neben-
aussagen gruppiere?
6. Sage ich auch Kompliziertes einfach?
7. Kann ich mit meinem Brief das Vertrauen des Empfängers gewinnen?

8. Wecke ich durch einen guten Einstieg zu Beginn das Interesse des Empfängers?

9. Motiviere ich ihn, dass er meinem Ziel entsprechend reagiert?

10. Bringe ich zu Beginn etwas Positives und Wesentliches?

11. Schreibe ich empfänger- und problembezogen; sehe ich alles vom Briefempfänger her?

12. Wecke ich bei ihm interessante Vorstellungen, die den problemlösenden Nutzen beim Einsatz unserer Produkte, Verfahren und Dienstleistungen deutlich machen?

13. Hat alles, was ich schreibe, Aufforderungscharakter, spricht es auch das Unbewusste des Empfängers an?

14. Steigert es auch unser Image, d. h. vermittelt es von unserem Unternehmen ein emotional getöntes Bild, das seinen Ruf im Markt festigt oder noch verstärkt?

15. Hat jede Aufforderung einen realen Hintergrund, damit sie seriös wirkt?

16. Erkläre ich unvermeidliche Fachausdrücke, Fremdwörter und Abkürzungen, wenn der Empfänger kein Experte ist?

17. Unterscheide ich das Wichtige vom weniger Wichtigen? Und hebe ich das Wichtige hervor?

18. Ist mein Text neugier-erweckend, anregend durch Fragesätze, direkte Rede, Auftreten von Personen, lebensnahe Beispiele, witzige Vergleiche?

19. Drücke ich mich einfach, kurz und prägnant, leicht verständlich, auf das Wesentliche beschränkt, mit bekannten Wörtern in kurzen Sätzen aus?

20. Begrenze ich die Informationsmenge strikt?

21. Führe ich wichtige Einzelheiten auf einem besonderen Blatt auf?

22. Ist mein Text gut und folgerichtig geordnet, übersichtlich gegliedert, in Abschnitte unterteilt?

23. Habe ich geklärt, was der Empfänger schon weiß und was er unbedingt wissen muss, um den von mir beschriebenen Sachverhalt beurteilen zu können?

24. Sind meine Ausführungen konstruktiv, kooperativ, zielgerichtet, überzeugend und konsensfähig?

(Aus *R. Lang*: Kommunikationsfähigkeit weiterentwickeln . . .)

Textarten neben dem Brief

Grundsatz für alle Texte: Zur Sache kommen; niemanden abwerten, keine Schuldigen suchen. Konstruktive Hinweise für das Erkennen und Lösen von Sach- und Verhaltensproblemen und von Konflikten sind wichtiger!

Bericht: Er hält fest, was sich bei einer Besprechung, einem Ferngespräch, einem Besuch usw. ergeben hat. Dazu möglichst ein Formular verwenden; es sollte schon vorgedruckt den Platz vorsehen für:
– Datum der Besprechung, der Niederschrift, der Weitergabe
– Ort
– Abteilung
– neben dem Berichterstatter andere beteiligte Personen
– Name des Berichtenden
– Betreff.
In das Formular wird dann zunächst von Hand eingetragen:
– Tatbestand: Hauptpunkte mit Tatsachen; deren Interpretation getrennt; die einzelnen Punkte nummerieren. Was wurde beschlossen? Was soll erreicht werden?
– Aktion: Was ist zu tun? Wer tut es? Wie? Bis wann? Evtl. mit Hinweis auf einzelne der nummerierten Punkte.
– Verteiler: Wer bekommt eine Ausfertigung:
  a) Zur Erledigung?
  b) Zur Kenntnis?
– Platz für Erledigungsvermerk: Datum und Name; Hinweis auf einzelne Punkte, wenn nur ein Teil der Gesamtaufgabe erledigt worden ist.
– Zusätzliche Tageskopie für den verantwortlichen Berichterstatter zum raschen Wiederauffinden des Berichts.

Aktennotiz: Sie hält einen vereinbarten Termin, eine andere Absprache, den Inhalt eines Ferngesprächs, das Ergebnis von Besprechungen und Verhandlungen schriftlich fest; stellt Abläufe dar, ordnet Aufgaben zu, grenzt sie ab; informiert, dient als Gedächtnisstütze. Im Prinzip gilt je nach Umfang der Aktennotiz das unter „Bericht" Erwähnte. Bei sehr umfangreichen Aktennotizen sollte durch eine klare Gliederung ein „roter Faden" erkennbar sein. Was erledigt werden soll, hervorheben, evtl. durch einen senkrechten Strich am linken Rand oder durch einen Rahmen. Evtl. Fragen stellen, die einzelne Empfänger der Notiz beantworten sollen; dann Platz für die Antwort vorsehen. Auch hier ist es zweckmäßig, die einzelnen Punkte bzw. Fragen zu nummerieren; dies erleichtert die Verständigung über einzelne Punkte.

Protokoll: Niederschrift, in der nur die wesentlichen Punkte und das Ergebnis einer Besprechung oder Verhandlung schriftlich zusammengefasst sind; notwendige Maßnahmen werden hervorgehoben.

Hausmitteilung: Sie dient dazu, einen Kreis von Führungskräften und Mitarbeitern als Zielgruppe über Veränderungen und Pläne des Unternehmens schnell und gründlich zu informieren. Beispiele:
- Im Management ergeben sich personelle Veränderungen.
- Alte Produkte fallen weg oder neue kommen hinzu.
- Neue Märkte werden erschlossen. – Unternehmensteile werden erweitert, zugekauft oder veräußert.
- Mit anderen Unternehmen wird künftig kooperiert.

Hausmitteilungen, die über klare Tatbestände berichten und von einer kompetenten Führungskraft unterschrieben werden, beugen der Gerüchtebildung vor. Dies gilt besonders für Mitteilungen über personelle Veränderungen, die begründet und in denen die ausscheidenden Persönlichkeiten gewürdigt werden sollten.

Besondere Textprobleme

Vordrucke, Checklisten usw. entwerfen
- Sich schon zu Beginn mit anderen Mitarbeitern abstimmen, die an einem Vordruck auch interessiert sind, und sie um ihre Vorschläge bitten.
- Was soll der Vordruck enthalten? Einzelheiten spontan festhalten; sie in einem zweiten Schritt ordnen; horizontale und vertikale Bezüge herstellen.
- Ersten groben Entwurf anfertigen; diesen mit anderen Personen durchsprechen, auch mit Außenseitern, ob sie das Schema verstehen.

– Die Kritik im vorliegenden Entwurf berücksichtigen; den Entwurf überarbeiten.
– Von der Reinschrift allen Beteiligten eine Kopie geben; sie sollen den Formularentwurf versuchsweise einige Zeit einsetzen und dann bis zu einem bestimmten Termin weitere Verbesserungsvorschläge machen; diese werden, wenn sie sinnvoll sind, berücksichtigt.
– Nun kommt der endgültige Text; er wird gedruckt und an alle verteilt, die damit arbeiten wollen.

Reklamationen und Beschwerden von Kunden

Fehler und Reklamationen von Kunden systematisch erfassen. Dabei unterscheiden:
– Tatsachen
– mögliche Ursachen dafür
– Folgerungen daraus
– Maßnahmen zur künftigen Vermeidung
– Einführung dieser Maßnahmen mit Überwachung.

Alle Mitarbeiter denken und wirken mit, um solche Fehler in der Zukunft zu vermeiden oder sie zu verringern.

Auf Reklamationen und Beschwerden so reagieren, dass der Ärger sich auflöst und wir den Kunden nicht verlieren. Wir müssen uns klar darüber werden, dass der Kunde emotional verstimmt, verärgert, vielleicht sogar wütend ist. Diese negativen Emotionen muss er abreagieren; dies auszuhalten und zu akzeptieren, ist nicht leicht; aber es ist notwendig, damit ein sachliches Gespräch und eine Problemlösung möglich wird. Der Kunde muss das Gefühl haben, dass wir ihn in seiner Situation verstehen; hat er es, wird er auch eher Verständnis für unsere Situation haben, durch die der Fehler aufgetreten ist.

Wenn die erste dicke Luft sich verzogen hat und die Atmosphäre wieder besser geworden ist, können wir klären: Was erwartet der Kunde im Einzelfall? Welche Bedürfnisse, Einstellungen und Erwartungen hat er? Wie gehen wir auf klärende, verständniserweckende und gewinnende Weise darauf ein? Dies muss im Einzelfall sorgfältig geklärt werden.

Beim „Feuerwehrprinzip" helfen wir sofort, wenn viel auf dem Spiel steht. Bei der „Taktik der kleinen Gesten" besänftigen wir

die reklamierende Person und gewinnen Zeit, bis wir in der Sache
helfen können.

Grundsätze, wie man auf Reklamationen reagieren sollte

1. Die Reklamation nicht in Frage stellen, also nicht sagen: „Das
   kann ich mir nicht vorstellen."
2. Dem Kunden nicht die Schuld zuschieben durch den Hinweis: „Da müssen Sie etwas falsch gemacht haben."
3. Dem Kunden nicht mit erhobenem Zeigefinger oberlehrerhaft
   widersprechen: „Das kann nicht sein, das gibt es doch nicht!"
4. Nicht zu rasch zur Sache kommen, sondern dem Reklamierenden Gelegenheit geben, zuerst „Dampf abzulassen". Nicht
   versuchen, den Reklamierenden zu beruhigen durch den
   Hinweis: „Regen Sie sich doch nicht so auf!"
5. Den Reklamierenden mit Namen ansprechen; ihm gegenüber
   immer freundlich und höflich bleiben. Ihn ermuntern, alles zu
   sagen, was ihm auf dem Herzen liegt.
6. Nicht widersprechen, sich nicht rechtfertigen wollen. Sich in
   die Situation des Kunden versetzen; entsprechende Fragen
   stellen. Die Antworten festhalten.
7. Sein Bedauern über die Reklamation äußern, auch wenn
   noch nicht sicher ist, ob die Beschwerde zu Recht besteht.
8. Dem Kunden erklären, dass auch wir daran interessiert sind,
   dass er zufrieden ist. Sich bedanken, dass uns der Kunde auf
   den Fehler aufmerksam gemacht hat.
9. Zusammenfassen; die Reklamation in eigenen Worten wiederholen.
10. Eine rasche Hilfe zusagen und durchführen; wenn dies nicht
    möglich ist, erklären, wie wir uns das weitere Vorgehen den-
    ken.

Benutzerfreundliche Bedienungsanleitungen

Sie könnten die beste Werbung für ein Produkt sein, wenn sie
leicht verständlich und in einem werbenden Stil geschrieben
wären. Aber ihre Bedeutung wird meist sträflich verkannt. Bedienungsanleitungen werden oft von einem Fachmann geschrieben,
der die Technik seines Gerätes gut kennt und sich nicht vorstellen kann, dass der Nichtfachmann und die Nichtfachfrau, die

das Gerät zum Gebrauch gekauft haben, von dessen Technik wenig Ahnung haben und ihnen vieles schleierhaft ist, was der Verfasser der Bedienungsanleitung als Experte für selbstverständlich hält.

Im Prinzip gilt für das Schreiben von Bedienungsanleitungen, was in den Abschnitten „Von der Psychologie des Schreibens" und „Kriterien für das Verfassen von Texten ..." erwähnt worden ist, abgesehen von folgenden Punkten:

– Die Bedienungsanleitung sollte davon ausgehen, dass der Bediener eines Geräts über keinerlei Vorwissen verfügt.

– Der Text sollte durch bildliche Darstellungen, v. a. Schnittzeichnungen, ergänzt sein; zwischen Text und Bild sollte ein eindeutiger Zusammenhang bestehen.

– Neben dem beschreibenden Teil, der Aufbau und Funktion des Gerätes auf einfachste Weise erklärt, sollten zwei Abschnitte besonders bedienerfreundlich gefasst werden:
   a) die Bedienungsmöglichkeiten mit allen Variationen;
   b) die Fehlersuche zur Beseitigung von Störungen.

Einzelheiten sprengen den Rahmen dieses Abschnitts; auf einige Punkte soll jedoch hingewiesen werden:

1. Alle Fachausdrücke müssen in die Umgangssprache übersetzt sein.

2. Funktionen müssen vollständig und übersichtlich, trotzdem aber möglichst knapp anhand von Abbildungen erläutert werden.

3. Auf Gefahren durch unsachgemäße Behandlung wird hingewiesen.

4. Die Bedienung wird systematisch erklärt; die einzelnen Schritte werden nummeriert.

5. Alle Einsatzmöglichkeiten werden aufgezeigt mit Hinweis auf die jeweils erzielbaren Leistungen.

6. Ein ausführliches Register für Funktion, Bedienung und Fehlersuche hilft, die gesuchte Information rasch zu finden.

7. Die Bedienungsanleitung hat eine gefällige, werbende, auch farblich ansprechende Form. Sie ist ein wichtiges Werbe- und Kommunikationsmittel; der Umgang mit ihr muss dem Bediener Freude machen statt Ärger.

8. Vor dem Druck sollte der Entwurf einer Bedienungsanleitung

bei einigen Kunden getestet werden, ob sie alles verstehen. Gut wäre, befänden sich darunter Personen, die mit einem ähnlichen Gerät überhaupt noch nie gearbeitet haben, z. B. Jugendliche und ältere Menschen.

Eine gut verständliche Gebrauchs- und Bedienungsanleitung hat viele Vorteile:

– Der Bediener versteht Funktion und Handhabung von Anfang an; er macht keine Fehler, das Gerät funktioniert; er braucht nicht reklamieren und das Gerät innerhalb der Garantiezeit zurückgeben.
– Er entwickelt rasch eine positive Einstellung zum Gerät und zum Gerätehersteller; und er wird zum Stammkunden.
– Er wird das Gerät weiterempfehlen und später wieder das gleiche Fabrikat kaufen.

Betriebsanleitungen für eigene Produktionsanlagen

Interne Arbeits- und Betriebsanleitungen für die Bedienung von Anlagen im eigenen Unternehmen haben übrigens auch eine große Bedeutung. Wenn sie gut formuliert und illustriert sind, verhindern sie Fehlbedienungen, helfen Störmöglichkeiten rechtzeitig zu erkennen und geben Hinweise für die regelmäßige Wartung, die einen vorzeitigen Verschleiß und einen Stillstand der Anlagen verhindert. Bei kostspieligen technischen Systemen wird dadurch die produktive Zeit erhöht und die unproduktive Stillstandzeit verringert. Im Unterschied zu externen Bedienungsanleitungen kann man bei internen Anleitungen allerdings davon ausgehen, dass die Bediener technisches Verständnis haben und die Fachsprache verstehen. Klar und eindeutig müssen die internen Anleitungen aber trotzdem sein, damit sie ihren Zweck erfüllen.

Telefonieren

Wann soll ich anrufen, wann lieber faxen oder schreiben? Wenn es um etwas sehr Wichtiges geht und viele Faktoren unklar sind, ist ein kurzer Anruf meist zweckmäßig, um einige prinzipielle Fragen vorab zu klären und eine schriftliche Stellungnahme anzukündigen, besonders wenn ein spannungsvoller, konflikthafter Tatbestand vorliegt. Ein erster Kontakt kann durch eine freundliche, aber zurückhaltende Stimme telefonisch leichter hergestellt werden als schriftlich; ein anschließendes Schreiben, das kurz auf das Ferngespräch eingeht, kommt dann ganz anders an, weil schon eine erste Brücke zum neuen Partner besteht.

Ein anderer Gesichtspunkt ist: Will ich durch meine Aktivitäten Klarheit schaffen oder lieber alles offen halten? Sind Missverständnisse beim Telefonieren denkbar, ist bei wichtigen Dingen ein Fax oder ein Brief besser, wenn es mir auf Klarheit ankommt. Ein Anruf, den ich schriftlich nicht bestätige, ist dann empfehlenswert, wenn ich mich nicht festlegen will oder kann, weil z. B. mein entscheidender und dafür verantwortlicher Vorgesetzter verreist ist.

Tipps zum Telefonieren

Wenn ich anrufen will

1. Das Telefon für wichtige Anrufe von Kunden und Außendienst-Mitarbeitern nicht unnötig blockieren.
2. Nur anrufen, wenn eine Kontaktpflege notwendig ist und es um wichtige Dinge geht; sonst faxen.
3. Am Telefon liegen Notizblock und Schreibzeug immer bereit.
4. Sich auf den Partner einstellen und einstimmen; ganz bei sich selbst sein.
5. Konzept für ein- und ausgehende Ferngespräche:
   - Name des Angerufenen/Anrufers oder seines Vertreters? (Evtl. buchstabieren lassen)
   - Telefon- und Fax-Nummer?
   - Wenn nicht bekannt, auch Adresse.
   - Ziel: Was will ich bei ihm, was will er bei mir erreichen?
   - Tatbestand, Themen? Unterlagen dafür.
   - Argumente? Mögliche Einwände des Partners; wie darauf eingehen?
   - Wie schrittweise vorgehen?
   - Jeden neuen Punkt mit einer Ordnungszahl oder einem Spiegelstrich (–) beginnen.
   - Aktion nach dem Gespräch: Was tun oder veranlassen? Bis wann?
6. Während des Gesprächs laufend Stichworte notieren.
7. In freundlich-entschiedenem Ton rasch zum springenden

Punkt kommen; erst zum Abschluss des Gesprächs noch ein paar persönlich-verbindliche Worte sagen.

8. Kann ich jemand nicht erreichen, hinterlasse ich, dass ich nochmals zu einem bestimmten Zeitpunkt anrufen werde, etwa zwischen 15.10 und 15.25 Uhr. Klappt es wieder nicht, erbitte ich einen Rückruf; dafür biete ich einen größeren Zeitraum an, etwa von 15.00 bis 16.30 Uhr.

9. Deutlich, abwechslungsreich, ruhig, mit warmem Ton sprechen; mit der Stimme lässt sich rasch eine Brücke zum Gesprächspartner schlagen.

10. Vor und vor allem hinter wichtigen Aussagen, z. B. Argumenten, eine Pause machen; dies verstärkt die Wirkung nachhaltig.

11. Wenn ich z. B. auf einen Terminvorschlag meines Partners nicht eingehen kann, lehne ich nicht direkt ab, sondern mache sofort mit positiver Betonung einen Gegenvorschlag.

12. Fragetechnik einsetzen: Durch Fragen und aktives, den Partner bestätigendes Zuhören erfahre ich viel von meinem Gesprächspartner; fragend kann ich ein Gespräch steuern und aktiv mitbestimmen. Offene W-Fragen ergeben viel Information; ich frage, wer, was, wie, wann, warum, welche(r)?

    Beispiel: „Welchen Nutzen bringt Ihnen unser Produkt?"

    Geschlossene Fragen, auf die der andere nur mit ja oder nein antworten kann, sollte ich nur sehr selten einsetzen; sie werden oft als „Verhör" empfunden. Beispiel: „Nützt Ihnen unser Produkt?"

    Suggestivfragen sollte ich ganz vermeiden. Beispiel: „Finden Sie nicht auch, dass unser Produkt Ihnen einen großen Nutzen bringt?"

Wenn ich angerufen werde

1. Einen Anruf nicht als Störung werten; nicht darüber verärgert sein. Sich lieber bewusst entscheiden, den Hörer abzunehmen.

2. Vielleicht sogar gespannt sein, wer anruft. Der Anruf wird dann eine willkommene Unterbrechung und Gelegenheit, entspannend und freundlich zu lächeln.

3. Dem Anrufenden aufmerksam zuhören; ihn ab und zu mit Namen ansprechen.

4. Wichtige Dinge wiederholen; sie sofort notieren.
5. Auch das notieren, was ich dem Gesprächspartner sage.
6. Rasch zur Sache kommen; am Telefon aber nichts voreilig versprechen.
7. Konzept im Prinzip wie im Abschnitt „Wenn ich anrufen will", Punkt 5.
8. Ein bis zwei Stunden am Tag möglichst immer zur gleichen Zeit am Telefon nicht erreichbar sein; sich abschirmen lassen. Entweder eigenen Anrufbeantworter aufstellen oder Kollegen bitten, für mich abzunehmen.
9. Regelung für die Vertretung am Telefon: Der Kollege sagt, ich sei von einer gewissen Zeit an wieder erreichbar; oder er bietet je nach Bedeutung des Anrufers meinen Rückruf an und vereinbart dafür eine bestimmte Zeit; evtl. fragt er kurz nach dem Sachverhalt, ohne auf Einzelheiten einzugehen.
10. Ist der Termin für die Rückkehr beim Weggehen noch ungewiss, nach der Rückkehr dem Anrufer ein Fax schicken: „Sie können mich jetzt bis... Uhr oder morgen zwischen... und... Uhr anrufen."

Zeit, Kraft und Kosten einsparen?

Wer bisher zu viel telefoniert und damit nicht nur viel Zeit und Kraft verbraucht, sondern auch hohe Kosten verursacht hat, sollte sein IST-Verhalten am Telefon überprüfen in Bezug auf folgende Punkte:

1. Bereitet ein Ferngespräch, das er selbst führen will, nicht vor, macht sich kein Konzept; überlegt vorher nicht, was er durch seinen Anruf als Ziel erreichen und in welchen Schritten er vorgehen will.
2. Wird er angerufen, geht er persönlich zu sehr auf den Anrufer ein, dehnt die Kontaktpflege zu lange aus, lenkt den Anrufenden nicht auf die Sache, den springenden Punkt.

Was müsste ich an meinem bisherigen Verhalten am Telefon ändern? Bewährt hat sich, wenn ich zunächst selbstkritisch ein bis zwei Wochen lang mein bisheriges Verhalten unter die Lupe nehme und frage: In welchen Situationen und bei welchen Personen habe ich bisher beim Telefonieren Zeit, Kraft und Geld verschwendet? Für dieses IST-Verhalten bestimme ich ein wünschenswertes SOLL-Verhalten. Jede Woche nehme ich mir ein bestimmtes SOLL-Verhalten vor, das ich einübe; über den erreichten Erfolg freue ich mich. Nach Ablauf dieser Übungswoche entscheide ich, ob ich das betreffende SOLL-Verhalten noch weiter einübe oder schon zum nächsten SOLL-Verhalten übergehen kann.

Hilfreich kann auch sein, wenn ich die „Tipps zum Telefonieren" durchgehe, sie als Spiegel meines Verhaltens am Telefon betrachte und mich jeweils frage, inwieweit sich mein IST-Verhalten davon unterscheidet.

Umgang mit schwierigen Partnern am Telefon

Bin ich selbst vielleicht auch einer von ihnen, der seine eigenen Probleme auf seine Gesprächspartner projiziert? Die nachstehenden Beispiele sollen ein Spiegel sein, den ich mir zuerst vorhalte, den ich aber auch anderen vorhalten kann.

Der Aggressive gibt sich selbstbewusst; er fordert seinen Partner in Wort und Ton heraus und greift ihn frontal an. Befindet sich der Angegriffene in einer besseren Position, könnte er zurückschlagen. Aber was bringt das? In der Sache nichts und für die eigene Person nur Verstimmung, Aufregung, Ärger. Wie soll ich also reagieren? Entweder das Gespräch rasch beenden und dem Partner vorschlagen, später in Ruhe nochmals miteinander zu sprechen; dann sich möglichst abstimmen, wer sich meldet. Oder aber versuchen, im Gefühl eigener selbstbewusster Kraft ruhig zu werden und zur Sache zu kommen. Den Aggressiven vielleicht fragen: „Warum regen Sie sich denn so auf? Geht es Ihnen schlecht? Hatten Sie Ärger? Warum greifen Sie mich an?" Noch besser könnte eine klare Ich-Botschaft sein: „Ich fühle mich von Ihnen ungerecht behandelt. Ich möchte, dass wir einander achten und fair zueinander sind!"

Der Redselige ist oft ein sehr freundlicher, nicht nur weiblicher Mensch, der eine Ansprache sucht, und weil er sie am Arbeitsplatz nicht findet, hält und hängt er sich an einen Telefonpartner, dem er sein Herz ausschüttet. Bei ihm muss ich mit meiner Rückmeldung sparsam sein; sonst rege ich ihn an und er findet kein Ende. Ich muss versuchen, möglichst bald auch zu Wort zu kommen, indem ich betont seinen Namen nenne, kurz auf ihn und das bisher

Gesagte zusammenfassend eingehe; dann aber entschieden mein Anliegen vortrage und zur Sache komme. Wenn dies alles nichts nützt, mache ich ihm klar, dass ich dringend noch einen anderen Anruf machen muss, vielleicht mit dem tröstlichen Hinweis: „Wir reden später wieder miteinander!"

Der Schweigsame, der im direkten Gespräch höchstens nickt oder den Kopf schüttelt, am Telefon aber vielleicht noch „ja" oder „nein" sagt, kann am Telefon auch ein schwieriger Partner sein. Ihm muss man die Würmer aus der Nase ziehen. Was könnte ihn zum Reden bewegen? Ich gebe ihm möglichst viel Rückmeldung; sie soll ihn aus seiner Reserve locken. Vor allem aber stelle ich ihm offene Fragen, zu deren Beantwortung ein Ja oder Nein nicht genügt, die mehr Information bringen. Wichtig ist, dass ich ihm die Lösung eines Problems und einen Nutzen in Aussicht stelle, ihm aber keine Einzelheiten sage, sondern ihn nur neugierig darauf mache. Fängt er dann an, normal zu sprechen, verstärke ich dieses Verhalten, indem ich ständig durch kurze Bemerkungen auch emotional darauf reagiere und ihn dafür indirekt anerkenne.

Der Unsichere, Unentschlossene dreht sich ständig im Kreis; er betont das „Aber", will immer alles offen lassen und kann sich für nichts entscheiden. Er hat ein schwaches Selbstwertgefühl; meistens leidet er an einem ausgeprägten Minderwertigkeitsgefühl. Er tendiert zum Schwarzsehen; ein gutes, aufmunterndes, ermutigendes Wort ist für ihn Arznei, ebenso viel Zustimmung und Anerkennung. Bei allem, was er sagt, muss ich die positive Seite sehen und betonen; ihn muss ich immer wieder auf den springenden Punkt hinweisen, auf den es ankommt. Und die Entscheidung muss ich ihm behutsam in den Mund legen, so dass er das Gefühl hat, er habe sie selbst getroffen. (nach *impulse* 9/94, S. 70 f)

Telefonzentrale – der erste Eindruck vom Unternehmen

Die Frau oder der Mann an der Zentrale kann den ersten positiven Kontakt mit Personen herstellen, die zum ersten Mal anrufen – oder aber starke Unlustgefühle erregen, die weitere Kontakte und den Aufbau von Beziehungen erschweren. Deshalb sollte eine von der Geschäftsleitung beauftragte Person eine Woche lang zu verschiedenen Tageszeiten im eigenen Unternehmen anrufen und die dabei gemachten Erfahrungen schriftlich festhalten. Die nachstehenden Punkte können dazu anregen, auf verschiedene Aspekte zu achten:

1. Nimmt die Zentrale spätestens nach dem dritten Klingeln ab, oder muss es der Anrufer bis zu zwanzigmal klingeln lassen, bevor jemand abnimmt?

2. Meldet sich eine freundliche und deutliche Stimme mit Gruß, oder kommt nur ein trockenes „Ich verbinde", vielleicht sogar nur ein Knacken in der Leitung?

3. Schaltet sich die Zentrale mit einem Bedauern wieder ein, wenn es mit der Verbindung nicht geklappt hat, oder höre ich überhaupt nichts mehr und muss dann nach längerem Warten, das nicht nur Zeit, sondern auch Geld für nutzlose Telefoneinheiten gekostet hat, den Hörer wieder auflegen?

4. Wird mein Wunsch nach einem Rückruf erfüllt, oder warte ich darauf vergeblich, obwohl mir dies versprochen wurde?

5. Meldet sich die Person, mit der weiterverbunden wurde, deutlich mit Namen und evtl. ihrer Abteilung, oder muss ich mich zuerst durch Rückfrage überzeugen, mit wem ich spreche?

6. Wenn die Person, mit der ich sprechen sollte, nicht oder nicht mehr für mein Anliegen zuständig ist, sagt sie mir dann, wer ihren bisherigen Bereich übernommen hat, und verbindet mich weiter, oder werde ich wieder an die Zentrale zurückverbunden, die sich dann erst bei verschiedenen Stellen erkundigen muss, wer mir jetzt vielleicht helfen kann?

7. Ein Fehlverhalten am Telefon kann durch Musik, die beim Warten ertönt, nicht ausgeglichen werden; manchem Anrufer geht die Musik sogar auf die Nerven, wenn er lange warten muss, bis er endlich weiterverbunden wird.

Miteinander sprechen

Je komplexer die Arbeitswelt durch neue Technologien und veränderte Marktanforderungen ist und je rascher sie sich wandelt, umso notwendiger ist, dass alle Mitarbeiter konstruktive Gespräche führen, einander verstehen, sich möglichst reibungs- und konfliktarm verständigen und das Gehörte rasch anwenden können.

Gehen Mitarbeiter und Führungskräfte verträglich und freundlich miteinander um und ertragen sie unvermeidliche Frustration mit Humor, meistern sie die Sach- und Verhaltensprobleme am ehesten, die durch ständig veränderte Anforderungen und Hektik entstehen.

Ein Gespräch vorbereiten

Zunächst erarbeite ich ein Konzept, das meine eigene Position betont. Ich bestimme mein Ziel und das Thema, stecke den Rahmen dafür ab, setze Termine, überlege, welche Mittel ich brauche, und umreiße Weg und Schritte, wie ich vorgehen will. Einzelheiten lassen sich im Voraus nicht bestimmen; sie ergeben sich erst im dynamischen Gesprächsprozess. Beim Abstecken des Rahmens kann es zweckmäßig sein, dass ich mir klar werde über mein minimales Muss-Ziel, das ich bei einem Gespräch unbedingt erreichen will, und meinem optimalen Soll-Ziel, das ich gern erreichen möchte. Zwischen beiden liegt mein Verhandlungsspielraum. Gut ist auch, wenn ich frage: Was will mein Gesprächspartner? Was weiß ich bereits über ihn?

Mein Ziel sollte neben dem sachlichen Tatbestand, auf den ich zusteuere, auch emotionale Aspekte enthalten, z. B. den Wunsch, meinen Kontakt zum Partner zu verbessern oder die Beziehung zu festigen. Ich halte mir neben meinen Stärken, die Basis meines Selbstwertgefühls sind, auch meine schwachen Seiten vor Augen, ohne mich zu entmutigen.

In einem zweiten Schritt denke ich an die organisatorischen Voraussetzungen für das Gelingen eines wichtigen Gesprächs, z. B.:

- Wo soll die Besprechung sein? Am besten in einem besonderen Besprechungszimmer, wo ich vor Störungen, z. B. durch Anrufe, sicher bin.
- Sind dort die Raumverhältnisse erträglich, z. B. Beleuchtung, Temperatur, Luftzufuhr ohne Zugluft?
- Wer wird wo sitzen?
- Steht genügend Zeit zur Verfügung?
- Ist es zweckmäßig, nach Abstimmung mit meinem Gesprächspartner eine Sanduhr aufzustellen, wenn ich weiß, dass mein Partner sich nicht kurz fassen kann?

Ein Gespräch führen

1. Sich auf das Gespräch einstellen und einstimmen; sich sicher fühlen. Sich auf den Partner einstellen; sich ein positives Gesprächsergebnis wünschen und vorstellen.
2. Freundlich sein; damit ein Feld der Sympathie um sich erzeugen. Dies trägt zu einem guten Gesprächsklima bei und weckt im Partner dessen Gesprächsbereitschaft für das zur Diskussion stehende Thema; der Beziehungsaspekt ist dann nicht gestört und der Partner nimmt die Argumente eher auf, die ich ihm auf der Sachebene übermittle.
3. Kontakt mit dem Gesprächspartner herstellen; sich ihm ganz zuwenden – auch mit dem Körper. Ihm gedanklich und emotional Achtung und Wertschätzung entgegenbringen.
4. Sich wenn nötig vorstellen; Gespräch eröffnen: Etwas Verbindendes und den Wunsch nach einem erfolgreichen Verlauf des Gespräches äußern. Das Gespräch ruhig beginnen, statt gleich auf Konfrontationskurs zu gehen. Jeder sollte durch sein Gesprächsverhalten dazu beitragen, das Gespräch zu fördern. Unterschiede und Widersprüche brauchen nicht entmutigen; sie können auch eine Chance sein.
5. Thema und Ziel umreißen; Zeit absprechen. Wenn das Ziel des Partners vom eigenen Ziel abweicht, sich mit dem Partner möglichst auf ein gemeinsames Ziel einigen; sich anhand des eigenen Konzepts auch über das Vorgehen, d. h. die Durchführung des Gesprächs, abstimmen.
6. Sich klar darüber sein:
   a) Was will ich? Auf was kann ich selbst nicht verzichten?
   b) Was will der andere? Welchen Nutzen kann ich ihm bieten?
7. Gesprächsbasis schaffen: Übersicht, was besprochen werden soll; dann einzelne Punkte. Zuerst die einfacheren Dinge, dann Kritisches und Schwieriges.
8. Situation und Wünsche schildern: zuerst aus der Sicht des Partners, dann aus der eigenen Sicht.
9. Einfühlsam Fragen stellen. Klare Ich-Botschaften geben, ohne zu werten. Den Partner immer aufmerksam, aber unauffällig beobachten.

10. Sensibel rückmelden; den Partner ab und zu mit seinem Namen anreden. Emotionale Reaktionen richtig interpretieren; dadurch den anderen besser verstehen.

11. Nach dem Bedarf, den Problemen, den Bedürfnissen und dem Ziel des Partners fragen; sich dafür genügend Zeit nehmen, u. a. die halbe Gesprächszeit. Für Problemlösungen einen Vorschlag machen, Argumente bringen, überzeugen.

12 Nach der Situation und dem Standpunkt des Gesprächspartners fragen; sie mit der eigenen Situation und dem eigenen Standpunkt vergleichen. Über den Unterschied evtl. mit dem Partner sprechen; dabei im Auge behalten: IST und SOLL, Weg von IST zu SOLL, Mittel.

13. Rückmeldungen des Partners wiederholen; den anderen durch gute Argumente überzeugen. Zwischenergebnisse kurz zusammenfassen. Wichtige Punkte festhalten.

14. Gespräch abschließen: Gesprächsinhalt zusammenfassen, Ergebnisse betonen; konkrete Maßnahmen beschließen, Anerkennung und Dank.

Wie spreche ich wirkungsvoll?

Versuchen, vor einem Gespräch einige Minuten ruhig zu werden und Kontakt mit der eigenen Mitte aufzunehmen. Nur ein in sich ruhender, selbstbewusster und sicherer Mensch kann Ruhe und Sicherheit ausstrahlen – und damit eine gewisse natürliche Autorität, die der andere akzeptiert, ohne sich davon frustriert zu fühlen.

Abwechseln zwischen Sprechen und Zuhören, Fragen und Schweigen, Denken und Rückmelden. Deutlich, sicher, sachlich richtig sprechen. Perfektes Hochdeutsch ist meist nicht erforderlich; es darf vom Dialekt gefärbt sein. Dies wirkt oft sogar echter. Entscheidend ist, der andere versteht eindeutig und unmissverständlich, was gesagt worden ist. In Tempo, Lautstärke, Tonfall, Mimik und Gestik variieren; natürlich und entspannt atmen. Auf einen guten, warmen Ton achten: „Der Ton macht die Musik!"

Für mich ist alles vertraut, was ich sage, für meine Hörer dagegen nicht. Deshalb knapp, deutlich und im Tempo so sprechen, dass der Zuhörende mitdenken und sich das Gesagte klar vorstellen kann; Denkpausen machen. Daran denken, dass ich auch

Werte übermittle, nicht nur Worte. Werte ich damit den anderen auf oder ab?

Sich immer wieder das Ziel vor Augen stellen; dazu den Überblick über das Ganze. Mit Blickkontakt zu den Hörern ziel-, zeit-, aufgaben-, ergebnisbezogen sprechen, die mögliche Reaktion der Hörer abschätzend: deshalb einfühlend, besonnen, überlegt. In freundlicher Entschiedenheit das Sachliche hervorheben, betonen.

Für das ganze Gespräch, aber auch für umfangreiche, einzelne Gesprächsbeiträge gilt: Vorausblick, Überblick, große Zusammenhänge vermitteln. Probleme ansprechen; Tatbestände schrittweise entfalten. Zuerst die Grundstruktur, das Wesentliche, Zentrale, den Umriss, den Rahmen, die Hauptbereiche umreißen; dann die Einzelheiten dazu erwähnen – alles mit dem Blick aufs Ganze.

Wie gehe ich auf Einwände meines Partners ein?

Den Einwand nicht abschmettern; ihn als Interesse werten und darauf ruhig und gelassen reagieren. Den anderen als Partner sehen und nicht als Gegner oder gar als Feind.

Für die Situation des Partners ein gewisses Verständnis äußern; dann ihm aber sagen, wie ich die Dinge von einem anderen Standpunkt aus sehe. Von meinem Standpunkt zum Standpunkt meines Partners versuche ich eine Brücke zu schlagen, auf der wir uns treffen.

Mit „offenen" Fragen und Gegenfragen gehe ich auf die Einwände meines Partners ein; ich stimme ihm teilweise zu, gebe ihm aber nicht in allem Recht. Ich betone vor allem den problemlösenden Nutzen, den er hat, wenn er sich meinen Argumenten nähert. Auf diesen Nutzen komme ich immer wieder zurück.

Schon vor einem Gespräch sollte ich für mein Gesprächsthema und -ziel Argumente sammeln und überlegen: Was spricht dafür? Was dagegen? Welche Argumente könnte mein Gesprächspartner bringen, und was erwidere ich darauf?

Komme ich bei meinem Partner mit einem Problem nicht weiter und nützen alle Argumente nichts, kann ich wie folgt vorgehen:

1. Einstieg: Wir sprechen über unser Problem nun schon...

2. Analyse: Ich habe den Eindruck, dass sich durch unser Gespräch nichts Neues mehr ergeben hat. Wir haben aber noch einige wichtige Punkte zu klären und sollten jetzt zu einem Ergebnis kommen.
3. Folgerung: Deshalb schlage ich vor ...

Was hemmt und erschwert Gespräche?

Wenn ich vorschnell urteile, statt einen Sachverhalt gründlich zu prüfen und Tatsachen von deren Interpretation zu trennen. Wenn ich meine, ich hätte die eine, angeblich allein richtige Lösung, statt mehrere Lösungsvorschläge zu prüfen. Wenn ich annehme, die Möglichkeiten seien begrenzt, statt nach weiteren Möglichkeiten zu suchen. Wenn ich meine, die anderen sollten ihre Probleme selbst lösen, statt ihnen dabei zu helfen.

Für konstruktive Gespräche eignen sich nicht: Alleswisser, Ausfrager, Streitsüchtige, Dickfellige, Schüchterne, Redselige, Ablenkende, Erhabene, Personen mit rosaroter oder mit schwarzer Brille.

Als Kommunikationssperren erwähnt *Th. Gordon* ein Gesprächsverhalten, das dem Partner Vorschriften macht, ihm droht, ungefragt Ratschläge gibt, Zensuren verteilt, moralisiert, belehrt, von oben herab lobt oder tröstet, beleidigt, psychologisierend deutet, verhört, ausweicht. Wer sich so verhält, signalisiert seinem Gesprächspartner: du bist machtlos, unzulänglich, unselbständig, unwichtig.

Dagegen empfiehlt Gordon als Kommunikationsöffner:

Andere Positionen respektieren. Neugierig sein; erfahren wollen, was die anderen denken. Überzeugt sein, dass auch die anderen versucht haben, sich ein zutreffendes Bild von der Sache zu machen. Klar und offen formulieren, was man selbst möchte. Positiv argumentieren; die eigenen Argumente überzeugend darlegen. Geduldig zuhören, wenn die anderen argumentieren. Ich-Botschaften bevorzugen, Du-Botschaften vermeiden. Selbstkritischer Humor.

Hilfreich kann ein „Rollenspiel in der Phantasie" sein, bei dem ich einen möglichen konstruktiven Gesprächsverlauf mit meinen Argumenten und Gegenargumenten meines Gesprächspartners in der Vorstellung durchspiele.

Wie entsteht ein fruchtbares Gespräch?

Sich klarmachen: Das Gespräch soll nicht entzweien und verwirren, sondern klären und einigen. Es kommt nicht darauf an, wer Recht hat, sondern dass geschieht, was richtig ist.

Ein fruchtbares Gespräch entsteht, wenn ich mich meinem Partner voll zuwende, mich emotional auf ihn einstelle und Blickkontakt aufnehme. Eine positive Grundeinstellung liegt vor, wenn ich meinen Partner achte, ihn als andersartige Person akzeptiere und respektiere; in dieser Einstellung kann ich das Gespräch ruhig und mit innerer Beteiligung führen. Ich spreche partnerzentriert, indem ich vom Partner her wahrnehme, denke, spreche.

Ich begrüße Bemerkungen, die die Situation und die Gefühlslage der Gesprächspartner gut treffen und etwas in Worte fassen, was die Betreffenden bisher vielleicht nur dumpf geahnt haben. Jeder sollte seine Emotionen unter Kontrolle behalten und zwischen zu viel Dynamik und zu viel Statik ausgleichen.

Ich höre aufmerksam zu und gebe Rückmeldung, was bei mir angekommen ist und wie ich es verstanden habe; eine laufende Rückmeldung, evtl. nur durch Nicken oder kurze Bemerkungen, regt das Gespräch an. Wer die Übereinstimmung mit dem Gesprächspartner sucht, kann ihm das Gefühl von Sicherheit, Ausgeglichenheit und Wohlbefinden vermitteln.

Sich immer wieder mit dem Blick auf Thema und Ziel fragen: Was will ich wie sagen? Höflich und entspannt bleiben. Geschickte Fragen stellen. Durch Beispiele anschauliche und klare Vorstellungen erwecken. Einwände vorwegnehmen und dadurch entkräften. Nicht nur sachlich und fundiert argumentieren, sondern auch engagiert. Wesentliches wiederholen.

Der Sprechende wird vom Hörenden leicht missverstanden; deshalb sollte der Hörende im Zweifelsfall den Sprechenden fragen: „Wie haben Sie das gemeint? Wie kommen Sie zu dieser Auffassung?" Außerdem fällt es manchem schwer, sich auf Anhieb richtig und unmissverständlich auszudrücken; der Hörende sollte geduldig sein und dem Sprechenden evtl. bei der Suche nach der richtigen Formulierung beistehen.

„Gesprächskiller" würgen Gespräche im Keim ab

Gesprächskiller sind z. B. folgende Redewendungen:
1. „Stören Sie mich doch nicht schon wieder!"
2. „Wenn das ginge, hätte das schon längst jemand so gemacht!"
3. „Das haben wir schon immer so gemacht; warum sollten wir das jetzt ändern?"
4. „Was Sie mir da sagen, kann gar nicht stimmen!"
5. „Ihr Vorschlag ist viel zu teuer!"
6. „Das nimmt Ihnen keiner ab!"
7. „Das schaffen Sie nie!"
8. „Ich glaube, das kann ich besser beurteilen!"
9. „Dazu fehlt Ihnen der Überblick!"
10. „Sie wollen wohl mal wieder klüger sein als ich?"

Hinter Gesprächskillern stecken meist Zeitmangel, Vorurteile, Unsachlichkeit, Ängste, Bequemlichkeit, Oberflächlichkeit, Überheblichkeit. Jeder sollte überlegen, ob er solche und ähnliche Phrasen nicht auch schon selbst angewandt hat und wie er sie künftig vermeiden kann.

Das Tagespensum bewältigen – zusammenfassende Empfehlungen

1. Den Tag möglichst fröhlich beginnen. Evtl. zuerst ein Gespräch über ein erfreuliches Thema führen, durch das eine gute Stimmung entsteht; oder einen anständigen Witz erzählen, über den alle herzlich lachen können.
2. In der Arbeit einen Sinn sehen; sich ihr intensiv, konzentriert, ausdauernd hingeben können.
3. In allem das Konstruktive erkennen und fördern. Auftretende Chancen, wenn sie keine unübersehbaren Risiken bergen, sofort entschlossen nützen.
4. Ergebnisorientiert arbeiten; die eigene Tätigkeit organisieren und rationalisieren.
5. Sich bei der Arbeit selbstkritisch immer wieder fragen: Was könnte ich noch einfacher und besser tun? Gute Arbeitsgewohnheiten entwickeln und konsequent anwenden.

6. Ordnung soll entlasten und die Arbeit erleichtern; sie darf nicht zum Selbstzweck werden. Alle wesentlichen Informationen sollten auf möglichst geringem Raum sofort verfügbar sein.

7. Den eigenen Arbeitsplatz optimal individuell so gestalten, dass eine gute Arbeitsatmosphäre entsteht, ihn falls nötig entrümpeln. Den Schreibtisch einteilen in Arbeitsfelder und Bewegungsrichtungen, so dass eine Art Verkehrsordnung entsteht. Unterlagen, Geräte, Arbeits-Ordnungsmappe, die zur Entlastung und zum raschen Überblick dient, optimal anordnen.

8. Zur Bearbeitung nur ein Projekt oder einen Aktenhaufen auf den Schreibtisch legen. Das Übrige wegräumen; es evtl. vorher in Aufgabenliste erfassen. Jeweils nur an einer Sache konzentriert arbeiten.

9. Mit der eigenen Kraft sorgsam umgehen. Sich bei Arbeitsbeginn in die Arbeit einstimmen. Zielorientiert, vorwärtsdrängend, lustvoll arbeiten; damit Aufgaben termingerecht erledigen.

10. Mit einfachen Aufgaben beginnen, die rasch Erfolgserlebnisse ermöglichen und den ersten Schwung vermitteln; „warmgelaufen" dann schwierige und als unangenehm empfundene Aufgaben anpacken, bis der Schwung nachlässt; zuletzt etwas, das viel Freude macht und für das der restliche „Dampf" immer noch reicht.

11. Bei Beginn einer neuen schwierigen Arbeit bruchstückhaft, im Telegrammstil beginnen; nicht sofort komplette Sätze formulieren wollen. Systematisch erst arbeiten, wenn genügend Schwung da ist; das Fehlende bei einem späteren Versuch ergänzen.

12. Setzen bei unangenehmen Arbeiten innere Widerstände und starke Unlustgefühle ein, die Arbeit vorübergehend unterbrechen; aber festlegen, wie an der Aufgabe weitergearbeitet werden soll. Sich vorstellen, dass die Arbeit gelingen wird, auch wenn die Wirklichkeit im Augenblick dagegenspricht. Sie bei neuem „Hoch" am gleichen Tag oder am nächsten Tag wieder entschlossen anpacken, statt sie mit stärker werdenden Unlustgefühlen lange vor sich herzuschieben!

13. Natürliche Leistungskurve beachten. Schwierige Arbeiten bei Leistungshoch machen, z. B. morgens zwischen 8.00 bis 11.00 Uhr und nachmittags von 15.00 bis 18.00 Uhr. Lässt die Konzentrationsfähigkeit nach durch Reizmangel, Desinteresse, den natürlichen Tagesrhythmus und nach dem Mittagessen, auf einfachere, abwechslungsreiche Arbeit übergehen, z. B. wegen einfacher Angelegenheiten telefonieren oder ein Gespräch führen, zu einer Besprechung gehen.

14. Sich selbst motivieren durch konstruktives Denken in der Form von „Selbstgesprächen" und „positiven Rückmeldungen" über erreichte Ziele bzw. erbrachte Leistungen, sich aber nicht zum eigenen „Einpeitscher" entwickeln, der das „Arbeitspferd" so lange voranpeitscht, bis es zusammenbricht. Vielmehr bei starker Ermüdung auf die Signale des Körpers achten, die verhindern wollen, dass Körperfunktionen gestört und Nerven und Organe geschädigt werden.

15. Bei länger auftretenden Konzentrationsstörungen, die auf zu starker Daueranspannung beruhen, sich entspannen lernen, Hektik und Nervosität abbauen, innere Ruhe einüben.

16. Selektiv und effektiv lesen, Wesentliches von Nebensächlichem trennen, es hervorheben, auswählen, verdichten; es in dieser Fassung wiederholen, rekapitulieren. Die große Linie erfassen; das Ziel und die Prioritäten im Auge behalten.

17. Wartezeiten nützen durch Füllarbeiten, oder aber ganz bewusst eine Ruhepause einlegen, ruhig werden, entspannend ausatmen.

18. Bei der Bearbeitung von Briefen, Rundschreiben, Aktennotizen, Fax-Mitteilungen usw. den Vorgang möglichst nur einmal in die Hand nehmen; das Wesentliche sofort unterstreichen. Was ohne größeren Zeitaufwand erledigt werden kann, sofort entschlossen tun. Für den Rest auf angehängtem Zettel vermerken: Was wer wann wo und wie noch zu klären oder zu tun hat.

19. Vorgänge, die sich oft wiederholen, ähnliche und gleiche Arbeiten, programmieren; sie zusammenfassen, zu Routinearbeiten machen, in der Arbeits-Ordnungsmappe sammeln und „gebündelt" erledigen, z. B. nacheinander anrufen, Besprechungen führen, Schriftstücke bearbeiten.

20. Die eigene Arbeit täglich organisieren; ein guter, möglichst schon am Tag zuvor aufgestellter Tagesplan, der viel Zeitreserven für Unvorhergesehenes vorsieht, ist mit die Voraussetzung für ein erfolgreiches Arbeiten. Der erste rasche Durchgang soll einen Überblick verschaffen: Was müssen andere arbeiten? Was ist wichtig, wesentlich, auch langfristig? Was ist dringend bzw. termingebunden? Was muss unbedingt heute sein? Was wäre wünschenswert? Was ist Routinearbeit? Was ist unwichtig, überflüssig, schädlich, was kann ich sofort abschaffen?

21. Nun im Tagesplan das tägliche Arbeitsprogramm festlegen mit Schwerpunkten und Reihenfolge; sich damit die Aufgaben selbst zuteilen; dabei berücksichtigen: eigene und fremde Ziele, Aufgaben, Probleme usw. Prüfen, ob nachgeordnete Aufgaben inzwischen nicht vordringlich geworden sind.

22. Sich auf das Wichtige konzentrieren und damit Erfolge erzielen; Unwichtiges vernachlässigen. Klare und wirkungsvolle Entscheidungen treffen: Das Richtige zum richtigen Zeitpunkt in der richtigen Reihenfolge tun.

23. Für schwierige Aufgaben und Probleme, die kreatives Denken erfordern, ebenfalls Schwerpunkte setzen. Sich auf diese einige Zeit lang voll konzentrieren; langfristig an ihnen arbeiten, sie konsequent voranbringen. Zuerst Informationen sammeln; dann diese nach bestimmten Kriterien ordnen, Zusammenhänge herstellen, Lösungsvorschläge ausarbeiten.

24. Einflüsse von außen möglichst ausschalten. Sich evtl. in einen anderen Raum zurückziehen, „in Klausur begeben"; wenn dies nicht möglich ist, sich für einen bestimmten Zeitraum bei Kollegen und der Telefonzentrale abmelden; angeben, ab wann man wieder erreichbar ist.

25. Bei Problemen klären: Was sind die Fakten? Was ist Interpretation? Einzelne Fakten analysieren. Durch was lassen sie sich beeinflussen? Zielvorgabe prüfen, Lösungsvorschläge gegeneinander abwägen: Sind sie realisierbar? Welche Chancen bestehen bei ihrer Durchführung, das Ziel zu erreichen, erfolgreich zu sein? Erst bei Erreichen einer Zwischenstufe oder nach Abschluss mit der Arbeit aufhören.

26. Bei langfristigen Projekten am Abend zuvor evtl. überlegen,

wie ich neu anfange oder weitermache. Sich vorstellen, dass
die Arbeit am kommenden Tag gut laufen wird. Bei schriftlichen Arbeiten mitten im Satz aufhören; diesen bereits begonnenen Satz am nächsten Tag vollends fertig schreiben. Dies
erleichtert das Wiederanlaufen.

27. Gezielt telefonieren nach vorher angefertigtem Konzept mit
Stichworten und Fragen. So auch alle Gespräche und Verhandlungen vorbereiten; dafür Termine rechtzeitig absprechen.

28. Bei Arbeitsschluss kurz auf den Tagesverlauf zurückblicken:
Was habe ich geschafft? Das Erledigte sehen, es als Erfolgserlebnis werten! Nicht nur das Unerledigte wahrnehmen; dies
würde belasten und Unlustgefühle wecken.

2.2 Am Arbeitsplatz lebenslang lernen

> *„Lernen, ohne zu denken, ist verlorene Mühe;*
> *denken, ohne etwas gelernt zu haben, ist gefährlich." (Konfuzius)*

Durch einige seiner Sinnesfunktionen, z. B. Gehör und Geruch,
und seine Instinkte ist das Tier dem Menschen überlegen. Dafür
ist der Mensch viel lernfähiger als das Tier. Fast alles kann er lernen, wenn er es braucht, um leben oder überleben zu können,
oder wenn er ein lohnendes Ziel vor sich sieht, das er nur durch
Lernen erreichen kann. Er entwickelt dann die Antriebe und den
festen Willen zum Lernen, bis er sein Ziel erreicht hat. Alles, was
ihn seinem Ziel näher bringt, nimmt er in seiner Umwelt selektiv
wahr, weil es ihn brennend interessiert.

Wie lernt der Mensch? Er macht sich ein Bild von der Welt und
vergleicht dieses „Weltbild" mit seinen Wahrnehmungen. Stimmt
das Vorstellungsbild mit der Wirklichkeit nicht überein, korrigiert
er es. Der aktive Mensch setzt sich mit seiner Umwelt auseinander. Er nimmt sie wahr, findet Aufgaben und Probleme und wirkt
auf die Umwelt ein. Durch Rückmeldung aus seiner Umwelt erfährt er, wie erfolgreich oder erfolglos seine Einwirkungen auf die
Umwelt sind; dadurch sammelt er Erfahrungen.

Beim „nachahmenden Lernen" sammelt der Lernende Bilder
bestimmter Tätigkeitsabläufe; diese speichert er in seinem Lang-

zeitgedächtnis. Dort kann er sie bei Bedarf abrufen als Gedankenmuster oder Programm für sein Verhalten oder eine praktische Tätigkeit.

Liegt ein Problem vor, kennt der Lernende noch kein Bild, Gedankenmuster oder Programm zum Lösen des Problems; über einen erfolgversprechenden Lösungsvorschlag muss er zuerst nachdenken. In der Vorstellung spielt er verschiedene Möglichkeiten durch; er stellt sich ein Vorgehen nach unterschiedlichen Strategien vor; es kommt zu einem „Probehandeln in der Phantasie". Diesen Prozess können Fragen anregen und steuern.

Am Arbeitsplatz lernen alle voneinander. Dieses Lernen orientiert sich nicht einseitig am Erwerb von Wissen; es schließt die Anwendung in der Praxis ein. Lernerfolge werden daran gemessen, inwieweit das Gelernte ein kompetentes Handeln am Arbeitsplatz ermöglicht. Wer erfolgreich lernt, kann sich immer wirkungsvoller verhalten und die unterschiedlichsten Anforderungen in ständig wechselnden Situationen bewältigen; trotzdem bleibt er auch in der Gruppe eine eigenständige Persönlichkeit, wenn ihm genügend persönlicher Spielraum zugestanden wird.

Beim Lernen ist die Motivation besonders wichtig. Schätzt der Lernende die Folgen seines Lernens positiv ein und erwartet er einen Erfolg, entwickelt er aus sich heraus starke Handlungsantriebe; er ist dann intrinsisch, von innen her, motiviert.

Lernen als Schlüsselfähigkeit

Nach Ansicht der Vereinten Nationen ist „Lernen bis ins hohe Alter" als Schlüsselfähigkeit notwendig, um die weltweiten Probleme lösen zu können. Vor allem in rohstoffarmen Industrieländern wie unserer BRD genügt es nicht mehr, einen Beruf zu erlernen; beim raschen technischen und sozialen Wandel muss jeder Mitarbeiter lebenslang aktiv weiterlernen. Die „Nervenarbeit", die in unserer hoch technisierten Welt fast überall die Muskelarbeit abgelöst hat, ist von einem ständigen Lernprozess begleitet.

Am Arbeitsplatz hat die Lernfähigkeit einen zentralen Stellenwert bekommen. Die Führungskräfte müssen fähig sein, neues Wissen und Können nicht nur selbst zu lernen; sie müssen es auch an ihre Mitarbeiter so weitergeben, dass diese es rasch verstehen und beherrschen. Und die Mitarbeiter sind für ein Gelingen mitverantwortlich; in unserer hochkomplexen Welt lernen alle voneinander: der Auszubildende von der Fachkraft, die Kollegen voneinander, der Mitarbeiter von der Führungskraft, die Führungskraft vom Mitarbeiter.

Lernhunger erleichtert das Lernen

Den Lernprozess können wir mit dem Prozess des Essens, Verdauens und Stoffwechsels vergleichen. Wie der hungrige Körper Nahrung besser aufnimmt, so auch der lernhungrige, an neuem Wissen stark interessierte Mensch neuen Lernstoff. Und wie wir die mit den Zähnen zerkleinerte Nahrung zuerst in Magen und Darm mit Hilfe anderer Organe verdauen müssen, bevor sie in Energie umgewandelt wird, müssen wir, nachdem wir uns mit dem Lernstoff aktiv auseinander gesetzt haben, warten, bis er sich im Unbewussten gesetzt hat und dort von selbst vollends verarbeitet worden ist. Erst dann können wir in unserem Kopf über das neu gewonnene Wissen verfügen und es praktisch anwenden.

Der gesamte Lernprozess wird in Vorbereitungs-, Aneignungs-, Speicherungs- sowie Erinnerungs- und Anwendungsphase unterteilt. In der Vorbereitungsphase geht es um innere Voraussetzungen des Lernens, in der Aneignungsphase um Stoffaufnahme und -verarbeitung, in der Speicherungsphase um die dauerhafte Verankerung der Informationen im Langzeitgedächtnis, in der Erinnerungs- und Anwendungsphase um das Zurückrufen des Gelernten ins Bewusstsein und dessen Anwendung beim Sprechen, Schreiben und in der praktischen Berufsarbeit. Auf das Verhalten bei Prüfungen geht ein besonderer Abschnitt ein.

Lernbereitschaft: selbst lernen wollen

Lernbereitschaft bedeutet: Ich bin zum ständigen Lernen, Denken, Problemlösen positiv eingestellt, bejahe es. Ich bin neugierig auf Neues und offen für alles, was um mich herum geschieht, bin an allen Veränderungen in meinem sozialen Umfeld, an meinem Arbeitsplatz interessiert.

Ich bin bereit, mich voll einzusetzen, um durch eine gute Arbeitsleistung zusammen mit anderen ein gemeinsames Ziel zu erreichen: z. B. die Entwicklung eines neuen Produkts, die Fertigung qualitativ hochwertiger, preisgünstiger Erzeugnisse, die Einhaltung eines Termins, eine dem Kunden „Nutzen bietende" Dienstleistung u. a. Alles, was ich zur Erfüllung meiner Aufgabe, zum Erfolg des Unternehmens, zur Sicherung meines Arbeitsplatzes wissen und können muss, eigne ich mir lernend an.

Durch zielbewusstes Lernen verschaffe ich mir Erfolgserlebnisse, die mich durch eine „positive Verstärkung" zum weiteren Lernen aktivieren, mein Selbstwertgefühl erhöhen und meine Lernstimmung bessern.

Ich achte darauf, dass ich durch meine Arbeit, die Kontakte am Arbeitsplatz und mein Lernen wichtige individuelle und soziale Bedürfnisse befriedigen kann, und freue mich darüber. Dies macht mich nicht nur zufrieden; dadurch entstehen auch weitere Antriebe zu einer guten Arbeitsleistung und zum Lernen. Für mich ist Arbeiten und Lernen dann kein Frust, sondern Lust. Dadurch fällt es mir nicht schwer, mir das zusätzlich notwendige neue Wissen anzueignen, das ich für neue, sich ständig verändernde Situationen, Aufgaben, Probleme, Techniken, Technologien usw. benötige, um sie bewältigen zu können.

Mit wachen Sinnen beobachte ich, was an meinem Arbeitsplatz geschieht. Ich prüfe, ob die Information, die ich bekomme, verständlich ist und sie mir hilft, eine Aufgabe erfolgreich zu bewältigen, Probleme zu erkennen und zu lösen, auf Neues flexibel zu reagieren, das Vorhandene zu vereinfachen und zu verbessern.

Lernfähigkeit: selbstständig lernen können

Immer noch wird behauptet: „Was Hänschen nicht lernt, lernt Hans nimmermehr". Darin steckt ein Körnchen Wahrheit: manches lernt sich in Kindheit und Jugend leichter. Aber auch Erwachsene können lernen, wenn sie dies aus eigenem Antrieb tun und gut motiviert sind. Jugendliche lernen „nur mechanisch" besser und schneller als Erwachsene. Beim „sinnvollen" Lernen und beim Problemlösen sind Erwachsene den Jugendlichen sogar überlegen; denn Erwachsene verfügen über ein hohes Maß an Lebens- und Berufserfahrung, sie lernen zielstrebiger und mit besserer Motivation aus eigener Aktivität, für ein selbstgewähltes Ziel.

Lernfähigkeit beruht auf einem intakten Nervensystem und der Begabung, die ein Mensch in einem langen Wachstums- und Reifeprozess lernend entfaltet hat. Sie umfasst meine Lernkapazität, die Informationsmenge, die ich als Lernender aufnehmen und verarbeiten kann; dazu kommen der Grad der Leichtigkeit, in der ich lerne; der Grad der Nachhaltigkeit, mit der ich mir Informationen merken und sie wieder erinnern kann; der Grad der Anregbarkeit, wie leicht oder schwer ich mich für einen Lernstoff erwärmen lasse; die Lernintensität, wie stark ich mich emotional dafür interessiere.

Jeder, der an seinem Arbeitsplatz ständig hinzulernen muss, um sich höher zu qualifizieren, und sich im privaten Bereich weiterbilden will, kann seine Lernfähigkeit auf zweierlei Weise verbessern: Einmal, indem er lernt, wie man bei sich selbst Lernhunger erzeugt, wie man auf neues Wissen neugierig wird und dadurch starke Antriebe zum Lernen schafft; zum anderen, wie man mit Hilfe einer bewährten Technik rationell lernt, mit weniger Zeit und Kraft mehr erreicht. Wer systematisch und mit Freude lernt, kann seine Lernfähigkeit bis ins hohe Alter steigern; seine Erfolgserlebnisse nehmen zu. Lernen wird ihm zum lustvollen Bedürfnis statt zur Qual, vorausgesetzt, dass er das als richtig Erkannte auch praktisch tut.

Er kann sich Lernstoff beschaffen, damit richtig umgehen, ihn sich rasch aneignen, sich selbst instruieren. Er steigert aber nicht nur die Funktion seines Gedächtnisses, das ihm hilft, das für seine Berufstätigkeit notwendige Grundwissen zu speichern, damit er wichtige Formeln, Zahlen, Sätze und Wörter, auch fremdsprachliche, u. a. jederzeit abrufen und anwenden kann. Er steigert auch seine Denkfähigkeit. Er kann analytisch und synthetisch denken, logisch-linear und kreativ-vernetzt, pragmatisch und abstrakt, systematisch und völlig ungebunden, statisch und dynamisch. Durch sein analytisches Denken umfasst er Einzelheiten überscharf mit Mikroskopblick; durch sein synthetisches Denken nimmt er die großen Zusammenhänge mit Panoramablick wahr. Neben allgemeinem Faktenwissen als Kernwissen und strategischem Wissen eignet er sich das aktuell notwendige und wichtige Einzelwissen an; mindestens weiß er, wo er nachschlagen oder bei welchem Spezialisten er sich informieren kann.

Sein Wissen und seine Erfahrungen kann er auf neue Situationen übertragen; dies ermöglicht es ihm in Verbindung mit einem guten Vorstellungsvermögen, sich rasch auf neue komplexe Aufgaben und Probleme einzustellen und in neue Tätigkeitsfelder einzuarbeiten. Diese Fähigkeit, auf veränderte Anforderungen flexibel zu reagieren oder zu agieren, ist heute besonders wichtig; über sie sollten nicht nur die Führungskräfte, sondern alle Mitarbeiter verfügen.

Vorbereitungsphase

Innere Voraussetzungen zum Lernen

Kognitives, auf den Erwerb von Kenntnissen zielendes Lernen bedeutet: Ich nehme Informationen verstehend auf, ordne sie, präge sie mir ein und speichere sie, rufe sie wieder ab und wende sie an, um auf verschiedenartige Umweltsituationen angemessen reagieren zu können.

Dieser Lernprozess kann durch viele Faktoren behindert, gehemmt, gestört, blockiert werden, z. B. negative Lernerfahrungen. Meist beruhen sie auf früheren Misserfolgserlebnissen in Elternhaus und Schule, wo die Kinder leider nicht immer zu Selbstständigkeit, Eigeninitiative und sozialem Verhalten angeleitet werden.

Aber auch ein aktuelles Geschehen kann stören; deshalb sollte ich alles, was das Lernen erschwert, aufspüren. Dabei können folgende Fragen helfen: Was hemmt oder stört mich beim Lernen: welche Sachen, welche Personen? Habe ich Furcht vor etwas? Wie kann ich Abneigungen und Ängste abbauen und dafür eine positive Einstellung zum Lernen und allem, was damit zusammenhängt, entwickeln?

Alle negativen Lernerfahrungen sollten aufgearbeitet werden. Bei allen Lernprozessen im Unternehmen spielt das Führungsverhalten eine wichtige Rolle. Leistungsbetonte, selbstständig denkende und handelnde Mitarbeiter wünschen sich an ihrem Arbeitsplatz neben Erfolgserlebnissen auch die Möglichkeit, Missstände zu kritisieren, die aus ihrer Sicht bestehen. Unternehmen, die an einem Prozess ständiger Verbesserung interessiert sind, ermutigen ihre Mitarbeiter, alles in Frage zu stellen, was sich in vielen Jahren eingespielt hat, aber den heutigen Verhältnissen nicht mehr entspricht. Sie sind keine bequemen Mitarbeiter; sie wollen an ihrem Arbeitsplatz auch mitplanen und mitentscheiden, um sich mit ihrer Aufgabe und dem Unternehmen voll identifizieren zu können. Für sie ist notwendig: Moderation statt Unterweisung, Beratung statt Belehrung, Unterstützung statt Lenkung. Auf diese veränderten Erwartungen wertvoller Mitarbeiter müssen sich die Führungskräfte einstellen.

Bei einer partnerschaftlichen Beziehung zwischen Vorgesetztem und Mitarbeitern entsteht eine konstruktive, anregende Arbeits- und Lernatmosphäre, in der sich der Mitarbeiter leichter konzentrieren und mehr leisten kann, ohne seinen Willen besonders anspannen zu müssen. Neben der Konzentrationsfähigkeit und starkem Interesse für neues Wissen erleichtert eine gute Vorstellungskraft das konzentrierte Einprägen und Behalten ebenfalls sehr; wer nicht über sie verfügt, sollte sie noch entwickeln.

Stress bewältigen, entspannen

Nicht bewältigter negativer Stress, Disstress, erschwert das Lernen; er entsteht durch Belastungen, Sorgen, Ängste, Zwänge, ebenso durch fehlende Motivation, Lernunlust, mangelnde Flexibilität. Viele Stresshormone im Blut blockieren unsere Lernfähigkeit, unser Denken, das Speichern im Gedächtnis und das Erinnern, das Abrufen. Dies ist bei wichtigen, emotional besetzten Gesprächen und in einer Prüfungssituation sehr nachteilig; es verunsichert und schwächt das Selbstwertgefühl. Dagegen fühlt sich sicher, wer den Anforderungen entspricht, die seine Umwelt an ihn stellt; er entwickelt Selbstvertrauen und ist fähig, auf weitere Anforderungen richtig zu reagieren. Außerdem hat er in dieser seelischen Verfassung eine positive Ausstrahlung.

Wer unter Stress steht, sollte ihn vor Gesprächen, Prüfungen und vor jedem Lernvorgang abbauen und sich in einen Zustand entspannter Konzentration versetzen:

a) durch körperliche Aktivität;

b) durch eine Entspannungstechnik: z. B. zehnmal leicht strömend, evtl. gähnend, ausatmen; den Atem in den unteren Bauchbereich leiten zum Sonnengeflecht in der Bauchmitte und ihn dabei völlig loslassen. Anschließend den Atem in der Vorstellung zum Gehirn leiten, wo er zum Denken und Lernen gebraucht wird. Sich auch vorstellen, dass er das Gehirn erfrischt und seine Durchblutung fördert. Das Gefühl der Entspannung wohltuend empfinden, es genießen, dass mit dem ausströmenden Atem vieles wegfließt, was belastet und bedrückt; der Körper nimmt dann neue frische Energie auf.

c) Entspannend wirkt auch, wenn ich mir eine schöne Landschaft vorstelle und damit das Gefühl der Ruhe und Freude verbinde. Fällt mir dies schwer, betrachte ich eine reale Landschaft oder ein Landschaftsbild; dann schließe ich die Augen und stelle sie mir vor.

Wer viel liest und seine Augen sehr anstrengt, kann seine Augenmuskeln durch folgende Übung wohlig entspannen: Augen schließen, Zeige- und Mittelfinger unter leichtem Druck einige Zeit auf die Augen legen; evtl. über die Augen leicht von innen nach außen streichen. Anschließend mit den Fingerspitzen von den Augen über die Schläfen hinter die Ohren bis zum Nacken leicht drückend und kreisend hinunterstreichen.

Kann Lernen auch lustvolles Bedürfnis sein?

Ohne Lernen ist menschliches Leben nicht denkbar. Es sollte aber Spaß machen, Erfolgserlebnisse vermitteln und neugierig auf Neues machen. Hat jemand Lernen als lustvoll erlebt, wird es ihm sogar zum Bedürfnis; er braucht sich dann zum Lernen genauso wenig zu zwingen wie ein gesunder hungriger Mensch zum Essen und Trinken.

Wenn mir das Lernen aber keinen Spaß macht, vielleicht weil ich als Kind keine neugierigen Fragen stellen durfte und der eine oder andere Lehrer mir durch abwertende Bemerkungen die Lust am Lernen vollends genommen hat, bleibt mir nichts anderes, als mich selbst zu motivieren; denn Lerntechniken und -tipps sind zwar nützlich; sie zu kennen genügt aber nicht. Die „Lust" am und die „Liebe" zum Lernen müssen hinzukommen. Außerdem muss ich an dem, was ich lernen soll, interessiert sein. Denkbar ist, dass ich auf einzelnen Gebieten deshalb ein schlechtes Gedächtnis habe, weil mich diese Gebiete einfach nicht interessieren. Ich sollte dann prüfen, ob ich für die eine oder andere der nachfolgenden Interessengruppen, die mir nichts bedeuten, die ich aber eigentlich für meinen Beruf oder mein Privatleben brauche, nicht mein Interesse wecken sollte:

1. Politik
2. Technik und Wirtschaft
3. Der Mensch und seine Umwelt
4. Naturwissenschaften
5. Geisteswissenschaften
6. Kunst
7. Religion usw.

Wie motiviere ich mich selbst?

Bei kurzfristig erreichbaren Zielen genügt eine klare Zielangabe und ein Lernplan, der den Weg und die Schritte zum Ziel umreißt, um mich zu aktivieren und zu motivieren; dadurch entstehen vorübergehend Antriebe zum Lernen in mir. Habe ich mit dem Lernen Erfolg und erreiche ich das Ziel in relativ kurzer Zeit ohne allzu große Anstrengung, kann ich einen Teil meiner Lernunlust auf diese Weise abbauen. Richtige Lust zum Lernen und Ausdauer werden dadurch noch nicht entstehen. Um mich nachhaltig zu motivieren, muss ich mir einige Zusammenhänge klarmachen.

Motive als Beweggründe eines selbst bestimmten Handelns entstehen aus Bedürfnissen: unlustvoll erlebten Mangelzuständen, durch die Antriebe zu deren Beseitigung entstehen. Diese Antriebe liefern die notwendige Energie zum Lernen, durch das ich wichtige Bedürfnisse befriedigen kann, sobald ich mein Lernziel erreicht habe. Abgesehen vom angeborenen Grundbedürfnis zur Selbsterhaltung und dem sexuellen Bedürfnis zur Arterhaltung, gibt es psychosoziale Bedürfnisse nach guten Beziehungen, innerer und äußerer Sicherheit und Anerkennung; dazu kommen individuelle Bedürfnisse nach Identität, Selbstwert, Selbstbestimmung, Selbstfindung, Selbstverwirklichung, Lebenssinn u. a. Setze ich mir ein Ziel, das mich interessiert und das ich selbst erreichen will, weil es einem starken Bedürfnis entspricht, bin ich intrinsisch, d. h. von innen her, motiviert. Ich entwickle dann nachhaltige Antriebe, die in mir einen starken Lernwillen und Ausdauer erzeugen, bis ich am Ziel bin. Eine extrinsische Motivation durch andere Personen wird überflüssig.

Die Kunst, sich selbst zu motivieren, sich in Bewegung zu setzen auf ein Ziel zu, besteht darin, dass ich die durch wichtige Bedürfnisse in mir entstandene Energie mit meinen Lernbemühungen verbinde und sie zur Erreichung meiner Lernziele einsetze. Wird mir von außen, z. B. durch meinen Vorgesetzten, ein Lernziel gesetzt, betrachte ich dieses Ziel als notwendiges Mittel, das mir hilft, ein anderes für mich wichtiges, selbst gewähltes Ziel zu erreichen, durch das ich ein wesentliches Bedürfnis befriedige.

Lernen und geistiges Arbeiten macht mehr Spaß, wenn ich mir ein kurzfristig erreichbares, praxis- und lebensbezogenes Ziel als Tagesziel setze. Dieses Ziel schreibe ich auf ein Stück Papier, hänge es an die Wand oder stelle es auf den Tisch. Schaue ich darauf, wirkt es beim Lernen und Arbeiten ständig als Anreiz und setzt Energie in mir frei; eine starke Schubkraft entsteht, die mich dem Ziel zutreibt, das zusätzlich eine Sogwirkung erzeugt. Habe ich z. B. ein Tagesziel erreicht, löst es ein Erfolgserlebnis in mir aus; ich freue mich darüber und erlebe ein Gefühl tiefer lustvoller Befriedigung. Das Anspruchsniveau, das tägliche SOLL, das ich mir setze, sollte etwas niedriger sein, als ich bei vollem Einsatz mit Sicherheit erreichen kann. Der Überschuss meiner IST-Leistung gegenüber der SOLL-Vorgabe macht zufrieden; dagegen stimmt mich unzufrieden, wenn ich mir viel zu viel vornehme und ich mit meiner IST-Leistung ständig unter dem SOLL bleibe. Dieses „Lernen am Erfolg" erhöht die Lernbereitschaft und Lernfreude. Mein Tagesziel mit Aufforderungscharakter zum Lernen wirkt wie ein Magnet, der mich, den Lernenden, anzieht. Langsam werde ich die Tagesziele etwas höher stecken, dabei aber realistisch bleiben, damit ich nicht mein eigener Einpeitscher oder Treiber werde.

Sehr hohe und nur langfristig erreichbare Ziele können lediglich als Richt- und Konzentrationspunkt dienen; sie muss ich in Etappen aufteilen wie eine lange Gebirgswanderung zum Gipfel. Das Erreichen jeder Teiletappe löst Erfolgserlebnisse und Freude aus; auf diese Weise macht das Lernen in zunehmendem Maße Spaß. Die Dynamik eines Erfolgserlebnisses gibt mir den nötigen Schwung, um das nächste Hindernis leichter nehmen zu können.

Dazu kommt noch ein weiterer Effekt: Habe ich genügend Erfolgserlebnisse und bin ich vorwiegend positiv eingestellt, erhöht dies mein Selbstwertgefühl; außerdem nimmt meine Frustrationstoleranz zu. Ich kann leichter etwas einstecken, kann negative Erlebnisse, auch Misserfolgserlebnisse beim Lernen, besser verkraften und bewältigen. Mehr und mehr gelingt es mir, „aus

einem Minus ein Plus" zu machen. Dadurch bekommt meine Ziel-
strebigkeit Tiefe und Dauer; ich werde fähig, auch langfristige
Ziele geduldig und ausdauernd mit langem Atem und in innerer
Ruhe zu verfolgen.

Sich selbst anerkennen

Wenn ich lernend etwas geleistet oder ein Tagesziel erreicht
habe, sollte ich mir dies bewusst machen und mich darüber
freuen; dies wirkt als „positiver Verstärker" und erleichtert meine
weiteren Lernbemühungen. Bemerkte und betonte ich immer nur
das, was falsch lief und verbessert werden sollte, dämpfte dies nur
meine Lust am Lernen; es wirkte als „negativer Verstärker" und er-
schwerte mir das Lernen. Überhaupt sollte ich mich oft genug für
eine gute Leistung selbst anerkennen, wenn mein Vorgesetzter damit knausert. Mache ich es mir darüber hinaus zur Gewohnheit,
das, was ich muss, freiwillig aus eigenem Entschluss zu tun, kann
ich langfristig ein Leistungsgewissen entwickeln. Mir fällt es dann
immer leichter, regelmäßig, konsequent, konzentriert nach Plan
zu lernen mit dem Blick auf das Ziel und der Freude an jedem
Fortschritt.

Zum erfolgreichen Lernen gehört auch, dass ich keine Wis-
sensstufe überspringe, sondern erst zur nächsten Stufe weitergehe,
wenn ich die vorherige Stufe richtig verstanden und gemeistert
habe.

Das Lernen kann ich mit einer Verhaltensänderung verbinden.
In entspanntem Zustand spiele ich die Rolle des gern und erfolgreich Lernenden, indem ich in mein Unbewusstes das Vorstellungsbild eines selbsterwünschten Verhaltens einpflanze, mich
durch einen formelhaften Vorsatz neu programmiere, und Bild
und Vorsatz mehrmals täglich wiederhole, vor allem bevor ich mit
dem Lernen beginne. Damit stimme ich mich auf das Lernen ein
in der Freude, dass meine Kräfte wachsen, mein Wissen zunimmt,
mein Können sich steigert.

Äußere Voraussetzungen: das Lernen organisieren

Hier geht es um günstige Lernbedingungen, die den Raum,
Lern- und Arbeitsmittel, Lernzeiten und -gewohnheiten betreffen.

Im Raum sollte möglichst äußere Ruhe herrschen; ein leichter Geräuschpegel kann dagegen anregend sein. Bewährt hat sich eine Raumtemperatur von etwa 20° C; wer dies in der kalten Jahreszeit als zu niedrig empfindet, sollte sich lieber etwas wärmer anziehen. Notwendig ist eine sauerstoffhaltige Luft; der Raum sollte stündlich gründlich gelüftet werden. Spätestens in diesem Rhythmus sind Lernpausen fällig, in denen man sich unter dem Fenster bewegen und Atemübungen machen kann. Empfehlungen dafür folgen im nächsten Abschnitt „Verhalten beim Selbstlernen".

Am Arbeitsplatz sollte der Tisch genügend groß sein und die richtige Höhe haben. Ein niedriger Couchtisch und ein gepolsterter Stuhl sind ungeeignet; besser ist ein fester Stuhl mit zum Tisch passender Sitzhöhe. Vom Arbeitstisch sollte alles nicht Erforderliche entfernt werden; ein persönlicher Gegenstand, ein Bild, ein kleines Kunstwerk, ein Blumenstrauß sind jedoch empfehlenswert, weil sie eine entspannte und wohltuende Atmosphäre erzeugen. Die Beleuchtung muss genügend hell, warm und blendfrei sein; auf ein kaltes Neonlicht sollte man wegen der Augen und Nerven verzichten.

Lern- und Arbeitsmittel liegen griffbereit und leicht zugänglich immer am gleichen Platz; dadurch können feste Griffgewohnheiten entwickelt werden. Auf der Arbeitsfläche liegen nur die Unterlagen, die am gleichen Tage bearbeitet werden, und zwar in einer vorher festgelegten Reihenfolge. Unterlagen, die nur selten erforderlich sind, liegen auf Zusatztisch, niedrigem Schrank oder Wagen.

Handbücher zum Nachschlagen werden auf Wandregal in passender Höhe aufgestellt, evtl. ganz bewusst so, dass ich kurz aufstehen muss, um sie greifen zu können. Dies ist gut für den Kreislauf; auch wirkt es Monotonie und Ermüdung entgegen. Folgende Arbeitsmittel bzw. Medien können das normale Lernen ergänzen und zum Vorarbeiten und Nachbearbeiten dienen:
– Optische: Bücher, vor allem Lehr- und Sachbücher, Nachschlagewerke, Zeitschriften, Modelle, Dias usw.
– Akustische: Rundfunk, Tonbänder, Kassetten, CDs usw.
– Audiovisuelle: Fernseher, Videorecorder, Film, Tonbildschau usw.

Verhalten beim Selbstlernen

Beim Lernen zu Hause kann ich mich vor Lernbeginn erfrischen durch Armbad, Abreibung, Abwaschen, Duschen usw. und ein paar Lockerungsübungen; evtl. sollte ich mich nach einem Arbeitstag vor dem Lernen 15–20 Minuten bewusst ausruhen und entspannen, um ausgeglichen zu sein. Ich ziehe bequeme Freizeitkleidung an, z. B. einen bestimmten Anzug, in dem ich mich besonders wohlfühle und rasch in Lernstimmung komme. Vor dem Lernen esse ich nur leicht; Alkohol meide ich.

Ich bilde feste Lerngewohnheiten. Zuerst versuche ich meinen persönlichen Leistungsrhythmus mit Hoch und Tief herauszufinden; ist er mir bekannt, arbeite ich immer am gleichen Platz, zur gleichen Zeit und ungefähr gleich lang. Dies „programmiert" mich zum Lernen und schafft eine unbewusste Bereitschaft dafür; es baut innere Widerstände gegen das Lernen ab und spart Kraft. Auf diese Weise wird Lernen zum Bedürfnis. Ich wähle eine Lernzeit, in der ich erfahrungsgemäß noch oder wieder frisch bin und am wenigsten gestört werde; Ablenkungsversuche oder Ablenkungen von außen wehre ich entschieden ab. Anrufe nehme ich in dieser Zeit nicht ab bzw. ich bitte meinen Partner, dass er nicht weiterverbindet und sagt, ab wann ich wieder erreichbar bin. Sind Kinder im Haus, hänge ich ein Schild vor die Tür: „Bitte von … bis … nicht stören! Papa (Mama) muss arbeiten!"

Zum verstehenden Aufnehmen von neuem, schwierigem Lernstoff muss ich besonders frisch und ausgeruht sein; zum Üben von bereits gelerntem Stoff und zum mechanischen Wiederholen kann ich auch eine Zeit wählen, in der ich nicht mehr so frisch bin. Manche arbeiten bei völliger Ruhe besser; andere lassen leichte Hintergrundmusik spielen. Am besten eignet sich dafür harmonische und ruhige Musik, vor allem Barockmusik. Kriterium dafür ist: Ich muss mich beim Hören der Musik sehr wohl und „zum Lernen beschwingt" fühlen.

Lernpausen sind keine verlorene Zeit. Bewährt haben sich folgende Pausen: nach einer halben Stunde = eine Minute; nach einer Stunde = fünf Minuten; nach zwei Stunden = fünfzehn Minuten; nach drei Stunden = mindestens sechzig Minuten.

Während des Lernens locker, aber aufrecht sitzen; wenn möglich, während des Lernens zwischen Sitzen und Stehen abwechseln; dies hält länger frisch. Das jeweilige Lernziel auf Zettel schreiben und gefalzt vor sich aufstellen; ich freue mich, dass ich diesem Ziel wieder einen Schritt näher komme.

Mit möglichst vielen Sinnen und ganzheitlich lernen: rational und emotional, mit Kopf und Herz. Wenn möglich, mit einem leichteren Stoff, mit einfachen Aufgaben beginnen, die rasch erledigt sind; dies erleichtert das Warmlaufen. Durch die ersten Erfolgserlebnisse in Schwung gekommen, dann den schwierigsten oder nicht so angenehmen Stoff anpacken und entschlossen bearbeiten, solange noch genügend „Dampf" vorhanden ist. Zum Schluss nehme ich mir den Stoff vor, der mir liegt, der mir am meisten Freude macht, für den ich auch bei leichter Ermüdung noch genügend motiviert bin. Bei sehr vielseitigem und umfangreichem Stoff unterscheiden: „Muss" unbedingt gelernt werden; „sollte" möglichst gelernt werden, ist aber nicht zwingend. Jeweils nach Beendigung eines Lernvorgangs auf Zettel festlegen, wo und wie es wann weitergeht. Dies ermöglicht bei der Fortsetzung an einem anderen Tag schon zu Beginn einen raschen Start und ein flottes Lerntempo.

Sich immer wieder klarmachen, wo ich jetzt in einem bestimmten Stoffgebiet auf dem Weg zum Lernziel stehe. Bis wann muss ich dieses Lernziel erreicht haben, z. B. für Prüfungsarbeiten, Zwischenprüfung, Abschlussprüfung? Die Termine auf Zettel schreiben und diesen gefalzt vor sich aufstellen. Auch die Zeit für notwendige Lernpausen und Freizeit einplanen, ebenso für zwischenmenschliche Kontakte; einen Teil davon zu Spaziergängen oder Spiel und Sport im Freien verwenden zum Ausgleich gegen das viele Sitzenmüssen beim Lernen. Den Lernerfolg soweit möglich selbst überprüfen oder ihn durch andere Personen überprüfen lassen. Zwischen IST und SOLL vergleichen. Sich über jeden Fortschritt freuen!

Wie bleibe ich beim Selbstlernen munter?

Indem ich abwechsle in Stoff und Methode, zwischen Theorie und Praxis, sowie durch eine positive Einstellung und Einstimmung in die vorliegenden Aufgaben. Folgendes Verhalten kann dabei helfen: Ich pfeife oder summe vor mich hin oder lautlos in mich hinein. Ich höre in der Fantasie eine Melodie, die mich beschwingt. Ablenkungsversuche oder Störungen von außen werte ich als Anreiz, als „verstärkte Zündung" zum Lernen. Ich sage mir z. B.: „Wenn ich jetzt rasch lerne, kann ich anschließend das machen, was mich jetzt ablenken will." An einen neuen Stoff stelle ich Fragen. Bei einem Problem überlege ich: Wie könnte die Lösung sein? Dadurch wecke ich Neugier, die mich anregt. Zwischen dem lesenden und überlegenden Lernen führe ich zur Abwechslung einen praktischen Versuch durch, wenn dies möglich ist, oder ich mache ein Schema, zeichne eine Skizze und verdeutliche mir dadurch abstrakte Zusammenhänge. Ab und zu stehe ich auf und bewege mich. Ich wünsche mir lebhaft, dass die Arbeit bald fertig wird. Hilft dies alles nichts zum Munterbleiben, gehe ich spazieren, mache Gymnastik, eine leichte Gartenarbeit, oder ich ruhe mich 15–20 Minuten aus; dann geht das Lernen wieder doppelt so gut.

Ist der Lernstoff nicht vorgegeben, suche ich ihn zielbewusst und systematisch z. B. in einer Bibliothek. Ich frage mich immer wieder: Wozu brauche ich welches Wissen? Beim ersten Lesen eines Buches verschaffe ich mir zuerst einen Überblick über das ganze Buch, ein Kapitel, einen Abschnitt, eine Lektion, einen Artikel usw. Ich überdenke das Thema und lese Klappentext, Vorwort und Nachwort. Inhaltsverzeichnis und Sachregister überfliege ich, ebenso die Überschriften einzelner Kapitel, Zusammenfassungen, hervorgehobene Texte, Schemata, Tabellen, Frage- und Problemstellungen des Autors und überdenke sie. Ich setze auch mein Gefühl ein und frage mich, wie mich das Gelesene anspricht. Bringt es eine Saite in mir zum Schwingen? Bin ich davon betroffen? In welchen Punkten entspricht der Inhalt des Buches meinen Zielvorstellungen, in welchen weicht er davon ab? Wie wirkt das Buch als Ganzes, mit seiner „Gestalt", auf mich?

In der „Vorbereitungsphase" kann ich mich mit Lernstoff zunächst so auseinander setzen, dass ich nachdenkend lese, Auszüge mache, Schemata zeichne, Fragen stelle, zweifle, in eigenen Ansichten bestärkt werde. Sprechend und mit emotionaler Resonanz kann ich interessante Informationen sinnenhaft und rhythmisch in mich aufnehmen. Dabei beschränke ich mich auf wesentliche Informationen, auf „Kernwissen", das ich mir gründlich aneigne; ich muss nur wissen, wo ich später fehlende Einzelheiten auffinden und nachschlagen kann.

Die Umwelt sollte ich möglichst objektiv wahrnehmen

Ich sollte nur wichtige Informationen bzw. Eindrücke aufnehmen, die ich brauche, um mein Leben gestalten zu können; bei zu viel Interessen werde ich von Reizen überflutet. Wenn trotzdem zu viel Information wie eine Flut über mich hereinbricht, filtere ich aus ihr das Wesentliche heraus; dafür halte ich Notizpapier und Stift bereit.

Wie nehme ich am besten auf? Ich richte meine Sinne, vor allem Auge und Ohr, aufmerksam auf Reize aus der Umwelt, um deren Struktur: Größe, Form, Farbe, Auffälligkeiten, andere Einzelheiten, besonders aber die unterscheidenden Merkmale zu erfassen; denkend und fühlend erkenne ich dann das für mich Nötige, Wesentliche, das ich z. B. benötige, um ein Ziel zu erreichen.

Meine Wahrnehmung ist nicht immer scharf genug. Am genauesten nehme ich einen Sachverhalt in entspanntem Zustand wahr, wenn ich ihn lange genug ruhig und interessiert beobachte. Unklarheiten kläre ich; wenn dies nicht sofort möglich ist, notiere ich sie. Im realen Raum orientiere ich mich sehend durch aufmerksames Beobachten, mit wachen Sinnen, konzentriert, mit JA-Einstellung; Objekte erfasse und erkenne ich aktiv und kreativ. Ich darf nicht zu flüchtig wahrnehmen; ich muss gründlich sein. Nur dann kann ich einen Sachverhalt richtig aufnehmen, verstehen, merken und speichern. Evtl. sollte ich mich mehrmals selbst kontrollieren und andere nach ihrem Eindruck fragen.

Ich sollte etwas nicht vorschnell beurteilen, sondern es zuerst kritisch und sorgfältig prüfen; einen Gegenstand von verschiedenen Standorten, von verschiedenen Seiten aus betrachten; Fakten, Daten, Ereignisse usw. sachlich beschreiben. Dadurch ergeben sich unterschiedliche Perspektiven.

Es gibt verschiedene, oft sehr subjektive Arten, etwas wahrzunehmen, je nachdem wie ich denke, fühle und mir etwas vorstelle. Dabei vereinfache ich das Wahrnehmungsbild, indem ich auswähle. Auch sollte ich mir bewusst machen: Was bedeutet es mir? Was davon ist wichtig, wesentlich? Für was brauche ich es? Diesen Eindruck lasse ich entspannt, ruhig, aber mit positiven Emotionen verstärkt mehrmals auf mich wirken; durch Wiederholung speichere ich ihn.

Auch meine Wünsche, Bedürfnisse, Emotionen, Einstellungen, Auffassungen usw. begrenzen und steuern meine Wahrnehmung; z. B. lehne ich Informationen, die von unsympathischen Personen kommen, meist unbewusst ab.

Ich kann mich auch in einem nur vorgestellten Raum orientieren; dadurch entwickle ich das sehr wichtige Vorstellungsvermögen weiter. Wer ein gutes Vorstellungsvermögen hat, kann sich von einer Sache oder einem Ablauf ein klares Bild machen, z. B. bei vielen Aufgaben in der Wirtschaft, bei denen ein Mitarbeiter zielgerichtet einen Bildschirm, einen Ablauf oder ein Messinstrument lange Zeit aufmerksam, konzentriert prüfend und vergleichend beobachtet, ohne sich durch Reize von außen oder innen ablenken zu lassen.

Je mehr Sinnesorgane im Spiel sind, desto besser sind Wahrnehmung und Lernerfolg. Von dem, was wir lesen, nehmen wir nur 10 % auf; von dem, was wir hören, etwa 20 %; von dem, was wir sehen, etwa 30 %; von dem, was wir hören und sehen, etwa 50 %; von dem, was wir selbst sagen, etwa 70 %; von dem, was wir selbst tun, etwa 90 %.

Höre und sehe ich gleichzeitig, nehme ich also mehr auf und kann es besser speichern. Ich kann leichter mitdenken und etwas nachvollziehen. Mir werden Zusammenhänge, Abläufe und Strukturen deutlicher. Ich kann mich leichter verständigen und sprachlichen Missverständnissen vorbeugen. Dies trägt zum besseren Verstehen komplexer Sachverhalte bei.

Der Lernerfolg zeigt: „Ein Bild sagt mehr als tausend Worte." Jede Art von Visualisierung an der Pinnwand, mit dem Tageslichtprojektor, durch Schaubilder oder Gegenstände, unterstützt das gesprochene Wort. Außerdem kann der visualisierte Gesprächsverlauf als Protokoll dienen; dadurch wird das spätere Wiederanknüpfen am Thema erleichtert.

Aneignungsphase

Stoff verstehend aufnehmen

Grundvoraussetzung für einen Lernerfolg ist, dass ich mit Interesse und Freude lerne. Am Stoff, den ich mir merken, mir einprägen will, muss ich mit Kopf und Herz interessiert sein. Ich muss ihn betonen, für wichtig halten, ihn mir bildhaft vorstellen und mit meinen Emotionen durchtränken; dann kann ich mit Freude lernen, das Lernen als Denksport betrachten und das Wesentliche des Stoffes erspüren wie ein Jäger das Wild.

Zweite Voraussetzung ist, dass ich Spannung auf den neuen Lernstoff erzeuge. Durch Fragen an den Lernstoff wecke ich Neugier auf die möglichen Antworten, z. B.: „Um was geht es heute? Um welchen Auftrag, welches Problem? Wie schaffe ich mir heute durch Lernen Erfolgserlebnisse?" Dadurch entstehen emotional betonte Antriebe zum Lernen, die das konzentrierte Lernen erleichtern. Fehlen die Antriebe, entwickle ich sie, indem ich mir wiederholt das Ziel als wichtig und wertvoll vor Augen stelle und mir bewusst mache, wofür ich lerne und was ich dadurch kurz- und langfristig erreiche. Verfolge ich mehrere Lernziele, dürfen diese einander nicht widersprechen.

Dritte Voraussetzung: Sich auf die Aufgabe oder ein Problem rational einstellen und emotional einstimmen; sie klar umreißen, sich mit ihren Bedingungen genau vertraut machen. Begriffe klären; evtl. an früher bearbeitete ähnliche Aufgaben anknüpfen. Überschlagen: Was soll durch den Lernvorgang erreicht werden und welcher Einsatz ist dafür etwa erforderlich? Sich orientieren: Auf welchem Weg, in welchen Schritten und mit welchen Mitteln erreiche ich das Lernziel?

Einen neuen Stoff differenzieren, analysieren und zu bereits bekanntem Stoff abgrenzen, mit ihm vergleichen: Durch was unterscheiden sie sich? Was ist daran völlig anders? Was ähnlich? Was gleich?

Beim verstehenden Aufnehmen von Stoff erfasse ich die Bedeutung, den Sinn eines Gedankens, ebenso den vernetzten Zusammenhang von Einzelheiten, deren Struktur, dazu das Ganze als Einheit. Ich stelle mir den Stoff bildhaft vor und mache mir einen zusammenfassenden Eindruck vom Ganzen. Das Wesentliche und wichtige Einzelheiten schreibe ich in eigenen Worten nieder; ich markiere es oder gliedere es durch Zahlen; außerdem fertige ich Schemata an. Wenn ich gründlich lerne, sind weniger Übungen und Wiederholungen erforderlich. Ich lasse dann einen Eindruck ruhig und intensiv auf mich wirken, beteilige alle Sinne, schwinge innerlich mit. Der Lernerfolg wird auch gesteigert, wenn ich den Stoff nachgestalte, mitschreibe, nachspreche, analysiere, vergleiche, als ob ich ihn einer anderen Person vermitteln müsste.

Ähnliche Lernstoffe lerne ich möglichst nicht kurz hintereinander; vielmehr warte ich, bis das Unbewusste sie verarbeitet hat, bis sie sich „gesetzt" haben. Sonst entsteht eine postmentale Hemmung, durch die die Lernstoffe miteinander verschwimmen.

Wichtiges verstärke ich emotional, Lernerfolge rückmelde ich rasch regelmäßig; dies verstärkt die Antriebe zum Lernen auch.

Systematisch und anschaulich lernen

In leicht überschaubaren, gut verkraftbaren Portionen lernen: umfangreiche Texte in kleine, in sich geschlossene Abschnitte zerlegen; den Zusammenhang mit dem gesamten Text aber im Auge behalten. Den Stoff gliedern, um ihn überblicken zu können. Prinzipien und Kernwissen hervorheben. Lieber weniges gründlich und im Zusammenhang lernen, als vieles oberflächlich und nur lose aneinander gereiht.

Abstrakte Lernstoffe durch Beispiele, Skizzen und Schemata anschaulich machen; versuchen, sie in eigenen Worten wiederzugeben. Sie möglichst in den eigenen Erfahrungsbereich übertragen.

Stoff bewusst strukturieren: ihn zerlegen, Inhalte anders ordnen, sinnvolle Zusammenhänge herstellen. Werturteile fällen; dadurch die Bedeutung bestimmen. Zum Ordnen Oberbegriffe suchen.

Die logisch aufgebaute, in sich gegliederte und gegen anderen Stoff abgegrenzte Einheit des Stoffes prägt sich gut strukturiert, als übersichtliche „Gestalt" besser ein als viele nur lose aneinander gereihte Einzelheiten. Dieser Effekt wird verstärkt, wenn für einen bestimmten Anwendungszweck gelernt wird, z. B. um das Gelernte am Arbeitsplatz anzuwenden, es anderen mitzuteilen, es mit ihnen zu besprechen, es auch mit dem eigenen Erleben zu verbinden; dadurch wird das neu Gelernte als sinnvoll erfahren.

Beim problemlösenden Lernen systematisch nach Plan vorgehen; keinen Schritt überspringen. Nach dem Lernen fragen: Wo stehe ich jetzt? Bin ich dem Ziel einen wichtigen Schritt näher gekommen?

Dialektisch, in Gegensätzen denken: These und Antithese bestimmen, sie zur Synthese vereinen, die die Mitte darstellt, die Spitze der Pyramide. In der Synthese als Erkenntnis sind die Gegensätze auf einer neuen Ebene aufgehoben, überwunden, bewahrt.

Anregungen zum effektiven Lesen

Zielbezogen lesen; den neuen Stoff mit einem klar umrissenen Ziel verbinden. Zuversichtlich erwarten, dass das Wesentliche „hängen bleibt". Lieber weniges sehr konzentriert, gründlich, systematisch, brennend interessiert, engagiert und mit gutem Lernerfolg lesen, als vieles nur oberflächlich und erfolglos. Wer halblaut liest und gleichzeitig Anmerkungen notiert, Auszüge macht, unterstreicht oder auf eine andere Weise hervorhebt, hat den besten Lernerfolg.

Nur so schnell lesen, dass ich alles genau, richtig, gründlich erfassen, aufnehmen, mir bildhaft vorstellen, verstehen, merken und behalten kann. Evtl. ein Stück Papier oder ein Lineal unter die Zeile legen, die ich lese, damit die nächsten Zeilen nicht im Blickfeld sind.

Beim Lesen kritisch-positiv mitdenken. Ganze Wortgruppen oder Sätze rhythmisch in einem Blick lesend erfassen, ohne mit dem Finger unter den Zeilen entlangzufahren. Die Blickspanne beim Lesen mehr und mehr vergrößern; mehrere Wörter auf einmal, trotzdem aber Sinngehalt und Logik erfassen. Immer den Überblick behalten. In eigenen Büchern Begriffe unterstreichen und Aussagen dazu einklammern. Nach jedem Abschnitt über das Gelesene nachdenken, es in eigenen Worten zusammenfassend rekapitulieren, sich merken. Von Kerngedanken und Grundbegriffen Auszüge machen, Exzerpte: Lesefrüchte. Entscheidende Aussagen halblaut lesend betonen. Wer viel lesen muss, sollte einen „Kurs für Schnelllesetechniken" belegen.

Regeln für einprägsames Lesen:
1. Lernend lesen: aufmerksam, zielbezogen, entspannt, schwung-voll-rhythmisch; neugierig, brennend interessiert, heißhungrig.
2. Wichtiges, Kernwissen, einkreisen, unterstreichen, einklammern, am Rand anstreichen, ein Ausrufezeichen setzen usw.
3. Auf Zusammenhang achten: auf dem Rand auf andere damit zusammenhängende Abschnitte hinweisen.
4. Für Unklares auf Rand ein Fragezeichen setzen.
5. Fremdwörter, deren Bedeutung unklar oder unbekannt ist, sofort nachschlagen.

Stoff einprägen und unbewusst verarbeiten („verdauen")

Zum Einprägen sind angemessene Emotionen unverzichtbar; durch ein emotional betontes Einprägen wird der Stoff im Langzeitgedächtnis gespeichert. Dies gilt auch für jede Wiederholung. Sehr starke Emotionen, Affekte, vor allem negative wie Ärger, Zorn, Wut dagegen stören vor allem den inneren Prozess der unbewussten Verarbeitung, des „seelischen Verdauens und Einverleibens".

Lernen ist nicht nur ein bewusster Prozess, der viel Kraft erfordert; vieles spielt sich nach dem verstehenden Aufnehmen unbewusst ab, ohne besonderen Krafteinsatz. Deshalb neu gelernten Stoff ein bis zwei Tage lang ruhen lassen; so lange dauert es, bis er im Unbewussten verarbeitet, seelisch „verdaut" ist. Erst dann sind Wiederholungen sinnvoll.

Empfehlungen zum Einprägen: Namen und Zahlen emotional betont sich nicht nur vorsagen; sie mehrmals niederschreiben und sich vorstellen, sie innerlich „fotografieren". Bei Wörtern und Texten auch auf Klang und Sprachrhythmus achten; alle Sinne dabei mit einsetzen. Neues mit vertrauten Ordnungen, Gegenständen, Erfahrungen verbinden und zusammen mit ihnen merken, z. B. Ereignisse, die sich im Geburtsjahr einer bekannten Persönlichkeit abgespielt haben. Ortsnamen und andere geographische Namen sich anhand einer Landkarte, Namen aus der Geschichte anhand eines Stammbaumes einprägen. In Merktabellen Einzelheiten, wichtige Ereignisse und Zusammenhänge erfassen; sich dadurch einen großen Überblick schaffen.

Sich nur einen als „richtig" gesicherten Stoff einprägen. Unklarheiten sofort klären; ist dies nicht möglich, sie notieren. Enthält ein neuer Stoff viele Fremdwörter, auf sprachliche Ableitungen, Etymologien, achten.

Beispiel „bi" = zwei, Doppel; Bigamie, die Doppelehe; Bimetall, das Doppelmetall; Bikini, der zweiteilige Badeanzug.

Durch Begriffe und Regeln besser durchblicken

Neu erlernte Begriffe zu anderen Begriffen klar abgrenzen; Querverbindungen zu anderen Begriffen herstellen. Die neuen Begriffe nicht nur bezugslos in Schubladen einordnen; sie vielmehr vertikal und horizontal verbinden.

Beim Lesen und Durchdenken wichtiger Begriffe etwas länger verweilen; diese Begriffe mit tiefer Ruhe erfassen. Durch Begriffe kann der Lernende sich unter den komplexen Formen der Umwelt rascher orientieren, sie erkennen und nützen. Sie stellen die wesentlichen Merkmale eines Objekts, das Charakteristische seiner Eigenschaften aus vielen anderen Merkmalen heraus und benennen sie; dies ist das Prinzip der Klarheit. Sie benennen wesentliche Beziehungen eines Objekts zu anderen Objekten; dies ist das Prinzip der Verbindung. Sie beschreiben, welche wesentlichen Merkmale bei bestimmten Objekten übereinstimmen; dies ist das Prinzip der Übereinstimmung. Sie sagen aus, durch welche Merkmale sie sich voneinander abheben; dies ist das Prinzip der Differenzierung. Sie zeigen, was an einem Objekt unveränderlich ist; dies ist das Prinzip der Stabilität. Sie machen deutlich, was an einem Objekt veränderlich ist; dies ist das Prinzip der Variabilität. Wer sich einen Begriff selbstständig bildet und erwirbt, hat damit den ersten Schritt zur Lösung eines Problems getan.

Kernwissen und wichtige Zusammenhänge in Regeln erfassen; diese können als Merksätze das Verhalten wirksam steuern. Vorgegebene Regeln mit früheren eigenen Erfahrungen vergleichen: Was stimmt überein? Was weicht ab? Eigene Regeln formulieren; durch sie werden viele Einzelheiten, Vorgänge, Gesetzmäßigkeiten geordnet und überschaubar. Regeln verknüpfen Begriffe miteinander und stellen sinnvolle Beziehungen zwischen ihnen her. Durch einfache Beispiele erläutert, werden Regeln anschaulich. Regeln als „Informationsextrakt" auf das praktische Leben übertragen. Sie bewerten und mit früher gemachten Erfahrungen vergleichen. Andere Personen bitten, sie auch zu bewerten und mit ihren Erfahrungen zu vergleichen. Die Unterschiede zwischen früher und heute und zwischen der eigenen Person und anderen Personen beleuchten. Die gleiche Regel auf verschiedene Vorgänge anwenden; umgekehrt kann ein Vorgang zu verschiedenen Regeln passen. Nicht nur einzelne Regeln lernen, sondern ganze Regelsysteme bzw. Regelhierarchien.

Speicherungsphase

Wie funktioniert das Gedächtnis gut?

Zu meinem Gedächtnis sollte ich eine positive Einstellung haben; das tiefe Vertrauen zu mir selbst und meinem Gedächtnis ist die wichtigste Voraussetzung für eine gute Gedächtnisfunktion. Diese kann ich neben meiner Lernfähigkeit durch Einrede ständig selbst „positiv verstärken". Ich erwarte dann von meinem Gedächtnis zuversichtlich eine gute Leistung. Fällt mir etwas nicht sofort ein, sollte ich gelassen bleiben, ein gutes Ergebnis erwarten und dem Gedächtnis Zeit lassen. Bewährt hat sich, wenn ich mir entspannt und überzeugt einrede: „Es wird mir schon noch einfallen!"

Durch ständige Übung und dauernden Gebrauch bei jeder sich bietenden Gelegenheit entwickelt sich das Gedächtnis. Präge ich mir in entspanntem Zustand, in zuversichtlicher Erwartung und mit emotionaler Beteiligung etwas ein, kann ich es am besten behalten und mich daran wieder erinnern. Mit starker bewusster Anspannung meines Willens würde ich eher das Gegenteil bewirken.

Das Gedächtnis arbeitet in engem Kontakt mit dem Körper, seinen Muskeln und Drüsen; deshalb sollte ich mir etwas Neues ähnlich einprägen wie ein Schauspieler, der in kürzester Zeit eine neue Rolle lernt, der sich einen Text mit allen Sinnen, starken Emotionen und dem ganzen Körper empfindend, fühlend und denkend aneignet. Durch Handlung, Rhythmus, Sprache usw. erfasst der Schauspieler den Sinn des Textes, den er für sein Spiel lernen muss. Er lebt sich in die darzustellende Person ein; er glaubt und stellt dar, was der Text meint.

Wenn ich mich an bestimmte Dinge nur schwer erinnere und sie oft ganz vergesse, könnte es sein, dass mich das betreffende Wissensgebiet überhaupt nicht interessiert oder ich es sogar innerlich ablehne. Dann helfen keine Tricks; vielmehr müsste ich, wenn ich für das bisher von mir vernachlässigte Gebiet etwas Neues lernen muss, zuerst ein wachsendes emotionales Interesse entwickeln.

Wir unterscheiden drei Leistungsstufen des Gedächtnisses:

1. Kurzfristig behalten, z. B. eine Telefonnummer heraussuchen und nach dem Wählen wieder vergessen.
2. Mittelfristig behalten, z. B. Wissen für Prüfungen; es dann wieder vergessen.
3. Langfristig, möglichst lebenslang, speichern, z. B. Wissen, das ich im Beruf benötige und über längere Zeit anwende; einschneidende und gefühlsbetonte Erlebnisse.

Es gibt drei Gedächtnistypen:

1. Augenmensch, visueller Typ; er prägt sich am besten ein, was er sieht.
2. Ohrenmensch, akustischer Typ; er prägt sich am besten ein, was er hört.
3. Bewegungsmensch, motorischer Typ; er prägt sich am besten ein, was er tut und indem er sich bewegt.

Warum vergessen wir? Das Wahrgenommene oder Gelernte haftet nicht oder zu schwach. Es wird von später Gelerntem überdeckt, verwischt, verdrängt. Die Lerninhalte lösen negative Emotionen in uns aus, z. B. Angst, Ärger, Unlust. Wir vergessen Unwichtiges, damit wir Wichtiges umso leichter aus unserem Gedächtnis abrufen können.

Das Gedächtnis ständig trainieren

Das Personengedächtnis weiterentwickeln: Bei der Vorstellung einer bisher unbekannten Person deren Namen sofort mehrmals in Gedanken wiederholen; sich ihn möglichst bildhaft einprägen. Ihn sich vorstellen, als sei er an eine weiße Wand in schwarzen Druckbuchstaben geschrieben. Sich einen schwierigen Namen buchstabieren lassen. Den Namen möglichst bald im Gespräch immer wieder aussprechen. Sich dazu das Wesentliche der Erscheinung, des Gesichtsausdrucks, merken, vor allem von Augen und Mund; unterscheidende Merkmale mit dem Namen verbinden, z. B. Haarfarbe, Frisur, Brille, Nasenform, Größe, Körperhaltung, Figur, Kleidung, Stimme u. a.

Vor einer Verhandlung sich die wesentlichen Punkte des Konzepts vorstellen und deren Reihenfolge einprägen. Während der Verhandlung sich immer wieder vorstellen, was noch unerledigt ist.

Rückschau halten auf den abgelaufenen Tag an jedem Abend. Die wichtigsten Ereignisse an sich vorüberziehen lassen wie in einem Film.

Vor Antritt einer Autofahrt schreibe ich mir von einer Straßenkarte die Namen der wichtigsten Orte in richtiger Reihenfolge bis zum Zielort ab, stelle sie mir räumlich vor und präge sie mir ein. Danach fahre ich; bei einer Zwischenrast unterwegs wiederhole ich die Orte anhand der Notizen. In ähnlicher Weise bestimme ich anhand eines Stadtplans den Weg vom Stadtrand zu einer Straße oder einem bestimmten Gebäude und präge ihn mir bildhaft ein. Neben Straßennamen halte ich markante Merkmale, Gebäude, Sehenswürdigkeiten fest, wo ich rechts oder links abbiegen muss.

Das Nummerngedächtnis trainieren: Sich z. B. von fünf Personen deren Telefonnummer merken durch halblautes rhythmisches Wiederholen der in kleine Einheiten aufgeteilten Zahlen und durch Vorstellen der betreffenden Nummern in Verbindung mit dem Bild der Person. Oder sich die Nummern mit einer kleinen Geschichte merken, bei der jede Zahl durch die folgenden, auswendig gelernten Symbole dargestellt wird: 1 = Kerze, 2 = Zwillinge, 3 = Pyramide, 4 = Quadrat, 5 = Hand, 6 = Schnecke, 7 = Woche, 8 = Sanduhr, 9 = Kegeln, 0 = Loch. Mit diesen Symbolen für bestimmte Nummern Bildverknüpfungen ausdenken und die Nummern auswendig lernen. Beispiel für 15079: Mit der Kerze (1) in der Hand (5) fällt er ins Loch (0) und bleibt dort eine Woche (7) zum Kegeln (9).

Am Vorabend kann ich mir die Termine für den folgenden Tag einprägen, die ich mit anderen vereinbart habe oder an denen ich etwas unbedingt tun will. Ich stelle mir den Ablauf mit der Uhrzeit wie auf einem Blatt Papier mehrmals im Laufe des Tages vor. Die erledigten Termine lösche ich in der Vorstellung; im Laufe des Tages neu hinzukommende Termine trage ich in der Vorstellung ein.

Den neuen Stoff mit Grundbegriffen („Ankerbegriffen")
verknüpfen

Neues in Beziehung zu Bekanntem setzen, neue Informationen
mit bekanntem Wissen verknüpfen, sie in das vorhandene Wis-
senssystem einordnen. Elemente des neuen Stoffes mit Elementen
des bisher bekannten Stoffes gestalthaft erfassen. Ein gut struktu-
rierter, sinnvoll geordneter, bedeutungshaltiger, logisch zusam-
menhängender Lernstoff lässt sich später am leichtesten wieder
abrufen.

Bei dieser Organisation des persönlichen Wissens gibt es zentrale Leitideen, Oberbegriffe; mit ihnen sind viele Unterbegriffe
und Vorstellungen bzw. Assoziationen verknüpft. Beim Nachdenken über den Oberbegriff taucht der Unterbegriff aus dem Dunkel
des Gedächtnisses ins Licht des Bewusstseins auf; deshalb ist es
so wichtig, sich neuen Stoff denkend, d. h. im Zusammenhang
einzuprägen und ihn mit bekanntem Stoff zu verknüpfen. Besonders wirksam ist das Einprägen, wenn abstrakter Stoff wie Zahlen,
Formeln, Namen, Abläufe u. a. mit einer gut vertrauten Wirklichkeit verbunden sind, in der er später angewandt wird. Beispiel: Ich
übernachte in einem Hotel mehrere Nächte und bekomme Zimmer 14 zugeteilt. An einem 14. habe ich Geburtstag: Durch Ver-
knüpfung mit diesem mir vertrauten Tag kann ich die Zimmer-
nummer sofort behalten.

Neuen Stoff üben, transferieren, verfestigen

Das neu Gelernte in differenzierter, genau abgestimmter und
fehlerfreier Form sollte ich probeweise anwenden durch praxisbe-
zogenes, variierendes Üben; den neuen Stoff beziehe ich auf verschiedene Gebiete, Beispiele, Inhalte.

Durch dieses praktische Erproben wird das Gelernte nicht nur
wiederholt, sondern verfestigt, konsolidiert. Durch weitere Übungen wird der neue Stoff nochmals eingeprägt und weitgehend automatisiert; er kann dann in verschiedenen Situationen für unterschiedliche Aufgaben und Probleme in die Lebens- und Arbeits-
praxis übertragen und aus dem Langzeitgedächtnis abgerufen
werden.

Voraussetzung für einen erfolgreichen Transfer ist nicht nur, einzelne Tatsachen zu lernen, sondern auch Zusammenhänge und Gesetzmäßigkeiten; nur dann ist eine Übertragung auf andere Situationen möglich. Durch weitere variierende Übungen wird nicht nur der Transfer vorbereitet; das Wissen wird auch weiter verfestigt und damit dauerhaft im Langzeitgedächtnis gespeichert. Beim vertikalen Transfer von unten nach oben muss ich zuerst die Elemente beherrschen, die untergeordneten Kenntnisse bzw. Regeln; sie sind die Basis für die komplexen Gegenstände. Beim Transfer von Einsichten kann ich z. B. das Lösungsprinzip einer alten Aufgabe durch einen Generalisierungseffekt auf die Lösung neuer Aufgaben verallgemeinernd übertragen. Einsicht und Selbstvertrauen sind aber bei jeder Transferart erforderlich. Je fundierter meine Kenntnisse sind, desto rascher schaffe ich den Transfer.

Auch in der Übungsphase ist es hilfreich, wenn ich mich selbst für meine Lernbemühungen anerkenne und gelegentlich belohne; dies weckt gute Gefühle in mir und steigert den Lerneffekt. Unsachliche, persönliche Kritik und Strafe würden das Gegenteil bewirken und Unlustgefühle erzeugen.

Auf das Wiederholen kann ich nicht verzichten

Einen neuen Stoff muss ich meist mehrmals wiederholen, bis er richtig sitzt. Dabei ist jeweils mein Interesse und eine innere emotionale Beteiligung erforderlich. Die Regel für das Wiederholen lautet: Nicht an wenigen Tagen sehr oft wiederholen, sondern an vielen Tagen jeweils nur wenig. Die Wiederholung verschiedenartiger Stoffe auf verschiedene Tageszeiten verteilen. Vor allem vor dem Einschlafen wichtigen, bereits verstandenen Stoff nochmals überfliegen, immer mit emotionaler Beteiligung.

Die Mnemotechnik, die Kunst, das Gedächtnis durch Hilfsmittel, sog. Eselsbrücken, zu unterstützen, erleichtert das wiederholende Einprägen. Räumliche Hilfen bietet die Praxis des topologischen Einprägens: Ich stelle mir einen vertrauten Weg vor, der durch ein Zimmer, eine Wohnung, ein Haus usw. führt und auf dem bestimmte Stellen oder Gegenstände als Raumpunkte dienen. Diese Raumpunkte gehe ich beim Einprägen und später beim Erinnern in der Phantasie ab. An ihnen sehe ich in einer bestimmten Reihenfolge die jeweiligen Gedächtnisinhalte, z. B. Begriffe, Argumente, Verabredungen, Besorgungen, Besuchsdaten,

Listen u. a.; diese verbinde ich einzeln mit den Gegenständen bzw. Raumpunkten. Dadurch merke ich mir die Reihenfolge. Beim Inhalt eines Buches oder Vortrages wähle ich für jedes Kapitel oder jeden Abschnitt z. B. ein Zimmer.

Schauspieler verbinden beim darstellenden, emotionalen Lernen ihrer Rollen einzelne Texte mit vorgestellten Raumpunkten auf der Bühne und mit der jeweils darzustellenden Situation. Stellen sie sich aneinander gereihte Gegenstände in der Folge ihrer Anordnung vor, fällt ihnen die Reihenfolge ihrer einzelnen Texte wieder ein.

In Merktabellen erfasse ich große Zusammenhänge, z. B. Ereignisse und Personen eines Jahres. Ich visualisiere, mache mir komplexe und schwierige Sachverhalte anschaulich durch Figuren, Schemata, Diagramme usw. Ich zeichne die Umrisse einer Landkarte und trage darin Ortsnamen, Flüsse usw. ein.

Ich kann für einen trockenen Lernstoff einen einprägsamen Phantasiesatz bilden. Dessen Wörter beginnen mit den gleichen Buchstaben wie die Bezeichnungen oder Namen, die und deren Reihenfolge ich mir merken will. Beispiele: Die Saiten der Violine „g, d, a, e," merke ich mir mit dem Satz: „Geh du alter Esel!" Oder die Reihenfolge der Planeten im Abstand zur Sonne: **M**erkur, **V**enus, **E**rde, **M**ars, **J**upiter, **S**aturn, **U**ranus, **N**eptun, **P**luto merke ich mir mit dem Satz: „**M**ein **V**etter **E**rnst **m**acht **j**ute **S**achen, **u**rig, **n**ett, **p**lump (**i**sser **a**uch)."

Andere Möglichkeiten sind: Ich male einen Stammbaum und trage in ihn Geschichtsdaten ein. Namen, z. B. von Nebenflüssen, ordne ich und mache dazu einen Reim, z. B.: „Isar, Iller, Lech und Inn führen zu der Donau hin. Altmühl, Naab und Regen fließen ihr entgegen". Damit merke ich mir auch die Reihenfolge der Flüsse. Für andere, schwer zu merkende Bezeichnungen wähle ich einen Rhythmus, einen Reim, Fantasieworte und Fantasiesätze.

Auf die Melodie eines bekannten Schlagertextes kann ich eine Regel singen. Bei Vokabeln achte ich auf die sprachliche Ableitung; diese präge ich mir mit möglichst vielen Sinnen ein. Beispiel für das englische „horse", das Pferd: Ich stelle mir das Pferd vor; ich höre es wiehern; ich rieche und streichle es; ich reite auf dem Pferd usw.

Bei der Vorbereitung auf eine Prüfung erfasse ich den stofflichen Extrakt eines Faches auf Zettel oder in Tabellen; diese hänge ich an einer bestimmten Stelle des Zimmers auf. Während der Prüfung versetze ich mich an die betreffende Stelle und informiere mich in der Fantasie. Fällt mir der Name einer Person beim Wiedersehen nicht sofort ein, versuche ich, mir einzelne Merkmale vorzustellen: Gesicht, Körperhaltung, Art der Bewegung, Kleidung, Beruf, Besonderheiten usw. Beim Erinnern spanne ich mich nicht stark an; ich versuche nicht, verkrampft den fehlenden Namen herbeizuzwingen. Die Wartezeit überbrücke ich vielmehr „zuversichtlich und entspannt", bis der gewünschte Name oder ein Begriff von selbst ins Bewusstsein steigt.

Empfehlungen für ein erfolgreiches Lernen

1. Ich lerne zielbezogen und frage mich, warum und wozu ich lerne und was ich durch das Anstrengung und Verzicht erfordernde Lernen langfristig erreiche.
2. Realistische Wunschvorstellungen wirken als Antriebe zum Lernen. Ich mache mir vor jedem Lernen klar: Lernen ist ein wichtiges „Mittel", durch das ich mir lang ersehnte Wünsche erfüllen kann; es ist der Preis, den ich dafür zahle.
3. In der Fantasie male ich mir aus, was ich bekomme, wenn ich mit Lernen fertig bin: eine Arbeit, die mich mehr befriedigt, mir mehr Erfolgserlebnisse, Entfaltung meiner Begabungen, Einfluss und größeren Spielraum ermöglicht; die mir auch mehr Anerkennung, einen höheren Verdienst und einen höheren Status einbringt.
4. Durch Steigerung meiner Qualifikation wird mein Arbeitsplatz sicherer; zum mindesten erhöhe ich die Chance, bei Verlust des bisherigen Arbeitsplatzes eher einen neuen zu bekommen. Dies vermittelt mir mehr innere und äußere Sicherheit.
5. Ich kann meine emotionale Lernbereitschaft und damit auch meine Lernfähigkeit steigern, wenn ich mehr an das Ziel denke, die Erfüllung, an das, was ich durch Lernen bekomme, den Gewinn, statt an den mühsamen Weg, den Einsatz, was ich dafür an Zeit und Kraft zum Lernen aufwende.

6. Lernerfolge wirken als „positive Verstärker", wenn ich mich daran erinnere, was ich durch meine Lernanstrengungen bereits erreicht und welche erfreulichen Gefühle ich damit verbunden habe. Dadurch kann ich Unlustgefühle abbauen und mein Selbstwertgefühl erhöhen.

7. Durch W-Fragen, die ich selbst vor Lernbeginn an den zu lernenden Stoff stelle, erzeuge ich Spannung; sie machen mich neugierig auf mögliche Antworten, z. B.:
   - Wer: Welche Personen sind entscheidend?
   - Was: Welche Objekte, welche Sachen?
   - Wo: Welche Orte sind wichtig? „Wohin geht die Reise?"
   - Wann: Welche Zeitangaben sind zum Verständnis bedeutsam?
   - Warum: Wie hat es sich entwickelt? Zusammenhang von Ursache und Wirkung.
   - Wie: Nähere Umstände? Wenn-dann-Zusammenhänge. Bestimmtes Handeln, bestimmte Folgen?
   - Wohin: Zu welchem Ziel soll alles führen?
   - Wozu: Was ist der Zweck?

8. Ich erkenne mich selbst an nach jedem Lernprozess, den ich als Erfolgserlebnis werte. Dadurch wird mir das Lernen nach und nach zur lustvollen Gewohnheit.

9. Macht das Lernen selbst jedoch bei Beginn noch keinen Spaß, verbinde ich möglichst oft die Vorstellung lustvoller Erlebnisse damit; sie färben auf den Lernprozess bald ab. Ich stelle mir vor, was ich durch das „Lernen als Mittel zum Zweck" erreiche, z. B. höheres Prestige. Durch die entstehenden Lustgefühle kann ich mir den oft mühevollen Lernprozess „versüßen".

10. Nach größeren Lernabschnitten belohne ich mich selbst. Ich gönne mir die Befriedigung wichtiger Bedürfnisse, freue mich und feiere zusammen mit anderen Personen.

11. Durch wachsendes Wissen und Können wird mein Selbstgefühl in der Form des Selbstwertgefühls und des Eigenmachtgefühls gestärkt. Eine zuversichtliche Erwartungshaltung entsteht und mit ihr ein positiver Regelkreis, der das Lernen und Behalten sehr erleichtert.

12. Aus einem Misserfolgs-Lerntyp, der ständig an sich und sei-

ner Lernfähigkeit zweifelt und innere Widerstände beim Lernen überwinden muss, entsteht ein Erfolgs-Lerntyp, der sich zutraut, dass er gut lernen kann; er lernt auch tatsächlich mit weniger Aufwand an Zeit und Kraft und erinnert sich leichter an das Gelernte.

13. Eine gute Konzentrationsfähigkeit ist eine wichtige Voraussetzung für erfolgreiches Lernen. Erfolgserlebnisse beim Lernen und ein lohnendes Ziel, das intrinsisch, von innen her, stark motiviert, erleichtern die Konzentration.

14. Stimmen die Ziele mit den Bedürfnissen und Interessen des Lernenden überein, erregen und verstärken sie Antriebe, setzen Kräfte frei zum Lernen; gleichzeitig lösen sie innere Lernhemmungen.

15. Die Antriebe zum Lernen sind umso stärker, je höher der Lernende seine Ziele bewertet, die er durch das Lernen erreichen will, und je lohnender er sie für sich und für andere findet.

16. Bei schlechter Konzentrationsfähigkeit sollte ich klären: Bin ich körperlich und seelisch gesund? Schlafe ich ausreichend und gut? Ernähre ich mich richtig?

17. Sind diese physiologischen Voraussetzungen gegeben, sollte ich prüfen: Vermittelt mir mein Lernen und Arbeiten Erfolgserlebnisse? Weiß ich, was ich soll und was ich will? Welche Ziele sind für mich besonders wichtig? Eine klare Zielvorstellung stärkt meinen Willen und meine Konzentrationsfähigkeit bei allen Dingen und Bemühungen, die mich einem lohnenden Ziel näher bringen.

18. Aktivierende Zielbilder vertiefen und verstärken meine Konzentrationsfähigkeit. Die Methode ist einfach: Ich stelle mir ein gutes Ergebnis meiner Bemühungen beim Lernen und Arbeiten als Ziel vor. Jeweils vor Beginn einer Tätigkeit sehe ich zuversichtlich vor mir, wie der nächste Schritt gelingt. Dadurch können positive zielgerichtete Vorstellungen: innere Bilder, die ein gutes Ergebnis meines Lernens und Arbeitens spiegeln, meinen Handlungen und Arbeiten vorausgehen und sie begleiten. Dies vertieft meine Konzentration, aktiviert und beschwingt mich.

Sich prüfen lassen

Einstellung zu Prüfungen

Prüfungen sind bei Lernenden nicht beliebt; viele fürchten sich davor. Für sie sind Prüfungen eine Tortur. Prüfungen kann ich aber auch als Chance sehen. Sie bestätigen mir, was ich durch mein Lernen erreicht habe; sie zeigen mir, über welche Kenntnisse und Fähigkeiten ich jetzt verfüge und wo meine Schwächen liegen, damit ich gezielt daran arbeite, um sie auszugleichen.

Dem von Natur aus nicht gern und nicht konsequent Lernenden geben Prüfungen ein Etappenziel vor, das ihn zum Lernen motiviert und ihn zwingt, einen gelernten Stoff aufzufrischen, damit er zum bleibenden Besitz wird und nicht in Vergessenheit gerät. Das Ergebnis einer Prüfung hängt weitgehend davon ab, wie gut ich einen Stoff verstanden und wie gründlich ich ihn mir eingeprägt habe.

Manche entwickeln eine positive Einstellung zu Prüfungen, weil diese nicht nur den Stand der fachlichen Leistungen und Qualifikationen ermitteln, sondern auch den Zugang zu Privilegien regeln, z. B. zur Aufnahme oder Fortsetzung eines Studiums, oder zu Laufbahnen und Berufspositionen in Wirtschaft und Staat.

Sich auf die Prüfung rechtzeitig vorbereiten

1. Grundvoraussetzung: Prüfungsordnung, -anforderungen und -bedingungen kennen, um mit Prüfungssituation, Prüfer und sich selbst richtig umgehen zu können.
2. Sich anhand von Unterlagen früh genug informieren über
   – die zuständigen Prüfungsstellen
   – die Voraussetzungen für die Zulassung zur Prüfung, z. B. Scheine oder andere Nachweise
   – Leistungsanforderungen, die für die Prüfung notwendigen Kenntnisse
   – Wahl- und Kombinationsmöglichkeiten in Bezug auf Prüfer und Fächer
   – Möglichkeiten und Bedingungen, den Prüfungstermin evtl. zu verlängern.

3. Ich sollte klären:
   - Was wird von mir verlangt?
   - Was beherrsche ich schon?
   - Was habe ich bisher noch nicht verstanden?
   - An was kann ich mich nur noch schwach erinnern?
   - Wo sind größere Lücken vorhanden?
   - Welche Fehler habe ich bisher gemacht und wie kann ich diese künftig vermeiden?
   - Worauf muss ich mich besonders vorbereiten?
4. Aus der Bestandsaufnahme ergibt sich das SOLL, das ich zu lernen habe, und die Zeit, die ich brauche, um mir das fehlende Wissen schrittweise anzueignen.
   - Lernziele formulieren; diese in Teilschritte zerlegen, die das genaue Vorgehen beschreiben, z. B. „lesen, wiederholen, vergleichen, zusammenstellen usw.". Dafür Termine setzen.
5. Für Lernplan, der die notwendigen Studienschritte koordiniert und kontrolliert, erfassen:
   - Die zu bearbeitenden Gebiete, Themen, Aufgaben.
   - Das dafür erforderliche Material, z. B. Aufzeichnungen, Bücher, Exzerpte.
   - Den Inhalt des jeweiligen Arbeitsschrittes.
   - Die dafür erforderliche, eingeplante Zeit.
   - Die angestrebten Zwischenziele.
   - Bei freier Themenwahl sich für Themen entscheiden, die inhaltlich zusammenhängen; das Anspruchsniveau möglichst selbst entsprechend bestimmen. Wer es schafft, in die Prüfungsarbeit auch eigene Zielsetzungen und Interessen zu integrieren, hat mehr Spaß beim Lernen.
6. Zeitplan, der den nötigen Überblick gibt und nach dem systematisch gelernt, wiederholt, geübt werden sollte.
   - Realistisch, konkret und verbindlich planen; genügend zeitliche Reserven vorsehen.
   - Das Lernpensum in kleine Einheiten aufteilen.
   - Früh genug beginnen. Das rechtzeitige Erreichen der Zwischenziele motiviert für die weitere Arbeit und vermittelt Sicherheit, dass das Gesamtziel erreicht wird.
   - Folge: Ich kann entspannt und effektiv lernen.
   - Kurz vor der Prüfung das Lernen abschließen; da ist höch-

stens eine Wiederholung des Kernwissens und der großen Zusammenhänge sinnvoll.

7. Zwischendrin sich in der Kleingruppe gegenseitig abfragen; Rollenspiel „Prüfer und Prüfling" durchführen.

8. Sich durch ein Verhaltenstraining auch emotional vorbereiten; dadurch langfristig Spannungen und Ängste abbauen. Sich ca. sechs bis acht Wochen vor der Prüfung „programmieren" durch formelhaften Vorsatz und Zielbild. Vorschlag dafür: „Ich fühle mich während der Prüfung wohl. Mein Gedächtnis funktioniert gut. Ich weiß, was von mir bei der Prüfung verlangt wird. Ich werde eine gute Leistung zeigen!" Damit positive Vorstellungen der Prüfungssituation, sog. Zielbilder, verbinden.

9. Wer schon immer neues Wissen auch ohne bevorstehende Prüfung ständig in großen Zügen wiederholt und überdacht hat, kommt bei der Prüfungsvorbereitung besonders gut voran. Er hat es sich angewöhnt, Fachbücher und Vorlesungsnotizen systematisch durchzuarbeiten. Er verschafft sich zuerst einen Überblick, erfasst Zusammenhänge, stellt Fragen an den Stoff, macht sich das Wesentliche bewusst und kontrolliert, ob er alles verstanden hat. Er schreibt eigene Gedanken dazu und fertigt Tabellen, Schemata, Grafiken an; damit strukturiert er den Lernstoff noch mehr.

10. Zum Lernen von Vokabeln, Geschichtszahlen, chemischen Formeln usw. legt er eine Lernkartei an. Bei Vokabeln schreibt er z. B. vorne das deutsche Wort, hinten die fremdsprachliche Übersetzung auf das Kärtchen; oder bei anderen Fächern: Geschichtszahl/historisches Ereignis; Begriff/wofür er steht; Frage/Antwort usw. Mit solchen Kärtchen wiederholt er gelernten Stoff jeweils etwa zehn Minuten. Was er dabei auf Anhieb gewusst hat, schiebt er ein Fach weiter; was noch nicht sitzt, wiederholt er von Tag zu Tag, bis er es ins nächste Fach ablegen kann. Deren Kärtchen überprüft er in größerem Zeitabstand später.

Sich über Prüfer informieren

1. Klären:
   – Wer wird mich prüfen?

- Welche Position vertritt dieser Prüfer? Eine völlig andere als ich? Dann muss ich mich besonders gründlich vorbereiten.

2. Mit Kommilitonen sprechen, die den Prüfer bereits kennen; möglichst an mündlichen Prüfungen teilnehmen, denen sich andere Studenten unterziehen, um den Prüfer selbst kennen zu lernen.

3. Auf was legt der Prüfende besonderen Wert: auf genaue Definitionen, Jahreszahlen, Namen? Oder geht es ihm um die großen Zusammenhänge?
   - Stellt er z. B. Fragen, die ich mit einem Wort oder einer Zahl beantworten kann?
   - Oder erwartet er eher längere Erklärungen, Beschreibungen, Zusammenfassungen, die ich selbst formulieren muss?
   - Zu diesen und anderen Punkten können Studierende der höheren Semester teilweise Auskunft geben. Außerdem geben die von Vorlesungen usw. angefertigten Notizen Hinweise, was wichtig ist.

4. Kann ich den Prüfer selbst wählen, muss ich mich vorher über die verschiedenen Prüfer, die zur Wahl stehen, gründlich informieren. Die Entscheidung sollte ich aber nicht nur vom allgemeinen menschlichen Eindruck abhängig machen, sondern auch von sachlichen Gesichtspunkten.

5. Mit dem Prüfer möglichst über Thema und Literatur rechtzeitig vor der Prüfung sprechen und sich die erarbeiteten Gliederungspunkte bestätigen lassen.

6. Sich auf die Prüfer positiv einstellen, auch wenn frühere Prüflinge die Prüfer negativ beschrieben haben.

Mit Prüfungsangst konstruktiv umgehen

Manche Prüflinge schlafen schon Wochen vor der Prüfung nicht mehr ruhig; sie werden von Albträumen aufgeschreckt, leiden sehr darunter und fühlen sich unwohl und sehr geschwächt.

Extrem starke Prüfungsangst könnte dadurch entstanden sein, dass z. B. die Eltern den Lernenden schon als Kind nur akzeptiert und geliebt haben, wenn er eine besonders gute Leistung erbracht hat. Trifft dies zu, sollte der Betreffende versuchen, sich von der leistungsbezogenen Liebe seiner Eltern nachträglich zu distanzieren und sich innerlich davon unabhängig zu machen; auch sollte er ein eigenes Wertbewusstsein, ein gesundes Selbstwertgefühl, entwickeln. Bei sachlich begründeten Prüfungsängsten ist eine rechtzeitige gründliche, inhaltlich fundierte Vorbereitung der wichtigste Punkt, um die Angst in Grenzen zu halten.

Was kann getan werden, um die Prüfungsangst zu verringern oder abzubauen?

1. Akzeptieren, dass Prüfungen zum Alltag des Lernens gehören, und sich damit abfinden, dass es ohne Prüfung nicht geht.
2. Ein gewisses Lampenfieber vor einer Prüfung ist normal. Überschreitet es ein mittleres Maß nicht, hat es sogar Vorteile: es setzt mehr Energie frei als sonst.
3. Sich klarmachen, dass es nicht schlimm ist, wenn man bei der Prüfung nicht die beste Note erreicht.
4. Durch das Üben von Prüfungssituationen mit anderen Lernenden lässt sich die Prüfungsangst auch reduzieren. Die Erfahrung, ich habe doch vieles gewusst, kann mir helfen, mehr Selbstvertrauen zu entwickeln und damit mein Spannungsniveau auf ein gesundes Mittelmaß zu senken.
5. Wichtig ist, dass ich trotz intensiver Prüfungsvorbereitung noch ein normales Leben führe, das Möglichkeiten zur Entspannung und zum Abschalten bietet und mir immer wieder zum Abstand vom Lernbetrieb verhilft.
6. Verhalten kurz vor der Prüfung:
   - Zwei Tage vor der Prüfung das Lernen beenden; die Unterlagen wegpacken. Nur noch einige Hauptpunkte wiederholen.
   - Den letzten Tag spazieren gehen und sich etwas Gutes gönnen.
   - Schreibzeug, Notizpapier und erlaubte Unterlagen bereitlegen. Früh und in entspanntem Zustand schlafen gehen.
   - Wenn der Prüfungsraum vorher bekannt ist, sich in der Vorstellung in diesem Prüfungsraum sehen, wie man gelassen Prüfungsfragen beantwortet, gute Arbeiten schreibt und sich relativ wohlfühlt.

Verhalten am Prüfungstag

1. Sich emotional auf die mögliche Stresssituation bei der Prüfung einstellen; damit der Entstehung starker Ängste und Spannungen entgegenwirken, die Denkblockaden erzeugen könnten.
2. Sich nochmals vor Augen halten: Ein gewisses Lampenfieber, das auch noch erfahrene Schauspieler vor einem Auftritt spüren, ist normal. Wir dürfen es sogar „positiv" werten. Dadurch werden die seelischen und körperlichen Kräfte aktiviert. Nur übermäßige Angst ist schädlich!
3. Rechtzeitig zum Prüfungsort kommen; allerdings auch nicht zu früh. Sich dort nicht mehr auf Fragen und Diskussionen über mögliche Wissenslücken einlassen; die innere Ruhe bewahren.
4. Sich daran erinnern, wie wichtig ein ausgeglichener, geistesgegenwärtiger Zustand ist.
5. Sich entspannt und gelassen an seinen Platz setzen und zugelassene Hilfsmittel bereitlegen.

Verhalten bei der schriftlichen Prüfung

1. Ausgeteilte Fragen und Aufgaben ruhig durchgehen; evtl. schwierige Aufgaben durch Bleistift mit einem „X" bezeichnen und dadurch von einfachen Aufgaben trennen.
2. Die Zeit überschlagen: Wie viel habe ich insgesamt? Wie viel brauche ich voraussichtlich für eine leichte und eine schwierige Aufgabe? Dann entscheide ich mich, wie ich vorgehe.
3. Zunächst einige einfache Aufgaben lösen; das Erfolgserlebnis beruhigt die Nerven und stärkt das Selbstvertrauen. Durch die Freude am Gelingen aktiviert, dann die schwierigeren Aufgaben anpacken; die allerschwierigsten zuletzt. Sich an einer einzelnen Aufgabe nicht festbeißen und darüber die Zeit vergessen.
4. Bei gestellten Fragen halte ich mir bei jeder Antwort die Frage immer vor Augen; dies verhindert ein Abschweifen.
5. Bei längeren Texten, Abhandlungen, Erklärungen usw. skizziere ich die wesentlichen Gedanken zuerst auf Konzeptpapier, ordne und strukturiere sie. Je klarer der Text aufgebaut und je knapper er formuliert ist, desto besser wird er sein.
6. Werde ich während der Prüfung plötzlich sehr nervös, lege ich

Aufgaben und Schreibzeug für einige Augenblicke weg; ich versuche, völlig abzuschalten und mich zu entspannen, damit ich mein inneres Gleichgewicht wieder gewinne. Bevor ich weiterarbeite, führe ich einen kurzen konstruktiven Dialog mit mir, z. B.: „So, jetzt geht's wieder besser! Warum sollte ich es nicht schaffen? Das wird mir schon noch einfallen! Ruhig bleiben!"

7. Letzte Hand anlegen: Rechtzeitig vor Prüfungsschluss überfliege ich das Geschriebene kritisch: Enthält es Flüchtigkeitsfehler? Habe ich alles klar genug beantwortet? Habe ich den Stoff gut gegliedert? Was sollte ich evtl. noch ergänzen oder berichtigen? Ich versuche, auch gut leserlich zu schreiben.

Verhalten bei der mündlichen Prüfung

1. Mit den Prüfern bei der Begrüßung ruhig Blickkontakt aufnehmen; sie auch später immer wieder offen anblicken. Sich auf die Prüfer möglichst auch innerlich positiv einstellen; ihnen in Gedanken und Gefühlen Achtung entgegenbringen.

2. Versuchen, auf den Verlauf der Prüfung aktiv einzuwirken und Themenschwerpunkte möglichst selbst zu setzen. Sollte eine Frage den Prüfungsrahmen deutlich überschreiten, den Prüfer freundlich darauf hinweisen.

3. Habe ich eine Frage nicht richtig verstanden oder ist mir ihr Sinn nicht sofort klar geworden, frage ich den Prüfer sofort oder bitte ihn, die Frage zu wiederholen.

4. Auf die Fragen gehe ich ein und beantworte sie in interessanter Form: Ich beginne beim Allgemeinen, Grundsätzlichen, und komme von dort zum Besonderen. Ich benutze keine Ausreden. Mit der Beantwortung lasse ich mir Zeit; ich platze nicht sofort los. Aber ich schweige auf die Frage eines Prüfers auch nicht zu lange. Zuerst sage ich, was ich sicher weiß; dann ergänze ich um das, was mir noch eingefallen ist. Evtl. orientiere ich mich an der Reaktion des Prüfers.

5. Was ich gar nicht weiß, gebe ich direkt zu; vielleicht blicke ich den Prüfer dabei mit einem gewissen Bedauern an. Ist eine sehr ausführliche Antwort erforderlich, zähle ich zuerst die einzelnen Aspekte auf; dann behandle ich jeden einzelnen Aspekt ausführlich, möglichst unterteilt nach erstens, zweitens, drittens, usw.

Erinnerungs- und Anwendungsphase

Positive Einstellung zum Gedächtnis

Mein Gedächtnis darf ich nicht unterbewerten. Vielmehr sollte ich darauf vertrauen, dass es gut funktionieren wird. Fällt mir etwas nicht sofort ein, sollte ich mich nicht gewaltsam daran erinnern. Versuchte ich, mit großem Willenseinsatz etwas aus dem Gedächtnis abzurufen, verkrampfte ich mich und blockierte den Prozess des Erinnerns.

Besser ist, wenn ich beim Nachdenken und Suchen eines Gedächtnisinhalts gelassen bleibe, ein gutes Ergebnis zuversichtlich erwarte und dem Gedächtnis Zeit lasse. Ich rede mir entspannt ein, dass mir, was ich brauche, schon noch einfallen wird.

Kann ich mich an den Namen einer mir bekannten Person nicht erinnern, stelle ich mir etwas vor, das mit der betreffenden Person zusammenhängt, deren Name mir entfallen ist. Ich kann mich auch in die Stimmung zurückversetzen, in der ich den Betreffenden einmal erlebt habe. Oder ich gehe das ABC durch; vielleicht taucht der Name dann bei einem bestimmten Buchstaben auf.

Am besten kann ich einen Namen erinnern, wenn ich ihn mir schon bei der ersten Vorstellung sofort bewusst eingeprägt, ihn mehrmals in der Phantasie wiederholt, ihn möglichst oft ausgesprochen, mir gleichzeitig die Eigenart des Gesichts und der Gestalt eingeprägt, beides miteinander verbunden und das Erinnernkönnen für wichtig gehalten habe.

Menschen erinnern sich an etwas früher Gelerntes oder Erfahrenes unterschiedlich: der eine frei, nicht an den eingeprägten Text gebunden, nur dem Sinn nach; der andere textgemäß, textnah. Erstrebenswert ist eine Synthese beider Typen, bei der zunächst der Sinngehalt ins Bewusstsein gerufen wird und anschließend die Einzelheiten folgen.

Gelerntes schreibend anwenden

Wie soll ich schreiben? Gut informiert, mit klarer Zielvorstellung; zuerst klar denken, dann klar schreiben. Grundvoraussetzung ist: Ich verschaffe mir klare Eindrücke durch aufmerksame, scharfe Beobachtung, Hingabe, Einfühlung.

Mein Stil soll knapp, einfach, deutlich, anschaulich, lebendig sein. Ich schreibe nach Plan: Aus Notizen, Daten, Ideen, Aussagen, Auszügen, Zitaten usw. mache ich zuerst eine klare Gliederung, eine Disposition, mit Ober- und Unterbegriffen. Dabei erfasse und betone ich das Wesentliche; Zahlen und Buchstaben sind Ordnungsfaktoren.

Berichte gliedere ich nach W-Fragen: Was fragt nach Sachen. Wer nach Personen. Wann nach der Zeit. Wo nach dem Ort. Wie nach den näheren Umständen. Warum nach den Ursachen. Wozu nach dem Zweck. Dann kommen Zusammenfassung, Schluss, Folgerung.

Beim Gliedern gehe ich vom Konkreten, Anschaulichen, von Einzelheiten aus und von dort weiter zum Abstrakten, Allgemeinen, zum Begriff. Beim Schreiben ist es umgekehrt: Ausgehend vom Abstrakten, Allgemeinen, Begriff, komme ich zum Konkreten, Besonderen, zu Einzelheiten.

Ich wähle die treffendsten Worte, evtl. mit Hilfe eines Synonym-Wörterbuchs; sie setze ich im Satz logisch richtig und verbinde sie organisch und sinnvoll.

Vor der Reinschrift frage ich mich: Wo kann ich was kürzen? Kann der Empfängerkreis alles verstehen? Sind Missverständnisse ausgeschlossen? Hebt sich das Wesentliche klar ab? Sind die Beispiele eindeutig? Habe ich den Zusammenhang von Ursache und Wirkung richtig dargestellt? Habe ich Urteile durch treffende Argumente begründet? Habe ich etwas eindeutig bewiesen?

Gelerntes sprechend anwenden

Wer kann sprechen oder reden? Wer über eine Sache gut informiert ist, sich gewandt ausdrückt und Selbstvertrauen besitzt. Er wird seinen Stoff verständlich, anschaulich und packend vortragen und dabei deutlich und abwechslungsreich sprechen: langsam/schnell, laut/leise, hoch/tief.

Wie entsteht ein Vortrag? Ich wähle ein Thema oder übernehme es von anderen. Dazu sammle ich Gedanken und ordne, gliedere, gestalte sie. Durch eine gute Einleitung versuche ich, das Interesse der Zuhörer zu fesseln und es auch während des Hauptteils wach zu halten. Im Schlussteil fasse ich die Hauptgedanken zusammen und ziehe Folgerungen. Wenn es zum Thema passt, spreche ich auch das Gefühl an und rufe zum Handeln auf.

Bei der Diskussion unterscheide ich: Frage, Berichtigung, Ergänzung, Stellungnahme pro und/oder kontra. In Diskussionsbeiträgen spreche ich den Vortragenden an, lege meine eigene Ansicht oder Behauptung dar, begründe sie und ziehe Schlussfolgerungen.

2.3 Moderieren als partnerschaftliche Führungsmethode

> *„Mit einem Herrn steht es gut,*
> *der, was er befohlen, selber tut." (Goethe)*

Wir fragen zunächst: Was heißt Moderation? Was macht ein Moderator? Moderation kommt vom lateinischen Wort moderatio: Mäßigung, rechtes Maß, Lenkung; es bedeutet auch Gleichmut, Selbstbeherrschung. Der Moderator lenkt Personen mäßigend, aber auch aktivierend, motivierend und integrierend, richtet sie auf Ziele und stellt Zusammenhänge mit anderen Personen und Sachen her.

Dies zeigt sich bei unterschiedlichen Moderatorenrollen: Als Diskussionsleiter achtet er darauf, dass die Diskussionsteilnehmer nicht nur ihre subjektive Meinung äußern, sondern diese durch rationale Argumente begründen. Ein Politiker verhält sich moderat, wenn er eine maßvolle Politik betreibt. In den Medien von Funk oder Fernsehen führt ein Moderator die Hörer oder Zuschauer mit verbindenden Informationen und Kommentaren durch die Sendung. Beim Vatikanischen Konzil 1964 hatte der Moderator die Aufgabe, die Gesprächsteilnehmer auf das Wesentliche hinzulenken. In der Kerntechnik wird als Moderator ein Stoff bezeichnet, „in dem Neutronen hoher Energie, wie sie bei Kernspaltungen entstehen, durch elastische Zusammenstöße mit den Atomkernen dieses Stoffes ... (z. B. schweres Wasser und Graphit) auf geringe Energien abgebremst werden".

Was bedeutet die Moderatorenrolle in der Wirtschaft?

Da ist der Moderator kein Unterhalter, kein Spaßvogel, kein Conférencier, auch wenn er für seine schwierige Aufgabe oft viel Humor braucht: z. B. bei der Arbeit mit Problemlösungsgruppen, wo es darauf ankommt, einen schwierigen Sachverhalt klar und verständlich auszudrücken und erhitzte Gemüter themen-, ziel- und ergebnisorientiert zu lenken. Er tut dies partnerschaftlich; dadurch aktiviert er die Gruppe, sodass sie nicht nur viel leistet, sondern auch ein gutes Wir-Gefühl entwickelt. Der Moderator bringt seine Gruppe nach bestimmten Regeln ins Spiel und führt sie zum gemeinsamen Erfolg; auf die Einhaltung der Spielregeln achtet er.

Bevor wir die Moderatorenrolle in der Wirtschaft mit der Führungsrolle vergleichen, wollen wir die letztere kurz umreißen: Die Führungskraft leitet, beeinflusst, kontrolliert planmäßig die Aktivitäten einzelner Mitarbeiter und von Gruppen, damit diese die ihnen zugeteilten Aufgaben im Rahmen der ihnen übertragenen Zuständigkeit und Verantwortung erledigen und die ihnen gesetzten oder mit ihnen vereinbarten Ziele möglichst rasch und mit wirtschaftlichem Aufwand nutzbringend erreichen.

Voraussetzungen für einen Führungserfolg sind u. a.: Die Mitarbeiter haben den Eindruck, dass die Führungskraft zum Gelingen ihrer Arbeit notwendig ist und dazu beiträgt. Sie erfahren die Führungskraft nicht nur fachlich als hilfreich, sondern auch als sozial kompetente Person, die dazu beiträgt, ihre sozialen Bedürfnisse zu befriedigen. Dies führt dazu, dass die Mitarbeiter sich mit Aufgaben, Zielen und Normen identifizieren, gern arbeiten und mit ihrer Arbeit zufrieden sind, vor allem wenn sie ein Ziel erreicht haben.

Wie unterscheiden sich Moderatorenrolle und Führungsrolle?

Bevor wir die Führungsrolle mit der Moderatorenrolle vergleichen, fragen wir: Was bedeutet Autorität? Darunter wird, abgeleitet vom lateinischen Wort auctoritas, zweierlei verstanden: einmal eine angesehene, maßgebliche, überlegene Persönlichkeit, die einen starken Einfluss und Macht ausübt; zum anderen die Wirkung dieser Persönlichkeit, ihr Ansehen, ihr Einfluss auf andere, Macht über sie.

Unterscheiden sollten wir in diesem Zusammenhang auch autoritär und autoritativ. Autoritär ist, wer selbstherrlich und ohne sachliche Notwendigkeit Macht ausübt, ohne dafür ermächtigt zu sein. Autoritativ verhält sich, wer für die Machtausübung beauftragt, bevollmächtigt, autorisiert ist; wer rechtmäßig um einer Sache willen Macht ausübt und dafür maßgeblich und entscheidend ist.

Wie lässt sich die Führungsrolle von der Moderatorenrolle abgrenzen? Die klassische Führungsrolle betont das Ich und den für die Führungsfunktion notwendigen Unterschied in der Stellung zwischen Führungskraft und Mitarbeiter, Vorgesetztem und Untergebenem, Überstelltem und Unterstelltem. Das Gleiche gilt für den Unterschied im Verhalten: Der eine führt und geht voraus, der andere folgt, geht hinterher; der eine bestimmt und hat das Sagen, der andere gehorcht, führt aus und hat zu schweigen.

In der Moderatorenrolle wird das für die Gruppenarbeit notwendige Wir und das Übereinstimmende betont. Da ist auch ein Vorgesetzter nur der Erste unter Gleichgestellten, der „primus inter pares". Da steht er nicht über den Gruppenmitgliedern, sondern neben ihnen. Da betont er seine Person nicht, sondern nimmt sie zurück. Da spielt er nicht die erste Geige, sondern bringt wie ein Dirigent die anderen ins Spiel und erkennt sie dafür an. Da will er nicht super, der Beste sein, nicht besonders gut erscheinen; vielmehr sorgt er dafür, dass die anderen im Rampenlicht stehen, sich gut fühlen, wertvoll erscheinen. Dadurch aktiviert er die von ihm moderierte Gruppe, motiviert sie „intrinsisch", sodass in den Gruppenmitgliedern selbsttätig wirkende Leistungsantriebe entstehen und ihr kreatives Potential freigesetzt wird.

Ziel einer guten Moderation ist der lern- und leistungsbereite, lern- und leistungsfähige, verantwortungsbewusste, unternehmerisch denkende Mitarbeiter, der sich mit den vom Markt ausgehenden Sachzwängen erfolgreich auseinander setzt, die sich ergebenden Aufgaben und Probleme entschlossen anpackt und zusammen mit seinem Vorgesetzten und anderen Mitarbeitern erfolgreich löst.

Damit dieses wichtige Ziel erreicht wird, sollte der Moderator eine konstruktive zwischenmenschliche Einstellung entwickeln und ein Verhalten zeigen, das im Prinzip nachstehenden Empfehlungen, im Einzelnen jedoch seiner persönlichen Eigenart entspricht. Von wenigen Naturbegabungen abgesehen, lässt sich ein erfolgreiches Moderatorenverhalten nicht im Schnellverfahren erlernen; es erfordert viel Übung und Praxis, ein hohes Maß an sozialer Kompetenz und wie im technischen Bereich einen Prozess ständiger „persönlicher" Weiterentwicklung.

Empfehlungen für Einstellung und Verhalten des Moderators

1. Im Mitarbeiter oder Gruppenmitglied den Menschen sehen, der trotz rationaler Einstellung von Emotionen und Gefühlen bestimmt wird; ihn achten und fördern, ihm helfen. Gleichzeitig aber auch die Sachen und Sachzwänge sehen, die ein wirtschaftliches Denken und Handeln erfordern.
2. Die Moderatorenrolle des „Lernpartners" übernehmen und spielen, sich damit identifizieren, ebenso mit dem Thema, der Aufgabe usw.; sich voll engagieren, dafür begeistern. Die eigene Person aber zurücknehmen; die Gruppe soll von Anfang an aktiv am Gruppenprozess beteiligt sein.
3. An einer „ständigen Verbesserung" interessiert sein, um optimale Arbeitsbedingungen, -verfahren, -abläufe, -mittel und -ergebnisse zu erreichen, vor allem Produkte, die sich gut verkaufen lassen und durch die die Arbeitsplätze sicherer werden.
4. Sich und andere ausreichend informieren; Informationsfluss und Zusammenarbeit vorbehaltlos fördern.
5. Klar unterscheiden: Person und Sache, Tatsache und Meinung, Ursache und Wirkung, Analyse und Synthese usw.
6. Die Gruppe mit ständigem Blickkontakt themen-, ziel-, zeit-, teilnehmer- und ergebnisorientiert nach klarem Konzept kooperativ leiten. Trotzdem offen sein für Anregungen der

Gruppe, die über das Konzept hinausgehen; diese für eine spätere Bearbeitung festhalten.

7. Mit der Gruppe Veränderungsprozesse in Gang setzen und voranbringen, auch mittel- und langfristige, die auf dem Weg zum Ziel einen langen Atem erfordern.

8. Die Gruppenmitglieder durch Fragen aktivieren. Die unterschiedlichen Fähigkeiten der einzelnen, die sich ergänzen, ins Spiel bringen; sich mit der Gruppe immer wieder abstimmen. Sie zu Meinungsäußerungen in Ich-Form auffordern, auch zu anonymen in schriftlicher Form, ebenso zu Widerspruch und Bewertung. Sie für den Gruppenerfolg mit verantwortlich machen.

9. Gruppenklima, Gesprächsbereitschaft und Gesprächsverlauf konstruktiv beeinflussen nach dem Grundsatz: „Kooperation kommt vor Konfrontation"! Konkrete Ergebnisse erzielen.

10. Ausgerichtet auf ein Thema, ein Ziel, eine Aufgabe usw., nach bestimmten, für alle gültigen Regeln diskutieren und Erfahrungen austauschen: z. B. gut informiert sein, aufmerksam zuhören, folgerichtig und vorurteilsfrei denken, klar und anschaulich formulieren, kurz und bündig sprechen und argumentieren.

11. Den Kern des Gesamten, das Wesentliche, als „roten Faden" und zum Weiterdenken sichtbar machen, visualisieren: sammelnd, ordnend, strukturierend, wertend; kann Grundlage für das Protokoll sein.

12. Komplexe Zusammenhänge vereinfachen, zusammenfassen, strukturieren und auf den entscheidenden Punkt bringen.

13. Sach- und Beziehungsebene, die voneinander abhängig sind, trennen können; sich klar darüber sein, welche dieser Ebenen gerade vorherrscht.

14. Das gegenseitige Verstehen, das Voneinander-Lernen, den Gedanken- und Erfahrungsaustausch, das Wir-Gefühl und den Willen zum gemeinsamen Handeln fördern und verstärken.

15. Nur sachlich kritisieren; dabei das SOLL betonen. Auch selbstkritisch sein und die Kritik anderer akzeptieren.

16. Sich auf Sach- und Verhaltensprobleme und auf Konflikte – überhaupt auf unangenehme Dinge – konstruktiv einstellen; sie entschlossen anpacken und lösen.

17. Die Gegensätze in der Gruppe erkennen; sie ausgleichen, ohne sie aufzuheben oder zu unterdrücken. Dadurch die Konsens- und Kompromissbildung erleichtern.
18. Bei Störungen unterbrechen, ohne ungeduldig und verärgert zu sein.
19. Sich unparteiisch und vorurteilsfrei verhalten. Dazu beitragen, dass die in einzelnen Gruppenmitgliedern und in der Gruppe oft sehr tief sitzenden irrationalen Vorurteile bewusst werden, um sie nach und nach auflösen zu können.
20. Unterschwelliges, nicht Ausgesprochenes, und die Bedürfnisse der Gruppenmitglieder erfassen und der Gruppe einfühlsam bewusst machen; dadurch negative Spannungen abbauen und das Gruppenklima verbessern.
21. Mehr fragen als sagen, um Denkprozesse in den einzelnen Teilnehmern und zwischen ihnen anzuregen. Von der Gruppe gestellte Fragen an die Gruppe weitergeben. Sich erst dazu äußern, wenn aus der Gruppe kein Beitrag gekommen ist.
22. Nicht werten, vor allem nicht vorschnell! Beiträge aus der Gruppe zunächst von der Gruppe sachlich einschätzen lassen und sie dann für ihre Beiträge anerkennen.

Moderationsmethoden

Diese lernt der Moderator in einer mehrtägigen Grundausbildung kennen und einüben. Die nachstehende Übersicht soll einen ersten Eindruck vermitteln.

1. Fragetechnik: Damit lässt sich eine Erwartungsspannung aufbauen. Fragen aktivieren die Gruppe, machen sie „betroffen", provozieren sie evtl. Bewährt haben sich die bekannten W-Fragen: Wer, wann, wo, was, wie, wie viel, warum, wozu, wohin? Mit offenen Fragen arbeiten; sie zwingen zum Nachdenken, machen kreativ und lassen originelle und ausführliche Antworten zu. Geschlossene Fragen nur in Ausnahmefällen einsetzen.
2. Gesprächsführung: Sachebene und Beziehungsebene beachten; Störungen auf der emotionalen, dynamischen Beziehungsebene führen zu Fehlern und Verzerrungen auf der

Sachebene. Diskussionen planen; sie nach einfachem Konzept flexibel steuern; für spontane Beiträge aber offen sein. Das Wesentliche festhalten, Ergebnisse dokumentieren, Maßnahmenkatalog erstellen. Klar trennen zwischen:

a) beweisbaren Tatsachen;

b) Meinungen, Argumenten, Folgerungen, Urteilen, Vorurteilen, Indizien, Gerüchten.

Kooperativ diskutieren; auf ein konfrontierendes Debattieren verzichten, ebenso auf „Gesprächskiller".

3. Visualisieren: Daten, Fakten, Ideen, mündlich und schriftlich geäußerte Meinungen, Argumente, Sachverhalte, Ergebnisse von Lern- und Denkprozessen, Probleme usw. anschaulich, für alle Anwesenden sichtbar, darstellen. Sie durch Skizzen, Schemata usw. ergänzen; Gegenstände zeigen. Einzelne Beiträge knapp und verständlich formulieren; sie für alle Anwesenden gut lesbar in Blockschrift schreiben; sie übersichtlich anordnen auf Pinnwand mit Nadeln, die ein späteres Versetzen ermöglichen. Zusammenhänge verdeutlichen. Hauptkriterium: das Visualisierte ist auch für neu Hinzukommende rasch erfassbar, gut überschaubar, leicht verständlich, eindeutig.

4. Probleme lösen, Aufgaben bearbeiten usw.: Nach einem einfachen Bearbeitungsschema vorgehen, das alle Anwesende kennen und an das sie sich halten. Grundprinzip: Was IST? Was SOLL? Wie kommen wir von IST zu SOLL? Einzelheiten folgen im nächsten Abschnitt.

5. Präsentieren: Visualisiertes nach klarem Konzept anderen Personen in freier Rede, so entspannt wie möglich, evtl. nach vorheriger Selbstbeeinflussung, innerlich sicher mit Blickkontakt so erläutern, dass die Anwesenden es gut verstehen und darauf möglichst so reagieren, wie die Präsentierenden und ihre Gruppe dies erwarten. Ziel ist z. B., den Vorgesetzten zu überzeugen, ihn für einen Lösungsvorschlag zu gewinnen, bei ihm eine Entscheidung herbeizuführen.

6. Gruppensitzung vorbereiten und leiten: Thema, Ziel, Inhalt bestimmen. Alles rechtzeitig organisieren: Raum, Zeit, Einladung, Demonstrationsobjekte, Geräte, Materialien usw. Konzept mit Stichworten für Durchführung erstellen; Vertrauen zur Gruppe herstellen. Durchführen: Verhalten dabei ähnlich

wie beim Präsentieren. Auf Dreieck „Moderator", „Gruppe/ Vorgesetzter", „Thema/Ziel" achten. Nachbereiten: Selbstkritisch zurückblicken. Dafür sorgen, dass beschlossene Maßnahmen realisiert werden.

Wer eine Gruppe gut moderiert, erreicht mit ihr durch den Synergieeffekt sehr viel mehr als bei normaler Gruppenarbeit oder durch Einzelarbeit bei Anwendung der sonst üblichen Führungstechniken. Nachwuchskräfte können beim Moderieren wichtige Erfahrungen machen und sich dadurch für eine Führungsaufgabe qualifizieren und profilieren.

2.4 Am Arbeitsplatz Probleme lösen

Es gibt Leute, die aus jeder Chance ein Problem machen, und andere, die in jedem Problem eine Chance sehen.

Je komplexer unsere Welt wird, desto mehr Probleme fallen auf allen Ebenen des Unternehmens an. Die folgende Problemlösungsmethode ist für die gesamte Unternehmenshierarchie gedacht. Sie soll selbst für die Mitarbeiter der ausführenden Ebene verständlich und handhabbar sein; denn auch dieser Mitarbeiterkreis, bei dem jeder in seinem kleinen Bereich ein Spezialist mit unkompliziert arbeitendem Verstand ist, soll in der Gruppe im Erfahrungsaustausch mit anderen an Problemlösungen aktiv mitarbeiten, die den eigenen Arbeitsplatz betreffen.

Vorausgeschickt werden einige Hinweise über Planung, die beim Problemlösen eine wichtige Rolle spielt; denn je stärker die Markt- und Umweltdynamik ist, umso wichtiger wird eine vorausschauende Planung. Diese muss aber aktuell und sehr flexibel sein, um auf Marktveränderungen rasch reagieren zu können.

Was heißt Planen?

Planen heißt „Probehandeln in der Fantasie": Nach der Beschaffung aller nötigen Informationen darüber nachdenken, gedanklich vorwegnehmen und vorschlagen, wie in künftigen Situationen Personen mit Personen und Personen mit Sachen in einer bestimmten Art und Weise umgehen sollen, um bestimmte Zwecke oder gesetzte Ziele zu erreichen. Ein vollständiger Plan sagt aus, wer was wo, wie, wann, bis wann mit bestimmten Mitteln tut, um auf einem bestimmten Weg ein Ziel zu erreichen. Durch eine umsichtige, an der Realität orientierte Planung werden Umwege und Sackgassen vermieden; auch wird Zeit und Geld gespart. Bevor die Entscheidung fällt, einen Plan durchzuführen, sollten sich die davon Betroffenen äußern können, damit ihre besondere Art zu denken und zu handeln möglichst mit berücksichtigt und nichts übersehen wird.

Der Planungsrahmen umreißt die zu planenden Größen und Tatbestände, Teilpläne, deren Reihenfolge und Zusammenhang; der Planungsrahmen bestimmt, ob mehr zentral oder dezentral geplant wird.

Bei den Planungsarten unterscheiden wir: Die langfristige, strategische Planung durch das Top-Management; die mittelfristige taktische Planung durch das mittlere Management; die kurzfristige operative Planung durch das untere Management – in zunehmendem Maße in Projektteams. Grundlage ist ein umfassendes Informations- und Berichtswesen, in dem u. a. erfasst sind: Probleme und deren Analyse; die Organisation und deren Analyse; das soziotechnische System und dessen Analyse, Zusammenhang, Abhängigkeiten. Das Zielsystem, dessen Analyse, dazu Entscheidungskriterien; die Umweltentwicklung, deren Analyse und Prognose. Alle notwendigen Daten werden in der EDV erfasst. Geeignete Programme werden dafür entwickelt.

Die bisher fast ausschließlich praktizierte Planung von oben nach unten muss ergänzt werden durch die Planung von unten nach oben.

Wie wird geplant? Einfaches Planungsschema

Alles Notwendige systematisch sammeln, erfassen und auswählen als Voraussetzung der Planung; das Vorgehen organisieren. Ein Problem erkennen, beschreiben, analysieren: IST-Zustand. Zielvorstellung, erwünschte Lösung: SOLL-Zustand bestimmen, absprechen, vereinbaren. Fernziel in Teilziele aufgliedern; diese Nahziele den Mitarbeitern vor Augen stellen: Nur sie motivieren und vermitteln Erfolgserlebnisse.

Plan prüfen, bewerten, korrigieren; Alternative vorsehen; offen sein für pragmatische Lösungen; Schuldzuweisungen vermeiden.

Aus verschiedenen Lösungsmöglichkeiten die beste auswählen; sich dafür möglichst im Team entscheiden, damit auch noch andere Personen die Verantwortung für ein Gelingen mit übernehmen.

Den Plan realisieren, ihn systematisch verwirklichen, nach Plan arbeiten. Die Durchführung überwachen, den Erfolg kontrollieren: den jeweils erreichten IST-Zustand mit dem geplanten SOLL-Zustand vergleichen.

Wirksame Problemlösungsmethode – deren Vorteile

Die nachstehend beschriebene Methode beruht auf den drei bewährten Managementschritten „Information, Entscheidung, Durchführung mit Kontrolle"; sie soll die Mitarbeiter befähigen, gemeinsam mit anderen, als Mitglied oder Leiter einer Gruppe, die an ihrem Arbeitsplatz oder in ihrem Arbeitsumfeld auftretenden Probleme, vorwiegend Sachprobleme, systematisch zu erkennen, zu beschreiben, zu analysieren und schrittweise durch einen Prozess zu lösen, bei dem Personen Informationen auf verschiedenen Ebenen aufnehmen, austauschen und zielgerichtet verarbeiten. Wie man Verhaltensprobleme bearbeitet, wird im Abschnitt „Personale Kompetenz" beschrieben.

Eine einfache, bewährte Methode, die alle Beteiligten kennen und systematisch anwenden, bei der sie in gleichen Schritten nach einer bestimmten Ordnung vorgehen, hat viele Vorteile. Alle bilden kraft- und zeitsparende Gewohnheiten; sie können sich rascher miteinander über das gemeinsame Vorgehen verständigen und machen weniger Fehler. Lösungsvorschläge lassen sich in kürzerer Zeit erarbeiten und umsetzen.

Was ist ein Problem?

Heute wird auch vieles als „Problem" bezeichnet, was eigentlich gar kein Problem ist, sondern nur eine klar überschaubare Aufgabe, bei der ich durchaus weiß, was ich machen sollte, aber vielleicht keine Zeit habe oder zu träge bin, um das Notwendige zu tun. Unter Problem als IST-Zustand wird eigentlich nur eine schwierige Aufgabenstellung verstanden, bei der ich noch nicht weiß, wie ich zum Ziel komme, zum SOLL-Zustand, oder eine schwierige Frage, auf die es zurzeit noch keine Antwort gibt.

Die Lösung dieser echten Probleme erfordert von den problemlösenden Personen nicht nur ein systematisches, von Grundsätzen bestimmtes Vorgehen, sondern auch ein pragmatisches, bei dem sie auf neue, schwierige, außergewöhnliche Situationen flexibel reagieren.

Warum sollen auch Praktiker mitwirken?

Die Mitarbeiter der ausführenden Ebene, die Lösungsvorschläge machen sollen und mit zum Problemlösen herangezogen werden, sind an ihrem Arbeitsplatz, in ihrem kleinen begrenzten Bereich, Spezialisten; und viele von ihnen haben einen einfachen, aber klaren Verstand. Alle zusammen bilden ein riesiges Kreativitäts- und Innovations-Potential. Wirken sie in einer kooperativ eingestellten Gruppe aktiv zusammen, hat dies einmal Vorteile für das Unternehmen, z. B. eine höhere Produktivität, die eine bessere Marktposition ermöglicht; zum anderen aber auch für die Mitarbeiter selbst: sie können wichtige Bedürfnisse befriedigen, ihr Selbstwertgefühl steigt, sie entwickeln mehr Arbeitsfreude und -zufriedenheit.

Überlegt jeder Mitarbeiter: „Wo könnte, wo müsste an meinem Arbeitsplatz und in meinem Arbeitsumfeld etwas vereinfacht oder verbessert werden und was kann ich dazu beitragen?", trägt er nicht nur zur Lösung vieler Sachprobleme bei; auch ein Teil der damit verbundenen Verhaltensprobleme löst sich wie von selbst. Außerdem werden leistungs- und qualitätsmindernde Widerstände und Reibflächen vermindert.

Die Fähigkeit, Probleme zu lösen und auf schwierige Fragen eine Antwort zu finden, ist die Hauptleistung eines intelligenten Menschen. Dafür genügt ein hoher IQ nicht; dieser kann sogar hinderlich sein, wenn ein Mensch einen konkreten schwierigen Tatbestand „einseitig theoretisierend" problematisiert und zu kompliziert sieht, anstatt den Kern des Problems zu erfassen, den kritischen Punkt, auf den es bei einer Problemlösung ankommt. Oft sind deshalb Personen mit mittlerem IQ, aber mit viel praktischer Erfahrung, einem gesunden Menschenverstand und einer lebhaften Fantasie, zum Lösen von Problemen geeigneter. Dies haben neuere Forschungsergebnisse bestätigt. Sie betonen darüber hinaus die Bedeutung der Erwartungshaltung, der Überzeugung, dass man fähig ist, das Problem erfolgreich zu lösen. Diese konstruktive Einstellung setzt kreative Fähigkeiten frei und ist neben gutem Fachwissen äußerst wichtig.

Wer sollte beteiligt werden?

Zunehmend eine Gruppe oder ein Team unter folgenden Voraussetzungen: Zum Problemlösen, zum Sammeln von Informationen und zum horizontalen und vertikalen Koordinieren aller Aktivitäten steht genügend Zeit zur Verfügung. Nicht nur der Vorgesetzte ist für das Problem zuständig, sondern mehrere Personen, die zur Lösung beitragen können, deren Verständnis wichtig ist und auf die sich die Konsequenzen einer Problemlösung auswirken.

Eine Problemlösung zu zweit ist zweckmäßig, wenn dafür genügend Zeit zur Verfügung steht, der zweite Mann notwendige Informationen liefert, ihn das Problem mit betrifft, er einen Beitrag zur Problemlösung leisten kann und Maßnahmen vertikal koordiniert werden müssen.

Allein sollte der Vorgesetzte einen Lösungsvorschlag erarbeiten, wenn folgende Situation vorliegt: Es ist notwendig, sofort zu handeln. Die ihm zugänglichen Informationen genügen. Er muss entscheiden. Es handelt sich ausschließlich um sein eigenes Problem. Andere können nichts zur Problemlösung beitragen. Bei den davon Betroffenen kann er für sein Vorgehen Verständnis erwarten.

Wer eignet sich zum Problemlösen besonders?

1. Wer wissbegierig, ständig lernbereit und lernfähig ist.
2. Wer einfühlungsfähig und beharrlich ist.
3. Wer den sportlichen Ehrgeiz hat, Probleme zu lösen, „Nüsse zu knacken".
4. Wer über einen scharfen analytischen Verstand verfügt, innerlich unabhängig und selbstkritisch ist.
5. Wer über eine hohe Frustrationstoleranz verfügt, also fähig ist, Enttäuschungen zu ertragen und konstruktiv zu überwinden.

6. Wer mutig und belastungsfähig ist und sich relativ gut entspannen kann.
7. Wer zu Neuem und Ungewöhnlichem eine positive Einstellung hat.
8. Wer mit Dingen und Ideen spielerisch umgehen kann.
9. Wer konvergent denken kann, d. h. über ein gutes Vorstellungsvermögen verfügt und fähig ist, sich aufmerksam auf einen Tatbestand zu konzentrieren.
10. Wer aber auch divergent denken kann, d. h. über eine lebhafte Fantasie verfügt, mit der er Elemente anders kombiniert, als dies bisher üblich war.
11. Wer einen guten Überblick hat und bereit ist, sich neu zu orientieren und seinen Standort zu wechseln.
12. Wer sich auf die Bedürfnisse und Gefühle seiner Mitmenschen einstellen und sie in seinem Verhalten berücksichtigen kann.

Bearbeitungsschema „Probleme schrittweise lösen"

Vorgehen bei Sachproblemen in drei Phasen mit der Gruppe, zu zweit oder allein:
A) Sich informieren und planen: Schritte 1. bis 5.
B) Sich entscheiden: Schritt 6.
C) Durchführen und kontrollieren: Schritte 7. bis 8.
Kurzformel: Was IST? Was SOLL? Wie komme ich von IST zu SOLL?

Einzelne Bearbeitungsschritte

A) INFORMATION und Planung
1. Problem wahrnehmen oder aus Problemsammlung auswählen; es für die Bearbeitung bestimmen.
2. IST-Zustand, den problematischen Sachverhalt, beschreiben.
3. SOLL-Zustand, die Zielvorstellung mit erwünschtem Sachverhalt, beschreiben.
4. Differenz IST – SOLL? Ursachen analysieren.
5. Konkrete Lösungsvorschläge, Plan für Weg und Schritte von IST zu SOLL; notwendige Maßnahmen, Methoden, Mittel.

B) ENTSCHEIDUNG

6. Sich entscheiden für endgültigen Plan mit bestimmten Maßnahmen; oder Vorschläge präsentieren zur Entscheidung
   durch den Vorgesetzten.

C) DURCHFÜHRUNG mit Kontrolle

7. Durchführen nach Plan.
8. Kontrollieren: entspricht neuer IST-Zustand dem geplanten
   SOLL-Zustand?

Kommentar zu 1. „Problem wahrnehmen, auswählen, bestimmen"

Einzelne Mitarbeiter oder Vorgesetzte, die einen besonderen
Blick dafür haben, eine Art „Spürsinn", gehen wie der Kommissar
aus eigenem Antrieb auf die Suche nach Problemen in ihrem Ar-
beitsbereich und -umfeld: aktuelle, potentielle, innovatorische.
Sie versuchen, den Kern von Schwierigkeiten zu erfassen, das Wesentliche, den springenden Punkt; sie halten alles fest, was dazu
beiträgt, Arbeitsqualität, Produktqualität und Leistung zu erhöhen, und Ausschuss, Nacharbeit und Kosten zu senken. Die
Mitarbeiter sammeln, ergänzen, sichten konkrete, realistische Informationen und ordnen sie nach bestimmten Kriterien, evtl. mit
Hilfe der ABC-Analyse. Vordringliche Probleme, die die Gruppe
selbst und mit geringem finanziellem Aufwand lösen kann, wird
sie zuerst anpacken, ebenso Probleme, die leicht zu lösen sind und
rasch Erfolgserlebnisse vermitteln. Das Gleiche gilt für Probleme,
die für die Betroffenen sehr unangenehm sind, einen starken Lei-
densdruck verursachen und deren Lösung einen hohen Nutzen
erbringt.

Die Probleme ergeben sich durch schwierige Aufgaben, Fehler-
meldungen, Prüflisten, Schwachstellen, kritische Schnittstellen,
komplizierte Abläufe, Verhaltensprobleme und Konflikte. Sie
können bereits bekannt, vielleicht schon einmal bearbeitet oder
völlig neu sein; abteilungsintern oder -übergreifend; einfach oder
schwierig, sehr komplex, so dass ein hoher Informationsaufwand
erforderlich ist.

Bei der Suche nach Problemen zur Erstellung einer Problemsammlung helfen Fragen wie: Wo bestehen Defizite, unnötige Spannungen und Belastungen? Wo sind Schwach- und Reibungsstellen, Problem- und Konfliktfelder? Wo wird noch verschwendet? Was läuft noch nicht optimal? Was ist verbesserungsfähig? Was ist noch zu kompliziert und zu störanfällig? Wo treten Störungen auf? Wo entsteht Ausschuss? Wo Nacharbeit? Was verursacht ständigen Ärger und Unzufriedenheit am Arbeitsplatz? Stehen dahinter in versteckter Form Organisations-, Führungs- und Verhaltensprobleme? Welche Zusammenhänge bestehen zwischen einzelnen Faktoren?

Für die Informations-Verarbeitung soll Folgendes beachtet werden:

1. Klären: Was fehlt noch? Wo kann ich mir die fehlenden Informationen beschaffen?
2. Alles, was mir selbst oder anderen Anwesenden einfällt, sofort schriftlich festhalten.
3. Vorhandene Notizen mit heranziehen.
4. Tatsachen trennen von Interpretationen, Meinungen, Argumenten.
5. Prioritäten setzen; dabei evtl. die ABC-Analyse einsetzen.

Kommentar zu 2. „IST-Zustand beschreiben"

Bei diesem Ausgangspunkt kann eine Aufgliederung nach den fünf M-Faktoren hilfreich sein:

M-1-Faktor „Mensch": Durch ihn sollen 80 % aller in der Industrie auftretenden Fehler direkt und indirekt bedingt sein. Der Problemlöser beschreibt den IST-Zustand so exakt und konkret wie möglich, nachdem er mit den Betroffenen nach einem vorbereiteten Konzept, einem Fragenkatalog oder einer Checkliste gezielt gesprochen, dazu alle vorhandenen Notizen mit herangezogen und Abläufe gründlich selbst beobachtet hat. Er prüft, welche Mängel sind bekannt, welche versteckt? Gibt es Abweichungen zwischen Prüfer und überprüften Mitarbeitern? Welchen Einfluss haben Sicherheit, Unfallgefahr, Krankenstand, Fluktuation, Verbesserungsvorschläge, Anerkennung, Kritik, Lohn- und Prämiensysteme? Was ist beim IST-Zustand der Problemkern, der „kritische" Punkt? Wo liegt die Schwachstelle, das eigentliche Problem?

Beim M-2-Faktor „Maschine" geht es um Rüstzeiten und deren
Verhältnis zu produktiven Zeiten; dazu kommen Maschinen- und
Werkzeugverschleiß, Instandhaltung, Sicherheit, Qualität, Leis-
tung, Ausrüstung, Kosten.

Beim M-3-Faktor „Material" wird gefragt: Entsprechen Produk-
tions- und Kaufteile in Bezug auf Materialart, Eigenschaften,
Maße u. a. den vertraglichen Forderungen? Was kann eingespart
werden? Lässt sich die Lagerhaltung verringern?

Beim M-4-Faktor „Methode" werden systematisch überprüft:
Organisation, Informationswesen; Produktionsverfahren, -ab-
läufe, -prozesse, -faktoren; Tätigkeiten, Transportwege, Materialfluss, Energieaufwand, Prüf- und Messmittel usw. Der Problemlöser zieht dazu Pflichtenhefte, Prüflisten usw. mit heran.

Beim M-5-Faktor „Milieu bzw. Umwelt" werden unter die Lupe
genommen: physikalische Störfaktoren, z. B. zu starker Lärm,
ungünstige Lichtverhältnisse; zu hohe oder zu niedrige Temperatur, Luftfeuchtigkeit, Sauerstoffmangel usw.

In Bezug auf das fertige Produkt könnten wichtig sein:
a) Dessen Teil- oder Gesamtfunktion; Funktionszusammen-
   hänge.
b) Zwingende und wünschenswerte Eigenschaften, die die Funktion bedingen.
c) „Kritische" Funktionen, Eigenschaften, Stellen, Teile usw.
d) Leistung, Lebensdauer, Aussehen, Kosten usw.

Kommentar zu 3. „SOLL-Zustand beschreiben"

Hier geht es um das erstrebte Ziel, einen erwünschten oder geforderten Zustand, der durch die Realisierung von Lösungsvorschlägen erreicht werden soll und evtl. auch organisatorische Veränderungen erforderlich macht. Dies ist bei der Teilebearbeitung
möglichst eine Null-Fehler-Qualität. Die Maße und noch zulässi-
ge Toleranzen ergeben sich aus Zeichnungen und Plänen. Beispiel für SOLL-Qualität, wenn hoher Ausschuss das Problem ist:
„Bei Teil X Ausschussquote auf Null oder höchstens noch... %
senken."

Die Qualitätsanforderungen für Produkte werden nach Merkmalen, Funktionen, Eigenschaften, Leistungen, Werten festgelegt.

Faktoren von Abläufen, Verfahren, Prozessen usw. werden bestimmt; dazu kommen Teilvorschläge aller beteiligten und betroffenen Personen und evtl. eines externen Beraters, der nicht betriebsblind ist; sie lassen sich auch durch ein Brainstorming ermitteln. Werden diese Teilvorschläge zusammengefügt und neu kombiniert, können sich neue Einsichten und bahnbrechende Innovationen ergeben. Vgl. auch Hinweise zu M-1- bis M-5-Faktoren unter 2. „IST-Zustand beschreiben".

Kommentar zu 4. „Differenz IST-SOLL? Ursachen analysieren„

Wodurch unterscheiden sich IST- und SOLL-Zustand? Und worauf ist die Differenz zurückzuführen? Was entfällt davon auf die fünf Faktoren M 1 bis M 5, die im zweiten Bearbeitungsschritt aufgeführt sind? Sie sind miteinander vernetzt und beeinflussen sich wechselseitig.

Was mit dem Problem zusammenhängt und Anlass für die Bearbeitung ist, festhalten, z. B. Sachverhalte mit Sachproblemen und Situationen, damit zusammenhängende Personen mit Verhaltensproblemen und -konflikten; diese sollten ausführlich beschrieben werden.

Was steht hinter den mehr oder weniger sichtbaren Auswirkungen, den Symptomen, bei Sachproblemen als Ursache bzw. Ursachenkette oder -netz? Sie aufzudecken, zu erkennen und zu verändern ist zentral wichtig!

Die Ursachen können sachliche, personale, soziale, finanzielle, zeitliche, räumliche Aspekte umfassen. Dieser Schritt erfordert, dass ich mich einem schwierigen Problem voll zuwende, mich mit ihm identifiziere, um das Wesentliche an ihm, seinen Kern, den springenden Punkt, zu erfassen.

Sind die Sachprobleme auch durch Verhaltensprobleme und -konflikte bedingt? Evtl. nach Ursache-Wirkungs-Diagramm System Ishikawa vorgehen. Dabei werden den fünf M-Faktoren „Mensch, Maschine, Material, Methode, Milieu" die Arbeits- und Produktionsfaktoren zugeordnet, die das Problem mit verursacht haben, und zwar nach der ABC-Analyse. Sie geht von der Erfahrung aus, dass etwa 20 % der Teile eines Aggregats 80 % des Nutzens verursachen; dies ist der A-Bereich mit dem höchsten Nutzen. Die restlichen 20 % entfallen auf den B-Bereich mit mittlerem und den C-Bereich mit dem geringsten Nutzen.

Nun auch die praktischen Abläufe aufmerksam beobachten; dabei auf die entscheidenden „kritischen" Punkte achten. Anschließend die Abläufe in der Vorstellung, der Phantasie, vereinfachend gründlich durchdenken; auf diese Weise den Problemkern erfassen, an dem eine Lösung ansetzen muss, sowie den Zusammenhang mit der ganzen Betriebsstruktur, in die ein Problem oft eingebettet ist.

Eine weitere Möglichkeit bietet Audit: Schwachstellen erkennen; Ursachen auflisten, sie von Wirkungen trennen; beide gruppieren. Faktoren weiter differenzieren; sie gewichten und beurteilen. Rangfolge festlegen. Nicht vorschnell unbedeutende Teilursachen als Hauptursachen annehmen. Wie wirken sich die Probleme aus?

Wurde das gleiche Problem früher schon einmal bearbeitet, ohne es lösen zu können, sollte man fragen: Warum konnte es bisher nicht gelöst werden? Evtl. eine Ortsbesichtigung durchführen mit Kleingruppe und Experten.

Sobald feststeht, welche Faktoren die Ursachen für einen aufgetretenen Fehler oder einen problematischen Sachverhalt sind, sie gründlich analysieren, sie in ihre Elemente zerlegen. Dabei die Tatsachen und deren Interpretation strikt trennen. Auf Situation, Organisation, Prozesse, Funktionen, Schwachstellen im Arbeitsablauf achten, ebenso auf Störfelder, Spannungsherde, Abteilungsegoismen, Führungsverhalten, unzureichende Kompetenz der Mitarbeiter, Gruppenstruktur und -klima, Risiko, auch Risikoscheu, Nutzen u. a.; Prioritäten setzen.

Zusammenhang zwischen Sachproblemen und Verhaltensproblemen

Durch Sachprobleme können Verhaltensprobleme entstehen; umgekehrt können Sachprobleme die Folge von Verhaltensproblemen sein. Zwischen beiden Problemarten besteht eine ständige Wechselwirkung. Es ist deshalb wichtig, bei der Bearbeitung von Sachproblemen auch die Anteile zu erfassen, die auf Verhaltensproblemen beruhen, um die in der Kommunikation zwischen dem

Vorgesetzten und seinen Mitarbeitern und zwischen Kollegen entstandenen Verhaltensprobleme evtl. mit Hilfe von Experten lösen zu können. Dieser Problembereich wird unter „Personale Kompetenz" im Zusammenhang mit dem Konfliktlösen behandelt.

Nachstehend folgen einige allgemeine Hinweise zum problematischen Verhalten am Arbeitsplatz und im Arbeitsumfeld.

Problematisches Verhalten im Arbeitsumfeld

Die Symptome der Verhaltensprobleme und die ihnen zugrunde liegenden Ursachen sind noch komplexer als die mehr mit der Technik und deren Veränderungen zusammenhängenden Sachprobleme. Beispielsweise hat ein Mitarbeiter nach einer Auseinandersetzung mit einem Kollegen oder seinem Vorgesetzten nur ein sehr schwaches Interesse an seiner Aufgabe; er arbeitet lustlos und vergisst manches. Andere Mitarbeiter sind blind gegen auftretende Probleme; sie arbeiten planlos statt zielbewusst, stimmen sich mit den anderen Mitarbeitern nicht ab, verhalten sich eigensinnig und eigenmächtig. Sie sagen nicht, was sie denken, halten sich für unentbehrlich, wollen neue Kollegen nicht aufkommen lassen, sind auf sie eifersüchtig. Gegen Einwände und jede Art von Kritik reagieren sie überempfindlich. Gegen Gruppenarbeit sträuben sie sich; sie sabotieren sie eher. Sie meinen, alles besser zu wissen; Neuerungen lehnen sie grundsätzlich ab. Alles dramatisieren sie, d. h. sie machen „aus einer Mücke einen Elefanten". Sachinformationen halten sie zurück; dafür setzen sie Gerüchte in die Welt. Durch solche problematische Verhaltensweisen erschweren sie den Vorgesetzten ihre Arbeit sehr; langfristig entstehen Konflikte, die das Arbeitsklima vergiften, zu starken Spannungen führen und Gesundheit, Leistungsbereitschaft und -fähigkeit beeinträchtigen. Disziplinarische Maßnahmen können nur die Exzesse begrenzen; zur Lösung der Verhaltensprobleme ist meist die Hilfe eines externen Fachmannes erforderlich.

Der Vorgesetzte klärt, was vorgefallen ist

Die Arbeit externer Fachleute wird erleichtert und beschleunigt, wenn der Vorgesetzte das Fehlverhalten eines Mitarbeiters und den damit zusammenhängenden Sachverhalt beobachtet, klärt, beschreibt. Angenommen, zwischen zwei Kollegen, die aufgrund ihrer besonderen Fachkompetenz zusammenarbeiten und nicht versetzt werden können, ist Streit entstanden. In diesem Fall wird der Vorgesetzte zunächst mit jedem Mitarbeiter getrennt sprechen, um zu klären: Wie und warum kam es zu dem Streit? Was hat sich tatsächlich ereignet:

a) aus der Sicht des einen Mitarbeiters?
b) aus der Sicht des anderen?

Was wurde z. B. gesagt und getan? Was verschwiegen und unterlassen?

Die Aussagen beider Mitarbeiter vergleicht der Vorgesetzte. Über die Unterschiede spricht er mit beiden zunächst getrennt, dann gemeinsam. Gibt es Zeugen, spricht der Vorgesetzte auch mit ihnen. Nach und nach ergibt sich so ein Bild des Vorfalles.

Nun fragt sich der Vorgesetzte: Wo liegen die Schwerpunkte? Auf welche mildernde oder erschwerende Umstände muss ich achten? Er zieht keine voreiligen Schlüsse, überlegt aber, durch welche Maßnahmen die entstandenen Schwierigkeiten beseitigt werden können und wie sich diese auf die streitenden Mitarbeiter voraussichtlich auswirken.

Ist eine Klärung nicht möglich und führen die vom Vorgesetzten mit den zerstrittenen Mitarbeitern besprochenen Maßnahmen nicht zum gewünschten Erfolg, der Aussöhnung, wird der Vorgesetzte einen Fachmann anfordern.

Kommentar zu 5. „Konkrete Lösungsvorschläge"

Wer soll die Lösungsvorschläge erarbeiten? Wer kann dazu beitragen? Meist die vom Problem direkt Betroffenen, aber auch der Spezialist einer Fachabteilung, der mehr Distanz zum Problem und deshalb eine ganz andere Sicht hat.

In einer Gruppe ergeben sich oft ganz unterschiedliche Perspektiven bei der Wahrnehmung; eine bereichsübergreifende Gruppenzusammensetzung hat viele Vorteile. Wichtig ist, dass der Gruppenleiter nicht nur analytisch denkt, sondern auch synthetisch, um die unvermeidlichen Spannungen in einer heterogenen Gruppe konstruktiv ausgleichen, die Quintessenz der unterschiedlichen Vorschläge als Einheit erfassen und sie zusammenfassen zu können.

Der Plan beschreibt, wie ich nach einer bestimmten Methode, Taktik oder Strategie, auf einem bestimmten Weg, in einer gewissen Zeit, nach Durchführung bestimmter Maßnahmen schrittweise zum Ziel komme und welche Mittel ich dafür benötige. Die Maßnahmen können die Verbesserung eines Produkts, einer Dienstleistung, der Arbeitsumwelt usw. und Änderungen in der Organisation betreffen.

Nachstehend umreiße ich Verhaltensweisen, die für das Erarbeiten von Lösungsvorschlägen günstig sind.

Wie verhalten sich erfolgreiche Problemlöser?

1. Sie motivieren sich für Lösungsvorschläge selbst und engagieren sich stark dafür.
2. Sie haben einen sportlichen Ehrgeiz, das Ziel zu erreichen, die Problemnuss zu knacken.
3. Für Probleme und deren Lösung haben sie ein besonderes „Gespür".
4. Sie wünschen eine möglichst einfache und neuartige Lösung emotional.
5. Sie sehen das Problem einmal analytisch mit „Mikroskopblick", dann aber auch synthetisch, ganzheitlich, mit „Panoramablick".
6. Sie können Neues, Ungewohntes „ausbrüten"; denn sie denken nicht nur zielbezogen, „konvergent", sondern auch „divergent": ungebunden, fantasievoll, naiv, bildhaft, chaotisch, unkonventionell, visionär – statt betriebsblind zu sein und immer nur fertige Gedanken aus Schubladen hervorzuziehen.
7. Wichtiges können sie von weniger Wichtigem unterscheiden.
8. Sie setzen die unbewussten Schichten ihrer Psyche mit ein. Beispielsweise stellen sie ihrem Unbewussten eine klare, möglichst schriftlich formulierte Frage; dann warten sie in zuversichtlicher Einstellung, bis der Einfall, die Lösung, von innen her kommt: entweder als Vorstellungsbild oder als eine Art „innere Stimme".
9. Auf der Suche nach Ideen gehen sie möglichst von einer Funktionsbeschreibung aus.
10. Änderungs- bzw. Lösungsvorschläge suchen sie in verschie-

denen Richtungen, auch in bisher nicht für möglich gehaltenen.

11. Sie erkennen die Bedeutung von Teilfunktionen für die Gesamtfunktion oder -situation.

12. Durch eine andere Anordnung bzw. Kombination bewährter Teile bzw. Elemente verändern sie gedanklich das Ganze, das System.

13. Sie benutzen einheitliche Formulare und Hilfsmittel; damit erleichtern sie die gegenseitige Verständigung, z. B. mit Möglichkeitslisten nach Refa: In der linken Spalte von oben nach unten führen sie Probleme bzw. Teilaufgaben auf. Für jede von ihnen nennen sie rechts daneben verschiedene Lösungsmöglichkeiten; die geeignetste wählen sie aus.

14. Sie erstellen eine Frageliste; diese enthält Fragen zum Problem, ergänzt durch Schemata, die Zusammenhänge aufzeigen. Jeder Beteiligte erhält davon eine Kopie, die zu weiteren Einfällen anregen soll. Auch mit gut vorbereiteten Partner-Interviews arbeiten sie.

15. Wird ein externer Berater eingesetzt, müssen bei diesem folgende Voraussetzungen gegeben sein: fachliche und überfachliche Kompetenz, Erfahrung in der Beratung, allgemeine Lebenserfahrung. Er muss Generalist sein, nicht nur Spezialist auf einzelnen Fachgebieten; nicht nur Theoretiker, sondern auch Pragmatiker; nicht nur Analytiker, sondern auch Synthetiker.

Kreativität erleichtert das Problemlösen

Nur zwei bis drei Prozent der Mitarbeiter sollen in hohem Maße kreativ sein; sie sind oft sehr eigenwillige, selbstbewusste, unbequeme Querdenker. Auf deren Eigenart muss sich ein Gruppenleiter einstellen, um ihre kreativen Fähigkeiten nicht zu blockieren. Er wird alles vermeiden, was die Entdeckerfreude der problemlösenden Mitarbeiter gängeln, einengen oder erschweren könnte.

Eine kreative Arbeitsstimmung entsteht, wenn der Arbeitsplatz kreativ gestaltet ist, z. B. durch Blumen, ansprechende Bilder, Leitsprüche, Visionen, Zielformulierungen usw., und ein Klima der gegenseitigen Achtung und des Vertrauens herrscht. Die Arbeit kreativer Gruppen sollte auch vom Management aktiv gefördert werden; solche Gruppen lösen nicht nur Probleme und geben wichtige Anregungen für Innovationen; von ihnen gehen auch Impulse aus für ein verbessertes Kommunikationsverhalten.

Es gibt viele Arten der Kreativität, z. B. eine wissenschaftlich-technische, eine künstlerisch-kulturelle, eine altruistische. Kreative Menschen sind zu anderen offen und unvoreingenommen; sie können aufmerksam und intensiv zuhören, sind zäh und ausdauernd, stecken Niederlagen ein, fangen immer wieder neu an. Auch Neugier, Leidenschaft und hingebungsvoller Fleiß sind notwendig. Ein kreativer Mensch bricht das Gewohnte, Alltägliche, schon immer Übliche auf und sucht dafür etwas Neues, Anderes, Ungewohntes, Unübliches.

Der kreative Prozess umfasst folgende Phasen:

1. Ein Mensch leidet unter dem Problem und will sich davon befreien.
2. Er geht mit Ideen schwanger, die zur Lösung beitragen.
3. Er hat im Zustand des Fließens, bei leicht verändertem Bewusstsein, hilfreiche, überraschend auftretende Einfälle.
4. Er setzt seine Einfälle, eine Kombination von rationalen und irrationalen Daten, um und löst damit sein Problem.

Einfache Kreativitätstechniken

1. Gesprächskiller durchschauen und abwehren.
2. Brainstorming mit unkritischer und kritischer Phase.
3. Standort wechseln.
4. Sinnfrage stellen.
5. Vorhandenes, auch Bewährtes, in Frage stellen; Lücken erkennen.
6. Wie ein Jäger auf der Lauer liegen nach Lösungen.
7. „Wegsehen"; sich vorher aber emotional eine gute Lösung wünschen.
8. Personen und Sachen wechselseitig aufeinander beziehen.
9. Methode 444: Vier Personen machen zu einem Problem reihum innerhalb von vier Minuten jeweils vier Vorschläge. Das Blatt wandert viermal von einer Person zur anderen; jeder sieht, welche Lösungsvorschläge die Partner zum gleichen Problem vor ihm gemacht haben.
10. Gestaltpsychologische Problemlösung: Einzelnen Elementen

innerhalb der vorhandenen Situation eine andere Bedeutung geben; dadurch die Struktur des Ganzen verändern. Auch die Anordnung der Elemente innerhalb des Ganzen kann anders kombiniert werden.

11. Ein Problem mit Fragen einkreisen; das Wesentliche, den Problemkern herausfinden.

12. Mut zur Lücke; Unvollständiges regt zum Weiterentwickeln an.

13. Sich zunächst an idealen, utopischen Lösungen orientieren, nicht an bekannten.

14. Anfangs nicht vom realen Produkt ausgehen, sondern von den Funktionen, die das Produkt erfüllen muss.

15. In ein Dreieck, eine Pyramide, einsetzen:
    a) im unteren Drittel: IST-Zustand;
    b) im mittleren Drittel: praktikable Lösungen;
    c) im obersten Drittel: ideale Lösungen.

16. Einzelne Elemente durchleuchten, vor allem bei komplexen Problemen.

17. Einzelne Faktoren nach Pro und Kontra einander gegenüberstellen.

18. Maßnahmenkatalog erstellen: Wer soll – was – wie – wo – wann – bis wann – warum und wozu tun?

Kreativitätstechniken helfen, das kreative Potential zu erschließen, einmal zum Lösen schwieriger Probleme, zum anderen für Innovationen, neue Produkte und Dienstleistungen. Voraussetzung ist, dass jeder Mitarbeiter Verbesserungsvorschläge machen darf, durch die alle fünf M-Faktoren im Unternehmen: „Mensch, Maschine, Material, Methode, Milieu" verbessert und Probleme und Konflikte gelöst werden. Bei diesem „Prozess ständiger Vereinfachung und Verbesserung" werden Meinungsverschiedenheiten nicht unterdrückt, sondern eher provoziert, damit die besten Lösungs- und Verbesserungsvorschläge erarbeitet werden. Der Mitarbeiter erhält dafür von seinem Vorgesetzten genügend Spielraum.

Zum Problemlösen ist nicht nur ein gut fundiertes, umfangreiches und zusammenhängendes Fach- bzw. Faktenwissen erforderlich; notwendig sind auch Denkstrategien, um fehlendes Wissen beschaffen und vorhandenes Fachwissen richtig anwenden zu können. Dazu kommt ein dialektischer Ansatz beim Denken, das linear und vernetzt, kausal und final, analytisch und synthetisch sein sollte. Die Realisierbarkeit guter Ideen wird in Experimenten erprobt.

Selbstkritischer Fragenkatalog

Er soll einzelne Gruppenmitglieder und die ganze Gruppe anregen, ihr Problemlösungsverhalten vor und während einer Gruppenarbeit zu überprüfen und weiterzuentwickeln, indem sie auf folgende Punkte achten:

1. Bin ich entspannt und von innerer Ruhe erfüllt? Kann ich mich gut konzentrieren?
2. Habe ich mich ausreichend informiert und orientiert?
3. Habe ich durch ein einfaches Konzept jederzeit eine gute Übersicht?
4. Was ist jeweils Tatsache? Was Interpretation und Schlussfolgerung daraus?
5. Welche Möglichkeiten der Veränderung gibt es?
6. Gibt es völlig andere Lösungen als bisher gedacht?
7. Sollten jetzt nicht auch grundsätzliche Überlegungen sinnvoll sein?
8. Wer kann noch helfen?
9. Ist die Lösung mit vorhandenen Betriebsmitteln realisierbar?
10. Welcher finanzielle Aufwand ist erforderlich?
11. Lässt sich die Lösung vielleicht nur schrittweise realisieren?
12. Was müsste anders organisiert und koordiniert werden?
13. Ist eine Abstimmung mit Fachabteilungen erforderlich?
14. Sollen Spezialisten von Lieferanten als Berater mit herangezogen werden, denen Teilprobleme unterbreitet werden?
15. Nutze ich den letzten Wissensstand, möglichst auch den der Mitbewerber, über den ich mich auf Messen informieren kann?
16. Wäre ein einfacher Vorversuch nach dem Prinzip von „Versuch und Irrtum" zweckmäßig, dessen Ergebnis zeigt, ob die Problemlöser auf dem richtigen Weg sind oder schon auf einem „Holzweg"?
17. Sind schon alle Hindernisse, z. B. Problemursachen, abgebaut oder beseitigt?

18. Welche Personen sind von den Lösungsvorschlägen betroffen?
19. Welche Konsequenzen ergeben sich z. B. in Bezug auf Sachen und Personen durch bisher geplante Veränderungen von Funktion, Nutzen, Kosten, Wert?
20. Stimmt der SOLL-Zustand noch?
21. Wie lassen sich Schwierigkeiten künftig verhindern; wie die Bedingungen verändern, durch die bisher Fehler oder Probleme entstanden sind und künftig noch entstehen können?
22. Wie sollen die Aufgaben, die sich noch ergeben, verteilt werden? Wer macht was? Wann? Bis wann?
23. Falls schon einmal versucht wurde, das Problem zu lösen: wer hat sich bisher damit befasst? Auch der ausführende Mitarbeiter? Warum haben die bisherigen Aktivitäten noch nicht zu einer Lösung geführt; wo liegt der entscheidende „kritische" Punkt?
24. Wer könnte bei einem neuen Versuch zu einer Lösung noch beitragen? Sollte evtl. ein Fachberater einer anderen Abteilung oder ein externer Spezialist mit herangezogen werden, die die Probleme ganz anders wahrnehmen als bisher und deshalb auch zu anderen Lösungsvorschlägen kommen?
25. Schließlich sollten alle Beteiligten eines nicht vergessen: Ist der Faktor „Mensch" ausreichend berücksichtigt?

Anregungen für das Erarbeiten von Lösungsvorschlägen

Zunächst geht es um die Punkte, die Sachen, Sachverhalte, Abläufe und die Organisation betreffen:

1. Ausschuss verringern, Null-Fehler-Qualität anstreben.
2. Anderes, im Preis vielleicht sogar höher liegendes Material verwenden, das aber leichter und damit kostengünstiger bearbeitet werden kann.
3. Bearbeitungs- und Montagemethode verändern.
4. Betriebsmittel mit höherem Nutzungsgrad einsetzen; dadurch die unproduktiven Zeiten verringern.
5. Materialfluss beschleunigen.
6. Arbeitsverfahren und -methoden den veränderten, meist verringerten Stückzahlen anpassen.

7. Wertanalytische Produktgestaltung; die gleiche Funktion wird gleich gut mit geringeren Herstellungskosten erfüllt.
8. Raumverhältnisse verändern; auf Ordnung und Sauberkeit achten.

Die nachstehenden Anregungen beziehen sich auf den Einsatz der Mitarbeiter:

1. Belastung verändern.
2. Bei einseitiger Beanspruchung die Belastung wechseln.
3. Aufgaben erweitern.
4. Information zur Arbeitssicherheit.
5. Zwischenmenschliche Kontakte, Betriebsklima?
6. Motivierende Entlohnung.
7. Andere Arbeitsbedingungen an Einzel- oder Gruppenarbeitsplätzen.
8. Organisation weiterentwickeln.
9. Partnerschaftliche Formen der innerbetrieblichen Zusammenarbeit zwischen Vorgesetztem und Mitarbeitern, unter Kollegen; der Vorgesetzte zeigt z. B. mehr Verständnis für die menschlichen Probleme der Mitarbeiter. Umgekehrt versuchen die Mitarbeiter, ihren Vorgesetzten in seiner Position zu verstehen.
10. Erfahrungsaustausch mit anderen Abteilungen, z. B. der Vorwerkstatt und der nachfolgenden Werkstatt, wo problematische Schnittstellen bestehen.

Weitere Empfehlungen für die Planungsphase

1. Nicht nur rational vorgehen, sondern auch emotional, mit innerem Gespür.
2. Bestandsaufnahme: Möglichst viele verschiedenartige Vorschläge machen und die Anregungen anderer Personen mit berücksichtigen.
3. Bei Gruppenarbeit „Brainstorming" durchführen; alle Vorschläge unkritisch festhalten.
4. In einem zweiten Schritt verbindet jeder in der Gruppe seine Vorschläge mit den Ideen anderer Gruppenmitglieder; er kombiniert sie anders und leitet aus jedem Lösungsvorschlag neue Fragen ab.
5. Jeder Mitarbeiter entwickelt seine Ideen frei.

6. Er zieht auch alle Vorschläge mit heran, die sich bei vorausgehenden Lösungsschritten ergeben haben.
7. An einem Thema wird normalerweise nicht länger als 15 bis 20 Minuten gearbeitet.
8. Wenn sich zeigt, dass die Zielvorstellung unter keinen Umständen realisiert werden kann, die Konsequenzen ziehen und den SOLL-Zustand neu bestimmen. Sonst am Ziel fest halten; in Weg, Mittel und Methoden aber flexibel sein.

Kommentar zu 6. „Sich entscheiden für endgültigen Plan"

Was heißt, sich entscheiden? Ich selbst oder die Gruppe, der ich angehöre, will aus freiem, eigenem Entschluss, selbstbestimmt, etwas zu einem bestimmten Zeitpunkt und an einem bestimmten Ort unbedingt tun, um ein Ziel zu erreichen. Ich und die Gruppe wünschen, erwarten, möchten dies nicht nur vage irgendwann und irgendwo einmal am Sankt-Nimmerleins-Tag.

Zunächst folgen einige Kriterien zur Beurteilung von Lösungsvorschlägen. Diese gehen davon aus, dass die Beschreibung des IST-Zustandes auf Tatsachen beruht und der SOLL-Zustand als Ziel denkmöglich und realistisch ist. Vor einer Entscheidung geht es darum, zu klären, ob der Plan für den Weg vom IST- zum SOLL-Zustand und die vorgesehenen Mittel und Maßnahmen mehr Vor- als Nachteile haben und erfolgversprechend sind. In diesen Entscheidungsprozess sollten die davon betroffenen Mitarbeiter möglichst mit einbezogen werden; sie fühlen sich dann für das Gelingen der geplanten Maßnahmen mit verantwortlich und strengen sich eher an, um das Ziel gemeinsam zu erreichen. Sollte es aus zeitlichen und sachlichen Gründen nicht möglich sein, die Mitarbeiter zu beteiligen, wird der Vorgesetzte die getroffenen Maßnahmen den Mitarbeitern erläutern, um sie für die konstruktive Durchführung zu gewinnen.

Kriterien zur Beurteilung von Lösungsvorschlägen

1. Sind die Vorschläge technisch realisierbar?
2. Sind sie funktionssicher?
3. Was ist Ursache, was Wirkung?
4. Was beruht auf objektiven Tatsachen? Was ist nur subjektive Interpretation, Meinung, Wunsch, Erwartung, Hoffnung?

5. Was spricht dafür? Was dagegen? Pro und Kontra gegeneinander abwägen.
6. Sind die Vorschläge wirtschaftlich? Wie fällt der Kosten-Nutzen-Vergleich aus?
7. Was bringt wem Vorteile und Nutzen? Was bringt wem Nachteile, was erfordert von wem Einsatz?
8. Wie sind die positiven und negativen Konsequenzen? Wie werden sich die Maßnahmen kurz-, mittel- und langfristig auswirken?
9. Wie wirken sich die Maßnahmen auf die Mitarbeiter menschlich aus?
10. Wie ist das Risiko: gering oder sehr hoch?
11. Wer ist davon betroffen: ich, meine Gruppe, unsere Abteilung, das ganze Unternehmen?
12. Entsteht nur ein materieller Nutzen? Oder auch mehr Menschlichkeit am Arbeitsplatz?
13. Werden auch übergeordnete Zielsetzungen erfüllt bzw. beeinträchtigt? Ist der Vorschlag z. B. rechtlich zulässig?
14. Wie wichtig ist die Realisierung des Vorschlages im Vergleich zu anderen Vorschlägen?
15. Bei mehreren brauchbaren Vorschlägen eine ABC-Analyse machen. Die polaren Faktoren gegeneinander abwägen. Die negativen, kritischen Faktoren gesondert unter die Lupe nehmen, besonders ein hohes Risiko; dazu inneren Abstand gewinnen. Mindestens eine Nacht darüber schlafen. Sich evtl. von einer erfahrenen Person beraten lassen oder in der Gruppe darüber sprechen.

Lösungsvorschläge zur Entscheidung präsentieren

In vielen Unternehmen kann die Problemlösungsgruppe nicht selbst entscheiden, ob ein Lösungsvorschlag realisiert wird. Sie präsentiert dann ihre Vorschläge ihrem Vorgesetzten zur Entscheidung. Dabei sollte sie auf Folgendes achten:

1. Zwischenergebnisse nur einem kleinen Kreis zugänglich machen.
2. Vor einer Präsentation Förderer ansprechen und sie zur Präsentation mit einladen.
3. Auf die Präsentation bereitet sich die Gruppe sorgfältig vor.

Bewährt hat sich, wenn mehrere Gruppenmitglieder verteilte Rollen übernehmen und das Präsentieren vorher durchspielen. Beim Rollenspiel übernimmt ein Gruppenmitglied die Rolle des Vorgesetzten, der kritische Einwände vorbringt.

4. Bei der endgültigen Präsentation vor dem Vorgesetzten entscheidet dieser, ob der Vorschlag voll oder teilweise, unverändert oder verändert realisiert wird.

5. Lässt der Vorgesetzte die Gruppe, die durchführen soll, nach einer Präsentation mit entscheiden, fühlt sie sich für ein Gelingen mit verantwortlich.

6. Auch bei Ablehnung eines Vorschlages sollte der Vorgesetzte das Positive der geleisteten Arbeit anerkennen; Schwächen und Fehler wird er in Frageform ansprechen. Auf diese Weise kommt oft ein konstruktives Gespräch zustande.

7. Beharrt die Gruppe auf ihrem Vorschlag, wird der Vorgesetzte sie evtl. um Vorschläge bitten, wie der Vorschlag realisiert werden soll; dabei können Problemlöser die Schwächen selbst erkennen, die ihr Lösungsvorschlag noch hat.

8. Nach einer zustimmenden Entscheidung werden die erforderlichen Maßnahmen bzw. der Ablaufplan festgelegt:

    a) Wer soll welche der beschlossenen Maßnahmen wie durchführen? Empfehlenswert ist, wenn die Personen mitwirken, die den Vorschlag vorwiegend ausgearbeitet haben und von den Maßnahmen unmittelbar betroffen sind.

    b) Wann soll die Durchführung beginnen, wann soll sie beendet sein?

    c) Wer überwacht die Durchführung? Was soll er wann, wie oft und wie kontrollieren?

Kommentar zu 7. „Durchführen nach Plan"

Die Lösungsvorschläge werden nun systematisch realisiert, d. h. Schritt für Schritt umgesetzt. Die für die Durchführung Verantwortlichen achten darauf, dass die Ausführenden im Vergleich zum Plan nicht vorausspringen und nicht ausweichen. Während der Durchführung werden die Mitarbeiter, die den Änderungsvorschlag mit ausgearbeitet haben, über die Ergebnisse informiert. Die durchgeführten Maßnahmen werden bewertet, z. B. Zulieferteile oder ein eigenes Produkt. Geprüft wird, ob die gesetzten Termine eingehalten und Kosten eingespart werden, außerdem ob alle Maßnahmen wirksam sind.

Wer soll die beschlossenen Maßnahmen durchführen?

Zweckmäßig ist, wenn der Vorgesetzte mit der Arbeitsgruppe oder ihrem Sprecher folgende Punkte klärt:
1. Wer verfügt über das nötige Wissen und Know-how?
2. Wer hat die längste und beste Erfahrung auf dem betreffenden Gebiet?
3. Wer möchte die Arbeit gern tun? Wer nicht?
4. Der Vorgesetzte entscheidet zusammen mit der Gruppe, wer was, wann, bis wann tut. Der Plan wird evtl. in Einzelaufgaben aufgeteilt; einzelne Aufgaben werden einzelnen Mitarbeitern zugeteilt. Aber auch hier können Mitarbeiter mitwirken, dass der geeignete Mann oder die am besten geeignete Frau für einzelne Aufgaben gefunden wird.

Kommentar zu 8. „Kontrollieren"

Hier geht es darum, ob der neue IST-Zustand dem geplanten SOLL-Zustand entspricht.

In Abstimmung mit der Gruppe legt der Vorgesetzte fest, wer die Durchführung kontrolliert und dafür verantwortlich ist. Diese Person klärt bei starker IST-SOLL-Abweichung, warum, und untersucht im Einzelnen die Differenzen. Die Pläne werden überprüft. Evtl. müssen die geplanten Maßnahmen modifiziert werden. Dann wird über eine Änderung des Planes und der Maßnahmen gesprochen, die der Vorgesetzte nach Abstimmung mit der Gruppe beschließt. Die Änderungen sollen das Arbeitsverhalten für die weitere Durchführung in Richtung SOLL-Zustand steuern.

2.5 ZIT-Methode zum zeitsparenden Instruieren und Trainieren beim Ausbilden, Anlernen, Umschulen, Fort- und Weiterbilden

Lehrer, Instruktoren, Trainer scheitern nicht an ihrer Unwissenheit,
sondern daran, dass sie mit den Lernenden nicht zurechtkommen.
(nach E. Pound)

Was spricht für den Einsatz der ZIT-Methode?

Der technische Wandel und die vom Weltmarkt erzwungenen Strukturveränderungen erfordern von Führungs-, Fach- und Hilfskräften in der Industrie ständig neue, umfassendere Qualifikationen. Diese entstehen nicht von selbst, sie müssen gelernt und trainiert werden.

Aber nicht nur mehr aktuelles Fachwissen ist erforderlich. Durch neue Techniken und Technologien verändern sich z. B. auch die Anforderungen an die Fertigkeiten der Mitarbeiter, die zur Fort- und Weiterbildung nur für kurze Zeit aus der Produktion abgezogen werden können. Möglichst kurze Trainingszeiten sind deshalb besonders wichtig; diese werden mit der arbeitspsychologischen ZIT-Methode erreicht, die sich an der „Züricher Schule", dem amerikanischen TWI-System und der Refa-Vierstufen-Methode orientiert. Elemente dieser Methoden in weiterentwickelter Form sind neben Elementen der Arbeits- und Sportpsychologie in der ZIT-Methode enthalten.

Sie hat für den Unternehmer viele Vorteile. Die Trainingszeit wird stark reduziert; Unternehmen, die ihre Instruktions- und Trainingsmethoden z. B. an der „Züricher Schule" orientiert haben, berichten von einer Verkürzung auf etwa die Hälfte der sonst erforderlichen Trainingszeit. Schon bald nach dem Training während der Einarbeitung ist der Ausschuss geringer und die Leistung höher als nach einem normalen Training.

Von ähnlichen Erfahrungen berichten Unternehmen in den USA. Die dort eingesetzte TWI-Methode (**t**raining **w**ithin **i**ndustry) wurde im Zweiten Weltkrieg entwickelt, um die Industrie in kürzester Zeit von Friedens- auf Kriegsproduktion umstellen zu können.

Aber auch für den Mitarbeiter ist die ZIT-Methode vorteilhaft. Er kommt früher auf seinen vollen Verdienst und ist mit seiner Arbeit zufriedener. Durch die früher erreichte Arbeitssicherheit passieren weniger Unfälle.

Über das Fachliche hinaus wird der Mitarbeiter beim Einsatz der ZIT-Methode über seine Arbeit, die betrieblichen Zusammenhänge und die Marktstellung des Unternehmens informiert. Dies motiviert ihn auch zu höheren Leistungen; sein Qualitätsbewusstsein und sein Verantwortungsgefühl wachsen, sodass Kontrollen weitgehend entfallen können.

Wo bestehen Einsatzmöglichkeiten?

In Ausbildung, beim Anlernen und Umschulen und allen Fort- und Weiterbildungsmaßnahmen, die nicht nur Wissen vermitteln, sondern auch Fähigkeiten, praktisches Können. In der Aus- und Fortbildung entsteht durch die verkürzten Trainingszeiten für Fertigkeiten mehr Spielraum für projektbezogene Einzel- und Gruppenarbeit und für das Einüben überfachlicher Kompetenzen, sog. Schlüsselqualifikationen.

Beim Anlernen von Hilfskräften für neue Aufgaben werden diese in kleinen Gruppen für eine bestimmte, meist eng begrenzte Arbeitsaufgabe bzw. Tätigkeit befähigt. Ihnen wird ein Minimalwissen, ein sehr schmales Spezialwissen, vermittelt; außerdem trainieren sie wenige Fertigkeiten, die für bestimmte Arbeitsaufgaben erforderlich sind. Im Gegensatz zur Berufslehre dauert das sehr begrenzte Anlernen nur Wochen oder Monate; denn nur wenige Ziele sollen direkt und sehr rasch erreicht werden.

Beim Umschulen, dieser besonderen Form des Anlernens, werden bereits ausgebildete oder an anderen Arbeitsplätzen eingearbeitete Personen für andere Tätigkeiten befähigt, z. B. nach einer Umstrukturierung der Produktion oder nach einem Unfall im Prozess der Rehabilitation. Hat der Umzuschulende bisher eine ähnliche Tätigkeit ausgeübt, muss er das bisher Erlernte zuerst verlernen, d. h. das alte Programm in seiner Psyche muss „gelöscht" werden.

Auch in der Fort- und Weiterbildung von Fachkräften kann die **ZIT**-Methode mit eingesetzt werden, z. B. bei Rollenspielen, in denen soziales Verhalten in affektbesetzten Problem- und Konfliktsituationen oder ein bestimmtes Führungsverhalten bzw. ein kooperatives Verhalten im Team eingeübt wird; bei einem allgemeinen Funktionstraining, in dem bestimmte Leistungskomponenten bzw. Tätigkeitsabschnitte besonders geübt werden; beim Entstörtraining, wo an teuren Produktionsanlagen Störquellen systematisch gesucht werden, um im Ernstfall Mängel und Schäden rasch finden und beheben zu können; beim Antihavarie-Training, wo einzelne Bedienungsleute Handgriffe einüben, um im Ernstfall bei Disstress, unter stark belastenden Bedingungen, rasch richtig reagieren und Schäden und Unfälle vermeiden zu können.

Ziel eines Trainings ist: Der Übende kann als Fertigkeit die für eine Arbeitsaufgabe notwendigen Arbeitsoperationen exakt, rasch und kraftsparend ausführen, er erreicht einen bestimmten Grad der Arbeitsbefähigung für eine fest umrissene Aufgabe.

Welche psychologischen Elemente enthält die ZIT-Methode?

Sie enthält Erkenntnisse der Lernpsychologie, z. B. im Hinblick auf die Übungskurve, das Übungsplateau und den Interferenz-Effekt: die Überlagerung bzw. Löschung neu gelernter Informationen durch bald darauf gelernte andere neue Informationen.

Die ZIT-Methode berücksichtigt auch Erfahrungen, wie sie im Hochleistungssport gemacht worden sind beim mentalen und psycho-motorischen Üben; damit verbindet sie verhaltens- und tiefenpsychologische Elemente, die den Übenden über sein Unbewusstes beeinflussen, z. B. positive Verstärker, formelhaften Vorsatz und Zielbild, die bei einem Verhaltenstraining eingesetzt werden.

Die individuellen und psycho-sozialen Bedürfnisse des Übenden werden beachtet. Dadurch wird das motorische mit dem emotionalen und sozialen Lernen verbunden; dies spricht die emotionalen Schichten des Übenden an. Auf diese Weise werden Selbstvertrauen, Selbstwertgefühl, Verantwortungsgefühl, Sorgfalt und Arbeitsfreude angesprochen.

Auch Erfahrungen aus der Gruppenarbeit sind in die ZIT-Methode integriert worden.

Praktische Anwendung der ZIT-Methode

Vorbereitungsphase

Trainer oder Institution erstellt das Trainingsprogramm

1. Trainingsziel bestimmen: die Fertigkeit, die der Übende beherrschen soll, um eine Arbeitsaufgabe später erledigen zu können; diese analysieren.
2. Einzelne Schritte festlegen, die notwendig sind, um das Arbeitsziel zu erreichen.
3. Festlegen, welche Kenntnisse, Fähigkeiten und Fertigkeiten dafür erforderlich sind.
4. Das Trainingsprogramm ausarbeiten mit Gesamtziel und Teilzielen, die der Übende nach Abschluss der Ausbildung erreicht haben soll.
5. Festlegen, in welchen Lern- bzw. Trainingsschritten, nach welchen Methoden, in welcher Zeit, z. B. vier bis sechs Wochen, geübt werden soll, beginnend beim einfachsten Teil-Handgriff, langsam steigernd von Schritt zu Schritt bis zum ganzen Arbeitsvorgang. Für schwierige Handgriffe mehr Übungen vorsehen. Reihenfolge: vom Einfachen zum Komplizierten, vom Leichten zum Schwierigen.
6. Wenn alle Teiloperationen sitzen, sie zur Gesamtoperation vereinigen.
7. Darauf achten, dass das Trainingsprogramm abwechslungsreich ist; Langeweile würde den Trainingserfolg verringern.

Trainer bereitet das Training praktisch vor

1. Er legt fest, wo und mit was trainiert wird; er schafft die äußeren Voraussetzungen: bestimmt den Trainingsort, bereitet den Trainingsplatz vor und stellt Trainingsmittel und -material bereit.
2. Der Trainer bestimmt die Voraussetzungen für eine Zulassung zum Training; sie müssen vom Übenden vor Trainingsbeginn erfüllt sein.
3. Übungsregeln für den Trainer:
    3.1 Sich innerlich auf die Trainingsaufgabe einstellen.
    3.2 Mit dem Übenden Kontakt aufnehmen; klären, was er schon weiß und kann.

3.3 Den Übenden motivieren: „Auch Sie werden es schaffen wie so viele vor Ihnen!" Damit seine Befangenheit und Angst verringern und sein Interesse wecken.

3.4 Von dem Übenden zu Trainingsbeginn nicht zu viel erwarten und verlangen, um ihn nicht zu entmutigen.

3.5 Die Lernziele dem Übenden sagen, sie ihm vor Augen stellen. Die Teilziele müssen dem Können und Leistungsvermögen der Mehrzahl der Übenden angepasst sein.

4. Übungsregeln für den Übenden:

4.1 Alle Handgriffe ruhig, bewusst, konzentriert einüben.

4.2 Alle überschüssigen Bewegungen, Handgriffe, Anspannungen usw. vermeiden.

4.3 Kein vorzeitiger Ehrgeiz in Bezug auf Leistung. Qualität kommt beim Trainieren vor Quantität bzw. hoher Leistung! Das Tempo erst dann – langsam! – steigern, wenn die Handgriffe sicher beherrscht werden und die nötige Qualität erreicht ist.

4.4 Schwierige und komplizierte Arbeitsgänge in einfachere zerlegen. Erst wenn die einfachen Arbeitsgänge sitzen, zum ganzen Arbeitsgang übergehen.

4.5 Neue Arbeitsgänge erst erlernen und trainieren, wenn die vorher begonnenen Arbeitsgänge hundertprozentig beherrscht werden; sie müssen im Unbewussten verarbeitet und als Programm gespeichert worden sein und weitgehend „automatisch" ablaufen.

Durchführungsphase

Trainer führt praktisch vor und erklärt

1. Nach einem kurzen Überblick führt der Trainer oder ein erfahrener Mitarbeiter die Arbeitsgänge schrittweise wiederholt beispielhaft mit möglichst vollkommener Technik vor: zuerst eine Teiltätigkeit, dann die ganze Tätigkeit.

2. Gleichzeitig erklärt er den Vorgang anschaulich:

   a) zuerst ausführlich, evtl. anhand von Arbeitsproben; oder durch Bilder bzw. Skizzen mit Hilfe von Wandtafeln, Dias, TP-Folien, Videorecorder, Film;

   b) dann nur noch die wichtigsten Punkte.

c) Zuletzt demonstriert er den Arbeitsablauf ohne mündliche Erklärung, also schweigend.

Übender trainiert psychologisch bzw. mental

1. Aufmerksam, konzentriert, beobachtet der Übende die planmäßig wiederholten, vom Trainer gezeigten, gut gelungenen Arbeitsabläufe, Teil- oder Gesamtbewegungen: observatives Training.
2. Konzentriert stellt sich der Übende später, planmäßig wiederholt, in der Fantasie, die demonstrierten Arbeitsabläufe vor; er versucht, sie aus dem Gedächtnis in der Vorstellung nachzuahmen: imaginatives Training.
3. Der Übende durchdenkt logisch die beobachteten Teil- und Gesamtbewegungen der Arbeitsabläufe; er versucht, ihre Struktur zu erkennen und sie in ein Handlungsschema einzuordnen: kognitives Training.

Durch diese psychologischen bzw. mentalen Übungsformen entsteht im Übenden ein psychisches Handlungsprogramm, ein „inneres Modell" der praktischen Arbeitsabläufe; als Voraussetzung für eine automatisierte Ausübung der Fertigkeit wird der Handlungsablauf im Unbewussten des Übenden „programmiert".

Durch das psychologische Training wird das ideo-motorische Prinzip, der sog. Carpenter-Effekt, wirksam. Danach werden die für einen Bewegungsablauf benötigten Muskeln schon durch die Vorstellung dieses Ablaufes erregt und dadurch aktiviert, vor allem durch affektbesetzte Vorstellungen.

Übender trainiert praktisch unter Aufsicht

1. Der Übende trainiert Teiltätigkeiten, wie der Trainer sie ihm vorgemacht hat. Zunächst trainiert er schweigend. Dann erklärt er, praktisch trainierend, die für eine Ausführung wichtigsten Punkte einer Handlungseinheit; zuletzt erklärt er alles ausführlich. Er kann an den Trainer Fragen stellen.
2. Wenn er die Teiltätigkeiten beherrscht und sie beschreiben kann, trainiert der Übende die ganze Tätigkeit, zuerst wieder schweigend, dann die wichtigsten Punkte, schließlich alles ausführlich beschreibend. Wenn ihm etwas unklar ist, fragt er den Trainer.

3. Der Übende erklärt mündlich sich selbst, dem Trainer und anderen Übenden alle Handgriffe von der Vorbereitung bis zum letzten Übungsschritt ausführlich: verbales Training.
4. Unter Aufsicht trainiert der Übende praktisch wieder so lange, bis ihm der ganze Arbeitsvorgang gut gelungen ist. Dieses praktische Training verbindet er mit dem imaginativen Training, bei dem er die Operationsfolgen in der Vorstellung vorwegnimmt; d. h. er meditiert jeweils vor der praktischen Übung den „erfolgreichen" Übungsverlauf, wie dies z. B. die Japaner beim Bogenschießen im Zen tun.
5. Nun erinnert sich der Übende an alle Einzelheiten des Bewegungsablaufes und denkt sie planmäßig wiederholt durch: kognitives Training; auch stellt er sich den Bewegungsablauf anschaulich vor: imaginatives Training. Auf diese Weise beschleunigt er den Lernprozess für eine Fertigkeit.
6. Erst wenn der Übende beim Training genügend Sicherheit gewonnen, keine Fehler mehr gemacht und die Zusammenhänge verstanden hat, wird er auch selbstständig üben.

Kontrollphase

Trainer beurteilt den Trainingserfolg

1. Er erkennt an, was dem Übenden gelungen ist; dies wirkt als „positiver Verstärker".
2. Für falsche oder nicht gelungene Arbeitsabläufe ermutigt der Trainer den Übenden: „Das schaffen Sie auch noch!"
3. Auf Fehler weist der Trainer den Übenden sofort hin; er zeigt ihm, wie er es besser machen kann. Kommt der gleiche Fehler öfter vor, trainiert der Übende den betreffenden Arbeitsgang nochmals ganz von vorne.
4. Auch auf andere mögliche Fehler, die der Übende nicht gemacht hat, weist der Trainer hin; er erklärt, wie solche Fehler zu vermeiden sind.

Übender beurteilt sein Training

1. Er vergleicht seinen aktuellen Trainingsstand mit dem Trainingsziel und mit dem Trainingsstand anderer übender Personen.

2. In der Gruppe erklärt und beurteilt er sein eigenes Training und die von ihm erzielten Ergebnisse, ebenso das Training anderer Übender und deren Ergebnisse.
3. Er lässt seine Trainingsart und die von ihm erzielten Ergebnisse durch andere Übende beurteilen.
4. In zunehmendem Maße hat der Übende eigene Erfolgserlebnisse; sie stärken sein Selbstvertrauen, das ihn beim Training immer sicherer macht und mit die Grundlage ist, um die erlernte Fertigkeit später am Arbeitsplatz erfolgreich anwenden zu können.

Prüfungsphase

Prüfung nach jeder Trainingswoche

In zwangloser Atmosphäre führt der Trainer im Abstand von einer Woche eine Zwischenprüfung durch, damit der Übende keine unbegründeten Ängste entwickelt. Die Zwischenprüfung soll dem Übenden seine Fortschritte vor Augen führen und ihm ein Erfolgserlebnis vermitteln.

Motivierende Abschlussprüfung

Der Trainer überprüft die Arbeitsweise des Übenden nochmals kurz; er klärt:
1. Hat der Übende den Vorgang richtig verstanden? Beherrscht er alle Bewegungsabläufe ganz?
2. Benötigt er weitere Informationen? Ist eine nochmalige Demonstration erforderlich?
3. Was könnte noch besser gemacht werden?
4. Wenn die Trainingsergebnisse vorliegen, wird der Trainer beim Übenden das Gelungene anerkennen.
5. Beim noch nicht gelungenen Teil wird er den Übenden ermutigen. Er wird auf andere Mitarbeiter verweisen, die es bei einem Training früher auch geschafft haben, und sagen: „Warum sollten Sie es nicht auch schaffen?"

Hinweise zum Verständnis der psychologischen Aspekte der ZIT-Methode

Instruieren und trainieren – Begriffserklärungen

Was heißt instruieren? Einen anderen unterweisen, ins Bild setzen, ihm eine klare Vorstellung von dem vermitteln, wie er etwas tun soll und kann.

Was heißt trainieren? Eine einfache oder komplexe Fertigkeit intensiv, planmäßig, lustvoll, ehrgeizig lernen und einüben, und zwar so lange, bis sie automatisiert, d. h. in Fleisch und Blut übergegangen ist und möglichst rasch, kraftsparend und qualitativ gut und fehlerfrei praktiziert werden kann. Ziel ist, die Fertigkeit in immer besserer, laufend vervollkommneter Technik mit steigender Leistung ausführen zu können.

Beim motorischen Lernen und Üben von Fertigkeiten als Handlungsautomatismen werden zunehmend komplexere Koordinationsleistungen ausgebildet:

a) durch Koordination zwischen verschiedenen Bewegungen;

b) durch Koordination zwischen Muskelbewegungen, der Motorik, dem motorischen System, und den Sinnesorganen, der Sensorik, dem sensorischen System.

Die bewegungsorientierenden Abbilder als Zielvorstellungen aktivieren vorhandene Bewegungsprogramme; diese können früher erworben oder angeboren sein. Genügen die vorhandenen Programme nicht, werden sie modifiziert, und zwar unter der Leitung der bewegungsorientierenden Abbilder.

Die Vorteile motorisch erworbener bzw. „programmierter" Fertigkeiten sind:

1. Sie bewirken flüssige und exakte motorische Abläufe.
2. Sie erfordern weniger Anstrengung und Kraft.
3. Sie entlasten die Aufmerksamkeit bzw. das Bewusstsein, d. h. sie laufen automatisiert ab, zielgerichtet gesteuert über „innere Modelle".

Das Ziel des gewünschten Ergebnisses bestimmt den Bewegungsablauf; eine zu bewusste Zuwendung stört den Ablauf eher. Der die Fertigkeit Ausübende kann sie angepasst und zügig ausführen und sein Blick- bzw. Beobachtungsfeld erweitern. Fertigkeiten ermöglichen auch eine bessere Handlungs-Antizipation: die gedankliche Vorwegnahme gezielter Handlungen.

Motivation zum Üben und zum Arbeiten

Das jeweilige Übungsziel oder die Arbeitsaufgabe bestimmen und anschaulich beschreiben. Dem Übenden oder sich selbst vor Augen stellen, was bei gutem Übungserfolg erreicht werden kann, wenn die einzuübende Fertigkeit sicher beherrscht wird.

Bedürfnisse ansprechen, z. B. die nach Selbstachtung, Anerkennung und Sicherheit durch einen „relativ sicheren" Arbeitsplatz mit gutem Verdienst.

Den Übenden als Person immer wieder anerkennen und zum guten Training ermutigen; dadurch seine Fortschritte „positiv verstärken". Auch Übungsfortschritte und gute Leistungen laufend anerkennen! Sie evtl. in einer Tabelle durch Punkte, Linien, Striche, Blöcke usw. erfassen und die Tabelle für alle sichtbar aufhängen. Dies spornt zu weiteren Leistungen an; allerdings kann es die weniger Tüchtigen, die nur langsame Übungsfortschritte machen, auch demotivieren.

Dem Übenden mit verlockenden Farben vor Augen malen, dass er als guter, leistungsfähiger Mitarbeiter nicht nur mehr verdienen, sondern sozial auch mehr geachtet sein wird. Den tüchtigen Kräften die Chance zu späterem Aufstieg in Aussicht stellen.

Wer eignet sich zum Ausbilder bzw. Trainer?

Wer über gute Fachkenntnisse und genügend praktische Erfahrungen verfügt, einen guten Charakter hat, in der Lebensführung unbescholten ist u. a. Auch muss er sich in andere einfühlen können, Freude am Ausbilden, Weiterbilden und Trainieren anderer Personen haben, über pädagogische Fähigkeiten verfügen, d. h. andere belehren und trainieren können.

Allgemeine Faktoren für den Trainingserfolg

Objektive Voraussetzungen, z. B. Beschaffenheit von Übungsort und -raum, -mitteln und -materialien: Arbeitsplatz, Maschine, Werkzeuge, Material, Beleuchtung usw.

Schwierigkeitsgrad der zu trainierenden Tätigkeit. Ausbildungsstand, Vorwissen, bisheriges berufliches Können; Anlagen und Fähigkeiten für die zu trainierende Fertigkeit.

Gute allgemeine körperlich-seelische Verfassung, ausreichender Schlaf, Gesundheit; eine für das Training geeignete Lebensweise, z. B. leichte, schmackhafte und vielseitige Ernährung.

Spannungsniveau, Tonus, des Organismus: Spannkraft mit der Fähigkeit zur Entspannung als Frische, bei der der Organismus noch genügend ansprechbar ist, bzw. Grad der Ermüdung.

Psychologische Faktoren, die Trainingszeit und -erfolg beeinflussen

1. Die Übungsbasis bzw. die Startposition beim Training hängt u. a. ab von vorhandenen Kenntnissen, Fertigkeiten und früher gemachten Erfahrungen; früher erworbene Fertigkeiten können sich dabei auch negativ für den Erwerb neuer Fertigkeiten auswirken.
2. Anzahl der Übungszyklen und Übungsdauer.
3. Die Pausen während der Übung, in denen sich der Übungsreiz wieder aufbaut, der während der Übung nachgelassen hat.
4. Selbstdisziplin vor und während des Übens.
5. Verstehen und Bejahen der Regeln, die dem Handlungsablauf zugrunde liegen, vor dem praktischen Training.
6. Überblick über alle manuellen und psychischen Operationen, in die die Tätigkeit gegliedert ist; dadurch fähig sein, den Ablauf des Trainings im positiven Sinne selbst zu steuern und sich zu beeinflussen.
7. Nach Versuchsperiode die Technik der Ausführung vervollkommnen und automatisieren.

Im Übungsverlauf folgen auf Perioden eines raschen Leistungsanstieges Perioden mit gleichbleibender Leistungshöhe. Es kommt zur Plateaubildung; die Leistung bleibt längere Zeit stehen. Erst dann ist eine Steigerung möglich bis zum Leistungsziel, dem Leistungs-Höchstwert.

Die Leistung kann vorübergehend auch abfallen; dann wäre ein Methodenwechsel sinnvoll, ebenso der richtige Einsatz von Anerkennung und „ermutigender" Kritik. Nicht „massiert" üben in kurzen, regelmäßigen Intervallen, sondern „verteilt" in großen, aber nicht zu großen Intervallen; dies ist wirksamer.

Bei höherem Alter sind die Anfangsleistungen größer; bei geringerem Alter nimmt die Leistung mit fortwährendem Üben mehr zu. Die Leistung auf einem Spezialgebiet kann auf anderen Gebieten durch einen Generalisierungseffekt Leistungssteigerungen nach sich ziehen.

Der Übungserfolg kann weiter gesteigert werden durch eine positive Einstellung, starkes Interesse, eine Willensanspannung auch mit dem unbewussten Teil der Psyche. Angemessene Emotionen, verbunden mit positiven Vorstellungen, erhöhen den Übungserfolg, wenn der Übende das Leistungsziel für erstrebenswert hält; er vertraut dann darauf, dass ihm die Übung gut gelingen wird, und stellt sich wie in einem Film vor, dass er das Leistungsziel schon erreicht hat.

Mit fortschreitendem Lernerfolg wird die bewusste visuelle Kontrolle zugunsten eines inneren, bewusstseinsarmen Regelkreises reduziert.

Psychologisches Training im Leistungssport zum Vergleich

Im Kampf um Sieg und Rekorde entscheidet der „psychische" Faktor. Wer im entscheidenden Augenblick die besseren Nerven hat, siegt. Manche Favoriten haben versagt, weil sie der ihnen vom Trainer und den Zuschauern zugedachten Favoritenrolle nicht gerecht wurden; sie konnten die Erwartungsspannung nicht verkraften. Deshalb wird ein zusätzliches psychologisches Training im Sport immer wichtiger. Der Sportler soll dadurch befähigt werden, als ganzer Mensch seine subjektiven Leistungsreserven durch Aktivierung des emotionalen und des Willensbereiches im entscheidenden Augenblick voll auszuschöpfen.

Warum strengen Hochleistungssportler sich so an? Sie erhoffen sich durch hohe sportliche Leistungen einen „sozialen Aufstieg". Dieses Ziel ist oft der größte Ansporn, unermüdlich zu üben, um immer besser zu werden. Dafür dienen Zielbilder, die der Trainer dem Übenden und die der Übende sich selbst immer wieder vor Augen stellt. Über die Bedürfnisse nach Anerkennung und Sicherheit erzeugen sie starke Leistungsantriebe.

Österreichische Skispringer trainierten bei einem psychologischen Institut, bevor sie zu den Olympischen Spielen in Innsbruck antraten. Durch Vorstellungsübungen konnten sie ihre Sprungleistung auf eine Weite steigern, die man bisher unter Fachleuten nicht für möglich gehalten hatte. Auch *R. Mittermaier*, die erfolgreiche Skiläuferin, hat sich vor ihren großen Erfolgen psychologisch trainieren lassen. Von russischen Sportlern weiß man, dass sie in einem Spezialbett schlafen und durch bestimmte Einrichtungen während des Schlafes auf hohe Erfolge „programmiert" werden. Bei ihnen spielt auch die Technik der Handlungsregulation eine Rolle, die im folgenden Abschnitt beschrieben wird.

Technik der Handlungsregulation

Durch sie werden innere Antriebe geweckt. Vor Beginn einer Übung oder anderen Aktivität stellt sich der Betreffende das erstrebte Ziel vor Augen. Dieses Ziel soll ihn reizen, es soll für ihn lohnend und erstrebenswert sein, sodass er es bejaht, emotional begehrt und mit aller Kraft erreichen will. Dadurch identifiziert er sich stark mit dem Ziel.

Er handelt immer mit dem bewussten, konzentrierten Blick auf das Ziel; er malt sich aus, wie lustvoll es ist, das Ziel erreicht zu haben. Er koppelt die Befriedigung wichtiger Bedürfnisse und eigener Interessen daran und wird sich über die Schritte klar, auf denen er das Ziel erreichen kann.

Immer wieder stellt er sich vor, dass und wie er an das Ziel kommt, und wie er sich dann sehr wohl und erleichtert fühlt. Immer wieder wird er rückmelden, wie er dem Ziel näher gekommen ist und wo er jetzt steht. Den Plan mit dem Endziel und das jeweils erreichte Zwischenziel vergleicht er miteinander. Sein Anspruchsniveau liegt etwas unter dem mit aller Kraft Erreichbaren. Das macht ihn zufrieden und vermittelt ihm ein Erfolgserlebnis. Auf diese Weise entwickelt das Ziel eine immer stärkere Dynamik und Anziehungskraft für ihn. Arbeitshemmungen werden abgebaut; dafür werden die Arbeitsantriebe stärker.

Dabei kann der Organismus über bestimmte Stammhirn-Regionen psychisch aktiviert werden durch das observative Training, bei dem der Übende die zu trainierenden Abläufe beobachtet und sie sich im imaginativen Training anschließend vorstellt. Diese Vorstellungsübung aktiviert durch feine Impulse die für eine praktische Ausführung benötigten Muskeln und erweckt erste Handlungsantriebe. Wird das Vorstellen öfter bewusst geübt, werden vom psychischen Teil der Person her die Handlungs- und Leistungsantriebe verstärkt und zusätzliche Kräfte mobilisiert.

Noch mehr verstärkt werden die Antriebe, wenn der Übende die Vorstellung eines Bewegungsablaufes mit der Befriedigung wichtiger Bedürfnisse und einem lohnenden Ziel verbindet, das er durch die zu übende Aktivität erreichen wird. Ein mittleres Aktivierungs- bzw. Erregungsniveau ist dabei am günstigsten. Bei einem zu niedrigen Erregungsniveau sind die Antriebe zu schwach; bei einem zu hohen Erregungsniveau dagegen verkrampfen sich die Muskeln.

Von Zeit zu Zeit werden neue, etwas veränderte Reize gesetzt, denn gleiche Reize über längere Zeit weg stumpfen ab.

Die neurophysiologischen Zusammenhänge sind so, dass der menschliche Organismus über Regionen im Stammhirn aktiviert wird, und zwar einmal durch das netzförmige System der Formatio reticularis, ein Nervengeflecht, das zwischen dem Thalamus und dem verlängerten Mark liegt, zum anderen durch das Limbische System. Sie hängen mit der Großhirnrinde, dem Cortex, funktional zusammen, ebenso mit den Afferenzen, den von der Peripherie des Körpers zum Gehirn führenden Nervenbahnen, die Sinnesreize an das Gehirn melden. Daher kommt die Bezeichnung ARAS: aufsteigendes (afferentes) retikuläres Aktivierungssystem. Vom ARAS hängt der Wachheitsgrad, die Vigilanz ab, der Grad der Bewusstheit z. B. in Gefahrensituationen, in denen der Mensch durch die Ausschüttung von Stresshormonen ins Blut plötzlich hellwach wird und extrem schnell reagieren kann.

Dies bestimmt:

1. Wie rasch und realitätsgerecht eine Person psychisch bzw. sensorisch Veränderungen in ihrer Umwelt wahrnimmt.
2. Wie sie durch die innersensorische Funktion entsprechende Informationen aufnimmt, verarbeitet, bewertet, beurteilt.
3. Wie wirksam und erfolgreich sie darauf motorisch reagieren oder agieren und wie sie sich veränderten Verhältnissen oder einem neuen technischen System anpassen kann.

Weitere Zusammenhänge von Gehirn und Psyche

Hauptprinzip beim Erwerb von Fertigkeiten ist die Interiorisation, bei der der Übende etwas „Äußeres verinnerlicht", z. B. den

Bewegungsablauf einer realen Handlung, die er am Trainer beobachtet hat, die er verstehen und sich vorstellen kann. Dieser Bewegungsablauf wird durch eine Vorstellung, die als Abbild, als „inneres Modell" dient, in den unbewussten Schichten der Psyche verankert und dadurch „programmiert".

Dieses innere Handlungsprogramm für einen Bewegungsablauf setzt der Übende in einem zweiten Schritt nach dem Prinzip der Exteriorisation „nach außen" um in reale Bewegungsabläufe durch Betätigung seiner Muskeln, also motorisch. Das innere Handlungsprogramm wird das Verhalten des eine Fertigkeit Ein- oder Ausübenden auch in der Zukunft steuern; dafür wird immer weniger Bewusstsein erforderlich.

Wichtig ist, zu wissen: Je weniger bewusst die gut erlernte Fertigkeit ausgeübt wird, umso weniger Kraft ist erforderlich, desto weniger Fehler unterlaufen, und umso besser wird die Qualität des erzielten Ergebnisses bzw. des hergestellten Produktes sein. Gleichzeitig wächst das Selbstvertrauen der übenden oder arbeitenden Person in ihre Fertigkeiten und ihre Leistungsfähigkeit. Der wachsende Erfolg und die Anerkennung durch den Vorgesetzten ermöglichen es dem einzelnen, sich noch besser in eine Gruppe einzuordnen und in ihr sich solidarisch zu verhalten.

Voraussetzungen für einen praxisbezogenen Transfer

Hauptvoraussetzung ist die Einsicht in grundlegende Zusammenhänge. Auf vorhandenem Grund- bzw. Kernwissen lassen sich neue Kenntnisse durch einen vertikalen Transfer rasch aneignen. Wer über Lernziele, Lernschritte und die Strukturmerkmale einer Aufgabe gut Bescheid weiß, kann sein fundiertes Wissen und Können und seine Fertigkeiten am ehesten auf neue Situationen anwenden.

Fertigkeiten lassen sich durch den bilateralen Transfer von einem Körperglied auf ein anderes übertragen, z. B. von der rechten Hand auf die linke, von einer Hand auf den Fuß, von einer Körperseite auf die andere usw. Beim Problemlösen kann, wer das Prinzip einer früheren Lösung erkennt, dies durch den Generalisierungseffekt auf neue Probleme zu deren Lösung anwenden.

Es gibt aber auch einen negativen emotionalen Transfer, der zum Störfaktor für Beziehungen werden kann. Dabei werden

Emotionen, die gegenüber einer wichtigen Bezugsperson in frühester Kindheit entstanden sind, später auf andere zwischenmenschliche Beziehungen übertragen. Auf eine Person in der Gegenwart werden die negativen Eigenschaften einer früheren Bezugsperson projiziert und dieser angelastet, als sei sie so, wie die reale Person, z. B. der Vater, in der Kindheit war, z. B. sehr autoritär und aggressiv. Hier handelt es sich um das psychoanalytische Phänomen der „Übertragung".

Ein Verhaltenstraining kann überfachliche Qualifikationen vermitteln

Dies gilt z. B. für Selbstvertrauen, Verantwortungsgefühl, Sorgfalt. Aber auch mitmenschliche Fähigkeiten bzw. ein kooperatives Verhalten lassen sich einüben, damit Führungskräfte und Mitarbeiter einander verstehen und gern zusammenarbeiten.

Die für eine arbeitsteilige Gesellschaft notwendigen Einstellungen und Verhaltensweisen lassen sich auf diese Weise entwickeln: aus Einsicht pünktlich, diszipliniert, verantwortungsbewusst sein, sodass ein Vorgesetzter nicht ständig kontrollieren muss.

Wem das am Arbeitsplatz unverzichtbar gewordene Lernen Mühe macht, kann durch ein Verhaltenstraining nach und nach Lernfreude erzeugen (vgl. hierzu Kapitel 3.5 „Das eigene Verhalten ändern). Die Folge ist, Minderwertigkeitsgefühle und Hemmungen werden abgebaut, das Selbstwertgefühl wird gestärkt. Der Betreffende lernt, wie man mit Stress, auch der negativen Form des Disstress, und mit Emotionen wie Ärger, Wut, Zorn usw. auf positive Weise umgehen kann. Er erkennt und durchschaut sachliche und soziale Probleme und Konflikte, lernt sie lösen und darauf positiv reagieren.

Solche Verhaltensänderungen erleichtern das Training von Fertigkeiten und die Bildung erwünschter Gewohnheiten.

3. Personale Kompetenz

Es gibt in der Welt
nichts Interessanteres für den Menschen,
als den Menschen. (W. v. Humboldt)

Ist der Mensch zuerst ein personales und erst in zweiter Linie
ein soziales Wesen? Zu Beginn seiner Existenz liegt sein Schwerpunkt eindeutig auf dem sozialen Aspekt; ohne das soziale Verhalten der Eltern, die sich einander zuwenden und miteinander
vereinigen, ohne Zeugung und Empfängnis, wäre er nicht entstanden. Und er ist viele Jahre auf die Fürsorge und Hilfe der Eltern angewiesen, bis er erwachsen und selbstständig geworden ist.
Aber zunehmend wird er zum personalen, selbstbestimmten, ei-
genwilligen Menschen, der sein Ich betont und „sich selbst der
Nächste" ist – spätestens nach der Ablösung von den Eltern.

Aber auch dann hängen der personale und der soziale Aspekt
eng zusammen; sie sind ständig aufeinander bezogen: wie ich als
Einzelner in meinem individuellen Sein bin, verhalte ich mich zu
meinen Mitmenschen. Trotzdem ist es sinnvoll, beide Aspekte
zunächst für sich zu behandeln und dann ihre Verflochtenheit und
ihr Zusammenwirken zu beleuchten. An dieser Stelle grenze ich
sie gegeneinander ab. Personale Kompetenz soll heißen: ich bin
kompetent im Umgang mit der eigenen Person, Soziale Kompetenz: ich kann mit anderen Personen umgehen.

Person und Persönlichkeit

Was ist eine Person? Ein eigenartiges, eigenwertiges, selbstständiges, zielstrebiges Wesen; Träger sozialer Rollen; der mit
Selbstbewusstsein und freiem Willen ausgestattete Mensch, der
für seine Handlungen Verantwortung übernimmt.

Was ist eine Persönlichkeit? Eine begabte, charaktervolle, reife,
entschiedene, geschlossene Person mit starker Ausstrahlung, die
in ihrer Mitte ruht und aus ihr wirkt, die viele gegensätzliche Eigenschaften in sich zur Einheit integriert hat und mit sich identisch ist. In der Umwelt kann sie sich angemessen behaupten, sich

ihr aus Einsicht aber auch anpassen; außerdem kann sie zwischen den Gegensätzen ausgleichen, die sich in der Gesellschaft und in ihren Beziehungen im sozialen Umfeld ergeben. Sie ist fähig, Aufgaben aus eigener Einsicht, Stellungnahme und Entscheidung selbstständig und selbstverantwortlich zu bewältigen und für sich, ihre Mitmenschen, den Arbeitgeber und die Gesellschaft hohe Leistungen zu erbringen.

Ist jeder Mensch eine Person?

Jeder Mensch, auch der ältere, kranke, behinderte und das Kind ist Person, ist einmaliges, unvertauschbares Einzelwesen, das zielbewusst handelt, in der Natur eine Sonderstellung einnimmt und eindeutig unterschieden wird von der Sache, über die verfügt wird. Auch als Einzelner ist und bleibt der Mensch auf andere Personen, eine Gemeinschaft, auf die Gesellschaft, bezogen und angewiesen.

Durch den lebendigen Leib kann die Person in ihrem Verhalten alles ausdrücken, was sie erlebt und was sie bewegt. Die menschliche Gestalt ändert sich in ihrem Wesen lebenslang nicht, obwohl durch den Stoffwechsel unzählige Zellen als Bausteine des Körpers dauernd ausgetauscht werden; nur einzelne Ausdrucksformen ändern sich, der Kern bleibt, wie er immer war.

Durch ihre Gestalt, ihren Charakter, ihre Erscheinung, ihr Wesen unterscheidet sich die Person von anderen Personen; sie führt, organisiert und gestaltet ihr Leben anders als alle anderen; alle Funktionen sind in ihr einheitlich zusammengeschlossen. Mit der Umwelt steht die Person nehmend und gebend, reagierend und agierend in Wechselwirkung. Als Folge eines gelungenen Sozialisationsprozesses passt sie sich der Gesellschaft an, wirkt aber gleichzeitig gestaltend und umgestaltend auf sie ein.

Dynamik der Person

Der dynamische Charakter der Person drückt sich aus als Abfolge von Zuständen und Prozessen. Dieser Prozesscharakter zeigt sich darin, dass ein Mensch lebenslang lernt sowie Einstellungen, Verhaltensweisen, Gewohnheiten entwickelt, indem er aufbaut und abbaut, zunimmt und abnimmt, sich neu ausrichtet und orientiert, sich bindet und löst, verinnerlicht und veräußerlicht, emotionalisiert und versachlicht, annähert und entfernt.

Trotz dieses lebenslangen Prozesses bleibt ein Mensch auch seelisch immer dieselbe Person, die in ihrem bewussten Teil das Ich als Zentrum hat.

Schichtenmodell der Person

Ein Schichtenmodell beschreibt den Aufbau der Person mit Einstellungen und Verhaltensweisen. Die Schichten bzw. Bereiche sind bei dem vertikalen Schichtenmodell wie Erdschichten übereinander geschichtet. Die tieferen Schichten gelten als die ursprünglicheren, primitiveren, triebnäheren Teile der Persönlichkeit.

Jede im Entwicklungsprozess später entstandene höhere Schicht setzt die darunter liegenden Schichten voraus, bildet aber einen neuen, selbstständigen und differenzierten Bereich mit eigener Ordnung; auf diese Weise baut sich im Laufe der Entwicklung das Schichtengefüge auf; alle früher entwickelten Schichten bleiben nach Entwicklung der neuen höheren Schicht erhalten. Die Schichtfolgen sind hierarchisch angeordnet, funktionell verknüpft und zusammengeschaltet. Jede höhere Schicht ist der tieferen übergelagert; sie versucht, sie zu zügeln und zu beherrschen, lebt aber von der Kraft der tieferen Schicht. Die obersten Schichten, die mit dem Großhirn zusammenhängen, haben ihre keimhafte Gestalt schon in den tieferen Schichten; deren Steuerungsfunktion zeigt sich bei den durch Instinkte ausgelösten Reflexen und Reaktionen und bei automatisierten, motorischen Arbeitsvollzügen.

Sind die Schichtenverhältnisse disharmonisch, d. h. einander in ihrem Umfang und in ihrer Stärke nicht angemessen, entstehen einseitig ausgeprägte Typen: der Triebmensch, der emotionale Mensch, der rationale Mensch.

Dreischichtiger Aufbau

Wir unterscheiden die vitale, die emotionale und die rationale Schicht.

1. Vitale Schicht: Tiefenperson, Lebensgrund, leiblich-vegetative Funktionen als älteste und tiefste Schicht. Ihr lassen sich die Sinnesfunktionen sowie die Bedürfnisse und Antriebe zur Selbst-

erhaltung und Arterhaltung zuordnen, ebenso die Abschnitte des Zentralen Nervensystems, die sich in der Stammesentwicklung zuerst ausgebildet haben: Rückenmark, spinales Hirn, Stammhirn, die das Trieb- und Instinktleben steuern.

Die Vitalschicht ist das Energiezentrum, der Wurzelgrund der Person; sie wirkt in alle anderen Schichten hinein. Sie symbolisiert den „Bauch". Ist sie noch intakt, verfügt der Betreffende über Lebendigkeit und Spannkraft, Temperament, Frische, Schaffensfreude; ein vitaler Mensch lässt sich leicht anregen und setzt Entschlüsse rasch in die Tat um.

Auch die vitale Schicht, die Triebschicht, verfügt schon über steuernde Elemente, die z. B. bei Gefahren und in Krisensituationen das Verhalten zur Lebenserhaltung instinktiv steuern. In diesem Falle ist unter Stress die bewusst steuernde Funktion der Großhirnrinde vorübergehend überbrückt. Nach Ansicht von *E. Rothacker* sollte die Tiefenperson mit der Vitalschicht wie ein lebendiges Wesen betrachtet werden; sie werde zwar von höheren Schichten unterdrückt, sei aber deren tragende und nährende Substanz, die sich noch unmittelbar ausleben könne.

2. Emotionale Schicht als seelische Basis, die mehr labile oder stabile Emotionalität; das Unterbewusste oder Unbewusste als tragende, nährende, dynamisch-schöpferische Schicht des seelischen Lebens, aus der auch die Stimmungen aufsteigen. Die emotionale Schicht symbolisiert das „Herz" oder Gemüt; sie dient zur Orientierung in der materiellen Welt und zum Umgang mit dem eigenen Körper.

Dieser mittleren emotionalen Schicht lassen sich psychosoziale Bedürfnisse und ein Teil der individuellen Bedürfnisse zuordnen, und als Teil des Zentralen Nervensystems: das Zwischenhirn, in dem sensorische und motorische Impulse automatisch koordiniert, aber auch vegetative Funktionen gesteuert werden, mit dem Limbischen System, Epiphyse und Hypophyse. Die emotionale Schicht entspricht weithin dem Begriff des Seelischen; sie ist der Bereich der beseelten Tiefenperson zwischen vitaler Triebschicht und rationaler Personschicht. Von ihr werden die Kinder, viele Künstler und Frauen sowie der Typ des Pyknikers beherrscht.

3. Rationale Schicht, personeller, geistiger Oberbau, Personschicht für Denken, Fühlen, Urteilen, Entscheiden, Wollen, durch

die der Mensch sich vom Tier unterscheidet, zur bewussten Lebensgestaltung, für schöpferische Prozesse, zum Streben über sich hinaus und zur Verbindung mit einer unsichtbaren geistigen Welt.

Der rationalen Schicht lassen sich individuelle geistige Bedürfnisse zuordnen, ebenso die neueren Hirnschichten des Großhirns, des Neocortex, die Voraussetzung für planmäßiges, bewusstes Handeln sind. Die oberste Schicht symbolisiert den „Kopf"; sie entspricht dem „Reiter", der zwar von den unteren Schichten, dem vitalen und emotionalen „Ross", getragen wird, ihm gegenüber aber relativ frei ist, sich zu entscheiden und zu handeln.

Die rationale Personschicht mit Ich-Bewusstsein entwickelt sich etwa vom dritten Lebensjahr ab. Während seiner Sozialisation soll der noch kindliche Mensch lernen, durch sein Denken und Wollen die Herrschaft über seine Triebe und Emotionen zu erlangen, damit sie ihn nicht beherrschen und überfluten. Allerdings können auch viele Einfälle und Ideen aus den tieferen Schichten kommen; diese werden aber durch die ordnende geistige Kraft des Ich verarbeitet und integriert.

Ein Schichten- bzw. Funktionsabbau ist bedingt durch medikamentöse Einwirkung, Alkoholexzesse, hohes Alter, schwere Verletzungen, geistige Erkrankungen. Davon ist vor allem die rationale Personschicht betroffen. Die Folge ist: die vitale und die emotionale Schicht treten stärker hervor; die Triebhaftigkeit wird verstärkt, das Affektleben wird bestimmend, das ethische und ästhetische Niveau sinkt.

Widerstreit oder Einheit der Schichten

Der Schwerpunkt einer Person kann in einer der drei Schichten liegen, z. B. in der Vitalschicht, dem Bereich des Triebhaften, oder in der emotionalen Schicht; in beiden Fällen wird der Verstand weniger stark entwickelt sein. Liegt der Schwerpunkt beim Verstand, hat der Mensch einen entschlossenen, harten Willen und meist wenig Verständnis für die Schwächen anderer.

Oft kommt es zu einem Widerstreit der Schichten, z. B. zwischen den Neigungen, der „Stimme des Herzens", und dem pflichtbewussten Verstand, der „Stimme der Vernunft". Extreme Spannungen bestehen zwischen dem triebbestimmten, romantisierenden Schwärmer und dem willensbestimmten eiskalten Rechner, dem Rationalisten.

Bei der harmonischen Persönlichkeit sind alle Schichten etwa gleichmäßig stark entwickelt und wirksam.

Psychoanalytische Modellvorstellungen

Freud beschreibt drei Entwicklungsstufen:

1. Auf der kindlichen Es-Stufe wird die Person in ihrem Verhalten durch Triebe, unbewusste Motive und das Lustprinzip bestimmt. Das Es ist Ausdruck der Triebbedürfnisse; es entspricht etwa der Vitalschicht, der Triebschicht.

2. Das Über-Ich bildet sich während des Sozialisationsprozesses heraus; es vertritt die Realität mit ihren Forderungen und Notwendigkeiten, die den von der Gesellschaft vorgeschriebenen Normen entsprechen. Durch die verinnerlichten Normen der Gesellschaft ist das Über-Ich die steuernde Instanz des Es.

3. Das Ich steht zwischen dem triebhaften Es und dem Grenzen setzenden Über-Ich. Das dem Realitätsprinzip unterworfene und gegenüber dem Es, dem Über-Ich und der Außenwelt relativ unabhängige, autonome Ich gleicht zwischen Bedürfnissen und der Möglichkeit, sie zu befriedigen, aus und wehrt unannehmbare Bedürfnisse und Wünsche ab, um seine Ängste zu verringern und sein Selbstwertgefühl zu stärken. Durch das Ich begreifen, verstehen und erkennen wir die Welt.

Das Ich, das Ego des Menschen, ist Zentrum des bewussten Teiles der Person; Peripherie ist der Körper mit seinen Organen, Bedürfnissen und Trieben, die das Ich im Blick auf die Realität und gesetzte Ziele nach einer Werteskala kontrolliert und steuert. Die Ich-Rolle berücksichtigt soziale Aspekte nicht, z. B. die oft als Zwang erlebten Erwartungen der Mitmenschen.

Nicht alles ist dem bewussten Ich zugänglich. In manchen Situationen überwältigen starke Impulse den Menschen; er verhält sich dann so, wie er eigentlich nicht wollte, oder er lässt etwas an sich geschehen, was ihm unangenehm ist. Ganz geben wir die Kontrolle unseres Ich auf, wenn wir in den Schlaf sinken, im Rausch, im Zustand starker Verliebtheit, nach einem psychischen Schock, einem schweren Unfall oder beim Versagen wichtiger Körperfunktionen.

Das Ich soll zwischen Gegensätzen ausgleichen, z. B. Realität/ Ideal, am Buchstaben der Normen orientiertes Gewissen/an der innersten Gesinnung orientiertes Gewissen; Triebwiderstand/ Triebbefriedigung.

Das Ich-Ideal oder Ideal-Ich entsteht durch eigene Idealisierung, in der Kindheit durch Identifizierung mit den Eltern und später mit anderen Autoritätspersonen sowie mit Idealen der Gesellschaft. Das Ich-Ideal dient als Vorbild, als erwünschtes SOLL, dem die Person sich möglichst annähern will, und zur Beurteilung des tatsächlich erreichten IST-Zustandes.

Die im eigenen Organismus entstandenen Bedürfnisse und Triebe wehrt das Ich ab, wenn diese den Forderungen des Über-Ich zuwiderlaufen. Diese kann das Ich auch aufschieben, oder es sorgt für günstigere Umweltbedingungen zur Triebbefriedigung. Dies ist Ausdruck von Ich-Stärke. Der Betreffende kann seine Triebe kontrollieren, einen Teil seiner Triebenergie neutralisieren; er entwickelt Frustrationstoleranz gegenüber Versagungen und Ängsten und ist arbeits- und liebesfähig. Im Umgang mit der Umwelt vermeidet das Ich die Extreme „völlige Gleichgültigkeit" und ein „einseitig affektives Verhalten".

Das Ich zieht seine Kraft aus dem Es. Zwar muss das Ich die Realität berücksichtigen; es sollte aber das Verlangen des Es nach Anerkennung, Lust und Liebe nicht völlig abwehren, sondern verständnisvoll zwischen ihm und der Realität vermitteln; dies stärkt das Selbstwertgefühl. Wenn durch die Befriedigung eines Bedürfnisses Schaden entstehen würde, sorgt das Ich für günstigere, weniger gefährliche Umstände; es verschiebt die Befriedigung auf einen späteren günstigeren Zeitpunkt, oder es bietet als Ersatz die Befriedigung eines anderen wichtigen Bedürfnisses an.

Das Ich berücksichtigt auch das tief ins Unbewusste hineinreichende Über-Ich, das die sozialverträglichen Vorstellungen, Wünsche und Gebote der Eltern und der Gesellschaft vertritt: eine Art Gewissen, das von innen her das Verhalten mit steuert und dem triebhaften Es auch Grenzen setzt. Sind die Vorschriften des Über-Ich zu streng und unerfüllbar, vermittelt das Ich zwischen Über-Ich mit Ich-Ideal und Es und versucht sie zu versöhnen.

Bei Freud ist die Entwicklung des Menschen mit dem Ich abgeschlossen. *C. G. Jung* dagegen führt als vierte Entwicklungsstufe

das dem Ich übergeordnete Selbst ein, auf das ich noch besonders
eingehen werde. Zunächst folgen Hinweise auf die für das Ich
wichtige Funktion des Bewusstseins.

Bedeutung des Bewusstseins

Dem Ich wird etwas bewusst, z. B. ein Gegenstand, eine Person,
ein Stück Umwelt. Das Bewusstsein ist Bezugspunkt für Eindrücke; in ihm bricht sich das Erleben, der Bewusstseinsstrom.
Vergangenes erhält Dauer, Gegenwärtiges kommt zum Halten.

Bei starken Emotionen und Affekten ist das Bewusstseinsfeld
eingeengt oder überschwemmt, ebenso sind Denken und Handeln
eingeschränkt oder unmöglich. In entspanntem, geistig klarem
Zustand ist das Bewusstseinsfeld jedoch erweitert.

Die Bewusstseinsschwelle trennt Bewusstes und Unbewusstes;
sie ist aber für bestimmte Reize bzw. Informationen durchlässig.
Bewusstes sinkt ab ins Unbewusste, Unbewusstes steigt auf ins
Bewusste. In entspanntem Zustand ist die Schwelle durchlässiger;
dann können wir uns besser erinnern.

Das Selbstbewusstsein und mit ihm das Selbstwertgefühl soll
dem eigenen Können entsprechen und sich nicht größer aufblasen, als sein Träger in Wirklichkeit ist.

Bei gestörtem Bewusstsein ist der Betreffende im Extremfall
vorübergehend nicht mehr zurechnungsfähig oder langfristig
nicht mehr aktionsfähig, verrückt, geistig krank.

Weiterentwicklung der Person zur Selbst-Stufe

Was ist das Selbst? Die höchste Instanz im Menschen, der Wesenskern der Person, ihre Mitte, mit der alle Funktionsbereiche
verbunden sind und von wo aus sie einheitlich gesteuert werden.
Das unterhalb der Bewusstseinsschwelle im Unbewussten liegende Selbst, der innere Mensch, betrachtet distanziert das Treiben des äußeren Menschen, des bewussten Ich, dem das Selbst
übergeordnet ist und dessen Verhalten es bestimmen will. Das
Selbst als Kern des Ich entwickelt sich, vom Gewissen ermahnt,
im Prozess der Selbstfindung und Selbstverwirklichung, der erst
der reifen Persönlichkeit gelingt.

Das Selbst gehört der geistigen Dimension an, ragt aber in das
seelische Leben tief hinein. Wer im Zustand tiefer Konzentration

auf sein Inneres „ganz bei sich selbst" ist, erfährt im Prozess des Innewerdens, was er tun muss, um sein Selbst finden und verwirklichen zu können. Ihm geht auf, dass das Selbst die tragende Mitte des Ich ist, die wir nur durch Bilder verstehen und anderen verständlich machen können. Das Selbst ist wohl auch der Ansatzpunkt für eine Verbindung zur Transzendenz.

Mit dem Selbst, das die drei Personschichten integriert und denen es übergeordnet ist, hängen viele psychische Funktionen zusammen, die nachstehend kurz umrissen werden.

Selbstwahrnehmung, Selbsteinsicht, Selbsterfahrung – ehrliches Selbstbild

Durch den Prozess der Selbstwahrnehmung verarbeite ich die von der Umwelt und aus meinem Körper kommenden Reize und die dadurch entstehenden Empfindungen; dabei erfahre ich, dass meine Befindlichkeit ständigen Schwankungen unterliegt, z. B. bedingt durch Bedürfnisse, Stoffwechselprozesse, Tagesrhythmus, Körperempfindungen, Stimmungen, Emotionen, Gedanken, Interessen, Strebungen u. a.

Bei der objektiven Selbstwahrnehmung werde ich mir meines Bewusstseinszustandes, meines Werdeganges und meines Körpers wie Objekten bewusst. Bei der subjektiven Selbstwahrnehmung erfahre ich meine ganze Person als Einheit; auch wird mir klar, dass ich selbst der Urheber meiner Handlungen bin.

Selbsteinsicht meint: Ich verstehe mich unmittelbar in meinem innersten Wesen. Ich durchschaue mich selbst, erkenne meine eigenen Möglichkeiten und Grenzen; ich schätze mich selbstkritisch-realistisch ein. Dies zu tun ist schwierig, aber sehr wichtig. Wenn ich mein Leben gestalten will, muss ich mich selbst durchschauen; ich muss ein möglichst realistisches Selbstbild haben, um nicht ständig Selbsttäuschungen zu verfallen.

Ein hilfreiches Selbstbild gewinne ich, wenn ich mich mit dem bisherigen Verlauf meines Lebens auseinander setze und mir dessen äußere Stationen, aber auch die damit verbundenen innerseelischen Umstände vor Augen stelle. Dies hilft mir, meine eigene Entwicklung und meine gegenwärtige persönliche Situation besser zu verstehen.

Durch eine Selbsterhöhung, die außerdem nur dem eigenen Vorteil dient, schade ich mir selbst; sie führt zur Selbstentfremdung statt zur Selbsterkenntnis. Ich erkenne mich nicht, wie ich bin mit meinen Möglichkeiten und Grenzen, Stärken und Schwächen, sondern wie ich mich gern sehen möchte. Ich gehe dann von einem Wunschbild meiner Person aus; ich will mehr scheinen, als ich bin. Außerdem besteht die Gefahr, dass ich meine Unzulänglichkeiten, Fehler und Schwächen auf andere Personen projiziere und ihnen anlaste.

Im Übrigen ist eine ehrliche und selbstkritische Selbsteinschätzung die Voraussetzung, um andere richtig einschätzen zu können. Dazu kann eine ständige Selbstkontrolle über meine Emotionen, Antriebe, Gefühle, Gedanken beitragen. Ich versuche, Umweltreize nicht mehr impulsiv zu erwidern, sondern sie ständig zu filtern und zu bewerten, bevor ich darauf reagiere oder mich dagegen abschirme. Dies hilft mir, mein Verhalten sinnvoll und sozialverträglich zu steuern.

Selbsterfahrung bedeutet: Ich denke über mein Erleben selbstkritisch, aber konstruktiv nach. Ich beobachte das eigene Verhalten und schätze es nach bestimmten Kriterien ein. Das Ergebnis setze ich der Kritik durch andere aus.

Diesen Prozess kann ich in Selbsterfahrungsgruppen, Encounter-Gruppen, einüben. In ihnen trifft sich regelmäßig der gleiche Personenkreis, um über das Verhalten einzelner oder mehrerer Personen und die Gruppensituation zu sprechen. Gruppen ohne Leiter sind Selbsthilfegruppen.

Selbstkonzept

Selbstkonzept ist, was ich von mir weiß und wie ich mich selbst sehe; es spiegelt mein Selbst, meine Einstellungen, Rollenerwartungen, Urteile und Werthaltungen in Bezug auf mein Verhalten, meine Fähigkeiten und Eigenschaften; auch schließt es die Selbstwahrnehmung und deren Bewertung mit ein. Dagegen stören Fehleinschätzungen meine persönliche und soziale Harmonie.

Ich verstehe mein Selbst einmal als aktive Instanz, die erkennt, zum anderen als erkannte Struktur. Mein Selbstkonzept steuert meine Emotionen, mein Fühlen, Denken, Verhalten; es beruht auf dem Gefühl der Identität. Ich unterscheide klar zwischen dem, was zu meinem Selbst gehört, meiner einzigartigen Persönlichkeit, und anderen Personen bzw. Sachen.

Fünf Merkmale charakterisieren das Selbstkonzept:

1. Es stimmt Verhaltensabläufe aufeinander ab und reguliert sie.
2. Es ist dynamisch: aktiv, kraftvoll, zu Veränderungen fähig.
3. Es interpretiert und organisiert Handlungen und Erfahrungen von personaler und sozialer Bedeutung.
4. Durch Anreize, Pläne, Regeln beeinflusst es meine Motive, mein Verhalten.
5. Durch Reaktion auf Rückmeldungen passt es sich berechtigten Anforderungen der Umwelt an.

Kritisch sind Konflikte durch Liebe, Sexualität, Partnerschaft, Ehe; sie erfordern viel Selbstbeherrschung, die Fähigkeit, die eigenen Triebe, Begierden, Leidenschaften kontrollieren, regulieren, hemmen, aufschieben, reduzieren zu können. Das Gleiche gilt für Autoritäts-, Familien-, Geld-, Rechts- und Berufsprobleme.

Selbstbewusstsein, Selbstvertrauen, Selbstwertgefühl

Selbstbewusstsein heißt: von sich selbst wissen; sich gegenüber eigenen Erlebnissen, anderen Personen und Sachen abgrenzen können. Sich der eigenen Kraft, des eigenen Wertes und der eigenen Macht bewusst sein.

Das Selbstbewusstsein zeigt sich als Selbstvertrauen oder Kleinmut, als Selbstgenügsamkeit oder Selbstüberhebung, als Bescheidenheit oder Stolz bis hin zum Größenwahn. Ich kann beispielsweise einfach und bescheiden sein, oder aber anspruchsvoll, befehlend, prahlerisch, aufdringlich, unverschämt.

Bei Selbstsucht ist das Streben einseitig auf die eigene Person und die eigenen Ziele und Wünsche gerichtet, ohne die Bedürfnisse, Interessen und Ziele anderer Personen des sozialen Umfeldes zu berücksichtigen.

Selbstvertrauen bedeutet: Ich vertraue der eigenen Leistungskraft und meinem Unbewussten; es ist ein lebenswichtiges Charaktermerkmal, das die Person trägt, stützt, stabilisiert. Es zeigt sich in unterschiedlichen Formen und Stärkegraden und in verschiedenen Lebensbereichen und kann auch „transzendental" verankert sein. Ist das Selbstvertrauen zu schwach entwickelt oder neurotisch gestört, treten im Erleben Krisen auf.

Das Selbstwertgefühl als Ergebnis meiner Selbsteinschätzung vermittelt mir ein aktuelles, mehr positives oder mehr negatives Werturteil über meine Person, meine Leistungs- und Erlebnisfähigkeit, sowie über Zustand und Funktion meiner Organe und meines Organismus. Es beeinflusst meine Stimmung, mein Wohlbefinden und mein Verhalten und bestimmt meine aus der Mitte der Person kommende natürliche Selbstsicherheit.

Wer davon erfüllt ist, kann auf Imponier- und Fassadentechniken verzichten, weil er über genügend innere Stärke verfügt. Er kann sich gut beherrschen, seine Handlungsimpulse zügeln, seine Emotionen kontrollieren. Er findet sich gut, ist ehrlich und echt, mit sich identisch, vertritt eine eigene Meinung; Rollen, die seiner Eigenart nicht angemessen sind, lehnt er ab. Über gemeisterte Schwierigkeiten freut er sich. Dadurch stärkt er sein Selbstvertrauen; trotzdem bleibt er sich der eigenen Grenzen bewusst. Auch beim Lösen von Verhaltensproblemen und Konflikten wird er immer sicherer.

Getrübt und geschwächt wird mein Selbstwertgefühl durch Beschämungserlebnisse, nicht verarbeitete frühere Kränkungen, Vergeltungsdrang, Rachegelüste, ebenso durch den Vergleich mit bevorzugt erscheinenden Personen, auf die ich neidisch bin.

Selbstverwirklichung, Selbstwirksamkeit, Selbstbehauptung

Selbstverwirklichung bedeutet nicht, dass ich mich mit beiden Ellenbogen gewaltsam durchsetze. Vielmehr entwickle und entfalte ich als relativ autonome Person die in mir angelegten physischen, psychischen, geistigen und sozialen Potenzen und setze sie auch zum Wohl anderer ein.

In der Maslowschen Bedürfnispyramide gilt Selbstverwirklichung als oberste Stufe der Bedürfnis- bzw. Motivhierarchie; sie ist ein wichtiges Erziehungsziel.

Selbstwirksamkeit bedeutet: Ich bin überzeugt, dass ich in einer bestimmten Situation eine gewisse Leistung erbringen und etwas bewirken kann; dieses Gefühl beeinflusst meine Wahrnehmung, meine Motivation, meine Leistungsfähigkeit. Allerdings bleibt dieses Gefühl nur erhalten, wenn ich tatsächlich Leistungen erbringe; wenn ich die Leistungen anderer beobachte und sie mit meinen Leistungen vergleiche; wenn ich in einer neuen Situation, einer

Aufgabe oder einem Problem gegenüber positive Emotionen zeige und ein Gelingen zuversichtlich erwarte.

Selbstbehauptung ist die Fähigkeit, sein Leben selbstbestimmt zu führen und sich, ohne die anderen zu unterdrücken, durchzusetzen. Erwünscht sind dann folgende Verhaltensweisen: Ich kann auch nein sagen. Ich kann Wünsche äußern und Hilfe erbitten. Ich kann Gespräche beginnen, fortführen, beenden. Ich kann negative und positive Emotionen ausdrücken mit Augenkontakt und entsprechender Körperhaltung, Gestik, Mimik. Was ich sage, ist der Situation, meinem Wertesystem und dem Wertesystem meines Partners angemessen.

Durch ein Selbstbehauptungstraining lerne ich, mich durch Nachahmen oder nach mündlicher Instruktion besser zu behaupten. Ich übe Selbstbehauptung ein durch Rollenspiele mit offen beobachtbarem oder verdecktem, imaginativem Verhalten. Das neue, selbst erwünschte Verhalten verfeinere ich durch selbstkritische Beobachtung, Videoaufnahmen, Rückmeldung durch die Gruppe. Ich überzeuge mich, dass meine Art der Selbstbehauptung gut, wünschenswert, gesund ist.

Das Gelernte übertrage ich in den Alltag und wende es dort sozialverträglich an.

Konsequenzen für den Umgang mit der eigenen Person

Ich berücksichtige angemessen alle drei Schichten, die Bauch, Herz und Kopf oder Körper, Seele und Geist symbolisieren, und nehme einen Standpunkt ein, der über diesen drei Schichten oder Seinsbereichen liegt. Dieser entspricht der Selbst-Stufe; der Schwerpunkt der Person, der bisher im bewussten Ich lag, wird in die tieferen Schichten, in das schöpferische Unbewusste, zum Selbst, verlegt. Wie die Erde um die Sonne, kreist dann das kleine menschliche Ich um das größere Selbst.

Wenn ich durch Konzentration auf mein Inneres mein Selbst finde und mit ihm die eigentliche Mitte meiner Person, komme ich ins Gleichgewicht. Mein Leben verläuft dann nicht mehr exzentrisch, von einem verschobenen Mittelpunkt aus, sondern zentrisch, von der richtigen Mitte gesteuert, von der aus ich allen drei Personschichten eher gerecht werden kann. Die Verlagerung der

Personmitte vom Ich zum Selbst führt zu einem veränderten Bewusstseinszustand, der sich allerdings objektiv nicht beschreiben, erklären, überprüfen, sondern nur subjektiv erfahren lässt; u. a. treten die kleinen, allzu menschlichen egoistischen Wünsche, Befürchtungen und Hoffnungen zurück, die bisher so wichtig erschienen.

Wer sein Selbst gefunden hat, ruht in sich. Er hat Vertrauen zu sich und zum Leben, er ist auf natürliche Weise selbstbewusst; er hat es nicht mehr nötig, Fassaden zu errichten und sein wahres Wesen dahinter zu verstecken. Sein Selbstbild ist realistisch. Seine Selbstachtung, sein Selbstwert und das Gefühl der Identität sind in seinem Selbst begründet; aus ihm lebt und handelt er sicher. Durch sein Selbst „stabilisiert" kann er die Anforderungen des Lebens bewältigen.

3.1 Umgang mit der vegetativen Personschicht

Neun Zehntel unseres Glückes beruhen allein auf der Gesundheit.
Mit ihr wird alles eine Quelle des Genusses:
hingegen ist ohne sie kein äußeres Gut,
welcher Art es auch sei, genießbar. (A. Schopenhauer)

Mir ist bewusst, dass mein Körper mit der Vitalschicht meiner Person ein gewachsener Organismus ist, den ich nicht wie einen technischen, von Menschen gemachten Mechanismus behandeln darf. Im menschlichen Organismus, dem Körper, sind alle Teile, die Organe, von denen jedes eine andere Aufgabe hat, zur Einheit zusammengefasst. Ein unsichtbares Prinzip bewirkt, dass ein Mensch zielstrebig wächst, sich entwickelt, reift. Ebenso zielstrebig reagiert er auf Reize. Alle Stoffe, die der Körper aufnimmt, werden durch den Stoffwechsel dem Körper einverleibt, ohne dass seine Gestalt in ihrer Struktur sich kurzfristig verändert. Dieses organisierende, bildende, finale Prinzip, das sein Ziel in sich selbst trägt und sehr wirkmächtig ist, ruft im Organismus die Lebensprozesse hervor. Ein Organismus kann sich selbst bewegen, regulieren, heilen, fortpflanzen. Er passt sich belastenden Umweltreizen, z. B. starker Hitze oder Kälte, in gewissen Grenzen an und verbessert dafür seine Funktionen; bei Hitze schwitzt er vermehrt zur Abkühlung, bei Kälte schließt er die Hautporen und erzeugt verstärkt Wärme.

Ein Mechanismus verschleißt durch Benützung; die Körperorgane dagegen werden durch einen angemessenen und sich langsam steigernden Gebrauch in ihrer Funktion gestärkt; sie können sich durch Ruhe und Schlaf erholen und dadurch ihre volle Leistungsfähigkeit wieder erlangen. Wer seine Organe zu sehr schont, schadet ihnen; sie werden leistungsschwächer oder degenerieren ganz und werden krank. Aus dem Vergleich von Mechanismus und Organismus können wir für eine bewusste Lebensgestaltung und mehr Wohlbefinden ableiten: Im Gegensatz zum Mechanismus, der verschleißt, wird beim menschlichen Organismus durch den Gebrauch die Funktion besser und die Leistungsfähigkeit größer. Bei völliger Schonung bleibt der Organismus nicht gesund. Ein Schreibtischmensch muss deshalb in seiner Freizeit körperlich aktiv werden. Auch der ältere und nicht mehr ganz gesunde Mensch sollte, solange dies irgendwie geht, etwas von seinem Körper fordern; dadurch fördert er ihn.

Einstellung zum Körper

Zu meinem beseelten und durchgeistigten Körper sollte ich eine freundschaftliche und dankbare Einstellung entwickeln. Das Leben, das er meiner Person auf der Erde ermöglicht und das an ihn gebunden ist, lässt sich mit Geld nicht kaufen; es ist keine Sache, kein Gegenstand, sondern eine Gabe, ein Geschenk. Meinen Körper sollte ich deshalb mindestens so sorgsam behandeln wie mein Auto, das ich pflege und in der Werkstatt regelmäßig warten lasse, damit es gut funktioniert und lange seinen Dienst tut.

Viele Menschen lieben ihr Auto aber mehr als ihren Körper, mit dem sie achtlos und lieblos umgehen, als habe er keinen Wert. Dafür gibt es vor allem zwei Gründe: Ist ein Mensch jung, verfügt er noch über ein großes Kapital an Kraft und Gesundheit; sorglos meint er, dies werde immer so bleiben. Zum anderen reagiert der Körper auf eine falsche Behandlung oft über Jahrzehnte geduldig, allzu geduldig. Er versucht, sich anzupassen und die Fehler in der Lebensführung auszugleichen. Bei falscher Behandlung streikt der Körper nicht sofort wie ein Mechanismus; ein Auto dagegen fährt nicht, wenn ich die Gesetze nicht beachte, nach denen es funktioniert. Der Nachteil beim Körper ist, dass viele Menschen erst nach Jahrzehnten für ihre Fehler in der Lebensführung mit ihrer Gesundheit zahlen müssen, manche sogar mit ihrem Leben, wenn ein Herzinfarkt sie schon früh hinwegrafft.

Auch mein Körper, dieser Organismus, unterliegt einer Ordnung, die ich einhalten muss, damit alle Organe richtig arbeiten und der Körper mir möglichst angenehme Signale, Gefühle des Wohlbefindens, senden kann; denn im Gegensatz dazu signalisieren Unbehagen oder starke Schmerzen, dass im Körper etwas nicht in Ordnung ist.

Empfehlungen für das Verhalten im Alltag

Den Körper mit Stoffen nicht überlasten. Knapp essen: in richtiger Zusammensetzung, wohlschmeckend, mit Vitalstoffen. Sich genügend Zeit zum Essen nehmen, genussvoll kauen, sich auf das Essen konzentrieren, wenig dabei sprechen. Nicht zu fett, zu süß, zu gesalzen, zu scharf gewürzt essen; sich nicht zu spät, nicht aus Langeweile, Ärger, Einsamkeit und aus anderen psychischen Gründen voll stopfen. Auf Süßigkeiten und sonstige Knabberkost abends verzichten. Mit Genussmitteln, Genussgiften und Medikamenten äußerst sparsam umgehen; sie nur nach reiflicher Überlegung und bewusster Entscheidung aufnehmen.

Sich täglich ausreichend in frischer, sauerstoffreicher Luft bewegen; dabei richtig und ausreichend atmen, das entspannende Ausatmen betonen. Muskeln genügend betätigen, bis eine leichte, wohltuende Müdigkeit entsteht. Dadurch vor dem Schlafengehen den Tagesstress abbauen, d. h. die Stresshormone und die Fett- und Zuckerstoffe als Energieträger, die sich im Blut angesammelt haben, durch körperliche Aktivität verbrauchen.

Auf Körpersignale achten, ohne ängstlich zu sein. Immer wiederkehrende Missempfindungen und Schmerzen ernst nehmen; zum Arzt gehen und sie ihm schildern. Evtl. die eigene Lebensweise ändern, wenn dadurch die Missempfindungen und Schmerzen entstanden sind. Dem Körper auch tagsüber ab und zu Ruhe gönnen, damit die verbrauchte Energie wieder ersetzt wird und die Nerven sich beruhigen können.

Früh genug, evtl. spielend, zur inneren und äußeren Ruhe kommen; nun alle Bewegungen betont langsam machen. Sich für die abendliche Körperpflege genügend Zeit nehmen. Alle Sorgen in die Ecke werfen oder unter der Dusche in der Vorstellung in den Kanal ablaufen lassen; mit sich ins Reine kommen. In entspanntem Zustand schlafen gehen. Den frühen Schlaf als wohltuend schätzen; sich darauf freuen. Befriedigende Partnerbeziehungen sind für das Wohlbefinden des Körpers auch wichtig. Morgens mit neuer Kraft dankbar für die Ruhe der Nacht aufstehen und sich auf den kommenden Tag freuen.

3.2 Umgang mit der emotionalen Personschicht

Man könnte sich doch glatt den ganzen Tag nur ärgern,
aber man ist nicht dazu verpflichtet.

Was verstehen wir unter Emotionen? Emotionen, abgeleitet von movere: erregen, sind Gemütserregungen, Gemütsbewegungen, die Handlungsantriebe auslösen und die dafür notwendige Energie freisetzen, z. B. Liebe/Hass, Freude/Trauer, Ärger/Wut bzw. Zorn, Mut/Angst. Sie werden uns als bestimmte Gefühle, als Werturteile, oder als Stimmung bewusst. Emotionen können wir auch bezeichnen als einen in der eigenen Person, in anderen Personen und durch die Beziehung zu ihnen entstehenden Erlebnis- und Erregungszustand, in dem der Mensch von einer gewissen Stärke ab dazu neigt, nicht mehr rational, bewusst gesteuert, sondern unmittelbar auf Reize zu reagieren.

Unsere Emotionen sind notwendig und sinnvoll; sie dürfen sich nur nicht destruktiv auswirken. Mit unseren Bedürfnissen, Antrieben, Motiven, Empfindungen, Stimmungen hängen sie eng zusammen; sie beeinflussen auch unser Fühlen, Vorstellen, Denken, Wollen, Sprechen und Handeln. Zuerst wird der Mensch von Emotionen bewegt; diese macht er sich fühlend bewusst. Dann denkt er darüber nach, spricht darüber und handelt. In Emotionen drückt sich die affektive Seite des Erlebens aus. Durch Emotionen reagiert die Person auf lustvolle Erfahrungen von Freude,

Hoffnung, Liebe, Sicherheit, oder auf Unlust erzeugende Emotionen wie Angst, Trauer, Scham, Ärger, Hass, Aggression, Wut, Zorn, Ekel u. a. Alle Emotionen verändern physiologische Prozesse wie z. B. Atmung, innere Sekretion, Kreislauf. Auch im Verhalten drücken Emotionen sich mehr oder weniger stark und z. T. für alle Menschen verständlich aus als Gefühl der Lust oder Unlust, der Erregung oder Beruhigung, der Spannung oder Lösung, durch die Antriebe oder Hemmungen entstehen. Starke Emotionen beeinträchtigen das bewusste Denken, Vorstellen und Handeln einer Person; diese schätzt dann Situationen einseitig „emotional" ein und reagiert unangemessen.

Bei mäßiger Stärke wirken Emotionen als „Filter"; durch eine „selektive" Wahrnehmung ermöglichen sie eine erfolgreiche, lebenserhaltende Reaktion auf Umweltreize. Emotionen bilden den tragenden und nährenden Grund der Psyche mit ihren Funktionen. Emotionen bestimmen die Grundstimmung eines Menschen, beeinflussen viele körperliche Prozesse und werden von diesen beeinflusst.

Emotionen und Gehirnprozesse

Positive und negative Emotionen hängen mit dem Hirnstamm, dem Limbischen System mit Mandelkernen und der Formatio reticularis zusammen, sowie mit Hypothalamus, Hypophyse und Thalamus, die alle in Verbindung stehen zum Großhirn, dem Neocortex, zum Vegetativen Nervensystem und dem System der inneren Drüsen. Bei der Hirnentwicklung war zuerst der Hirnstamm da; dann entwickelten sich die emotionalen Zentren, die das Limbische System mit Mandelkernen bilden, in denen die emotionalen Erfahrungen mit ihrem Sinngehalt gespeichert sind. Zuletzt entstand das Großhirn, mit dem wir denken, lernen, erinnern; mit ihm können wir, was unsere Sinnesorgane wahrnehmen, zusammenfügen, begreifen, verstehen, vorstellen, planen.

Warum ist der Umgang mit den Emotionen so wichtig?

Gute Emotionen wirken auf Körper und Seele wie ein Elixier, ein Heiltrank, wohltuend und stärkend. Dagegen können die negativen Emotionen krank machen; sie führen vor allem bei geschwächten Organen zunächst zu einer Funktionsstörung; langfristig können an den betroffenen Organen aber auch Gewebeschäden entstehen.

Nach der alten chinesischen Medizin sollten sich unbewältigte Emotionen so auswirken: Erregung am Herzen, Zorn an der Leber, Angst und Schrecken an den Nieren, Trauer an der Lunge, Sorgen an der Milz. Sicher ist diese Zuordnung aber nicht; denn die Entstehung von psychosomatischen Funktionsstörungen und Krankheiten hängt nicht nur von der Emotionalität eines Menschen ab, sondern von vielen anderen Faktoren wie z. B. seiner Konstitution, seinem Charakter, seinem Spannungsniveau, von der ganzen frühkindlichen Entwicklung und seinem Milieu. Vor allem reagiert das Vegetative Nervensystem stark und nachhaltig als Resonanzboden für starke Emotionen, die durch Frustrationen, ungelöste Konflikte, Trennungs- und Abwertungsängste, starke Unlustgefühle u. a. entstanden sind.

Besonders schädlich wirken verdrängte Emotionen, die sich nicht ausdrücken können. Ärger und Wut, die unterdrückt werden, erhöhen z. B. den Blutdruck. Diese Wirkung soll auf einer Konditionierung beruhen, auf einer bedingten emotionalen Reaktion, z. B. als Folge einer von tiefer Angst besetzten Erfahrung.

Gefühle und Emotionen – wie unterscheiden sie sich?

Emotionen sind, wie schon erwähnt, Erregungszustände, die Energie freisetzen. Gefühle sind Werturteile, die Ergebnisse unserer Fühlfunktion, die auch unsere Emotionen beurteilen. Sie sagen der Person, ob die beurteilten Personen, Zustände oder Sachverhalte und die von ihnen ausgehenden Reize lebenssteigernd oder -mindernd, lebenserhaltend oder -bedrohend, angenehm oder unangenehm, vorteilhaft oder nachteilig, gut oder böse sind; ob wir ihnen zustimmen können oder sie ablehnen müssen. Reize, denen wir zustimmen können, vermitteln Antriebe, Freude, Sicherheit, Befriedigung, Genuss, Hoffnung, Zuversicht; sie machen entspannt, befreit, beschwingt, gleichmütig, gelassen und ruhig. Reize, die wir ablehnen, vermitteln Hemmungen, Trauer, Unsicherheit, Unzufriedenheit, Frustrationen, Mutlosigkeit, Zukunftsangst; sie bedrücken, binden, lähmen, machen verkrampft, misstrauisch, berechnend, unruhig.

Mit dem Fühlen, unserer Fühlfähigkeit mit ihrer wertenden, beurteilenden, entscheidenden und organisierenden Funktion, können wir auch den Zustand unseres Organismus und seiner Organe einschließlich der Sinnesfunktionen bewerten, ebenso unseren seelischen Zustand mit Wahrnehmung, Emotionen, Denken, Wollen, Einstellung und Verhalten. Gegenpol des Fühlens ist das Denken, das vor allem das Erkennen von Ursachen, Sprache und Begriffsbildung sowie Schlussfolgern umfasst. Die Funktionen des Fühlens und des Denkens stehen in spannungsvoller Wechselwirkung zueinander; sie können gleichzeitig oder nacheinander ins Spiel kommen. Erfolge als lustvoller Ausdruck erreichter Ziele oder Misserfolge als unlustbetonter Ausdruck verfehlter Ziele erwecken starke emotionale Reaktionen.

Starke Emotionen verfälschen unsere Gefühle

Unser Fühlen funktioniert nur dann gut und relativ fehlerfrei, wenn wir uns in der Mitte unserer Person in einem Zustand innerer Ruhe auf einem mittleren Spannungsniveau befinden und unsere Psyche durch unsere Emotionen nicht zu stark bewegt ist, analog zu einem See, der unser Bild nur klar und unverzerrt spiegelt, wenn die Wasseroberfläche glatt und unbewegt ist. Sind diese Voraussetzungen gegeben, dann ist unser Fühlen unserem Denken bei der Beurteilung komplexer und nur schwer durchschaubarer Tatbestände überlegen.

Dies bedeutet auch, dass wir unsere „wertenden" Gefühle und unsere Emotionen, diese „erregenden" Gemütsbewegungen, unterscheiden müssen. In stark erregtem Zustand, wenn die Emotionen unsere Psyche und damit unser Fühlen und Denken überfluten und unseren Körper unter Stress setzen, werden unsere Gefühle verfälscht, weil die hochsensible Fühlfunktion durch zu viel Emotion gestört ist. Wir müssen warten, bis wir den beschriebenen Ruhezustand und unsere Mitte wieder erreicht haben; erst dann können wir uns auf unsere Gefühle, die Ergebnisse der wertenden Fühlfunktion, wieder verlassen.

Warum sollten wir unsere Emotionen steuern?

Positive Emotionen mittlerer Stärke geben mir Rückmeldung, ob mein Verhalten in der Umwelt angemessen ist oder nicht; auch signalisieren sie mir, ob ich ausgeglichen bin und relativ gelassen auf Emotionen anderer reagiere.

Vieles spricht dafür, die eigenen Emotionen unter Kontrolle zu bekommen, sie auf positive Ziele zu richten, sie abschwächend oder verstärkend zu steuern und zu beherrschen, statt ihr Sklave zu sein. Positive Emotionen in der richtigen Stärke sind lebenserhaltend und wirken wohltuend; negative und überstarke Emotionen dagegen schaden. Wir leiden unter negativen Emotionen mehr, als uns bewusst wird, und sind dadurch für Krankheit anfälliger. Wer sich wegen jeder Kleinigkeit ärgert und aufregt, schadet sich selbst; er verbraucht nutzlos viel Energie und mindert seine Lebensqualität. Er steht ständig unter Hochspannung; durch sein hohes Spannungsniveau entsteht schon durch schwache Reize negativer, krank machender Stress, durch den ein Mensch sich vorzeitig selbst umbringt.

Überstarke und destruktive Emotionen machen uns nicht nur krank, sondern auch handlungsunfähig. Wer sich wegen jeder Kleinigkeit ärgert und aufregt und sein inneres Gleichgewicht verliert, „rasch aus dem Häuschen" ist, sich leicht „auf die Palme bringen" lässt, setzt sich selbst emotional unter Stress. Sein Blut ist voller Stresshormone; Blutzucker- und Blutfettspiegel sind erhöht. Lebenswichtige Körperfunktionen sind gestört: Verdauung, körpereigene Abwehr, Sexualität. Das unser Denken und Verhalten bewusst steuernde Großhirn ist blockiert. Deshalb ist es notwendig, die Stärke der Emotionen zu begrenzen, sie unter Kontrolle zu bringen und gute emotionale Gewohnheiten zu entwickeln. Eine besondere Rolle spielt dabei das Selbstwertgefühl, das zu der fundamentalen Motivation des Menschen zählt, weitgehend vom Erreichen bestimmter Werte abhängt, auf positiven Erfahrungen von Vertrauen, Hoffnung, Freude, Glück beruht und mit einem positiven, aber realistischen Selbstbild zusammenhängt.

Ein Minderwertigkeitsgefühl entsteht oft schon in der Kindheit durch dauernde Kritik der Eltern und Lehrer und durch übertriebene Selbstkritik. Der Betreffende meint dann, er sei ein Versager, er sei nicht sprechgewandt und intelligent genug, sei zu klein, zu dick, zu dünn usw. Manche wollen ihr Minderwertigkeitsgefühl ausgleichen durch Angeberei und einen starken Geltungsdrang.

Werden die Minderwertigkeitsgefühle verdrängt, bilden sie im Unbewussten einen Komplex mit starken Energien, der sich in Affekthandlungen entläd, z. B. in blinder Wut, in Tobsuchtsanfällen usw.

Bei der Steuerung der eigenen Emotionen unterscheide ich:

1. Die aus der Umwelt oder der eigenen Person kommenden Reize, durch die meine Emotionen entstehen.
2. Den Zustand meines Organismus, auf den die Emotionen treffen und der durch sie verändert wird.
3. Die Art meiner Emotionen:
   a) Nach außen gerichtete, mehr aktive, aggressiv-destruktive Emotionen wie Wut und Zorn; die mehr passiven, depressiv-destruktiven Emotionen wie Ärger, Neid, Eifersucht, Hass.
   b) Nach innen gerichtete Emotionen sind u. a. Angst, Niedergeschlagenheit, Sorge, Scham, Schuld. Geraten diese Emotionen außer Kontrolle, können Fehlleistungen und destruktive Fehlhandlungen entstehen. Es kann aber auch sein, dass negative Emotionen gestaut und ganz auf die eigene Person gerichtet werden; dann treten Wahrnehmungs- und Denkstörungen auf oder es entstehen Herz-, Magen- oder Gallenerkrankungen.
4. Meine Reaktion im Verhalten zu mir selbst und zu anderen Personen.

Am besten kann ich meine Emotionen steuern, wenn ich innerlich sicher und ruhig und zum Leben konstruktiv eingestellt bin. Diese Einstellung lässt sich durch ein Verhaltenstraining entwickeln.

Emotionen hängen mit Einstellungen und Verhaltensweisen zusammen

Der Wirkungsmechanismus von Emotionen hat sich schon in der frühesten Kindheit entwickelt. Mit Einstellungen und Verhaltensweisen sind die Emotionen eng verwoben; sie lassen sich nicht isoliert beeinflussen. Eine Einstellungsänderung könnte aber dazu beitragen, im eigenen Lebensbereich und in der Umwelt nicht nur das Negative, Unangenehme und Unheil zu sehen, son-

dern auch das Positive, Gute und Heilgebliebene. Schädliche Einstellungen, Reaktions- und Verhaltensweisen lassen sich ändern!
Allerdings nicht von heute auf morgen und nur in kleinen Schritten.

Ich stelle dann meine Meinungen und Überzeugungen in Frage;
ich unterscheide zwischen Tatsachen und deren Interpretation.
Ich versuche, mehr Vertrauen zu entwickeln, Vertrauen zu Menschen, zu Sachen, zu neuen Situationen. Ich fürchte mich nicht
nur vor Krankheit, Armut, Krieg. Ich sorge mich nicht nur um den
Partner und die eigene Familie. Ich ängstige mich nicht nur vor
Schwierigkeiten am Arbeitsplatz. Ich schlage mich nicht nur mit
Zweifeln herum, ob ich mich auch richtig verhalte. Ich gehe Probleme an, die mich bedrücken, auch wenn sie mir jetzt noch un-
lösbar erscheinen.

Ich frage mich: Warum fürchte ich mich eigentlich? Was könnte
im schlimmsten Falle geschehen? Auf mögliche Schwierigkeiten
stelle ich mich ein; ihnen sehe ich ins Auge. Auf das Schlimmste
gefasst suche ich nach Möglichkeiten, das Problem schrittweise zu
lösen. Das als richtig Erkannte tue ich entschlossen; über das Erreichte freue ich mich.

Hat Ärger nicht auch eine positive Bedeutung?

Ärger ist dann sinnvoll, wenn er mir etwas anzeigt, was nicht in
Ordnung ist, was im Argen liegt, und ich darauf bald konstruktiv
reagiere, um die Dinge in Ordnung zu bringen, ohne mich aufzu-
regen, ohne anderen etwas vorzuwerfen, ohne sie zu verletzen und
für meinen Ärger verantwortlich zu machen.

Problematisch wird mein Ärger erst, wenn ich mich aufrege und
schon auf einen schwachen Reiz übermäßig stark emotional reagiere, aus „einer Mücke einen Elefanten mache".

Ich darf meinen Ärger auch nicht unterdrücken oder verdrängen, statt aktiv zu werden; dies würde die durch den Ärger entstandene Erregung stauen und mein Spannungsniveau erhöhen.

Ärger und Aufregung – unheilvolle Geschwister

Ärger entspricht einer leichten Wut. Warum ärgern Menschen
sich nicht nur, warum regen sie sich auch auf? Warum reagieren

sie in ihren Beziehungen und im Umgang mit Sachen schon bei kleinsten Anlässen so empfindlich, gereizt, aggressiv?

Sie sind mit sich selbst uneins, sind ihr eigener Feind; dies schwächt ihr Selbstwertgefühl. Sie kommen mit ihrer Umwelt nicht zurecht, finden sie voller Fußangeln und Tücke und greifen sie ständig an. Und weil sie verärgert ihr inneres Gleichgewicht verloren haben, gelingt ihnen vieles nicht; dafür machen sie aber nicht ihr Verärgertsein verantwortlich, sondern ihre Umwelt. In ihr suchen sie „Sündenböcke" für ihr eigenes Versagen.

Sie fühlen sich ungerecht behandelt, abgewertet, beleidigt, verletzt. Sie erwarten von anderen ein bestimmtes Verhalten; die anderen tun ihnen diesen Gefallen aber nicht. Ihre Absichten und Pläne werden durchkreuzt; oder sie meinen dies nur. Die Wirklichkeit entspricht nicht ihren Vorstellungen und Wünschen. Sie erinnern sich oft an Misserfolgserlebnisse. Sie fühlen sich bedroht oder angegriffen. Sie fürchten, man werde ihnen etwas wegnehmen usw.

Wie negativ und irrational manche Menschen reagieren, zeigte sich bei Experimenten. Die Versuchspersonen sollten einen Gegenstand erreichen, der durch eine Barriere für sie tatsächlich unerreichbar war. Wie reagierten die meisten von ihnen? Sie stellten nicht sachlich fest, dass der Gegenstand nicht erreichbar war; vielmehr reagierten sie mit unsinnigen Ersatzhandlungen und nutzlosen Gesten. Sie schimpften, fluchten, wurden zornig und verloren ihre Selbstbeherrschung.

Lohnt sich ein solches Verhalten? Was erreiche ich dadurch? Verschlimmere ich meine Situation nicht noch? Ist mein Denken und Fühlen dann nicht beeinträchtigt oder gar gestört? Und schlagen sich Ärger und Aufregung nicht auf wichtige Organe meines Körpers, z. B. auf den Magen? Geht mir, was ich tragisch nehme, nicht ans Herz? Schon *Epiktet* (50–138 n. Chr.) erkannte: „Nicht die Dinge selbst beunruhigen uns, sondern die Meinungen, die wir über die Dinge haben!"

Menschen regen sich umso stärker und nachhaltiger auf, je mehr sie schon vorher verletzt worden sind und je stärker der erregende Reiz ist. Tief sitzender Ärger, der über längere Zeit anhält, ist ein Risikofaktor erster Ordnung, der unserem Organismus schwer schadet. Er kann die Ursache chronischer Krankheiten sein, z. B. sehr schmerzhafter rheumatischer Beschwerden, gegen die der beste Arzt nichts vermag. Dazu kommt, dass die Beherrschung der durch Ärger entstandenen Emotionen, die den Blutdruck erhöhen, viel Kraft kostet. Ein durch Ärger chronisch erregter Mensch gleicht einem Auto, dessen Motor durch Blockieren des Gaspedals mit Vollgas und der höchsten Tourenzahl läuft und deshalb ständig gebremst werden muss. Motor und Bremssystem verschleißen rasch; außerdem ist die Unfallgefahr groß. Jeder vernünftige Mensch wird den Fehler an seinem Auto rasch beheben lassen, damit er ohne ständig bremsen zu müssen mit einer den Straßen- und Verkehrsverhältnissen angepassten Geschwindigkeit sicher fahren kann.

Auf den verärgerten und erregten Menschen übertragen geht es darum: Wie kann er die Entstehung gesundheitsschädlicher und viel Kraft absorbierender Erregungen vermeiden? Was löst bei ihm die Erregung aus? Wie werden ihm Erregungen möglichst früh bewusst, damit er sie schon in der Anfangsphase auffangen und unter Kontrolle bringen kann, bevor sie zu stark geworden sind? Wie sollte er sich verhalten, dass andere Personen ihn nicht mehr so rasch und leicht „auf die Palme bringen"?

Die Entstehung von Ärger kann ich nicht immer vermeiden; aber ich kann versuchen, den Ärger rasch wieder abzuschütteln und so zu überwinden. Die Wirklichkeit, die ich nicht ändern kann, sollte ich akzeptieren; auf sie sollte ich gelassener oder evtl. resigniert reagieren. Ich kann meine Auffassung von der Ärger auslösenden Wirklichkeit ändern, meine Einstellung dazu. Vielleicht entdecke ich dann sogar etwas Positives daran.

Dadurch schone ich meine Nerven und reibe mich nicht so auf. Oder ich arbeite in Ruhe und ohne Ärger darauf hin, die Verhältnisse zu ändern, die den Ärger verursacht haben. Ich nehme mich selbst und die vielen Kleinigkeiten nicht mehr so wichtig. Ich werde unabhängiger von vielen unnötigen Dingen. Ich kann gelassener Verluste hinnehmen und daraus für die Zukunft lernen.

Wut und Zorn als überstarke Emotionen, als Affekte

Wut und Zorn sollten wir unterscheiden; wir können dies am einfachsten, wenn wir von blinder Wut und von heiligem Zorn sprechen.

Wut ist ein primitiver vitaler Ausbruch. Der Wütende fühlt sich angegriffen, eingekreist, eingeengt. Er bewegt sich planlos, ballt die Fäuste, beißt die Zähne aufeinander, schreit laut; sein Gesicht schwillt rot an und erblasst anschließend. Oft bekommt er keine Luft und reagiert wie ein Ertrinkender oder wie ein Mensch, dem man die Kehle zudrückt. Er stürzt sich auf das auslösende Subjekt oder Objekt; in diesem Zustand kann er einen Menschen angreifen, verletzen, umbringen, und einen Gegenstand zerschmettern. Er reagiert besinnungslos, wild-zerstörerisch, dumpf-animalisch, rein triebhaft, weil er eine „Sauwut im Bauch" hat; diese kann auch selbstzerstörerisch wirken. Sie stört seelische und körperliche Funktionen: die Wahrnehmung ist verzerrt, der Puls jagt, der Blutdruck steigt, die Muskeln sind verspannt.

Bei Zorn sind auch höhere seelische Schichten mit beteiligt; der Zornige bewahrt noch eine gewisse Haltung. Bei ihm sind wichtige Werte verletzt worden; er reagiert entrüstet und empört, um das werteverletzende Geschehen möglichst rückgängig zu machen. Mit seinem Zorn appelliert er an den Mitmenschen, der ihm Anlass zum Zorn gegeben hat, dass dieser sein falsches Verhalten überdenkt und ändert. Reagiert der andere auf diesen Appell nicht und resigniert der Erzürnte, dann begnügt er sich mit „schweigender Verachtung" als Reaktion und verhält sich gleichgültig.

Durch Wut und Zorn, die Menschen abwerten, erniedrigen, bedrohen, entstehen besonders bei Personen mit schwachem Selbstwertgefühl viele Vorurteile, die emotionale, angstbesetzte Wurzeln haben; die Vorurteile sind deshalb rational nicht zu widerlegen. Oft wird eher das Gegenteil erreicht. Wer die von Wut und Zorn Betroffenen mit Argumenten rational überzeugen will, verstärkt die negativen Emotionen noch; die Gefahr besteht, dass der Erregte „explodiert" und völlig ungesteuert redet, schreit, tobt und handelt. Eher könnte er sich auf ein positives emotionales Verhalten seines Partners beruhigen, das Zuwendung und Wertschätzung ausdrückt, während ein abwertendes emotionales Verhalten die Wut wieder aufflammen ließe.

Wut beruht oft auf starkem Hass, der Schwäche, Misstrauen, Versagen, Abwertung ausdrückt; der Betroffene ist sehr aggressiv und neigt zu hysterischen Ausbrüchen. Neben seinem Gleichgewicht und viel Energie verliert er auch sein Gesicht. Die Men-

schen, die er hasst, macht er für sein eigenes Versagen verantwortlich. Diese Zusammenhänge muss der Hassende zuerst
durchschauen, bevor er von seinem Hass befreit werden kann; sie
sollten auch die Personen kennen, die dem Hass anderer ausgesetzt sind und darunter leiden.

Was läuft im Körper bei starker Erregung ab?

Dies wollen wir uns vor Augen stellen, bevor wir nach Möglichkeiten suchen, den Ärger unter Kontrolle zu bekommen. Bei
starker Erregung wird der Körper so aktiviert, wie dies zur Bewältigung einer Gefahr durch Kampf oder Flucht notwendig ist. Spannung und Angst entstehen; sie verstärken sich gegenseitig, bis die
Gefahr vorüber ist. Im Arbeitsalltag können wir mit unserem Körper aber nicht kämpfen oder flüchten. Die erregten Antriebe bleiben bestehen; wir müssen sie „beherrschen" oder unterdrücken.
Die Antriebsenergie staut sich, stört das Gleichgewicht im Organismus und macht krank, wenn wir die Energie nicht verbrauchen
und sie z. B. für konstruktive Aktivitäten einsetzen. Je stärker die
angestaute Energie ist, je länger sie gestaut und je tiefer sie verdrängt wird, umso nachteiliger wirkt sie sich aus. Das Erregungsniveau steigt auf eine ungesunde Höhe an; die Folge ist, dass wir
immer leichter schon von schwachen Reizen in krank machender
Weise erregt werden. Verstärkt wird unsere physiologische Überreaktion auf Reize psychisch durch eine „Überbewertung" an sich
schwacher und sonst unschädlicher Reize, die sich dadurch
schädlich auf unseren Organismus auswirken.

Es wäre daher wünschenswert, dass wir alles in unserer Macht
Stehende tun, um künftig auf eine weniger schädliche Weise zu
reagieren. Mancher wird vielleicht bestreiten, dass er „zu empfindlich" reagiert. Oder er sagt: „Das habe ich geerbt. Dafür kann
ich nichts. So bin ich nun einmal." Hat er schon einen Herzinfarkt
hinter sich oder möchte er den ersten Infarkt möglichst vermeiden, wird er nachdenklich werden, wenn ihm sein Arzt die Zusammenhänge klargemacht hat zwischen seiner stark stressenden
Überreaktion und den schädlichen Auswirkungen in seinem Körper, vor allem in seinen Blutgefäßen. Er wird fragen: Kann ich als
temperamentvoller Mensch meine Reaktionsweise überhaupt än-

dern? Kann ich künftig anders – weniger heftig – reagieren, als ich es mein Leben lang getan habe?

Auch ein temperamentvoller Mensch kann es nach und nach lernen, seine Antriebe unter Kontrolle zu bekommen. Er gewinnt dadurch viel: Das Leben wird wieder lebenswerter! Vieles bessert sich: Beziehungen, Gesundheitszustand, Kreativität, Leistungsfähigkeit. Bei einem gelassenen Menschen wird viel Energie frei; er ermüdet nicht so rasch. Grund: Je entspannter der Körper ist, desto weniger Sauerstoff verbraucht er; der Milchsäuregehalt im Blut ist niedriger, der elektrische Hautwiderstand ist höher. Dies haben objektive Messungen in medizinischen Labors ergeben.

Wie kann ich schädliche Erregungen bei mir abschwächen?

Ich sehe ein, dass ich mich nicht erwachsenengerecht verhalte, wenn ich wegen jeder Kleinigkeit gewohnheitsmäßig stark erregt bin, mich übermäßig aufrege, aggressiv reagiere. Ich könnte die Kontrolle über mich und mit ihr mein Gesicht verlieren, mich falsch verhalten, andere angreifen, beleidigen, abwerten, verletzen, Sachen beschädigen. Meine Umwelt reagiert auf mein falsches Verhalten je nach der Machtverteilung aggressiv oder depressiv. Ich komme in einen Teufelskreis von Ärger, Aufregung, Aggression, Depression, Frustration. Deshalb ist es auch für mich besser, wenn ich künftig auf Frustrationen, die keine lebenswichtigen Tatbestände und Gefahrensituationen betreffen, gelassener reagiere und auf positive, sozial anerkannte Weise durch körperliche Aktivitäten „Dampf ablasse", oder durch ein Hobby, das mir Freude macht und mir Erfolgserlebnisse vermittelt. Auf diese Weise staue ich die erregte Energie nicht in mir an, sondern leite sie ab, damit sie nicht destruktiv gegen mich und andere Personen wirkt und uns schadet.

Gegen aufsteigende Erregungen reagiere ich künftig mit dem formelhaften Vorsatz: „Ich bleibe ruhig und gelassen"; auch stelle ich mir vor, dass ich mich ruhig und gelassen verhalte, wenn mich jemand ärgern will. Dies führt schon nach einigen Wochen zu einer Resonanzdämpfung meiner Emotionen und senkt mein Spannungsniveau; ich reagiere dann nicht mehr so nachhaltig schon auf schwache Reize.

Ich mache mir klar, dass sich Ärger nicht immer vermeiden

lässt, freue mich aber, dass ich ihn jetzt rasch abschütteln und darauf entschlossen, sachlich, zielgerichtet und erfolgreich reagieren kann, mich nicht mehr übermäßig aufrege, mich nicht mehr beklagen und bemitleiden brauche. Auf Dinge, die ich nicht ändern kann, stelle ich mich ein, sie versuche ich zu akzeptieren. Was ich aber langfristig verändern kann, packe ich ruhig und entschlossen an, damit ich künftig weniger Anlass habe, mich zu ärgern. Dabei können mir positive Emotionen in mittlerer Stärke und entsprechende Handlungsimpulse helfen, die durch selbst gesetzte Ziele entstehen, die ich hoch bewerte. Sie liefern die nötigen Antriebe, deren Energie ich brauche, um mit langem Atem ein Fernziel zu erreichen. Hemmend wären für mich eine überstarke emotionale Energie, innere Schwierigkeiten, ungelöste Verhaltensprobleme und Konflikte, vor allem wenn ich diese, weil sie unangenehm und schmerzlich sind, verdränge, aus meinem Bewusstsein verbanne und durch „Rationalisierung" und „Projektion" verschleiere.

Lassen sich Verstimmungen beseitigen?

In vielen Fällen ja. Zuerst forschen wir nach den möglichen Ursachen; dies kann z. B. zu Hause ein Streit sein. War er nicht schwerwiegender Natur, versuchen wir, dessen Auswirkungen zu beseitigen. Wir sprechen uns aus, bedauern unseren Anteil am Entstehen des Streites, verzeihen oder bitten um Verzeihung. Wir sind uns wieder gut, freuen uns darüber und unternehmen gemeinsam etwas, das uns Freude macht. Wir gehen spazieren, spielen, wir singen, musizieren, tanzen.

Liegt keine bestimmte Ursache für unsere Verstimmung vor, bringen wir unseren Körper in Schwung, bewegen uns, machen Gymnastik, laufen, machen Handarbeiten, basteln usw. Bei starker Ermüdung schlafen wir. Nach einer starken Anspannung nehmen wir ein mäßig warmes Bad vor dem Zubettgehen.

Wir kommen auf andere Gedanken und erzeugen positive Emotionen, indem wir etwas Spannendes und Erfreuliches lesen, uns etwas vom Herzen schreiben, uns etwas von der Seele malen; indem wir an jemand denken, der uns sympathisch ist; ein schönes Bild betrachten, in Erinnerungen schwelgen, eine Naturstimmung erleben, die Dämmerung, einen klaren Nachthimmel.

Mit Frustrationen umgehen können

Wissenschaft, Technik und Industrie haben uns viele Erleichterungen gebracht. Trotzdem entstehen in unserer immer komplexer und hektischer gewordenen Welt viele Frustrationen: Pläne werden durchkreuzt, Hoffnungen erfüllen sich nicht, uns bleibt vieles Wünschenswerte versagt. Wir können Bedürfnisse nicht befriedigen. Menschen kränken und enttäuschen uns. Überall stoßen wir an Grenzen. Das Selbstwertgefühl ist angeschlagen. Die Kraft und die Fähigkeit, solche Frustrationen zu ertragen, ohne negativ oder gar destruktiv zu reagieren und aus dem Gleichgewicht zu kommen, sollten schon Kinder möglichst früh schrittweise lernen.

Wie gehe ich mit Grenzen, den mir gesetzten Ordnungen und mit unangenehmen Dingen um, mit widrigen Gegebenheiten, Notwendigkeiten, Situationen, die Unlustgefühle in mir wecken, weil sie meinen Vorstellungen und Erwartungen nicht entsprechen? Wie gehe ich mit Menschen um, die mir unsympathisch sind und die sich anders verhalten, als ich von ihnen erwarte? Ich darf nicht reagieren, wie der Urmensch einst wohl reagiert hat, wenn ihm etwas quer kam und er sich bedroht fühlte; ich darf meine durch Frustration entstandenen Aggressionen mit den Fäusten nicht abreagieren, auch wenn der Druck noch so groß ist, der durch die Ausschüttung von Stresshormonen ins Blut bei mir entstanden ist. Auf der anderen Seite weiß ich, dass es sehr schädlich ist, wenn ich die durch Frustration erregte Energie nicht ableite, nicht verbrauche, und sie in meinem Körper verbleibt. Deshalb empfehlen Psychologen, sie auf eine Weise abzureagieren, die anderen Menschen, vor allem schwächeren und von uns abhängigen Personen und Tieren, nicht schadet. Aus dieser Forderung ergeben sich für das Abreagieren einige Einschränkungen: Nie gegen andere Personen und Tiere „Dampf ablassen"! Den ersten Überdruck durch Boxen gegen einen Sandsack oder durch schwere körperliche Arbeit beseitigen, z. B. den Garten umgraben oder Unkraut jäten. Nach diesem ersten groben Spannungsabbau sind auch seelisch-geistige Aktivitäten möglich und sinnvoll; vor allem Hobbys aller Art, die Freude machen und Erfolgserlebnisse vermitteln. Der bereits etwas Entspannte kann sich auch musisch betätigen, musizieren, singen, tanzen. Er kann Rollenspiele machen und dabei Emotionen ausdrücken. Wichtig ist, dass er auf irgendeine Weise von erlittenen Frustrationen Abstand gewinnt und er andere nicht frustriert. Damit lässt sich ein durch Frustrationen entstandener Teufelskreis durchbrechen und in einen positiven Regelkreis verwandeln.

Manche Frustrierte reagieren sehr aggressiv und destruktiv

Wer am Erreichen seines Zieles gehindert wird und frustriert ist, tendiert dazu, wütend, zornig, hasserfüllt zu reagieren. Gelingt es ihm, mit diesem aggressiven Verhalten erfolgreich zu sein, wird er sich künftig, auch ohne dass er frustriert worden ist, zu seinen Mitmenschen aggressiv verhalten und sie dadurch erniedrigen, demütigen, klein machen, beherrschen. Dieses herrschsüchtige, sich bis zum Sadismus entwickelnde Verhalten wird ihm zur lieben Gewohnheit; sie steigert sein Selbstwert- und Überlegenheitsgefühl, frustriert aber die Menschen in seiner Umgebung und macht sie seelisch kaputt.

Viele dieser aggressiven Menschen haben in ihrer Kindheit zu wenig Zuwendung und Liebe erfahren. Sie sind oft und nachhaltig frustriert worden und haben darauf mit Angst und Aggression reagiert. Ihre Liebesfähigkeit ist gestört, und weil sie auf natürliche Weise keine echten Liebesbeziehungen aufbauen können, entwickeln sie ein starkes Geltungs- und Machtstreben. Ihre Frustrationstoleranz ist sehr gering; schon ein unbedeutender Anlass kann starke Aggressionen in ihnen wecken und explosive Wutausbrüche auslösen.

Daraus können wir lernen: Wir dürfen das aggressive Verhalten anderer nicht schweigend hinnehmen oder gar belohnen; dies würde es nur verstärken. Eine weitere Einsicht ist, dass das bloße Abreagieren bzw. Ausleben aufgestauter aggressiver Energie die aggressive Person nur vorübergehend von einem Überdruck entladen kann. Die Tendenz zu künftigem aggressivem Verhalten wird dadurch nicht beseitigt.

Umgang mit Schmerz und Leid

Körperliche Schmerzen lassen sich bis zu einem gewissen Grad aushalten, ertragen, in der Hoffnung, dass sie einen Sinn haben und bald nachlassen. Wir sollten nicht sofort eine Tablette schlucken oder uns eine Spritze geben lassen.

Wie gehe ich aber mit seelischem Leid um? Es lässt sich meist nicht so rasch beseitigen wie ein körperlicher Schmerz. Hier ist es noch wichtiger, dass ich in meinem Leid einen Sinn erkennen und hoffen kann, dass ich durch das Leid seelisch wachse und stärker werde. Ich sollte mein Leid aber nicht unterdrücken und vor anderen verbergen, sondern es ausdrücken. Wer traurig ist, soll sich selbst, einem vertrauten Menschen oder einem geistigen Wesen, zu dem er in seinem Herzen Zugang hat, sein Leid klagen. Er darf, wenn ihm schwer ums Herz ist, ohne als weinerlich zu gelten, auch weinen; dies kann einen überstarken Druck und damit schädlichen Stress wegnehmen.

Sinnloses, hoffnungsloses, depressiv stimmendes Leid mindert die Lebenskraft; das Gefühl der Ohnmacht schwächt das Immunsystem, die körpereigene Abwehr, nachhaltig. Es macht für Infektionen anfällig und kann eine Heilung verhindern.

Lebensfreude als Medizin

Kluge, menschenfreundliche Ärzte haben die Lebensfreude als „Medizin ohne schädliche Nebenwirkungen" wieder entdeckt. Sie empfehlen, dass wir uns über die kleinen Dinge des Alltags freuen und für jeden Tag des Lebens fröhlich und dankbar sind. Ein wichtiges Ziel ist: Mit sich eins zu werden und eins zu sein.

Einen Zusammenhang zwischen Lebensfreude und Gesundheit konnten Ärzte eines Forschungszentrums in Ludwigshafen durch Versuche mit einer 29-jährigen Frau nachweisen, die in Hypnose versetzt und an ein EKG-Gerät angeschlossen wurde. Dieses registrierte eindeutige Reaktionen. Wurde der Frau suggeriert, sie erlebe jetzt eisige Kälte, zeigte das Gerät greisenartige Reaktionen an. Auf die Suggestion, dass sie starken Hunger hat, aber in einem sehr schmutzigen Lokal isst, reagierte die Frau mit Brechreiz, stark erhöhtem Puls und Zittern. Auf die Suggestion von Kummer, Sorge und Sehnsucht verkrampften sich ihre Herzkranzgefäße.

Freude, ausgelöst durch eine Kur in gelöster Atmosphäre, mit Kurmusik, Abschaltenkönnen usw. zeigte sich dagegen als wirksamstes Heilmittel, das die Herzkranzgefäße erweiterte. Freude regte auch den Zellstoffwechsel an und führte dem Herzen mehr Sauerstoff zu. Wurde der Frau eine gute Stimmung, ein schöner Tag, blauer Himmel, keine Sorgen, die Erwartung von Freude, Frohsinn, Lebenslust suggeriert, schlug ihr Herz ruhig und kräftig.

Die Ärzte haben herausgefunden, dass Heilmittel erst voll wirken, wenn der Mensch sich freuen kann. Bei Versuchen ergab sich eindeutig ein psychosomatischer Zusammenhang zwischen den Nerven und dem System der inneren Drüsen. *W. Bargmann*, Direktor des Anatomischen Instituts der Universität Kiel, stellte fest, dass Nervengeflechte, die im Gehirn über der Hypophyse sitzen und Hormone absondern, die Hypophyse zur Ausschüttung ihrer Hormone anregen; diese wiederum regen alle anderen Drüsen des endokrinen Systems an, z. B. Schilddrüse, Bauchspeicheldrüse, Nebennieren, Sexualdrüsen. Dieses Zusammenspiel der Drüsen wird durch Angst, Schreck, Frustration und andere Eindrücke gestört; dadurch kommt auch der Stoffwechsel des Körpers durcheinander. Menschen, die Sorgen haben und sich einsam fühlen, essen sich Kummerspeck an. Zahnschmerzen, Gallenkoliken usw. können auch seelisch bedingt sein.

Dagegen wird das komplizierte Zusammenspiel im Körper heilsam angeregt und gefördert durch eine heitere, unbeschwerte Stimmung. Diese wirkt sich auch auf das Vegetative Nervensystem wohltätig aus, das die Lebensfunktionen des Körpers steuert. Wer die Stimmung eines Kranken bessert, hilft ihm, rascher gesund zu werden. Lebensfreude kann der Entstehung von Krankheiten entgegenwirken; das beste Abwehrmittel ist Freude als heitere Grundstimmung, als Gelassenheit.

Im Übrigen kann ein fröhlicher Mensch andere mit seiner Lebensfreude „anstecken"; er ist überall willkommen. Die Erfahrung hat auch gezeigt, dass Menschen, die Freude ausstrahlen, am Arbeitsplatz nicht nur hilfsbereit sind, sondern sich auch verlässlich, kollegial und kooperativ verhalten.

Empfehlungen für den Umgang mit eigenen Emotionen

1. Ich halte negative Emotionen für schädlich, weil sie meine Lebensqualität, meine Kreativität, meine Beziehungs-, Arbeits- und Genussfähigkeit mindern.

2. Ich reagiere darauf nicht spontan, sondern distanziert und errichte eine Sperre gegen Überreaktionen.

3. Ich versuche, möglichst viel von dem zu beseitigen, was bisher schädliche Emotionen erzeugt hat, weil mir mein Wohlbefinden wichtig ist.

4. Wenn möglich, vermeide oder verändere ich Situationen, in denen schädliche Emotionen entstehen.

5. Ich akzeptiere mich, wie ich bin; trotz selbstkritischer Einstellung mag ich mich.

6. Neben meinen schwachen Seiten sehe ich die Stärken, die ich auch habe.

7. Ein wichtiges Ziel ist die Harmonie mit mir selbst und das Ruhen in mir.

8. Ich suche in allem das Gute, das es neben dem Unangenehmen auch hat.

9. Ich vertraue darauf, dass ich den an mich gestellten Anforderungen gewachsen bin.

10. Ich warte nicht passiv insgeheim auf ein Wunder, sondern stelle mich aktiv den realen Problemen und packe sie an.

11. Gelegentlich ziehe ich etwas durch, von dem ich nach reiflicher Überlegung überzeugt bin, auch wenn andere dagegen sind; dafür übernehme ich allein die Verantwortung.

12. Wenn Missmut, Ärger, unterdrückte Wut bei mir entstehen, dämpfe ich sie; ihre Energie setze ich für positive Aufgaben und zum Problemlösen ein.

13. Ich versuche, die Ursachen dafür herauszufinden und sie künftig möglichst auszuschalten.

14. Kann ich die Entstehung negativer Emotionen nicht verhindern, werde ich sofort entspannend gegensteuern.

15. Wenn möglich, entwickle ich zu dem auslösenden Reiz eine positive Einstellung, indem ich ihn anders bewerte als bisher.

16. Sind Aggressionen in mir entstanden, reagiere ich sie noch am

gleichen Tag ab, ohne dass Menschen und Tiere verletzt und Sachen beschädigt werden.

3.3 Umgang mit der rationalen Personschicht

Was wir denken, bestimmt das, was wir sind und tun,
und umgekehrt bestimmt, was wir sind und tun, das, was wir denken.
(A. Huxley)

Die rationalen Fähigkeiten der meisten Bürger in den westlichen Industrienationen sind gut. Ihr rational denkendes, wollendes und handelndes Ich, ihr Ego, ist hoch entwickelt; von klein auf verhalten sie sich egoistisch, gehen sie von ihrem Ich aus, beziehen sie alles darauf.

Dies ist nicht falsch. Im Spannungsfeld von Erbanlagen und Umwelteinflüssen müssen wir schon als Kleinkind „Ich" sagen lernen und dies in der ersten Trotzphase mit unserem erwachten Eigenwillen betonen, damit wir uns von allem, was unsere Person nicht ist, unterscheiden. Nur ein Ich kann du sagen! Und nur wer in seiner Umwelt nicht aufgeht wie der Wassertropfen im Meer, kann sich in ihr behaupten oder sich ihr aus freier Entscheidung anpassen, indem er Beziehungen erfasst und herstellt, um die ständig sich verändernden Situationen steuernd zu bewältigen. Die Person kann sich in Raum und Zeit orientieren, die wechselnden Umweltbedingungen wahrnehmen, auffassen, einzelne Faktoren miteinander verbinden, assoziieren, mit ihnen rechnen, sich erinnern, schlussfolgern, sprechen, handeln.

Das Ich als Zentrum des Bewusstseinsfeldes ist Bezugspunkt meines Erlebens, das wie ein Strom ständig vorüberzieht. Am Ich bricht sich der Fluss des Erlebens wie Wasser an einem Felsen. Körperliches, Seelisches und Geistiges bilden im Menschen eine Einheit; sie sind aneinander gebunden, können aber auch unter einem der drei Aspekte, der dann dominiert, wirksam werden. Ich „erlebe" seelisch etwas subjektiv z. B., wenn ich einen Gegenstand oder eine Landschaft wahrnehme, mich einem Menschen teilnehmend zuwende, mir eine Situation vorstelle oder aktiv handle; ich nehme sie wahr, bin davon bewegt, eine Vorstellung erfüllt mich, etwas erfasst mich unmittelbar. „Erkenne" ich geistig etwas mehr objektiv, erfahre ich etwas von meiner Umwelt auf distanziertere Weise; ich weiß darum. Mir wird bewusst, dass ich etwas erlebe, fühle, denke; es steht außerhalb meiner Person in meinem Bewusstsein. Ich kann es distanziert betrachten, analysieren, abstrahieren; kann darüber verfügen, dazu Stellung nehmen, mich bewusst dafür oder dagegen entscheiden.

In der Schichtenlehre ist das Ich Teil der rationalen Schicht. Bei Freud steht das Ich, das den zügelnden „Reiter" symbolisiert, über dem triebhaften Es, dem wilden „Ross", das während des Sozialisationsprozesses vom Über-Ich nach gesellschaftlichen Normen domestiziert wird.

Das Es mit seinen Bedürfnissen wird vom Lustprinzip bestimmt, das Über-Ich von den Forderungen der Gesellschaft, das Ich vom Realitätsprinzip, das sich an den Gegebenheiten der Umwelt orientiert. Zwischen dem triebhaften Es und dem moralisierenden Über-Ich muss das Ich lebenslang vermitteln und ausgleichen; damit ist das Ich oft überfordert. Deshalb setzt es „Abwehrmechanismen und -techniken" ein.

Rolle der Abwehrmechanismen

Sie sollen dem Ich helfen, die im triebhaften, lustbetonten Es entstandenen und durch die Umwelt geweckten Bedürfnisse, Antriebe und Motive unter Kontrolle zu bekommen oder abzuwehren. Dies entspricht den Forderungen des realitätsbezogenen, von Eltern, Erziehern, Lehrern, Vorgesetzten vertretenen Über-Ich; von ihrer Erfüllung hängen Selbstsicherheit und Selbstwertgefühl ab. Die Antriebe, die die Person als unangenehm, peinlich und abwertend erlebt, sollen aus dem Bewusstseinsfeld verschwinden. Staut die Person, die über eine hohe Frustrationstoleranz verfügt, ihre Antriebe und verschiebt sie die Befriedigung bestimmter Bedürfnisse auf einen späteren Zeitpunkt, sprechen wir von Abdrängung. Verzichtet sie dagegen auf die Befriedigung der Bedürfnisse ganz, ohne die inneren Schwierigkeiten zu verarbeiten oder entstandene Konflikte zu lösen, liegt eine Verdrängung vor.

Werden starke Antriebe ohne Rücksicht auf die Befriedigung der ihnen zugrunde liegenden Bedürfnisse verdrängt, entstehen

Gefühle der Angst und Furcht, die zu starken Muskelspannungen führen und sich auf die Funktion lebenswichtiger Organe nachteilig auswirken. Empfinden, Wahrnehmen, Fühlen, Denken, Sprechen und Verhalten sind beeinträchtigt oder gestört. Selbsttäuschungen treten auf; der Betreffende entstellt, verzerrt, frisiert, verschönt, idealisiert reale, aber als peinlich empfundene Sachverhalte. Er konditioniert sich falsch; die Folge sind unangemessene, zwanghafte Einstellungen, Reaktions- und Verhaltensweisen. Manche retten sich in eine „Lebenslüge"; Neurosen oder psychosomatische Krankheiten können entstehen.

Abwehrtechniken

Bei Sublimierung werden gesellschaftlich nicht akzeptierte oder niedrig bewertete Antriebe durch anerkannte und hochbewertete Aktivitäten ersetzt.

Bei Überkompensation werden Minderwertigkeitsgefühle durch außerordentliche Leistungen in Überwertigkeitsgefühle verändert.

Bei Projektion werden eigene, meist minderwertige, negative, abwertende seelische Inhalte auf andere Personen projiziert, an diesen wahrgenommen und ihnen angelastet; die anderen werden dann verteufelt, zum „Sündenbock" gestempelt, für das eigene Versagen verantwortlich gemacht. Bei starker Sympathie und im Zustand der Verliebtheit kommt es vorübergehend zu einer positiven Projektion; der Projizierende sieht den Partner dann so, wie er ihn sich als Ideal wünscht und vorstellt. Projektionen aufzudecken und zurückzunehmen ist eine wichtige Aufgabe. Bei diesem Prozess der Selbstfindung kann mir ein nur für mich bestimmtes Tagebuch helfen, in dem ich alle Einfälle festhalte, die mir beim Nachdenken über mich selbst und mein Verhalten in einem herabgesetzten Bewusstseinszustand kommen.

Bei Rationalisierung wird versucht, das eigene problematische Verhalten oder ein Misslingen nachträglich plausibel zu begründen, es zu rechtfertigen. Tatsächlich handelt es sich um eine Scheinbegründung, eine faule Ausrede, die einen Tatbestand so darstellt, dass das Über-Ich ihn eher akzeptieren kann. Probleme werden dadurch eher verschleiert als gelöst.

Bei Regression fällt jemand, der die Angst machende und ihn

frustrierende Wirklichkeit nicht wahrhaben oder aus ihr flüchten will, in kindliche Verhaltensweisen zurück. Sinnvoll kann dieser Zustand vorübergehend sein, um sich bei Erschöpfung, Krankheit, im Urlaub und vor dem Schlafengehen zu entspannen, ebenso bei kreativen Prozessen in der Inkubationsphase.

Bei Konversion werden abgewertete Antriebe unbewusst in psychosomatische, krank machende Symptome wie Magendrücken, Herzbeschwerden, Atemnot, Übelkeit, Zittern usw. umgesetzt.

Bei Substitution werden starke Emotionen, Affekte, auf Ersatzobjekte verschoben und an diesen evtl. abreagiert. Beispielsweise ärgert sich ein Mitarbeiter über seinen Vorgesetzten; seinen Ärger reagiert er aber an einem Kollegen oder zu Hause an seiner Familie ab.

Bei der Identifizierung will der Betreffende nicht er selbst sein, sondern wie eine andere Person. Dies geht so weit, dass er sich sogar die Erwartungen, Ansprüche, Gebote, Verbote seiner Kritiker oder Gegner zu Eigen macht; den Selbsthass, der dabei entsteht, sollte er nicht auf die eigene Person richten, sondern in eine konstruktive Tätigkeit umsetzen.

Bei Isolierung wird ein Bedürfnis teilweise nicht real befriedigt, sondern nur gedanklich, symbolisch, distanziert auf eine Weise, als habe eine andere Person dies getan.

Bei Leugnung der Realität wird ein konkreter Tatbestand auf unwirkliche Weise so erlebt, als handle es sich nur um einen Traum. Beispielsweise hält ein Mitarbeiter sich noch für unentbehrlich, obwohl ihm nur noch eine einfache Aufgabe übertragen worden ist, die jeder andere auch genauso gut machen könnte.

Bei Reaktionsbildung/Reversion wird ein unzulässiges Bedürfnis, z. B. nach körperlicher Berührung, durch ein völlig gegensätzliches, aber zulässiges, z. B. Distanz, ersetzt.

Bei unerklärlichen Grenzerfahrungen, denen starke verdrängte Antriebe zugrunde liegen, die sich von der Psyche abgespalten haben und unter Umständen ein Eigendasein führen, spielen mehrere Abwehrmechanismen auf eine nur schwer durchschaubare Weise zusammen. Sie erfordern eine spezielle therapeutische Beratung oder Behandlung.

Bedürfnisse und Antriebe

Von ihnen war schon mehrmals die Rede. „Was ist ein Bedürfnis?" Ein Bedürfnis ist Ausdruck eines Mangelzustandes. Durch die entstandene Bedürfnisspannung entstehen Unlustgefühle, gleichzeitig aber auch Antriebe, durch die der Mangelzustand beseitigt und die Unlustgefühle in gute Gefühle umgewandelt werden. Durch die Befriedigung eines Bedürfnisses löst sich die Bedürfnisspannung vorübergehend.

Wer sein Leben bewusst gestalten will, muss wissen, welche Bedürfnisse in ihm aktiviert sind und sein Verhalten beeinflussen. Hat er die Bedürfnisse festgestellt, sollte er sie nach folgenden Kriterien ordnen:

1. Wichtig.
2. Überflüssig.
3. Schädlich.

Für die wichtigen Bedürfnisse sollte er sich entscheiden; auf die Befriedigung der überflüssigen und schädlichen Bedürfnisse sollte er verzichten.

Kann ein bestimmtes Bedürfnis nicht befriedigt werden, sollte die erregte Antriebsenergie durch ein Motiv, einen Beweggrund des Handelns, so lange auf ein anderes Ziel gerichtet werden, bis dieses Ziel erreicht ist und die Spannung sich gelöst hat.

Leistungsantriebe entstehen, wenn ich mir selbst ein hochbewertetes Ziel setze, das ich unbedingt erreichen will. Zusätzlich zu den durch mein Bedürfnis erregten inneren Antrieben entsteht durch das Ziel von außen ein Anreiz und nach und nach ein immer stärkerer Sog. Das Ziel entwickelt eine starke Zugkraft, die sich verstärkt, je kleiner mein Abstand zum Ziel wird. Wichtig ist, dass ich bei langfristigen Zielen schon durch das Erreichen von Tageszielen Bedürfnisse befriedigen und mir dadurch ein Erfolgserlebnis verschaffen kann.

Ordnung der Bedürfnisse

1. Grundbedürfnisse zur Selbsterhaltung, von *F. v. Schiller* als „Hunger" bezeichnet.
2. Sexualität zur Arterhaltung, von *F. v. Schiller* als „Liebe" bezeichnet.

3. Psycho-soziale Bedürfnisse, die das soziale Umfeld betreffen.
4. Individuelle Bedürfnisse, die die eigene Person betreffen.
5. Sonstige Bedürfnisse nach nicht lebenswichtigen Dingen, auf die „Appetit" besteht.

Die fünf Bedürfnisarten

1. Bei den Grundbedürfnissen zur Selbsterhaltung, die nach ihrer Bedeutung für das Überleben geordnet sind, handelt es sich um primäre, angeborene, zwingende Bedürfnisse nach
   – Sauerstoff bzw. reiner Luft – Schlaf – Flüssigkeit
   – Nahrung – Wärme – Sonnenlicht – Stoffwechsel
   – Kleidung – Unterkunft – Bewegung.
2. Die Sexualität zur Arterhaltung beruht auf einem angeborenen, aber nicht zwingenden, kontrollierbaren Bedürfnis nach körperlicher Vereinigung mit einer Person des anderen Geschlechtes in Verbindung mit psycho-sozialen Bedürfnissen wie Zuwendung, Liebe, Sicherheit durch gegenseitige Treue, Schutz und Geborgenheit, Anerkennung und Wertschätzung
   – zur Sozialbindung, Sinnenfreude, Entspannung;
   – zur Ergänzung der eigenen Person, um voller Mensch zu sein;
   – zur Zeugung von Kindern;
   – zur Ausübung der Mutter- und Vaterrolle.
3. Die psycho-sozialen Bedürfnisse erfordern ein intaktes soziales Umfeld im privaten und beruflichen Bereich; sie beziehen sich auf
   – gute soziale Beziehungen und befriedigende Kommunikation.
   – Anerkennung durch andere.
   – Innere und äußere Sicherheit.
   – Hilfen durch die Gesellschaft.
4. Die individuellen Bedürfnisse der Person im privaten und beruflichen Bereich umfassen
   – Selbstwert durch Selbstachtung und eigene Anerkennung.
   – Identität: Einssein mit sich selbst durch Selbstbejahung, Selbstliebe, Echtheit.
   – Autonomie: Selbstbestimmung, persönlichen Spielraum, Selbstständigkeit, innere und äußere Unabhängigkeit.

- Aktivität: angemessene innere und äußere Reize, Spannung, positiven Stress.
- Gesundheit durch intakte Körperfunktionen, genügend Schlaf, richtige Ernährung usw.
- Erfahrungen, Wissen, Lebensweisheit, Können.
- Wertmaßstäbe, Orientierung.
- Selbstfindung und Selbstverwirklichung; dadurch vom kleinen, egoistischen Ich wegkommen.
- Sinnfindung, Transzendenz: Erleben, das meine eigenen „begrenzten" Möglichkeiten übersteigt.

5. Die sonstigen Bedürfnisse beziehen sich auf Dinge, die nicht zum Überleben notwendig sind, aber das Lebensgefühl steigern können:

- Stoffe, die ich in meinen Organismus aufnehme, z. B. Genussmittel.
- Gegenstände, mit denen ich mich umgebe, kleide, behänge, die ich benütze.
- Erlebnismöglichkeiten, Vergnügen, Reisen usw.: aktiv gestaltete und passiv erlebte.

Die sonstigen Bedürfnisse werden oft erst von der Werbung geweckt; sie beziehen sich meist auf etwas Materielles, auf Konsumgüter, die zur Kompensation nicht befriedigter psycho-sozialer und individueller Bedürfnisse dienen; jemand wünscht z. B. einen hohen Status durch ein schnelles, schnittiges Auto. Dieses ist dann nur Mittel zum Zweck, um gute Gefühle zu erzeugen. Entsprechen die Mittel nicht der Lebensordnung oder verstoßen sie gegen sie, mindern sie die Lebensqualität.

Intelligenz

Sie umfasst die psychischen Funktionen Empfinden, Wahrnehmen, Denken, Fühlen, Wollen, die von Bedürfnissen, Antrieben, Motiven, Emotionen stark beeinflusst werden.

Das Denken als zentrale Funktion der Intelligenz mit dem schlussfolgernden Denken erfordert Aufmerksamkeit, Beobachtungsgabe, Konzentrationsfähigkeit, Auffassungsvermögen, Vorstellungskraft, Fantasie, geistige Beweglichkeit, Gedächtnis, Rechengewandtheit, Ausdrucksfähigkeit in Wort und Schrift. Jede Teilfunktion kann für sich trainiert werden. Wichtig ist aber ihr dynamisches, gut integriertes Zusammenspiel, das von Bedürfnissen, Antrieben, Motiven und gesteuerten Emotionen begleitet ist, die Energie bereitstellen.

Beim Denken lassen sich unterscheiden das rationale, logische, relativ objektive, exakte, analytische, konvergente Denken vom emotional getönten, subjektiven, mehr gestalthaften, kreativen, synthetischen, divergenten Denken. Bei der Wahrnehmung ergibt sich eine große Bandbreite zwischen zwei Wahrnehmungsarten, die eine unterschiedliche Einstellung erfordern: Überscharfe Wahrnehmung kleinster Ausschnitte mit dem „Mikroskopblick"; Wahrnehmung eines umfassenden Ganzen aus großer Distanz mit dem „Panoramablick", der das Wesentliche, den Kern einer Person oder Sache erfasst.

Das dialektisch-ganzheitliche Denken, das Denken in Gegensätzen, versucht, diese in einer sie umfassenden höheren Einheit, in einem Oberbegriff, zu verbinden; z. B. Wirtschaftlichkeit und Menschlichkeit, d. h. gute Leistung zur Erzielung einer hohen Produktivität, und Menschsein bei der Arbeit, die nicht nur die Mittel zum Lebensunterhalt, sondern auch Möglichkeiten bietet, wichtige Bedürfnisse zu befriedigen und die Persönlichkeit zu entfalten. Andere Gegensätze sind z. B. Denken und Fühlen, Denken und Wollen.

Die dynamische Denkfunktion setzt einen intakten Organismus, eine einheitlich organisierte Psyche und gute Beziehungen zur Umwelt voraus. Durch sein vom Fühlen und Erregtsein ergänztes Denken verarbeitet der normal entwickelte Mensch Reize aus seiner Umwelt, aber auch aus seinem Körper und seiner Psyche so, dass er überlebt, sich wohlfühlt und das Leben als relativ lustvoll empfindet. Er lernt durch eigene Erfahrung, gewinnt Einsichten, erfasst komplexe Beziehungen und Zusammenhänge und kombiniert neue, um schwierige Situationen durch Wahrnehmen und Denken zu meistern und Probleme zu lösen, zielgerichtet zu handeln, sich in der Umwelt zu orientieren und erfolgreich mit ihr auseinander zu setzen.

Durch das Lernen im engeren Sinne, das kognitive Lernen, kann er sich auch Einsichten zu Eigen machen, die andere Personen im Umgang mit der Umwelt gemacht haben; er kann dann Umfang und Stärke eigener schmerzlicher Erfahrungen reduzieren. Zu dieser Art des Lernens, die auf der Erfahrung anderer beruht, muss auch ein Mitarbeiter bereit sein; die Fähigkeit dazu muss er sich notfalls aneignen. Vor allem der über vierzig Jahre alte Mitarbeiter sollte zum Lernen nicht nur gut motiviert, d. h. von Neugierde und Wissenshunger erfüllt sein; er sollte auch eine gute Lernmethode beherrschen und sie laufend anwenden, damit er dem altersbedingten Nachlassen seiner Lern- und Leistungsfähigkeit rechtzeitig entgegenwirkt und sie sich bis ins hohe Alter erhält. Durch sie wird der Altersprozess verlangsamt; das Leben bleibt länger lebenswert.

Wichtig ist eine gute Merkfähigkeit und Gedächtnisfunktion, die alle seelischen Bereiche schöpferisch durchdringt und sowohl einfache Eindrücke als auch sinnvolle Zusammenhänge erfasst. Sie hilft, wesentliche Informationen im Langzeitgedächtnis dauerhaft zu speichern, damit sie bei Bedarf zum Denken, zum Treffen wichtiger Entscheidungen, zum tatkräftigen Handeln und zum richtigen Reagieren auf Umweltreize zur Verfügung stehen. Das Vorstellungsvermögen, die Fähigkeit, mit Hilfe der Fantasie Abstrakt-Begriffliches in Gegenständliches und Gegenständliches in Abstrakt-Begriffliches zu übertragen, etwas Neues, noch nie Dagewesenes auszudenken, geistige Modelle zu entwickeln, sich von komplexen Zusammenhängen ein Bild zu machen und dieses im Bewusstsein festzuhalten, ist eine zentral wichtige Funktion; sie beeinflusst das Denken und ist von ihm abhängig. Außerdem erleichtert sie das Bilden von Begriffen. Für die Entwicklung neuer Produkte und Dienstleistungen und für die Lösung von Problemen ist die kreative Denkfunktion und das Beherrschen von Techniken erforderlich, die einen kreativen Zustand ermöglichen. Neue Ideen sind gefragt, Zukünftiges soll vorausschauend beim Treffen wichtiger Entscheidungen berücksichtigt werden; dafür sind kreative Fähigkeiten notwendig.

Im Arbeitsalltag kommt es heute darauf an, dass ein Mitarbeiter folgenden Anforderungen genügt: Ruhig und überlegt verarbeitet er Informationen rasch und setzt sie in erfolgreiche Aktionen um. Aus der Informationsflut trennt er die „Spreu vom Weizen"; er erfasst das Wesentliche und unterscheidet die Tatsachen und deren Interpretation. Seine eigene Meinung begründet er durch Argumente. Er drückt sich verständlich und eindeutig aus. Zu einer Gruppe spricht er frei. Mit ihr erkennt er die Ursachen von Problemen, beschreibt sie, diskutiert darüber, arbeitet Lösungsvorschläge aus und präsentiert diese seinem Vorgesetzten, bevor er sie mit anderen Mitarbeitern realisiert. Über wichtige Vorgänge und Neuentwicklungen informiert er sich durch das Lesen von Fachliteratur.

Verschiedene Arten von Intelligenz

Wir können eine allgemeine und eine spezielle Intelligenz unterscheiden. Die allgemeine, originelle, kreative Intelligenz erfasst Bedeutungen und Beziehungen, stellt sich auf ständig neue Anforderungen ein; sie befähigt zum Lösen schwieriger Probleme und für bahnbrechende Innovationen. Sie wird von folgenden Faktoren bestimmt:

1. Ganzheit: sie ist produktiv, findet neue Ideen, erfasst das Wesentliche, vermittelt einen Überblick über das Ganze, denkt systematisch und strategisch.
2. Komplexität: sie gliedert, ordnet, fasst zusammen, denkt in mathematischen Kategorien und Modellen.
3. Plastizität: sie strukturiert um und findet den Sinn heraus.
4. Flüssigkeit: sie kombiniert leicht, schaltet geschmeidig um, wechselt die Ideen.

Bei der speziellen, fachbezogenen Intelligenz erbringt ein Spezialist auf einem begrenzten Fachgebiet Höchstleistungen. Leider ist eine zu frühe Spezialisierung oft mit einer allgemeinen Lebensuntüchtigkeit und mit Kontaktschwäche verbunden. Die weite und die tiefe Intelligenz unterscheiden sich altersbedingt. Die weite Intelligenz ist die Intelligenz des jüngeren Menschen, der viele einzelne Faktoren mit anderen vergleichen und kombinieren kann. Er überblickt Fragestellungen rasch und wandelt sie um. Er kann viele Vorstellungen erweitern, sie mit anderen verknüpfen und sich sprachlich flüssig ausdrücken. Die tiefe Intelligenz ist die Intelligenz des älteren Menschen, der das Wesentliche rasch erfasst und sich mit Problemen zäh und geduldig auseinander setzt. Er abstrahiert und verallgemeinert, denkt schlussfolgernd, bildet klare Begriffe, hat Sinn für eine genaue Abgrenzung und durchdringt seinen Stoff scharfsinnig.

Eine andere wichtige Unterscheidung ist die zwischen praktischem und abstraktem Denken. Mit dem praktischen Denken, der Dispositions- und Organisationsfähigkeit, können wir die unterschiedlichsten Aufgaben und Anforderungen folgerichtig ordnen und Schritt für Schritt selbstbestimmt und selbstverantwortlich erledigen. Bei schwierigen Aufgaben geht dem praktischen Handeln ein „Probehandeln in der Phantasie" voraus, um planend die Folgen unseres Handelns abzuschätzen, Gefahren auszuweichen und Schaden zu verhüten. Mit dem abstrakten analytischen Denken zerlegen wir Sinneseindrücke und Wahrnehmungen, differenzieren und verändern sie. Wir bilden Begriffe, entwickeln Gedankenformen, gestalten nach ihnen die Wirklichkeit. Mit dem abstrakten synthetischen Denken, unserem Urteilsvermögen, der höchsten Denkfunktion, knüpfen wir mit neuen Erfahrungen an frühere Erfahrungen an, stellen wir Beziehungen her, ziehen wir Schlussfolgerungen und fällen wir Urteile, an denen wir unser Verhalten ausrichten.

Unterscheiden sollten wir auch die allgemeine und spezielle intellektuelle Begabung von der Lernfähigkeit mit dem Gedächtnis. Wer intelligent ist, kann selbstständig und unabhängig schöpferisch denken; der Lernfähige, der über ein gutes Gedächtnis verfügt, eignet sich fremdes Wissen an, speichert es, ruft es wieder ab, arbeitet damit.

Informationen lassen sich durch empirisches, auf Erfahrung beruhendes Denken gewinnen, aber auch durch intuitives Denken. Die Intuition als Gegenpol zum empirischen Denken ist umstritten; trotzdem wird sie auch von sehr intelligenten Personen in leitender Position ständig angewandt, weil es viele, vor allem die Zukunft betreffende Faktoren und Zusammenhänge gibt, die dem empirischen Denken nicht zugänglich sind. Durch Intuition, ein Ahnungsvermögen, eine Art psychischen Instinkts, kann ein Mensch auf unbewusstem Wege Zusammenhänge und Möglichkeiten ganzheitlich erfassen, die in und hinter Objekten und Situationen liegen. Sie zeigen sich in der Vorstellung meist als Gesamteindruck; Einzelheiten sind nur unscharf zu erkennen. Der intuitive Mensch lässt sich von bildhaften Vorstellungen leiten; er hat ein Gespür für den günstigen Augenblick und kann gelassen abwarten. Allerdings erfasst er seine Umwelt nicht immer realitätsgerecht; seine intuitiven „Einfälle" sollte er deshalb an der Wirklichkeit überprüfen und darauf abstimmen.

Die Intelligenz einschätzen

H. Dirks empfiehlt dafür in seinem Buch „Bessere Menschenkenntnis" folgende Fragen:

1. Wie denkt er: langsam oder schnell?
2. Wie klärt er Sachverhalte: grob, plakativ, differenziert?
3. Wie urteilt er: allgemein, durchdacht, fundiert?
4. Was bestimmt ihn: mehr Emotionales, mehr sachliche Gründe?
5. Mit was beschäftigt er sich vorwiegend: mit lebenspraktischen Dingen, mit prinzipiellen Fragen?
6. Wo liegt der Schwerpunkt seiner Begabung: Bei technisch-naturwissenschaftlichen Aufgaben? Bei sprachlogischen und begriffsklärenden Lösungen? Bei menschlicher Kommunikation und überzeugender Wirkung? Bei abstrakter Analyse und Synthese von Problemen? Bei anschaulich-ganzheitlicher Betrachtung der Fakten?
7. Wie starr oder beweglich ist er: Hält er an einem eingeübten Denkschema fest? Kann er sich leicht auf neue Aufgaben einstellen?
8. Wie ist sein Gedächtnis: schlecht oder gut? Benutzt er es vorwiegend, um belanglose Einzelheiten zu speichern? Wie wirkt es sich beim Kombinieren und Problemlösen aus?
9. Wie ist seine Kreativität: Bleibt er im Denken am Konventionellen und Üblichen hängen? Verfügt er über Fantasie und produktive Einfälle?
10. Wie ist sein Denkniveau: Beschäftigt er sich gern mit Banalitäten? Geht er auch schwierigere Fragen an, die einen weiten Horizont voraussetzen?

Ein hoher I. Q. genügt nicht, um erfolgreich zu sein

Intelligenz, diese Fähigkeit des Verstandes, die sich für schwierige Denkprozesse eignet, erfasst nur Teilbereiche der Realität. Der Verstand wird aus Anlagen durch Anforderungen aus der Umwelt entwickelt und durch Training gesteigert. Bei gut entwickelter theoretischer, in der Praxis erprobter und angewandter Intelligenz kann sich der Betreffende auch auf neue und ungewöhnliche Anforderungen flexibel einstellen, Zusammenhänge erfassen, angemessen und erfolgreich darauf reagieren und z. B. ein Problem lösen. Die theoretische Intelligenz, die von der schulischen und akademischen Bildung abhängig ist, wird oft überbewertet. Sie wird mit Hilfe von Intelligenztests, die auf das Alter abgestimmt sind, gemessen. Das Testergebnis ist der I. Q., der Intelligenz-Quotient. Ein I. Q. von 100 bedeutet eine durchschnittliche Begabung; ein Wert darunter liegt unter, ein Wert darüber über dem Durchschnitt.

Die Erfahrung hat gezeigt, dass ein hoher I. Q. für den Lebens- und Berufserfolg nicht ausreicht. Erfolgreicher als die Superschlauen sind oft Personen mit mittlerem I. Q., die auch über emotionale Kompetenz verfügen, d. h. mit ihren eigenen Emotionen richtig umgehen, die Emotionen anderer einfühlsam verstehen und darauf angemessen reagieren können. Durch den Ausgleich zwischen Rationalität und Emotionalität sind sie selbstbeherrscht, gesellig, kompromissfähig, optimistisch, selbstbewusst und verantwortungsfreudig. Die Befriedigung ihrer Bedürfnisse können sie hinausschieben; dies lässt sie Frustrationen eher ertragen und macht sie widerstandsfähiger gegen die Entstehung von Sucht, Aggression und Depression.

Personen mit einem sehr hohen I. Q., die mit ihren Emotionen nicht umgehen können, missbrauchen oft ihre hohe Intelligenz, um Wunschvorstellungen mit Scheinargumenten zu stützen und so die Realität zu verfälschen. Manche verwenden viel Scharfsinn darauf, ihre gedanklichen Konstrukte als Wirklichkeit darzustellen, um ihren Willen durchsetzen und ihre Wünsche verwirklichen zu können.

Verstand und Vernunft – wie unterscheiden sie sich?

Unter Verstand, Intellekt, Ratio, verstehen wir die Fähigkeit, in der materiellen Welt Wahrgenommenes oder konkret Erlebtes und abstrakt Vorgestelltes relativ frei von Wunschdenken, Tabus, Vorurteilen gedanklich zu verarbeiten, zu analysieren, zu ordnen und einzuordnen, zu beurteilen, daraus Schlussfolgerungen zu ziehen,

Begriffe zu bilden, sich zweckmäßig zu verhalten. Der Verstand steht im Dienste des Ich.

Mit seiner Vernunft, dieser ganzheitlichen, dem Verstand übergeordneten geistigen Fähigkeit, kann die Person schwierige vernetzte Zusammenhänge und Ideen in ihrem Wesen, ihrer Bedeutung, ihrem Sinn und Zweck erfassen und als Ganzes erschauen. Durch die Vernunft erfasst die Person nicht nur die vordergründigen materiellen, sondern auch die hintergründigen nichtmateriellen Aspekte und Faktoren, die sich logisch nicht oder nur sehr bedingt einordnen lassen. Durch ihre Vernunft weiß die Person um die Gegensätze in der Natur und im Menschen und um die Widersprüche des Lebens. Sie ist sich klar darüber, dass sie die Erscheinungen mit ihrer Vielfalt, ihren Zwischentönen zwischen schwarz und weiß und ihren vielen anderen Farben und Färbungen, nicht absolut und widerspruchsfrei ordnen kann. Sie legt sich deshalb nicht einseitig fest und bemüht sich um einen Ausgleich zwischen gegensätzlichen Interessen, Bedürfnissen, Zielen, Werten, Urteilen. Sie stellt sich auch auf Unberechenbares, Unvorhersehbares, Schicksalhaftes ein; sie kann dieses von Bestimmbarem unterscheiden und dann auch bejahen.

Eine vernünftige Person nimmt die Umwelt realistisch wahr und erkennt sie einsichtig: nicht nur analytisch, in ihren Einzelheiten, sondern auch synthetisch, mit ihren Zusammenhängen als Ganzes. Sie kann sich in der Umwelt orientieren und ihr Verhalten sozialverträglich, aber auch zum Wohl der eigenen Person steuern.

Unsere Vernunft können wir dem Selbst zuordnen, das dem Ich überlegen ist. Jeder, der die Selbst-Stufe noch nicht erreicht hat, sollte überlegen, ob es für ihn nicht besser ist, sein Verhalten künftig vom Selbst aus zu steuern, das unterhalb der Bewusstseinsschwelle im Unbewussten der Person liegt. Mit Hilfe des Selbst kann die Person spannungsvolle psychisch-geistige Elemente und Faktoren zur harmonischen Einheit integrieren und konstruktive soziale Beziehungen aufbauen.

3.4 Kreativität – warum ist sie für das Unternehmen so wichtig?

Was der Mensch schafft –
er mag pflügen, Schifffahrt treiben oder bauen –
alles hängt von seiner geistigen Kraft ab.
(Sallust)

Der rasche technische Wandel und die Globalisierung der Märkte zwingen das Unternehmen, in immer kürzeren Abständen neue Verfahren, Systeme, Produkte, Dienstleistungen usw. zu entwickeln und die dabei auftretenden Probleme zu lösen. Dafür ist rationales, kausales Denken nach wie vor wichtig; es genügt aber nicht. Um innovativ zu sein, muss auch kreatives Denken eingesetzt werden, das die tieferen emotionalen Schichten der Person einbezieht und die Denkkapazität stark erweitert.

Planer und Konstrukteure, die neben ihrem Spezialwissen und ihrer Erfahrung auch ihre Kreativität ins Spiel bringen, verlassen ausgefahrene Denkgleise; sie stoßen über ihren bisherigen Erfahrungshorizont hinaus und finden Wege, die zu umwälzenden Neuerungen führen. Sie entwickeln neue Verfahren und Produkte, mit denen sich neue Märkte erschließen lassen.

Kreative Mitarbeiter bringen einem Unternehmen viele Vorteile. Sie wenden kreative Methoden schon in der Planungsphase und während der ganzen Entwicklung an. Dadurch lassen sich bei neuen Produkten die Kosten für Entwicklung, Konstruktion, Produktion stark reduzieren. Außerdem lässt sich der Prozess bis zur Markteinführung zeitlich verkürzen.

Kreativitätsforschung

Mancher Unternehmer fragt: Ist Kreativität denn wissenschaftlich bewiesen? Die Kreativitätsforschung steckt noch in den Anfängen; sie wäre noch weniger entwickelt, hätte es 1957 nicht den „Sputnik-Schock" gegeben: die Sorge der USA, sie könnte in der naturwissenschaftlichen Forschung hinter der damaligen UdSSR zurückbleiben.

Für ihre vom Positivismus geprägten Vertreter ist Kreativität, die auf Fantasien baut und fantastische Einfälle schätzt, kein seriöser Forschungsgegenstand; kreative Methoden lassen sich durch naturwissenschaftlich fundierte Experimente nicht oder nur sehr bedingt verifizieren. Wer ihre Brauchbarkeit testen will, muss pragmatisch an sie herangehen. Er darf nur fragen, ob sie funktioniert; ihre erfolgreichen Ergebnisse müssen für ihn als Beweis genügen.

Einige Zusammenhänge lassen sich aber jetzt schon aufzeigen. Die wichtigsten Phasen des kreativen Prozesses lassen sich erkennen, und sie sind in allen Anwendungsbereichen nahezu gleich. Vieles davon verläuft unbewusst. Wer Zugang zu den unbewussten psychischen Schichten in sich bekommen will, muss ihnen frei von allen Vorurteilen gegenübertreten. Fachwissen allein genügt für kreative Leistungen nicht; es muss durch eine lebhafte Fantasie ergänzt werden. Bisoziation, d. h. die Kombination zweier Ideen, Konzepte, Techniken usw., ist oft Voraussetzung für kreative Leistungen und Entdeckungen. Eine Arbeits- bzw. Problemlösungsgruppe darf nicht nur aus Fachleuten eines Bereiches oder einer Disziplin bestehen; sie muss auch objektfremde Fachleute und Nichtfachleute umfassen.

Was ist Kreativität?

Auf einem Symposion wurden 400 Bedeutungen genannt. Am häufigsten waren: „Originalität, Erfindungsreichtum, Flexibilität, Entdeckung, Außergewöhnliches". Jeder Versuch, Kreativität zu definieren, ist problematisch; kurz umrissen ist Kreativität die Befähigung zu schöpferischer Arbeit.

Durch seine Kreativität erfasst ein Mensch mit einer Art innerem Gespür, einem „psychischen Radar", unmittelbar das Wesentliche der Teile und des Ganzen von Personen, Objekten und Sachverhalten. Dabei stellt er neue und überraschende Zusammenhänge und Beziehungen her; er bringt hervor, was vorher nicht da war, und entwickelt neue und originelle Problemlösungen. F. *Spreither* bezeichnet Kreativität als suprarationale, den Verstand übersteigende Fähigkeit, die von der Wissenschaft vernachlässigt und durch eine das Rationale einseitig betonende Schulbildung blockiert worden ist.

Kreativität enthält intuitive Elemente: Intuition verstanden als unmittelbares, mit dem Willen nicht steuerbares Erfassen einer Person oder Sache, als geistiges, inneres Schauen, das sich auf das Wesen des wahrgenommenen Subjekts oder Objekts richtet und von ihm durch ruhige Betrachtung direkt Eindrücke, überraschende „Einfälle" erhält, die allerdings mit Verstand und Körpersinnen an der Realität überprüft werden müssen. Intuition bezieht sich auf die materielle Welt, Inspiration auf Nichtmaterielles, Geistiges.

Kreative Leistungen in Wissenschaft und Technik

Zu welchen außerordentlichen Erkenntnissen ein Wissenschaftler kommt, wenn er sein logisches Fachwissen mit bloßen Fantasien kombiniert, zeigt sich bei dem Astronomen *J. Kepler*. In seiner 1609 veröffentlichten Schrift „Geographie des Mondes" sagte Kepler voraus, dass die Erdbewohner eines Tages andere Himmelskörper ansteuern würden; auch beschrieb er 350 Jahre vor dem ersten Weltraumflug, dass gewaltige Abstoßenergien zur Überwindung der Erdschwerkraft erforderlich seien und die Passagiere eines Raumschiffes eine horizontale Lage einnehmen müssten, um sich vor dem Startschock zu schützen.

Die Männer, die behauptet hatten, auf den Mond fliegen und landen zu können, galten so lange als Fantasten, bis sie es tatsächlich geschafft hatten, dass die ersten Astronauten auf dem Mond landeten, dort spazieren gingen und vom Mond Bilder zur Erde übertrugen.

A. Einstein hielt Intuition für einen ganz bedeutenden Faktor bei wissenschaftlichen Entdeckungen. Er betont, die wichtigsten Gedanken seiner Relativitätstheorie seien ihm gekommen, als er krank im Bett lag. Auf dem logischen Weg allein hätte er diese Gesetze nicht entdecken können.

Von dem Physiker und Erfinder *N. Tesla* wird erzählt, bei einem Spaziergang sei er plötzlich stehen geblieben und habe zu seinem erstaunten Begleiter gesagt: „Sehen Sie nichts? Er steht genau vor mir. Sehen Sie, wie gut er läuft." Tesla skizzierte das Bild, das er soeben in einer Art Tagtraum gesehen hatte, mit einem Stock in den Sand des Parkweges: den Drehstrommotor, eine Erfindung, die zur Grundlage der Stromerzeugung in den USA werden sollte.

Kreative Leistungen in der Wirtschaft

Unternehmer und Führungskräfte in leitenden Positionen müssen viele technische und wirtschaftliche Probleme lösen und Entscheidungen treffen, von deren Richtigkeit ihr Erfolg und das Schicksal vieler Tausender Menschen abhängt. Sie bauen dabei auf eine innere Fähigkeit, deren Funktion ihnen oft selbst nicht klar ist, von der sie aber überzeugt sind, dass sie sich darauf verlassen können. Sie scheinen für alles, was mit ihrem Tätigkeits- und Verantwortungsbereich zusammenhängt, besonders sensibel zu sein und reagieren vermutlich auf Reize, Informationen, Zusammenhänge, die andere Personen nicht wahrnehmen. Sie erkennen Probleme, können diese gut analysieren und finden Ideen, um auch schwierige Probleme zu lösen.

Nicht immer sind sie auf ihrem Gebiet Spezialisten. Viele Erfindungen z. B. wurden von Nichtfachleuten gemacht, die nicht „betriebs- oder branchenblind" waren. Der Handlungsreisende *K. C. Gilette* erfand den Rasierapparat. Musiker erfanden Kodachrome. Der Tierarzt *J. B. Dunlop* gab entscheidende Beiträge für die Entwicklung der Luftbereifung. Der Buchhalter *G. Eastman* revolutionierte die Fotographie. Ein Patentanwalt erfand die Xerografie, das Trockenkopierverfahren, ein Bestattungsunternehmer erfand das automatische Wählscheibensystem des Telefons.

Der Vorstandsvorsitzende eines amerikanischen Stahlkonzerns antwortete auf die Frage, ob bei ihm Intuition eine Rolle spiele: „Aber ja! Intuition macht 90 % meiner Arbeit aus. In meinem Unternehmen gibt es über hundert Spezialisten. Von ihnen lasse ich mir alle notwendigen Informationen geben. Mit keinem dieser erstklassigen Fachleute darf ich mich aber zu lange beschäftigen. Mein Denken würde sonst zu sehr in eine Richtung gelenkt werden. Davor muss ich mich hüten! Nur wenn ich das Ganze im Auge behalte und mir den allgemeinen Überblick bewahre, kann ich die richtigen Entscheidungen für das Unternehmen und die Aktionäre treffen. Nur so klappt es mit meiner Intuition. Wie sie eigentlich funktioniert, weiß ich selbst nicht genau."

Die Berichte zeigen, dass kreative Leistungen auf Sachgebieten durch den Prozess des Lösungssuchens erreicht werden, indem ein Kreativer z. B. über einem Problem brütet, es mit sich herumträgt, mit ihm schwanger geht. Dieser Prozess der Inkubation verläuft weitgehend unbewusst, abgesehen von der Problemstellung, der Zielsetzung und ersten Lösungsversuchen, die bewusst sind.

Der kreative Mensch

Was geht in einem Menschen während einer schöpferischen Phase vor? Wie denkt er? Wie intelligent muss er sein?

Eine mittlere bis gute Intelligenz etwa bis zu einem IQ von 120 scheint neben bestimmten Persönlichkeitsmerkmalen notwendig zu sein, damit Kreativität sich zeigen kann. Der kreative Mensch denkt nicht nur konvergent: kausal, empirisch, logisch, analytisch, schlussfolgernd, zielbezogen, in bewährten Denkmustern, sondern auch divergent: final, spielerisch, verfremdend, kreisförmig, in Sprüngen, synthetisch, fantasievoll herumschweifend, querfeldein, völlig unkonventionell, alle Grenzen überschreitend. Er scheint Zugang zu Informationen zu haben, die dem Durchschnittsmenschen verschlossen sind. Ideen zu vollkommen neuen Dingen scheinen ihm zuzufliegen, ohne dass er weiß, woher.

Wie wirkt sich divergentes Denken aus? Der Kreative kann durch sein weiträumiges Denken und seine reichhaltige Phantasie den zähen Brei seines erlernten Wissens und seiner Erfahrungen in Bewegung setzen, ungewohnte Gegenstände miteinander verbinden und weit auseinander liegende Informationen zu neuen Ideen verknüpfen. Er denkt und assoziiert flüssig, ist originell, flexibel, sensibel. Er kann vorhandene Strukturen erfassen und neue aufbauen; er sieht ungewöhnliche Zusammenhänge, kann sie herstellen. Die Elastizität seines Denkens ermöglicht ihm ungewöhnliche Kombinationen bekannter Elemente zu neuen Denkformen bzw. Objekten.

Seiner Phantasie lässt er freien Lauf; mit ihr durchbricht er alle Begrenzungen und Gesetze von Raum, Zeit und Kausalität. Er kann aber auch systematisch und zielgerichtet Gegenstände neu kombinieren und umstrukturieren. Ebenso ist er fähig, Objekte in ihre Elemente zu zerlegen und aus ihnen neue Objekte zu konstruieren. Zu Personen, Objekten und Situationen kommen ihm viele phantasievolle, originelle Einfälle; sie kann er so bearbeiten, dass sich viele Abwandlungsmöglichkeiten ergeben. Seine Ideen entwickelt er mit Hilfe seines Verstandes logisch weiter, bis sie praktisch verwirklicht werden können.

Der kreative Mensch löst gern Probleme

Er beherrscht das fragende, bohrende Denken, auf das er durch spontan auftretende Einfälle sinnvolle Antworten erhält. Für ungelöste Probleme hat er ein Gespür; er entdeckt bisher übersehene Lücken und Schwachstellen. An und in unvollkommenen Situationen wachsen seine kreativen Fähigkeiten. Problemen weicht er nicht aus; sie ziehen ihn eher an. Er geht entschlossen auf sie zu und lässt sich von ihnen anregen. Rasch erfasst er ihren Kern und erkennt den Punkt, auf den es entscheidend ankommt. Er kann Probleme aber auch scharf analysieren. Ihm macht das Problemlösen Spaß; dabei entwickelt er einen starken Ehrgeiz. Eine gute Problemlösung vermittelt ihm Erfolgserlebnisse und steigert sein Selbstwertgefühl; in diesem Gefühl macht er sich an die Bearbeitung weiterer schwieriger Probleme.

Er sammelt alles, was dazu beitragen kann, seine Probleme zu lösen. Dabei unterscheidet und trennt er prüfend, vergleichend, abwägend: Notwendiges und Überflüssiges, Wesentliches und Unwesentliches, spezifisches Kernwissen und unspezifisches Randwissen. Er trägt Probleme mit sich herum und lässt sie in seinem Unbewussten ausreifen. Alle Einfälle, die ihm in dieser Zeit kommen, wägt er sorgfältig und bedächtig ab. Erst nach gründlichem Überdenken und wenn ein innerer Impuls ihm Sicherheit gegeben hat, entscheidet er sich für einen Lösungsvorschlag.

Hauptmerkmale des kreativen Denkens

Dies sind Flüssigkeit, Flexibilität, Originalität, Elaboration.

Flüssigkeit bedeutet, ich kann in kurzer Zeit völlig unkritisch viele originelle Ideen finden bzw. assoziieren. Flexibilität bedeutet, ich kann spontan Neues denken und konstruieren, ohne dass ich mich durch die Aufgabe einengen lasse. Bei der adaptiven Flexibilität bewege ich mich zwar innerhalb bestimmter Anweisungen und Regeln; trotzdem führen meine Versuche zu neuen originellen Lösungen. Für mögliche Antworten auf Fragen oder Lösungen zu Problemen benütze ich verschiedene Kategorien. Ich spiele und experimentiere mit den Dingen in der Fantasie, ich stelle mir viele ungewöhnliche Verwendungsmöglichkeiten vor.

Originalität bedeutet: Ich komme auf eine sehr seltene Lösung, und diese könnte optimal sein. Ist sie wirklich gut, leuchtet sie unmittelbar ein. Ein im Spiel nur zum Spaß geäußerter Lösungsvorschlag ist oft am originellsten. Die Elaborationsfähigkeit entscheidet, ob eine Idee oder ein ausführlich und genau beschriebener Lösungsvorschlag, der viele Einzelheiten enthält, in die Realität übertragen werden kann. Viele Personen haben den Kopf voller Ideen, aber nur wenige können sie verwirklichen.

Vergleich zwischen dem konvergenten und dem divergenten Denker

Der rationale, konvergente Denker als disziplinierter Planer verbleibt in seinem Denken im Bereich des Rationalen, Vernünftigen, Faktischen. Bei ihm dominiert die linke Gehirnhälfte; sie ist stärker erregt, aktiviert, entwickelt. Er verhält sich konventionell, autoritätsgläubig, kontrolliert seine Impulse; er denkt präzise, analytisch, linear nach Ursache und Wirkung, argumentativ. Ungewöhnliches, Ungewohntes weist er ab oder er verdrängt, was er rational nicht fassen, ordnen und einordnen kann, weil er es als Bedrohung empfindet. An seine Träume kann er sich nicht oder nur schwer erinnern.

Der emotionale, divergente Denker als fantasievoller Creator schwebt in seinem Denken in einer Sphäre zwischen Traumwelt und vernünftiger rationaler Welt. Er setzt sich für Veränderungen bis hin zur wissenschaftlichen Revolution ein, sucht nach neuen Regeln, Gesetzen, Hypothesen, Theorien, Paradigmen. Bei ihm dominiert die rechte Gehirnhälfte, die für kreative Prozesse wichtig ist. Er verhält sich unkonventionell, unabhängig im Urteil, impulsiv, spontan; er denkt verschwommen, kreisförmig, vernetzt, mehr anschaulich, symbolisch. Mit Neuem und Ungewöhnlichem spielt er; er betrachtet es als Abenteuer. Es reizt ihn; er lässt es deshalb ins Bewusstsein aufsteigen, setzt sich mit ihm auseinander, sucht es zu realisieren. Er versucht auch seine Träume zu verwerten; deshalb kann er sich oft an sie erinnern.

Entwicklung der Kreativität

Der kreative Mensch wurde von seinen Eltern nicht „dressiert",
um bald ein kleiner wohlerzogener Erwachsener zu sein. Von ihm
wurde nicht blinder Gehorsam verlangt. Vielmehr haben seine Eltern seine Fantasie und seine Selbstständigkeit gefördert. Durch
spielerische Betätigung und die manchmal riskante Auseinandersetzung mit seiner Umwelt konnte er seine kreativen Fähigkeiten
entwickeln.

Der kreative Mensch kann einen Tatbestand in seiner Umwelt
rasch gefühlsmäßig erfassen. Er entscheidet sich oft unbewusst
richtig und handelt mit nachtwandlerischer Sicherheit. Worauf
seine Fähigkeit beruht, ist schwer zu sagen. Er verfügt über eine
starke Emotionalität, intensive Gefühle, Empfänglichkeit, Ein-
drucksfähigkeit, Instinkt, Einfühlungsvermögen, Fingerspitzengefühl, Spürsinn, Feingefühl, Ahnung, Vorgefühl usw. Einfälle, Ein-
gebungen, Gedankenblitze helfen ihm, mit seiner Umwelt erfolgreich umzugehen, sein Leben zu meistern und auch im Beruf
voranzukommen. Kreativität kann aber auch zur Selbstfindung
und Selbstentfaltung und zur Vertiefung der zwischenmenschlichen Beziehungen dienen.

Der Kreative kann bei allem, was mit seinen Problemen zusammenhängt, Widersprüche ertragen; auch kann er innere Spannungen, problematische und unübersichtliche Situationen und Konflikte längere Zeit aushalten. Dabei arbeitet er unermüdlich daran,
seine Probleme und Konflikte zu lösen. Steht er die spannungsvolle Zeit durch, kommt er oft zu besonders fruchtbaren Lösungen und zum lange ersehnten Erfolg. Dieses Verhalten spiegelt die
Fabel vom Frosch, der mit einem anderen Frosch in einen Milchei-
mer springt. Beide trinken, bis sie satt sind; dann wollen sie stram-
pelnd aus dem Eimer herauskommen. Sie schaffen es aber nicht,
und der eine Frosch resigniert und ertrinkt. Dagegen strampelt der
andere Frosch weiter, bis die Milch zu Butter geworden ist. Nun
hat er eine feste Unterlage; von ihr aus gelingt ihm der Absprung
ins Freie.

Der kreative Mensch verfügt über ein hohes Maß an Selbstdisziplin. Er ist ein ausgeprägter Individualist mit einem hohen
Selbstwertgefühl: eigenwillig, unabhängig, entschlussfreudig. Sein

starkes Selbstvertrauen gibt ihm die Kraft, konzentriert und intensiv zu arbeiten. Er traut sich viel zu und ist zuversichtlich, dass ihm beim Nachdenken über seine Probleme viel Neues einfallen wird. Er ist aber auch selbstkritisch; eigene Fehler kann er einsehen und zugeben; sachliche Kritik anderer Personen akzeptiert er.

Auf Anforderungen reagiert er frei und unabhängig; er hält sich weniger als andere an Anweisungen, Vorlagen und Modelle gebunden und strukturiert seine Aufgaben nach eigenem Ermessen. Er zeigt Humor und Fantasie. Eine spielerische intellektuelle Aktivität erlebt er als Vergnügen. Außerdem ist er mutig, angriffslustig, unkonventionell. Auch im Erproben von Lösungsmitteln und -wegen zeigt sich seine Selbstständigkeit. Eine besondere Vorliebe hat er für komplexe undurchsichtige Gebiete, deren unauflösliche Widersprüche und Ungereimtheiten sein Denken herausfordern.

Er kann sich leidenschaftlich für etwas erwärmen, sich gleichzeitig aber auch davon distanzieren. Er kann sich einem Objekt und seinen Kräften hingeben, davon erfüllt, davon besessen; er kann aber auch über einer Sache stehen, sie beherrschen und ordnen. Die Lust an harter Arbeit verbindet er mit der Fähigkeit zu spielen. Meist findet er rasch zu „seinem Thema", setzt sich entsprechende Ziele und verfolgt diese konsequent. Er weiß, dass einzelne Projekte ausgären und wachsen müssen. Diese klammert er aus; er lässt sich Zeit mit ihnen, hetzt sich nicht ab, sondern konzentriert sich auf die „reif gewordenen" Projekte. Bei der Lösung von Problemen gibt er sich nicht mit den ersten Lösungsvorschlägen zufrieden; er nimmt sich genügend Zeit und „bohrt" weiter, bis er eine optimale Lösung gefunden hat. Einen sofortigen Erfolg seiner Bemühungen erwartet er nicht; er ist geduldig und ausdauernd.

Zugang zum Unbewussten

Seine außergewöhnlichen Leistungen erlebt der kreative Mensch als ichfern und -fremd, weil sich die kreativen Prozesse in seinem Unbewussten abspielen, in der „black box" seiner Psyche, von der wir nur wissen, dass etwas in sie eingeht und etwas wieder aus ihr herauskommt. Was sich im Inneren dieser „black box" abgespielt hat, können wir nur aus dem Unterschied zwischen Eingabe und Ausgabe erschließen.

Zu dem schöpferischen Potential in sich, zu den tieferen seelischen Schichten, zu seinem Unbewussten, hat der Kreative einen guten Zugang. Er hat es geschafft, die Gegensätze in sich und in seiner Umwelt zu ertragen, sie zu bändigen und in einer sie umfassenden, übergeordneten Struktur zu vereinigen.

Fragen grenzt er scharf ein; einen besonderen Aspekt erweitert er aber. Probleme vertieft er an einer Stelle bohrend, an einer anderen ist er von einer spontan sich einstellenden Lösung staunend überrascht.

Soziales Verhalten

Der Kreative schafft sich eine Umgebung, die seine Arbeit fördert, und sucht Personen, die ihm bei seinen Aufgaben helfen können. Er kann aber auch längere Zeit allein arbeiten.

In der Zusammenarbeit mit anderen bleibt der kreative Mensch eigenständig und eigenwillig. Trotzdem kann er seine Kräfte und Fähigkeiten mit ihnen vereinen und damit mehr erreichen als allein. Seine Einstellung zur Gruppe ist ambivalent. An Gruppenarbeit ist er nicht immer interessiert, solange er noch keine positiven Erfahrungen in der Gruppe gemacht hat; er empfindet die Gruppe dann eher als hemmend.

Bewährt hat sich ein kombiniertes Vorgehen, bei dem der Kreative zuerst seine eigenen Ideen produziert, diese mit Hilfe der Gruppe ergänzt und sie dann der Gruppe zur kritischen Beurteilung unterbreitet.

Was blockiert kreative Prozesse?

Alles, was mich aufgrund meiner Entwicklung und durch Einflüsse meiner Umwelt zu sehr einengt und mir keinen Verantwortungs- und Handlungsspielraum lässt, was mich seelisch-körperlich unter Druck setzt, bei mir negative Spannungen bzw. Disstress erzeugt und mich in meinem Inneren beunruhigt. Auch jede Disharmonie durch Ärger, Verstimmungen und andere negative Emotionen und Affekte erschwert oder blockiert die kreative Funktion.

Meine Denkgewohnheiten können das Schöpferische in mir und damit das Finden neuer Ideen blockieren, wenn ich einseitig rational, wenn ich nur konvergent denke, statt auch divergent. Wenn ich durch eine zu kritische Einstellung zu meinem Unbewussten dessen Einfälle ersticke oder abwürge. Wenn mein Denken zu sehr in den starren Schienen von Spezialwissen, Erfahrung, Gewohnheiten, Tradition, Tabus, Vorschriften, Instanzenwegen, Trägheit, Beharrung, Vorurteilen usw. verläuft, oder ich mich in meinem Denken immer im gleichen Problemkreis bewege, aus dem ich nicht herauskomme. Wenn in mir sich Denkknoten gebildet haben und ich mir eine Lösung „nur so" vorstellen kann. Wenn ich meine, „ich darf das nicht!" Oder: „das haben wir schon immer so gemacht!" Oder: „Damit komme ich doch nicht durch!" Oder etwas könne nur gut sein, wenn es schon vorhanden und erprobt ist.

Auch wenn ich zu abstrakt und einseitig in Begriffen denke und mein Wissen nach unumstößlichen Kategorien nur in feste Schubladen einordne, behindert dies meine Kreativität. Schließlich kann diese unter sonst idealen Bedingungen bei mir nicht entfaltet werden, wenn ich unter Routinearbeit ersticke und zu wenig Zeit für schöpferische Tätigkeiten habe.

Was fördert kreative Prozesse?

Im Prinzip das Gegenteil von dem, was Kreativität blockiert: alles, was mich entspannt, heiter stimmt, innerlich ruhig und gelassen macht.

Wichtigste Voraussetzung ist ein guter Kontakt zu meinem Unbewussten und die Bejahung meiner innersten Emotionen und Gefühle. Je harmonischer ich mich fühle und je tiefer und stärker ich in meiner Mitte ruhe, desto besser ist die Verbindung zu meinem Unbewussten, zur inneren Quelle meiner Kreativität.

Zu mir selbst, meinen Mitmenschen und zum Leben sollte ich positiv eingestellt sein. Bei dieser Grundeinstellung nehme ich nicht nur das Negative in meinem Umfeld wahr, sondern auch das Positive, das es neben dem Negativen in unserer unvollkommenen Welt auch heute noch gibt. Daraus entstehen tiefe Gelassenheit, eine gewisse Sorglosigkeit, Hoffnung, Zuversicht, Vertrauen in die Zukunft.

Kreatives Denken setzt voraus, dass ich das rationale, konvergente Denken durch divergentes Denken ergänze und mich dem

Zustrom neuer und origineller Ideen öffne. In einer unkritischen, emotional betonten Denkphase, wie sie im Brainstorming praktiziert wird, lasse ich alle Einfälle zu und halte sie schriftlich fest. Erst in der zweiten, der rationalen Phase, sichte ich sie kritisch und wähle die brauchbaren Ideen aus, prüfe sie auf ihre Verwertbarkeit und verwirkliche sie.

In der unkritischen schöpferischen Phase bin ich meinem Unbewussten gegenüber völlig offen. Auf seine Einfälle bin ich neugierig; für sie bin ich dankbar. Ich habe tiefes Vertrauen zu meinem Unbewussten, dass es mir bei der Lösung meiner Probleme helfen kann, und zwar schon beginnend bei der Problemfindung und -beschreibung bis hin zur praktischen Durchführung. Mindestens zeitweise denke ich völlig unkonventionell und lasse meine Gedanken frei schweifen, unbelastet von allem Spezialwissen und allen Erfahrungen. Ich denke anschaulich und sehr flexibel, d. h. ich ordne meine Gedanken ganz anders an als sonst und versuche neue, völlig ungewöhnliche, unübliche Zusammenhänge zu finden, die es in dieser Form bisher noch nicht gegeben hat.

Bin ich kreativ?

Es genügt nicht, kreative Techniken und Methoden zu erkennen, zu beherrschen und sie wie Instrumente einzusetzen. Der Mensch selbst mit seinen inneren Fähigkeiten ist das wichtigste Instrument im kreativen Prozess.

Wer kreativ tätig sein will oder muss, aber nicht sicher ist, ob er über die notwendigen Eigenschaften verfügt, sollte eine Eigenanalyse seiner kreativen Fähigkeiten machen. Diese Eigenanalyse kann mit dem Blick auf die Anforderungen und die praktische Anwendung im Beruf und im privaten Bereich durch weitere kreative Eigenschaften ergänzt werden.

Eigenanalyse meiner schöpferischen Fähigkeiten

1. Habe ich einen „originellen" Lebens- und Denkstil?
2. Nehme ich die Welt „anders" wahr als der Durchschnittsmensch?
3. Bin ich „offen" für Neues, neugierig darauf?

4. Habe ich ein Gespür für Probleme?
5. Kann ich sachliche Kritik ertragen und daraus lernen?
6. Sehe ich eigene Fehler ein, gebe ich sie zu?
7. Bin ich bei Schwierigkeiten auf einem für mich sehr wichtigen Gebiet – trotz Frustrationen – ausdauernd?
8. Fühle ich in mir den Drang, chaotische Zustände zu ordnen?
9. Höre ich auf andere, nehme ich ihren Rat an?
10. Liebe ich komplexe, schwer durchschaubare Gebiete, die meine ganzen Fähigkeiten herausfordern?
11. Kann ich Spannungen über einen längeren Zeitraum durchstehen, einen großen Spannungsbogen aushalten? Kann ich mit ungelösten Problemen längere Zeit „schwanger gehen"?
12. Habe ich eine lebhafte Fantasie? Denke ich divergent?
13. Kann ich mich auf wichtige Aufgaben gut konzentrieren? Denke ich konvergent?
14. Kann ich Widersprüche ertragen?
15. Kann ich ein Problem spielerisch durchdenken und so mit ihm umgehen?
16. Besitze ich ein starkes Selbstvertrauen?

Welche dieser kreativen Eigenschaften sind für meine Arbeit wichtig? Sollte ich die eine oder andere davon weiterentwickeln? Worin besteht mein Defizit? Zunächst sollte ich mich auf drei Eigenschaften beschränken, mit denen ich mich auseinander setze und die ich durch ein Verhaltenstraining weiterentwickle.

Kreativität entwickeln

Kreativität beruht auf einer Begabung, über die im Prinzip alle gesunden Menschen verfügen. Ein gewisses schöpferisches Potential, das aber entwickelt werden muss, gehört zur seelisch-geistigen Grundausstattung jedes Menschen, damit er überleben kann.

Die Fähigkeit der Kreativität lässt sich noch weiterentwickeln, und zwar umso eher, je mehr ein Mensch die Welt in einer bestimmten Art und Weise wahrnimmt und sich mit ihr auseinander setzt. Davon gehen die Unternehmer, Manager, technische Führungskräfte, Werbefachleute, Politiker u. a. aus, die in wachsender Zahl Kreativitätsseminare besuchen, um ihre kreativen Fähigkeiten durch ein Training zu steigern.

Bei einem Teil von ihnen müssen allerdings zuerst emotional geprägte Blockierungen abgebaut werden, die durch die frühkindliche Sozialisation, in der Schule, bei Ausbildung und Studium durch eine einseitige Betonung der rationalen Personschicht entstanden sind. Außerdem genügt es nicht, nur theoretisch etwas über Kreativität zu erfahren. Um die verschütteten kreativen Fähigkeiten freizulegen, ist meist ein Verhaltenstraining erforderlich, das an bestimmte Defizite anknüpft und diese gezielt in Stärken verwandelt. Die dafür geeignete Methode zur Verhaltensänderung werde ich im nächsten Kapitel 3.5 mit Regeln, Übungsmitteln und -schritten beschreiben.

Die Rolle des eigenen Unbewussten

Zentral wichtig ist, dass ich einen guten Kontakt zu meinem Unbewussten habe oder diesen herstelle. Dieses Unbewusste sollte ich als eine Art Sekundärpersönlichkeit betrachten, mit der ich einen inneren Dialog führe und dem ich wie einem sehr kompetenten Freund und Berater Fragen stellen kann, nachdem ich es über meine Aufgaben, Probleme, Konflikte usw. informiert habe. Mit ihm stimme ich mich auch über meine Ziele ab; und bei allem, was mir zu schaffen macht, erwarte ich zuversichtlich, dass mir das Unbewusste helfen wird, weiterzukommen.

Für den Umgang mit dem Unbewussten gelten folgende Regeln:
1. Ich betrachte das Unbewusste als innere Realität, bejahe es und fühle mich ihm freundschaftlich verbunden.
2. Ich bin mir klar darüber, dass es meinen Verstand in vielem ergänzen kann, weil dem großen unbewussten Teil meiner Psyche mehr Information zugänglich ist als dem kleinen bewussten Teil.
3. Seine Hilfe erkenne ich an; ich bin dafür dankbar.
4. Seine Ratschläge nehme ich ruhig und entspannt zur Kenntnis, auch wenn sie meinem Verstand zunächst nicht einleuchten; sie halte ich sofort unkritisch schriftlich fest.
5. Die Hinweise meines Unbewussten befolge ich, wenn ich nach kritischer rationaler Prüfung und nach Abstimmung mit der Wirklichkeit die innere Sicherheit gewonnen habe, dass sie richtig sind und sie nicht in Widerspruch zur Wirklichkeit und zu allgemein anerkannten gesellschaftlichen Normen stehen.

Kreativitätsmethoden

Für alle Methoden gilt: Sie sollten möglichst einfach und gut handhabbar sein. Zu Beginn eines kreativen Prozesses herrscht eine kreative Atmosphäre, in der Erfolge aufkeimen und sich entwickeln können. Die Teilnehmer erinnern sich an frühere Erfolgserlebnisse: „Nichts ist erfolgreicher als der Erfolg!" Für originelle Einfälle erkennen sie sich gegenseitig an. Sie achten darauf, dass keiner der Anwesenden mit „Gesprächskillern" das kreative Klima abkühlt oder stört.

Wichtig ist noch eine zuversichtliche Einstellung und Erwartung, dass es möglich ist, Ideen über etwas völlig Neues, bisher Unvorstellbares zu finden. Wer in einer Gruppensitzung besonders kreativ sein will, kann sich schon vorher mit dem Problem auseinander setzen, indem er sich in der Phantasie mit Kollegen unterhält, die in Forschung, Entwicklung, Konstruktion, Produktion, Marketing tätig sind, sowie mit Kunden und Konkurrenten. Er kann auch versuchen, das Problem aus deren Sicht zu sehen und zu definieren.

Klassisches Brainstorming als einfache, bewährte Methode

Angeregt durch das gestellte Thema, eine Frage oder ein Problem, lassen sich in der Gruppe, angefeuert durch andere Teilnehmer, in kürzester Zeit viele Ideen entwickeln, die zur Lösung eines Problems beitragen. Voraussetzung ist, dass in der ersten unkritischen Brainstorming-Hauptphase zur Ideensammlung folgende Regeln eingehalten werden:
1. Der Fantasie freien Lauf lassen; so viel wie möglich Ideen produzieren, auch ausgefallene, unrealistische, auch scheinbar verrückte, sog. „Bierideen".
2. Alle Beiträge knapp formulieren.
3. Sie sofort schriftlich festhalten.
4. Sie nicht zensieren, nicht kritisieren, nicht mit „Gesprächskillern" abwerten.
5. Nicht diskutieren; auf Beiträge höchstens humorvoll und anfeuernd-zustimmend reagieren.
6. Die Ideen anderer aufgreifen und sie durch eigene Beiträge weiterentwickeln.

Zur Vorbereitung der Brainstorming-Sitzung klärt der Moderator folgendes:

1. Problem- und Aufgabenstellung, IST- und SOLL-Zustand.
2. Ort, Raum, Termin, Dauer der Sitzung.
3. Gruppenzusammensetzung: Teilnehmer aus verschiedenen Bereichen.
4. Bereitstellung von Arbeits- und Präsentationsmitteln.

Gesprächsleiter ist der Moderator. Er klärt, wer Protokoll führt, nennt Thema und Ziel. Er erinnert an die Regeln und achtet auf deren Einhaltung. Er aktiviert und motiviert die Teilnehmer, gleicht Spannungen und Dissonanzen aus. Wenn der Ideenfluss nachlässt, regt er an. Er bestimmt das Ende der Sitzung.

In der kritischen Brainstorming-Nachbereitungsphase werden alle Beiträge gesichtet, nach bestimmten Kriterien geordnet und weiterentwickelt. Der Moderator geht mit der Gruppe alle Beiträge durch; er ergänzt sie evtl. sachlich, wenn sie sonst missverständlich wären. Er lässt Beiträge durch die Gruppe bewerten und klärt, wer einzelne Ideen weiterbearbeitet. Er fordert die Gruppe auf, weitere Ideen nachzureichen. Er verspricht, ein Ergebnisprotokoll zu schicken, bedankt sich bei der Gruppe und verabschiedet sie.

Andere Brainstorming-Formen

Beim imaginären Brainstorming wird das reale Problem oder ein wesentlicher Teil davon „verfremdet"; an dessen Stelle tritt zur Ideenfindung ein imaginäres Problem. Zu dessen Lösung äußern die Teilnehmer völlig ausgefallene Ideen als Lösungsvorschläge. Diese Ideen werden in der kritischen Phase der Sichtung auf das reale Problem übertragen; die Ideen werden daraufhin untersucht, ob sie Anregungen zur Bearbeitung des realen Problems liefern können.

Beim Brainwriting nach der Methode 444 schreiben 4 Teilnehmer 4 Beiträge in 4 Minuten nieder. Nach dem Schreiben des ersten Beitrages, das nicht länger als eine Minute dauern soll, geben sie ihr Blatt nach rechts weiter. Auf den Bogen ihres linken Nachbarn schreiben sie unter dessen Beitrag ihren zweiten Einfall usw., bis reihum auf jedem Bogen vier Beiträge festgehalten sind.

Bei der Methode 635 produzieren 6 Teilnehmer 3 Beiträge in 5

Minuten als Lösungsvorschläge auf ein Blatt, bevor sie es nach rechts weitergeben und auf das Blatt ihres linken Nachbarn weitere drei Beiträge in 5 Minuten schreiben, bis insgesamt 6 x 3 Beiträge auf jedem Blatt notiert sind.

Vor Beginn des Durchgangs wird bei beiden Methoden das Problem vorgestellt, besprochen, definiert. Ausgewertet werden die Beiträge so: Die Formulare laufen nochmals durch die Kleingruppe. Jeder Teilnehmer kreuzt auf jedem Blatt drei Vorschläge an, die er am ehesten für verwertbar hält.

Die Vorteile beider Methoden bestehen darin, dass auch größere Gruppen gleichzeitig viele Ideen produzieren können, weil mehrere Kleingruppen gebildet werden. Überkritische Teilnehmer können die Sitzung nicht stören, anwesende Vorgesetzte können nicht dominieren. Die zu erwartenden Ideen dürften komplexer sein als bei einer mündlichen Abfrage im Brainstorming. Die Methoden haben aber auch Nachteile: Rückfragen sind nicht möglich; Missverständnisse können auftreten. Die Methoden regen nicht so stark an wie das klassische Brainstorming, weil nicht jeder alle Ideen der anderen Teilnehmer erfährt. Auf einige Teilnehmer wirkt die Forderung, ihre Ideen innerhalb kurzer Zeit niederzuschreiben, als Stresssituation; sie fühlen sich durch die vom Nachbarn kommenden Zettel unter Druck gesetzt.

Beim Brainwriting Pool legt der Problemsteller oder Moderator, der das Problem genannt hat, auf die Mitte des Konferenztisches ein bis zwei linierte oder karierte Blätter DIN A4, auf denen bereits einige Lösungsvorschläge stehen. Neben dem Tisch liegen leere Blätter für die vier bis acht Teilnehmer; diese legen nun ihre eigenen Lösungsvorschläge auch auf den Tisch, wie sie ihnen gerade einfallen. Sie können sich auch ein schon auf dem Tisch liegendes, vorbeschriftetes Papier holen und darauf weitere Vorschläge machen. Die ganze Sitzung dauert 20 bis 40 Minuten.

Einfache anregende Kreativitätstechniken

1. Fragetechnik anwenden; offene aktivierende Fragen stellen, die zum Nachdenken anregen, auf Antworten gespannt machen, neugierig stimmen; durch sie kommt der kreative Denkprozess in Gang. Probleme mit W-Fragen einkreisen, die verschlossene Türen öffnen und auch schwierige Probleme lösen

helfen: Wer? Wann? Wo? Was? Wie? Warum? Wozu? Dadurch das Wesentliche herausfinden, den Problemkern, den Punkt, auf den es ankommt. Durch kritische Fragen Sachen und Sachverhalte auf ihre Echtheit überprüfen, abklopfen, analysieren. Behauptungen nicht vorschnell akzeptieren; sie im Streben nach Wahrheit und Wirklichkeit in Frage stellen, befragen, hinterfragen.

2. Wie ein Jäger auf der Lauer liegen nach Ideen und Lösungsvorschlägen.

3. Vorhandenes, auch Bewährtes, in Frage stellen. Lücken erkennen; den Mut zur Lücke haben: Unvollkommenes regt zur Verbesserung und Weiterentwicklung an.

4. Die Sinnfrage stellen: Was soll das Ganze? Was steckt dahinter? Wohin kann es führen?

5. Den Standort wechseln; eine andere Sicht der Dinge bekommen. Ich kann die anderen Personen besser verstehen, wenn ich mich in sie hineindenke, vorübergehend ihren Standort einnehme und die Dinge auf ihre Weise sehe.

6. Technik des Wegsehens: Nach intensiver rationaler, bewusster Auseinandersetzung mit dem Problem lege ich es einige Tage weg oder verbanne es aus meinem Bewusstsein. Ich wünsche mir aber emotional vom Unbewussten eine gute Lösung; auch bin ich zuversichtlich, dass sie mir „einfallen" wird.

7. Völlig frei phantasieren; alles spielerisch sehen, in allem spielerisch vorgehen. Fremde Gedankenelemente auf unterschiedliche Weise kombinieren.

8. In Analogien denken. Analog, d. h. gleichartig, übereinstimmend, ähnlich, einander entsprechend sind zwei Dinge, Vorgänge, Systeme usw., wenn in beiden gemeinsame Elemente zu erkennen sind. Aus diesen Gemeinsamkeiten auf weitere Eigenschaften schließen; dadurch auch neue Zusammenhänge erkunden und entdecken.

9. Einzelne Elemente für sich durchleuchten, vor allem bei sehr komplexen Problemen; sie nach Pro und Kontra einander gegenüberstellen.

10. Sich zunächst an idealen, utopischen Lösungen orientieren, nicht an realen, vorhandenen.

11. Zu Beginn des Problemlösens nicht vom Produktzustand ausgehen, sondern von den Funktionen, die das Produkt erfüllen
muss.
12. Personen und Sachen wechselseitig aufeinander beziehen.

Lassen sich Ideen aus einer imaginären Sphäre anziehen?

Man kann spielerisch so tun, als sei dies möglich. *D. Carnegie*
empfiehlt: Sich vorstellen, in der geistigen Welt existiert ein Archiv
von Ideen, Bildern und Entwürfen. Davon durch eine klare Zielvorstellung die Ideen anziehen, die zur Verwirklichung des Zieles
beitragen können. Bei einer anderen Methode soll man sich in
berühmte verstorbene Personen hineinversetzen und sich vorstellen, welche Ratschläge diese Personen in der gleichen Situation
wohl gegeben hätten. *J. W. v. Goethes* Methode bestand darin, bekannte Männer, die Kapazitäten auf ihrem Gebiet waren, in der
Phantasie zu sich einzuladen und mit ihnen seine Probleme ima-
ginär zu besprechen.

Vermutlich wird durch das beschriebene Vorgehen im eigenen
Unbewussten ein kreativer Prozess ausgelöst. Wichtig ist, die dann
frei auftauchenden Ideen sofort unkritisch festzuhalten.

Kreativität anwenden

Zunächst kläre ich:
- Welche Probleme sollte ich anpacken?
- Welche Innovationen sollte ich auslösen?
- Sollte ich meinen Arbeitsplatz anders organisieren?
- Sollte sich an der Organisation etwas ändern? Wenn ja, was?
- Was kann ich allein tun? Wozu benötige ich eine Gruppe?
- Welche Methoden halte ich für erfolgversprechend?
Für die Gruppenarbeit ergeben sich folgende Fragen:
- Kann ich selbst Gruppen bilden? Oder mit wem müsste ich über
die Gruppenbildung sprechen?
- Welche Themen sollen bearbeitet und welche Ziele durch die
Gruppenarbeit erreicht werden?
- Welche Probleme müssen vorrangig gelöst werden?
- Welche Innovationen sind für das Unternehmen wichtig?
- Wie stelle ich mir die Vorbereitung, Durchführung und Nach-

bereitung der Gruppensitzungen vor? Wie organisiere ich sie? Wer kann mir dabei helfen?

Warum sind manche Probleme so schwer zu lösen?

Weil viele Probleme nur schwer durchschaubar sind; bei ihnen spielt der Faktor X in Raum, Zeit und Kausalität eine große Rolle. Viele Probleme sind sehr komplex: eine unübersehbare Zahl von Elementen ist miteinander vernetzt zu einem System geordnet, dessen Struktur nicht immer erkennbar ist. Das Ziel ist nicht immer bekannt. Manche Elemente sind undurchschaubar, „intransparent", sie liegen im Dunkeln. Ihr Zustand ist nicht beobachtbar; ihre Zusammenhänge sind nicht erkennbar. Sie sind nur über Indikatoren erschließbar.

Andere Elemente sind variabel, ständig in Bewegung; sie entwickeln eine „Eigendynamik", verändern ihren Zustand; dadurch verändert sich auch der Zustand anderer Elemente. Der Bezug der Elemente zueinander verändert sich ebenfalls. Dazu kommt, dass kein Mensch fehlerlos ist. Die menschliche Unzulänglichkeit im Wahrnehmen, Denken und Handeln zeigt sich vor allem unter äußerem und innerem Druck, unter Zeitnot.

Probleme schrittweise lösen

Wir unterscheiden folgende Phasen:
1. Rationale Phase:
   - Problem beschreiben: IST-Zustand.
   - Erwünschte Lösung bestimmen: SOLL-Zustand.
   - Differenz zwischen IST und SOLL? Ursachen? Diese analysieren.
   - Ideen sammeln, die zur Lösung beitragen können.
2. Kreative Phase:
   - Bewusst Abstand von den Problemen nehmen: Technik des Wegsehens; sich aber trotzdem gute Lösungsvorschläge wünschen.
   - Mit dem Problem schwanger gehen.
   - „Einfälle" für Lösungsvorschläge laufend notieren; damit früher gesammelte rationale Lösungsvorschläge ergänzen.

3. Entscheidungs- und Durchführungsphase:
   - Alle Lösungsvorschläge überprüfen; sie evtl. ändern.
   - Sich für die geeigneten Vorschläge entscheiden.
   - Diese durchführen mit Kontrolle.

Eine bewährte Problemlösungsmethode wird im Kapitel 2.4 beschrieben.

Gruppensitzung vorbereiten

1. Thema bestimmen: Was soll behandelt werden? Das Thema wirksam formulieren.
2. Ziel bestimmen: Was soll durch die Gruppensitzung erreicht werden?
3. Inhalt: Welcher Stoff soll vermittelt oder behandelt werden?
4. Konzept für das Vorgehen als „roter Faden": Nach ihm den Stoff themen- und zielbezogen in bestimmten Schritten vermitteln oder behandeln.
5. Hilfsmittel: Geräte und Material für die Gruppenarbeit, Schreib-, Arbeits- und Anschauungsmaterial bereitstellen.
6. Organisation: Gruppenzusammensetzung? Ort? Raum? Zeitpunkt? Dauer? Mit wichtigen, terminlich überlasteten Personen den Termin telefonisch abstimmen. Hat der Raum Belüftung? Kann er für Filme und Dias abgedunkelt werden? Getränke für Selbstbedienung? Pausenregelung für Raucher? Wie Störungen vermeiden? Wer nimmt dringende Nachrichten für einen Teilnehmer entgegen?
7. Einladung mit allen vorerwähnten Angaben. Betonen, dass die Mitarbeit des Eingeladenen wichtig ist. Jeder soll sich auf das Thema einstellen, vorher darüber nachdenken und möglichst schon erste Vorschläge mitbringen. Verteiler?

Der Leiter führt die Gruppensitzung durch

1. Er geht nach Konzept vor, behält die Zeit im Auge, hakt erledigte Punkte ab.
2. Er hat ständigen Blickkontakt mit der Gruppe, die am Thema bleibt, um das Ziel zu erreichen.
3. Er aktiviert die Gruppe, bezieht alle Gruppenmitglieder ein, zeigt Verständnis für sie, gleicht zwischen Gegensätzen aus.
4. Er bleibt innerlich ruhig und sachlich, spricht laut und ver-

ständlich, geht auf alle Gruppenmitglieder ein, nimmt sich genügend Zeit für sie. Fragen aus der Gruppe gibt er an diese zurück. Er greift niemand persönlich an, klärt die Begriffe, bringt einfache Beispiele. Er hält alle Beiträge fest, erkennt die Gruppenmitglieder an, nimmt auch kritische Bemerkungen positiv auf, klärt deren Hintergrund. Er täuscht fehlendes Wissen nicht vor, stellt aber eine Information in Aussicht.

5. Der Leiter stimmt sich mit dem Protokollführer laufend über die Protokollbeiträge ab.

6. Er fasst die Ergebnisse kurz zusammen, erstellt Maßnahmen- katalog mit Hinweisen: wer was, wie, wo, warum, wann, bis wann tut und bedankt sich bei der Gruppe für die Mitarbeit.

Gruppensitzung nachbereiten

Selbstkritischer Rückblick auf die soeben durchgeführte Sitzung, um Erkenntnisse für die weitere Gruppenarbeit zu gewinnen. Der Leiter wertet aus, was sich an Positivem und Negativem ergeben hat und fragt:

1. Was lief gut? Was weniger gut?

2. Was kann ich künftig besser machen?

3. War mein Konzept richtig; entsprach ihm der tatsächliche Ablauf?

4. Wie war das Verhalten der Gruppe? War sie aktiv? Wurden gegenseitige Vorwürfe vermieden? Welche Defizite ergaben sich? Und wie lassen sich diese beseitigen?

5. Entstanden sehr kritische Situationen? Wenn ja, wie sollte ich mich künftig in ähnlichen Fällen verhalten, um sie besser zu meistern?

6. Habe ich die Gruppe für ihre Leistung und ihren Erfolg ausreichend anerkannt?

7. Was müsste ich aufgrund der Gruppensitzung noch veranlassen? Z. B. meinen Vorgesetzten informieren, Termine notieren und überwachen?

3.5 Das eigene Verhalten ändern

Vom Sagen und Hören über das Verstehen und Einverstandensein bis zum Behalten, Verhalten und Beibehalten ist ein langer Weg.

Warum ist eine Verhaltensänderung überhaupt notwendig? In der Arbeitswelt verändern sich die Anforderungen an einen Rollenträger durch den raschen technischen und sozialen Wandel ständig. Darauf müssen sich Führungskräfte und Mitarbeiter in ihrem Verhalten einstellen; sonst können sie den an sie gestellten Anforderungen nicht gerecht werden. Dies hat auch der letzte Abschnitt über Kreativität gezeigt. Abgesehen vom zeitbedingten globalen Wandel ergeben sich schon durch veränderte Situationen, Funktionen, Aufgaben, Probleme ständig wechselnde Anforderungen, die nur durch dauerndes Lernen und mit einem veränderten Verhalten erfüllt werden können.

Mancher befürchtet, er müsste ein anderer Mensch werden; diese Furcht beruht auf einem Missverständnis. Ein Verhaltenstraining will nicht die originelle, gewachsene Persönlichkeitsstruktur verändern, sondern nur das Verhalten; dieses soll menschengerecht und sozialverträglich sein. Unter Verhalten wird alles verstanden, was ein Mensch tut, wie er sich ausdrückt und bewegt: bewusst oder unbewusst, offen oder verdeckt, in immer gleicher Weise oder variiert. Zum Verhalten zählen alle Aktivitäten der Person, die man beobachten, feststellen oder messen kann. Auch nicht sichtbare geistige Tätigkeiten wie Denkvorgänge und bewusstes Erleben können zum Verhalten gezählt werden, das als ein „Sich-verhalten-zu-etwas" aufgefasst wird, z. B. zu Personen, Sachen, Situationen, Anforderungen, Aufgaben, Problemen.

Verhaltensweisen und Gewohnheiten hängen eng mit der Rolle zusammen, die ein Mensch zu spielen hat. Sie sollten einander möglichst entsprechen. Jeder sollte prüfen, ob sein Verhalten der von ihm übernommenen Rolle gerecht wird und er sich mit seiner Rolle identifizieren kann. Diskrepanzen zwischen Rolle und Verhalten sollte er bereinigen. Rollenkonflikte zwischen einander widersprechenden oder sich ausschließenden Rollen erfordern Rollendistanz: die Fähigkeit, sich in neue Rollen einfühlen und Rollenwidersprüche ertragen und bewältigen zu können.

Ist eine Verhaltensänderung nicht schwierig?

Leicht ist eine Änderung von Verhaltensweisen und die Bildung neuer Gewohnheiten durch ein Verhaltenstraining nicht. Sie ist nicht von heute auf morgen möglich, und ein bloßer Willensentschluss genügt dafür nicht; denn Gewohnheiten wurzeln im emotionalen Bereich der Person. Sie gehorchen dem bewussten Ich mit Willen und Verstand nicht. Vielmehr wird unser Verhalten durch „Programme" aus den tieferen Schichten der Psyche gesteuert; es läuft weitgehend automatisch ab. Wir beherrschen etwas, was wir einmal gründlich gelernt haben, und üben es routinemäßig aus, ohne darüber nachzudenken. Wir können z. B. einen bestimmten Sport treiben, Rad fahren, schwimmen, ein Musikinstrument spielen.

Gewohnheiten, die uns in Fleisch und Blut übergegangen und zur Fertigkeit geworden sind, haben für uns Vorteile:
1. Verhaltensweisen und Abläufe sind flüssig und exakt.
2. Sie erfordern weniger Anstrengung und Kraft.
3. Wir leisten mehr und machen weniger Fehler.
4. Sie erfordern keine oder weniger Aufmerksamkeit und Konzentration; sie entlasten das Bewusstsein, weil sie von „inneren Modellen" oder „Programmen" gesteuert, automatisiert ablaufen.
5. Das gewünschte Ergebnis als Ziel bestimmt den Bewegungsablauf; diesen würde eine bewusste Zuwendung eher stören.
6. Dauernd Neues planen und tun ist anstrengend; deshalb reagieren viele Menschen auf Neues mit Unsicherheit, Abwehr und Angst, die bei guten und gern praktizierten Gewohnheiten entfallen.
7. Allerdings können durch unangemessene, den Umgang und die Zusammenarbeit störende Gewohnheiten Probleme und Konflikte entstehen.

Die ersten fünf der vorstehenden Punkte zeigen, dass Gewohnheiten viele Vorteile haben; wir beherrschen etwas und können es ganz selbstverständlich tun, ohne darüber nachdenken zu müssen. Nachteilig ist jedoch, dass durch eingefleischte Gewohnheiten ein mit Unlustgefühlen verbundener innerer Widerstand gegen

Veränderungen entsteht. Erst hat es Zeit und Mühe gekostet, sich eine Gewohnheit oder Fertigkeit durch wiederholte, gleichförmige Lernprozesse anzueignen; später ist es noch mühevoller, sie wieder abzulegen, sie zu verlernen, die ihr zugrunde liegenden Programme und Antriebe zu löschen und sie durch eine neue Gewohnheit zu ersetzen. Deshalb ist neben Geduld die feste Überzeugung notwendig, dass eine neue Gewohnheit, ein neues, verändertes Verhalten sinnvoll ist und es im Vergleich zum bisherigen Verhalten viele Vorteile hat.

Ich kann durch ein Verhaltenstraining problematische und mir selbst lästige Gewohnheiten in erfreuliche verwandeln, die mir die Erledigung meiner Aufgaben am Arbeitsplatz erleichtern. Auch kann ich überfachliche, personale und soziale Qualifikationen entwickeln, z. B. mehr Selbstvertrauen und Selbstwertgefühl, stärkere Belastungs- und Entspannungsfähigkeit, Steuerung der Emotionen, dazu Lernbereitschaft und Lernfähigkeit. Ebenso kann ich ein kooperatives Verhalten am Arbeitsplatz und Teamfähigkeit langfristig einüben.

Praktisches Vorgehen

Die Methode des Verhaltenstrainings kann zur Verhaltenssteuerung, zum Abbau unerwünschter und zum Aufbau selbsterwünschter Verhaltensweisen und Gewohnheiten eingesetzt werden. Bewährt hat sich das folgende Vorgehen:
1. Ich erkenne bei mir unerwünschte Verhaltensweisen und Gewohnheiten als IST-Zustand und liste sie auf.
2. Ich bestimme selbsterwünschte Verhaltensweisen und Gewohnheiten als SOLL-Zustand.
3. Ich entscheide mich für ein Verhaltensziel zum Einüben.
4. Ich lerne die Methode des Verhaltenstrainings mit Übungsregeln, -mitteln und -schritten kennen und anwenden.
5. Falls nötig, reduziere ich ein ungesundes Übermaß an Spannungen durch Entspannungsübungen.
6. Soweit möglich und notwendig, decke ich die Ursachen für problematische Verhaltensweisen auf; dadurch kann ich sie rascher abbauen.

7. Ich bestimme für das neue Verhalten einen formelhaften Vorsatz und ein Zielbild.

Das Verhaltenstraining ist eine Art Rollenspiel, bei dem ich den Ehrgeiz habe, die an mich gestellten Anforderungen zu erfüllen. In entspanntem Zustand spiele ich in der Fantasie einige Zeit lang die Rolle, in der ich den Anforderungen an meinem Arbeitsplatz voll entspreche, indem ich in mein Unbewusstes, die tieferen seelischen Schichten, das Vorstellungsbild des von mir selbst erwünschten Verhaltens einpflanze, mich durch einen formelhaften Vorsatz neu programmiere und Bild und Vorsatz mehrmals täglich einige Zeit regelmäßig wiederhole. Damit stimme ich mich auf meine Arbeitsrolle ein, die den an mich gestellten Anforderungen entspricht. Ich vertraue darauf und freue mich, dass mit jeder Übung sich mein Können steigert. Dabei halte ich mir vor Augen, dass ich das alte Verhalten nicht gegen das neue einfach austauschen kann wie ein verschlissenes Ersatzteil an einer Maschine gegen ein neues Teil. Geduld ist nötig; denn wie die Saat auf den Feldern braucht das neue Verhalten Zeit, um zu wachsen. Notwendig ist, dass ich fest entschlossen bin, längere Zeit durch Worte den Samen der neuen Gewohnheit in die unbewussten, unter der Bewusstseinsschwelle liegenden Schichten meiner Psyche zu säen und das aufkeimende Pflänzchen des neuen Verhaltens zu hegen und zu pflegen. Dagegen schneide ich durch meine Entscheidung für das neue Verhalten die Wurzeln des alten Verhaltens ab, damit die bisher so kräftige Pflanze des nicht mehr erwünschten, problematischen Verhaltens verkümmert und abstirbt.

Aus einem Minus (–) ein Plus (+) machen

Wer die Methode des Verhaltenstrainings beherrscht, kann sich selbst konstruktiv beeinflussen; dadurch kommt er z. B. über negative Stimmungen bzw. Verstimmungen leichter hinweg. Aus Einsicht bildet er durch ein Training neue Gewohnheiten, z. B. „Ruhe und Gelassenheit", um andere mit seiner bisherigen Unruhe nicht „anzustecken", nicht nervös zu machen. Langfristig entwickelt er Stärken aus seinen Schwächen, indem er seine Schwächen überkompensiert, sie in Stärken verwandelt. Dies bewies neben vielen anderen der Grieche *Demosthenes*, der mit der Vorstellung, ein berühmter Redner zu werden, durch ein konsequentes Sprechtraining an der Meeresbrandung mit Kieseln im Mund vom schwächlichen, schüchternen Stotterer zu einem der mitreißendsten und erfolgreichsten Redner der Antike wurde.

Hilfreich kann sein, wenn ich ein problematisches Verhalten oder eine Schwäche, z. B. die Scheu vor dem freien Reden, nicht meiner ganzen Person zuordne, sondern nur einer bestimmten Rolle, in unserem Beispiel dem freien Reden. Versage ich einmal dabei, sollte ich mir klarmachen, dass ich in anderen Rollen doch erfolgreich bin; damit stärke ich mein Selbstwertgefühl und fange mich rascher wieder. Ich komme aus dem Grübeln und Vorwürfemachen heraus und kann z. B. ein Sprechtraining in Verbindung mit einem Verhaltenstraining beginnen, das mich zum erfolgreichen Reden befähigt.

Vor Beginn des praktischen Trainings motiviere ich mich; ich mache mir klar, was mir das neue, veränderte Verhalten bedeutet und wie es mein Leben bereichert. Ich entscheide mich nochmals bewusst dafür und verspreche, die Übungsregeln einzuhalten und so lange ausdauernd zu üben, bis das neue Verhalten zur Gewohnheit geworden ist. Ich werde zukunftsgerichtet üben. Im Mittelpunkt des Übens steht nicht das alte, unerwünschte Verhalten, das ich löschen will, sondern das neue. Zunächst spiele ich das neue Verhalten lediglich in der Phantasie; sobald wie möglich versuche ich, es aber auch im Alltag praktisch zu zeigen.

Die Methode des Verhaltenstrainings

Nach ihr wird ein neues, selbst erwünschtes Verhalten eingeübt; mit ihr lassen sich auch neue Gewohnheiten entwickeln.

Übungsregeln

1. Jeweils nur ein neues Verhalten einüben.
2. Verhaltensziel realistisch stecken.
3. Kleine Schritte, die sicher zum Ziel führen.
4. Regelmäßig spielerisch üben; an keinem Tag aussetzen.
5. Jede Übung soll ein Erfolgserlebnis vermitteln; sich darüber freuen.
6. Sich selbst für jede durchgeführte Übung anerkennen; damit das neue Verhalten „positiv verstärken".

**Verhaltenssteuerung: eigener Einfluss
auf die unbewussten Schichten der Psyche**

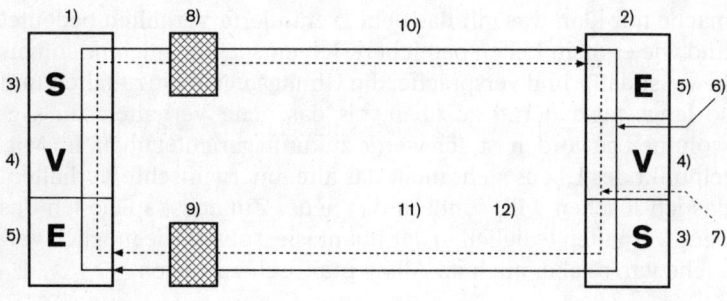

1. Bewusster Teil, Tagesbewusstsein mit Willen und Verstand: **rationales** Denken, Intellekt; seelisch-geistiger Überbau; „Stamm mit Zweigen" oder „sichtbare Spitze des Eisberges".

2. Unbewusster Teil mit Emotionen, Gefühlen, irrationalen Gedanken, kreativen Einfällen: **emotionale** seelisch-körperliche Lebensbasis; „Wurzeln" oder „unsichtbarer Teil des Eisberges".

3. **S** = Sender

4. **V** = Verarbeitung

5. **E** = Empfänger

6. Rationaler Kanal, Sachebene: durchgehende Linie.

7. Emotionaler Kanal, Beziehungsebene: gestrichelte Linie.

8. **Aus**gangskontrolle durch Filter: Nur aufbauende Gedanken und Emotionen sollten passieren.

9. **Ein**gangskontrolle durch Filter: Soll schädliche und destruktive Emotionen, Bedürfnisse, Antriebe, Gefühle, Gedanken abweisen.

10. Reiz als Steuerimpuls, z.B. formelhafter Vorsatz und Zielbild.

11. Reaktion; Verhalten, Gewohnheit im Alltag.

12. Eine falsche Reaktion kann langfristig krank machen.

7. Immer vorwärts schauen auf das Ziel; das alte Verhalten hinter sich lassen.

Übungsmittel

1. Positiver formelhafter Vorsatz, z. B. „Ich bin ganz ruhig und gelassen".
2. Zielbild, wie das Verhalten sein soll: Sich in der Phantasie wie in einem Film schon am erwünschten Ziel sehen. Sich z. B. vorstellen: Ich reagiere in einer Stresssituation „ganz ruhig und gelassen".

Übungsschritte

1. Entspannt den formelhaften Vorsatz „Ich bin ruhig und gelassen" zehn- bis zwanzigmal in sich hineinsprechen: a) abends vor dem Einschlafen und morgens nach dem Aufwachen. b) mehr und mehr auch im Alltag in der Praxis, z. B. bevor ich mich in eine Stresssituation begebe.
2. Sich das Zielbild vorstellen und es emotional bejahen:
   a) als imaginäres Rollenspiel in der Phantasie;
   b) als reales Rollenspiel im Alltag, zunächst in einfachen Situationen, später in immer schwierigeren.
3. Geduldig und zuversichtlich Veränderungen und Erfolgserlebnisse erwarten. Sich immer wieder vorstellen, dass ich am Ziel bin, mich „ruhig und gelassen" fühle und mich darüber freue.

Das Schema auf Seite 278 f. zeigt wichtige Zusammenhänge auf.

Die Methode ist wirksam

Beim Üben zeigt sich, dass nicht nur das Seelische auf die Körperhaltung wirkt, sondern auch umgekehrt die Körperhaltung auf das Seelische, wenn ich mir z. B. in niedergedrückter Stimmung einen Ruck gebe, den Kopf hoch- und die Schultern zurücknehme, mein Ziel ins Auge fasse, den Weg dazu überblicke und ein paar Schritte nach vorn mache. Ein weiteres Beispiel für die wechselseitige Abhängigkeit von Körper und Seele bietet der Umgang mit Angst. Durch Angst, die man nicht wahrhaben will, also durch etwas Seelisches, entstehen Muskelspannungen, und Muskelspannungen, etwas Körperliches, verstärken die Angst. Durch diesen „Teufelskreis" können langfristig als Symptome sehr schmerzhafte rheumatische Beschwerden und Krankheiten entstehen, gegen die der Arzt machtlos ist, wenn nicht die Ursachen beseitigt werden.

Im Übrigen lässt sich Verhalten nicht nur ändern, sondern auch steuern, und zwar durch eine gedankliche Handlungsanweisung, durch eine freundliche, aber entschiedene Aufforderung an die eigene Person, in einer belastenden Situation z. B. durch die Formel „Du bleibst jetzt ruhig und gelassen!" in der zuversichtlichen Erwartung, dass der eigene Organismus darauf mit mehr Ruhe und Gelassenheit reagiert.

Die Bildung eines neuen Verhaltens oder einer neuen Gewohnheit wird erleichtert durch:

1. Alles, was Erfolgserlebnisse und damit gute Gefühle vermittelt.
2. Die Erwartung angenehmer Konsequenzen, die Aussicht auf Anerkennung und Belohnung, auf einen Zuwachs an Werten; sie wirken als „positive Verstärker".
3. Eine in ansprechender Form und Umgebung dargebotene verbale Beeinflussung, die etwas Positives als Anreiz betont und Negatives zur Abschreckung nur im Notfall einsetzt.
4. Das Lernen an einem vorbildlichen, nachahmungswerten menschlichen Modell.
5. Die Einsicht, dass das neue Verhalten oder eine andere Gewohnheit mehr Lebensqualität bietet.
6. Den Einfluss suggestiv oder charismatisch wirkender Personen.
7. Den Einfluss einer Gruppe.

3.6 Sich entspannen können als Grundfähigkeit

Eine Feder, die ständig überspannt wird, bricht.

Ein entspannter Zustand und ein Zurücktreten der bewussten Ich-Funktion ist nicht nur Voraussetzung für kreative Prozesse und für ein erfolgreiches Verhaltenstraining; er hat auch sonst viele Vorteile. Der psychische Druck, wie er u. a. durch Ängste entsteht, lässt nach, ebenso die dadurch verursachten Muskelspannungen. Der Körper regeneriert sich schneller. Ein entspannter Mensch arbeitet kräftesparender und ermüdet nicht so schnell. Er verbraucht weniger Sauerstoff; sein Herzrhythmus verändert sich, ebenso die Körpertemperatur und die Durchblutung bestimmter Organe und Körperpartien. Der ganze Mensch fühlt sich wohler und ist leistungsfähiger.

Ein entspannter Mensch eignet sich besser für Teamarbeit als ein unter Druck stehender; er ist auch kreativer. In entspanntem Zustand erreicht er eine Bewusstseinserweiterung und einen besseren Zugang zu seinem Unbewussten für einen Dialog mit ihm. Außerdem funktioniert das Gedächtnis besser.

Bei überstarken Spannungen „Dampf ablassen"

Der im Körper entstandene Überdruck muss, bevor Entspannungsübungen wirken können, zuerst über die Muskeln abreagiert werden. Dafür eignet sich jede körperliche Anstrengung; sie verbraucht die durch den Stressmechanismus mobilisierten und ins Blut ausgeschütteten Zucker- und Fettstoffe, die für unseren Körper als Energieträger zum Kämpfen oder Flüchten bestimmt sind, die wir aber in unserer Zivilisation meist nicht mehr benötigen; sie müssen aus dem Körper abgeleitet werden. Dazu eignet sich jede sportliche Betätigung, die den Körper stark fordert. Sie verbraucht die durch Aggressionen und andere negative Emotionen entstandene Energie, ohne jemand zu schaden. Auch anstrengende Gartenarbeit ist empfehlenswert.

Wer seine Emotionen längere Zeit unterdrückt hat, sollte ihnen Ausdruck geben, indem er sich nach Musik oder ohne Musik bewegt. Er kann Körperschwünge machen und allein oder mit einem Partner tanzen. Seine Wut im Bauch kann er durch harte Schläge auf einen Sandsack oder auf eine Matratze loswerden.

Ein Mensch, der längere Zeit seinen Kummer still in sich hineingefressen hat, sollte, ohne andere Personen damit zu behelligen, zu Hause seinem Herzen endlich Luft machen und seinen ganzen Jammer nach außen kommen lassen, und mit ihm das Gift, das sich in ihm gebildet hat. Allein wird er dann seufzen, stöhnen, schluchzen, jammern, klagen, weinen; und wenn niemand in der Wohnung oder im Haus ist, kann er auch laut singen, schreien, toben, brüllen. Anschließend wird er sich sehr erleichtert und befreit fühlen.

Wie kann ich mich auf einfache Weise entspannen?

Entspannen bedeutet allgemein: sich loslassen, in die eigene Mitte fallen lassen, etwas spielerisch und leicht tun, ganz einfach „sein".

Eine Entspannungstechnik, die man überall anwenden kann, ist: Bequem still sitzen, beide Füße auf dem Boden voll aufgesetzt, die Zehen leicht nach außen gewinkelt, Rücken gerade. Alle Muskeln entspannen, vor allem in Gesicht, Nacken, Rücken. Sich in den Schultern fallen lassen, den Bauch freigeben. Unterkiefer und Ohren fallen lassen, die Augen weich schließen. Den Mund leicht öffnen; durch die Nase unhörbar atmen, als wollte man den frischen Duft einer Blüte in sich einziehen. Dem Gähnen als Ausdruck eintretender Entspannung nicht widerstehen! Entspannungsformel in sich hineinsprechen, z. B.: „Alle meine Muskeln entspannen sich mehr und mehr. Alle sind warm und schwer, warm und schwer, warm und schwer. Ich fühle mich ruhig, wohl und leicht."

Im Auto kann man sich vor Stopstellen und bei Stauungen auf der Autobahn entspannen durch den Wechsel zwischen kurzer Anspannung einzelner Muskeln, z. B. durch Ballen der Fäuste, und anschließendes Loslassen mit dem „Gefühl wohltuender Entspannung", das durch entsprechende Vorstellungen vertieft wird. Warme Hände und Füße, feuchte Augen, Speichelfluss usw. zeigen bei manchen Personen das Erreichen des Entspannungszustandes an, dem ein allgemeines Wohlbefinden folgt.

Wer unter starken Muskelspannungen leidet und wem es schwer fällt, sich in Stresssituationen zu entspannen, sollte das Entspannen durch einen Kurs bei seinem Arzt, einer Krankenkasse oder einer Volkshochschule lernen.

Drei Entspannungsmethoden

Zur Wahl stehen drei Methoden, deren Wirkungsweise verschieden ist. Die Systematische Muskelentspannung wirkt vom Körper her, der motorischen Ebene. Das Autogene Training wirkt von der Psyche her, der vegetativen Ebene. Die Meditation wirkt vom Geist her, der kognitiven Ebene. Bei genügend langer Übung wirkt sich jede der drei Methoden wohltuend und gesundheits- fördernd auf den ganzen Menschen aus.

Die Systematische Muskelentspannung nach *E. Jacobson* kann von gesunden Personen ohne Risiko bei genügender Ausdauer auch selbst erlernt werden. Schrittweise werden nacheinander fol- gende Organe bzw. Organbereiche fünf bis zehn Sekunden lang angespannt und anschließend entspannt: Hände, Unterarme, Oberarme, Schultern, Nacken, Rücken, Gesicht (Stirn, Augen, Nase, Mund, Kiefer zu Beginn getrennt), Hals, Brust, Bauch, Ge- säß, Oberschenkel, Unterschenkel, Füße. Während der längeren Entspannungsphase stellt sich der Übende vor, dass die Muskeln sich ausdehnen. Er lernt, Spannung von Entspannung zu unter- scheiden und deren Grad abzuschätzen. In der Entspannungs- phase, die der Übende wohltuend empfindet, fließt mehr Blut durch die Blutgefäße. Das erhöhte Blutvolumen bewirkt das Schweregefühl; auch steigt die Hauttemperatur vorübergehend an. Diese Effekte können helfen bei spannungsbewirkten Kopf- schmerzen, Migräne, Krampfanfälligkeit, Abgespanntheit, Er- schöpfungszuständen, kalten Händen und Füßen usw.

Das Autogene Training als Methode zur konzentrativen Selbst- entspannung nach *J. H. Schultz* erlernen die Personen rascher und müheloser, die die Systematische Muskelentspannung bereits beherrschen, sich gut konzentrieren können, zum Üben motiviert sind und dies regelmäßig tun. Bei der Systematischen Muskelent- spannung wird das Schweregefühl durch bewusste Anspannung und anschließende Entspannung der Muskeln erreicht, beim Au- togenen Training durch formelhafte Vorsätze in Verbindung mit Vorstellungen. Das Autogene Training wirkt auf sechs Organbe- reiche:

1. Die Muskeln; ein Schweregefühl entsteht.
2. Die Blutgefäße; ein Wärmegefühl entsteht.
3. Das Herz; das Gefühl von Ruhe und Kraft entsteht.
4. Die Atmung; durch das Loslassen des Atems entsteht ein Ru- hegefühl.
5. Das Sonnengeflecht; das Gefühl ruhig strömender Wärme ent- steht.
6. Die Stirn; das Gefühl der Kühle entsteht.

Allen sechs Übungen wird die Formel „Ich bin ganz ruhig" vorangestellt; Ruhe ist das Hauptziel des Übens. Wegen der Herz- und Stirn-Übungen hält *J. H. Schultz* die Anwesenheit eines Arztes während des Erlernens für notwendig, weil die erwähnten Übungen bei Personen mit labilem Kreislauf „Schwankungen der Blutverteilung" bewirken können. Bei erfolgreichem Üben sinkt ein zu hohes Erregungsniveau. Fehlspannungen werden beseitigt. Das Gleichgewicht im Vegetativen Nervensystem zwischen dem Leistung betonenden Sympathikus und dem Schonung und Erholung bewirkenden Parasympathikus wird hergestellt. Appetit, Verdauung, Schlaf, Atemkapazität, Nerven, Immunabwehr, Leistungsvermögen usw. bessern sich.

Die Meditation als „Technik der Versenkung" ist die am schwierigsten zu erlernende Entspannungsmethode; sie eignet sich nicht für alle. Wer dafür keine natürlichen Anlagen mitbringt, sollte vorher die Systematische Muskelentspannung und das Autogene Training einüben. Grund: Umweltreize stören beim Üben; der Körper mit seinen Sinnesorganen entwickelt gegen den Geist beim Weg nach innen starke Widerstände. Problematisch oder gefährlich wird für psychisch labile Personen das Meditieren, wenn es zur Bewusstseinsabsenkung und -erweiterung führt; dann steigen bisher unbewusst gebliebene Persönlichkeitsanteile als bedrohliche Bilder störend ins Bewusstsein. In diesem Fall sollte der Übende die Meditation sofort abbrechen.

Bei der Meditation unterscheiden wir drei Stufen.

1. In Sitzhaltung, Schwerpunkt in der Körpermitte, sich von der Außenwelt abwenden und ihren Reizen verschließen; alle Affekte abklingen lassen.
2. Sich in entspanntem Zustand und mit gelöstem Atem nach innen wenden, sich in die Tiefen und das Zentrum der eigenen Psyche fallen lassen, sich in das Selbst versenken.
3. Vom Selbst aus meditieren. Sich dem Gegenstand oder Nichtgegenstand der Meditation zuwenden, ihn betrachten, bedenken, erfühlen; sich ihm hingeben und von ihm ergreifen lassen. Durch eine gelungene Meditation gewinnen wir Distanz vom Alltag mit seinen Belastungen und Sorgen. Wir erfahren innere Gelassenheit, Klarheit, Ruhe und das Gefühl der Identität; spontane Einsichten stellen sich ein, eine neue Lebenseinstel-

lung wird uns geschenkt. Durch die „Selbstfindung" tritt das leicht verletzliche Ich zurück. Der Übende ist nicht mehr so ängstlich, übernervös, unsicher, unentschlossen, verstimmt, aggressiv; seine Konzentrations- und Denkfähigkeit und sein Gedächtnis bessern sich.

3.7 Ja zum gesund erhaltenden Eustress, Nein zum krank machenden Disstress

In seiner gesund erhaltenden Form ist Stress ein Lebenselixier; dagegen kann er unbewältigt, in seiner krank machenden Form, Menschen morden.

Der folgende Abschnitt ist für die Personen uninteressant, die sich frustriert und unter Stress gesetzt fühlen, wenn ihr Wunsch nach Lusterfüllung sich nicht sofort erfüllt. Sie strengen sich nicht gern an und wünschen sich ein Schlaraffenland, in dem an allen Ecken ein Automat steht, der auf Knopfdruck jeden gewünschten Genuss verschafft, aber bitte sofort! Lebenswichtig sind die Ausführungen dagegen für die zu hohen Leistungen motivierten Mitarbeiter, für die Arbeit zur Droge zu werden droht und die abends nicht abschalten können. Sie leben gefährlich, wenn sie ihren Lebensstil nicht ändern, vor allem wenn sie sich auch noch falsch ernähren, ständig zur Zigarette greifen und zu viel Alkohol trinken. Ein Teil von ihnen kann zu den nahezu 300 000 Personen zählen, die jährlich in der BRD einen Herzinfarkt erleiden.

Stress ist wissenschaftlich durch Messungen mit medizinischen Geräten und durch Harnuntersuchungen gut erforscht und unter empirischen Bedingungen bewiesen. Die Stressreaktion beruht also nicht auf Einbildung. Allerdings kann durch die Einbildung von Gefahren, die keinen realen Hintergrund haben, die sich jemand nur vorstellt, realer, krank machender Stress entstehen.

Welchen biologischen Sinn hat der Stress? Durch die Mobilisierung aller Kräfte ermöglicht Stress neben körperlichen und geistigen Höchstleistungen eine blitzschnelle Anpassung an die Umwelt. Die Ausschüttung von Stresshormonen ins Blut und die Bereitstellung von Energie aktiviert den Körper, so dass der Mensch sich einer Gefahrensituation durch Flucht entziehen oder sie

durch Kampf erfolgreich bestehen kann. Im Straßenverkehr ist es
z. B. möglich, durch eine instinktive Reaktion einen Unfall zu vermeiden. Auf diese Weise dient Stress dem Überleben.

Stress hat auch große Nachteile

In unserer zivilisierten, hoch technisierten Welt können wir die
in unserem Körper durch Stressreize erregte und für Flucht oder
Kampf bestimmte Energie nicht mehr verbrauchen, denn überall
müssen wir uns beherrschen. Bei dem 45-jährigen Diplom-Ingenieur Manfred A. ist der nun schon über ein Jahr wirkende Stressreiz die Tatsache, dass ihm ein promovierter jüngerer Kollege bei
der Beförderung zum Gruppenleiter vorgezogen wurde, obwohl
ihm der Technische Direktor wenige Monate zuvor seine besondere Anerkennung für seinen Einsatz ausgesprochen hatte. Der
früher so selbstbewusst und sportlich aussehende Mann wirkt nun
verunsichert. Er ist gereizt, verdrossen, missmutig und ärgert sich
über jede Kleinigkeit. Die Konzentration fällt ihm schwer. Seine
Verdauung ist gestört; er klagt über Völlegefühl, hat Kopfschmerzen, schläft unruhig. Seine Arbeit macht ihm keine Freude mehr;
aber weggehen kann er in seinem Alter nicht mehr. Er hat ange-
fangen, seinen Frust durch Genussmittel zu kompensieren, raucht
und trinkt zu viel, schluckt Medikamente, nimmt Schlafmittel.
Durch dieses Verhalten und sein Gefühl des Versagens und der
Ohnmacht ist er selbst sein gefährlichster Stressmacher geworden.
Aber auch bei ganz anderen Gelegenheiten entsteht negativer
Stress. Er hatte die 500 000 Fahrschüler im Griff, die in unserer
BRD in einem Jahr die praktische Fahrprüfung im ersten Durchgang nicht bestanden, obwohl die meisten von ihnen während der
normalen Übungsstunden schon gut gefahren sind. Aber bei der
amtlichen Prüfung, als der Prüfer hinten im Wagen sitzt, ist alles
anders als sonst; da verwechseln sie die Pedale, Hebel und Knöpfe
im Wagen – und manchmal sogar die Verkehrszeichen. Ihre Nerven versagen, und ihr Denken setzt aus. Den Grund dafür weiß,
wer den Stressmechanismus kennt: Starker Stress blockiert die
Funktion des Großhirns, die wir für unser bewusstes Denken,
Wollen und Handeln brauchen, und schaltet um auf die älteren
Hirnschichten, mit denen wir in einer Gefahrensituation instinktiv richtig reagieren. Einem Fahrschüler hilft dies aber nicht; er

muss weiterüben, seine Stressreaktion unter Kontrolle bekommen und die Prüfung wiederholen.

Sollen wir den Stress also meiden? Nein, seine Spannung ist lebensnotwendig wie Luft, Flüssigkeit, Nahrung und Schlaf. Wir können nicht nur durch Reizüberflutung aus der Umwelt krank werden, sondern auch durch Monotonie, den Mangel an Reizen. Menschliches Leben braucht Anregungen! Eine gewisse Aktivität aller Kräfte und Fähigkeiten ist bis ins hohe Alter notwendig, damit der Mensch sich körperlich und seelisch-geistig wohlfühlen und gesund bleiben kann.

Im Gegensatz zu Maschinenteilen werden lebendige Organe durch eine maßvolle Betätigung nicht abgenützt, sondern funktionsfähig erhalten; sie müssen beansprucht werden. „Wer rastet, rostet"; was die Organe fordert, fördert sie. Nur ein erkranktes Organ braucht vorübergehend Schonung und Ruhe; aber schon im Stadium der Genesung muss es langsam wieder an seine Arbeit gewöhnt werden, damit die volle Funktion sich wieder einstellen kann. Wer einen Herzinfarkt überstanden und ausgeheilt hat, lernt, sein Herz langsam und schrittweise wieder in angemessener Weise zu belasten durch Gehen, Laufen, Schwimmen, Radfahren usw.

Was bedeutet Stress?

Schon vor 1936, dem Beginn der Stressforschung, wurde der aus dem Englischen kommende Begriff Stress in der Materialprüfung verwendet für Kräfte, die auf das Material einwirken und es einer Belastungs- und Zerreißprobe unterwerfen, um seine Grenzwerte in Bezug auf Festigkeit, Dehnbarkeit, Haltbarkeit usw. zu ermitteln. Bekannt war auch das Wort Disstress, das mit Not, Elend, Qual, Pein, Angst, Schmerz ins Deutsche übersetzt wird.

In der Umgangssprache ist Stress heute ein Sammelbegriff für Belastungen und Verschleißerscheinungen aller Art, die auf den menschlichen Organismus einwirken und an seinen Kräften zehren. Das Wort Stress wird verwendet für Anforderungen, Anstrengungen, Belastungen, die entstehen durch Lärm, knappen Raum, verpestete Luft, Strahlung, Medikamente mit schädlichen Nebenwirkungen, chemische Stoffe, giftige Substanzen, Blutungen, Infektionen, Fieber, Nervenreizungen, Ängste, Aggressionen, Frustrationen, Terminnot, wirtschaftliche Unsicherheit, Probleme und Konflikte in Familie und Beruf usw. Aber nicht nur diese auslösenden „Reize" werden allgemein als Stress bezeichnet, sondern auch die „Reaktionen" des Organismus auf diese Reize. Wir wollen jedoch Ursache und Wirkung unterscheiden.

Der verursachende Reiz als Anforderung an den Organismus heißt Stressor. Die Reaktion auf den Stressor heißt Stress. Es gibt zwei Arten von Stress:

1. Eustress: Er wird als angenehm und wohltuend empfunden, aktiviert, belebt, baut auf, erhält gesund, ist zur Erhaltung des Lebens notwendig. Ohne seine Anregungen kämen die Lebensvorgänge im Körper zum Erliegen, vor allem der Stoffwechsel.

2. Disstress: Er wird als unangenehm und schmerzhaft empfunden, weil er überstark erregt, lähmt, erschöpft, krank macht. Er entsteht durch eine extreme physische und psychische Belastung als Folge zu vieler, starker und zu lange einwirkender Reize. Auch ein Zustand der Deprivation, der totalen Unterforderung, bei dem Reize fehlen, setzt einen Menschen unter Disstress; dies zeigen z. B. Untersuchungen von Personen, die lange Zeit in Einzelhaft isoliert waren. Ein zu rascher Wechsel von einer lang anhaltenden Reizsituation zu einer völlig entgegengesetzten schadet auch. Dies zeigt der Pensionierungsschock, der im ersten Jahr nach dem Ausscheiden aus dem Berufsleben einen Herzinfarkt auslösen kann. Ähnlich ist es beim jähen Übergang von hektischer Arbeit zum totalen Urlaub, auf den manche Personen ebenfalls mit einem Herzinfarkt reagiert haben.

Erste Konsequenzen für die Einstellung zu Stress

Ja sagen soll ich zum nützlichen und oft als lustvoll empfundenen Eustress, der mich herausfordert, mich aktiviert und Kräfte in mir freisetzt, sodass ich gesund bleibe. *Nein* sagen muss ich zum schädlichen und als Unlust empfundenen Disstress, der bei längerer Einwirkung meine Abwehr- und Widerstandskräfte erschöpft und mich krank macht.

Allerdings verläuft die Grenze zwischen Eustress und Disstress fließend; der Punkt, von dem ab der Eustress mit seinem gesunden Belastungsniveau aufhört und der Disstress beginnt, schwankt stark. Ich kann also nicht eindeutig bestimmen, bis zu welchem Maß von Belastung ich noch *Ja* sagen darf und von welchem Punkt ab ich *Nein* sagen muss. Dies hängt ab einmal von der Art der aus dem Umfeld und der eigenen Person kommenden Stressoren, ihrer Stärke, der Dauer ihrer Einwirkung und meiner positiven oder negativen Bewertung, von Erfolg oder Misserfolg meiner Anstrengungen; ob ich mich für einen Stress freiwillig entscheide oder ob mich jemand dazu zwingt. Zum anderen von meinem aktuellen körperlichen Zustand, meiner Widerstandskraft, meinem Spannungszustand, meinen Bedürfnissen und Erwartungen. Dazu kommen meine Tagesform, meine Kondition, mein Tages- und Lebensrhythmus. Auch die klimatischen Bedingungen: Luftdruck, -feuchtigkeit, -temperatur wirken sich aus, abhängig von der Höhenlage und dem unterschiedlichen Sauerstoffgehalt. Die Schlafqualität und -dauer der vergangenen Nacht spielt eine Rolle, ebenso Art und Menge einer genossenen Mahlzeit, Verdauung und Stoffwechsel, Körperbewegung usw.

Wenn ich an einem bestimmten Tag die Grenze zwischen Eustress und Disstress ziehen will, sollte ich auf die Warnsignale meines Körpers achten und mir rechtzeitig eine Ruhe- und Entspannungspause gönnen, bevor ich zu sehr erschöpft bin. Wünschte ich objektive Werte, müsste ich im Labor nach Stressbelastungen Blutdruck, Atmung, Herzfrequenz, Muskelspannung, Hautwiderstand, Hirnströme messen und ein EKG anfertigen lassen. Eine weitere Möglichkeit wäre eine Harnanalyse, die den Anteil der Stresshormone, der Katecholamine, bestimmt.

Was verursacht Stress bei mir?

Zunächst geht es darum, herauszufinden, welche realen oder auch nur vorgestellten Stressoren bei mir wirksam sind und welche davon sich auf mein Verhalten am Arbeitsplatz und im privaten Bereich nachteilig auswirken, langfristig vielleicht sogar krank machend. In einem späteren Schritt geht es um die Frage: Ist ein

Teil davon ganz oder begrenzt vermeidbar und kann ich durch meine Bewertung und mein Verhalten dazu beitragen, dass unvermeidliche Stressoren sich nicht so stark, nachhaltig und schädlich auswirken wie jetzt?

Liegen die für mich bedeutsamen Stressoren aus den einzelnen Bereichen fest, trenne ich die Stressoren, die durch meine eigene Aktivität entstehen, von anderen, die sich durch die Aktivität anderer Personen und durch Sachzwänge ergeben. Ich frage nach ihren Ursachen und Zusammenhängen; einzelne Faktoren analysiere ich. Ich mache mir klar, dass mein Organismus, abhängig von meiner aktuellen körperlich-seelischen Verfassung, wie ein Resonanzboden wirkt, der meine Reaktion und die Wirkung äußerer und innerer Stressoren verstärkt oder abschwächt. Eine wichtige Rolle spielt mein Denken; es bestimmt, wie ich in einer Situation nach einer Wertskala und aufgrund meiner Erwartungen einen Stressor bewerte. Und von meiner Bewertung und Einstellung hängt ab, welche Bedeutung der Stressor für mich hat und ob er sich mehr positiv oder mehr negativ auf meinen Körper auswirkt.

Ich prüfe, ob meine Kräfte und Fähigkeiten ausreichen, um den an mich gestellten Anforderungen gerecht zu werden, und ob ich sie angemessen bewerte. Ich frage mich: Wirken auch die medizinisch gut erforschten Risikofaktoren auf meinen Körper ein? Sie könnten sich, wenn ich eine erschöpfte und gesundheitlich angeschlagene Risikopersönlichkeit bin, neben den Stressoren besonders in einer kritischen Situation auch nachteilig auswirken. Ein anderer Faktor ist, dass viele Menschen, bedingt durch den raschen gesellschaftlichen und wirtschaftlichen Wandel, keine eindeutige Wertordnung für das soziale Verhalten mehr haben; dies verunsichert sie und verstärkt ihren Stress noch, bis sie sich an neue Regeln und Ordnungen gewöhnt haben.

Sehr verstärkt wird die Wirkung von Stressoren, wenn ich sie als persönliche Bedrohung meiner Gesundheit oder meines Lebens werte. Eine ähnlich negative Wirkung entsteht, wenn ich mit mir, mit meiner Arbeit und meiner Lebenssituation unzufrieden bin und ständig Misserfolgserlebnisse verkraften muss. Umgekehrt ist bekannt, dass sehr erfolgreiche Führungskräfte mit hohem gesellschaftlichem Status trotz vieler Stressoren nur selten erkranken und bei ihnen auch seltener ein Herzinfarkt auftritt als bei weniger erfolgreichen Kollegen und ihren Mitarbeitern. Dies zeigt sich auch bei Zweikämpfen zwischen Hochleistungssportlern. Der Sieger, der von der Stimmungswelle des Erfolgs nach oben getragen wird, erholt und entspannt sich vom Stress des Kampfes viel rascher als sein ihm unterlegener Gegner, weil der siegreiche Kampf für ihn Eustress, für seinen Gegner dagegen Disstress war.

In den folgenden Abschnitten werden häufig auftretende Stressoren, verträgliche, unverträgliche, schädliche, in verschiedene Bereiche unterteilt: Umwelt, Arbeitsplatz, zwischenmenschlicher Bereich, eigene Person mit aktivem, passivem und Konsum-Verhalten, Privatsphäre.

Umwelt-Stressoren

In unserer hoch technisierten Welt sind wir vielen physikalischen, chemischen, biologischen, kosmischen Reizen aller Art ausgesetzt: Lärm, z. B. durch Großstadtverkehr und Autobahn. Optische Reize, z. B. durch Leuchtreklame. Strahlung. Schadstoffe, Gifte, z. B. bei Luft-, Wasser-, Boden-Verschmutzung und -Vergiftung. Bakterien, Viren, Infektionen, z. B. bei Grippeepidemien. Klimatische, das Wetter betreffende Einflüsse: Extrem rasch eintretende Veränderungen von Luftdruck und -feuchtigkeit. Starke Temperaturschwankungen; extreme Hitze, vor allem in Verbindung mit hoher Luftfeuchtigkeit. Feucht-kaltes Wetter, Föhn; starke atmosphärische Spannungen vor Gewittern und ganz allgemein plötzlich eintretender Wetterumschlag.

Von den nachfolgenden Stressoren kann ich einen Teil durch meine Entscheidung ausschalten und dadurch unwirksam machen: Fernsehen, aufregende Filme am späten Abend, deren Eindrücke ich vor dem Schlafengehen nicht mehr abreagieren kann; Werbung und Reklame. Übermaß an Informationen, wenn mir Maßstäbe zu ihrer Auswahl und Bewertung fehlen und ich vielleicht das Negative und Sensationelle herausfiltere. Ich fühle mich Sachzwängen in der Umwelt hilflos ausgeliefert. Starker Straßenverkehr in Stoßzeiten mit Stau im Berufsverkehr, am Wochenende und im Urlaub. In der Unterhaltungsszene wirken elektronische Spielautomaten, Diskotheken mit Lärm und verbrauchter Luft als starke Stressoren. Auch von großen Menschenansammlungen gehen starke Reize aus.

Stressoren am Arbeitsplatz

Wo Menschen zusammenarbeiten, entstehen Schwierigkeiten, Spannungen, Ärger, Auseinandersetzungen mit Chef und Kollegen aus sachlichen und persönlichen Gründen. Der Vorgesetzte wird zum Stressor für die Mitarbeiter und die Mitarbeiter zum Stressor für den Vorgesetzten. Zwischen den Kollegen gibt es ständig Probleme und Ärger. Ich erhalte keine Rückmeldung über die von mir erbrachte Leistung und keine Anerkennung, obwohl ich wie jeder andere Mensch danach hungere. Mein persönlicher Spielraum und meine Kontakte sind eingeschränkt; Kontrollen sind verschärft worden. Ich habe Konflikte mit dem Vorgesetzten und fühle mich von ihm ungerecht behandelt. Es gibt Konflikte mit Kollegen. Mein Vorgesetzter praktiziert immer noch einen sehr autoritären Führungsstil. Er ist hart und ohne jedes Gefühl. Ich kann über Probleme mit ihm nicht sprechen. Schon der Gedanke an den Chef, den ich nicht mag und dem ich gleichgültig bin, zieht alles in mir zusammen. Durch einen bissigen Chef oder einen chronisch unzufriedenen und missmutigen Kollegen entsteht Stress genauso wie durch krank machende Bakterien. Meine Projektgruppe ist aufgelöst worden. Meine Arbeitsgruppe wird anders zusammengesetzt. Das Arbeitsklima ist kalt und unmenschlich geworden. Nur noch die nackte Leistung zählt; dies verschärft die Spannungen und Zwänge. Auseinandersetzungen mit Mitarbeitern und Kollegen zerren und zehren an meinen Nerven, ebenso die ständigen Reibereien zwischen Rauchern und Nichtrauchern. Das Rivalitätsdenken unter den Mitarbeitern verschiedener Abteilungen geht mir auf die Nerven, ebenso der Streit zwischen Kollegen. Oft ist die Kommunikation zwischen Mitarbeitern und zwischen Vorgesetztem und Mitarbeitern gestört.

Meine Arbeitsbedingungen sind nicht optimal. Mein Arbeitsraum ist vollklimatisiert; die Temperatur bleibt von früh bis spät völlig gleich. Wir haben wieder einmal organisatorische Veränderungen: Arbeitsbedingungen, Aufgabengebiet und Verantwortungsbereich wechseln. Mobilität wird verlangt; ich soll an einem anderen Ort arbeiten und meine guten Freunde zurücklassen. Am neuen Platz soll ich längere Zeit am Computer mit Bildschirm arbeiten. Ich soll vieles auf einmal erledigen. An mich werden unrealistische Anforderungen gestellt, die einen außergewöhnlichen persönlichen Einsatz erfordern. Ich habe keine Erfolgserlebnisse, dafür aber ständig kleinen und kleinlichen, zermürbenden Ärger. Durch organisatorische Veränderungen wurden alte persönliche Beziehungen zu Kollegen zerrissen. Betriebsfremde Spezialisten haben Neuerungen eingeführt; auf die Mitarbeiter wurde keine Rücksicht genommen. Mein Arbeitsplatz ist automatisiert worden; nach Umstellung auf die neue Technik geht es oft sehr hektisch zu. Ich mache eine Arbeit, für die ich nicht ausreichend qualifiziert bin. Für eine andere Arbeit bin ich überqualifiziert; da fühle ich mich frustriert. Meine Verantwortung und meine Befugnisse klaffen auseinander. Ich fürchte, dass ich nach einer weiteren Rationalisierung leicht ersetzt werden kann; dadurch fühle ich mich entwertet. Ich kann an meinem Arbeitsplatz nichts beeinflussen und verändern. Meine Arbeit ist unwichtig. Bei mir ist ein Rollenkonflikt aufgetreten; ich bin einander widersprechenden Forderungen verschiedener Vorgesetzter ausgesetzt. Ein anderes Mal leide ich unter Rollenunsicherheit; die Informationen, die ich bekomme, stehen im Widerspruch zu denen, die ich benötige, um meine Arbeit gut machen zu können. Ich bin an meinem Arbeitsplatz maßlos enttäuscht, darf dies aber niemand sagen, weil ich sonst meinen Arbeitsplatz gefährde. Ich habe keine Erfolgserlebnisse, obwohl ich sehr ehrgeizig bin. Gegen bestimmte Situationen entwickle ich starke innere Widerstände.

Zeitprobleme und Termindruck sind ein weiterer Teilbereich am Arbeitsplatz. Probleme warten auf eine Lösung, Termine mahnen, das Telefon unterbricht mich ständig beim Nachdenken, Faxe fliegen auf den Tisch. Ich werde ständig angetrieben, auch durch mich selbst. Ich hetze von einer Arbeit zur anderen, von einem Termin zum anderen; so geht es nun schon seit Jahren. Ich will immer mehr in kürzerer Zeit erledigen. Versuche ich, mehr zu machen, als eigentlich nötig ist, um anderen zu beweisen, wie tüchtig ich bin? Ich werde rasch ungeduldig. Alles geht mir zu langsam. Langsame Menschen machen mich nervös. Ich rege mich rasch auf, wenn ich mit meiner Arbeit nicht so vorankomme, wie ich mir das vorgestellt habe. Am liebsten möchte ich alles auf einmal erledigen. Selbst beim Gehen, Essen, Trinken, Reden usw. bin ich viel zu schnell.

Manchmal frage ich mich, ob ich Angst habe; aber das gebe ich nicht gern zu. Ich stelle mir vor, ich könnte bei besonderen Aufgaben, Besprechungen, Sitzungen, Konferenzen versagen. Verlange ich zu viel von mir? Bin ich ein Perfektionist? Am liebsten möchte ich von meiner Verantwortung abgeben; aber dann fürchte ich, ein Kollege könnte mir beim nächsten Projekt vorgezogen werden. Bei der heutigen Wirtschaftslage muss ich die Nase immer vorn haben. Ich will doch nicht arbeitslos werden. Kommen meine Befürchtungen daher, weil ich mich so ausgepumpt und abgehetzt fühle und nicht mehr abschalten kann? Dann versuche ich, meine Sorgen in der Arbeit zu ertränken. Ich muss aufpassen, dass ich auf meinem Arbeitsweg mit dem Wagen keinen Unfall baue, wenn ich unterwegs ins Grübeln komme.

Liegt es auch an meiner Person, dass so viel negativer Stress bei mir entsteht? Mein Schreibtisch ist überladen, Unterlagen sind nicht griffbereit. Mit der Terminplanung klappt es nicht immer; dadurch entsteht manche Hektik. Ich habe keine innere Beziehung zu meiner Arbeit, sehe sie nur als notwendiges Übel, verhalte mich ihr gegenüber gleichgültig, fremd, distanziert. Manchmal sehe ich meine Arbeit als sinnlos und entbehrlich an. Familienprobleme belasten mich auch am Schreibtisch. Ich muss mich zur Arbeit zwingen und bin anschließend ganz ausgelaugt. Mit meiner Leistung bin ich selbst nicht zufrieden. Manchmal flüchte ich in die Arbeit, bin von ihr besessen, berausche mich an ihr. Will ich dadurch andere unterdrückte Bedürfnisse kompensieren? Trifft für mich zu, was man dem pflichteifrigen A-Typ zuschreibt, der als herzinfarkt-gefährdete Risikopersönlichkeit gilt? Der A-Typ boxt sich überall durch, arbeitet hart und besessen, will mehr, schneller, besser und längere Zeit arbeiten als jeder andere und macht auch dann Überstunden, wenn dies nicht notwendig wäre. Er verbohrt sich in manche Probleme und ist sehr ungeduldig. Er sieht nicht, was er schon geleistet hat, sondern nur seine Rückstände, und treibt sich und andere ständig an. Er ist leicht reizbar, ärgert sich und wird wütend, wenn etwas nicht nach seinem Kopf geht. Am Wochenende und im Urlaub ist er besonders nervös; da fühlt er sich unwohl, weil ihm die Arbeit als Betäubungsmittel fehlt.

Krankschreiben lässt er sich erst, wenn die aktivierenden Pillen am Morgen und die dämpfenden Pillen am Abend nichts mehr nützen und man ihn ins Bett oder ins Krankenhaus tragen muss.

Überall stressen Menschen einander

Obwohl sie leicht verletzlich sind, besonders in ihrem Selbstwertgefühl, verletzen sie einander. Sie haben Angst voreinander. Einmal wollen sie mit dem Kopf durch die Wand und sich unbedingt behaupten, ein andermal geben sie zu rasch nach, passen sich anderen an und bereuen dies bald darauf. Gelegentlich steckt einer mit seiner guten Laune andere an; aber meist sind sie angespannt, abgespannt, gereizt. In dieser Verfassung verstimmen sie einander durch Worte, Emotionen und ihre negativ wirkende Körpersprache; dann entsteht zwischen ihnen „dicke Luft". Bei Gesprächen hören sie einander nicht richtig zu und denken an etwas ganz anderes; dies isoliert sie voneinander. Oder sie unterbrechen einander ungeduldig mitten im Wort. Manche ärgern sich maßlos über jede Kleinigkeit. Sie lassen sich leicht aus der Ruhe bringen, bleiben lange verstimmt und explodieren schon beim geringsten Anlass. Ihre Emotionen können sie anderen gegenüber nicht ausdrücken. Auf Kritik reagieren sie überempfindlich. Sie reden ständig von ihren eigenen Beschwerden, um Mitleid zu erwecken. Beim Vergleich mit anderen haben sie Minderwertigkeitsgefühle.

Einer nörgelt dauernd an seinen Mitmenschen herum. Er setzt andere herab und spricht auch vor Dritten abwertend über sie. Ein anderer klammert sich hilflos an andere an; anderen gegenüber empfindet er starke Antipathie. Menschen sind unzuverlässig und unpünktlich. Sie treffen keine feste Abmachung und halten getroffene Absprachen nicht ein. Forderungen weichen sie grundsätzlich aus. In allem widersprechen sie; immer wollen sie Recht behalten. Gegen andere sind sie prinzipiell argwöhnisch aus Furcht, die anderen seien boshaft und wollten ihnen schaden. Einige beanspruchen bei allen Gelegenheiten die Führerrolle; sie wollen Macht ausüben und die Ersten sein. Sie stehen unter dauerndem Erfolgszwang. Manche wollen andere auch gegen deren Willen beschützen. Konflikte schieben sie lange vor sich her; einer Entscheidung weichen sie aus. Sie bauen von den anderen ein Feindbild auf und verhalten sich entsprechend zu ihnen. Vor Autoritätspersonen fürchten sie sich. Manche leiden darunter, dass sie aus einer Gruppe ausgeschlossen werden. Über unerwiderte oder abgewiesene Zuneigung sind sie enttäuscht.

Die eigene Person als Stressor

Lebenswichtige unbefriedigte Bedürfnisse sind ein ständiger Stressor, z. B. Bedürfnisse nach Anerkennung, guten Beziehungen, Sicherheit, Selbstwert. Durch negative Emotionen wie Angst, Sorgen, Unzufriedenheit, Aggression usw. entsteht ein starkes Störfeld in mir. Das Gleiche gilt von einer negativen Einstellung zu sich und zum Leben und ein wirklichkeitsfremdes, intolerantes Schwarz-weiß-Denken, das die vielen Möglichkeiten zwischen den Extremen nicht berücksichtigt. Ein überzogenes Anspruchsniveau und der damit verbundene Erfolgszwang machen unzufrieden; ein negativer Regelkreis entsteht, der Misserfolg ist vorprogrammiert. Ich kann Fehler nicht zugeben und schwanke zwischen Minderwertigkeits- und Überwertigkeitsgefühlen, zwischen Stimmungstief und Stimmungshoch. Ich verliere rasch mein Gleichgewicht, bin leicht verstimmt und erschöpft. Manchmal kann ich mich selbst nicht riechen, da bin ich mein eigener Feind. Von Ohnmachtgefühlen erfüllt fühle ich mich als Versager. Mein Wertesystem ist nicht eindeutig; das Entscheiden fällt mir schwer. Ich kann nicht „nein" sagen. Wenn ich stark verunsichert bin und hilflos wirke, bin ich in meinem Denken und Handeln nicht flexibel. Starre Verhaltensmuster erschweren es mir aber, mich mit Personen und Sachverhalten konstruktiv auseinander zu setzen. Ich gehe dann allen Problemen aus dem Weg; Unangenehmes fresse ich in mich hinein, aber gelegentlich, wenn der Druck zu stark geworden ist, explodiere ich. Ich bin enttäuscht, wenn mich nicht alle Menschen schätzen und anerkennen. Oft vergesse ich, dass andere Menschen anders sind als ich, sie einen anderen Standpunkt haben und eine andere Meinung vertreten, und dass dies normal ist. Dann rege ich mich leicht über alles auf und mache „aus einer Mücke einen Elefanten". Ich übersehe die Grenzen meiner Fähigkeiten und meiner Kraft und achte nicht auf die Warnsignale meines Körpers.

Schädliche Stressoren sind neben Schicksalsschlägen, anhaltender Trauer und nicht bewältigten traumatischen Erfahrungen

auch schwere Krankheiten, Infektionen, Operationen, hohe Blut-
verluste usw. Dazu kommen schädliche Nebenwirkungen durch
notwendige Medikamente, die aber vielleicht falsch dosiert sind;
schwere chronische Krankheiten, Schmerzen, Störungen, Behin-
derungen, die das Selbstwertgefühl schwächen; Mangelzustände
durch das Fehlen wichtiger Vitamine, Mineralsalze, Spurenele-
mente. Nach langer Überarbeitung und Überlastung bin ich erschöpft, ausgepumpt, völlig „ausgebrannt", und habe das Gefühl,
dass ich's nicht mehr schaffe. Am schlimmsten sind eine demüti-
gende Abhängigkeit und bedrückende Verhältnisse ohne jede
Aussicht, sie ändern oder ihnen entrinnen zu können; durch sie
entsteht das Gefühl tiefer Hoffnungslosigkeit.

Aktiver Kämpfertyp

Folgende Einstellungen und Verhaltensweisen machen den
nach außen gerichteten Menschen für Herzkrankheiten bis hin
zum Herzinfarkt anfällig: Er ist aus Prinzip aggressiv eingestellt,
um ein Minderwertigkeitsgefühl übermäßig zu kompensieren.
Seine starke Aggressivität hat er aus verdrängter Angst entwickelt.
Er will dauernd kämpfen und verhält sich gewalttätig und zerstö-
rerisch. Frustrationen kompensiert er ständig; er will es den anderen zeigen, die ihn kritisiert haben. Dadurch erhofft er sich die ersehnte Anerkennung. Nach oben passt er sich übermäßig an, nach
unten verhält er sich despotisch. Er steht ständig unter Hochspannung; seine Affekte, Ärger, Aufregungen, Ängste, Frustrationen, Konflikte usw. belasten ihn seelisch stark. Er verhält sich
hastig, ungeduldig, ruhelos, und spricht auch so.

Er hat das Gefühl, dass er dauernd unter Zeitdruck steht. Durch
eine starke Motivation sind seine Antriebe übersteigert, seine Motorik ist ungesteuert; in Widerspruch dazu steht seine betont rationale, unterkühlte Einstellung. Auf dem Stuhl rutscht er hin und
her, mit den Fingern trommelt er auf den Tisch. Er hat einen Lebensstil mit zu hohem Anspruchsniveau und überzogenem Ehrgeiz entwickelt, fühlt sich in allem kompetent, möchte als besonders tüchtig und perfekt gelten und anerkannt werden. Sein
ganzes Verhalten wirkt ständig als starker Stressor.

Passiver Fluchttyp

Im Gegensatz zum Kämpfertyp stehen die Einstellungen und Verhaltensweisen des nach innen gerichteten Menschen, der gehemmt reagiert und bei entsprechender Veranlagung für Krebs anfällig ist. Er ist unfähig, mit seinen Emotionen in konstruktiver Weise umzugehen und Konflikte positiv zu lösen, sich also nicht aus Schwäche, sondern aus Einsicht anzupassen oder sich angemessen zu behaupten. Bei seiner negativen, introvertierten Einstellung frisst er alles in sich hinein. Aggressionen richtet er gegen sich selbst. Auch ungelöste Probleme und Konflikte verlegt er nach innen; er setzt sich mit ihnen nicht auseinander, sondern verdrängt sie lieber. Dies frustriert ihn, schwächt sein Selbstwertgefühl und steigert sein Spannungsniveau. Er ist von Gleichgültigkeit, Missmut, Verdrossenheit, Verstimmung, Ärger, tiefer Unzufriedenheit und Unlust erfüllt; die entstandenen Emotionen wie Ärger, Hass, Zorn usw. unterdrückt er. Wichtige Bedürfnisse befriedigt er nicht. Gegen sich selbst verhält er sich ungerecht; er tendiert zur Selbstbestrafung. Dies alles macht ihn niedergeschlagen und stimmt ihn depressiv. Auf Anforderungen reagiert er mutlos und resigniert. Er traut sich nichts zu, schreckt vor Neuem zurück und bemitleidet sich selbst.

Bei jeder Verstimmung greift er zur Zigarette. Ständig fühlt er sich bedroht; vor bestimmten Situationen fürchtet er sich. Er sieht alles „schwarz". Aus der Wirklichkeit flüchtet er in eine Scheinwelt. Die Gegenwart kann er nicht bejahen, sich selbst auch nicht; alles möchte er anders haben, als es ist. Auch mit seiner Vergangenheit kommt er nicht klar; dauernd denkt er, hätte ich doch nur... Zur Zukunft hat er kein Vertrauen. Seine Angst hat viele Gesichter; durch seinen geschwächten Körper leidet er an Vitalangst, Schuldgefühle verursachen Gewissensängste, mögliche, reale Gefahren aus der Umwelt fürchtet er. Auch vor seinen eigenen aggressiven Antrieben und vor bestimmten Personen, Sachen, Situationen fürchtet er sich, ebenso vor Misserfolg und Versagen bei der Arbeit. Um vieles sorgt er sich unbegründet. Vor Schwierigkeiten weicht er zurück; dies verstärkt seine Tendenz zur Depression. Oft weiß er nicht, was er tun und wie er sich entscheiden soll. Dadurch entstehen Gefühle der Hilflosigkeit, Ohnmacht und Ausweglosigkeit. Er kann eine Situation weder akzeptieren noch ändern; dies zermürbt ihn. In seinem Denken und Urteilen ist er starr, unbeweglich, intolerant, wirklichkeitsfremd.

Risikoreiches Konsumverhalten

Meist handelt es sich dabei um den Versuch, die schädliche Wirkung von Disstress zu kompensieren, z. B. durch eine falsch zusammengesetzte und viel zu reichliche Ernährung, um mit zu viel Stress und mit Enttäuschungen besser fertig zu werden. Dieses problematische Essverhalten wird oft durch gesellschaftlich anerkannte Sitten und Gebräuche verstärkt, wenn aus besonderen Anlässen bei einem Familienfest üppig gegessen, viel Alkohol getrunken und geraucht wird. Nach den vielen Gängen bleiben alle in dem vielleicht noch schlecht gelüfteten Raum gemütlich sitzen, statt gemeinsam einen Verdauungsspaziergang in frischer Luft zu machen, bei dem die Geselligkeit auch gepflegt werden könnte.

Auch sonst werden zu viel Genussgifte konsumiert: Nikotin, Alkohol, Koffein, Teein usw.; dies ist besonders riskant, wenn der Arzt bereits hohen Blutdruck, hohe Blutfettwerte, Diabetes usw. festgestellt hat. Der übermäßige Verbrauch von Tabletten schadet zusätzlich.

Viele Menschen sprechen auf die lockende Werbung in den Massenmedien leicht an. Sie zeigen dann ein unkritisches Konsumverhalten, leben weit über ihre Verhältnisse und lassen sich auf Ratenkäufe mit zu hohen laufenden finanziellen Verpflichtungen ein, die sie sehr belasten. Statt sich am Wochenende körperlich aktiv zu betätigen, sich zu entspannen und zu erholen, machen sie große Autotouren oder stürzen sie sich in nervenaufpeitschende Vergnügen.

Stressoren in der Privatsphäre

Sie wirken sich indirekt auch am Arbeitsplatz belastend aus, wie umgekehrt Probleme und Konflikte am Arbeitsplatz ihre Schatten auf die Privatsphäre werfen. Den Hauptanteil haben Beziehungsprobleme, wenn der Mann keine Zeit für seine Frau und die Frau keine Zeit für ihren Mann hat; dadurch entstehen Spannungen und sexuelle Schwierigkeiten. Oft haben die Partner unrealistische, unerfüllbare Glückserwartungen aneinander; damit frustrieren und überfordern sie sich gegenseitig. Verlustängste entstehen; einer von ihnen fürchtet, dass der andere wegläuft und sich scheiden lässt. Die Furcht, dieses schmerzliche Ereignis könnte eintreten, liegt dann wie eine unheimliche Bedrohung über ihrem Leben.

Durch Meinungsverschiedenheiten, Machtkämpfe, schwelende oder verdrängte Konflikte entsteht „dicke Luft". Die Frau möchte gern berufstätig sein, der Mann wünscht dies aber nicht. Oder die Frau ist berufstätig, fühlt sich dadurch aber überfordert. Bei Menschen mit einseitig materialistischer Einstellung, die ihre Freizeit nicht sinnvoll gestalten können, ist am Sonntag die Nervosität besonders groß; da wirken sich negative Gegensatzpaare aus: äußere Sattheit mit innerer Leere, Ehrgeiz mit Ziellosigkeit, Wissenschaftsgläubigkeit mit religiöser Desorientierung, Ersatzbefriedigung mit tiefer Unzufriedenheit. Verschärft wird diese Situation noch, wenn der Mann arbeitslos geworden ist. Er vermisst nun den gewohnten Tagesablauf, der ihm bisher Halt gegeben und sein Leben sinnvoll strukturiert hat.

Die Eltern sind Stressoren für die Kinder und die Kinder Stressoren für ihre Eltern. Die Eltern können ihre Kinder nicht erziehen; sie machen Erziehungsfehler. Vater und Mutter sind Risikopersönlichkeiten für die Kinder, die fürs ganze Leben falsch geprägt werden. Die Krankheit eines Familienangehörigen, vor allem der Frau und Mutter, erschwert das Zusammenleben. Iatrogene, durch ärztliche Aussagen möglicherweise fixierte oder verursachte Erkrankungen, können hinzukommen. Bei einer starren, wenig kooperativen, egoistischen Einstellung verfolgt jeder Partner nur seine eigenen Interessen. Gegen die Interessen des anderen schirmt er sich ab, er hat kein Gefühl dafür und will sich gemeinsamen Notwendigkeiten nicht anpassen. Dieses Fehlverhalten erzeugt Spannungen und Konflikte und setzt starke Aggressionen frei bis hin zum Hass. Streitereien in der Familie, auch zwischen den Eltern vor den Kindern, gehören zum Alltag; sie nehmen, wenn die Kinder älter werden, an Zahl und Intensität zu. Oft kommt es zum Bruch mit den Kindern, die das Elternhaus vorzeitig verlassen. Mit Verwandten kann Ärger entstehen, wenn diese im eigenen Haushalt wohnen. Einschneidende Veränderungen bei Gewohnheiten, Lebensumständen, Lebensstil, Freizeitverhalten, der Tod eines geliebten Haustieres, finanzielle Sorgen durch Hausbau und Ratenkäufe, der Verlust der Wohnung oder des Eigenheims und vieles andere werden zum Stressor.

Die Schule spielt in den Familien eine wichtige Rolle, wenn das Kind zum ersten Mal zur Schule kommt und dann die von den Eltern erhofften Leistungen nicht schafft. Wenn das Kind fürchtet, bei Klassenarbeiten oder Prüfungen zu versagen. Wenn seine Versetzung in die nächste Klasse gefährdet ist und es die Schule ohne Abschluss verlässt. Der Lehrer kann dann neben den Eltern zum Stressor für die Schüler werden und die Schüler zu Stressoren für die Eltern und den jeweiligen Lehrer.

Wie wirken Stressoren sich als Stress aus?

Zum einen verändern die ins Blut ausgeschütteten Stresshormone die Funktionen der inneren Organe des Körpers, zum anderen verändern sie das Verhalten des Betroffenen. Ein negativer Stressor wirkt sich bei allen Personen belastend aus, jedoch unterschiedlich stark. Sie reagieren auch in ihrem Verhalten anders: die einen aktiv, kämpferisch, die anderen passiv, zurückweichend, fliehend, oder völlig gelähmt. Beispielsweise stört ein starker, selbst erzeugter Lärm weniger als das leise Klavierspielen des Nachbarn während der Mittagspause. Aus der Stressforschung wird berichtet, dass eine Versuchsgruppe, die einen stark erregenden Horrorfilm anschaute, anschließend hohe Hormonausscheidungen hatte. Als sie an einem anderen Tag einen Film mit schönen Landschaften betrachtete, waren die Hormonausscheidungen niedrig. In Stimmungslage und Verhalten der einzelnen Versuchspersonen der gleichen Gruppe gab es aber Unterschiede. Jeder hat wohl in seinem sozialen Umfeld die Erfahrung gemacht, dass der gleiche Stressor bei gleich langer Einwirkung einen „Dickhäuter" zu hohen Leistungen anstachelt, einen „Zartbesaiteten" dagegen umwirft und krank macht. Und derselbe Stressor wirkt auf die gleiche Person, wenn diese morgens ausgeruht ist, wohltuend und aktivierend, am Abend jedoch, wenn sie erschöpft ist, entnervend und lähmend.

Bei Stress läuft im Körper ein Überlebensprogramm ab. Der

Stressor erregt durch Angstgefühle im Bereich des Zwischenhirns, im Limbischen System, den Hypothalamus; dieser schüttet Neurosekrete aus, die über das Pfortadersystem der Hypophyse zum Hypophysen-Vorderlappen gelangen, der das ACTH ausschüttet, das adrenokorticotrope Hormon. Dieses erregt den Sympathikusnerv, der die Nebennieren aktiviert und die Ausschüttung der Stresshormone bewirkt: Aus der Nebennierenrinde kommen Kortikoide, vor allem Cortison; aus dem Nebennierenmark Adrenalin als Fluchthormon und Noradrenalin als Kampfhormon. Diese Hormone aktivieren den Körper.

Ausgeschaltet werden durch Stress: Verdauung, Sexualfunktion, Immunabwehr, das bewusste Denken.

Von was hängt ab, wie der Körper reagiert
und ob daraus Eustress oder Disstress entsteht?

Zum einen von Art, Umfang und Stärke des Stressors, der Dauer seiner Einwirkung, dem Grad seiner Verträglichkeit oder Unverträglichkeit für den Körper; zum anderen vom Zustand der gestressten Person, ihrer Reaktionsbereitschaft und ihrer Widerstandskraft, die nach einer gut durchschlafenen Nacht größer ist als nach der Mühe eines arbeitsreichen Tages. Wirkt ein starker Stressor nur kurze Zeit ein und folgt darauf eine Ruhepause mit der Möglichkeit, einen Teil der vom Stress erregten Energie durch körperliche Aktivität abzuführen und das Gleichgewicht wieder herzustellen, schadet dies dem Körper weniger, als wenn schwache Stressoren oder das Fehlen von Reizen ihn pausenlos längere Zeit belasten; die vom Stress erregte Energie verbleibt dann im Körper und Fettstoffe z. B. setzen sich in den Blutgefäßen ab und kristallisieren aus. Kritisch wird es für den Körper, wenn seine Kräfte durch den Stress erschöpft sind.

Welche Faktoren bestimmen den Zustand des Gestressten, seine Belastungsfähigkeit und Widerstandskraft? Die Empfindlichkeit der Sinnesorgane, die Reaktion des Vegetativen Nervensystems mit leistungsbetontem Sympathikus und ruhebewirkenden Parasympathikus. Der Ernährungs- und Leistungszustand, abhängig von Tageszeit und -rhythmus, erbrachter Leistung, Grad der Gesundheit, zur Verfügung stehender Kraft. Das Spannungsbzw. Erregungsniveau, das bei Hypertonikern, Personen mit hohem Blutdruck, meist sehr hoch ist. Motorische Reaktion des Körpers, z. B. durch Kniezittern, Herzklopfen, Schwitzen; vegetative Reaktion durch Verweigerung von Nahrung oder Brechreiz. Nachteilig sind im Körper von früheren Stresswirkungen noch verbliebene Stresshormone, die durch körperliche Aktivität nicht abgebaut worden sind; sie halten das Spannungsniveau hoch. Durch sie kann Dystonie entstehen: ein gestörtes Spannungsverhältnis zwischen Muskeln, Gefäßen, vegetativen Nerven usw.

Der Grad der seelischen Stabilität oder Labilität, der Entwicklungs- und Reifezustand, der sich in der Kontrolle über die eigenen Emotionen und des Verhaltens zeigt, spielen ebenso eine wichtige Rolle. Dazu kommen ähnliche Erfahrungen, z. B. eine Reaktion auf der rationalen Ebene durch Denkblockaden mit Versagen des Gedächtnisses, die Art der Wahrnehmung, Bedürfnisse, Erwartungen, Interessen, Einstellungen; Aktivitäten: deren Erfolg oder Misserfolg, das Bewusstmachen und die Bewertung des Stressors als harmlos oder gefährlich, sowie subjektive Empfindungen und Gefühle, die der Stressor ausgelöst hat.

Je früher ich auf einen unangenehmen Stressreiz durch Entspannung reagiere, desto eher kann ich die schädliche Auswirkung eines Stressors auffangen, abschwächen, vielleicht sogar verhindern, und damit die verhängnisvolle Verhaltenskette unterbrechen, die sonst wie ein Programm in meinem Organismus abläuft.

Auf die unterschiedlichsten Stressoren reagiert der Körper mit dem gleichen Muster: Allgemeines Anpassungssyndrom

H. Selye, der Pionier der Stressforschung, konnte bei Versuchen machen, was er wollte, immer reagierte das gestresste Tier auf die unterschiedlichsten physischen, emotionalen und psychischen Stressoren nach dem gleichen Ablaufmuster mit drei Stadien: Alarm, Widerstand, Erschöpfung.

Dieses Phänomen nannte Selye „Allgemeines Adaptions- oder Anpassungssyndrom":

1. Im Alarmstadium werden nach dem ersten Schock mit verringerter Widerstandskraft alle Körperkräfte blitzartig mobilisiert, um flüchten oder kämpfen zu können. Das Blut wird von den inneren Organen abgezogen und der Skelettmuskulatur vermehrt zugeführt. Die Psychomotorik verändert sich; die Nervenbahnen

zum Großhirn werden unterbrochen, die Reaktion wird durch die älteren Hirnschichten instinktiv gesteuert. Die Körpertemperatur sinkt, der Blutdruck fällt zunächst ab.

2. Im Widerstands- oder Resistenzstadium mit ständiger Erregungsbereitschaft versucht der Körper, mit den Stressreizen, den Stressoren, fertig zu werden, sich ihnen optimal anzupassen, ihnen standzuhalten, um das gestörte Gleichgewicht im Körper wieder herzustellen. Die Abwehrkräfte sind vorübergehend gesteigert; es kann aber auch zu einer überschießenden Reaktion kommen.

3. Im Erschöpfungsstadium sind die bereitgestellten Energien verbraucht. Die Fähigkeit, sich anzupassen und zu widerstehen, bricht zusammen, weil die Stressoren zu stark sind oder zu lange auf den Körper eingewirkt haben. Dieser kann das verlorene Gleichgewicht, die Homöostase, nicht wieder herstellen, und psychosomatische Beschwerden und Funktionsstörungen treten auf. Bei extremer Erschöpfung kann der Tod eintreten.

Welche Organe reagieren auf Stress vor allem?

Unabhängig von der Art des Stressors sind auf der vegetativen Ebene innere Organe mit glatter Muskulatur einschließlich des Systems der inneren Drüsen am stärksten betroffen, ohne dass sie zunächst erkranken. Die Nebennieren werden vergrößert. Sie schütten dann immer mehr Stresshormone ins Blut aus und verstärken dadurch die Stressreaktion. Adrenalin entsteht durch Angst und verstärkt diese wieder; Noradrenalin ist die Folge von Aggression und verstärkt diese noch. Magen und Darm sind gestört. Zunächst entsteht Verstopfung mit Völlegefühl und Übelkeit oder Durchfall, manchmal beides im Wechsel. Später entstehen auch Entzündungen und Geschwüre. Thymusdrüse und Lymphknoten schrumpfen; die Atrophie schwächt diese wichtigen Organe in ihrer Funktion für Immunitäts- und Abwehr-Reaktionen. Die Antikörper-Produktion reicht dann nicht mehr aus, um die Erreger von Infektionen abzuwehren. Die „Grenzschutztruppe" unseres Körpers kann ihre Schutzfunktion nicht mehr erfüllen. Ein günstiger Nährboden für Krankheiten entsteht, möglicherweise auch für die Entwicklung von Krebszellen. Der Betroffene ermüdet rascher, ist nervös, schläft schlecht.

Die Pupillen werden für eine aufmerksame Wahrnehmung erweitert. Das Großhirn wird überbrückt; die Denk- und Gedächtnisfunktion sowie die Konzentration sind erschwert oder gestört. Durch die Blockierung des bewussten Denkens sind Kurzschlusshandlungen möglich.

Herz und Kreislauf sind betroffen. Blutfett- und Blutzuckerspiegel steigen, mehr rote Blutkörperchen stehen zur Verfügung; der Körper nimmt mehr Sauerstoff auf und gibt mehr Kohlendioxyd ab. Das Blut gerinnt rascher. Die Blutgefäße verengen sich, der Puls ist beschleunigt, der Blutdruck steigt an. Der Herzstoffwechsel verändert sich, leichte Herzbeschwerden treten auf. Sie sollten wir neben Konzentrations- und Gedächtnisschwäche, Appetitlosigkeit, Gereiztheit, Nervosität, Sexualstörungen, Schlafproblemen als Warnsignale nicht ängstlich überbewerten, aber auch nicht ignorieren, sondern sie als Hilferuf des Körpers nach mehr Ruhe und Schonung ernst nehmen.

Auf der motorischen Ebene, der Ebene des Verhaltens, reagiert der Körper mit der quer gestreiften Muskulatur, die wir mit unserem Willen und Verstand kontrollieren können. Neben der erhöhten gesunden Spannung, die zu Kampf oder Flucht befähigt, können bei einem Teil der Muskeln und Sehnen wegen der zu geringen Durchblutung Verspannungen auftreten mit Schmerzen im Kopf-, Schulter- und Nackenbereich, Rücken, Gesicht, Haltungsschäden, fahrige Körperbewegungen, kalte Hände und Füße, Taubheitsgefühle. Der Grad der Muskelspannung lässt sich messen. Manche Personen zittern, haben weiche Knie und trockenen Hals mit Kloßgefühl. Die Zellen aller Körpermuskeln, die wir zur Behauptung in der Umwelt benötigen, reagieren auf Stress. Schweiß wird vermehrt abgesondert, manche haben feuchte Hände; der veränderte Hautwiderstand lässt sich messen. Die Atmung wird intensiver. Zwischen der motorischen, der vegetativen und der für das Denken, Vorstellen, Fühlen und Wollen zuständigen kognitiven, seelisch-geistigen Ebene bestehen Wechselwirkungen.

Wirkt Disstress längere Zeit, ohne dass die im Körper für Kampf oder Flucht bereitgestellte Energie abgebaut wird, steigt das Spannungsniveau an, der Körper reagiert auf Stressoren immer heftiger; Hyperaktivität entsteht, durch die vor allem bei emotional labilen Personen mit schwacher Konstitution über das fehlgesteuerte Vegetative Nervensystem und das System der inneren Drüsen, die aus dem Gleichgewicht gekommen sind, viele Funktionsstörungen und Beschwerden entstehen, die durch medizinische Risikofaktoren verstärkt werden. Einzelheiten dazu folgen im Abschnitt „Stress – eine Geißel unserer Zeit?"

Wie wirkt Stress sich im Verhalten aus?

Unbewältigter Stress absorbiert viel Kraft und verringert die Leistungsfähigkeit des Betroffenen; er verunsichert ihn, verstimmt, macht unentschlossen, schränkt Wahrnehmung, Sehfeld, Denken, Konzentration und Gedächtnisfunktion ein. Die Emotionen verändern sich; Angst, Furcht, Trauer, Frustration, Ärger, Enttäuschung werden verstärkt. Der Betreffende regt sich leichter auf. Seine Frustrationstoleranz sinkt, Krisen können auftreten. Am Selbstbild nehmen pessimistische Züge zu; sie wirken sich auch in der Selbsteinrede aus. Selbstzweifel, Minderwertigkeits-, Unlust- und Ohnmachtgefühle können auftreten. Hat sich der Körper eines belastungsfähigen Menschen auf starken Stress und ein hohes Erregungsniveau eingestellt, kann es sein, dass er ständig neuen Stress braucht, danach sogar süchtig wird und ihn auch am Wochenende erzeugt, indem er z. B. auf der Autobahn größere Strecken mit voll durchgetretenem Gaspedal rast, um genügend viele Stresshormone im Blut zu haben.

Im zwischenmenschlichen Bereich entstehen Konflikte; die Atmosphäre ist gespannt oder bedrohlich. Unterschwellige Emotionen erschweren die Kommunikation. Einem durch Disstress verstimmten Menschen fällt es schwer, ein angenehmer Mitmensch zu sein. Aggressives Verhalten führt zu aggressiven Reaktionen; ein Teufelskreis gegenseitiger Verstimmungen und Störungen entsteht. Das Zusammenleben ist erschwert.

Durch Stress verstimmte Eltern finden im Umgang mit ihren Kindern nicht den richtigen Ton. Bei der Erziehung pendeln sie von einem Extrem ins andere, z. B. von antiautoritär, völlig frei, zu extrem autoritär, mit übermäßiger Kontrolle. Noch schlimmer ist es, wenn die Eltern sich beim Erziehungsstil nicht einig sind und um die Gunst einzelner Kinder werben, um mit ihnen ihre Macht dem Partner gegenüber zu verstärken.

Auch am Arbeitsplatz wirkt unbewältigter Stress sich nachteilig aus

Ich ermüde rascher; abends bin ich völlig ausgepumpt. Meine Aufmerksamkeit, meine Konzentrationsfähigkeit und meine Leistung lassen nach; ich selbst bin unzufrieden, und andere kritisieren mich. Ich arbeite lustlos, werde entmutigt und frustriert. Meine Fähigkeit zur Teamarbeit und zu schöpferischem Tun lässt nach. Ich mache Fehler in der Wahrnehmung und im Urteil. Durch falsche Reaktionen bei der Arbeit oder im Verkehr kann ich Unfälle verursachen. Ich falle durch Krankheit öfter aus.

Diese Nachteile werden verringert, wenn ich von einer Stresssituation rechtzeitig erfahre, mich darauf positiv einstelle und den entstehenden Stress als normal erwarte und bewerte. Dies bestätigten Versuche in einem Industriebetrieb. Für die Führungskräfte ergibt sich aus dieser Tatsache als Konsequenz, die Mitarbeiter über bevorstehende besondere Belastungen rechtzeitig zu informieren, dafür bei ihnen Verständnis zu wecken und für ein gutes kameradschaftliches Gruppenklima zu sorgen.

Was macht Disstress so gefährlich?

Seine unmerkliche, schleichende Langzeitwirkung nach dem Motto: „Steter Tropfen höhlt den Stein!"

Nicht die kurzfristig wirkenden starken Reize, die gelegentlichen Säbelhiebe bedrohen unsere Gesundheit und unser Leben – die unzähligen Reize, die feinen Nadelstiche, sind gefährlich. Sie wirken den ganzen Tag in kleinen Dosen durch Ausschüttung von Stresshormonen wie Gift auf unser Blut und erhöhen unmerklich unser Erregungsniveau. Sie spannen die Saiten unserer Nerven immer noch stärker, bis wir schon auf die feinsten Reize überstark aggressiv reagieren.

Früher, als wir noch entspannt waren, haben wir ein scherzhaftes Wort mit einem anderen Scherz beantwortet; als gestresster Mensch reagieren wir darauf verbittert und mit bissigen Bemerkungen. Die Folge ist, dass unsere Widerstandskraft gegen Krankheitserreger abnimmt und unsere Gesundheit gefährdet ist. Zusammen mit anderen Risikofaktoren schadet Disstress dem Organismus nachhaltig, sodass dieser sich gegen Krankheitserreger nicht mehr wehren kann.

Das Leben ist zwar mehr als bloße Gesundheit; aber für die meisten Menschen hat sie einen hohen Wert. Ohne Gesundheit ist der eigene Handlungsspielraum eingeschränkt. Ohne sie kann der Mensch nicht oder nur sehr bedingt arbeiten. Ohne sie kann er das Leben nicht genießen. Ohne sie benötigt er Pflege und ist von anderen Menschen abhängig.

Auf die Frage, wie Stress langfristig krank macht, geht der nächste Abschnitt ein.

Stress – eine Geißel unserer Zeit?

Ein Drittel aller Krankmeldungen in der Wirtschaft soll durch Stress verursacht sein; bei jeder dritten arbeitsfähigen Frau und bei jedem vierten arbeitsfähigen Mann sollen psychosomatische Beschwerden auftreten. Aufgrund der Forschungen von *R. Koch* und *L. Pasteur* und ihrer bahnbrechenden Entdeckungen wurden Diphtherie, Typhus und andere gefährliche Infektionskrankheiten so gut wie ausgerottet. Dennoch gibt es heute mehr Kranke denn je. Sind diese Menschen auch durch unbewältigten Stress so krank geworden?

Trotz unseres hoch entwickelten Gesundheitswesens nehmen chronische Krankheiten zu. Diese Tatsache lässt sich nicht nur mit schädlichen Umwelteinflüssen erklären. Stress scheint eine der Hauptursachen zu sein. Nahe stehende Menschen stressen einander; auch der Einzelne kann sich selbst unter Stress setzen, wenn er seine Emotionen nicht unter Kontrolle behält und negative Erfahrungen und Erinnerungen immer wieder „aufwärmt". Langfristig sind emotionale und psychische Stressoren wie eine unglückliche Ehe, Unzufriedenheit und Misserfolg im Beruf, schädlicher als Lärm, schlechte Luft, optische Reize usw.; möglicherweise begünstigen sie, wie neuere Forschungen zeigen, die Entstehung von Krebs. Bei der Entstehung von Herzinfarkt spielt Stress jedenfalls eine wichtige Rolle.

Was ist anders geworden? Früher, im Muskelzeitalter, wurde durch körperliche Aktivität die vom Stressor erzeugte Antriebsenergie abgeleitet; der erschöpfte Organismus entspannte sich, und der Betroffene war gezwungen, auszuruhen und sich zu erholen.

Auf diese Weise wurde das Fließgleichgewicht im Körper, seine Homöostase, wieder hergestellt. In unserem technisch-industriellen Zeitalter ist die Situation anders: Es gibt viel mehr und schädlichere Stressoren als früher. Ihnen werden wir nicht nur gelegentlich und kurzfristig ausgesetzt, sondern oft Tag für Tag, von früh bis spät. Wir haben nur wenig Möglichkeiten, die von den Stressoren erregte Antriebsenergie abzuleiten, weil wir uns körperlich kaum mehr betätigen. Durch die angestauten Energien entstehen Aggressionen; diese dürfen wir nach außen in Anwesenheit anderer Personen nicht entladen; denn diese würden negativ auf uns zurückwirken und uns zusätzlich unter Stress setzen. Leiten wir die Aggressionen aber nicht ab, bleibt das Gleichgewicht unseres Organismus gestört, und er wird krank. Schäden treten vor allem bei den Systemen auf, die die Lebensvorgänge in unserem Körper regulieren, z. B. den Zell- und Gewebestoffwechsel in unserem Gefäßsystem, im Vegetativen Nervensystem, in Hormonsystem und Immunsystem. Dies zeigt sich bei den großen Zivilisationskrankheiten Herzinfarkt und Krebs, deren Zahl sich innerhalb weniger Jahrzehnte mehr als verdoppelt hat.

Stress macht krank, wenn die Nebennieren durch längere Einwirkung mittelstarker und schwacher Stressoren nach dem Prinzip „Steter Tropfen höhlt den Stein" in der Widerstandsphase zu viel und in der Erschöpfungsphase zu wenig Stresshormone in falscher Zusammensetzung ins Blut ausschütten. Als Folge von Fehlanpassungen und Stoffwechselstörungen entstehen Adaptionskrankheiten, bei denen als Folge der erwähnten Funktionsstörungen Nervensystem, Leber und Nieren abnorm reagieren. Die Überreaktion des Körpers auf Stress, die durch eine Vergrößerung der Nebennieren und eine erhöhte Ausschüttung von Stresshormonen ins Blut entsteht, lässt sich mit einem Motor vergleichen, der im Leerlauf eine viel zu hohe Drehzahl hat, deshalb rasch heißläuft, viel Benzin verbraucht und rasch verschleißt. Auf den menschlichen Körper übertragen heißt dies: durch eine übermäßige Reaktion auf Stressoren wird der Körper überbeansprucht und erkrankt leichter. Vor allem die Blutgefäße leiden darunter. Außerdem wird viel Energie verbraucht, die bei der Arbeit und in der Freizeit fehlt. Bei zu schwacher Reaktion der Nebennieren auf Umweltreize steht dem Körper zu wenig Energie zur Verfügung.

Dies entspricht einem Motor, der ständig stottert, nicht auf Touren kommt, keine Leistung bringt und manchmal ausgeht.

Wie entstehen stressbedingte Krankheiten, Adaptionskrankheiten?

Zunächst sind die Nerven betroffen. Funktionsstörungen nehmen zu; schließlich entstehen Gewebeschäden, echte körperliche Krankheiten. Nach dem Allgemeinen Anpassungssyndrom reagiert der Körper, wie schon beschrieben, in abgestufter Anpassung auf Stressoren oder völligen Reizmangel so, dass er möglichst lange gesund bleibt; seine Widerstandskräfte sind jedoch begrenzt. Ist der Körper zu sehr geschwächt oder erschöpft, kommt es zum Zusammenbruch; dann kann sich der Stress krank machend auswirken. Zunächst treten bei Personen aller Berufe als Warnsignale auf: Kopfschmerzen, Schwindelzustände, vorzeitige Ermüdung, Konzentrationsschwäche, Vergesslichkeit, Schlaflosigkeit. Werden diese Vorboten von Krankheiten ignoriert und versucht der Betreffende noch, seine Beschwerden durch Nikotin, Alkohol, Medikamente u. a. zu vertreiben, verschärft dies das Erschöpfungssyndrom. Der Körper reagiert nun mit starken und wechselnden Symptomen wie Druck im Oberbauch oder auf der Brust, Kopf-, Herz-, Magen- und Atembeschwerden, Herz- und Rückenschmerzen, Wirbelsäulenbeschwerden, Sexualstörungen, für die sich beim Facharzt, auch wenn dieser modernste Untersuchungsmethoden einsetzt, kein organischer Befund ergibt. In vielen Fällen lautet die ärztliche Diagnose „Vegetative Dystonie" oder „Allgemeines psychosomatisches Syndrom". Als Ursache dafür nimmt die moderne Medizin psycho-soziale Belastungen und innere Konfliktsituationen an, die sich im Organismus körperlich auswirken.

Manche gesundheitlich angeschlagene Personen führen ihre Beschwerden auf Nervosität zurück, die auch als angeborene emotionale Labilität bezeichnet wird. Unabhängig davon, ob die Nervosität angeboren ist oder später erworben wurde, scheint das Vegetative Nervensystem der Resonanzboden für ein gestörtes seelisches Befinden zu sein, das durch die soziale Situation und Konflikte am Arbeitsplatz, in Ehe und Familie bedingt ist. Wenn ein Mitarbeiter Angst hat, seine Stellung zu verlieren, verkrampft sich sein Körper, dessen Funktionen werden gestört. Hormone schießen in sein Blut, sein Pulsschlag geht in die Höhe; aber er kann der Gefahr weder körperlich begegnen noch fliehen. Unter seiner erzwungenen äußeren Ruhe tobt unterdrückte Wut, die kein angemessenes Ziel findet, nur seinen Körper.

Wird ein Teil der stressbedingten Ursachen nicht beseitigt und lernt der Betreffende nicht, unvermeidlichen Stress jeden Tag abzubauen und sein Spannungsniveau zu senken, ist die Entstehung von Krankheiten vorprogrammiert, gegen die auch ein guter Arzt machtlos sein wird. Beispielsweise wird dann aus der Magenverstimmung eine Magenentzündung oder ein Magengeschwür. Verstärkt wird die schädliche Stresswirkung durch die medizinisch anerkannten „primären" Risikofaktoren Übergewicht, übermäßiger Konsum von Genussgiften, vor allem Nikotin, Medikamentenmissbrauch, Bewegungs-, Sauerstoff- und Schlafmangel. Dazu kommen die „sekundären" Risikofaktoren hoher Blutdruck, Fettstoffwechselstörungen, hoher Blutzuckerspiegel, Arteriosklerose, durch die z. B. das „Raucherbein" entsteht, das evtl. amputiert werden muss; Koronarsklerose als Vorstufe des Herzinfarkts; Gehirnsklerose, die zum Schlaganfall führen kann.

Die wichtigsten Adaptionskrankheiten sind: Addisonsche Krankheit: Unterfunktion der Nebennierenrinde, die nach einer Phase der Überfunktion einsetzen kann; Gelenkentzündungen, Magen-Darm-Geschwüre; Bluthochdruck, hohe Blutzucker- und Blutfettwerte, Arteriosklerose, und als Folge davon Nephrose mit Ödemen, bei denen das Gewebe durch Ansammlung von Wasser anschwillt; mit dem Harn wird Eiweiß ausgeschieden, der Blutfettspiegel ist erhöht.

Welche Organe sind vom Stress betroffen? Dies ist individuell verschieden. Die einen reagieren mit dem Gefäßsystem, mit Herz und Kreislauf, die anderen mit dem Verdauungssystem, z. B. einem Magengeschwür, wieder andere mit Muskeln oder Atmung. Meist reagiert der Organismus an seinen „schwachen Stellen". Aber nicht alle Menschen werden durch eine Stress verursachende seelische Kränkung krank. Wer durch eine gelungene Sozialisation innere Sicherheit, eine Art Urvertrauen, entwickelt hat, kann Konflikte und Spannungen besser ertragen; er wird auch eher aktiv und konstruktiv darauf reagieren.

Welche Krankheiten können auch entstehen?

Jemand setzt sich vergnügt und mit Appetit an den Tisch. Das Telefon klingelt; über die Nachricht, die der Betreffende bekommt, ärgert er sich. Der Appetit ist ihm vergangen, die Verdauungssäfte werden nur noch spärlich abgesondert. Er bringt keinen Bissen mehr herunter. Sein Magen verkrampft sich. Passiert dies öfter, entzündet sich die Magenschleimhaut, und ein Magengeschwür kann entstehen. Der Ausspruch „Da bleibt einem die Spucke weg" besagt, dass z. B. bei starker Angst die Speicheldrüsen im Mund keinen Saft mehr absondern wie sonst, und die Mundschleimhaut trocken und rau wird. Jeder hat schon einmal erfahren, dass ihm in froher Stimmung das Essen besser bekommt als bei Ärger; alle Verdauungssäfte: Speichel, Magen- und Darmsaft, Galle usw. werden dann zur Verdauung der Speisen in ausreichender Menge abgesondert. Bei Naturvölkern müssen alle Verdächtigten zur Klärung eines Verbrechens trockenen Reis kauen und zu gleicher Zeit wieder ausspucken. Als schuldig gilt der, dessen Bissen am trockensten ist, weil man davon ausgeht, dass die Angst vor der Entdeckung seinen Speichelfluss gehemmt hat.

Bei Magen und Darm sind die Funktionen durch Stress beeinträchtigt. Zunächst treten Magenverstimmungen, Völlegefühl, Verstopfung, Durchfall usw. auf. Die Nahrung wird nicht mehr richtig ausgewertet; der Organismus erhält nicht mehr genügend Energie durch den Stoffwechsel. Langfristig entstehen Entzündungen und Geschwüre im Magen und Darm. Im Magen verändert sich das Gleichgewicht zwischen:

a) der Produktion von Salzsäure und Pepsin und

b) der Sekretion von Schutzkolloiden und der Wanddurchblutung des Magens;

Krämpfe an Magen und Zwölffingerdarm können auftreten. Stoffwechselstörungen führen zu Übergewicht und Diabetes. Gallensteine und Nierensteine bilden sich. Dies alles kann durch psychische Faktoren bedingt sein, z. B. Angst und Unsicherheit bei der Arbeit.

Bei Diabetes sind sich die Stressforscher noch nicht einig, ob Disstress diese Stoffwechselkrankheit auslöst oder sie nur verstärkt. Aber bekannt ist, dass viele Zuckerkranke sich im Beruf und in der Familie überfordert fühlen, vom Leben enttäuscht sind und ihre Enttäuschungen herunterschlucken. Manche kompensieren die vermisste Liebe mit Essen. Die Haut reagiert sehr stark auf Emotionen, damit auch auf Disstress. Einem Betroffenen stehen die Haare zu Berge, er bekommt eine Gänsehaut, errötet aus Scham, erblasst vor Schreck, schwitzt vor Angst. Als Krankheiten treten auf: Schuppenflechte, Ekzeme, Quaddeln, Herpes simplex. Im sexuellen Bereich kann als Folge von unbewältigtem Stress Impotenz oder Frigidität entstehen. Außerdem wird der Alterungsprozess beschleunigt.

Der elastische Körper wird steif und schmerzt

Die Stressreaktion, die zum Kämpfen oder Flüchten befähigt, erhöht den Spannungszustand der Muskeln und Sehnen, die dadurch vorübergehend auf Kosten anderer Organe leistungsfähiger werden. Bleibt der erhöhte Spannungszustand jedoch bestehen, weil die im Körper durch die Stressreaktion bereitgestellte Energie durch Muskelbetätigung nicht abgeführt wird, verhindert dies eine ausreichende Durchblutung und Sauerstoffversorgung der Muskeln und Sehnen. Die Folge ist: viel Energie wird gebunden, zu wenig freie Energie steht zur Verfügung. Stoffwechselrückstände werden nicht mehr ausreichend entfernt und lagern sich ab; schmerzhafte Versteifungen entstehen.

Davon werden die empfindlichen Rückenmuskeln zuerst betroffen, die bei Personen mit sitzender Tätigkeit zu wenig beansprucht sind und durch die meist noch weniger entwickelten Bauch- und Hüftmuskeln nicht unterstützt werden. Die Folge ist, dass der Rücken schmerzt und immer steifer wird. Und weil er schmerzt, wird er geschont; dies verringert die Durchblutung der Muskeln und Sehnen noch, die immer mehr verhärten. Kopfschmerzen entstehen durch verkrampfte Kopf- und Nackenmuskeln. Der starke Schmerz führt auch hier zu stärkerer Verkrampfung, und diese verstärkt die Schmerzen noch. Vom chronischen „Zähnezusammenbeißen" aus Pflicht und Verantwortungsgefühl kann Zahnweh entstehen, im Extremfall sogar vorzeitiger Zahnausfall. Chronische Muskelspannung entsteht auch, wenn ein Mensch mit seinem Körper etwas ausdrücken will, er daran aber durch eigene Hemmungen oder durch gesellschaftliche Konventionen gehindert wird; dadurch lösen sich Spannungen nicht mehr. Der Betreffende ist verärgert, unsicher, ängstlich und grollt seinen Mitmenschen. Dadurch wird die Spannung emotional weiter verstärkt.

Es kommt aber noch schlimmer und schmerzt mehr: Rheumatische Arthritis entsteht; bei ihr sind Gelenke entzündet, die für eine gute Funktion der Knochen und Muskeln erforderlich sind. Die Bandscheiben sind betroffen; vorhandene Schäden verschlimmern sich, wenn die Spannung nicht abgebaut und die Schmerzen nur durch Medikamente gedämpft werden.

Wie entsteht ein Herzinfarkt?

Vorwiegend durch zwölf Faktoren, die als Folge der Stressreaktion und durch Risikofaktoren auf die Blutgefäße viele Jahre schädigend einwirken:

1. Der Tonus, die Spannung der Blutgefäße, erhöht sich.
2. Der Blutdruck steigt dauernd; und wenn durch Disstress die Nierenfunktion blockiert wird, erhöht sich der Blutdruck noch mehr.
3. Die Herzfrequenz, die Pulszahl, wird erhöht.
4. Der Blutfettspiegel steigt.
5. Der Blutzuckerspiegel steigt.
6. Das Blut gerinnt nicht nur vorübergehend rascher, wird dicker, sondern ständig.
7. Die Innenwände der Blutgefäße werden porös.
8. Das Blutcholesterin nimmt zu; es lagert sich in den Gefäßen kristallartig ab.
9. Blutpfröpfchen entstehen und verengen die Gefäßlichtung zusätzlich; Thrombosen können entstehen.
10. Arteriosklerose bzw. Koronarsklerose entsteht; der Hohlraum der Blutgefäße für Blutdurchfluss und Sauerstofftransport verengt sich immer mehr.
11. Als Folge davon muss sich das Herz übermäßig anstrengen; der Herzstoffwechsel verändert sich. Herzrhythmusstörungen können auftreten.
12. Durch den verringerten Blutdurchfluss wird die Sauerstoffversorgung der Zellen immer schwieriger.

Eine wütende Reaktion am Arbeitsplatz genügt, um einen Herz-infarkt auszulösen. Dies zeigt der nachstehende Fall: Der 53-jährige Manager Erich K., der mit seinen eigenen Emotionen und auch mit seinen Mitmenschen nicht gut umgehen konnte, war bei einer Auseinandersetzung mit einem 38-jährigen Mitarbeiter wie-der einmal „explodiert". Sein Gesicht wurde vor Wut rot und blau. Wie von einem Schlag getroffen, sank er zu Boden. Als er vom Notwagen ins Krankenhaus gebracht wurde, war er schon tot. Wiederbelebungsversuche verliefen negativ.

Zum Glück überleben andere einen Herzinfarkt. Wenn sie ihren Alltag künftig anders gestalten, können sie nach angemessener Zeit wieder ein erfülltes Leben führen. Nach der Rückkehr an den Arbeitsplatz sollten sie sich aber vor zwei Extremen hüten: Einmal vor einer allzu ängstlichen Erwartung, sie könnten nie wieder eine gute Leistung bringen; zum anderen vor einer unbekümmerten Einstellung und Überzeugung, alles werde wieder so, wie es früher war. Wichtig ist, dass sie das Vertrauen in ihre Fähigkeiten zurück-gewinnen und Freude an der Arbeit haben, aber auf ihre Körper-signale achten, d. h. rechtzeitig ruhen und an jedem Abend den tagsüber entstandenen Stress durch körperliche Aktivität ab-bauen. Der neue Lebensstil bedeutet, dass sie nicht mehr so ehr-geizig sind, sich nicht ständig zur Arbeit selbst antreiben, den Zeit-druck reduzieren, sich nicht betont aggressiv und konkurrenzbe-tont verhalten, sondern eher kooperativ.

Wer einen Herzinfarkt überlebt hat, sollte seinen Kollegen klar-machen, dass sein Herzinfarkt nicht aus heiterem Himmel kam, sondern durch mehrere Symptome wie lähmende Müdigkeit, Un-behagen, Unwohlsein usw. angekündigt wurde. Diese Warnsig-nale hat er aber, wie ihm nachträglich aufging, ignoriert, weil er, was die Gesellschaft ja sehr schätzt, hart gegen sich selbst und sehr pflichtbewusst und einsatzbereit war.

Trägt ein geschädigtes Immunsystem zur Krebsentstehung bei?

Das lebenswichtige Immunsystem, die „Grenzschutztruppe" des Körpers, die die Angreifer, die krank machenden Antigene, mit Hilfe von Antikörpern und Fieber abwehren soll, kann durch längere Zeit einwirkenden Stress nachhaltig geschädigt werden. Thymusdrüse und Lymphknoten schrumpfen; durch die entstandene Atrophie wird die Infarktabwehr geschwächt oder geschädigt, z. B. wird die Anzahl der weißen Blutkörperchen vermindert. Der Grund dafür ist, dass die ins Blut ausgeschütteten Stresshormone die Produktion von Antikörpern verringern. Das Immunsystem schützt dann nicht mehr wirksam vor Infektionen oder es reagiert darauf nicht mehr rasch genug.

Das Immunsystem kann auch fehlerhaft arbeiten; in diesem Fall reagiert der Körper allergisch, d. h. überempfindlich gegen bestimmte Substanzen, z. B. bei Heuschnupfen. Fehlerhafte Immun-Reaktionen dürften auch eine der Ursachen für Arthritis sein.

Mit einem geschwächten oder geschädigten Immunsystem ist der Mensch anfälliger für Infektionskrankheiten aller Art. Und weil Disstress, der über längere Zeit nicht bewältigt wird, Körperzellen und blutbildende Zellen schädigt, dürfte er auch mit für die Einnistung von Krebszellen verantwortlich sein. Dieser Punkt sollte von der Stressforschung noch näher untersucht werden.

Die Ursache für eine Schwächung des Immunsystems, der körpereigenen Abwehr, scheint aber nicht nur unbewältigter Disstress zu sein, sondern auch das Fehlen positiver Emotionen wie Freude, Vertrauen, Freundlichkeit, Hilfsbereitschaft, Liebe, Erfolgs- und Lusterlebnisse, sowie das Überhandnehmen gegenteiliger negativer Emotionen. Wie sich die Schädigung des Immunsystems auswirkt, zeigten Experimente mit gestressten Mäusen. Das Ergebnis war, dass die Tiere in kurzer Zeit erkrankten und vorzeitig alterten. Und wo bei Menschen aus medizinischen Gründen, z. B. bei einer Nierentransplantation, die Immunabwehr absichtlich ausgeschaltet werden muss, wird der Betreffende für die Entstehung von Krebs anfälliger.

Kann der Erkrankte durch sein Verhalten zur Heilung beitragen?

Ja, er kann seinen Körper durch Sport stärken und damit seine allgemeine Widerstandskraft auch gegen Disstress erhöhen; an Kopf- und Nackenmuskeln kann eine anschließende Wärmebehandlung und Massage Verkrampfungen lösen. Durch diese Maßnahmen senkt der Trainierende vom Körper her das zu hohe Spannungsniveau. Auch ein psychisches Training hilft, durch das er eine positive Einstellung zu Stress gewinnt und gelassener auf Disstress reagiert. Dies führt zu einer weiteren Senkung des Spannungsniveaus. Auf diese Weise kann nach und nach das Gleichgewicht in Körper und Seele wieder hergestellt werden. Im Vegetativen Nervensystem wird der Leistung bewirkende Sympathikus gedämpft und der die Lebens- und Aufbauprozesse im Körper bewirkende Parasympathikus angeregt. Gestörte Organfunktionen kommen wieder in Ordnung. Leichte Krankheitssymptome wie Zittern, Schwitzen, erhöhte Temperatur und Pulszahl, Schlafstörungen usw. klingen ab. Selbst psychische Störungen können verschwinden, die als Folge vegetativer Symptome entstanden waren.

Erfährt der Stressgeplagte auf diese Weise, dass er Stress gegenüber nicht ohnmächtig ist, sondern aktiv etwas zu dessen Bewältigung tun kann, wird es ihm nicht allzu schwer fallen, sein Übergewicht zu reduzieren, das neben Disstress einer der Hauptfaktoren für die Entstehung eines Herzinfarkts ist. Er wird dann nach Abstimmung mit seinem Arzt bald auf die Einnahme blutdrucksenkender Mittel verzichten können. Für eine Gewichtsreduzierung bis zum Normalgewicht empfiehlt *F. Vester* einen „Fastentag pro Woche unter Einnahme eines B-vitaminhaltigen Hefepräparates und kalorienarmer Flüssigkeiten. Mehrere Wochen lang eine Beschränkung der Salzzufuhr, wenig gemischte Kost, gerade so viel, dass man nie ganz satt wird... Etwas weniger konzentrierte, dafür aber schlackenreiche Nahrung mobilisiert den Verdauungsvorgang und wirkt im Gegensatz zu teueren Nahrungskonzentraten, die bei Schlankheitskuren so beliebt sind, weitaus rascher in Richtung Gewichtsabnahme als diese."

Im Übrigen sollte er sich nicht scheuen, neben der ärztlichen auch psychotherapeutische Hilfe in Anspruch zu nehmen, wenn dies erforderlich ist. Der Therapeut wird dann in Gesprächen mit ihm klären, wie die Beschwerden zeitlich und psychisch mit einer äußeren Belastung und inneren Konfliktsituationen zusammenhängen, welchen Stellenwert sie in seinem Leben haben, wann die Symptome zum ersten Mal aufgetreten sind und welche zielgerichtete Bedeutung sie haben. Wichtig ist auch, dass der Therapeut die Persönlichkeit seines Patienten mit einbezieht und zusammen mit ihm die Lebensgeschichte betrachtet. Der Kranke soll seine unterdrückten, verdrängten Bedürfnisse aussprechen, die sich in körperliche Symptome verwandelt haben. Es genügt nicht, wenn

nur Medikamente verabreicht und körperliche Behandlungsmaß-
nahmen angeordnet werden; diese würden die eigentlichen Ursachen nur verdecken. Eine medikamentöse Behandlung durch Psychopharmaka, z. B. Tranquillizer, wäre nur für kurze Zeit sinnvoll;
sie könnte aber, wenn der Gestresste dadurch seine Umwelt positiver wahrnimmt als bisher und nicht mehr so aggressiv auf Umweltreize reagiert, die Psychotherapie im Anfangsstadium erleichtern. Neben einer veränderten, gelasseneren Einstellung zu allem,
was auf uns einstürmt, sind Entspannungsübungen und ein Verhaltenstraining sehr wirksam. Wenn der Körper zu reagieren beginnt und Ärger und Wut hochkommen, kann der Betroffene
durch die Einrede „Ruhig und gelassen bleiben" dämpfend gegensteuern; er gibt dann nicht mehr so viel „Gas", sondern „bremst"
seine Emotionen ab. Aufschluss über die veränderte körperliche
und seelische Verfassung soll die Thermografie geben, ein Verfahren, bei dem die Testperson einen Daumen zehn Sekunden auf ein
schwarzes Feld in der Mitte einer Art Scheckkarte drückt. In entspanntem Zustand ist die Durchblutung des Körpers gut, bei Erregung mangelhaft, bei unbewältigtem Disstress schlecht.

Wie bereits erwähnt, kann lautes Lachen durch die Massage der
inneren Organe mit Hilfe des Zwerchfells zur körperlichen Entspannung beitragen. Wer lacht, regt seine Drüsen mit innerer Sekretion an, auch die Verdauungsdrüsen. Aber noch besser als lautes, explosives Lachen wirkt innere Heiterkeit wohltuend auf
Körper und Seele. Wer mehrmals am Tag Heiterkeit meditiert, hat
die beste Medizin – auch im „hypertonischen Zeitalter". Wegen
seiner zentralen Bedeutung gehen wir auf dieses Thema ein, bevor
wir zwei Strategien entwickeln, eine zur Stressreduzierung, die
andere zur Bewältigung von unvermeidlichem Stress.

Hypertonisches Zeitalter: Überreizte Menschen mit Muskelpanzer und hohem Blutdruck

Zunächst wollen wir uns verschiedene Spannungszustände klarmachen.

Bei Hypertonie, einem überhöhten Spannungszustand, reagiert
das Nervensystem vor allem auf psychische Stressoren rasch, hef-

tig, nachhaltig. Der psychische Überdruck ist oft mit einem zu hohen Blutdruck, einem überwachen Bewusstseinszustand und einer zu starken Erregung des Sympathikus verbunden. Je höher das Spannungsniveau ist, umso intensiver reagiert der Organismus schon auf schwache Stressoren.

Hypotonie ist der andere extreme Spannungszustand, der auf einem zu niedrigen Erregungsniveau beruht, einem Unterdruck, der meist mit einem zu niedrigen Blutdruck, einem schlaf- und traumähnlichen Bewusstseinszustand und einer zu starken Erregung des Parasympathikus verbunden ist.

Dystonie, ein gestörtes Spannungsverhältnis innerhalb des Organismus, z. B. zwischen Muskeln, Gefäßen, vegetativen Nerven usw., ist oft mit Hypertonie und Hypotonie verbunden.

Eutonie ist der wünschenswerte, kraftschonende mittlere Spannungszustand, der auf einem Erregungsniveau beruht, das für die Gesundheit zuträglich ist, eine „Wohlspannung" mit richtigem Blutdruck, bei der im Vegetativen Nervensystem tagsüber zur Arbeit der Sympathikus stärker erregt ist, abends zum Ausspannen und Schlafen jedoch der Parasympathikus. In diesem Zustand befindet sich der Organismus im Gleichgewicht, der Homöostase, oder er kann es nach einer Stressreaktion rasch wieder herstellen. Dies ist Voraussetzung für körperliche und seelische Gesundheit und Wohlbefinden. Bei Eutonie verfügt der Organismus auch über seine größte Spannkraft, der Fähigkeit, sich wechselnden Beanspruchungen in der Umwelt flexibel anzupassen, aus kurzzeitigen starken Spannungszuständen mit hohem Erregungsniveau rasch wieder auf den zuträglichen Spannungszustand zurückzukehren.

Auf was kommt es an?

Grundvoraussetzung für eine Stressbewältigung ist, den überhöhten Spannungs- und Erregungszustand herabzusetzen, der durch die Einwirkung der verschiedensten Stressoren entstanden ist. Er hat sich nicht nur auf das Vegetative Nervensystem schädigend ausgewirkt, wo er das Gleichgewicht zwischen dem Leistung bewirkenden Sympathikus und dem auf Erholung zielenden Parasympathikus stört, sondern auch auf viele Muskeln; deren Fasern sind dicker und härter geworden. Sie werden, wie bereits beschrieben, nicht mehr ausreichend mit Blut und Sauerstoff versorgt; durch die Stoffwechselrückstände entstehen schmerzhafte Entzündungen. Der Körper wird für die Reaktion auf Stressoren empfindlicher und schüttet immer mehr Stresshormone ins Blut aus, bevor er erschöpft ist und zusammenbricht. Eine normale, auf natürliche Weise entstehende Entspannung genügt dann nicht mehr, wie sie sonst eintreten kann durch Essen, Spazierengehen, Spiele, Sport, körperliche Erschöpfung, Sexualität, Schlaf usw.

Zum Ausgleich sind besondere Entspannungsübungen notwendig. Durch sie dehnen sich die Muskelfasern wieder aus, werden länger und elastischer. Sie können wieder besser durchblutet werden und ihre giftigen Stoffwechselrückstände abführen. Die Schmerzen lassen nach; Spannkraft, Konzentrations- und Leistungsfähigkeit, das Selbstwertgefühl und die Freude am Leben nehmen wieder zu. Die Vorstellung, dass die Muskeln sich dehnen, beschleunigt den Entspannungsprozess, der als wohltuend empfunden wird. Zuerst entspannen sich die Muskeln der quer gestreiften Skelett-Muskulatur; die innere, glatte Herz- und Eingeweide-Muskulatur entspannt sich erst später.

In vielen Fällen lässt sich der alte zur Gewohnheit gewordene Spannungsberg im Arbeitsalltag nur schwer abtragen. Er entspricht einer riesigen Schuld, die nicht in Pfennigbeträgen abbezahlt werden kann, sondern nur in größeren Summen. Deshalb sollten alte Dauerspannungen und Erregungszustände beim Jahresurlaub, während einer Kur oder einer längeren Krankheit abgebaut werden in einer Umgebung, die relativ frei ist von neuen, Spannung und Erregung fördernden Stressoren.

Dafür bieten sich die schon erwähnten Entspannungstechniken an: Die Systematische Muskelentspannung, die vom Körper her wirkt, der motorischen Ebene; das Autogene Training, das über Vorstellungen von der Psyche her wirkt, der emotionalen Ebene; die Meditation, die vom Geist her wirkt, der kognitiven Ebene. Jede dieser Methoden wirkt, wenn sie lang genug angewandt wird, auf den ganzen Menschen ausgleichend, stabilisierend, kontakt- und integrations-fördernd. Dynamik, Produktivität, Wahrnehmungs-, Denk-, Lern-, Reaktions- und Konzentrationsfähigkeit nehmen zu. Probleme und Konflikte lassen sich leichter lösen. Frustrationstoleranz und Widerstandskraft sind erhöht. Spannungs- und Angstzustände und die Anfälligkeit gegenüber Zwängen und Süchten nehmen ab.

Rational denkende und handelnde Menschen haben es sich früh angewöhnt, sich nach Abwägung des Für und Wider mit ihrem Verstand Ziele zu setzen und diese mit ihrem Willen zu erreichen. Sie haben erfahren, dass der Wille im Umgang mit dem Körper nur etwas vermag, wenn sie etwas leisten wollen und sie ihre Skelettmuskulatur einsetzen. Beim Versuch, sich zu entspannen und die vegetativen Funktionen des Körpers zu beeinflussen, versagt der Wille; da ist er sogar hinderlich, weil bei seinem Einsatz innere Widerstände entstehen. Jeder, der nach dem Erwachen in der Nacht wieder einschlafen wollte, hat diese Ohnmacht des Willens am eigenen Leib erfahren müssen. Diese Personen halten z. B. das Autogene Training entweder für nicht wirksam oder aber für ihre Person ungeeignet. Sie können sich nicht vorstellen, dass es möglich ist, die Körperfunktionen durch psychische Einwirkung zu beeinflussen.

Ein Biofeedback-Training überzeugt auch Skeptiker

Es kann zu Beginn eines Entspannungstrainings für einen rational eingestellten Menschen eine große Hilfe sein, weil er seinen Zweifel und seine Skepsis durch die objektiven Messwerte überwinden kann. Es beweist, dass der Körper auf eine psychische Beeinflussung reagiert und seine Funktionen aufgrund bisher noch nicht ausreichend erforschter Zusammenhänge verändert. Beispielsweise zeigen Messungen mit medizinischen Geräten unter kontrollierten Bedingungen an, dass sich Pulszahl, Blutdruck, Muskelspannung, Blutvolumen, Hirnwellenstruktur, Hautwiderstand, Atmung usw. verändert haben. Der Übende, der z. B. an ein Hautwiderstands-Messgerät angeschlossen ist, wünscht sich emotional die Veränderung eines bestimmten Organzustandes oder einer Organfunktion. Denkt er und stellt er sich vor, bestimmte Muskelgruppen seien „entspannt", wirkt dies auf die betreffenden Muskelgruppen; außerdem regt der Entspannungseffekt den Parasympathikus an, und das Vegetative Nervensystem schaltet um von Leistung auf Schonung. Allein dadurch können stressbedingte leichte Unruhezustände, Verdauungs- und Schlafstörungen u. U. behoben werden.

Das Biofeedback-Übungsgerät zeigt die veränderten Messwerte an. Optische Signale auf einem Bildschirm in Form von Lichtpunkten steigen und fallen oder verändern ihre Farbe; oder akustische Signale verändern den Ton in Höhe und Stärke, jeweils abhängig vom Spannungszustand des angeschlossenen Organismus. Dies bedeutet, dass das Biofeedback-Gerät die veränderte Organfunktion objektiv zurückmeldet, z. B. die eingetretene Entspannung. Diese Rückmeldung über die Skala oder den Summton beweist dem Übenden, dass seine Einwirkung durch Vorstellungen und formelhafte Vorsätze sinnvoll und erfolgreich ist. Das Vertrauen in die Wirkung der Entspannungsübungen ist für das weitere Üben wichtig. Außerdem fühlt sich der Übende für seine Mühe belohnt; dies motiviert ihn zu weiteren Entspannungsübungen, für die ein Biofeedback-Gerät nicht mehr erforderlich ist, sodass die Übungen überall durchgeführt werden können, um sich z. B. während einer Konferenz in der Pause rasch erholen zu können.

Während einer Entspannungsübung, aber auch im Alltag, ist ein entspanntes Atmen hilfreich; es gleicht Spannungen aus und macht gegen Krankheiten widerstandsfähiger. Wie sollten wir atmen? Leicht, hauchartig, so natürlich wie möglich, durch die Nase. Beim Einatmen sollten die Nasenflügel sich geringfügig verengen, beim Ausatmen sollten sie leicht auseinander gehen. Gesichts- und Rachenmuskeln entspannen, Lippen leicht geöffnet, Schultern fallen lassen. Bei großen körperlichen Anstrengungen, beim Singen und Sprechen ausnahmsweise durch den Mund atmen. Einatmen spannt, ausatmen entspannt; deshalb beim Gehen auf mehr Schritte ausatmen als einatmen. Bei starken Spannungen auf die Bauchatmung achten und länger ausatmen als einatmen, ohne den Atem zu pressen. Atemfehler, die zu Spannungen und Verkrampfungen führen, sind: Beim Atmen Brustkorb und Schlüsselbein heben und senken. Die Muskeln des Nackens und Halses und der Wirbelsäule am Atmen beteiligen. Den Atem bewusst kommandieren wollen, anstatt ihn selbsttätig strömen zu lassen.

Was können wir durch Muskelentspannung erreichen?

Bei längerem Üben umfasst die Entspannung immer mehr Muskelpartien. Krämpfe bessern sich oder hören auf, z. B. Schreibkrampf, als Rheuma bezeichnete andere Muskelkrämpfe, nervöse Zuckungen, Stottern usw. Nach und nach entspannen sich auch die glatten Muskeln im Körperinneren, z. B. die Herzmuskulatur; das Herz schlägt ruhiger, schmerzhafte und angstvolle Empfindungen hören auf. Auch die Muskelzellen, die an der Wand der Blutgefäße und anderer Körperröhren verlaufen, entspannen sich. Auf diese Weise können krampfartige Kopfschmerzen und Migräne verschwinden. Bei Bronchialasthma, das durch Krampf der glatten Muskelzellen und der elastischen Fasern im Lungengewebe entsteht, spricht eine Tiefenentspannung gut an. Das Gleiche gilt für Angina pectoris, deren Anfälle meist von den Herzkranzgefäßen oder der Brust-Aorta ausgehen. Regelmäßige, vorbeugende Entspannungsübungen können den Ausbruch des schweren Brustkrampfs unter Umständen verhindern. Schmerzhafte Krämpfe an Galle, Nieren, Magen usw. lassen nach, ebenso krampfbedingte Verstopfung, Blasenkrämpfe, Menstruationskrämpfe. Durch regelmäßige Entspannungsübungen lässt sich die Angst vor dem Eintritt der schmerzhaften Krämpfe abbauen und die Stärke der Krämpfe verringern.

Die Psyche entspannt und beruhigt sich vom Körper her und verändert ihre Gestimmtheit; diese wirkt wohltuend auf den Körper zurück. Das Unbewusste wird offen für heilende Gedanken und Vorstellungen; schöpferische Einfälle können leichter ins Bewusstsein treten. Der vegetative Grund und die Mitte der Person, das Selbst, werden wieder besser zugänglich, aus denen ein Mensch lebt und die ihm Halt und Sicherheit geben.

Physiologische Untersuchungen in medizinischen Labors haben ergeben, dass im Zustand tiefer Entspannung der Sauerstoffverbrauch sinkt, die Milchsäurekonzentration im Blut fällt, hoher Blutdruck zurückgeht, der Hautwiderstand steigt, die Hirnwellenstruktur sich verändert, z. B. von Beta auf Alpha.

Strategie 1: Weniger Stress entsteht – Stressoren ausschalten oder abschwächen, „Reizseite" verändern

Im Abschnitt „Was verursacht Stress bei mir?" sind Stressoren aufgeführt, die aus der Umwelt, am Arbeitsplatz, im zwischenmenschlichen Bereich, in der eigenen Person, durch das Konsumverhalten und in der Privatsphäre wirksam werden. Diese Beschreibungen sollen helfen, für die eigene Person die schädlichsten Stressoren herauszufinden. Ziel bei der „Jagd auf vermeidbare Stressoren" ist, die Stressoren zu erkennen, die mich in der Gegenwart besonders belasten. Die unvermeidbaren Stressoren sollten möglichst so verändert werden, dass sie nicht mehr so stark schaden, z. B. wenn die Umwelt etwas „menschengerechter" gestaltet wird. Bei dieser Aktion kommt es darauf an, dass wir möglichst viel selbstbestimmt und nach unseren eigenen Vorstellungen aktiv werden, vor allem im privaten Bereich.

Die Grundfrage ist: Unter welchen Stressoren leide ich? Habe ich zu viele Verpflichtungen übernommen? Konnte ich nicht nein sagen? Was muss wirklich sein? Was kann ich wieder abgeben? Welche Stressoren kann ich teilweise oder ganz ausschalten? Muss ich meinen Lebensstil ändern? Einige Wochen lang sollte ich, sobald Disstress entsteht, den ich als unangenehm empfinde, klären und schriftlich festhalten:

1. Wann tritt er auf? Tag und Uhrzeit.
2. Wo? Z. B. am Arbeitsplatz, zu Hause, unterwegs.
3. Wie? In welcher Situation? Wie läuft er ab?
4. Wer ist beteiligt? Personen und ihr Verhalten.
5. Warum ist der Disstress entstanden? Wer hat ihn ausgelöst? Ich selbst, andere Personen, Sachen? Im zwischenmenschlichen Bereich habe ich nur begrenzte Einflussmöglichkeiten; meine Mitmenschen kann ich zu einer Änderung ihres Verhaltens kaum bewegen. Deshalb muss ich in den meisten Fällen die gegebene Situation akzeptieren, auch wenn dadurch Disstress bei mir entsteht.
6. Die bereits erwähnten Stressoren aufmerksam lesen. Die Stressoren herausschreiben, die mir bisher nicht bewusst geworden sind; wichtige hervorheben.

7. Die Bestandsaufnahme der Stressoren auswerten:
   a) Die aufgelisteten Stressoren, unter denen ich sehr leide, nach dem Grad ihrer Bedeutung und Schädlichkeit bewerten und ordnen.
   b) Über deren oft sehr komplexe Ursachen nachdenken; diese analysieren.
   c) Was kann ich tun, um Stressoren zu beseitigen oder sie, die Ursachen für die Stressentstehung, zu verändern? Habe ich z. B. Einfluss auf die stresserregende Situation?
   d) Konzept mit Maßnahmen für eine Veränderung oder Beseitigung entwickeln; Prioritäten setzen. Zielvorstellung, SOLL-Zustand, und gangbare praktische Schritte zu weniger stressenden Verhältnissen.

Eine einfache Zeitplanung mit genügend großen Pufferzeiten, die Schwerpunkte setzt und das Wichtige und Termingebundene vorzieht, vermeidet viel Stress und vermittelt Erfolgserlebnisse. Anregungen sind in Kapitel 2.1 „Mit dem Kopf arbeiten" unter „Die eigene Arbeit vorbereiten" und „Mit der Zeit umgehen" erwähnt. Man sollte aber nicht nur lernen, intensiv und effektiv zu arbeiten, sondern auch auszuruhen und abzuschalten und Raum für schöpferische Pausen zu schaffen. Auch von der Organisation her lässt sich mancher Stress bei Mitarbeitern vermeiden, wenn sie an einem Platz eingesetzt werden, der ihren Fähigkeiten und möglichst auch ihren Neigungen entspricht. Arbeitsaufgabe, Geräte und Maschinen sollten weitgehend dem Können und den Bedürfnissen der Mitarbeiter angepasst sein.

Die Führungskräfte sollten auch menschliches Interesse an ihren Mitarbeitern haben; sie sollten Maßnahmen treffen, die nicht nur die Arbeitsleistung steigern, sondern auch die Arbeitsfreude. Pflichten und Befugnisse müssen eindeutig festgelegt sein; dadurch lassen sich Rollenkonflikte und mit ihnen Disstress vermeiden. Wichtig ist auch ein gutes Informations- und Kommunikationssystem. Änderungen sollte das Management den Mitarbeitern verständnisvoll und mit Begründung rechtzeitig ankündigen. Maßnahmen sollten nicht nur die Interessen des Unternehmens, sondern auch die der Mitarbeiter berücksichtigen. Viele Stresssituationen können auf diese Weise vermieden werden.

Dazu trägt auch ein klares persönliches Wertesystem bei. An ihm lassen sich alle Ziele, selbst und durch andere Personen gesetzte, Wertvorstellungen, das eigene Anspruchsniveau und die persönliche Leistungsfähigkeit überprüfen; sind sie nicht realitätsgerecht, müssen sie geändert werden. Wichtig ist auch noch, sich nicht in zu viele Einzelheiten zu verlieren, sondern das Wesentliche und Wirksame bevorzugt zu tun und manches zu lassen, wenn dafür auch langfristig keine Zeit zur Verfügung steht.

Auf Scheinbewältigung von Stress verzichten

Üppige Ernährung, Nikotin, Alkohol, Kaffee usw. können durch ihren Genuss zwar kurzfristig seelisch entlasten. Der Nachteil ist, dass reichliches Essen und Genussmittel den Körper belasten; auch schwächen sie das Selbstwertgefühl und führen zu Spannungen und Konflikten. Langfristig schwächen sie die Lebenskraft und schaden der Gesundheit, vor allem, wenn die Gewohnheit zur Sucht wird. Deshalb sollten wir nicht versuchen, Disstress durch Essen zu bewältigen, vor allem nicht bei Kummer.

Den Genuss von Alkohol, Kaffee, Nikotin usw. sollten wir auf ein Maß beschränken, das nicht schadet, und ihn auf bestimmte Zeiten und Situationen begrenzen, z. B. nur am Abend, am Wochenende, bei festlichen Anlässen.

Medikamente sollten wir äußerst sparsam einsetzen. Sie vernichten zwar Krankheitserreger im erkrankten Organ; dies ist ihr heilender Effekt. Sie treffen aber auch nützliche Mikro-Organismen in anderen Organen unseres Körpers; diese schädlichen Nebenwirkungen schwächen unseren Körper, setzen seine Widerstandskräfte herab und machen uns gegen neue Krankheitserreger anfälliger. Auch Psychopharmaka sollten wir gegen psychosomatische Beschwerden nur in Ausnahmefällen nehmen; sie lösen die zugrunde liegenden Probleme nicht. Bei leichten Unruhezuständen genügen oft pflanzliche Mittel wie Baldrian, Hopfen, Weißdorn, Melisse, Schafgarbe usw. Im Übrigen können starkes Vertrauen, tiefer Glaube, innerer Friede gegen Stress ebenfalls widerstandsfähiger machen.

Störfelder (bisher übersehene Stressoren) beseitigen

Nicht nur Stressoren aus der Umwelt und ein falscher Lebensstil schaden uns, sondern auch psychische Stressoren, die in uns selbst und durch den zwischenmenschlichen Bereich entstanden sind, vor allem negative Emotionen wie Sorgen, Unzufriedenheit, Frustration, Aggression. Sie haben bei manchen Personen dazu beigetragen, dass der Spannungsberg immer größer geworden ist. Werden sie aus der Welt geschafft, entsteht weniger Stress. Ursache bei einem Teil der Störfelder sind oft verdrängte oder nicht bewältigte Einflüsse aus der Vergangenheit, die aus dem Unbewussten wirken und von dort aus das Spannungs- und Erregungsniveau hochhalten. Um sie zu beseitigen, ist eine Auseinandersetzung mit der Kindheit notwendig, die meist therapeutischer Hilfe bedarf. Am Anfang steht eine nüchterne Bestandsaufnahme aller Personen, Konflikte und krisenhafter Ereignisse, die mich in der Vergangenheit belastet haben. Welche sind mir noch bewusst? Unter welchen leide ich heute noch? Kann ich sie nachträglich noch aus der Welt schaffen? Wenn nicht, sollte ich überlegen, wie ich künftig besser damit fertig werde. Sollte ich meine Einstellung dazu ändern? Sollte ich einem Menschen verzeihen und mich mit ihm versöhnen? Müsste ich manche Dinge, die mich noch belasten, anders bewerten, damit sie an Gewicht verlieren? Wem es schwer fällt, verborgene Störfelder in sich aufzuspüren, sollte überprüfen, ob nicht ständige Überforderung, unbewältigte Frustration, Angst, Furcht, ungelöste Verhaltensprobleme und Konflikte bei ihm Disstress verursachen.

Störfeld „Ständige Überforderung"

Eine wachsende Zahl von Personen hat heute das Gefühl: „Ich bin total überfordert!" Gründe dafür sind: Reale Anforderungen bei der Berufsarbeit, Hausarbeit, durch Kinder. Finanzielle Sorgen, auch selbstfabrizierte. Termindruck, auch durch planlose Hektik entstandener. Leistungsdruck durch ein selbst oder durch andere Personen gesetztes zu hohes Anspruchsniveau. Dadurch entsteht anstelle von Erfolgserlebnissen ständige Unzufriedenheit, die lustlos macht und lähmt. Das Gefühl der Überforderung entsteht aber auch durch das Riesenangebot an Möglichkeiten zum

Erleben und Konsumieren, das viele Wünsche und damit Antriebe weckt, die nach Erfüllung drängen. Diese fordern ständig etwas von uns; damit überfordern sie uns und machen uns unzufrieden. Was kann ich dagegen tun?

1. Einen Teil meiner Pflichten abbauen? Wenn ja, welche und wie?
2. Manches anders ordnen, übersichtlicher und durchsichtiger machen, um den Druck zu verringern, mir wieder mehr Erfolgserlebnisse zu verschaffen, zufriedener zu werden, mehr Zeit und Kraft zum Menschsein zu gewinnen?
3. Soll ich die Gelegenheit zum Erleben und Konsumieren einschränken, auf manche kleine Wünsche verzichten, ohne asketisch zu leben? Aus weniger Erlebensmöglichkeiten, die ich in Muße voll auskoste, gewinne ich vermutlich noch mehr Freude am Leben und Erleben.
4. Von was befreie ich mich? Auf was beschränke ich mich künftig? Und wann fange ich mit der Auswahl an, der Entscheidung für das Wesentliche, das mir Lebensqualität „ohne zu viele schädliche Nebenwirkungen" vermittelt?

Störfeld „Frustration"

Welche Personen haben mich im zwischenmenschlichen Bereich und bei der Berufs- und Hausarbeit frustriert, d. h. ungerecht behandelt, getäuscht, enttäuscht, herabgesetzt, zurückgesetzt, zu unnötigem Verzicht gezwungen, am Erreichen eines Zieles gehindert?

Was kann ich tun?

1. Situationen, in denen ich mich frustriert fühle, schriftlich erfassen. Über die Ursachen nachdenken. Kann ich durch mein Verhalten etwas ändern?
2. Mit den beteiligten Personen sprechen. Ihnen in aller Ruhe und ohne zu jammern klarmachen, wie ihr Verhalten auf mich wirkt. Sie freundlich, aber entschieden bitten, ihr Verhalten zu ändern.
3. Ihnen gegenüber höflich bleiben; ihr frustrierendes Verhalten künftig möglichst ignorieren. Nur auf ein erwünschtes Verhalten reagieren; dieses durch Zuwendung und freundliche Zustimmung anerkennen und dadurch „positiv verstärken".

Störfeld „Allgemeine, unbegründete Angst"

Angst ist für viele Menschen zum bedrohenden Gespenst geworden; vor allem Männer gestehen sie sich nicht gern ein. Sie verdrängen sie oder erklären sie weg, rationalisieren sie, ohne sie bewältigt zu haben; dadurch verstärken sie ihre Angst noch mehr. Eine leichte Angst als „Vorsicht vor möglichen Gefahren" ist berechtigt und lebenswichtig; sie schützt vor Verletzungen und Unfällen. In ihr drückt sich eine Selbstschutztendenz des Organismus aus, damit ich als „gebranntes Kind das Feuer fürchte".

Angst kann aber auch stark belasten und mein Leben bedrohen. Diese Angst verdunkelt die bewussten Funktionen, schwächt Denken, Vorstellungskraft, Gedächtnis; hemmt die Antriebe, dämpft die Stimmung, verunsichert bei der Wahl der Ziele und Motive, beim Entscheiden, Wollen, Durchsetzen, und im Verhalten zu anderen Personen. Ein ängstlicher Mensch ist auch unsicher in seinen intimen Beziehungen; er leidet unter unbegründeten Trennungsängsten, hat Angstträume und schreckt aus dem Schlaf auf. Als Reaktion auf Stresshormone wirkt sich psychisch bedingte Angst körperlich aus in Verkrampfungen von Muskeln, beschleunigtem Puls, erhöhtem Blutdruck, Anstieg des Zuckerspiegels im Blut, Atemnot, Zittern, Schweißausbruch, Aktivierung der Blasen- und Darmtätigkeit usw. Umgekehrt kann eine körperlich bedingte Angst, die durch Erschöpfung und Krankheiten entstanden ist, tiefe psychische Ängste erzeugen. Beschwichtigungen oder Appelle an den Willen des Geängsteten „reiß dich doch endlich zusammen!" nützen nichts. In einem solchen Fall muss der Körper ausruhen, geheilt und gekräftigt werden.

Angst empfinde ich deshalb als unheimlich und stark einengend, weil ich ihre Ursachen nicht kenne. Ich kann mich nicht aktiv dagegen wehren, mich nicht vor ihr schützen oder ihr durch Flucht entziehen. Durch Angst werden Stresshormone ins Blut ausgeschüttet, Spannungen entstehen vor allem in den Muskeln; diese vertiefen und verstärken die Angst und fixieren sie, wenn sie nicht täglich durch körperliche Aktivität und Entspannungsübungen abgebaut werden.

Der Keim zu einer übersteigerten Angst kann schon vor der Geburt im Mutterleib entstanden sein; eine Mutter, die selbst von starker Angst erfüllt ist, vermittelt ihrem Kind im ersten Lebensjahr kein Urvertrauen. Manche Kinder wachsen mit dem Gefühl auf, dass sie den an sie gestellten Anforderungen nicht gewachsen sind. Das für sie zentral wichtige Selbstwertgefühl ist zu schwach entwickelt, und sie fürchten, sie könnten versagen; in ihrer Unsicherheit versagen sie dann in der Wirklichkeit auch manchmal. Dieses Misserfolgserleben, oft begleitet von Schuldgefühlen, verstärkt ihre Angst noch. Ein „Teufelskreis" entsteht, der ihr Verhalten zwanghaft regelt und auch Personen, Sachen und Situationen zu Angstauslösern macht, die bei nichtängstlichen Menschen keine Angstreaktionen hervorrufen.

Wenn meine Angst mich stark belastet und dadurch ständig Disstress bei mir erzeugt, sollte ich über folgende Fragen nachdenken:

1. In welchen Situationen habe ich Angst als besonders bedrohlich empfunden?
2. Was könnte dahinterstehen? Sorge ich mich um mein Leben? Habe ich unbewusst Angst vor schwerer Krankheit? Vor tiefer Armut? Vor einer Trennung von einem geliebten Menschen? Ist die Angst in meiner frühesten Kindheit begründet? War ich schon als kleines Kind ängstlich?
3. Funktionieren meine Organe nicht ausreichend?
4. Fühle ich mich dem Leben nicht gewachsen? Habe ich Angst, ich könnte für den Kampf ums Dasein zu schwach sein?
5. Leide ich unter verdrängten Schuldgefühlen?

Störfeld „Furcht vor Personen, Sachen, Situationen"

Im Gegensatz zu Angst weiß ich bei Furcht, diesem Gefühl der Bedrohung, durch wen oder was sie verursacht wird, z. B. durch bestimmte Personen, Objekte, Tiere, Situationen. Sie haben mir in der Vergangenheit Frustrationen, Unlustgefühle, Schmerzen usw. zugefügt; von ihnen befürchte ich sie auch in der Zukunft, von Eltern, Lehrern, Autoritätspersonen, vom Zahnarzt, von Prüfungen, Wettkämpfen, Auseinandersetzungen usw. Es kann auch sein, dass ich mir z. B. von realen und zum Teil bekannten Objekten nur ein Bild mache, das der Wirklichkeit nicht oder nur teilweise entspricht, das aber besonders gefährliche und bedrohliche Züge zeigt. Hier spielt die Vorstellung einer möglichen Gefahr die entscheidende Rolle als Auslöser der Furcht, und weniger das reale Objekt, auf das sich die Furcht in meiner Phantasie bezieht.

Furcht kann auch entstehen, wenn ich Personen, Objekte, Tiere, Situationen usw. nicht oder nicht ausreichend kenne und noch keine Erfahrungen mit ihnen gemacht habe. Ich fühle mich dann unsicher, wie z. B. ein ausreichend begabter Schulanfänger in den ersten Schultagen. Furcht entsteht auch, wenn ich z. B. den Anforderungen anderer Personen und gestellten Aufgaben nicht gewachsen bin und mich davon bedroht fühle, wie z. B. ein schwach begabter Schüler der oberen Klassen. In diesem Falle wird die Furcht verstärkt durch unterdrückte Gefühle der Feindseligkeit gegen die gefürchteten und als übermächtig empfundenen Autoritätspersonen. Furcht kann bei mir auch entstehen durch phantasievolle Berichte anderer Personen über deren schmerzliche Erfahrungen, die ich, ohne selbst solche Erfahrungen gemacht zu haben, auf mich übertrage. Beispielsweise hat ein Mädchen schlechte Erfahrungen mit einem Mann gemacht. Ihre Freundin überträgt diese Erfahrungen auf sich, verallgemeinert sie und hält nun alle Männer für Casanovas.

Wie wirkt sich Furcht aus? Bei ich-schwachen, labilen und überängstlichen Personen kann sie lähmend wirken und depressive Verstimmungen erzeugen. Im Unterschied zur Angst wird bei ich-stabilen, selbstbewussten und mutigen Erwachsenen das Bewusstsein mit Denken, Vorstellen, Erinnern nicht getrübt; oft wird es durch die ins Auge gefasste Gefahr sogar noch geschärft und ermöglicht dann eine gezielte Reaktion durch Kampf oder Flucht.

Was kann ich zum Abbau starker Furchtgefühle tun? Ich versuche, die folgenden Fragen zu beantworten:

1. Sind die gefürchteten Personen in meiner Nähe in der Gegenwart real vorhanden und wirksam?
2. Oder existieren sie nur in der Erinnerung aufgrund einer früher gemachten schmerzlichen Erfahrung? Male ich mir mögliche Gefahren nur in meiner Phantasie aus, weil ich einmal darüber gelesen oder davon gehört habe?
3. Habe ich überhaupt schon Erfahrungen mit dem Gefürchteten gemacht? Wenn nicht, ist dies vielleicht der Grund, warum ich mich fürchte?
4. Werde ich tatsächlich bedroht? Oder fühle ich mich nur be-

droht? Könnte es sein, dass ich nur meine Einstellung und damit auch meine Vorstellung ändern muss?
5. Sollte ich die gefürchteten Personen aufsuchen, um das bedrohliche Objekt kennen zu lernen? Sollte ich mich der unangenehmen Situation einmal aussetzen?

Allgemeine Empfehlungen gegen Angst und Furcht

1. Körper und Seele kräftigen und widerstandsfähiger machen.
2. Konflikte und Spannungen bereinigen, wo dies möglich ist.
3. Gute emotionale Beziehungen verstärkt pflegen oder aufbauen.
4. Sich möglichst zusammen mit dem Partner einer positiv eingestellten Gruppe anschließen, die Sicherheit vermittelt, aber dem Einzelnen genügend persönlichen Freiraum belässt.
5. Starke körperliche Spannungen oder Verkrampfungen lösen durch ein Entspannungstraining. Tiefe Entspannung ist eines der wichtigsten Mittel zum Abbau von Angst; denn eine volle Entspannung in Verbindung mit tiefer Ruhe schließt Angst aus.
6. In Kombination mit Entspannungstechniken kann durch ein Verhaltenstraining Sicherheit und Vertrauen entwickelt werden; dadurch wird das Erregungsniveau herabgesetzt.

Störfeld „Ungelöste Verhaltensprobleme und Konflikte"

Gefährliche psychische Stressoren, verdrängte oder ungelöste Verhaltensprobleme und Konflikte, werden oft übersehen. Sie entstehen einmal in mir selbst, zum anderen im Zusammenleben mit dem Partner und den Kindern, mit Freunden, Nachbarn, Bekannten, Lehrern, Vorgesetzten, Kollegen; auch im Umgang mit Sachen, durch nicht erfüllte oder nicht erfüllbare Aufgaben und ungelöste Probleme. Alle Konflikte, die mich stark belasten, wirken als Disstress, vor allem, wenn ich versuche, sie zu verdrängen oder zu überspielen, anstatt sie zu lösen. Sehe ich keinen Ausweg, kann in mir das Gefühl tiefer Hoffnungslosigkeit entstehen, das mich stärker belastet als ein harter, von Erfolgserlebnissen versüßter Arbeitstag.

Wir unterscheiden äußere Konflikte zwischen Ich und Umwelt und innere Konflikte, z. B. zwischen Wille und Trieb, Verstand und Gefühl. Über längere Zeit nicht oder nur scheinbar gelöste Konflikte bedrücken, erschöpfen, lähmen, verunsichern; sie können auch zu Kurzschlusshandlungen im Affekt führen. Bei manchen Menschen entstehen Neurosen oder psychosomatische Erkrankungen. Langfristig dürften solche Situationen auch bei der Entstehung von Krebs eine wichtige Rolle spielen. Konfliktfronten bestehen zwischen verschiedenen Motiven, zwischen verschiedenen Verhaltensnormen der Gesellschaft, zwischen Motiven und Verhaltensnormen.

Entscheidungskriterien:

1. In Versuchungssituationen widerstehe ich – oder auch nicht. Kurzfristig ergeben sich positive Konsequenzen, z. B. Genuss beim Rauchen, langfristig jedoch negative Konsequenzen, z. B. vorzeitiger Herzinfarkt.
2. Ich kann unangenehme Situationen ertragen – oder auch nicht. Kurzfristige negative Konsequenzen entstehen, wenn ich auf den Genuss beim Rauchen verzichte, langfristig jedoch positive Konsequenzen: Ich bleibe eher bis ins hohe Alter gesund, leistungs- und genussfähig.
3. Ich gehe ein mehr oder weniger hohes Risiko ein.
4. Das Verhältnis von Einsatz und Ertrag, Mühe und Genuss, Aufwand und Gewinn ist günstig oder ungünstig.

Erste Versuche zur Lösung von Verhaltensproblemen und Konflikten: Wenn ich mich als Kind nicht mit anderen Personen und mit Sachen gerieben habe, vielleicht weil meine Eltern mich immer weich betten und mir alle Schwierigkeiten aus dem Weg räumen wollten, muss ich es nachträglich lernen, mich mit mir selbst, mit anderen Personen und mit Sachen konstruktiv auseinander zu setzen.

1. Ich mache mir klar, dass Konflikte und die dadurch entstehenden Spannungen zum Leben gehören und sie im Zusammenleben und -arbeiten mit anderen Personen auftreten. Als Mensch bin ich von Natur konfliktanfällig, durch Übung werde ich aber konfliktfähig.
2. Ich gestehe mir alle inneren und äußeren Konflikte ein, denke über deren Ursachen nach und spreche mit den beteiligten Personen darüber. Welche aktuellen Konflikte belasten mich besonders?
3. Die Konflikte trage ich fair und so sachlich wie möglich aus; ich will keine schmutzige Wäsche dabei waschen.

4. Wenn möglich, besuche ich mit meinen Konfliktpartnern einen Kurs über „Kommunikation" und „Konfliktlösen", damit wir lernen, wie wir auf sportliche Weise „konfliktlösend miteinander streiten" können.

5. Bei inneren Konflikten, die nur mich selbst betreffen, wähle ich nach gründlichem Überlegen und Überschlafen eine von mehreren Möglichkeiten; eine klare Entscheidung wirkt befreiend und baut Disstress ab.

6. In schwierigen Fällen scheue ich mich nicht, die Hilfe eines erfahrenen Beraters oder Therapeuten in Anspruch zu nehmen.

Strategie 2: Reaktion auf „unvermeidliche" Stressoren ändern – Stressenergie in Leistung und mehr Lebensqualität umsetzen

Überschreitet der unbewältigte Disstress die Belastungsgrenze, entsteht ein gestörter Spannungs- und Erregungszustand, der sich auf das Nervensystem negativ auswirkt. Viel Energie wird absorbiert, und der Organismus ist für Krankheiten anfällig. Psychosomatische Beschwerden entstehen, die die Leistungs- und Genussfähigkeit und die Freude am Leben herabsetzen und die Lebensqualität mindern. Die Aussicht, wieder ein ausgeglichener und tatkräftiger Mensch zu sein, weckt Antriebe, um künftig auf Stress weniger heftig zu reagieren und den dann noch entstehenden Stress jeden Tag über die Muskeln abzuleiten und in sinnvolle Freizeitaktivitäten umzusetzen.

Einfache Rezepte taugen bei den verschiedenartigen und dauernd wechselnden Lebenssituationen nicht. Vielmehr geht es um praktische Hilfen, die dazu befähigen, mit dem jeden Tag entstehenden Stress richtig umgehen zu können. Ausgangspunkt ist der aktuelle Spannungs- und Erregungszustand des Organismus, seine Emotionalität, als IST-Zustand. Wie ist er in der Vergangenheit entstanden? Wie wird er in der Gegenwart im beruflichen und privaten Bereich aufrechterhalten und vielleicht noch verstärkt? Wir motivieren uns zu einer positiven Veränderung des Spannungs- und Erregungszustands und fragen nach den dafür erforderlichen Zielen, Mitteln und Methoden. Praktische Schritte sind:

1. Im Alltag tagsüber entspannend und erregungsdämpfend gegensteuern; evtl. Gewohnheiten ändern.
2. Abends die Tagesspannungen abbauen und Erregungen abklingen lassen.
3. Spannungs- und Erregungszustand allgemein positiv verändern durch Entspannungstechniken.
4. Vergangenheit bereinigen, z. B. Störfelder beseitigen.
5. Selbsterwünschte Verhaltensziele bestimmen, z. B. „Ruhe und Gelassenheit", durch die der Spannungs- und Erregungszustand gesenkt wird.
6. Das erste Verhaltensziel, den erwünschten SOLL-Zustand, z. B. „Ruhe und Gelassenheit", durch ein Verhaltenstraining einüben, um das Spannungsniveau zu senken und die Belastungs-, Leistungs- und Genussfähigkeit zu erhöhen.

Bei der Entstehung von Stress wirken zusammen

1. Der Reiz als Stressor, als Stressmacher, aus Umfeld und eigener Person.
2. Die eigene Bewertung des Stressors nach Plus oder Minus, die positive oder negative Gefühle weckt.
3. Der aktuelle körperliche Zustand mit Widerstandskraft und Spannungsniveau.
4. Die körperliche Reaktion: Stress als gesund erhaltender Eustress oder krank machender Disstress.

Wie wir einen Stressor bewerten, wirkt sich auf die Stresswirkung maßgeblich aus. Wird ein im Käfig gefangenes Tier von einem stärkeren Tier bedroht, sieht es keinen Ausweg, setzt sich in die Ecke und stirbt. Das Gefühl der Ohnmacht und Ausweglosigkeit ist einer der stärksten Stressoren. Dies bestätigen die Erfahrungen, die Menschen in der Kriegsgefangenschaft oder im KZ gemacht haben. Hatte ein Gefangener die Hoffnung auf Befreiung verloren und resignierte er, konnte es sein, dass der Tod innerhalb von Stunden oder weniger Tage eintrat. Nach dem Grubenunglück in Lengede wurden von 21 Bergleuten elf gerettet. Von den zehn verstorbenen Männern waren mehrere nicht verletzt; vermutlich haben sie die Hoffnung auf Rettung aufgegeben und sind deshalb den psychogenen Tod gestorben. Die überlebenden Männer äußerten von einem solchen Bergmann: „Plötzlich kippte er um." Psychisch labile oder neurotische Personen verstärken ihre Körpersignale und damit auch die Körpersymptome; sie horchen dauernd in sich hinein. Einer fragt sich z. B.: Beruht mein Kopfschmerz vielleicht auf einem Tumor? Wird aus dem Stechen in der Brust eine Thrombose? Sie reagieren auch sonst auf kleine Unannehmlichkeiten in der Umwelt so, als handle es sich um Katastrophen; sie machen aus einer Mücke einen Elefanten.

Während sich Walter H. auf dem Weg zur Arbeit im Stau ständig ärgert, obwohl ihm klar ist, dass er dadurch nicht rascher vorankommt, reagiert Klaus L. in seiner realistischen Einstellung gelassen. Er genießt noch die Musik, die er schon lange wieder einmal hören wollte, und macht das Beste aus seiner Situation.

Aus dem Erwähnten lassen sich erste Einsichten für das Verhalten am Arbeitsplatz gewinnen. Art und Stärke der Stressreaktion im Körper sind nicht nur von der Stärke des Stressors und der Dauer seiner Einwirkung abhängig, sondern auch von der eigenen positiven oder negativen Bewertung des Stressors und dem aktuellen körperlichen Zustand. Eine Überreaktion auf einen Stressor verstärkt den Stress. Daraus ergeben sich folgende Konsequenzen:

1. Zahl und Stärke der Stressoren möglichst reduzieren durch Weiterentwicklung der Organisation und Verbesserung der innerbetrieblichen Kommunikation auf und zwischen allen Ebenen der Unternehmenshierarchie.

2. „Unvermeidliche" Stressoren möglichst positiv bewerten. Person und Sache unterscheiden.

3. Vorstellung, dass mich eine Art „Blitzableiter" vor den negativen Emotionen anderer schützt; ich brauche mich von ihnen „nicht persönlich getroffen" fühlen und kann darauf besonnen reagieren.

4. Negative Emotionen anderer „herunterspielen"; den Betreffenden aber trotzdem noch als Menschen achten.

5. Dem anderen W-Fragen stellen; ihm keine Gegenvorwürfe machen, sich nicht vor ihm rechtfertigen.

6. Ihm helfen, wieder zu sich zu kommen und sein Gesicht nicht zu verlieren.

7. Im Arbeitsumfeld bei Auftreten überstarker Spannungen sofort „entspannend gegensteuern" durch formelhaften Vorsatz „Ganz ruhig und gelassen"! Dazu entsprechendes Zielbild:

Ich sehe mich selbst, wie ich unter Zeitdruck „ruhig und gelassen" reagiere.

8. Voraussetzungen für einen möglichst guten körperlichen Zustand mit viel Widerstands- bzw. Abwehrkraft schaffen durch gesund erhaltende Lebensweise in Freizeit und Urlaub.

9. Spannungsniveau abends senken durch „erholsame" Freizeitaktivitäten; dadurch den Tagesstress in folgenden Schritten abbauen:
   - Körperliche Aktivitäten: „Dampf ablassen".
   - Beziehungen zu Partner und Familie pflegen und vertiefen; miteinander sprechen und spielen.
   - Seelische Umstimmung, inneres Gleichgewicht herstellen: Natur erleben, harmonische Musik, gedämpftes Licht, sich schöne Erinnerungen vorstellen, Hobbys pflegen, tanzen, lesen, ruhen usw.
   - Geistige Vertiefung: stille werden, eigene Mitte finden, Verbindung zum Urgrund des Lebens herstellen.

10. Durch ein Verhaltenstraining zu Hause ein „ruhiges und gelassenes" Verhalten einüben, wie dies in Kapitel 3.5 „Das eigene Verhalten ändern" beschrieben worden ist.

Was bestimmt die Widerstandsfähigkeit gegen Disstress?

Der Körper sollte auf Stressoren so reagieren, dass das körperlich-seelische Gleichgewicht erhalten bleibt oder rasch wieder hergestellt werden kann. Diese Widerstandsfähigkeit oder Stressresistenz differiert stark; sie schwankt nicht nur zwischen verschiedenen Personen, sondern auch beim einzelnen. Vor allem von zwei Faktoren hängt sie ab: von der augenblicklichen Verfassung des Organismus und der Art und Weise, wie ein Mensch mit sich selbst und seiner Umwelt umgeht.

Die physiologischen Voraussetzungen sind Vitalität, Gesundheit, stabile Nerven. Sie werden erhalten durch eine sehr knappe, abwechslungsreiche, genussvolle Ernährung nach modernen Gesichtspunkten. Dazu gehören auch ein ausreichender, regelmäßiger Schlaf nach vorheriger Entspannung, ein Teil davon möglichst vor Mitternacht. Davor Bewegung und körperliche Betätigung in frischer Luft und möglichst auch Sport, der Alter und Leistungsvermögen angepasst ist.

Die psychologischen Voraussetzungen hängen damit zusammen, wie wir mit uns selbst und mit anderen Personen umgehen. Für den Umgang mit der eigenen Person sind wichtig: Das Selbstwertgefühl sollte unabhängig sein von Leistungen und materiellen Erfolgen. Die Person ruht entspannt in sich selbst, ist gefestigt und ausgeglichen. Sie lässt Gefühle und Phantasien zu und pflegt sie, behält sie aber unter Kontrolle und steuert sie positiv. Das Schöpferische in den Tiefenschichten der eigenen Psyche ist zugänglich und ansprechbar. Auch in kritischen Situationen und vor schwerwiegenden, weit reichenden Entscheidungen die innere Ruhe bewahren. Bei der Arbeit nicht hetzen; ein ruhiger, gleichmäßiger Arbeitsrhythmus bringt mehr. Zuversichtlich sein und bleiben, den Mut nicht verlieren, an der Hoffnung festhalten; aber trotzdem realistische Lebenseinstellung.

Verhalten in der Umwelt: Gute zwischenmenschliche Beziehungen; sich anderen Menschen zuwenden, ihrer Zuwendung sicher sein. Bereit sein, sich für sie einzusetzen und zu engagieren, anstatt herumzujammern und andere für die eigenen Misserfolge verantwortlich zu machen. Ihnen neben materieller Sicherheit auch emotionale und soziale Sicherheit vermitteln. Ihre Entwicklung, ihre Zufriedenheit und ihre zwischenmenschlichen Beziehungen fördern; sie dadurch belastbarer machen. Tolerant, versöhnlich und gelassen sein. Das Leben und die Umstände nicht tragisch nehmen. Beweglich, anpassungsfähig, kreativ sein; gute Ziele konsequent verfolgen, weit gesteckte mit langem Atem. Niederlagen ertragen können; Erfolgserlebnisse feiern! Gegen schädliche Einflüsse und Versuchungen, z. B. durch zu viel Zigaretten und Alkohol, entschieden Nein sagen können. Nein sagen auch zu einem Übermaß an Aufgaben und Verpflichtungen! Sich in der Freizeit durch etwas entspannen, das mit dem Alltag nichts zu tun hat, z. B. durch Spiele mit anderen Menschen, den Umgang mit Kunst, durch Hobbys usw.

Hundertjährige wurden gefragt, was sie so lange gesund erhalten hat. Sie nannten Freude, Humor, Heiterkeit, Erfolgserlebnisse, körperliche Tätigkeit, gute Beziehungen, auch zärtliche. Heftige emotionale Reaktionen vermeiden sie. Durch diese Lebensweise, bei der kaum Disstress entstand, blieb das Gleichgewicht ihres Körpers und ihrer Seele erhalten. Unter Umweltstressoren wie

Lärm, Abgasen, optischen Reizen usw. litten sie kaum. Die meisten ernährten sich knapp; etwa 1700 Kalorien/Tag genügten ihnen, etwa die Hälfte der sonst bei uns üblichen Kalorienzahl. Medikamente nahmen sie nur in Ausnahmefällen; meist begnügten sie sich bei Erkrankungen mit einfachen Kräutertees. Bluthochdruck, Herzkrankheiten, Krebs usw. entstanden bei dieser Lebensweise so gut wie nicht.

Auf Stressoren tagsüber konstruktiv reagieren

Tagsüber im Alltag bei der Arbeit sollten wir jede Gelegenheit nützen, entspannend und erregungsdämpfend gegenzusteuern, d. h. die unvermeidlichen Spannungen möglichst rasch wieder abzubauen und sie, soweit möglich, durch körperliche Aktivität abzuleiten. Ziel ist, dem Alltag nicht mehr so ausgeliefert zu sein, Abstand von Problemen zu gewinnen, sie besser lösen zu können, für die Anforderungen des Tages besser gewappnet zu sein. Dazu einige Empfehlungen:

1. Ich erinnere mich immer wieder daran, wie wichtig das Entspannen und das Ableiten von Erregungen ist. Ich stelle ein kleines Schild am Arbeitsplatz auf oder hänge es an die Wand, z. B. mit dem Text „Entspannen, gelassen sein!" Wer's lieber technisch will, kann schreiben: „Gas wegnehmen – zurückschalten – Energie sparen!"

2. Ärgert mich etwas am Arbeitsplatz, überlege ich: Kann ich's ändern? Wenn ja, arbeite ich an der Veränderung und behaupte mich selbstbewusst. Wenn nicht, bejahe ich das Unabänderliche und passe mich ihm aus Einsicht und eigenem Entschluss an. Dies macht mich innerlich frei und unabhängig von seinen bisher frustrierenden Wirkungen. Ich kann mir auch einen Boxball vorstellen oder eine Puppe mit dem Gesicht der Ärger verursachenden Person; an ihr reagiere ich die Spannungen symbolisch ab. Den Ärger, der vielleicht noch weiter besteht, atme ich fort durch Betonung der Ausatmung, vor allem beim Gehen. Ich atme z. B. auf drei bis vier Schritte aus und nur auf zwei Schritte ein. Ausatmen entspannt, einatmen spannt.

3. Ich suche und entdecke die Vorteile, die meine Tätigkeit neben

manchen Nachteilen hat. Grund: eine Arbeit, die ich wider-
willig mache, nur um Geld zu verdienen, erzeugt viel Disstress
und beschleunigt den Alterungsprozess. Unlust und Wider-
wille begünstigen auch die Ablagerung von „Alterspigmen-
ten", vor allem an Herz und Leber, ebenso die Ablagerung von
Calcium in Arterien, Gelenken und Augenlinsen.

4. Eine Arbeit, die mir Freude macht, die ich möglichst spielerisch tun kann, die meine Kräfte und Fähigkeiten fordert und
   damit fördert, verschafft mir Erfolgserlebnisse und damit eine
   gewisse Zufriedenheit. Eine solche Arbeit kann zwar stressen;
   aber sie erzeugt wenig oder keinen schädlichen Disstress. Sie
   erhält aktiv und zögert den Altersprozess hinaus. Und sie
   kann bei einer Neurose wirksames Heilmittel sein.

5. Zu Kollegen und Vorgesetzten stelle ich Kontakte her und
   pflege ich gute Beziehungen. Wir sitzen alle im gleichen Boot,
   und bei guten Beziehungen wirkt Disstress lange nicht so
   schädlich.

6. Bei Spannungen und Schwierigkeiten trenne ich die Sache
   möglichst von der Person. Ich rede mir gut zu, z. B. so:
   „Menschlich miteinander umgehen!" „Ruhig und gelassen
   bleiben!" „Wir finden eine Lösung!" Für solche und ähnliche
   Situationen bereite ich formelhafte Vorsätze vor.

7. Bei Niedergeschlagenheit denke ich an etwas Erfreuliches, einen Menschen oder eine Sache.

8. Mit einem Leidensgenossen spreche ich mich kurz aus; dabei
   kann ich den ersten Dampf ablassen. Außerdem wirken sein
   emotionales Verstehen und sein Wohlwollen entspannend.

9. Einen anderen frage ich um Rat; dafür erkenne ich ihn an,
   auch wenn der Rat nicht nach meinen Vorstellungen ausge-
   fallen ist.

10. Im eigenen Interesse wecke ich in mir Freude an meiner Ar-
    beit, z. B. durch die Formel „Arbeit macht Spaß!"

11. Das eigene Leistungsziel, mein Anspruchsniveau, setze ich
    zwar hoch an, aber so, dass ich es mit einiger Sicherheit er-
    reiche. Dies vermittelt mir ein Erfolgserlebnis, das zufrieden
    und ausgeglichen macht, harmonisch stimmt und zu weiteren
    Leistungen anregt. Ein unrealistisch hohes Anspruchsniveau
    weckt nur Unlustgefühle und lähmt die Antriebe zur Arbeit.

12. Wenn möglich, wechsle ich die Beschäftigungsart im Laufe des Tages. Damit wirke ich der Entstehung von Dauerspannungen entgegen, die durch eine eintönige Arbeit mit immer gleicher Spannungshöhe und -stärke entstehen.

13. Meinen eigenen Arbeitsplatz gestalte ich persönlich. Beispielsweise stelle ich das Foto eines nahe stehenden Menschen auf oder hänge ein schönes Bild an die Wand und erfreue mich daran.

14. Bei Lustlosigkeit erinnere ich mich an frühere Erfolgserlebnisse. Ich freue mich aber auch über die am gleichen Tag bereits geleistete Arbeit; ich denke nicht nur an das noch nicht erledigte Arbeitspensum.

15. Ab und zu stelle ich mir kurz einen geliebten Menschen vor und freue mich auf die nächste Begegnung mit ihm.

16. Dem Körper mache ich es nicht zu bequem! Z. B. lege ich Unterlagen und Werkzeuge so weit weg, dass ich aufstehen muss, um sie zu erreichen. Ich bespreche etwas stehend. Ich diktiere Briefe stehend. Ich besorge mir ein Stehpult, damit ich nicht nur sitzend arbeiten kann. Ich benutze die Treppen, anstatt mit dem Aufzug zu fahren. Auch sonst nütze ich jede Gelegenheit zu Bewegung und körperlicher Aktivität. Der Deutsche Sportbund gibt in einem „Trimm-dich-im-Büro-Plan" Empfehlungen, wie wir uns im Büro mit vorhandenen Gegenständen sportlich betätigen können.

17. Kurze Wege außer Haus mache ich zu Fuß oder mit dem Fahrrad, anstatt mit dem Auto. Auf Rolltreppen gehe ich, anstatt mich nur nach oben tragen zu lassen.

18. In Pausen oder auf Wegen stelle ich mir vor, wie ich nach Arbeitsschluss zu Hause ankomme und was ich tun werde. Wie ich ausspanne, wie ich meine Freizeit gestalte und genieße: erzähle, zuhöre, esse, spiele, ein Hobby pflege usw.

Bei starken Erregungen „entspannend gegensteuern"

Dies ist fast überall möglich, am Arbeitsplatz, im Auto, im Flugzeug, zu Hause. Es ist auch notwendig, weil Anlässe zu Ärger und Aufregung ständig auftreten können. Manche Mitarbeiter meinen, sie seien nur ein völlig unbedeutendes Rädchen im großen Getriebe des Unternehmens. Von ihrem kleinen Arbeitsplatz aus können sie den ganzen Arbeitsprozess nicht überschauen und schon gar nicht durchschauen. Dauernd kommt Neues! Immer wieder sollen sie sich umstellen, dazulernen und ihre Arbeit anders machen; das verunsichert sie und stimmt sie unzufrieden. Andere fürchten, die erwartete Leistung nicht mehr bringen zu können. Sie denken daran, dass sie mit jedem Tag älter werden. Ihr Selbstwertgefühl schrumpft, weil sie als Mensch und wegen ihrer Leistung nicht oder immer seltener anerkannt werden. Die Organisation engt sie in ihrer persönlichen Freiheit immer mehr ein. Überall fühlen sie sich kontrolliert und überwacht; wenn sie doch wenigstens ein bisschen mitreden und mitplanen dürften!

Was lässt sich hier tun?

1. Versuchen, organisatorische Veränderungen zu erreichen, die auch für andere von Nutzen sind.
2. Betont ruhig, natürlich und leicht atmen: länger aus als ein und möglichst mit dem Bauch.
3. Sich betont langsam bewegen oder gehen.
4. In Gedanken positive Selbstgespräche führen; sich gut zureden: „Ruhig und gelassen, ganz ruhig!"
5. Etwas rhythmisch machen im Wechsel von Spannung und Entspannung.
6. Einen Gegenstand besonders feinfühlig anfassen: gerade noch so viel Druck anwenden als unbedingt nötig ist, um ihn halten zu können.
7. Humor als Lebenselixier. So viel wie möglich über sich selbst lachen! Anderen und sich selbst zulächeln!
8. Wo die Umweltbedingungen es gestatten, ohne sich und andere zu gefährden, an einen geliebten Menschen denken, sich auf ihn freuen, dankbar sein, dass es ihn gibt. Oder sich an erfreuliche Erlebnisse der Vergangenheit erinnern, sich friedliche Situationen vorstellen, einen glücklichen Ferientag, eine Urlaubsstimmung, eine Landschaft, ein Tier, eine Blume usw.

Jeden Abend den Tagesstress abbauen – erste Schritte

Es geht darum, die während der Arbeit durch Ausschüttung von Stresshormonen ins Blut entstandenen Spannungen noch vor dem Schlafengehen aufzulösen und deren Energie zu verbrauchen.

Auf der motorischen, körperlichen Ebene setze ich diese Energie, vor allem aggressive, um in körperliche Aktivität, möglichst in frischer Luft. Dadurch leite ich die Hauptspannungen und -erregungen ab und stelle eine gute körperliche Verfassung bzw. Kondition wieder her. Jeder sollte sich hier sein eigenes Programm machen und auswählen, was ihm Spaß macht. Dazu einige Anregungen:

1. Ich beginne mit dem Spannungsabbau schon, wenn ich die Tür zu meinem Arbeitszimmer hinter mir zumache. Ich stelle mir vor, dass mit jedem Schritt die Spannungen und Erregungen über die Beine abfließen. Mit jedem Schritt fühle ich mich erleichtert.

2. Restliche „Aggressionen im Bauch", die durch starken Disstress entstanden sind, versuche ich auf dem Weg nach Hause oder zu Hause noch vor dem Abendessen abzureagieren durch eine sportliche Aktivität wie Laufen, Schwimmen, Radfahren usw.; oder durch Gartenarbeit, handwerkliche Arbeit usw. Nach starker Belastung entspanne ich die Muskeln.

3. Durch das Schlagen mit den Fäusten auf einen Boxball oder eine Matratze können auch starke Aggressionen abfließen.

4. Harmonisierend wirken Körperschwünge oder frei gestalteter Ausdruckstanz nach einer passenden rhythmischen Musik, die aber nicht aggressiv stimmen darf.

5. Ein kurzes Ballspiel mit dem Partner und den Kindern mit viel Spaß und Gelächter kann Verkrampfungen rasch lösen. Dies zeigt, wie wichtig Gemeinschaftserlebnisse sind; durch Beziehungen zu Menschen, die uns wohlgesinnt sind, mit denen wir uns gut verstehen, entsteht Eustress, der unser Selbstwertgefühl erhöht, uns länger jung erhält und die Alterungsprozesse verzögert.

6. Wer niemand in seiner Wohnung vorfindet oder einige Zeit lang niemand sehen will, kann seine Gefühle ausdrücken. Er kann lachen und weinen, flüstern und schreien, um sich von übermäßigem Disstress zu befreien. Er kann seufzen, stöhnen, schluchzen, jammern, klagen, weinen usw.

7. Wenn niemand im Haus ist, kann er auch laut singen, schreien, toben, brüllen usw., um sich Luft zu verschaffen, wenn er dies nicht schon auf der Fahrt nach Hause im Auto getan hat.

8. Er sollte sich am Abend auch Zeit für den Körper nehmen und ihn allein oder mit dem Partner pflegen: duschen, baden, bürsten, einreiben, massieren, Saunabaden usw.

9. Beim Duschen sich evtl. vorstellen: Mit dem Wasser fließt mein ganzer Ärger ab in den Kanal! Dies ist eine wichtige Symbolhandlung.

10. Anschließend Freizeitkleidung anziehen. Damit demonstrieren: Jetzt bin ich ein anderer Mensch. Jetzt bin ich frei von allen Pflichten. Jetzt darf ich tun, was mir Spaß macht!

Körperliche Aktivität baut nicht nur Stress ab und stärkt die Widerstandsfähigkeit des Körpers. Sie kann auch eine gestörte Verdauung in Ordnung bringen, Figur und Teint bessern, der Entstehung von Übergewicht entgegenwirken, Menstruationsbeschwerden bei der Frau mildern, die Liebesfähigkeit erhöhen.

Stressenergie in Freizeitaktivitäten umsetzen

Auf der emotionalen, seelischen Ebene geht es darum, Verstimmungen zu beseitigen, sich umzustimmen und das innere Gleichgewicht wieder herzustellen. Jeder weiß auch hier am besten, was ihm Spaß macht; dies sollte er tun. Trotzdem ein paar Anregungen, wie sich u. U. auch restliche Frustrationen und Aggressionen durch Pflege von Hobbys in schöpferische Leistungen umsetzen lassen:

1. Musizieren und singen.

2. Spielen, tanzen, sprechen, rezitieren, z. B. ein Gedicht oder Szenen aus einem Schauspiel.

3. Malen, gestalten, modellieren, schnitzen usw.

4. Sich einige Minuten lang beglückende Situationen oder schöne Landschaften vorstellen; sich dadurch umstimmen zu Freude und Harmonie.

5. Mit Partner, Kindern, Nachbarn, Freunden usw. über interessante Themen sprechen, die vielleicht vorher gemeinsam ausgewählt worden sind.

Durch spielerisches Tun kann ich viel erreichen. Ich kann etwas von mir selbst mehr verwirklichen. Ich vermeide dadurch den „abendlichen Leerlauf" mit Öde, Langeweile, Unzufriedenheit, der wegen fehlender Erfolgserlebnisse noch mehr frustrieren kann als eine unbefriedigend empfundene Berufsarbeit, die wenigstens einen materiellen Lohn bringt. Eine erfüllte Freizeit beglückt und entspannt nicht nur. Sie macht die gefährlichen und „falschen Tröster" und Süchtigmacher Alkohol, Nikotin, Drogen usw. überflüssig! Ich brauche auch nicht den ganzen Abend vor dem Fernseher sitzen und mich damit von neuem stressen. Vielmehr beseitige ich Verstimmungen, vor denen in seiner Berufsarbeit und auch zu Hause niemand gefeit ist. Ich werde wie von selbst umgestimmt von willensbestimmter, zielbewusster, „sympathikotoner" Aktivität zu loslassender, für alles Schöne öffnender „vagotoner" Passivität.

So finde ich zu meinem seelisch-körperlichen Gleichgewicht wieder zurück. Ich bekomme Abstand von meinen Problemen und ungelösten Konflikten; in diesem Zustand kann ich Wesentliches von Unwesentlichem besser unterscheiden. Ich kann in dieser gelassenen Stimmung auf den vergangenen Tag zurückblicken und mich fragen: Was war gut? Was sollte ich künftig anders machen? Wie anders?

Zur eigenen Mitte finden

Auf der geistigen Ebene finde ich von meinem kleinen Ich zu meiner Mitte, meinem tiefer gelegenen Selbst, dem eigentlichen Schwerpunkt meiner Person. Über mein Selbst kann ich meditierend in Verbindung kommen mit der „Dimension der Tiefe", dem geistigen Urgrund. Damit kann ich den Tag in tiefer Stille abschließen.

Dies ist der günstigste Übergang in den Schlaf, das beste Lebenselixier! Wer früh genug entspannt und gut gestimmt schlafen geht, schafft die besten Voraussetzungen für ein starkes und erfülltes Leben. Guter Schlaf stellt das tagsüber so oft gestörte Gleichgewicht vollends wieder her. Er lässt dem Organismus neue Kraft zuströmen und macht ihn dadurch fähig für die Anforderungen des kommenden Tages und widerstandsfähig gegen neue unvermeidliche Belastungen, also auch gegen Disstress.

Weitere Einzelheiten zum Thema „Selbst" enthält das Kapitel „3. Personale Kompetenz", besonders der Beitrag „Weiterentwicklung der Person zur Selbst-Stufe" und die nachfolgenden Kapitel.

Bedeutung der Einstellung für die Stressbewältigung

Die Einstellung bestimmt maßgeblich mit, wie schädlich Disstress sich auswirkt. Was ist eine Einstellung? Die Art und Weise, wie ich mit psychisch eingefärbter Brille, beeinflusst von meinen Vorprägungen, Erfahrungen, Stimmungen, Erwartungen, Interessen, Zielen u. a. in einer bestimmten Grundhaltung aus der Gesamtwirklichkeit Ausschnitte herausfiltere, wahrnehme, bewerte, und diesen eine mehr positive oder negative Bedeutung gebe. Ich kann das gleiche Objekt durch eine negativ oder positiv gefärbte „Brille" sehen. Im Garten nehme ich dann nur die verblühten, verwelkten Blumen wahr oder die frischen, die sich gerade entfalten. In Wald und Feld sehe ich nur Spuren des Zerfalls und des Todes oder aber das aufkeimende, wachsende Leben. Bei einem Menschen sehe ich seine Schwächen und Fehler, das Unvollkommene und Hässliche, seine schlechten Seiten; oder mehr seine Stärken und Vorzüge, das Überlegene und Schöne an ihm, seine guten Seiten. Schaltet die Verkehrsampel auf Rot, wird ein Fahrschüler aufatmen, weil er eine Minute lang nicht zu fahren braucht. Ein eiliger Geschäftsmann dagegen reagiert auf die rote Ampel mit Ungeduld, weil er befürchtet, zu einer wichtigen Besprechung zu spät zu kommen. Bei einem halb ausgetrunkenen Glas Bier oder Wein sagt der eine erfreut: „Das Glas ist noch halb voll!" Und der andere bedauert, dass es „schon halb leer" ist. Ich kann unersättlich sein nach immer mehr, chronisch unzufrieden, oder mich dankbar und zufrieden am Vorhandenen freuen.

Eine bestimmte Erwartungshaltung als feste Einstellung einem anderen Menschen gegenüber zwingt mich in Rollen hinein. Andere erwarten von mir oder überreden mich dazu, dass ich eine bestimmte Rolle spiele. Diese Erwartung kann sich, wenn ich mich nicht dagegen wehre, durch den psychischen Mechanismus der „selbsterfüllenden Prophezeiung" erfüllen; ich entspreche dann in meinem praktischen Verhalten dem Bild, das andere sich von mir gemacht haben, vielleicht im Gegensatz zur Realität. Bei positiven Erwartungen spiele ich eine mehr positive Rolle, bei negativen Erwartungen eine mehr negative Rolle.

Regeln für eine positive Einstellung

1. Ich sage *Ja* zu meiner realen Umwelt, in der und durch die ich lebe, wie sie ist; ich setze mich aber auch für Veränderungen ein, wo sie notwendig und sinnvoll sind.
2. Ich sage *Ja* zu meinen Mitmenschen, wie sie jetzt sind.
3. Ich sage *Ja* zu mir selbst, wie ich jetzt bin mit meinen Vorzügen und Schwächen; ich fühle mich mit mir selbst identisch.
4. Ich sage *Ja* zu meiner eigenen Vergangenheit, auch zu meinen Fehlern, meinen Niederlagen, meinen Schmerzen, meiner Schuld.
5. Ich sage *Ja* auch zu meinem Leben und meinen Verhältnissen in der Gegenwart.
6. Ich sage *Ja* zu meiner Zukunft, dass ich fähig bin, mein Leben in meiner unmittelbaren Umgebung auf Sinn und Erfüllung hin zu steuern.
7. Ich sage *Ja* zu den Kräften der Veränderung; ich vertraue darauf, dass ich mich weiterentwickeln, Neues lernen und mein Verhalten ändern kann, wo dies mein Leben und das meiner Mitmenschen bereichert.

Sollte ich mein Verhalten ändern?

Es ist sicher zweckmäßig, wenn ich nicht nur spontan emotional reagiere, sondern bewusst agiere. Aber wie kann ich mein Verhalten beeinflussen? Durch eine auf klaren Grundsätzen beruhende Steuerung meiner Antriebe und meines Verhaltens kann ich langfristig ein erwünschtes, weniger stressendes Verhalten selbst auslösen. Ich agiere dann auch auf negative Reize positiv, anstatt genauso negativ wie mein Partner. Ich kann es z. B. lernen, zwischen fördernden und schädlichen Stressoren zu unterscheiden und auf den gleichen Reiz unterschiedlich zu reagieren, je nachdem, wie ich ihn aufgrund meiner Bedürfnisse, Antriebe, Motive, Ziele, Pläne, Beziehungen usw. bewerte. Je mehr ich eine Situation bejahen und mich ihr anpassen kann, desto weniger schädlich wirkt sich Disstress aus, umso gelassener kann ich auf eine für mich und andere unschädlichere Weise reagieren. Ich brauche dann nicht mehr zornig und blind um mich schlagen, sondern kann meine „Wut im Bauch" beherrscht umsetzen in sinnvolle und positive Aktivitäten. Ich bin dann nicht gleich verzweifelt und niedergeschlagen, sondern fühle mich zur konstruktiven Tat herausgefordert. Eine ungerechtfertigte Kritik verbittert mich nicht sofort, sondern regt mich an, es besser zu machen und es „denen da droben" konkret zu zeigen, dass sie im Unrecht sind. Ich bin nicht gleich gelähmt und deprimiert und halte nicht alles für sinnlos, sondern mache trotz aller Rückschläge weiter, bis ich am Ziel bin, weil ich auch im „vordergründig Sinnlosen" noch einen Sinn sehe.

Mittel für eine Antriebssteuerung sind emotional getönte Selbstgespräche und Zielbilder. Sie wirken über das Vegetative Nervensystem und das Hormonsystem auf den eigenen Organismus; das Zielbild dient als Modell. Langfristig bewirken konstruktive Selbstgespräche und entsprechende Zielbilder eine Veränderung im gewünschten Sinne, wenn ich sie emotional voll bejahe, konsequent einsetze und darauf vertraue, dass sie wirken. Sinn dieser Antriebssteuerung ist, alle Antriebe, auch die durch Frustrationen und Aggressionen entstandenen, auf positive Ziele zu lenken, sie allein oder zusammen mit anderen Personen in kreative Aktivitäten umzusetzen: die Energie überschüssiger Antriebe auf fruchtbare und aufbauende Weise zu verwandeln in menschliche Lebenskultur. Das ist besser, als sie unkontrolliert auf andere Menschen zu richten und dadurch in ihnen Gegenaggressionen zu erzeugen, die uns in einen „Teufelskreis" von Verstimmungen oder Feindseligkeit hineinziehen. Dies ist auch besser, als sie auf den eigenen Organismus zu richten und dadurch zu somatisieren, in psycho-somatische Krankheiten umzusetzen.

Folgende Verhaltensweisen fördern und erleichtern die Stressbewältigung:

1. Gesundes Selbstwertgefühl, ausreichendes Selbstvertrauen, Kontakt zum eigenen Unbewussten auch am Arbeitsplatz.
2. Vertrauen ins Leben, in Menschen, in die Zukunft; relativ angstfreies Lebensgefühl.
3. Seelische Stabilität, Konzentrations- und Leistungsfähigkeit, Durchstehvermögen.
4. Gelassenheit und Ausgeglichenheit auch bei ständigen Veränderungen und in schwierigen Situationen, statt verärgert, gereizt und hilflos zu reagieren.

5. Gute zwischenmenschliche Kontakte knüpfen und dauerhafte Beziehungen pflegen können.
6. Sensibel, offen und einfühlungsfähig sein gegenüber anderen Personen.
7. Realistisches Selbstbild: Sich klar sein über das eigene Wesen und die eigene Bestimmung.

Wenn in der Vergangenheit gemachte negative Erfahrungen das Einüben eines neuen Verhaltens erschweren, versuchen, sich in einer einfachen Selbstanalyse die zugrunde liegenden Eindrücke als mögliche Bedingungen für Unbehagen in der Gegenwart bewusst zu machen. Evtl. Fragen an das eigene Unbewusste richten: „Wo kommt mein Unbehagen her?" Auf Antworten aus dem Unbewussten achten. Alle Einfälle dazu sofort notieren und Zusammenhänge aufdecken. Wenn klar ist, wo die Wurzeln in der Vergangenheit für mein gegenwärtiges Unbehagen als Spannungsherde liegen, sollte ich versuchen, die alten Eindrücke in folgenden Schritten zu bewältigen:

1. Sich von negativen Wirkungen alter Eindrücke klar und entschieden distanzieren; soweit möglich, alte Spannungen mit anderen Personen bereinigen.
2. Nun alte Eindrücke, nachdem sie bewusst geworden sind, möglichst nicht mehr beachten!
3. Zukunftsgerichtet eine Veränderung mit mehr Wohlbefinden wünschen und das neue Verhalten einüben.

Ein besonderes Problem ist heute der rasche technische, wirtschaftliche und gesellschaftliche globale Wandel, der am Arbeitsplatz zu ständigen Veränderungen zwingt; durch ihn entsteht viel Unruhe und Stress. Wie kann ich dieser Unruhe stressmindernd begegnen? Zum einen sollte ich die Veränderungen rechtzeitig erkennen oder von ihnen erfahren, mich darauf einstellen und konstruktiv mit ihnen auseinander setzen; zum anderen helfen gegen die entstandene Unruhe und Verunsicherung positive Selbstgespräche und entsprechende Zielbilder, die den Faktor „Sicherheit" betonen, einen hoffnungsvollen Ausblick in die Zukunft geben und eine Verbesserung der Situation aufzeigen.

Einzelheiten zur Methode der Verhaltenssteuerung sind unter Kapitel 3.5 „Das eigene Verhalten ändern" beschrieben worden.

Tipps zur Stressbewältigung im Alltag

Motto: Gut zu sich und anderen sein; ermutigende Selbstgespräche führen.

1. Sich morgens eine gründliche Körperpflege gönnen. In Ruhe frühstücken. Bei seelischem Tief bewusst Kleidung auswählen, in der ich mich besonders wohl fühle, die mein Selbstvertrauen stärkt.

2. Für den Weg zur Arbeit genügend Zeit vorsehen. Bei Eintönigkeit zwischendurch eine andere Strecke wählen. Sich auf einen Stau einstellen.

3. Sich auf die Kollegen und Kolleginnen freuen; sie einfühlsam und der Situation entsprechend begrüßen. Floskeln vermeiden.

4. Übersicht: Was muss heute unbedingt getan werden? Mit termingebundenen und wichtigen Arbeiten beginnen.

5. Die Umwelt realistisch sehen wie sie ist, auch mit ihren dunklen Seiten; aber immer auch das Gute in ihr wahrnehmen.

6. Auf pompöse Fassaden verzichten; ein einfacher Lebensstil wirkt befreiend.

7. Auch am Arbeitsplatz die Realität wahrnehmen und akzeptieren; aber mit einem kleinen Schuss Utopie, der Hoffnung auf schrittweise Veränderungen.

8. Nicht durch den Tag hetzen! Das Ausatmen betonen! Aus tiefer innerer Ruhe heraus aktiv sein bringt aufs Ganze gesehen mehr.

9. Dem Körper nicht nur Leistung und Genuss abfordern; ihm auch genügend Bewegung und Ruhe gönnen.

10. Andere Menschen achten, gut zu ihnen sein; das Gleiche sich selbst aber auch zugestehen.

11. Materielle Dinge und Kränkungen durch andere nicht überbewerten! Sie bedeuten meinem Fühlen nur so viel, als ich ihnen an Wert zugestehe.

12. Perfekt ist keiner, nichts ist vollkommen; auch einmal völlig sorglos sein.

13. Das war falsch, aber es ist nun mal passiert; Fehlern und falschen Entscheidungen nachtrauern und sich ärgern, nützt nichts. Beim nächsten Mal besser machen!

14. Kleine Verschnaufpausen: Sich über das bisher Getane freuen. Aufstehen, sich bewegen, strecken, bewusst ausatmen; das tut gut.

15. Das nächste Ziel ins Auge fassen; ich werde es erreichen.

16. Es ist schwierig! Ja, aber das letzte Mal habe ich's doch auch geschafft. Es wird schon gut gehen.

17. Es ist hart, ja. Aber es könnte noch schlimmer sein. Wenn's nicht zu ändern ist, bejahe ich's lieber; dann verkrafte ich's besser.

18. Stolpern und hinfallen schmerzt. Schlimm wird's aber erst, wenn ich nicht mehr aufstehe.

19. Feierabend: Ich habe doch eine Menge geschafft. Nun Schluss! Ich muss jetzt auftanken. Sich schon auf dem Nachhauseweg etwas Erfreuliches vorstellen, das ich tun werde.

20. Umschalten: Alle beruflichen Sorgen wegpacken! Sie vor allem nicht in sich hineinfressen. Ärger abreagieren.

21. Was gönnen wir uns heute Abend? Wie gestalten wir unsere Freizeit?

22. Was unternehmen wir im Freien, an der frischen Luft? Wie bewegen wir uns, wie spielen wir?

23. Über was sprechen wir? Hat mein Partner, haben die Kinder Probleme, die wir nur gemeinsam lösen können?

24. Nicht mehr Kräfte ausgeben, als ich in angemessener Zeit ersetzen kann.

25. Nun loslassen und entspannen; damit den Tagesstress abbauen! Bei Verkrampfungen und Fehlhaltungen „mehr ausatmen" als einatmen.

4. Soziale Kompetenz

Der Mensch kennt alle Dinge der Erde,
aber den Menschen kennt er nicht. (J. Gotthelf)

Soziale Kompetenz ist die Fähigkeit eines Mannes oder einer Frau, mit anderen Personen beiderlei Geschlechts aus allen gesellschaftlichen Schichten angemessen umgehen zu können. Über soziale Kompetenz verfügt ein Vorgesetzter oder Mitarbeiter, der im Spannungsfeld von Anpassung und Behauptung, Pflicht und Neigung, als verantwortungs- und selbstbewusste, originelle Persönlichkeit unternehmerisch denkt, spricht, handelt, und in sozialer Einstellung kooperativ, zielstrebig und nutzbringend mit anderen Persönlichkeiten zusammenarbeitet. Er ist einfühlungsfähig, verständnisvoll, selbstkritisch, kommunikations-, kontakt- und beziehungsfähig und verhält sich partnerschaftlich, umsichtig, vorurteilsfrei, kompromissfähig, tolerant und fair.

In diesem Zusammenhang ist ein Hinweis auf die emotionale Intelligenz wichtig, die neuerdings mehr im Blickfeld steht; sie ist neben der Identität mit die Voraussetzung für soziale Kompetenz. Jeder, der mit anderen Personen im Unternehmen zusammenarbeitet, sollte neben seiner kognitiven auch seine emotionale Kompetenz entwickeln. Was wird darunter verstanden? Gesprächspartner signalisieren einander Achtung und Vertrauen. Jeder ist für den anderen offen, hört ihm auch bei Kritik aufmerksam zu, geht verstehend auf ihn ein, macht ihm keine Vorwürfe, stellt evtl. klärende Fragen, hilft ihm. Ein Vorgesetzter gibt nichtwertende Ich-Botschaften und äußert klar und entschieden seine Bitten oder Weisungen. Negatives wehrt er sachlich ab oder ignoriert es. In Gruppen arbeiten Vorgesetzte und Mitarbeiter auch emotional konstruktiv zusammen; jeder übernimmt eine Rolle, die der jeweiligen Situation und Aufgabe entspricht. Beim Konfliktlösen soll keiner nur gewinnen und keiner nur verlieren. Mit dem Gesicht und durch Tonfall, Blickkontakt, Körperhaltung, drückt jeder nonverbal seine Emotionen kontrolliert aus; jeder achtet darauf, wie er auf andere Personen wirkt. Emotional intelligente Personen lassen bei sich alle Emotionen zu, auch negative, halten sie aber unter Kontrolle. Sie wissen, dass nicht alle Menschen einander sympathisch sein können, weil sie zu verschieden sind; dies finden sie normal. Meist ist es so, dass sie Sympathie einem Menschen gegenüber empfinden, der ähnlich ist wie sie; durch ihn fühlen sie sich in ihrer Eigenart bestätigt. Dagegen weckt der Mensch Antipathie in ihnen, der anders ist als sie, der sehr fremd auf sie wirkt; dies empfinden sie unangenehm, dadurch fühlen sie sich bedroht.

Manche Personen sind schon jung fähig, nicht nur ihre eigenen Emotionen zu erkennen und zu deuten, sondern auch die Emotionen und sozialen Signale anderer Personen und deren Motive. Sie können darauf richtig reagieren und spontan eine Beziehung herstellen. Es fällt ihnen leicht, eine Gruppe zu organisieren und deren Aktivitäten zu koordinieren. Sie können vermitteln, Lösungen aushandeln, die Entstehung von Konflikten verhindern oder bestehende Konflikte lösen. Deshalb eignen sie sich zum Berater, Schlichter, Manager, Makler, Verkäufer, Lehrer, Diplomaten, Therapeuten; sie sind verlässliche Geschäftspartner, Freunde, Lebens- und Ehepartner. In einen Mitmenschen können sie sich hineinversetzen und vorübergehend dessen Standpunkt einnehmen; ihre Mitmenschen fühlen sich von ihnen verstanden und vertrauen ihnen.

Warum ist soziale Kompetenz im Unternehmen unverzichtbar geworden?

Nur soziale Kompetenz ermöglicht auf und zwischen allen Ebenen der Unternehmenshierarchie den konstruktiven Umgang mit anderen Personen, der heute bei einer prozessorientierten Produktion für ein gut abgestimmtes, reibungsloses, konfliktarmes Zusammenwirken aller Beteiligten erforderlich ist und viel Einfühlungsvermögen, Verständigungsbereitschaft, Kommunikations- und Teamfähigkeit voraussetzt. Ein Einzelner kann die komplexen Aufgaben und Probleme nicht mehr lösen; eine enge kooperative Zusammenarbeit mit anderen Personen im Unternehmen ist notwendig geworden, um die vom globalen Markt erzwungene hohe Produktivität und Arbeitsleistung zu erzielen.

Soziale Kompetenz hilft auch, innere und äußere Konflikte zu lösen; ein gutes menschliches Miteinander am Arbeitsplatz, bei dem Führungskräfte und Mitarbeiter einander schätzen und anerkennen, einander gelten lassen, offen füreinander sind und am „gleichen Strick ziehen"; dies trägt auch zur Erhaltung der seelischen und körperlichen Gesundheit bei. Der Vorgesetzte, der Menschen und Sachen zusammenführt, soll Modell sein für seine Mitarbeiter. Wer solidarisches Arbeitsverhalten von seinen Mitarbeitern verlangt, das für eine produktivitätssteigernde Zusammenarbeit notwendig ist, muss es im Umgang mit anderen Personen und Gruppen vorleben. Von ihm wird erwartet, dass er die Sache in den Mittelpunkt stellt, sich sachlich verhält, den Mitarbeiter aber auch emotional anspricht und für seine Aufgabe begeistert. Er soll diplomatisch und tolerant sein, aber auch aufrichtig, konsequent, entschieden. Er soll von seinen Mitarbeitern eine hohe Leistung fordern, sie aber gleichzeitig fördern und sich einfühlsam, rücksichtsvoll und hilfsbereit zu ihnen verhalten. Er soll seine Mitarbeiter so kritisieren, dass Leistungsantriebe entstehen, gleichzeitig aber ihre Kritik selbstkritisch akzeptieren. Er soll die Mitarbeiter in seine Planungs- und Entscheidungsprozesse mit einbeziehen, aber auch bereit sein, eine für die Mitarbeiter nicht angenehme Entscheidung selbst zu treffen und entstehende Widerstände zu überwinden.

Eine gute Arbeitspersönlichkeit muss mit Gegensätzen umgehen und sie ausgleichen können. Beispielsweise sind Zahlen als Maßstab für Leistungsforderungen, für erbrachte Leistungen, eine angemessene Entlohnung und für materielle Güter notwendig. Zahlen dürfen aber nicht alles sein, weil im Unternehmen nicht nur Sachen eingesetzt werden, sondern auch Personen tätig sind. Der materielle Faktor „Wirtschaftlichkeit" ist für ein Unternehmen überlebenswichtig; aber ihm muss der nichtmaterielle Faktor „Menschlichkeit" komplementär zugeordnet sein, der von allen Personen im Unternehmen, nicht nur von den Vorgesetzten, ein Mindestmaß an sozialer Kompetenz erfordert. Wirtschaftlichkeit und Menschlichkeit bedingen einander. Sie sind auch Basis der Corporate Identity, die die Identität des Unternehmens ausdrückt, sein besonderes Profil: das Erscheinungsbild vom Unternehmen, das durch das Verhalten der in ihm tätigen Personen und seine Produkte und Aktivitäten entsteht; es soll möglichst klar und einheitlich sein, nach außen und innen positiv wirken und für das Unternehmen und seine Produkte werben.

Auch „wilde" Tiere führen keinen Vernichtungskrieg

Tiere einer Gattung verhalten sich sozial, weil sie so besser überleben. Vor allem Wirbeltiere nehmen Kontakt zueinander auf und binden sich vorübergehend oder lebenslang aneinander. Tierpaare bauen Nester, pflanzen sich fort, suchen Nahrung, pflegen ihre Brut; was sie tun, dient ihrem Leben und ist oft vernünftiger als unser Verhalten. Wir Menschen könnten in mancher Beziehung von ihnen und der Natur lernen – nicht nur in der Bionik, die versucht, die biologischen Funktionsweisen von Organen in die Technik zu übertragen, oder in der Biotechnologie, die durch biologische Systeme und Prozesse mit Hilfe von Mikroorganismen zum Beispiel verseuchte Böden saniert und Abwasser reinigt.

Gestritten wird auch im Tierreich; innerhalb einer Gattung wird aber nicht gemordet. Rangordnungskämpfe, manchmal auch nur Imponiergehabe und Drohgebärden, entscheiden über die Rangordnung bzw. Dominanz in der Gruppe. Der einmal erkämpfte Rang wird von den übrigen Gruppenmitgliedern im Allgemeinen akzeptiert; wenn nicht, verweist eine Drohgebärde den Aufsässigen in seine Grenzen. Bei Krankheit, Verletzungen oder Erschöpfung verliert ein ranghöheres Tier sofort seinen Rang. Im Übrigen gibt es neben Rangkämpfen, in denen die Männchen ihre Körperkraft und Intelligenz demonstrieren, auch Revierkämpfe, in denen einzelne Tiere, Tierpaare oder -gruppen ihren Lebensraum gegen andere Tiere verteidigen.

Aber Tiere der gleichen, manchmal auch einer unterschiedlichen Gattung, verhalten sich im Allgemeinen friedlich zueinander. Bei der Symbiose leben zwei verschiedenartige Tiere so zusammen, dass jedes aus einer Verbindung Nutzen hat. Durch diese Art des Zusammenlebens sichern die Tiere ihre Existenz; dies zeigt, dass sie nicht durch den „Kampf aller gegen alle" überleben, sondern durch Kooperation. Anders ist es beim Parasitismus; da lebt ein Tier, der Parasit oder Schmarotzer, entweder auf der Körperoberfläche des Wirtstieres oder in dessen Körperinnerem.

Beide Arten des Zusammenlebens kommen auch in der menschlichen Gesellschaft vor, die ihre Funktion nur erfüllen

kann, wenn genügend viele Menschen sich sozial verhalten und
für das Ganze gegen Bezahlung oder ehrenamtlich Dienstleistungen erbringen, die für viele Einzelpersonen zum Leben und Überleben notwendig sind. *Ch. R. Darwins* Lehre von der natürlichen
Auslese, seine Selektionstheorie, kann deshalb auf die Entwicklung menschlicher Gesellschaften nicht direkt übertragen werden,
wie dies der Sozialdarwinismus versucht hat, der davon ausging,
dass unsere Gesellschaft Teil der Natur und den Naturgesetzen
unterworfen sei. Der Mensch ist aber nicht nur ein von der Natur
völlig abhängiges Naturwesen, sondern durch seinen Geist auch
ein Kulturwesen, das sich von der Natur in vielen Aspekten lösen
und sein Leben frei, menschengerecht und auch sozialverträglich
gestalten kann und soll.

„Das Unternehmen ist doch kein Wohltätigkeitsverein!"

Mit diesem Ausspruch wehren manche Unternehmer die Aufforderung, sozial zu denken und zu handeln, als utopisch ab. Sie
sind der Meinung, dass in ihrem Betrieb hart gearbeitet werden
muss, um Gewinne zu erwirtschaften, von denen sie ihre Steuern
an den Staat bezahlen; dieser soll dann mit Steuergeldern soziale
Aufgaben erfüllen und die wirtschaftlich Schwachen, Alten und
Kranken versorgen.

Um diese existenzsichernden sozialen Aufgaben geht es in der
Wirtschaft nicht, sondern um eine andere Art des Umgangs miteinander, um partnerschaftliche Beziehungen und ein gutes Arbeitsklima. Diese Forderung nach menschengerechten Verhältnissen, nach mehr Menschlichkeit auch am Arbeitsplatz, wäre neben
der Forderung nach hoher Leistung an sich schon aus subjektiven
humanitären Erwägungen heraus berechtigt. Heute muss sie aber
auch aus objektiven, ökonomischen Gründen gestellt werden,
weil Führungskräfte und Mitarbeiter bei den sich ständig verändernden und noch steigenden Anforderungen nur dann effektiv
und produktiv zusammenarbeiten können, wenn sie sich nicht
unsozial zueinander verhalten, sondern sozial: kontaktfreudig, ge-
meinschaftsbezogen, umgänglich, mitmenschlich, wohlwollend,
freundlich, ein- und mitfühlend, hilfsbereit.

Der sozial eingestellte Vorgesetzte stellt sich auf seine Mitarbeiter, auch schwächere und von ihm abhängige, positiv ein. Er rea-

giert auf sie kooperativ und verhält sich ihnen gegenüber zuvor-
kommend, fördernd, unterstützend, helfend, statt berechnend,
egoistisch, aggressiv. Im dritten Jahrtausend werden vor allem die
Unternehmen der mittelständischen Industrie nicht überleben,
die ihre Mitarbeiter nur als Objekte sehen und behandeln, als Teil
eines großen Mechanismus, eines technischen Systems, als Personal, das auf Knopfdruck gut funktioniert. Dagegen werden, so
banal sich dies auch anhört, die Unternehmen sich auf dem globalen Markt behaupten, deren Mitarbeiter selbstbewusste Menschen sind, die sich als Arbeitspersönlichkeit aus Einsicht und
eigenem Entschluss in den großen Organismus Unternehmen,
dieses soziale System, einordnen, unternehmerisch denken und
mitverantwortlich handeln, um die unvermeidlichen Sachzwänge
zusammen mit anderen Arbeitspersönlichkeiten erfolgreich zu
bewältigen.

Der Alltag in den Unternehmen bestätigt immer wieder, dass
Mitarbeiter und Mitarbeiterinnen Gefühle haben, auch wenn sie
diese nicht zeigen. Beispielsweise haben sie ein Bedürfnis nach
Anerkennung. Sie möchten etwas gelten; andere sollen den Wert
ihrer Person, ihre Begabung und ihre Fähigkeiten erkennen und
anerkennen. Warten sie vergebens auf ein anerkennendes Wort
ihres Vorgesetzten, entstehen in vielen von ihnen Aggressionen;
sie fühlen sich ungerecht behandelt, sind enttäuscht, missmutig,
demotiviert, und ihre Leistung fällt ab. Dies und vieles andere
zeigt, wie empfindlich die menschliche Psyche ist. Schon ein
falsches Wort kann verstimmen oder unversöhnlich stimmen. Wer
sich durch seinen Vorgesetzten verletzt fühlt, wird auf alles
überempfindlich reagieren, was von diesem kommt und was dieser sagt. Er wird auch die kleinsten Schwächen und Fehler seines
Vorgesetzten wahrnehmen und allergisch reagieren, wenn dieser
ihn kritisiert. Gegen jede Art von Autorität entsteht in ihm ein
starker innerer Widerstand; er entwickelt eine durch und durch
negative Einstellung zur Arbeit, zu seinem direkten Vorgesetzten,
zum Arbeitgeber, zum ganzen Unternehmen. Sein Vorgesetzter
kann sich dann ihm gegenüber noch so sozial verhalten; der Mitarbeiter wird alles missverstehen, negativ deuten und abwerten.
Jede neue Verordnung, jede veränderte Arbeitsmethode wird er als
neue, noch raffiniertere Form von Ausbeutung interpretieren;

denn in seinem Denken und Verhalten lässt er sich nur noch von seinen Emotionen und Affekten leiten, statt von sachlich-logischem Denken. Zu dieser extrem negativen Einstellung tragen Führungskräfte mit bei, die im Mitarbeiter nicht auch den Menschen sehen, das Individuum, ein einmaliges, originelles Wesen, sondern nur ein tätiges Objekt, das reibungslos funktionieren und Leistung erbringen soll, und das sie wie ein beliebig austauschbares Teil behandeln.

Auf der anderen Seite gibt es in den Unternehmen bereits Vorgesetzte und Mitarbeiter, die kooperieren und sich sozial zueinander verhalten, weil sie die Fähigkeit dazu im Prozess ihrer Sozialisation und durch Leitbilder von klein auf gelernt oder sie durch ein psychologisches Training erworben haben. Sie bewältigen Schwierigkeiten und Krisen besser, und die Überlebenschancen ihres Unternehmens sind größer. Solche Beispiele zeigen, wie wichtig es ist, dass der heute vorwiegend rational denkende und handelnde Mensch, der homo oeconomicus, dem es nur darum geht, durch möglichst wenig Mittel einen hohen Nutzen zu erzielen, durch den sozial denkenden und handelnden Menschen, den homo sociologicus, ergänzt werden muss, dem es neben dem eigenen Nutzen und dem Nutzen für das Unternehmen auch um den Nutzen und das Wohl der Gesellschaft geht, diesem großen System des menschlichen Zusammenlebens, ohne das der Einzelne in unserer von Wissenschaft und Technik bestimmten Zivilisation nicht existieren könnte.

Was ist besser: Druck oder Anreize?

Dem Unternehmen stehen drei Veränderungsstrategien zur Verfügung, die meist kombiniert eingesetzt werden: Innovations-, Verbesserungs- und Machtstrategie. Durch die Innovationsstrategie werden neue Produkte und Dienstleistungen entwickelt und auf dem Markt eingeführt. Die Verbesserungsstrategie verändert vorhandene Strukturen ständig in kleinen Schritten und optimiert sie. Bei der Machtstrategie zieht das Management die Zügel straff an. Um die Produktivität zu erhöhen, werden Mitarbeiter unter Druck gesetzt; die Angst geht im Unternehmen um. In Zeiten der Vollbeschäftigung wurde versucht, auf die Anwendung von Macht weitgehend zu verzichten, damit die Mitarbeiter nicht wegliefen.

Heute sind einige Manager, die von Psychologie nichts halten, wieder eher bereit, hart durchzugreifen und Machtmittel einzusetzen, wenn ein Mitarbeiter auf eine rationale Beeinflussung nicht im gewünschten Sinne reagiert. Die hart durchgreifenden Vorgesetzten scheinen sich nicht darüber im Klaren zu sein, dass sie damit das Arbeitsklima vergiften und Arbeitsqualität und -leistung herabsetzen, statt sie zu erhöhen.

Wer die Machtfrage im Unternehmen zur Debatte stellt, sollte zuerst klären, was Autorität bedeutet. Darunter verstehen wir zum einen eine angesehene, maßgebliche, überlegene Persönlichkeit, die einen starken Einfluss und Macht ausübt; zum anderen die Wirkung dieser Persönlichkeit, ihr Ansehen, ihren Einfluss, ihre Macht über andere. Wichtig ist auch, autoritär und autoritativ zu unterscheiden. Autoritär ist, wer selbstherrlich Macht ausübt, weil er am längeren Hebel sitzt und ohne dass dies sachlich notwendig ist. Autoritativ verhält sich, wer maßgebend, entscheidend und rechtmäßig, um einer Sache willen, handelt und Macht ausübt, dafür beauftragt, bevollmächtigt, autorisiert.

Verhält ein sachlich und sozial kompetenter Vorgesetzter sich zu seinen Mitarbeitern partnerschaftlich, wird er sie an seinen Plänen und Entscheidungen beteiligen, mit ihnen diskutieren, die Macht mit ihnen teilen, ihnen Zusammenhänge erklären, sie fördern, Anreize schaffen, für ihren besonderen Einsatz anerkennen. Eine extrem autoritäre Führungskraft dagegen verhält sich in der ihr verliehenen Machtposition nach oben unterwürfig und nach unten despotisch; ein solcher Vorgesetzter, der sich von den Mächtigeren über ihm abhängig fühlt, hat das Bedürfnis, sein schwaches Selbstwertgefühl durch das Herrschen über andere, von ihm abhängige Personen, zu kompensieren, es aufzuwerten. Damit wirkt er auf seine Mitarbeiter kurzfristig demotivierend, leistungsmindernd, und langfristig sogar krank machend. Arbeitet er nicht an sich, um sein Verhalten zu ändern, um sozial kompetent zu werden und seine Mitarbeiter für sich zu gewinnen, wird er auch weiterhin dazu tendieren, seinen Mitarbeitern genau vorzuschreiben, wie sie ihre Arbeit machen sollen; die Ausführung kontrolliert er peinlich genau. Er kritisiert seine Mitarbeiter ständig; dabei betont er, was falsch gemacht wurde, und nicht, wie es künftig richtig gemacht werden kann. Was der Mitarbeiter gut macht, führt der autoritäre Vorgesetzte auf seine eigenen Führungsqualitäten, die Organisation und die hervorragende technische Ausstattung zurück, nicht jedoch auf Motivation, Einsatz und Befähigung des Mitarbeiters.

Verantwortlicher Umgang mit Macht

Ursprünglich bedeutete Macht „das Vermögen des Menschen zur selbstbestimmten Lebensführung". Wer über Macht verfügte, konnte beim Streben nach einem selbstgesetzten Ziel in seiner Umwelt Widerstände überwinden; dabei sollte er sich aber ethischen Regeln und Normen unterwerfen. Dieses Machtstreben ist für eine Person in leitender Position selbstverständlich. In herausgehobener Stellung, mit überdurchschnittlicher Intelligenz, breit gestreutem Fachwissen, guter Allgemeinbildung, Überzeugungskraft und viel Macht kann z. B. ein Spitzenmanager seinen Willen bei anderen Personen, die von ihm abhängig sind, durchsetzen. Mancher dieser erfolgreichen Chefs lässt nur Menschen in gleicher oder höherer Position, mit gleichem Einfluss und gleichem Vermögen gelten. Zu einem Mitarbeiter ist er nur aus Berechnung höflich und nicht, weil er ihn als Mensch schätzt. Er ist noch davon überzeugt, der Mitarbeiter werde einem strengen und unfreundlichen Vorgesetzten eher folgen als einem höflichen. Dieses Führungsverhalten weckt beim Mitarbeiter Unlustgefühle bis hin zum Hass und dem Verlangen nach Rache. Vielen Vorgesetzten fällt es immer noch schwer, den Mitarbeitern gegenüber freundlich zu sein und auf die Demonstration von Macht zu verzichten. Psychologisch geschulte, erfahrene Führungskräfte dagegen schätzen ihre Mitarbeiter und erkennen sie an; auf diese Weise gewinnen sie sie menschlich für sich.

Eine falsche oder ungeschickte Machtausübung, die oft auf Geltungssucht und überzogenem Rivalitätsdenken beruht, kann aber viel Schaden anrichten, vor allem wenn die Führungskräfte der unteren Ebene diesen Führungsstil übernehmen und sich davon anstecken lassen. Die Folge ist eine Verschlechterung des Arbeitsklimas; die Mitarbeiter sind verstimmt und unzufrieden. Viel Zeit und Energie wird verschwendet, die für konstruktive Aufgaben fehlen.

Aber auch im Unternehmen tätige Mitarbeiter, die sich als Folge vieler Mangelerlebnisse, z. B. fehlender Anerkennung, machtlos und ohnmächtig fühlen, sind nicht frei von Machtstreben, das sich gegen schwächere Kollegen richtet, wenn diese auf nette Worte, Bitten, Schmeicheln, Befehlen, Drohen, zornige Ausbrüche usw. sich nicht im gewünschten Sinne verhalten.

Machtstreben an sich als Ausdruck von Kraft, Vermögen, Können, ist nicht schon verwerflich, wenn es um eine Sache geht und nicht um die Aufblähung der eigenen Person in Verbindung mit der Abwertung anderer. Einfluss und Macht sind in jeder Organisation notwendig, um das Verhalten vieler Personen zu steuern und auf ein Ziel zu richten. Problematisch wird Macht aber, wenn ein nach immer mehr Macht strebender Mensch sich nicht an sozialverträglichen Normen und Zielen orientiert, sondern das überstarke Bedürfnis hat, sich über andere zu erheben, um mehr zu gelten als sie, und ständig im Mittelpunkt stehen und dominieren will, von seinen Mitmenschen unkritisch bewundert und anerkannt; wenn er sie auf unwürdige, unmenschliche Weise unterdrückt, beherrscht und kontrolliert.

Der in eine Machtposition berufene, von einer machtvollen Institution beauftragte Mensch wird Macht im Rahmen einer Rechtsordnung nach ethischen Normen um einer guten Sache willen für Menschen einsetzen; diese wird er nicht nur bestimmen, sondern auch fördern, um mit ihnen ein Ziel zu erreichen.

Als charismatische Persönlichkeit ist der Machtausübende an Kontakten und Beziehungen interessiert; er möchte bei vielen Menschen beliebt sein und von ihnen anerkannt werden. Um sie kümmert er sich, er sorgt für sie und hilft ihnen. Eigene Bedürfnisse wird er zurückstellen; sein Machtstreben kann er unter Kontrolle halten.

Nach *D. C. Mc. Clelland* und *D. H. Burnham* soll ein erfolgreicher Manager, der gern andere beeinflusst und in ihrem Verhalten bestimmt, aber auch viel von sich verlangt und sich sehr leistungsbetont verhält, mehr „an der Machtausübung an sich" interessiert sein, weniger dagegen an seinem persönlichen Erfolg und an den Menschen der Organisation, zu denen er auf Distanz geht und bleibt.

Für den Umgang mit Macht sind folgende Gesichtspunkte

wichtig: zum einen die Machtmotivation: Gründe, Absichten und Ziele, die erreicht werden sollen. Zum anderen der Machtstil: die Art und Weise, wie Macht zum Erreichen von Zielen eingesetzt wird. Beide, Machtmotivation und Machtstil, bestimmen, ob sich Macht im Verhalten gegenüber geführten oder beherrschten Personen mehr konstruktiv oder mehr destruktiv auswirkt. Der demokratisch denkende und handelnde Vorgesetzte setzt Macht den Unternehmensnormen und -zielen entsprechend nur um einer Sache willen und für Menschen ein, nicht in einer das Selbstwertgefühl verletzenden Weise gegen sie. Er sieht in seinen Mitarbeitern keine Untertanen, denen er Befehle erteilt; vielmehr betrachtet er sie als Partner, die er braucht, um zusammen mit ihnen Aufgaben zu erfüllen und gesetzte oder abgesprochene Ziele zu erreichen.

Manche Autoritätspersonen praktizieren einen Machtstil, bei dem sie sich als absolute Autorität sehen und von den anderen absoluten Gehorsam erwarten, beispielsweise der Vorgesetzte vom Mitarbeiter, der Arzt vom Patienten, der Lehrer vom Schüler. Das andere Extrem wäre ein auf Macht völlig verzichtender, permissiver Stil, bei dem am Arbeitsplatz die Mitarbeiter bestimmen und ihr Vorgesetzter sie auf Wunsch nur unterstützt, aber nicht beeinflusst und beherrscht. Erstrebenswert ist heute ein Machtstil, bei dem der Vorgesetzte und die Mitarbeiter in allen Fragen, die den Arbeitsplatz der Mitarbeiter betreffen, miteinander sprechen, Konsens anstreben, zusammen entscheiden, gemeinsam Verantwortung übernehmen und sich um der Sache willen gegenseitig beeinflussen. Das letzte Wort soll aber der Vorgesetzte haben, der in kritischen Situationen auch ohne vorherige Rücksprache spontan entscheidet und anordnet.

Abschließend folgt ein Überblick über verschiedene Autoritätsformen:

1. Auftragsautorität: Sie gilt nur für die Durchführung eines bestimmten Auftrags.
2. Delegierte Autorität, Amtsautorität: Sie hängt von der Stellung des Betreffenden ab.
3. Funktionale Autorität: Sie beruht auf bewiesenem Fachverstand, einem Auftrag, einer kritischen Prüfung.
4. Gesamtautorität: Sie beruht auf Alter, Geschlecht, Charisma.

5. Herrschaftsautorität: Sie beruht auf Tradition, Privilegien, Glaubensvorstellungen.
6. Leistungsautorität, Sachautorität, Spezialistenautorität: Sie beruhen auf Kenntnissen und Fähigkeiten, die zur Erfüllung einer bestimmten Aufgabe notwendig sind.

Zwischenmenschliche Probleme durch unzureichende soziale Kompetenz

Bei einer Befragung nach ihren Erwartungen am Arbeitsplatz haben sich Mitarbeiter u. a. gewünscht: Kontakt mit Führungskräften und Kollegen. Mehr Selbstständigkeit und Möglichkeiten, eigene Ideen zu verwirklichen. Weniger Abhängigkeit von anderen. Ständige Rückmeldung über die konkreten Ergebnisse ihrer Arbeit. Weniger Aufregung, Spannungen und Streit. Diese Erwartungen spiegeln bruchstückhaft die Entwicklung des Mitarbeiters vom mehr oder weniger dienstbereiten Untertanen zur selbstbewussten, menschlich aufgewerteten, unternehmerisch mitdenkenden mündigen Arbeitspersönlichkeit, die an ihrem Arbeitsplatz nicht nur ihr volles Leistungsvermögen entfaltet, sondern auch die Augen offen hat, um Probleme möglichst schon in der Anfangsphase zu erkennen, sie angstfrei zu nennen und zusammen mit anderen Mitarbeitern Lösungsvorschläge zu machen. Dieser Mitarbeiter ist nicht mehr bereit, sich fraglos unterzuordnen; er erwartet, dass er von seinem Vorgesetzten nicht nur aufgrund einer guten Arbeitsleistung anerkannt, sondern auch schon als Mensch geachtet und geschätzt wird. Er möchte nicht, dass man ihn als Objekt sieht, ihn wie einen Gegenstand betrachtet, über ihn wie über eine Sache verfügt. Vom menschengerechten Umgang mit ihm hängen sein Selbstwertgefühl, seine innere Sicherheit und sein Selbstvertrauen ab, die für einen Menschen zentral wichtig und mit Voraussetzung für dessen körperliche und seelische Gesundheit sind – und damit auch für seine Leistungsfähigkeit.

Dies können manche Vorgesetzte nicht verstehen, denen ihre Führungsposition übertragen wurde, weil sie fachlich sehr tüchtig, ehrgeizig und autoritär sind, und bei denen nicht danach gefragt wurde, ob sie mit ihren Mitarbeitern auch menschlich gut umgehen können. Durch ihr nicht mehr zeitgemäßes Führungsverhalten entstehen viele Verhaltensprobleme und Konflikte, die sich in der Kommunikation mit ihren Mitarbeitern, aber auch unter den Mitarbeitern selbst, störend auswirken. Die Folge ist: Nur das Falsche und Trennende wird betont und nicht auch das Richtige und Verbindende. Unsichtbare Wände entstehen, die das gegenseitige Verstehen und die sachliche Verständigung erschweren. Außerdem wird die Lösung von Problemen und Konflikten verhindert. Die Menschen reden dann aneinander vorbei; eine demotivierende, destruktive Atmosphäre von Unsicherheit und Angst entsteht, die sich auf Einstellungen, Erwartungen, Bewertungen, Hoffnungen, Befürchtungen und das Selbstwertgefühl negativ auswirkt. Auch Gruppen schirmen sich voneinander ab; Aggression entsteht. Der Informationsaustausch auf allen Ebenen und zwischen den Ebenen nimmt ab, oder Informationen kommen erst sehr spät an. Verzerrte Informationen sickern durch, Vorurteile und Gerüchte entstehen, und mit ihnen Unsicherheit und Angst.

Feindbilder können auch am Arbeitsplatz entstehen: Vorstellungen, die wir uns von einer Person machen, die uns unsympathisch ist und von der wir meinen, sie sei uns böse gesinnt und wolle uns schaden. Mit der Wirklichkeit haben solche Feindbilder wenig zu tun; sie drücken unsere Ängste, Befürchtungen und unangenehme bedrohliche Erfahrungen aus, die wir in der Vergangenheit gemacht haben. Als bloße Fantasiebilder spiegeln sie unsere eigene dunkle Seite mit ihren Schwächen und Fehlern; und diese projizieren wir auf einen Menschen, den wir zu unserem „Feind" gemacht haben. Solche Feindbilder werden durch eine sachlich nicht oder nicht voll berechtigte, in Inhalt und Ton abwertende, auf die Person zielende Kritik genährt und verstärkt. Der Kritisierte fühlt sich abgewertet und ist in seinem Selbstwertgefühl verletzt; seine Tatkraft ist gelähmt. Darauf wird er negativ reagieren: schweigend, abweisend, trotzig, auflehnend. Dies wiederum erhöht die Reibungen und Spannungen im Umgang und wirkt sich auch leistungsmindernd aus. Manchmal besteht Neid auf Kollegen, die tüchtiger sind, mehr leisten und mehr verdienen. Ein Kleinkrieg entsteht, bei dem mehr oder weniger verdeckt miteinander gestritten und die Aggression aneinander abreagiert wird.

Beim raschen technischen und wirtschaftlichen Wandel wirkt sich besonders nachteilig aus, dass die in ihrem Selbstwertgefühl verletzten Mitarbeiter sich nicht oder nur schwer den veränderten Verhältnissen anpassen können; gegen alle Neuerungen entwickeln sie starke innere Widerstände. Statt kollegial zusammenzuarbeiten, verhalten sie sich gegenüber anderen Personen und Gruppen rivalisierend. Mit ihrer Aufgabe und dem Unternehmen können sie sich nicht identifizieren. Besonders Alkoholiker fallen in ihrer Leistung ab und tendieren zu Unfällen.

Bei passiven, niedergeschlagenen Mitarbeitern müssen wir unterscheiden, ob sie nicht genügend leisten können oder ob sie nicht wollen, weil sie keine Lust haben. Diese Arbeitsunlust kann verschiedene Ursachen haben. Vielleicht kommt ein Mitarbeiter, weil er besonders gewissenhaft ist und ein hohes Anspruchsniveau hat, über einen Fehler nicht hinweg, der ihm unterlaufen ist und den sein Vorgesetzter hart kritisiert hat; er zweifelt dann am Sinn seiner Arbeit und seines Lebens und sehnt sich nach einem anerkennenden, ermutigenden Wort und nach Erfolgserlebnissen, die ihn aufrichten. Um ihn sollte sich der Vorgesetzte einige Zeit mehr kümmern als um selbstbewusste Mitarbeiter, die durch ein Fassadenverhalten einen guten Eindruck machen wollen. Besondere Schwierigkeiten macht seinem Vorgesetzten und auch manchen Kollegen der Quertreiber. Von starkem Geltungsdrang erfüllt, kritisiert er laufend in negativ-emotionaler Form. Er will nicht mitziehen, hält Leistung zurück, arbeitet willkürlich. Oft fühlt er sich unterfordert; in diesem Fall sollte ihm der Vorgesetzte eine schwierige Aufgabe übertragen, die ihn ganz fordert, ihm für seine Leistung laufend Rückmeldung geben und ihn dafür anerkennen. Achtet der Vorgesetzte auf solche auffallende Mitarbeiter, die besonders viel Geduld von ihm erfordern, und geht er relativ gelassen und souverän mit ihnen um, kann er bei seinen Mitarbeitern manche leistungsmindernden Frustrationen vermeiden und unvermeidliche Frustrationen in ihrer schädigenden Wirkung abschwächen. Wichtig sind auch regelmäßige Gespräche unter vier Augen nach vorheriger Terminabsprache mit den Mitarbeitern. Sie können am Schreibtisch des Vorgesetzten, am Arbeitsplatz des Mitarbeiters oder in einem Besprechungszimmer stattfinden. Dabei wird der Vorgesetzte nicht mit der Tür ins Haus fallen, sondern zuerst etwas Verbindliches sagen; dann aber wird er offen, eindeutig und entschieden auf die Differenzen und Probleme eingehen. Folgendes gemeinsame Vorgehen in vier Schritten hat sich bewährt:

1. Das Problem und die Situation beurteilen und beschreiben.
2. Überlegen, wie das Problem gelöst werden kann.
3. Welche Konsequenzen ergeben sich bei einer bestimmten Problemlösung?
4. Sich für den besten Lösungsvorschlag entscheiden und ihn ausführen.

Sonderfall: der leicht erregbare, rational nicht ansprechbare Mitarbeiter

Warum reagiert er überempfindlich, einseitig emotional und meist auch negativ? Weil die alltägliche Wirklichkeit am Arbeitsplatz seinen Vorstellungen nicht entspricht und sie seine Pläne durchkreuzt. Für das Scheitern macht er meist andere Personen verantwortlich. Zur Überreaktion neigt er aufgrund seiner überhöhten Grundspannung, eines zu hohen Spannungsniveaus; seine Nerven sind sehr angespannt. Seine überstarke Reaktion schon auf schwache Reize wirkt sich durch die emotionale Resonanz im vegetativen System nachteilig aus; Körperfunktionen werden gestört. Rationalen Argumenten ist er nicht zugänglich. Auf Intoleranz, Humorlosigkeit, Vorurteile usw. reagiert er sehr negativ. An sein Gewissen zu appellieren, nützt nichts; dies könnte seine negativen Emotionen und seinen Widerstand nur noch verstärken. Er könnte sogar „explodieren", ungesteuert schreien, toben und sich destruktiv verhalten.

Im Umgang mit einem erregten Menschen sollte man auf Folgendes achten: Sich immer wieder sagen: „Vorsicht, Hochspannung! Aufpassen!" Sich dem Erregten zuwenden statt von ihm abwenden. Versuchen, positive Eigenschaften an ihm zu entdecken, sie anzusprechen und anzuerkennen; ihm mit Respekt begegnen, statt ihn abzuwerten, auch wenn dies sehr schwer fällt. Ihn ermutigen, statt ihn zu verunsichern, zu ängstigen, zu provozieren, zu demütigen; sich nach seinen Wünschen, Erwartungen, Plänen usw. erkundigen, statt sie zu durchkreuzen. Sich wie angekündigt verhalten, statt ihn mit ständig neuen Verhaltensweisen zu über-

raschen und zu verunsichern. Ganz allgemein wirkt beschwichti-
gend, wenn ich der erregten Person verstehend, in Achtung und
Güte gegenübertrete, sie absolut gerecht behandle, ihr Freude und
Sicherheit vermittle, statt sie durch Worte, Mimik und Gestik
noch mehr zu reizen und damit weiteres Öl ins Feuer ihrer Wut zu
schütten. Wenn der Erregte sich, ohne dass andere Personen anwesend sind, zu mir sehr aggressiv verhält, sollte ich möglichst
höflich und ruhig darauf reagieren; allerdings nicht in eiskalter
Ruhe, denn dies könnte den Erregten zur Weißglut reizen. Eine
besonnene Reaktion fällt mir leichter, wenn ich mein Gegenüber
als Kranken sehe, der Hilfe braucht.

Was heißt Aggression? Darunter verstehen wir ein Verhalten,
das anderen schadet. Aggression entsteht oft, nicht immer, durch
Frustration, und Frustration durch Aggression; zwischen beiden
kann ein negativer Regelkreis entstehen, ein „Teufelskreis". Sowohl Aggression als auch Frustration führen zu Störungen bei den
Betroffenen und im sozialen Umfeld. Darauf reagieren manche
Personen nicht aggressiv, sondern verzweifelt, resigniert, depressiv. In beiden Fällen ist das Arbeitsklima belastet und die Leistung
gemindert.

Um mit anderen Menschen konstruktiv umgehen zu können,
muss ich die Zusammenhänge von Reiz und Reaktion durchschauen. Wie reize ich einen Mitmenschen? Wie reagiert dieser
darauf? Wie reizt er mich? Wie reagiere ich auf seine Reize? Ich
vergleiche mein Selbstbild mit dem Fremdbild, das andere sich
von mir gemacht haben. Das Gleiche sollte mein Partner tun, damit wir über die Unterschiede zwischen Selbst- und Fremdeinschätzung sprechen können. Wir können versuchen, gemeinsam
die entstandenen Negativbilder, Zerrbilder, Entfremdungsbilder,
Feindbilder abzubauen und das reale Bild, das sich dann von mir
und vom anderen ergibt, mit ein paar warmen Farbtupfern zu ver-
schönern. Die Folge ist, wir brauchen uns von der Kritik unseres
Partners nicht mehr persönlich getroffen fühlen und können Probleme und Konflikte sachlich lösen. Wir können uns Klarheit über
unsere Emotionen und Gefühle verschaffen, z. B. woher mein
Wohlbefinden kommt: von mir selbst? Von einem Mitmenschen?
Von Sachen? Dem gegenüber steht die Frage: Woher kommt mein
Unbehagen, und was kann ich tun, damit es abnimmt? Auf diese

Weise kann ich aber nur mit einzelnen Personen oder gut struktu-
rierten Gruppen umgehen. Sobald Mitmenschen als emotional geladene, leicht erregbare Menge oder Masse auftreten, wird eine
Auseinandersetzung äußerst schwierig oder unmöglich, weil sich
eine Menschenmenge mühelos emotional anstecken und von einer starken Persönlichkeit mitreißen lässt.

Empfehlungen für mein Verhalten

1. Mein zwischenmenschliches Verhalten mache ich mir bewusst; konsequent kontrolliere und kritisiere ich mich selbst,
   ohne mich abzuwerten.
2. Ich nehme meine Mitmenschen bewusst wahr, gehe auf sie ein
   und versuche, durch ein zurückhaltendes Lächeln mit ihnen
   in Kontakt zu kommen, auf ihre Interessen und Hobbys einzugehen, mir ihren Namen zu merken.
3. Ich lasse zuerst die anderen sprechen, höre ihnen in positiver
   Einstellung aufmerksam und vorurteilsfrei zu, knüpfe daran
   an, nehme klar dazu Stellung; von mir selbst sage ich nur wenig.
4. Ich versuche, den Standpunkt meines Gesprächspartners zu
   verstehen und mich in seine Lage zu versetzen. Ich gestehe
   ihm eine eigene Meinung und Überzeugung zu.
5. Ich verberge nichts und sage einfühlsam die Wahrheit, auch
   wenn sie unangenehm ist; dies hilft mir, allen Menschen aufrecht und relativ frei von Angst gegenüberzutreten.
6. Ich versuche, gegen alle Menschen freundlich und höflich zu
   sein, auch gegen Personen, die mir nicht sympathisch oder die
   von mir abhängig sind.
7. Mit einer gewissen Vorsicht bringe ich meinen Mitmenschen
   Vertrauen entgegen.
8. Das Streben nach Selbstwert und Anerkennung berücksichtige ich bei allen Menschen.
9. Wenn ich andere für meine Ziele interessieren und gewinnen
   will, appelliere ich an ihre Fähigkeiten, ihre Initiative, ihr Verantwortungsgefühl und ihr Selbständigkeitsstreben.
10. Muss ich kritisieren, tue ich das kurz, sachlich, ermutigend,
    im richtigen Ton; alles Abwertende, Persönliche, vermeide
    ich. Auf Killerphrasen verzichte ich.

11. Wenn mich Zorn überwältigen will, stelle ich mir vor, wie andere mich sehen; oder ich betrachte mich, wenn dies möglich ist, im Spiegel. Bin ich verärgert, schreibe ich einen groben Brief; ich schicke ihn aber nicht ab.
12. Erregten Personen und Gegnern trete ich ruhig und mit guten Gedanken entgegen.

Nach *J. W. v. Goethe* sollten wir unsere Mitmenschen so behandeln, als verhielten sie sich schon so, wie wir uns dies wünschen. Auf diese Weise könnten wir erreichen, dass sie ihr Verhalten ändern. Wichtig ist, dass wir das Wertesystem unserer Mitmenschen berücksichtigen.

Unternehmer und Mitarbeiter haben Erwartungen aneinander

Das Unternehmen erwartet heute vom Mitarbeiter, dass er unternehmerisch denkt und handelt, Zusammenhänge und Sachzwänge erkennt, sich mit den Unternehmenszielen und seinen Aufgaben identifiziert, zur Lösung von Sachproblemen beiträgt und bereit und fähig ist, eine hohe Leistung zu erbringen. Der Mitarbeiter erwartet vom Unternehmen neben guter Bezahlung und sicherem Arbeitsplatz ein gutes Arbeitsklima und Arbeitszufriedenheit. Als Teil des großen „Organismus Unternehmen" möchte er auch als Mensch geschätzt und anerkannt sein und das Gefühl haben, dass er notwendig ist und eine wichtige Aufgabe im Unternehmen erfüllt; er will nicht als Nichts in einer großen Masse verschwinden.

Für manche Unternehmer ist der Mitarbeiter nur ein Leistungsträger, der reibungslos funktionieren soll; dies wirkt frustrierend und demotivierend auf den Mitarbeiter, der sich nicht mehr als anonymes Teil des Personals sieht, sondern als originelle Arbeitspersönlichkeit, die einen wichtigen Beitrag zum Erreichen der Unternehmensziele und des Unternehmenserfolgs leistet.

Wird der Mitarbeiter als soziales Wesen nicht ernst genommen, entstehen Spannungen und Reibereien, Leistungsminderungen, Schäden an Sachen und Unfälle. Zu Apathie und Leistungsbeschränkung tendieren vor allem Mitarbeiter, die keine Möglichkeit sehen, sich weiter zu entwickeln. Ihre Tätigkeit erfahren sie als stark fremdbestimmt, in ihr sehen sie keinen Sinn. Durch die technisch-soziale Organisation fühlen sie sich eingeengt und ohnmächtig; sie sind davon überzeugt, dass sich ihre Verhältnisse nicht ändern werden. Eine informelle Gruppe, die ihnen etwas Sicherheit und Rückhalt geben könnte, haben sie nicht. Andere rebellieren; in informellen Gruppen entwickeln die streitbaren Gruppenmitglieder ein starkes Selbstbewusstsein und Selbstwertgefühl, vor allem wenn einer unter ihnen wortgewandt und geschult ist, mit Vorgesetzten zu verhandeln. Als Gruppe können sie durchsetzen, dass z. B. ein missliebiger Vorgesetzter entfernt und ein vom Unternehmen entlassener Betriebsrat wieder eingestellt wird. Manche können sogar gegen den Willen ihrer Gewerkschaft Arbeitsniederlegungen organisieren und durchsetzen. Ihnen schließen sich hoch qualifizierte Experten im Allgemeinen nicht an. Durch ihr breit gefächertes, wissenschaftlich fundiertes, systematisches Wissen können sie sich einen Betriebswechsel am ehesten leisten. Harten Auseinandersetzungen mit dem Unternehmen weichen sie aus, weil sie keine Kämpfernaturen sind; lieber suchen sie sich eine neue Stellung.

Der soziale Aspekt wirkt sich auf die Produktivität aus

Wer für das Unternehmen nachteilige und kostspielige Fehlentwicklungen vermeiden will, muss den Faktor Mensch ausreichend ins Spiel bringen und fördern; denn eine reibungslose Zusammenarbeit ist nur durch gut aufeinander eingestellte, hochmotivierte, sich sozial verhaltende, kooperierende Mitarbeiter möglich, denen heute viel größere Werte anvertraut sind als früher. Damit gehen die Mitarbeiter, die eine positive Einstellung zum Unternehmen und zu ihrer Arbeit haben, mit größerer Sorgfalt um; sie leisten auch mehr. Bei ihnen sollten die Führungskräfte Arbeitsfreude wecken und erhalten. Sie sollten die Mitarbeiter so lenken und koordinieren, dass diese sich nicht nur mit ihrer Aufgabe und dem Unternehmen identifizieren und viel leisten; sie sollen sich auch wohlfühlen, mit ihrer Arbeit zufrieden sein und gesund bleiben. Die Mitarbeiter werden dann von selbst die Interessen ihrer Gruppe, ihrer Abteilung, ihres Unternehmens vertreten, als wären es ihre eigenen. Dies zeigt, dass alles, was den Mitarbeiter menschlich aufwertet und menschengerechte Arbeitsbedingungen schafft, sich im Unternehmen auch ökonomisch

günstig auswirkt; mehr Menschlichkeit führt zu mehr Wirtschaftlichkeit.

Die Bedeutung eines menschlich guten Arbeitsklimas für die
Leistungsfähigkeit des Unternehmens wird von manchen Unternehmen noch unterschätzt. Beispielsweise entstehen am Arbeitsplatz viele Reibungen und damit Verluste, weil Beziehungen gestört sind und der bis zu einem bestimmten Grad berechtigte Geltungsdrang der Mitarbeiter verletzt wird. Die Folge sind innere
Widerstände und materielle Leistungseinbußen. Die Mitarbeiter
entwickeln Aggressionen nicht nur gegen ihre Vorgesetzten, sondern auch gegen ihre Kollegen. Bei der immer komplexer werdenden Technik wirkt sich dies sehr nachteilig aus. Fast jeder Mitarbeiter braucht andere Personen, um den höheren und noch
zunehmenden Anforderungen gerecht zu werden; die Zeit der miteinander konkurrierenden „Einzelkämpfer", die sich bei Störungen an ihrer Maschine selbst helfen konnten, ist vorbei.

Durch Druck von oben würden nur innere Widerstände entstehen; Zwangsmaßnahmen sind heute nicht mehr geeignet, die
Arbeitsqualität zu erhöhen und die Leistung zu steigern. Besser
ist, wenn die Führungskräfte bei den Mitarbeitern Verständnis für
Maßnahmen wecken, die notwendig sind, um die vom Markt
ausgehenden Sachzwänge zu bewältigen. Dadurch bauen die
Führungskräfte Frustration und Aggression bei den Mitarbeitern
ab und fördern deren Engagement. Wichtig ist auch, dass die Mitarbeiter regelmäßig informiert werden; denn sie können sich bei
ihrer Arbeit für den Erfolg des Unternehmens nur mitverantwortlich fühlen, wenn sie rechtzeitig Einblick bekommen in Arbeitsbedingungen, die Einführung neuer Arbeitsmethoden, das Aus-
wechseln von Arbeitskräften, die Ernennung von Vorgesetzten,
unternehmerische Pläne und Zusammenhänge. In einer Betriebs-
zeitschrift wird neben unternehmerischen, arbeits- und betriebs-
technischen Fragen auch über private Ereignisse berichtet; in einer besonderen Spalte sollten die Mitarbeiter direkt zu Wort kommen. Dies alles trägt dazu bei, dass sich die im Unternehmen
tätigen Menschen als Gemeinschaft fühlen. Außerdem lässt sich
durch eine laufende aktuelle Information der Mitarbeiter die Bildung von Gerüchten meist verhindern, völlig ungesicherten
mündlichen Mitteilungen, die Ersatz für fehlende Information

sind und sich mit großer Geschwindigkeit ausbreiten. Sie drücken oft Stimmungen, Aggressionen, Ängste, Hoffnungen und Erwartungen aus. Manchmal beruhen sie auf einem kleinen Tatsachenkern, der beim Weitersagen um immer unwahrscheinlichere und für das Unternehmen sehr negative Einzelheiten angereichert wird; dadurch können Gerüchte großen Schaden anrichten.

Sozialisation: Wie soziale Kompetenz von klein auf entwickelt wird

Der Prozess der Sozialisation beginnt, indem der Säugling eine Beziehung zu einer festen Bezugsperson aufbaut. Das Kind lernt grundlegende psychologische Funktionen, die es befähigen, mit anderen Personen Signale auszutauschen, deren Anforderungen zu entsprechen, sich mit ihnen zu verständigen, sie zu beeinflussen, sich von ihnen beeinflussen zu lassen. Es übt Verhaltensweisen ein, durch die es Kontakte herstellt und Beziehungen aufbaut; dabei lernt es, soziale Anerkennung und Belohnung als Wert zu schätzen.

Unter dem aktiven und passiven Einfluss seiner Eltern, anderer Autoritätspersonen und Gleichaltriger entwickelt das Kind seine Emotionalität, Sprache und Intelligenz. Es wächst in das Werte- und Normensystem der Gesellschaft hinein, das den Umgang der Menschen regelt; es muss sich vielen Forderungen fügen und die allgemein anerkannten Gewohnheiten, Verhaltensweisen, Rollen in sozialen Situationen übernehmen. Beispielsweise muss es die Befriedigung von Bedürfnissen aufschieben oder auf einen Teil von ihnen ganz verzichten.

Dabei sind Spannungen und Konflikte unvermeidlich, weil die individuellen Bedürfnisse anderer Personen und soziale Normen oft in Widerspruch stehen zu den eigenen Neigungen, Interessen und Bedürfnissen. Schon das Kind möchte sich lieber durchsetzen und behaupten, als sich anderen Personen unterordnen und Sachzwängen anpassen; dabei erfährt es, dass viele Wünsche nicht erfüllbar sind und es von Fürsorge, Schutz und Zuwendung seiner Eltern abhängig ist, die seine Freiheit einschränken und ihm ihre Liebe entziehen können. Diese Erfahrungen in der Familie wird es am Arbeitsplatz auf einzelne Beziehungen und die Arbeit in Gruppen und Teams übertragen.

Bei gelungener Sozialisation entwickelt das Kind Vertrauen

und zunehmend Autonomie, Initiative, Handlungskompetenz,
Identität. Es lernt nach und nach die Folgen seines Verhaltens abzuschätzen, die Fähigkeit zur Selbstkontrolle zu entwickeln und
sich so zu verhalten, dass es nur Mittel einsetzt, die ihm helfen,
seine Ziele auf sozial erlaubte Weise zu erreichen. Die Sozialisation hat ihr Ziel erreicht, wenn eine äußere Kontrolle des Verhaltens durch andere Personen, die ihm bestimmte Einstellungen und
Werte vermitteln, nicht mehr notwendig ist. An deren Stelle tritt
dann eine eigene innere Kontrolle, die Stimme des eigenen Ge-
wissens, das Über-Ich, in dem die erzieherischen Normen verinnerlicht sind. Diese Fähigkeit zur Selbstkontrolle in Verbindung
mit dem Gefühl der Selbstverantwortung macht auch am Arbeitsplatz eine fremde Kontrolle weitgehend überflüssig. Auf diese
Weise steuern Einstellungen und Werte das Verhalten. Eine Verhaltensänderung zieht eine Anpassung der Einstellungen nach
sich; zwischen Verhalten und Einstellung besteht ein Regelkreis,
bei dem Veränderungen eines Faktors sich zwangsläufig auf die
anderen Faktoren auswirken.

Beim Kind und später auch beim Erwachsenen spielt die Erwartung, dass eine bestimmte Verhaltensweise erfolgreich ist und
von anderen anerkannt, belohnt oder bestraft wird, eine wichtige
Rolle, ebenso die anschließende Selbstbewertung. Erwarte ich
eine Anerkennung für eine Leistung, wird es mir leichter fallen,
mich voll einzusetzen, als wenn ich dafür mit einer abwertenden
Kritik rechnen müsste. Das Ergebnis meiner Selbstbewertung
hängt von meinem Anspruchsniveau ab, vom Leistungsziel, das
ich mir selbst gesetzt habe. Konstruktive Selbstkritik, die zu einer
Verhaltensänderung führt, wird am ehesten praktiziert, wenn der
Betreffende mit anderen Personen in Verbindung steht, die ähnliche Verhaltensprobleme haben, z. B. Gruppenmitglieder.

Die Sozialisation ist mit dem Erwachsenwerden nicht abgeschlossen; auch der Erwachsene muss neue Verhaltensweisen
einüben, z. B. am Arbeitsplatz, wo sich die sozialen Rollen ständig ändern. Der rasche soziale und technische Wandel, der einen
Wertewandel nach sich zieht, zwingt dazu, das eigene Verhalten
ständig zu überprüfen und den wechselnden Anforderungen anzupassen. Problemfelder sind vor allem Abhängigkeitsverhält-
nisse, aggressives Verhalten und Verhalten in der Gruppe.

Am Arbeitsplatz erwünschte soziale Fähigkeiten

Bei gelungener Sozialisation sollte ein Mitarbeiter, vor allem aber eine Führungskraft, möglichst folgende Persönlichkeitsmerkmale bzw. Verhaltensweisen entwickelt haben:

1. Versteht das Ausdrucksverhalten anderer Personen, kann sich mit ihnen verbal und nichtverbal verständigen.
2. Geht auf Anforderungen und Erwartungen anderer konstruktiv ein und reagiert entsprechend; unterscheidet diese aber.
3. Übernimmt eine bestimmte Rolle und identifiziert sich mit ihr.
4. Kann andere Personen konstruktiv beeinflussen.
5. Lässt sich von anderen Personen beeinflussen, verhält sich kollegial, ist hilfsbereit. Kann sich in bestimmten Situationen dem Einfluss anderer aber auch verschließen, ihn abwehren, Nein sagen.
6. Akzeptiert, dass man sich mit dem eigenen Willen nicht immer durchsetzen kann.
7. Schätzt die Folgen des eigenen Verhaltens, vor allem Risiken, vorher ab.
8. Ist fähig, sich selbst zu kontrollieren, auch wenn keine Autoritätspersonen anwesend sind; behält auch die Kontrolle über die eigenen Emotionen.
9. Hat es, ohne sich zu ärgern, gelernt, dass nicht alle Wünsche erfüllbar sind und manche überhaupt nicht.
10. Setzt nur Mittel ein, mit denen Ziele auf sozial erlaubte Weise erreicht werden.
11. Verfügt über ein gesundes Selbstwertgefühl, lässt aber andere auch gelten.
12. Schätzt die Anerkennung durch andere, ist aber davon nicht abhängig; lässt sich durch „faule Komplimente" nicht manipulieren.
13. Ist zu hohen Leistungen selbst motiviert.
14. Ist fähig zu konstruktiver Selbstkritik; akzeptiert die berechtigte Kritik anderer. Kann die eigene Person zurücknehmen.
15. Kann ein als problematisch erkanntes Verhalten ändern und konstruktive Gewohnheiten entwickeln.

Normal ist, dass ein Mitarbeiter nicht allen diesen SOLL-Vorstellungen entspricht. Er sollte, wenn dies zutrifft, feststellen, wo seine Defizite liegen und dann Schritt für Schritt daran arbeiten, die Verhaltensweisen weiterzuentwickeln, die ihm am Arbeitsplatz, bei der Zusammenarbeit mit Kolleginnen und Kollegen und mit Vorgesetzten Schwierigkeiten machen. Hinweise für ein Verhaltenstraining gibt das Kapitel 3.5 „Das eigene Verhalten ändern". Ein einfaches Mittel sind imaginäre Selbstgespräche, die sich nachhaltig auf mein soziales Verhalten auswirken und indirekt über mein Verhalten die Einstellung und das Verhalten meiner Mitmenschen zu mir beeinflussen. Darüber hinaus beeinflusst mein Denken, das sich in Selbstgesprächen äußert, mein Selbstbild mit seinen Stärken und Schwächen, mein Befinden, mein Selbstwertgefühl, meine Vitalität und meine Leistungsfähigkeit. Bei konstruktiver Einstellung kann ich langfristig einen Teil meiner Schwächen beseitigen oder sie akzeptieren und dadurch vermeiden, dass ich mir ständig unfruchtbare Vorwürfe mache.

Meine Mitmenschen muss ich akzeptieren, wie sie sind: Sie kann ich nicht ändern. Ich kann nicht erwarten, dass sie so sind wie ich, oder ich wie sie. Die Aufforderung „Liebe deinen Nächsten wie dich selbst" bedeutet, dass ich den anderen trotz seiner Fehler und Schwächen schätze, mich selbst aber auch, und ich das Bild akzeptiere, das ich mir von anderen und von mir selbst gemacht habe. Eine konstruktive Lebenseinstellung bedeutet: Ich mache für ungünstige Lebensumstände nicht meine Eltern oder die Gesellschaft verantwortlich. Sind meine Verhältnisse ungünstig, braucht dies nicht immer so bleiben. Langfristig kann ich etwas daran ändern; ich darf nur nicht damit rechnen, dass die anderen dies für mich tun. Ich kann zwar nach den Ursachen für die bisherige ungünstige Entwicklung fragen; anderen und mir deshalb Vorwürfe zu machen, ist unfruchtbar. Vielmehr sollte ich meine Emotionen und mein ganzes Denken, Fühlen, Wollen und Handeln dafür einsetzen, meine Lebenssituation zum Positiven zu verändern. Erfreuliche Erfahrungen, die ich dabei mache, können mein Denken konstruktiver gestalten und indirekt auch mein künftiges Verhalten.

Sich im Unternehmen sozial verhalten

In der Gesellschaft leben Menschen mit gleicher Sprache und Kultur unter politischen, sozialen und wirtschaftlichen Verhältnissen zusammen. Jeder Bürger sollte zum gegenseitigen Nutzen beitragen, ähnlich wie dies bei gesunden Körperzellen der Fall ist, aus denen die Organe des menschlichen Körpers gebildet sind; jede von ihnen ist eine wunderbar geordnete Welt im kleinen, ein Mikrokosmos. Im Unterschied zu einer engen menschlichen Gemeinschaft, die stark von Emotionen bestimmt ist, sind die von Organisationen und Institutionen vermittelten Beziehungen in der Gesellschaft mehr rational, sachlich, zweckbestimmt; das zwischenmenschliche Verhalten orientiert sich vorwiegend an Rollen und der Leistung der Beteiligten. Die Interessen der Gesellschaft sollten wir angemessen berücksichtigen; denn als soziale und bedürftige Wesen sind wir auf viele Dienstleistungen und die Hilfe anderer Personen angewiesen. Sich in der Gesellschaft demokratisch verhalten heißt: den Freiheitsgrad oder Spielraum, den ich für mich beanspruche, auch anderen zugestehen, ihnen verständnisvoll, nachsichtig, tolerant begegnen.

Soziales Verhalten, das sich für eine Gemeinschaft oder Gruppe einsetzt und ihr nützt, ist auch in unserer hoch technisierten Wirtschaft notwendig. Komplexe Probleme und Konflikte erfordern Mitarbeiter, die kooperieren: die bereit sind, einander zu fördern und, weil sie aufeinander angewiesen sind, ihre eigene Energie zusammen mit der Energie anderer auf ein Ziel richten, um Probleme und Konflikte zu lösen und schwierige Aufgaben zu erfüllen. Außerdem sind Vorgesetzte erforderlich, die zwischen den Mitarbeitern gerecht, geschickt und mit Fantasie ausgleichen können. Gute Beziehungen entstehen, wenn es den Einzelnen gelingt, die Mitte zu finden zwischen Behauptung bzw. Durchsetzung der eigenen Ziele und Interessen und Anpassung an die Bedürfnisse und Interessen der anderen.

Gemeinschaftsfähige Personen, die sich sozial verhalten, sind umgänglich, ansprechbar, aufgeschlossen, einsichtig, anpassungs- und kompromissfähig, höflich, hilfsbereit, freundlich; sie tragen etwas zum Gemeinwohl bei und übernehmen Mitverantwortung. Gemeinschaftsunfähige und -unwillige Personen dagegen, die sich unsozial verhalten, sind uneinsichtig, unnachgiebig, extrem autoritär, stur, dogmatisch, intolerant, fanatisch, eng; sie verfolgen nur ihr Eigeninteresse, das als treibende Kraft im Wirtschaftsleben betrachtet wird, um den größten persönlichen Nutzen bei kleinstem Einsatz zu erreichen.

Voraussetzung für ein konstruktives soziales Verhalten, für soziale Kompetenz, ist neben Kooperationsbereitschaft und Kommunikationsfähigkeit eine ehrliche, emotionale, kritische und rationale Selbstwahrnehmung. Sie besteht darin, die eigenen Emotionen und deren Ursachen zu verstehen und den Unterschied zwischen Emotionen und Verhalten zu erkennen. Emotionen liefern Antriebsenergie, Verhalten setzt diese Antriebe meist im sozialen Umfeld in Aktivität um. Die richtige Selbstwahrnehmung hilft, die Emotionen der anderen einfühlend, mit feinem Gespür, zu deuten, den Mitmenschen aufmerksam zuzuhören, ihre besondere Situation zu verstehen, und teilnehmend, freundlich, hilfsbereit auf sie einzugehen. Mit Fragen kann ich eine Brücke zu meinen Mitmenschen schlagen. Ich sollte mich aber so zu ihnen verhalten, wie ich denke und spreche, und selbstbewusst und positiv auf sie reagieren, statt wütend oder passiv. Auch ein eindeutiges Selbstkonzept ist wichtig, das Verhaltensabläufe aufeinander abstimmt und sie reguliert. Es befähigt zu flexiblem sozialem Verhalten, organisiert es und interpretiert eigene Erfahrungen. Es motiviert durch Anreize, Pläne und Regeln und passt sich nach Rückmeldungen aus der Umwelt gestellten Anforderungen an.

Das soziale Verhalten am Arbeitsplatz wirkt sich auch auf das Verhalten im privaten Bereich nach Feierabend aus. Wer nach der Arbeit mit Ärger und Wut im Bauch nach Hause kommt, vergiftet dort die Atmosphäre und stört das Zusammenleben mit Partner und Familie. Die häusliche Atmosphäre wirkt am nächsten Tag wieder auf den Arbeitsplatz zurück, und ein „Teufelskreis" entsteht. Kommt dies bei vielen Mitarbeitern vor, ist neben dem Leistungsabfall ein hoher Krankenstand und eine überdurchschnittliche Fluktuation die Folge.

Wünschenswerte Umgangsformen am Arbeitsplatz

Was wird dadurch erreicht? Partnerschaftliche Umgangsformen und gute Beziehungen am Arbeitsplatz erleichtern die Zusammenarbeit mit dem Vorgesetzten, zwischen einzelnen Mitarbeitern und in der Gruppe; sie machen sie effektiver. Außerdem beugen sie der Cliquenbildung vor. Der Mitarbeiter kann psychosoziale Bedürfnisse befriedigen, und sein Selbstwertgefühl wird gestärkt. Bietet der Vorgesetzte dem Mitarbeiter Anreize, statt Druck auf ihn auszuüben, gewinnt er ihn für sich und motiviert ihn zu guten Leistungen. Auch vertrauensbildende Maßnahmen, die den Arbeitsplatz betreffen, sind hilfreich, ebenso ein regelmäßiger Erfahrungsaustausch zwischen den Mitarbeitern zur Lösung von Problemen und Konflikten, der mindestens zeitweise ohne den Vorgesetzten stattfinden sollte.

Durch eine eindeutige Vorstellung vom Ziel, das die Mitarbeiter durch die gemeinsame Erledigung von Aufgaben erreichen sollen, entstehen Leistungsantriebe; allerdings muss auch bekannt sein, wie und mit welchen Mitteln das Ziel erreicht werden kann. Ist das Ziel erreicht, wird der Vorgesetzte die Mitarbeiter einzeln unter vier Augen oder als Gruppe anerkennen; dies motiviert sie für die nächste Aufgabe.

Soziale Kompetenz ermöglicht einen partnerschaftlichen Führungsstil, der dem Vorgesetzten mehr natürliche Autorität und Überzeugungskraft verleiht als der früher übliche, vom preußischen Heer übernommene autoritäre Stil, den die kampferprobten Einzelkämpfer unter den Managern und ihre Führungskräfte praktiziert haben. Sie müssen nun auch ein konstruktives Gruppenverhalten und Teamgeist zeigen, auf „Mannschaftssport" umstellen und mit ihren Mitarbeitern gut zusammenspielen, statt nur zu bestimmen.

Soziale Einstellung als Grundhaltung

Einstellung beruht auf Überzeugungen, die ein Mensch fest glaubt und die er für wahr hält. Sie steuert seine Wahrnehmung, die nur einen Ausschnitt der Wirklichkeit erfasst, spiegelt sein durch eigene und fremde Erfahrung gewonnenes Weltbild und Selbstbild, bezieht sich auf Personen und Sachen und die Beziehung zu ihnen; sie bestimmt neben den Emotionen, dem Fühlen und Denken maßgeblich das soziale Verhalten. Zwischen Einstellung und Verhalten bestehen Unterschiede; außerdem verhält sich eine Person in Anwesenheit anderer meist anders, als wenn sie allein ist, und zu Einzelnen außerhalb einer Gruppe anders, als wenn sie in einer Gruppe mit ihnen zusammenarbeitet. Und die Art und Weise, wie ein Mensch Persönlichkeitsmerkmale eines Mitmenschen wahrnimmt und dessen Gefühlszustände erfasst, bestimmt, wie er sich zum anderen sozial verhält.

Die Verfassung unserer BRD betont die Würde des Menschen. Auch am Arbeitsplatz gilt, dass der Mensch ein wertvolles Wesen und kein bloßes Objekt ist. Aufgrund dieser Wertschätzung darf er nicht als Mittel zum Zweck behandelt werden. In dieser Einstellung sollten Menschen einander achten, weil sie als Kern einen unantastbaren menschlichen Grundwert haben. Mitarbeiter, die viel leisten, können von ihrem Vorgesetzten höher eingestuft werden; Mitarbeiter, die nicht so tüchtig sind, niedriger, aber nicht unter ihrem Grundwert. Ihn behält auch der unsozial sich verhaltende Mitarbeiter, weil er Mensch ist und kein Gegenstand.

Wie lässt sich diese Gesinnung am Arbeitsplatz praktizieren? Damit müssen die Vorgesetzten beginnen, indem sie die Einsicht, dass jeder Mensch einen unantastbaren Grundwert hat, weil er Mensch ist, im Umgang mit ihren Mitarbeitern so lange verinnerlichen, bis sie Teil ihres Wesens geworden ist. Davon erfüllt, gewinnen sie bei ihren Mitarbeitern eine starke innere Autorität. Bei ihnen bauen sie falsche Angst und innere Widerstände ab; ein Vertrauensverhältnis entsteht, und in dem verbesserten Arbeitsklima erhöht sich die Produktivität. Der Vorgesetzte sollte aber nicht zu viele Mitarbeiter führen und über genügend Lebenserfahrung und menschliche Reife verfügen. Ältere Mitarbeiter akzeptieren eine zu junge Führungskraft nicht, auch wenn diese ihr Fachgebiet gut beherrscht. Der Vorgesetzte, der die Ablehnung durch seine Mitarbeiter nicht versteht, reagiert oft negativ; er versucht vielleicht, seine innere Unsicherheit durch äußere Überheblichkeit zu kompensieren und sehr autoritär oder aggressiv aufzutreten. Auch nervöse Betriebsamkeit kann die Folge sein. Der noch sehr junge Vorgesetzte entwickelt sich dann falsch und hat ständig Probleme im Umgang mit seinen Mitarbeitern, deren Ursachen ihm meist nicht bewusst sind und die er einseitig den Mitarbeitern anlastet.

Mit Gegensätzen umgehen können

Jede Art von Freiheit, jeder persönliche Spielraum, den ein Mensch braucht, um sich wohlzufühlen und gern zu arbeiten, wird durch Pflichten begrenzt; diese erfordern Disziplin, z. B. die qualitätsbewusste Ausführung von Arbeitsaufträgen. Innerhalb dieses notwendigen Rahmens an Pflichten soll der Mitarbeiter aber einen Spielraum an Freiheit finden, durch den er verstärktes Interesse an seiner Arbeit und eine positive Einstellung zu ihr entwickelt. Alles, was diese stärkt, sollte gefördert, und alles, was ihr schadet oder sie zerstört, sollte vermieden werden. Dem Mitarbeiter sollte, wenn dies organisatorisch durchführbar ist, gestattet werden, seine Arbeit seiner Eigenart entsprechend nach seinen Vorstellungen möglichst selbstständig und selbstverantwortlich auszuführen. Ständige Beaufsichtigungen, Kontrollen und alle Maßnahmen, die den Bewegungsspielraum des Mitarbeiters unnötig einengen, sollten entfallen. Bei sehr monotoner Arbeit sollten in gewissen Abständen optische und akustische Reize gesetzt werden, die den Mitarbeiter anregen, Leistungsantriebe in ihm wecken und seine Konzentrationsfähigkeit erhöhen.

Neben „Freiheit und Pflicht" steht als anderer Gegensatz „Egoismus und Altruismus", die auch am Arbeitsplatz eine Rolle spielen und das soziale Verhalten beeinflussen. Als extreme Einstellungen und Verhaltensweisen schaden sie mir und den Personen, mit denen ich umgehe. Beim einen Extrem denke ich nur an mich und meinen Vorteil; ich mag nur mich selbst auf Kosten meiner Mitmenschen. Meine eigene Person steht im Mittelpunkt, allein sie gilt. Rücksichtslos befriedige ich meine Bedürfnisse zu Lasten anderer Menschen. Ich versuche mir die Zuwendung, Beachtung, Anerkennung, Bewunderung anderer mit List oder mit Gewalt zu verschaffen. Das andere Extrem ist: Ich will es möglichst allen Mitmenschen recht machen und versuche ihren Erwartungen zu entsprechen. Ich stelle meine eigenen Bedürfnisse zurück oder verzichte auf sie. Als völlig selbstloser Mensch kann ich nicht Nein sagen; ich kann niemandem einen Wunsch abschlagen. Beseelt von einer Art masochistischer Lust, opfere ich mich für andere auf. Ich möchte immer nur helfen, ohne selbst Hilfe in Anspruch zu nehmen.

Wie der extreme Egoist sieht auch der extreme Altruist seine eigene Person ständig im Mittelpunkt stehen. Er, der selbstlose Helfer, tut nur so, als brauche er keinerlei Dank und Anerkennung; bleiben diese aber aus, ist er frustriert und entwickelt starke Aggressionen. Wie sollte ich mich also verhalten? Ich darf, wie zu meinen Mitmenschen, zu denen ich mich sozial verhalte, auch zu mir selbst gut sein, d. h. mich fraglos annehmen, wie ich bin. Nur wenn ich auch die eigene Person akzeptiere und ihr Gutes gönne, bin ich kontakt- und beziehungsfähig. Deshalb nehme ich nicht nur auf andere Personen Rücksicht, sondern auch auf mich selbst. Ich achte darauf, dass meine eigenen Bedürfnisse, Erwartungen, Interessen usw. angemessen berücksichtigt werden.

Der Vorgesetzte sollte mit Gegensätzen in seinem sozialen Umfeld konstruktiv umgehen können, die sein Führungsverhalten und seine Führungsaufgaben betreffen:

1. Sich behaupten/sich anpassen.
2. Menschen kritisieren/sie fraglos akzeptieren.
3. Abgeschirmte Einzelarbeit/partnerschaftliche Zusammenarbeit.
4. Sich mit anderen identifizieren/sich von ihnen distanzieren.
5. Wirkungen auf Ursachen/Ursachen auf Wirkungen beziehen.
6. Rollenverhalten/spontanes Verhalten.
7. Strategische Ziele langfristig verfolgen/kurzfristig taktisch sehr flexibel reagieren.
8. Zukunfts- und zielbezogen organisieren/gegenwarts- und situationsbezogen steuern.
9. Grenzen setzen, Normen beachten/Freiräume für sich und andere schaffen.
10. Problematisches Verhalten (IST)/erwünschtes Verhalten (SOLL).
11. Alte, vergangenheitsbezogene Gewohnheiten/neue, zukunftsgerichtete Gewohnheiten.
12. Eigeninteresse/Gruppeninteresse.
13. Selbstbild, wie ich mich selbst sehe/Fremdbild, wie andere mich sehen.
14. Sich informieren lassen/andere informieren.
15. Andere beeinflussen/sich beeinflussen lassen.

An dieser Stelle soll noch auf eine Erfahrung hingewiesen werden, die sehr bescheidene, anpassungsbereite Personen mit schwachem Selbstwertgefühl gemacht haben, darunter viele Frauen. Wer sich um einen Mitmenschen zu sehr bemüht, weckt in diesem für sich nur ein Gefühl der Geringschätzung. Niemand sollte sich deshalb aus Zuneigung und Verehrung nur nach dem anderen richten, diesem zuliebe seine Eigenart aufgeben und ganz in ihm aufgehen – auch nicht im Umgang mit einer Autoritätsperson. Besser ist, Selbstvertrauen und Stärke auszustrahlen; damit kann man einen Mitmenschen eher für sich gewinnen. Im Übrigen ist auch bei sehr intensiven Beziehungen eine gewisse Distanz und mit ihr ein Rest von „Geheimnis" notwendig, damit ein spannungsvolles Kraftfeld entsteht. Nur dann bleibt die Anziehungskraft erhalten, ohne die die Partner einander nichts mehr zu sagen haben, weder verbal noch nichtverbal.

Umgang mit negativ eingestellten Personen

Wer Mitmenschen beeinflussen will, sollte mit ihnen möglichst positiv umgehen, in ihnen bejahende, aufbauende Kräfte wecken und mobilisieren. Tritt er verstimmten, verärgerten, unter negativem Stress stehenden Personen gegenüber, wird er versuchen, mit guter, warmer Ausstrahlung möglichst ruhig, gelassen, entspannt auf sie zu reagieren. Er sollte sich von ihnen nicht negativ „anstecken", nicht in ihren Störbereich hineinziehen lassen.

Manchmal fällt es allerdings sehr schwer, einem Menschen gegenüber ruhig zu bleiben, der von Zorn oder Hass erfüllt ist und uns bis zur Weißglut reizt. Hier könnte folgende Überlegung helfen, die auf einem gesunden Egoismus beruht. Ich sage mir: Wenn ich auf ein negativ-emotionales Verhalten ebenso negativ reagiere, kann ich meinem Partner nicht helfen; im Gegenteil belaste ich nicht nur die Beziehung zu dem Betreffenden und verschlimmere seinen Zustand noch; ich schade auch mir selbst! Diese Einstellung kann mich von meiner ich-bezogenen, empfindlichen und leicht verletzlichen Haltung abbringen und mir helfen, mein Verhalten besser zu kontrollieren und positiv so zu steuern, dass ich auf den anderen positiv reagieren und ihm evtl. helfen kann, aus seinem negativen Regelkreis, seinem Teufelskreis, herauszukommen.

Es gibt auch noch andere Methoden, auf das negative Verhalten eines Mitmenschen positiv zu reagieren: Einmal, indem man die Aufmerksamkeit von einem als negativ empfundenen Gegenstand, der Unlustgefühle erzeugt, ablenkt und sie auf einen positiven Gegenstand richtet, z. B. durch eine geschickt eingeflochtene Bemerkung, die nur lose mit dem umstrittenen Gegenstand in Verbindung steht. Dadurch wird das Spannungs- bzw. Erregungsniveau beim Verstimmten gesenkt. Humor, der eine reife, überlegene Persönlichkeit und gewisse Lebensweisheit voraussetzt, überbrückt viele Spannungen und lenkt vom Unangenehmen ab. In Einzelfällen lässt sich eine Beruhigung und Besänftigung durch Nichtbeachtung einer feindseligen Haltung erreichen. Dies bedeutet, dass ein selbstbewusster Mensch „auf bellende Hunde" mit Ruhe und innerer Sicherheit reagiert und seines Weges geht.

Ein positiv eingestellter Mensch kann als starke Persönlichkeit auf viele Mitmenschen ähnlich pädagogisch-therapeutisch einwirken wie ein guter Arzt, der einem kranken Menschen Vertrauen, Zuversicht und neuen Lebensmut vermittelt. Er lässt sich nicht auf die negative Ebene herunterziehen; vielmehr versucht er, dem negativ eingestellten und gestimmten Mitmenschen auf die positive Ebene hinaufzuhelfen. Wenn er sie dann für sich gewinnen will, muss er ihnen nicht nur etwas geben; er muss ihnen auch etwas sein.

Gute Beziehungen kann ein Mensch aufbauen, wenn es ihm gelingt, die goldene Mitte zu finden zwischen Distanz und Nähe, seiner Eigenart und der Andersartigkeit des Partners. Wie dies möglich ist, zeigt das Gleichnis von den Stachelschweinen, die sich bei großer Kälte zusammendrängen, wegen ihrer Stacheln aber wieder auseinander rücken, bis sie nach verschiedenen Versuchen den richtigen Abstand finden, der ihnen ausreichend Wärme vermittelt, ohne dass sie sich gegenseitig mit ihren Stacheln Schmerzen und Verletzungen zufügen.

Bringt ein Mitarbeiter Beschwerden vor, sollte der Vorgesetzte dies nicht nur negativ werten. Wer nicht nur schimpft, sondern mit einer Beschwerde zum Vorgesetzten kommt, hat meist noch Vertrauen zu ihm. Deshalb sollte der Vorgesetzte den Mitarbeiter geduldig anhören, den Sachverhalt klären und prüfen, ob die Beschwerde den eigentlichen Missstand beschreibt. Er wird alle Beteiligten anhören, zunächst aber mit dem Betreffenden, der sich beschwert hat, unter vier Augen sprechen. Wichtig ist, dass der Vorgesetzte erst Stellung nimmt, wenn er sich gründlich informiert und sich ein eigenes abgewogenes, unabhängiges Urteil gebildet hat.

Fehler bei der Einschätzung von Mitmenschen

Wie entstehen sie? Der Mensch ist ein sehr komplexes Wesen, das von seiner materiellen Umwelt und seinem sozialen Umfeld abhängig ist. Niemand weiß, was einen Menschen seit frühester Kindheit geprägt hat. Zunächst können wir nur vom Ergebnis einer gründlichen Beobachtung ausgehen, die uns das äußere Verhalten zeigt, und daraus vorsichtig Schlüsse ziehen auf den Charakter, den Wesenskern der beobachteten Person, die aber nur Wahrscheinlichkeitsaussagen sind. Die Gefahr, dass Fehler unterlaufen, ist groß; denn in eine Beurteilung fließt vom Beurteilenden viel Subjektives mit ein.

Welche Fehler kann ich machen? Eine mir sympathisch erscheinende Person beurteile ich positiver als andere, die ich nicht leiden mag. Dies gilt vor allem, wenn die Person, die mir sympathisch ist, sich auf den du-Standpunkt stellt, meine Schwachstellen kennt, meine Gefühle anspricht, an meinen Stolz oder mein Mitleid appelliert. Das Gleiche gilt, wenn ich Personen beurteile, die ein ähnliches Temperament, ähnliche Neigungen, Interessen, Einstellungen, Verhaltensweisen usw. haben wie ich; sie erscheinen mir deshalb nicht fremd. Umgekehrt beurteile ich, wenn ich mir dies nicht immer wieder bewusst mache, einen Menschen negativer, wenn er mir durch ein anderes Bildungsniveau, eine andere soziale Stellung usw. fremd erscheint, weil ich dazu neige, meine eigenen Verhältnisse als Norm für eine Beurteilung zugrunde zu legen. Die emotional bedingte Ausstrahlung eines Menschen, eine Art „Hof", die aus Sympathie, Antipathie, Vorliebe, Vorurteilen besteht, färbt oft den Eindruck, den der andere auf mich macht, und lässt ihn in einem anderen Licht erscheinen.

Der erste Eindruck beruht meist auf einem aktuellen gegenseitigen Gefühl von Sympathie oder Antipathie in einer bestimmten Situation; er ermöglicht deshalb nur eine stark gefühlsbetonte erste vorläufige Beurteilung eines Mitmenschen, aus dem leicht ein Vorurteil entsteht. Ein Persönlichkeitsbild, eine gültige Beurteilung, die den Wesenskern eines Menschen, seinen Charakter, beschreibt, lässt sich daraus noch nicht gewinnen. Sinnvoll ist aber, den ersten Eindruck schriftlich festzuhalten und zu vergessen und ihn mit späteren, ebenso schriftlich festgehaltenen neuen Eindrücken zu vergleichen.

Weitere Fehler sind: Ich beobachte das Verhalten eines Mitmenschen nicht lange und nicht gründlich genug. Von einzelnen beobachteten Merkmalen und den von ihnen ausgehenden Signalen, z. B. von Augen, Nase, Mund usw., schließe ich auf den ganzen Menschen. Ich nehme mir zu wenig Zeit, um das Beobachtete auszuwerten, darüber in Ruhe nachzudenken. Ich höre nicht richtig zu und achte nicht auf die Signale, die vom anderen beim Sprechen und Zuhören ausgehen. Bei Gesprächen achte ich nur auf die verbale Information, nicht auch auf den nichtverbalen Ausdruck, mit dem der andere etwas sagt. Ich urteile zu ich-bezogen und wende entsprechende Maßstäbe an. Ich beurteile einen Menschen in einer Hoch- oder Tiefstimmung, wenn ich mich besonders freue oder ärgere. Ich sehe etwas zu eng oder zu weit. Ich beachte das Milieu nicht, aus dem der Beurteilte stammt und in dem er lebt, und berücksichtige seinen Lebenslauf nicht. Ich kenne die Anforderungen nicht, die an den Beurteilten gestellt werden. Vor lauter beobachteten Einzelheiten, einzelnen Eindrücken, sehe ich nicht mehr den ganzen Menschen; ich habe dann keinen Gesamteindruck von ihm. Ich erkenne einzelne Persönlichkeitsmerkmale noch zu bewusst mit dem Kopf; ich kann den Mitmenschen noch nicht ganzheitlich mit dem Herzen erleben.

Einige allgemeine Überlegungen können dazu beitragen, weniger Fehler zu machen und die Mitmenschen besser einzuschätzen, um auf ihre Eigenart eingehen zu können. Menschen brauchen einander. Sie sind ständig aufeinander bezogen und können einander unmittelbar emotional, mehr ganzheitlich, „erleben“. Sie können einander auch rational „erkennen“; nur ist dabei die Gefahr groß, dass sie sich missverstehen. Wer Menschen systematisch erleben und erkennen will, muss lernen, seine Mitmenschen nicht nur aufmerksam zu beobachten, sondern sie auch zu beschreiben, zu deuten, zu verstehen, zu beurteilen, und sich täglich darin üben. Genaue Regeln gibt es dafür nicht, vor allem keine

Patentrezepte. Eine Voraussetzung für die richtige Einschätzung von Menschen ist, dass der Beobachter psychologisch fundiert und gleichzeitig verständlich beschreiben kann, welches Verhalten er in einem bestimmten, der Beobachtung zugänglichen Bereich wahrgenommen hat. Außerdem sollte er fähig sein, den Typus möglichst schnell zu erfassen als erste grobe Information, als Rahmen für den Charakter. Er wird die individuellen Unterschiede berücksichtigen: den Gesichtsausdruck, die Mimik, die Gesichtsbewegung, die Physiognomik, die Bewegungen, die Gestik; dazu kommt die Art und Weise, wie der Beobachtete spricht. Dies alles nimmt der Beobachter aufmerksam wahr, bevor er es vorsichtig und selbstkritisch deutet. Er weiß um die Grundstruktur des seelischen Lebens und ist fähig, sich in die Erlebnis- und Gedankenwelt eines Mitmenschen einzufühlen, sich in ihn hineinzuversetzen.

Durch den Eindruck, den der Beobachter vom Ausdruck des Beobachteten erhält, werden Signale übermittelt, die die Wahrnehmung und das Verhalten des Beobachters steuern, wenn er sich ihnen öffnet und sie zu verstehen sucht. Wichtig ist aber auch, dass der sich um Menschenkenntnis und -verständnis bemühende Mensch über Selbsterkenntnis verfügt. Dazu verhelfen ihm seine Mitmenschen, die ihm als Spiegel dienen, sowie ein gründlicher Gedanken- und Erfahrungsaustausch mit ihnen. In diesem Zusammenhang ist es hilfreich, zwischen Kopfdenken und Herzdenken zu unterscheiden. Durch das rationale Kopfdenken nehme ich etwas vom Ganzen getrennt, von ihm isoliert, analytisch-distanziert wahr; ich eigne mir Wissen schrittweise an. Vor lauter einzelnen Bäumen sehe ich oft den Wald nicht mehr. Außerdem erfordern Fragen genügend Zeit zum Nachdenken für eine Antwort. Beim emotionalen Herzdenken erlebe ich etwas unmittelbar; ich erkenne Begriffe direkt. Ich nehme das Einzelne, eingebettet im Ganzen, mit dem Herzen, dem Zentrum der Person, teilnehmend wahr. Fragen kann ich vom Herzen her spontan beantworten. Durch mein Kopfdenken setze ich mich in der ersten Phase mit isolierten Einzelheiten, den Denkelementen, auseinander; in der zweiten Phase ist der Zusammenhang aller Elemente und deren Zusammenwirken notwendig; dazu ist das vom Zentrum der Person gesteuerte Herzdenken erforderlich.

Misserfolg im Umgang mit anderen Personen

Durch was könnte er bedingt sein? Ist meine Einstellung zum Mitmenschen unsozial, nicht mitmenschlich, vielleicht sogar unmenschlich? Beurteile ich meine Mitmenschen unter ihrem Wert? Behandle ich sie geringschätzig? Warum bin ich bei meinen Mitmenschen nicht gern gesehen? Warum stoße ich sie ab? Warum kann ich sie nicht für mich gewinnen? Liegt es an meiner negativen Grundeinstellung zu mir selbst und zum Leben? Bin ich „verstimmt", wenn ich andere Menschen, deren Seele wie ein Musikinstrument ist, verstimme und Misstöne in ihnen erzeuge? Bin ich, ohne dass mir dies bisher bewusst wurde, leicht reizbar? Blicke ich missmutig in die Welt? Lasse ich andere meinen Ärger spüren?

Lächle ich nur selten? Kommt kaum einmal ein freundliches Wort über meine Lippen? Mache ich einen unnahbaren Eindruck auf andere? Versuche ich immer, auch Menschen gegenüber „objektiv" zu sein? Strahle ich Kälte und Unfreundlichkeit aus? Liegt es an körperlichen Schmerzen, über die ich gern mit anderen sprechen möchte, ohne sie zu fragen, wie es ihnen geht, und ob sie nicht vielleicht auch Schmerzen spüren? Spreche ich nur von meinen eigenen Ansichten? Versuche ich immer, meinen Standpunkt zu vertreten und meine Auffassung durchzusetzen? Reagiere ich zu schroff auf den Standpunkt anderer? Lasse ich keinen Widerspruch gelten? Tadle ich rücksichtslos?

Will ich überall im Mittelpunkt stehen? Will ich gar nicht wissen, was die anderen interessiert? Oder suche ich dauernd nach Schwächen bei meinen Mitmenschen? Versuche ich, sie an ihren Schwachstellen zu treffen, um sie „fertig zu machen", sie meine angebliche Überlegenheit spüren zu lassen? Komme ich niemand entgegen, weil ich meine, dass keiner entgegenkommend zu mir ist? Bin ich nicht beliebt, weil ich keine Liebe ausstrahle? Bin ich deshalb so isoliert, weil ich mich innerlich abkapsle? Wirke ich auf andere unpersönlich? Vor allem aber: Bin ich zu ich-bezogen? Vertrete ich nur meinen eigenen Standpunkt und lasse niemand und nichts anderes daneben gelten? Ist dies der Grund, warum ich nicht in Kontakt zu meinen Mitmenschen komme? Reagieren sie deshalb mit innerem Widerstand auf mich? Ist der Austausch auf der emotionalen Beziehungsebene gestört?

Lassen sich sehr problematische Beziehungen in weniger problematische, in mehr positive verwandeln? Wer dies möchte, sollte in seinem sozialen Umfeld Personen betrachten, die bei ihren Mitmenschen beliebt sind, und sich ihr Verhalten merken. Bei Spannungen und Konflikten sollte er mit anderen, die auch darunter leiden, darüber nachdenken, welche Regeln sie im Umgang miteinander einhalten sollten, um ihre Beziehungen besser zu gestalten; er sollte sich angewöhnen, seine Mitmenschen zu ermutigen, ihnen zulächeln, ihnen Hilfe anbieten. Haben die anderen dann ihr Verhalten positiv verändert, sollte er sie dafür sofort anerkennen. Mit dieser Methode haben sozial ungeübte, aber gutwillige Personen mehr Erfolg als aggressive. Im Übrigen sollten Männer, vor allem Vorgesetzte, die mit Frauen zusammenarbeiten, sich mit den Besonderheiten der weiblichen Psyche etwas vertraut machen. Die meisten Männer interessieren sich mehr für Sachen: für die Technik, für Maschinen, Material, Methoden, Systeme. Viele Frauen legen dagegen besonderen Wert auf eine gute Arbeitsatmosphäre, den Umgang mit anderen Menschen und eine saubere, gepflegte Umgebung. Während Männer mehr auf rationale Argumente ansprechen, ist bei Frauen der emotional gefärbte Ton im Gespräch wichtig; gegen falsche und laute Töne und ein herablassendes Verhalten des Vorgesetzten sind sie besonders empfindlich. Sie achten auch eifersüchtig darauf, dass ihnen keine Kollegin, v. a. keine junge und attraktive, vorgezogen wird. Das Selbstwertgefühl ist bei manchen Frauen schwach entwickelt; deshalb darf der Vorgesetzte sie nie abwertend kritisieren, sondern nur ermutigend.

Mitarbeiter sind auch Menschen, nicht nur Leistungsträger

Der Vorgesetzte sollte fähig sein, einen Mitarbeiter nicht nur nach fachlichen und leistungsorientierten Gesichtspunkten zu beurteilen, sondern auch nach seiner Eigenart und seinem Charakter. Beispielsweise sollte er wissen:

1. Wie weit ist ein Mitarbeiter seelisch und nervlich belastbar?
2. In welchen Stresssituationen hat er schon versagt bzw. könnte er künftig versagen?
3. Welcher Mitarbeiter ist besonders unselbstständig und unbeholfen, welcher besonders selbstständig?

4. Welcher reagiert auf Kritik besonders empfindlich?
5. Welcher regt sich leicht auf und wird wütend?
6. Welcher verfügt über ein starkes Selbstwertgefühl?
7. Bei welchem Mitarbeiter ist das Selbstwertgefühl sehr schwach?

Das Gesprächsverhalten des Vorgesetzten zu seinen Mitarbeitern kann problematisch sein. Beispielsweise ist der Vorgesetzte im Umgang mit einem Mitarbeiter leicht gereizt. In manchen Situationen fühlt er sich unwohl. Ärger und andere in ihm entstandene Aggressionen bringen ihn aus dem Gleichgewicht und verunsichern ihn. In dieser inneren Verfassung sollte er möglichst keine wichtigen und konfliktbeladenen Gespräche führen. Ist aber ein Gespräch nicht zu vermeiden, sollte er besonders vorsichtig sein und lieber ein Wort zu wenig als zu viel sagen. Er wird den Mitarbeiter ermutigen, seine Vorschläge, Einwände, Vorwürfe usw. ausführlich zu begründen. Bei überraschenden und besonders kritischen Fragen wird er die Frage wiederholen, um Zeit zu gewinnen; oder er vergewissert sich, ob er seinen Gesprächspartner richtig verstanden hat. Er verhält sich kooperativ und vermeidet einen Konfrontationskurs möglichst. Auf einen Vorwurf verteidigt er sich nicht; vielmehr fragt er gelassen: „Wie kommen Sie zu dieser Aussage?" Ist ein Mitarbeiter mit einer Anweisung nicht einverstanden, fragt er ihn: „Wie würden Sie das machen? Wie sehen Sie das von Ihrem Standpunkt aus?" Seine Meinung soll der Mitarbeiter begründen. Er, der Vorgesetzte, gibt dem Mitarbeiter eindeutige Ich-Botschaften. Er versucht, sich eine gewisse Menschenkenntnis anzueignen, und fragt sich immer wieder: Wie muss ich mich verhalten, dass ich zu meinen Mitarbeitern eine gute Beziehung aufbauen kann?

Vorgesetzte sollten wissen, wie ein Mitarbeiter psychisch geartet ist, welche Eigenheiten er hat, mit welchen Mitteln man ihn beeinflussen kann, wie er sich in einer bestimmten Situation verhalten wird. Als Menschenkenner weiß der Vorgesetzte um die seelischen Eigenarten des Menschen; diese erkennt er am Ausdruck, vorzugsweise am Gesicht, aber auch am ganzen Körper und dessen Bewegungen, sowie an der Art, wie und was ein Mitarbeiter spricht. Der Vorgesetzte weiß, dass es nicht genügt, nur etwas über Vorstellungsleben, Lernprozesse, Gedächtnisfunktionen, Sinnesfunktionen, Aufmerksamkeit usw. zu wissen. Wichtiger ist, bei jeder Person herauszufinden, was sie motiviert, etwas Bestimmtes zu tun und anderes zu lassen. Dazu ist es notwendig, etwas über ihre Bedürfnisse, Antriebe, Neigungen, Tendenzen und Charaktereigenschaften zu wissen; denn sie bestimmen die zwischenmenschlichen Beziehungen.

Jede Beziehung ist eine Interaktion; in ihrem Verhalten beziehen sich die Partner ständig aufeinander und beeinflussen sich wechselseitig. Ändert einer von ihnen sein Verhalten, wirkt sich dies auf das Verhalten des anderen aus. Wichtig ist auch die Konstellation zwischen den Partnern in einer aktuellen Situation; darauf müssen beide achten. Sie werden, bevor sie ein bestimmtes Verhalten zeigen, selbstkritisch überlegen, wie der andere darauf voraussichtlich reagieren wird.

Führungskraft und Mitarbeiter sollten sich positiv aufeinander einstellen und partnerschaftlich miteinander umgehen. Eine soziale Distanz besteht dann zwar immer noch; diese sollte aber möglichst gering sein. Aufforderungen sollte der Vorgesetzte so formulieren, dass sie dem Wertesystem des Mitarbeiters entsprechen. Dieser wird dann von selbst den Wunsch haben, das Geforderte zu tun.

Der Vorgesetzte delegiert möglichst viel; Probleme lässt er weitgehend durch seine Mitarbeiter selbstverantwortlich bearbeiten. Er motiviert sie zur Arbeit intrinsisch, sodass in den Mitarbeitern starke Leistungsantriebe entstehen. Bei allen Aufträgen, Problemen und Konflikten lässt sich der Vorgesetzte, ausgehend von der Realität, von Tatsachen bestimmen. Mit den Mitarbeitern setzt er sich in offener, ehrlicher Weise auseinander, und zwar in deren Wortschatz und von deren Standpunkt aus. Ist ihm eine Klärung ausnahmsweise nicht möglich, wird er einzelne Mitarbeiter an einen Spezialisten verweisen; meist wird er ein Gespräch zu dritt vorschlagen, bei dem er im Hintergrund bleibt. Wichtig ist, dass der Vorgesetzte jeden Mitarbeiter als Person wertschätzt und ihm dies auch sagt. Er unterscheidet Sachen und Personen. Eine Sache oder einen Sachverhalt können wir ausschließlich rational beurteilen und verstehen. Bei einer Person ist dies nicht möglich; sie können und sollen wir aber immer auch emotional bejahen.

Ermutigende SOLL-Kritik

Kritik ist nichts Negatives; sie ist aus zwei Gründen notwendig. Einmal, weil der Mitarbeiter wissen muss und will, wie sein Vorgesetzter seine Leistung einschätzt und sein Verhalten beurteilt. Zum anderen, weil etwa zwei Drittel aller Probleme, Störungen, Konflikte keine technischen Ursachen haben, sondern menschliche: Vorgesetzter und Mitarbeiter reden oft aneinander vorbei, und nicht immer treffen sie den richtigen Ton. Dadurch entstehen neben Reibungsverlusten, Leistungsabfall, Fehlern, auch Ärger und nervöse Belastungen, die die Zusammenarbeit erschweren und das Arbeitsklima vergiften. Kritisieren bedeutet ursprünglich beurteilen, nicht tadeln. Nur eine unsachliche, in emotionalnegativem Ton vorgebrachte Kritik wirkt verletzend, wenn der Kritisierende nur das anspricht, was falsch ist, und nicht auch in anerkennenden Worten das, was richtig ist, in der Meinung: „Wenn ich nichts beanstande, ist alles in Ordnung."

Dieses Führungsverhalten ist nicht mehr zeitgemäß. Wo nur getadelt und nicht auch gelobt wird, entstehen negative Spannungen; die Mitarbeiter sind unzufrieden, machen mehr Fehler und ihre Leistung sinkt. Dagegen wirkt eine Anerkennung wie Öl im Getriebe. Der Mitarbeiter weiß, dass seine Bemühungen erfolgreich waren. Dies löst gute Gefühle in ihm aus und verstärkt seine Bemühungen, viel zu leisten, um auch in der Zukunft anerkannt zu werden. Gleichzeitig ist er eher bereit, eine sachlich berechtigte Kritik zu akzeptieren und sein Verhalten zu ändern, damit er den Fehler nicht wiederholt. Wichtig ist noch, dass der Vorgesetzte eine Anerkennung oder eine Kritik unter vier Augen sofort ausspricht, sobald sich ein Anlass dazu ergibt. Kritik darf aber nicht die Person treffen; sie muss immer sachbezogen sein, und der Mitarbeiter muss die Möglichkeit haben, sich sachlich dazu zu äußern. Die Kritik soll nicht den falschen IST-Zustand betonen und beschreiben, sondern das erwünschte Ergebnis, den richtigen, notwendigen, erstrebenswerten SOLL-Zustand, und zwar in ermutigendem Ton. Außerdem sollte der Vorgesetzte prüfen, ob der Fehler nicht auch durch technisch und organisatorisch bedingte Schwachstellen entstanden ist; bestätigt sich dies, muss das Übel an der Wurzel gepackt werden, statt nur am Symptom herumzukurieren, das sich bei dem Mitarbeiter gezeigt hat.

Kritik darf einen Menschen nie abwerten, nie in seinem Stolz kränken, nie in seinem Selbstwertgefühl verletzen; sie würde sonst im Kritisierten wie Gift wirken. Durch ungerechte oder maßlos überzogene Kritik, die ein Mitarbeiter sich „zu Herzen nimmt", kann er herzkrank werden; bei anderen kann eine seelische Kränkung sich an Magen, Galle, Leber oder Nieren krank machend auswirken.

Erfahren die Kollegen von einer solchen Kritik, reagieren die einen mit Schadenfreude, die das Verhältnis des Kritisierten zu ihnen vergiftet, während andere sich mit dem Kritisierten solidarisch erklären und vielleicht eine Clique bilden, die sich durch passiven Widerstand, durch „innere Kündigung", an dem ungerechten Vorgesetzten rächen will. Bewährt hat sich, wenn der Vorgesetzte den Mitarbeiter zur Selbstkritik auffordert und ihm z. B. sagt, er solle den erreichten IST-Zustand mit dem erwünschten SOLL-Zustand selbst vergleichen; diese Selbstkritik braucht der Vorgesetzte dann nur um die Punkte ergänzen, die der Mitarbeiter übersehen, vergessen oder unterschlagen hat. Anschließend unterhält sich der Vorgesetzte mit dem Mitarbeiter über die Ursachen für die Entstehung der Fehler; diese können auch durch eine Maschine oder das Material bedingt sein. Am wichtigsten sind Hinweise, wie man Fehler künftig vermeiden und die Arbeit richtig machen kann. Verhält der Mitarbeiter sich künftig entsprechend, sollte der Vorgesetzte dies anerkennen; dadurch entstehen starke Leistungsantriebe, bessere zwischenmenschliche Beziehungen am Arbeitsplatz, Arbeitszufriedenheit und ein gutes Arbeitsklima.

So, wie ein Mitarbeiter in Gegenwart anderer nicht kritisiert werden darf, sollte er auch nicht vor anderen anerkannt werden; diese könnten sich zurückgesetzt fühlen, Neid und Missgunst empfinden und sich fragen, warum der Vorgesetzte nicht auch sie anerkannt hat. Außerdem könnte der anerkannte Mitarbeiter überheblich werden. Wenn der Vorgesetzte seine Mitarbeiter öffentlich anerkennen will, muss er die ganze Gruppe ansprechen. Im Übrigen soll eine Anerkennung besondere Gründe haben. Sie ist angebracht, wenn Mitarbeiter oder die ganze Gruppe außergewöhnliche oder besonders schwierige Aufgaben zufrieden stellend gelöst oder sie über längere Zeit ihre Pflichten gewissenhaft erfüllt haben; oder wenn ein Mitarbeiter, nachdem er kritisiert worden ist, sein Verhalten geändert und seine Leistungen verbessert hat.

Wirkt sich die Einstellung des Vorgesetzten auf Leistung und Verhalten des Mitarbeiters aus?

D. Mc. Gregor sagt eindeutig Ja. Nach seiner X-Theorie ist ein Vorgesetzter davon überzeugt, dass seine Mitarbeiter wenig intelligente, faule und arbeitsscheue Drückeberger sind, die keine Verantwortung übernehmen wollen und eine feste Führung, Zwang, Einschüchterung und ständige Überwachung brauchen, damit sie etwas leisten. Wer den X-Führungsstil praktiziert, kontrolliert ständig und sucht überall nach Fehlern und nach Schuldigen. Kleine Fehler wird er zur Katastrophe aufblasen, aus einer Mücke wird er einen Elefanten machen. Das X-Führungsverhalten wirkt sich nach dem Prinzip der „selbsterfüllenden Prophezeiung" beim Mitarbeiter psychologisch so aus, dass dieser mit ziemlicher Sicherheit das vom Vorgesetzten erwartete Verhalten auch zeigen wird. Darauf reagiert der Vorgesetzte negativ, zum Beispiel durch Schimpfen; dies verstärkt das erwartete negative Verhalten des Mitarbeiters noch; ein Teufelskreis zwischen den negativen Erwartungen des Vorgesetzten und dem negativen Verhalten des Mitarbeiters ist entstanden.

Nach der Y-Theorie ist der Vorgesetzte davon überzeugt, dass seine Mitarbeiter ihre Arbeit als normal, natürlich, angenehm bewerten; sie haben Spaß daran und sind produktiv und kreativ, wenn ihnen ein Ziel gesetzt wird und man ihnen erklärt, warum es sinnvoll ist, dieses Ziel zu erreichen und sich dafür einzusetzen. Sie wollen Verantwortung übernehmen und können sich selbst kontrollieren. Wer den Y-Führungsstil praktiziert, vertraut den Mitarbeitern, nimmt wahr, was sie leisten, und spricht ihnen für gute Arbeit seine Anerkennung aus. Er fragt: Was kann man wie noch besser machen? Liegt ein Problem vor, forscht er nach dessen Ursache und regt die Lösung des Problems an. Dies zeigt, dass Mitarbeiter, von denen der Vorgesetzte ein positives Verhalten erwartet, meist auch positiv reagieren. Darauf kann der Vorgesetzte mit Anerkennung und einem freundlichen Lächeln reagieren. Dies verstärkt das positive Verhalten der Mitarbeiter, die von seiner Freundlichkeit angesteckt werden; ein positiver Regelkreis entsteht.

Eine sozial kompetente Führung erhöht die Menschlichkeit und die Wirtschaftlichkeit

Weithin reagieren die Mitarbeiter so, wie der Vorgesetzte es erwartet und wie er selbst sich den Mitarbeitern gegenüber verhält: „Wie man in den Wald hineinschreit, hallt es zurück". Der Vorgesetzte, der mit seinen Mitarbeitern nicht zufrieden ist, sollte sich fragen: Wie habe ich mich als Führungskraft bisher verhalten, nach der negativen X-Theorie oder nach der positiven Y-Theorie? Habe ich mich nach der X-Theorie verhalten, sollte ich zunächst meine Einstellung ändern, damit sie künftig mehr der Y-Theorie entspricht. Dies bedeutet aber noch nicht, dass sich automatisch auch mein Verhalten ändert; daran muss ich einige Zeit arbeiten. Ich nehme mir vor, künftig kleine Fehler zu übersehen, Leistungen dagegen anzuerkennen und die Mitarbeiter zu fördern. Die Mitarbeiter reagieren dann kooperativ, hilfsbereit, einsatzfreudig wie alle, die sachlich und menschlich anerkannt werden. Durch die Anerkennung entsteht ein positiver Regelkreis.

Ich kann auch die Situation ändern, die organisatorischen Rahmenbedingungen, damit es den einzelnen Mitarbeitern, Gruppen und Abteilungen leichter fällt, positiv miteinander umzugehen. Das kraftverschleißende Konkurrenzdenken nach dem Prinzip „Kampf aller gegen alle" wird dadurch überflüssig; denn durch eine gute Zusammenarbeit entsteht mehr Arbeitszufriedenheit und die Leistung erhöht sich, ohne dass die Mitarbeiter stärker gefordert werden.

Der nun praktizierte kooperative Führungsstil, der sich durch den sozialen Wandel und die Auswirkung von Rationalisierungsmaßnahmen herausgebildet hat, berücksichtigt auch die Tatsache, dass die komplexer gewordene Organisation immer mehr Experten mit den unterschiedlichsten Qualifikationen erfordert, die eng zusammenarbeiten müssen. Durch bestimmte Organisationsformen, Anordnungen, Arbeitsabläufe und integrierte Leistungsan-

forderungen braucht sich der Vorgesetzte nicht mehr besonders
dafür einsetzen, dass die Mitarbeiter die notwendige Leistung
auch erbringen. Er bietet ihnen jedoch Rat und Hilfe an, falls
Schwierigkeiten auftreten. Im Übrigen stellt der Vorgesetzte nicht
nur guten Kontakt zu seinen Mitarbeitern her und erkennt sie an;
er informiert sie auch ausreichend. Eine rechtzeitige Information
ist vor allem bei tief greifenden Veränderungen wichtig; deren Ursachen und Hintergründe erläutert der Vorgesetzte. Er wirbt um
Verständnis für Maßnahmen, die im Interesse des Unternehmens
und damit auch des einzelnen Mitarbeiters notwendig sind. Auch
gesteht der Vorgesetzte den Mitarbeitern ein offenes kritisches
Wort zu.

Jeder Vorgesetzte sollte sich auch bewusst machen, dass die
zielgerichtete Dynamik im Unternehmen mit ihren Spannungsfel-
dern vor allem durch Interaktionen entsteht, durch den Prozess
wechselseitiger Beeinflussung zwischen Vorgesetztem und Mitarbeitern, Gruppe und Gruppenmitgliedern, Gruppe und Abteilung
usw. Aber auch zwischen Personen und Sachen bzw. Situationen
entsteht Dynamik. Diese bewertet der Mitarbeiter positiv, wenn
sie ihm hilft, Bedürfnisse zu befriedigen; dadurch entstehen starke
Antriebe, die der Mitarbeiter in Leistung umsetzen kann. Psychologisch bedeutet führen, beim Mitarbeiter Bedürfnisse anzusprechen und deren Befriedigung an gute Arbeitsleistungen zu kop-
peln. Durch die Bedürfnisbefriedigung wird die Arbeit für den
Mitarbeiter menschlicher; gleichzeitig erhöht die Leistung des
Mitarbeiters die Produktivität des Unternehmens.

Regeln für den Umgang miteinander

Was sind Umgangsformen? Wie jemand sich einer anderen Person gegenüber gibt; wie er sich sprechend und mit seinem ganzen
Körper ausdrückt. Besonders wichtig sind die Umgangsformen in
„kritischen" Situationen, in denen sich Menschen aneinander reiben oder sie hart aneinander kommen, z. B. wenn der Vorgesetzte
etwas autoritär anordnet oder kritisiert. Grundsatz sollte sein:
Miteinander konstruktiv umgehen. Andere so behandeln, wie
man gern selbst von ihnen behandelt werden möchte, z. B. höflich
und freundlich: „Der Ton macht die Musik".

Ein ethisch fundiertes Verhalten im Unternehmen ist nicht mehr für alle Mitarbeiter selbstverständlich. Deshalb ist es sinnvoll, zusammen mit den Mitarbeitern realisierbare, durchsetzbare Regeln zu formulieren, diese zu begründen und gemeinsam zu beschließen. Alle, auch die leitenden Personen im Unternehmen, sind sich klar darüber, dass die Einhaltung der Regeln für den einzelnen Mitarbeiter und das ganze Unternehmen Vorteile hat. Sie verpflichten sich, die Regeln beim Umgang miteinander am Arbeitsplatz einzuhalten und sich entsprechend zu verhalten. Hält jemand eine Regel nicht ein, darf und soll ihn der davon Betroffene in höflicher Form an die Regel erinnern. Auch für die Klärung strittiger Fragen und die Lösung von Konflikten werden Regeln entwickelt, die alle akzeptieren können.

Am Arbeitsplatz erleichtert die Beachtung folgender Regeln den Umgang miteinander:

1. Der Vorgesetzte grüßt, wenn er einen Arbeitsraum betritt oder mit anderen Personen zusammentrifft; den Gruß von Mitarbeitern erwidert er.
2. Er spricht in freundlichem Ton.
3. Vor seinen Mitarbeitern lässt er sich nicht gehen, wie er dies auch seinem Vorgesetzten gegenüber nicht tut.
4. Zu seinen Mitarbeitern verhält er sich immer in gleicher oder ähnlicher Weise, damit sie sich darauf einstellen können.
5. Alle behandelt er gleich; er bevorzugt und benachteiligt niemand. Auch zwischen den Geschlechtern macht er keinen Unterschied.
6. Er schmeichelt keinem Mitarbeiter und wird zu keinem vertraulich; immer bewahrt er eine gewisse Distanz.
7. Versucht er, einen Mitarbeiter zu beeinflussen, berücksichtigt er nicht nur dessen Persönlichkeitsstruktur, sondern auch die eigene, abgestimmt auf die des Mitarbeiters.
8. Einem unentschlossenen, labilen Mitarbeiter begegnet er entschlossen und mit innerer Festigkeit.
9. Auf einen aggressiven Mitarbeiter wirkt er möglichst ruhig und besänftigend ein.
10. Auf einen Streitsüchtigen stellt er sich so positiv wie möglich ein.

4.1 Von der Wahrnehmung zum Urteil –
auf Umweltreize angemessen reagieren

Unser Wahrnehmungsvermögen funktioniert nicht wie ein
Fotoapparat;
es nimmt auch hintergründige, subjektive Eindrücke auf,
die wir falsch interpretieren können.
Von der Wahrnehmung bis zum Urteil (oder Vorurteil)
ist ein weiter Weg, auf dem uns viele Irrtümer unterlaufen können.

Was verstehen wir unter Wahrnehmung? Einen Prozess, durch den wir Informationen über unsere Umwelt gewinnen: Eindrücke, die unsere Wahrnehmung organisiert und interpretiert. Dadurch versuchen wir, von einem Ausschnitt der Umwelt ein möglichst wahrheitsgetreues, objektives „Abbild" zu gewinnen, das uns hilft, uns in unserer Umgebung zu orientieren und situationsgerecht zu verhalten. Um zu überleben, passen wir uns der Umwelt an oder behaupten uns in ihr.

Unsere selektive Aufmerksamkeit in Verbindung mit unserem Interesse filtert aus der komplexen Umwelt mit ihrem Überangebot an Reizen das heraus, was wir benötigen, um uns angemessen zu verhalten, ein Ziel zu erreichen, oder auf einen plötzlich auftretenden Reiz richtig zu reagieren. Dies bedeutet, dass uns, abhängig von unserem Interesse, unserem Bedürfnis, Ziel, Vorwissen, unserer Einstellung und Erwartung nur Teile der Umwelt bewusst werden. Beispielsweise interessiert sich in der gleichen Umgebung, im Wald, der Wanderer in der Sommerhitze für den Schatten, den die Bäume spenden; der Förster nimmt den Zustand der Baumrinde wahr; der Jäger die Tiere, die im Wald leben; der Botaniker interessiert sich für die Pflanzen, die im Wald wachsen usw.

Mit seinen Sinnesorganen erfasst der Mensch bei der äußeren Wahrnehmung Personen, Gegenstände, Sachverhalte oder Ereignisse in der Umwelt; bei der inneren Wahrnehmung erhält er Signale aus dem eigenen Körper, die etwas aussagen über seine Bedürfnisse, Antriebe, Emotionen. Einen Teil der Umwelt erfasst er nur vorbewusst oder unbewusst; trotzdem reagiert er mit seinem Körper richtig, z. B. wenn er über eine unebene Wiese läuft auf einen fliegenden Ball zu, den er ins Auge fasst, während seine Beine die Unebenheiten des Bodens von selbst ausgleichen.

Bei der äußeren Wahrnehmung, die durch Umweltreize entsteht, leiden wir in zunehmendem Maße unter Reizüberflutung. Aus dem Überangebot an Reizen, das uns u. a. die Massenmedien bieten, müssen wir konscquent auswählen und uns auf das beschränken, was wir in der Gegenwart brauchen, unsere Arbeit tun, unsere Aufgaben erfüllen, unsere Probleme lösen, unsere Freizeit sinnvoll und erholsam gestalten zu können; dabei helfen uns klare Ziele und Vorstellungen. Bei den Reizen, die von der eigenen Person kommen, vor allem aus dem Körper, kommt es darauf an, die lebens- und gesund erhaltenden Signale von den unwichtigen und schädlichen Reizen zu unterscheiden und sich auf die Befriedigung wichtiger Bedürfnisse zu konzentrieren. Die Reizstärke muss oberhalb der Reizschwelle liegen; durch zu schwache, unterhalb der Reizschwelle bleibende Reize entsteht keine Empfindung. Ein Teil der Reize wird uns nicht bewusst, weil wir durch andere Reize abgelenkt werden, stärkere Reize sie überdecken, oder wir uns auf eine interessante Aufgabe voll konzentrieren. Es gibt auch Reize, die von den menschlichen Sinnesorganen nicht erfasst werden, z. B. ultraviolettes Licht, Ultraschall.

Organe für die Reizübertragung

Grundvoraussetzung ist ein intaktes Nervensystem. Darunter verstehen wir die Gesamtheit des Nervengewebes als Funktionseinheit, die aus zentralem, peripherem und vegetativem Nervensystem besteht. Reize aus der Umwelt und dem Körper werden von Haut, Muskeln und Sinnesorganen aufgenommen, die das Periphere Nervensystem (PNS) bilden, mit dem wir sehend, hörend, riechend, schmeckend, fühlend, unsere Bewegungen steuern. Der menschliche Körper verfügt über folgende, mit Rezeptoren, Sinneszellen, ausgestattete Sinnesorgane:

1. Gesichtssinn
2. Gehörssinn
3. Geruchssinn
4. Geschmackssinn
5. Hautsinne, Hautsinnesorgane: Tast- bzw. Drucksinn mit

300 000 Wärme- und 250 000 Kältesinnen; Schmerzsinn mit 1,2 Millionen Schmerzpunkten
6. Gleichgewichtssinn für Raumorientierung, Körperverlagerung und -verhalten.

Die durch Reize entstandenen Empfindungen werden durch Leitungen mit sensorischen Nerven, den Afferenzen, von der Peripherie zum Zentralen Nervensystem (ZNS) übermittelt, das Gehirn und Rückenmark umfasst. Das ZNS verarbeitet die Reize, speichert einen Teil von ihnen, koordiniert sie und reagiert darauf; von dort führen Leitungen mit motorischen Nerven, die Efferenzen, zur Peripherie, zu Haut, Muskeln und Sinnesorganen, und übermitteln diesen Befehle. Das Vegetative oder Autonome Nervensystem (VNS), dessen Zentren im Zwischenhirn, Mittelhirn, verlängerten Mark, Rückenmark liegen, reguliert die lebenswichtigen Funktionen wie Atmung, Kreislauf, Verdauung, Stoffwechsel, Fortpflanzung. Es besteht aus dem auf Energie, Arbeit und Kampf eingestellten Sympathikus und dem auf Energieeinsparung, Erholung, Ruhe und Aufbau ausgerichteten Parasympathikus (Vagus). Beide stehen mit allen inneren Organen in Verbindung; sie wirken auf die Organe gegensätzlich, bei innerem Gleichgewicht aber in nahezu gleicher Stärke.

Die Intensität bzw. Stärke der durch einen Reiz entstandenen Empfindung ist abhängig von der Reizstärke und dem Zustand der Sinnesorgane; diese müssen gesund und voll funktionsfähig sein. Voraussetzung dafür ist ein ausgeruhter Körper, der nicht durch Medikamente und Drogen, z. B. Alkohol, geschwächt ist. Vorübergehend geschwächt, nicht voll leistungsfähig, sind die Sinnesorgane bei Müdigkeit, Erschöpfung, starker Angst, Ekel, unbefriedigten Bedürfnissen. Dauernd geschwächt sind sie nach Verletzungen, Krankheit, in hohem Alter. Bei älteren Menschen lässt das Sehvermögen nach; manche erblinden sogar. Schwerhörigkeit bis hin zur Taubheit tritt mit zunehmendem Alter ebenfalls auf.

Die motorische Koordination, die zwischen Empfindung und Handlung liegt, ergänzt, was wir noch brauchen, um auf Reize sinnvoll agieren oder reagieren zu können. Aus unserem Langzeitgedächtnis, das unser Wissen und Können speichert, können wir dazu Informationen abrufen. Reagieren wir auf Reize mit ver-

stärkter, hellwacher Aufmerksamkeit, beobachten wir die Reiz-
quelle mit großem Interesse, steigert dies die Leistungsfähigkeit
unserer Sinne. Den gleichen Effekt erreichen wir, wenn wir zielbezogen fragen: „Auf was kommt's an? Auf was muss ich achten?"
Sinnvoll ist es auch, mit den Dingen geistig zu „sprechen"; dadurch können wir sie besser verstehen. Auch sollten wir das
Ganze mit „Panoramablick" erfassen, dagegen Ausschnitte, wichtige Einzelheiten, mit „Mikroskopblick". Auch auf den Zusammenhang zwischen dem Ganzen und den Ausschnitten sollten wir
achten.

Die besondere Funktion des Bewusstseins

Eine nicht leicht verstehbare Rolle spielt bei der Wahrnehmung
das Bewusstsein. Mein Bewusstsein ist zwar Teil meiner Person;
es wirkt aber distanziert von ihr. Ich nehme über meine Körper-
sinne von meiner Umwelt oder meinem Körper nur wahr, was mir
bewusst geworden ist; etwas in mir wird hell. Will ich eine Wahrnehmung oder Erfahrung denkend bewältigen, keimen zuerst Gedanken in mir auf, die ich aber noch nicht sprachlich ausdrücken
kann; dies wird mir erst später möglich, nachdem ich mich in der
Erwartung nach innen gewandt habe, dass sich das Erfahrene formulieren, in Worte fassen lässt.

Wahrnehmend, denkend und sprechend werden mir über das
Bewusstsein nahe und weite Horizonte zugänglich, je nach meiner Einstellung, die einen weiten Bereich umfasst zwischen Mikroskopblick, der viele Einzelheiten scharf erfasst, bis zum Panoramablick, dem sich ein Ganzes in einem weiten Panorama in
Umrissen erschließt. Im Bewusstseinsfeld kann ich unterscheiden: Nähe und Ferne, Figur und Grund, Zentrales und Peripheres, Helles und Dunkles. Ich erfahre mich selbst im Fluss der Zeit
als identisch, als eins mit mir; und obwohl ich mit jedem Tag älter
werde, bleibe ich derselbe Mensch. Subjekt und Objekt erfahre ich
als getrennt, wenn ich z. B. sage: Mein Fuß bewegt sich, er
schmerzt. Ich kann aber auch von mir sagen: Ich bewege mich, ich
habe Schmerzen im Fuß. Einmal erfahre ich meinen Körper im
Bewusstsein als Objekt, zum anderen als „transpersonale" Voraussetzung meines Bewusstseins. Ich erfahre Zeit als Gegenwart,
die auf Vergangenes zurückblickt und Zukünftiges vorausschaut

und vorwegnimmt. In meinem Bewusstsein kann ich mich aber auch an einen beliebigen Ort in der Umwelt oder in einen bestimmten Bereich meines Körpers versetzen.

Die Wahrnehmung ist kein bloßes Abbild der Umwelt

Sinneseindrücke allein genügen nicht, um wahrzunehmen; auch viele seelische Faktoren und Prozesse sind erforderlich. Sie bestimmen in Verbindung mit der Filterfunktion der Wahrnehmung, was den Reizen beigemischt wird und in unserem Bewusstsein als Ergebnis der Wahrnehmung ankommt: Ziele, Antriebe, Motive, Gedächtnis, Persönlichkeitsmerkmale. Bestimmte Einstellungen, Erwartungen, Überzeugungen, Gesinnungen, Werte. Denkprozesse, die den Reiz deuten und durch die klar wird, was er für uns bedeutet. Starke unbefriedigte Bedürfnisse, vor allem abgewehrte oder verdrängte. Tiefe Ängste, Hoffnungen, Befürchtungen. Rollenverhalten: etwas so sehen, dass es der ausgeübten Rolle möglichst entspricht. Vorwissen durch frühere Lernprozesse und Erfahrungen, v. a. gefühlsbetonte, mit Emotionen geladene.

Die folgenden Beispiele zeigen, wie die Wahrnehmung z. B. durch Bedürfnisse verändert wird. Gehen zwei Personen durch die gleiche Straße einer Stadt, werden dem Hungrigen alle Läden ins Auge springen, in denen Nahrungsmittel angeboten werden; der Satte dagegen interessiert sich für Bücher, Kleidung und Schmuck. Stehen zwei Personen vor einer steilen Gebirgswand, wird der Wanderer davor zurückschrecken; den erfahrenen Bergsteiger dagegen reizt die Wand, aufzusteigen und sie zu bezwingen. Kommt ein Heiratsschwindler zu einer glücklich verheirateten Frau, wird sie ihn entschieden ablehnen; eine sehr einsame Frau, die sich schon lange einen Ehepartner wünscht, wird sich dagegen alles mit großem Interesse anhören, was der angeblich um sie werbende Mann sagt.

Neben der Filterfunktion, die Wichtiges von weniger Wichtigem und Unwichtigem trennt, gibt es als Verarbeitungsmechanismen: die Vereinfachungsfunktion: Sie verdichtet Information und reduziert sie auf das zum Verstehen Wesentliche. Die Gestaltungsfunktion: Sie setzt aus abstrahierten Elementen ein ganzheitlichgestalthaftes Wahrnehmungsbild zusammen, klassifiziert und organisiert sie. Figuren heben sich vom Hintergrund ab; in ihrer ganzheitlichen Gestalt verfügen sie über Merkmale, die sich aus den einzelnen Bestandteilen nicht ableiten lassen: das Ganze ist mehr als die Summe seiner Teile. Für die Wahrnehmung der Teile spielt der Bezugsrahmen eine Rolle; er erscheint als fest, die Teile wirken eher, als seien sie beweglich. Einzelne, ähnlich aussehende Gegenstände werden zu Gruppen zusammengefasst. Die Benennungsfunktion: Sie beschreibt das Erkannte richtig und unterscheidet Reales: Materielles, Gegenständliches, von Symbolischem: Sinnbildlichem, Geistigem. Die Erkennungsfunktion: Durch sie wird ein Gegenstand als etwas Bestimmtes erkannt bzw. wiedererkannt, z. B. ein Ball als Tennisball oder Fußball. Entfernte Gegenstände werden so wahrgenommen, als sei ihre Größe, Farbe und Position beständig; das Vorwissen verstärkt diese Erfahrung. Wichtig ist, an den veränderlichen Reizen, die von einem Gegenstand ausgehen, die stabilen, unveränderlichen Merkmale zu entdecken

Soziale Wahrnehmung

Die Wahrnehmung von Personen ist bei der sozialen Interaktion ein zentrales, aber kritisches Element. Wir beobachten an unseren Mitmenschen besonders deren Gesichtsausdruck, versuchen aber auch, sie als ganze Person zu erfassen und beides im Gedächtnis zu speichern. Den erhaltenen Eindruck versuchen wir zu deuten, bevor wir vorsichtig Schlüsse für unser Verhalten ziehen. Wir fragen: Warum verhält der andere sich so? Wird sein Verhalten durch seine Persönlichkeitsmerkmale und seine Motivation bestimmt, liegt eine Personen-Attribution vor; ist das Verhalten jedoch durch die Umwelt bedingt, wäre dies eine Umwelt-Attribution.

Erleichtert wird die Personen-Attribution, wenn der Beobachter sich dem Beobachteten zuwendet, Augenkontakt aufnimmt, mit ihm spricht, ihm Fragen stellt, Emotionen zeigt, Konsens erreicht, und der Beobachtete ein normales, in der Gesellschaft übliches Verhalten zeigt. Attributionen beruhen zwar auf Informationen; sie werden jedoch von den Wünschen und Bedürfnissen des Beobachters beeinflusst; dieser sieht am Beobachteten oft das, was er sehen „will". Im Übrigen neigen die meisten Menschen dazu, einen Mitmenschen abzuwerten, wenn sie versuchen, dessen Verhalten auf bestimmte Ursachen zurückzuführen, und zwar umso eher, je mehr Ursachen sie für ein Ereignis benennen. Außerdem besteht die Gefahr, dass sie bei dieser Ursachen-Attribution interne, in der Person liegende Faktoren zu hoch bewerten, dagegen externe, situative Faktoren, unterschätzen.

Die soziale Wahrnehmung als dynamischer Prozess ist meist ein Kompromiss zwischen dem, was ich durch meine Motivation in einer bestimmten Situation denkend und organisierend erwarte, und dem, was ich in der Umwelt vorfinde. Dabei spielen auch unbewusste, meist verdrängte aggressive Regungen und Abläufe eine Rolle, die sprachlich nicht ausgedrückt und deshalb nicht bewusst werden.

Urteil als Ergebnis von Wahrnehmungs- und Denkvorgängen

Das Urteil ist das Ergebnis eines langen denkerischen Bemühens, ohne Ansehen der Person und ohne Rücksicht auf eigene Interessen und frühere Erfahrungen die Wahrheit zu finden. Im Urteil wird ein bestimmter Sachverhalt, der auf Tatsachen beruht, zweifelsfrei festgestellt und so beschrieben, dass daraus unmissverständlich hervorgeht, was richtig und wahr oder falsch und unwahr ist. Die Urteilenden haben alle bekannten Beziehungen und Zusammenhänge erfasst, beschrieben, bewertet und gegeneinander abgewogen. Bei komplexen Tatbeständen haben sie aus einzelnen einfachen Urteilen Schlussfolgerungen gezogen und diese zu einem abschließenden, gestalthaften Gesamturteil zusammengefasst.

Vom Vorurteil, einem vorläufigen oder vorschnell gebildeten Urteil, mit dem ein Mensch oft unüberlegt und leichtsinnig eine Vor-Verurteilung ausspricht, unterscheidet sich das durch gründliche Überlegungen gebildete Urteil in folgenden Punkten:

1. Wer ein Vorurteil fällt, trennt Tatsachen, Fakten, nicht von Meinungen, der bewertenden Interpretation der Tatsachen.

2. Sein Vorurteil ist nicht durch ausreichende Sachkenntnis gestützt bzw. abgesichert.
3. Er berücksichtigt wichtige Informationen nicht oder noch nicht.
4. Er hat vorhandene Informationen, eigene und fremde, noch nicht ausreichend überprüft.
5. Er bewertet Sachverhalte falsch, z. B. zu positiv, idealisierend, oder zu negativ, diskriminierend; evtl. zu gefühlsbetont, oder aufgrund von Stereotypen, Frustration, Aggression, Autoritätshörigkeit u. a.

Vorurteile, die nicht als endgültige, sondern nur als „vorläufige" Urteile bezeichnet werden, sind durchaus sinnvoll. Sie haben im Alltagsgeschehen wichtige Funktionen. Sie vereinfachen viel Information und strukturieren sie, um rasch durchblicken und reagieren zu können; dies ist ihre ökonomische Funktion. Mit Hilfe eines rasch gebildeten, vorläufigen Urteils können Personen sich aus Nützlichkeitsgründen anderen Personen rasch anpassen, wenn sie sich z. B. einer Gruppe anschließen, um dazuzugehören und nicht von ihr ausgeschlossen zu werden; dies ist ihre Anpassungsfunktion. Oder jemand vertritt, um sich zu rechtfertigen, eine Meinung nach außen, obwohl sie nicht abgesichert ist und noch innere Zweifel bestehen; dies ist die Rechtfertigungsfunktion des Vorurteils.

Warum entstehen Vorurteile?

Aus Bequemlichkeit: Ich passe mich der Meinung der Gesellschaft oder einer Gruppe an, weil ich meine Ruhe haben und nicht als Außenseiter gelten will. Durch eine unkritische Einschätzung: Ist mir ein Mensch sympathisch, schätze ich ihn positiver ein als einen unsympathischen; Eigenschaften, die meinem Wesen entsprechen, beurteile ich an einem anderen günstiger als mir wesensfremde Eigenschaften. Durch meine Erwartungshaltung: Was ich von einem Mitmenschen erwarte, nehme ich bevorzugt an ihm wahr; das entsprechende Verhalten zeigt er dann oft auch. Durch Bestätigungsfehler: Neues deute ich um, damit es meinem jetzigen Wissen oder meinem System nicht widerspricht. Durch Maßstabsfehler: Neues beurteile ich aufgrund gemachter Erfahrungen ausschließlich nach alten Maßstäben. Durch den Halo-Effekt: Das Urteil, das ich für einen Teil gefällt habe, übertrage ich unkritisch auf andere Teile oder das Ganze. Durch logische Fehler: Ich gehe vorschnell davon aus, dass bestimmte Eigenschaften „logisch zusammengehören". Durch Reihenfolgefehler: Ich deute spätere Eindrücke von einem Menschen wie den ersten Eindruck, weil ich nicht zugeben will, dass ich mich beim ersten Mal getäuscht habe. Durch Schablonendenken: Ich unterstelle, dass „die" Frauen, also alle Frauen, sich gleich verhalten, ebenso „die" Männer, und damit alle Männer, weil dies angeblich dem „gesunden Menschenverstand" entspricht. Durch Schwarz-weiß-Denken: Ich verallgemeinere etwas vorschnell. Oder ich sehe eigene, verdrängte Schwierigkeiten, Probleme und Konflikte an anderen Personen, projiziere sie auf sie, laste sie ihnen an. Durch Rationalisierung: Für jeden eigenen Fehler und jedes Versagen finde ich einen plausiblen Grund, habe ich eine faule Ausrede. Durch Idealisierung: Dinge, die den Wert meiner Person erhöhen, sehe ich in einem idealen Licht; ihre Nachteile übersehe ich völlig. Durch Stereotypen: Ich behaupte etwas, das weder bewiesen, noch widerlegt ist, weil dies für mich günstig ist. Durch Sündenbock-Denken: Weil mich ein Mitmensch daran gehindert hat, ein Ziel zu erreichen, bin ich frustriert, reagiere ich aggressiv, mache ich ihn auch für mein Versagen in anderen Fällen verantwortlich. Durch Autoritätshörigkeit: Nach oben buckle ich, nach unten trete ich; Fehler und Misserfolge laste ich einseitig den unter mir stehenden Personen an.

Wie gehen wir mit Vorurteilen um?

Vorurteile sind stark emotionsbetont, affektgeladen und deshalb rational nicht oder nur schwer widerlegbar. Das durch sie entstehende Blickfeld, der Bereich, den wir wahrnehmen, ist eingeengt. Oft basieren Vorurteile auf einem unbewussten Geltungsdrang und Machtanspruch, der die eigene Person und Gruppe aufwertet und andere Personen und Gruppen abwertet. Als Einzelne unterliegen wir einem Gruppendruck.

Die folgenden Empfehlungen sollen den Umgang mit Vorurteilen erleichtern:

1. Ein Vorurteil immer als „vorläufiges" Urteil sehen und bezeichnen.
2. Selbstkritisch damit umgehen; es der Kritik anderer sachkundiger Personen, auch gegnerischer, aussetzen.
3. Weitere Informationen beschaffen.
4. Tatsachen, zweifelsfrei Geschehenes, Reales, Gemessenes, Bewiesenes, Objektives – klar trennen von der Interpretation der Tatsachen, von Argumenten, subjektiven Meinungen, bloßen Spekulationen.
5. Beziehungen und Zusammenhänge noch besser erforschen.
6. Das Vorurteil nach Ursachen durchforsten, die zu seiner Entstehung beigetragen haben.
7. An seiner Begründung und Absicherung laufend arbeiten.
8. Die eigene Person zurücknehmen; auch die eigene dunkle Seite, den eigenen „Schatten".
9. Den eigenen Standort und Blickwinkel verändern; auch den Standpunkt besonders kritischer Personen und von Gegnern vorübergehend einnehmen.
10. Für die Beurteilung von Sachen wissenschaftliche Kriterien beachten.

4.2 Kommunikation am Arbeitsplatz

Nur wenn Menschen einander verstehen können und wollen,
können sie sich gut miteinander verständigen.

Was heißt Kommunikation? Personen tauschen Informationen aus; sie verständigen sich verbal und nichtverbal mit dem Willen, einander zu verstehen, weil sie miteinander verbunden sind und einander brauchen. Jeder ist Sender und Empfänger, Adressant und Adressat.

Überall im privaten und beruflichen Bereich, in Gesellschaft, Wirtschaft, Politik usw. übermitteln Menschen einander Signale, Informationen, Nachrichten durch Rede und Gegenrede, Frage und Antwort. Dabei verwendet der Sender einen Code, den der Empfänger kennt und versteht: Er wählt die Worte, die dem Empfänger bekannt sind, und spricht so, dass der Empfänger möglichst alles versteht, wie der Sender es gemeint hat; auf diese Weise erfasst er den Sinn bzw. die Bedeutung der Nachricht. Ihre Gedanken drücken sie verbal und nicht-verbal aus. Sie führen miteinander Gespräche, werden informiert, unterrichtet, belehrt, aufgeklärt.

Rational teilen sie einander Sachverhalte mit, emotional auch etwas von der eigenen Person. Sie beeinflussen sich, wirken aufeinander ein, fordern einander zu einem bestimmten Verhalten auf; dabei unterscheiden sie Person und Sache. Sie verständigen sich durch Worte, die sie in einem bestimmten Tonfall sagen, der ihre Emotionen ausdrückt und auf die emotionale Schicht des anderen wirkt. Durch ihren Körper: ihren Gesichtsausdruck, ihre Körperhaltung, ihre Gestik, ihr ganzes Verhalten, drücken sie sich wortlos aus, auch wenn sie einmal schweigen; dies könnte heißen: „Ich habe jetzt keine Lust, ich will nicht, ich mag dich nicht." Ein eisiger Blick, die Arme in die Hüfte gestemmt oder vor der Brust verschränkt, sagt mehr als tausend Worte. Damit stehen dem Sender für die Kommunikation drei Mittel zur Verfügung: Worte, Tonfall, Körpersprache. Auf sie muss der Empfänger achten, solange der Sender spricht; und diesem sollte er eine Rückmeldung geben, damit der Sender sich überzeugen kann, ob sein Partner ihn richtig verstanden hat.

In Schule und Arbeitswelt wird der objektive, rationale Sachaspekt oft überbetont. Die anderen vernachlässigten Aspekte stören dann nicht nur die Übertragung des Inhalts, sondern auch die Beziehung, deren emotionale Anteile geklärt und bereinigt werden müssen. Die Beziehung auf der subjektiven, emotionalen Ebene entscheidet oft darüber, wie eine Sachinformation auf der objektiven, rationalen Ebene beim Empfänger ankommt, wie dieser sie versteht und was sie bei ihm bewirkt. Nur wenn rationaler Inhalt und emotionaler Gehalt einander entsprechen, gelingt die Kommunikation.

Bei der Einweg-Kommunikation ist nur ein Partner als Sender aktiv; der Empfänger verhält sich passiv. Wünschenswert ist die Zweiweg-Kommunikation mit Informationsaustausch; dieses komplexe Geschehen zwischen zwei Personen läuft auf der objektiven, rationalen Sachebene und der subjektiven, emotionalen Beziehungsebene ab. Beide müssen einander entsprechen, wenn die Nachricht beim Empfänger unverfälscht ankommen soll.

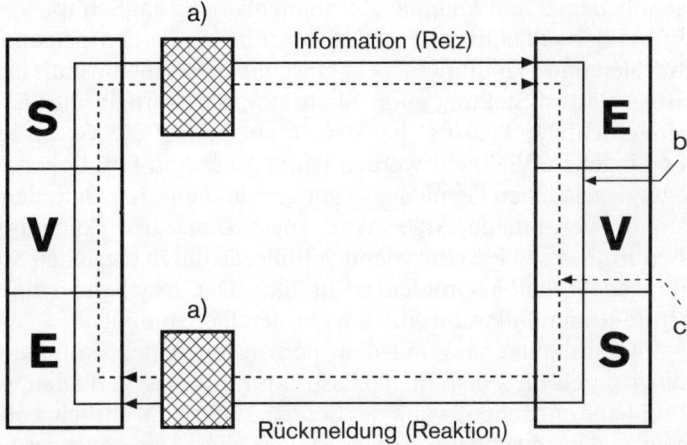

S = Sender, **V** = Verarbeitung, **E** = Empfänger
a) Filter
b) objektive, rationale Ebene, Inhalts-/Sachebene
   (durchgehende Linie)
c) subjektive, emotionale Ebene mit personalem, sozialem
   und Handlungsaspekt (gestrichelte Linie)

Auf der objektiven, rationalen Ebene, der Sachebene, übermittelt der Sender den Inhalt einer Information, den Sachverhalt als Tatsache: Geschehenes, Beobachtetes, Erlebtes, Erfahrenes; exakte Daten, Zahlen, Maße, Termine, Preise usw. – ohne Stellungnahme, ohne Wertung, ohne dass subjektive Bedürfnisse, Emotionen, Gefühle usw. im Spiel sind. Die Information sollte möglichst objektiv, einfach, kurz, prägnant, anregend, verständlich, gut gegliedert, geordnet sein; Ziele, Schwerpunkte, Prioritäten hervorgehoben, evtl. mit knapper Zusammenfassung am Schluss.

Auf der subjektiven, emotionalen Ebene, die den personalen, sozialen und Handlungsaspekt einschließt, nehmen wir als eigenartige Person Stellung zum Inhalt bzw. Sachverhalt; dies ist ein vielschichtiger Prozess, bei dem nicht immer die Gesetze der Logik gelten. Vielmehr werden wir von unseren Emotionen, von energiegeladenen Gemütsbewegungen, und unseren Gefühlen bestimmt: von Freude, Ärger, Wut, Angst, Trauer usw. Auch unsere Bedürfnisse spielen eine wichtige Rolle. Dadurch entstehen Spannungen, Verhaltensprobleme, Konflikte. Die Ursachen für eine gestörte Kommunikation sind am ehesten hier zu finden.

Im Zusammenhang mit dem personalen Aspekt können, bedingt durch die Persönlichkeitsstruktur und das Verhalten, viele Probleme entstehen, wenn der Sender, statt offen, ehrlich, echt zu sein, versucht, sich positiv darzustellen, sich in ein günstiges Licht zu rücken, und Imponier- und Fassadentechniken anwendet, damit er auf seine Umwelt möglichst vorteilhaft wirkt und sie ihn gut einschätzt. Imponiertechniken sollen das Positive der Person zeigen, ihre „Schokoladenseite". Der Betreffende möchte einen guten Eindruck auf seine Umwelt machen und Erfolg haben. Er zeigt sich von seiner besten Seite, spielt sich auf, gibt an, schindet Eindruck, beweihräuchert sich selbst. Fassadentechniken sollen das Negative der Person verhüllen. Vieldeutiges, vielleicht überlegen lächelndes Schweigen ist die konsequente Form, um Angst abzuwehren und eine imponierende Fassade aufzubauen. Der Schweigende vermeidet, dass sein Gesprächspartner bemerkt, wie wenig er in einer bestimmten Sache weiß. Ein anderer zeigt keine Schwächen, Emotionen, Gefühle, und versucht, trotz seiner Angst einen sicheren und ruhigen Eindruck zu machen. Vor allem Männer wollen nicht, dass ein Stück Putz abfällt von der Fassade ihrer angeblichen Stärke, Problemlosigkeit und Souveränität. Falsche Freundlichkeit, feindselige, bissige Kritik, affektarme Sachlichkeit usw. sollen das innere Erleben hinter einer Charaktermaske verbergen.

Beim sozialen Aspekt, der gefühlsbetonten Beziehung zwischen Sender und Empfänger, zeigt sich, wie beide zueinander stehen, welche Absichten sie verfolgen und was sie voneinander halten: ob sie einander akzeptieren, ernst nehmen, wertschätzen, anerkennen, oder ob sie sich innerlich ablehnen und abwerten. Vieles lässt sich erkennen aus der Art, wie der Sender spricht, aus Tonfall, Betonung, Lautstärke, Sprechtempo, Sprechpausen. Dazu kommen Gesichtsausdruck und Gestik, die ganze Körpersprache, die der Sender bewusst oder unbewusst einsetzt. Stimmt die Körpersprache mit dem gesprochenen Wort überein, verstärkt sie es; dagegen stellt sie es in Frage, wenn verbaler und nicht-verbaler Ausdruck sich widersprechen. Mit Worten können wir einander täuschen, mit der Körpersprache nicht; sie entlarvt uns. Beide beeinflussen auch die Gesprächsatmosphäre; deshalb sollten Sender und Empfänger einander achten, damit ihre Beziehung nicht gefährdet ist. Die Umgangsformen sollten umkehrbar sein, auch bei hierarchischen Beziehungen zwischen Führungskraft und Mitarbeiter.

Beim Handlungsaspekt geht es um Ziele, die Sender und Empfänger erreichen wollen, um ihren Einfluss und ihre Wirkung aufeinander, die Erwartungen aneinander, ihre Absichten und Interessen. Meist versucht der Sender, den Empfänger zu einem bestimmten Verhalten zu bewegen, einen bestimmten Zweck bei ihm zu erreichen. Je nach der Art ihrer Beziehung, ihrem Denken, Fühlen und Verhalten kommt die gleiche Aufforderung beim Empfänger unterschiedlich an, fühlt dieser sich in seinem Wert vom Sender bestätigt oder herabsetzend behandelt.

Die rationalen und emotionalen Anteile in der Kommunikation müssen bei den einzelnen Partnern und zwischen ihnen stimmig sein; was sie senden und empfangen, muss ihrer inneren Verfassung, ihren Zielen und Werten und der aktuellen Situation entsprechen. Nur wenn der Ausdruck des Senders und der Eindruck beim Empfänger übereinstimmen, verstehen sie einander. Dies zeigt der folgende Fall, den der Kommunikationspsychologe

F. Schulz v. Thun geschildert hat. Erich M., Betriebsleiter in einer Maschinenfabrik, kommt zum Mittagessen kurz nach Hause. Im Betrieb gab's viel Ärger; es ist schwül. Der Mann setzt sich gereizt an den Tisch und denkt an das letzte Gespräch mit seinem Chef. Die Blumen, die seine Frau kurz zuvor für ihn aus dem Garten geholt hat, übersieht er. Er ist sich nicht bewusst, welche Mühe es seine Frau gekostet hat, nach mehrstündiger anstrengender Gartenarbeit noch das Essen zu kochen. Die Frau ist erschöpft und so gereizt wie ihr Mann. Sie ärgert sich, dass er die Blumen nicht bemerkt hat, sagt aber nichts. Geistesabwesend murmelt der Mann vor sich hin: „Was ist denn das Grüne hier in der Sauce?" Er erkennt die Kapern nicht und stellt eine Sachfrage, wie er dies als Ingenieur von seiner Arbeit her gewohnt ist. Darauf antwortet die Frau in aggressivem Ton: „Wenn es dir hier nicht schmeckt, kannst du woanders essen gehen!" Sie unterstellt ihrem Mann, dass ihm das Essen nicht schmeckt und er sie für eine schlechte Köchin hält. Sie ist verärgert, weil ihr Mann sie, den schön gedeckten Tisch, die für ihn gekochte Mahlzeit und die frisch gepflückten Blumen nicht wahrgenommen und er kein Wort der Anerkennung, ja nicht einmal ein Nicken und flüchtiges Lächeln dafür gefunden hat.

Worin besteht die Kommunikationsfähigkeit?

Kollegen unter sich, Mitarbeiter und Vorgesetzte verstehen sich gut und können sich miteinander so verständigen, dass bei der Zusammenarbeit möglichst keine Missverständnisse und Fehler entstehen. Sie halten sich an Regeln, die sie miteinander vereinbart haben. Sie wissen, dass es verschiedene Kommunikationsebenen gibt, und achten vor allem darauf, wie sich die nicht-verbale Kommunikation auf der subjektiven Ebene durch die übermittelten Emotionen auf ihre Beziehungen, auf Arbeitszufriedenheit, Lebensqualität, Stressabbau, ihr Verhalten im Team und ihre Fähigkeit zum Problem- und Konfliktlösen auswirkt.

Bei Gesprächen versuchen sie, ihre Partner in ihrer Andersartigkeit zu verstehen und sie zu akzeptieren, wie sie sind. Aufmerksam hören sie einander zu. Sie überzeugen durch Argumente und können sich, wenn es um wichtige Dinge geht, durchsetzen. Mit ihren Gesprächspartnern reden sie offen auch über Unangenehmes, Peinliches; sie drücken sich knapp und verständlich aus. Mit Kollegen und Mitarbeitern führen sie klärende und motivierende Sachgespräche in partnerschaftlichem Stil; dabei versuchen sie, das Wesentliche zu erkennen und es mit dem, was sie schon gut kennen, zu verbinden; das Gehörte bewerten sie nicht vorschnell.

Kommunikationsfähigkeit weiterentwickeln

Wir alle sind lebenslang in vielen Situationen darauf angewiesen, anderen bei Gesprächen, Unterhaltungen und Diskussionen etwas mitzuteilen, ihnen Informationen zugänglich zu machen, sie zu fragen, uns mit ihnen auszutauschen, uns mit ihnen zu verständigen, sie zu verstehen. In unserer sich rasch verändernden Welt und bei der immer komplexer gewordenen Technik brauchen Führungskräfte und Mitarbeiter einander, wenn sie in einer Organisation in unterschiedlichen Situationen zusammenarbeiten, um Ziele zu erreichen und Probleme zu lösen. Aber sie reden oft aneinander vorbei, auch wenn sie den guten Willen haben, den anderen zu verstehen. Sie machen sich nicht bewusst, was sich auf der subjektiven emotionalen Ebene zwischen Menschen abspielt, wenn sie miteinander sprechen und aufeinander einwirken. Sie wissen nicht, was von dem ankommt, was sie ausgedrückt haben, und welche Emotionen es beim anderen weckt. Und wenn sie darüber gelesen haben und über ein bestimmtes Wissen im Kopf verfügen, bedeutet dies noch nicht, dass sie es im Alltag auch anwenden können; es ist ihnen noch nicht in Fleisch und Blut übergegangen. Ein wortgewandter Mensch kann über manche Dinge, die er nicht selbst erfahren hat, zwar klug reden; im Umsetzen hat er aber seine Probleme, die er vielleicht mit Imponier- und Fassadentechniken überdecken will. Die Folge ist: er wirkt auf andere zwiespältig, ist überreizt und reagiert überempfindlich. Beim Austausch von Informationen differenziert er nicht immer zwischen Person und Sache bzw. Sachverhalt, sowie zwischen einer Tatsache und deren Interpretation. Oft enthält die Information als Inhalt bzw. Substanz nur einen kleinen Tatsachenkern, der durch die Interpretation stark gefärbt, kaschiert, verpackt oder von einer

Fassade verdeckt wird, um etwas vorzutäuschen. Auch die Unterscheidung zwischen Ausdrucks- und Wirkungsaspekt ist wichtig. Der Ausdrucksaspekt meint die Echtheit; ich soll mich zu dem bekennen, was in mir vorgeht, zu meinen Emotionen und Gefühlen. Der Wirkungsaspekt bedeutet: ich will den anderen beeindrucken und etwas bei ihm erreichen; dafür wende ich Kommunikationstechniken an. Beispielsweise stelle ich mich selbst positiv dar, ich bin höflich und freundlich, ich halte den anderen bei guter Laune usw.

Alle Mitarbeiter sollten die mündliche Kommunikation am Arbeitsplatz beherrschen, damit jeder genau erfasst, was andere von ihm wollen; dies fördert die Zusammenarbeit, macht sie effizienter und bessert auch die Qualität der zwischenmenschlichen Beziehungen. Weniger Verhaltensprobleme und Konflikte entstehen, und die unvermeidlichen lassen sich eher lösen, wenn Menschen sich konstruktiv zueinander einstellen und fair miteinander umgehen. Die Andersartigkeit unserer Mitmenschen erschwert dies oft; sie ist aber auch eine Chance, wenn wir uns vor Augen halten, dass Menschen mit unterschiedlichen Einstellungen, Verhaltensweisen, Begabungen, sich in ihren Stärken und Schwächen ergänzen, wenn sie sich nicht abwerten, sondern einander bejahen und in ihrem Anderssein anerkennen. Mancher muss aber zuerst an seiner Persönlichkeit arbeiten, die Beziehung zu sich selbst und seine Selbstwahrnehmung verbessern, die seine innere Verfassung spiegelt, bevor er mit anderen richtig umgehen kann.

Kommunikation ist ein wichtiges Führungsmittel. Ein Vorgesetzter benötigt Kommunikation bei vielen Anlässen, wenn er Mitarbeitern zuhört, Fragen beantwortet, sie fragt, Aufgaben stellt, anweist, anordnet, belehrt, instruiert, trainiert, überwacht, koordiniert, Informationen erhält und weitergibt, initiativ wird, Interessen vertritt, repräsentiert. Sein Einfluss auf den Mitarbeiter ist mit davon abhängig, dass er auf die Erwartungen des Mitarbeiters und dessen psychische und soziale Situation eingeht. Durch gut dosierte, gesteuerte Emotionen kann der Vorgesetzte die Emotionalität des Mitarbeiters ansprechen und ihn leichter überzeugen als nur durch rationale Argumente. Die Ziele werden gemeinsam am besten erreicht, wenn sich der Vorgesetzte mit seinen Mitarbeitern identifiziert; diese werden sich dann auch mit ihm identifizieren, so dass eine verschworene Gemeinschaft mit einem starken Synergieeffekt entsteht.

Der Kommunikation zwischen Führungskräften und Mitarbeitern kommt deshalb eine besondere Bedeutung zu. Beim autoritären Führungsstil ist die Kommunikation allerdings schwach entwickelt. Die Mitarbeiter sind chronisch unzufrieden und reagieren auf Führungsmaßnahmen distanziert, ohne innere Beteiligung; das Betriebsgeschehen interessiert sie wenig. Sie fühlen sich dafür nicht mitverantwortlich. Laufende Kontrollen sind erforderlich. Die Produktivität ist unzureichend. Beim kooperativen Führungsstil ist die Kommunikation zwischen dem Vorgesetzten und seinen Mitarbeitern intensiv; alle fühlen sich wohl und entwickeln Selbstsicherheit und ein gutes Selbstwertgefühl. Das Arbeitsklima ist konstruktiv und kreativ. Die Mitarbeiter interessieren sich für Pläne, Absichten, Erfolge und Misserfolge des Unternehmens. Bei Gesprächen streben sie Konsens an. Sie setzen sich an ihrem Arbeitsplatz engagiert ein, fühlen sich mitverantwortlich, arbeiten selbstständig und engagiert – auch ohne Kontrollen. Die Produktivität ist hoch.

Was erschwert die Kommunikation?

Die Partner sind einander entfremdet, sie reden aneinander vorbei, kapseln sich voneinander ab, statt Kontakt zu suchen. Sie sind nicht bereit, hinzuzulernen. Auf der anderen Seite fühlen sie sich durch Unverstandenes verunsichert; es macht ihnen Angst, weckt Minderwertigkeitsgefühle in ihnen, demotiviert sie, wirkt destruktiv. Wer als Sender Fremdwörter verwendet, die der Empfänger nicht kennt, frustriert diesen. Das Gleiche trifft zu, wenn der Sender sich unklar ausdrückt oder der Empfänger das Gehörte nicht erfasst. Es kann aber auch sein, dass der Empfänger nicht bereit ist, die Informationen des Senders aufzunehmen, weil er mit seinen Gedanken woanders ist oder bewusst abschaltet, weil er meint, er wisse schon alles, was ihm der Sender übermitteln will. Wertende, vor allem abwertende Du-Botschaften, die den Empfänger beurteilen, wirken auf diesen besserwisserisch; sie frustrieren und wecken innere Widerstände und Aggressionen. Besser sind vertrauenerweckende Ich-Botschaften, die etwas über den Sender und dessen Eindrücke und Gefühle aussagen.

Vorgesetzte müssen sich mit Killerphrasen ihrer Mitarbeiter auseinander setzen. Sagt der Mitarbeiter, „Das kann doch nicht funktionieren", kontert der Vorgesetzte: „Was funktioniert denn nicht, und warum soll es nicht funktionieren?" Behauptet der Mitarbeiter: „Das ist doch viel zu teuer!", fragt der Vorgesetzte zurück: „Angenommen, die finanziellen Mittel stehen zur Verfügung, was wäre dann realisierbar?" Weicht der Mitarbeiter bei einer Neuerung mit der Floskel aus: „Das haben wir doch schon immer so gemacht!", kontert der Vorgesetzte: „Welche Vorteile haben wir denn konkret, wenn wir die neue Methode anwenden?"

Der gesunde Mensch wünscht sich, dass wenigstens einige Mitmenschen zu ihm offen sind, ihm vertrauen, ihn schätzen, mit ihm verbunden sind. Er fühlt sich nicht wohl, wenn Menschen zueinander misstrauisch sind, Angst voreinander haben, sich etwas vormachen, miteinander ständig streiten. Im sozialen Umfeld des Unternehmens lassen sich Spannungen zwischen Kollegen, Vorgesetzten und Mitarbeitern und den oberen und unteren Ebenen der Hierarchie nicht vermeiden. Solange die Spannungen vorwiegend positiv sind und eine gewisse Stärke nicht überschreiten, sind sie normal.

Kommunikationsfehler wirken sich nicht nur rational nachteilig aus, sondern auch emotional, wenn einer der Partner sich im Ton, in den Untertönen und in der Körpersprache vergreift und unbewusst Vergangenes mitschwingt. Jemand will sich rechtfertigen und Recht behalten. Der andere reagiert darauf, indem er anklagt, den anderen beschuldigt und ins Unrecht setzt. Wieder ein anderer zieht sich enttäuscht und beleidigt zurück. Es gibt auch Personen im Unternehmen, die unbedingt Macht ausüben wollen; darunter leiden ihre Mitmenschen. Sie sind frustriert und werden aggressiv. Persönliche Missverständnisse durch eine unbefriedigende Kommunikation sind oft Ursache für schwer wiegende personale und soziale Fehlentwicklungen. Die damit verbundenen Verhaltensprobleme und -konflikte lassen sich aber lösen, wenn dies alle Beteiligten wollen. Allerdings müssen sie befähigt werden, die Bedingungen ihrer Entstehung zu durchschauen und konstruktiv damit umzugehen. Sonst nimmt ihre Dialogfähigkeit ab, sie reden nicht mehr miteinander oder aneinander vorbei.

Manche Gespräche sind unfruchtbar und verlaufen unterschwellig distanziert oder feindselig, weil die Gesprächspartner früher einander gedankenlos verletzt haben; dadurch ist ihre Beziehung gestört. Dies geben sie aber nicht zu; nach außen tun sie, als sei alles in Ordnung. Dies gilt vor allem für Personen mit schwachem Selbstwertgefühl, die sich nach einem Wort der Anerkennung sehnen, die mehr gelten wollen. Sie fassen alles „sehr persönlich" auf, nehmen es sich zu Herzen und wittern in jeder sachlichen Kritik und jeder harmlosen Frotzelei einen Angriff auf ihre Person. In die Sachfragen ihres Partners phantasieren sie ständig eine versteckte Kritik hinein. Durch Verletzungen und das Fehlen von Anerkennung sind die einen überreizt und reagieren überempfindlich; andere dagegen stumpfen ab und werden unempfindlich. Beide sind ihrer Gefühle nicht sicher.

Viele Fehler entstehen durch Abwehrtechniken. Die am häufigsten praktizierten sind Rationalisierung und Projektion. Die tiefenpsychologische Bedeutung von Rationalisierung ist: Ich versuche, ein fragwürdiges oder schädliches Verhalten nachträglich plausibel zu begründen und damit zu rechtfertigen. Bei Projektion nehme ich, ohne dies zu durchschauen, an einer anderen Person etwas wahr und laste es ihr an, was eigentlich mich selbst betrifft, z. B. unterdrückte oder verdrängte negative Emotionen wie Ärger, Wut, Hass. Auch andere Abwehrtechniken kommen in der Arbeitswelt vor, z. B. Regression: in kindliche Verhaltensweisen zurückfallen, und Verleugnung der Realität. Sie verzerren unser Selbstbild und verfälschen das Bild, das wir uns von anderen Personen machen.

Viele Missverständnisse und Probleme entstehen, wenn der Sender Worte verwendet, die der Empfänger nicht kennt und versteht; wenn er sich nicht klar genug ausdrückt. Wenn der Empfänger sich auf die Nachricht des Senders nicht konzentriert, wenn er abgelenkt und nicht empfangsbereit ist. Nicht-verbale Kommunikation drückt aus, ob der Empfänger offen und interessiert ist, wenn er sich beim Hören vorbeugt; oder abwehrend und desinteressiert, wenn er sich lässig zurücklehnt. Die Atmosphäre kann entspannt oder gespannt sein. Treten zwischen dem Vorgesetzten und einem Mitarbeiter öfter Missverständnisse auf, kann der Vorgesetzte den Eindruck gewinnen, dass der Mitarbeiter unfähig oder unwillig ist, zu kommunizieren. Dann entsteht ein

„Teufelskreis" zwischen der negativen Erwartung des Vorgesetzten und der Unsicherheit des kritisierten Mitarbeiters, der unangenehme Folgen hat. Ein wichtiges Ziel ist daher, den Informationsaustausch am Arbeitsplatz zu verbessern und Fehler und Missverständnisse zu vermeiden. Dabei hilft eine gute Visualisierung, die die gegenseitige Verständigung sehr erleichtert. Missverständnisse entstehen auch, wenn die Gesprächspartner zum gleichen Sachverhalt unterschiedliche Aussagen machen, weil sie die Sache von einem anderen Standpunkt aus sehen. Hier kann das aktive Zuhören abhelfen, bei dem der Empfänger sich aufmerksam und konzentriert verhält und dies dem Sender zeigt, indem er z. B. mit dem Kopf nickt oder eine kurze Rückmeldung gibt. Außerdem wiederholt er die wichtigsten Worte des Gehörten, damit der Sender merkt, was beim Empfänger angekommen ist und wie er es verstanden hat. Dabei betont er nicht nur das Gemeinsame, sondern auch das Unterscheidende.

Rhetorische Tricks

Sie werden oft anstelle guter Argumente eingesetzt, um sich Vorteile zu verschaffen. Die Tricks sollten wir kennen, um sie rasch aufdecken und uns dagegen wehren zu können:

1. Behauptungen als Tatsachen hinstellen: „Es bedarf doch keiner weiteren Diskussion; wir müssen das... tun. Uns bleibt gar keine andere Wahl!" Oder: „Es besteht doch kein Zweifel daran, dass..." Oder: „Der Fall liegt doch ganz klar auf der Hand..."

2. Autoritäten und Gewährsleute zitieren: „Schon Professor... ist in seiner weithin anerkannten Forschung zu dem Ergebnis gekommen, dass..." Oder: „Jeder, der sich in der Forschung auskennt, wird mir zustimmen, wenn ich sage,..."

3. Argumente an die eigene Person binden; damit die anderen überfahren: „Als Experte auf diesem Gebiet bin ich mit dem neuesten Forschungsstand der Wissenschaft vertraut; ich kann mir deshalb ein Urteil wohl erlauben."

4. Argumente mit Emotionen aufladen und sie mit der Sache verbinden. An die Gefühle und Ideale der anderen appellieren, an ihre Angst und ihren Mut. Eine Situation dramatisieren: „Noch nie war die Lage so ernst wie heute!"

5. Tatsachen dreist bestreiten, so dass dem anderen vor Staunen die Luft wegbleibt: „Was Sie da behauptet haben, stimmt nicht; Sie befinden sich eindeutig im Irrtum!"
6. Unkorrektes Verhalten anderer nebelhaft andeuten: „Was hinter dem Argument von Herrn... steckt, kann ich hier gar nicht aussprechen; klar ist aber, dass er sich damit eindeutig im Unrecht befindet."
7. Maßlos übertreiben, dem anderen schwere Fehler und Vorurteile anlasten; z. B. erregt aufspringen und sagen: „Sie behaupten also in allem Ernst, dass... Das verbitte ich mir ganz entschieden von Ihnen!"
8. Dem anderen persönliche Interessen und Vorteile unterstellen; eine persönliche Eigenart oder besondere Situation damit verbinden. Auf diese Weise versuchen, den anderen mundtot zu machen: „Warum regen Sie sich denn so auf? Liegt Ihnen die Sache so am Herzen? Aber ich kann gut verstehen, dass Sie nach Ihrer kürzlichen Scheidung so nervös sind..."

Wer mit solchen Tricks diskutiert, verdeckt damit seine Unsicherheit. Ihm geht es nicht um die Sache; sonst würde er saubere Argumente einsetzen. Durch sein falsches Verhalten würgt er positive Ansätze für ein fruchtbares Gespräch ab. Probleme lassen sich nur lösen, wenn die Partner offen und ehrlich zueinander sind.

Wir beeinflussen uns wechselseitig

Mentale Modelle der Außenwelt, die in den Gesprächspartnern entstanden sind, bilden den Kern des Kommunizierens. Sie wirken wechselseitig aufeinander und steuern ständig den verbalen und nicht-verbalen Austausch von Worten, Tönen, Gesten und Verhaltensweisen. Alle Wirkungsmittel erregen Antriebe, auch und vor allem die nichtsprachlichen: Mimik, Gestik, Haltung, Blickkontakt. Die äußere Erscheinung mit Kleidung, Frisur, Schmuck, Make-up usw. wirkt mehr statisch, bestimmt aber maßgeblich den ersten Eindruck. Bei positiver Einwirkung auf einen anderen öffnet sich dieser; ein guter Kontakt kommt zustande und langfristig eine Beziehung. Wer freundlich, höflich, aufgeschlossen zum Gesprächspartner ist, sich dem anderen öffnet und in guter Haltung zuwendet, ihm lächelnd in die Augen blickt, in verbindlichen Worten mit warmem Ton zu ihm spricht, einladende Handbewegungen macht, ihm aufmerksam zuhört und interessierte Fragen stellt, gewinnt ihn für sich.

Weitere Voraussetzungen für gegenseitiges Verstehen sind: Jeder soll dieselbe Sprache sprechen, auch dieselbe Fachsprache. Jeder soll unter einer Sache das Gleiche verstehen. Jeder soll die gleichen Wertmaßstäbe haben. Jeder ist bereit, aufmerksam zuzuhören. Jeder verzichtet auf Vorurteile. Grenzen ergeben sich durch das kulturelle Milieu, die Intelligenz der Partner und ihr Sachverständnis. Auch vermeiden die Partner, ihre negativen Emotionen auszudrücken; sie würden damit einander nur negativ anstecken und das Arbeitsklima verschlechtern. Wer sich im Augenblick nicht wohlfühlt, sollte dies sagen; dadurch erweckt er Anteilnahme statt Abneigung.

Zum richtigen Umgang miteinander gehört gegenseitiges Verstehen, Rücksicht und Achtung sowie Verständnis für die Andersartigkeit eines Mitmenschen, sein Temperament, und die Art und Richtung seines Fühlens, Denkens und Wollens. Fehlt das Einfühlungsvermögen, entstehen viele Missverständnisse und Fehlverhalten. Wer einen Mitmenschen immer nur an seinen negativen Seiten anspricht, verstärkt die schwachen Stellen in ihm. Beispielsweise hat der Politiker *J. Mazarin* eine habsüchtige Person mit Geld und Geschenken bestochen und einem ehrgeizigen Beamten einen Orden verliehen. Bei der richtigen Grundhaltung versucht ein Mensch, das Wesen eines Mitmenschen mit allen Seiten und Eigenschaften von der eigenen Personmitte her zu verstehen, indem er wohlwollend auf den anderen eingeht und bereit ist, im anderen alles anzuerkennen, was an positiven Kräften und Möglichkeiten in ihm steckt. Auf diese Weise hebt er das Positive hervor, erkennt es an und verstärkt es dadurch.

Am Arbeitsplatz sollte möglichst jeder Mitarbeiter ziel- und partnerbezogene, konfliktarme Gespräche führen können. Folgende Voraussetzungen erleichtern ein Gespräch: Der Mitarbeiter bemüht sich um eine konstruktive Atmosphäre und Einstellung zu seinem Gesprächspartner, indem er an ihm Anteil nimmt und sich für ihn interessiert. Er achtet auf guten Kontakt, hat Vertrauen zum Partner und Verständnis für ihn. Er fühlt sich in ihn ein und sieht einen Sachverhalt auch von dessen Standpunkt aus. Er achtet und schätzt den Partner und erkennt seine Leistungen an. Er informiert ihn ausreichend und rechtzeitig und hält nichts zurück, was für ihn zur Beurteilung eines Sachverhalts notwendig ist. Er weiß: um andere verstehen zu können, muss er sich selbst zuerst verstehen; dann hat er es nicht nötig, die eigenen Probleme auf andere zu projizieren und sie ihnen anzulasten. Er entwickelt ein gesundes Selbstwertgefühl und Selbstvertrauen. Er schätzt sich selbst realistisch ein und macht sich ein ehrliches Selbstbild, das nicht zu sehr von der Fremdeinschätzung abweicht, dem Bild, das andere sich von ihm machen. Er verhält sich selbstkritisch, offen, ehrlich, durch und durch echt. Er akzeptiert die anderen als andersartige Menschen und lässt sie neben sich gelten. Störungen klärt und bereinigt er; seine Konsensfähigkeit nimmt zu und seine Grundstimmung ist konstruktiv. Er macht sich bewusst, durch was er auf seine Partner wirkt. Er agiert überzeugend, wirkt auf andere, beeinflusst sie; er reagiert aber auch. Er praktiziert einen eigenen originellen Stil; Gedanken drückt er aus seiner eigenen Mitte verbal und nichtverbal aus. Bei Gesprächsbeginn einigt er sich mit seinem Partner zuerst über das Ziel; erst dann setzt er sich mit ihm über Mittel und Wege auseinander. Er weiß, wie wichtig schon in dieser Gesprächsphase ein gewisser Grundkonsens ist. Er führt keine Monologe und lässt die anderen zu Wort kommen. Dazwischen nimmt er sich Zeit, um nur zu fühlen, zu denken, sich Zusammenhänge vorzustellen; erst dann formuliert er. Er kann aber auch aufmerksam zuhören; dabei geht ihm der Sinn gesprochener Worte auf.

Von einer Information wird Folgendes gefordert: Sie ist auf eine Zielgruppe ausgerichtet, knüpft an deren Interessen an, hebt sich von ähnlichen Informationen ab, wird nicht verwechselt. Sie ist kurz, prägnant, glaubwürdig, verständlich, einfach, eindeutig, vollständig, bedeutsam, aktuell, wirkt einheitlich und kompetent, weckt Sympathie. Wer auf andere auch physisch attraktiv wirkt, wird bei der Kommunikation bevorzugt. Dagegen frustriert eine unverständliche und wenig konkrete Information; sie stimmt aggressiv und lässt Vorurteile entstehen. Bei Wissens- und Kompetenzgefälle soll der überlegene Partner einen Sachverhalt so darstellen, dass er dem Wissens- und Verständnishorizont des weniger wissenden Partners entspricht. Nur dann versteht ihn der Partner, nur dann wird nicht über dessen Kopf hinweg geredet.

Kommunikationstechniken

Wer sie anwendet, verhält sich beim Gedankenaustausch sprechend, zuhörend, verstehend, rückmeldend, rational; er kennt die erforderlichen Mittel und Schritte und beherrscht sie:

1. Er stellt mit dem Partner Kontakt her und stellt sich konstruktiv auf ihn ein.
2. Er eröffnet das Gespräch, umreißt Thema und Ziel.
3. Er beschreibt Aufgaben oder Probleme und stellt dazu Fragen, die er vorbereitet hat.
4. Er hört aktiv zu, sammelt Beiträge, sichtet und ordnet sie.
5. Er definiert Probleme, klärt sie, analysiert ihre Ursachen, bestimmt IST- und SOLL-Zustand.
6. Er sucht nach Lösungen, wie der SOLL-Zustand schrittweise erreicht werden kann.
7. Er baut eigene Unsicherheit ab und trägt dazu bei, dass Unsicherheiten beim Gesprächspartner ebenfalls reduziert werden.
8. Er argumentiert richtig; auf rhetorische Tricks verzichtet er.
9. Er bewältigt kritische Gesprächssituationen und betont das Gemeinsame und schon Erreichte.
10. Mit Konfliktsituationen und -partnern geht er konfliktarm um; Konflikte bereinigt er.
11. Einwände nimmt er vorweg; er geht darauf ein und bricht ihre Spitze ab.
12. Er akzeptiert konstruktive Kritik, äußert aber anderen gegenüber auch mutig seine Kritik.
13. Er beschließt Maßnahmen.
14. Das Gespräch schließt er erfolgreich so ab, dass keiner sein Gesicht verliert, die Interessen aller Partner gewahrt bleiben und keiner das Gefühl hat, dass er „verloren" hat; alle sollen zufrieden sein.

Wer solche Kommunikationstechniken anwendet, sollte sich bewusst machen, dass sie nur Mittel zum Zweck sind. Hat er sie sich angeeignet, sollte er sie wieder vergessen, damit er sie nicht schematisch, gekünstelt und verkrampft anwendet. Vielmehr sollte er als ganze Person auf einfache, natürliche Weise aus seiner Mitte, seinem Selbst heraus, in bescheidener Grundhaltung „stimmig" und echt kommunizieren.

Richtig fragen ist eine weitere Technik. Durch offene Fragen gewinne ich nicht nur neue Erkenntnisse. Wenn ich sie, ohne die Intimsphäre zu verletzen, teilnehmend und einfühlsam anwende, kann ich bei meinem Gesprächspartner Ängste abbauen, sein Vertrauen zu mir wecken und erreichen, dass er sich mir öffnet und mir Dinge anvertraut, die für ein kooperatives, fruchtbares Gespräch wichtig sind. Durch Fragen, die einfache Bilder erzeugen, kann ich das Denken meines Partners beeinflussen. Ich muss nur darauf achten, dass diese Bilder keine Projektionen meiner ungelösten oder unbewussten Probleme und Konflikte sind. Auch darf ich durch meine Fragen meinen Gesprächspartner nicht verunsichern oder verschrecken. Sie dürfen nicht wie „Verhöre" wirken; niemand braucht sich einseitig ausfragen lassen. Er darf bei taktlosen Fragen sagen: „Diese Frage möchte ich nicht beantworten"; oder: „Wie kommen Sie zu dieser Frage? Was soll sie bedeuten?" An der Art der Frage kann ich sehen, ob jemand über etwas Bescheid weiß oder nicht, oft mehr als aus einer Antwort: Wer ungeschickt fragt, stellt sich selbst bloß; er zeigt, dass er verlegen, großspurig, unsicher, misstrauisch, ungeduldig, ängstlich, zudringlich, unverschämt usw. ist. Fragen können aber auch hilfreich sein, wenn der Fragende liebenswürdig, höflich, freundlich ist.

Er wird sich der W-Fragen bedienen: Wer fragt nach Personen, wann nach der Zeit, wo nach dem Ort, was nach Sachen. Wie fragt nach Einzelheiten, der Situation, auch der Qualität; wie viel nach der Quantität, nach exakt messbaren Größen; warum nach den Ursachen, nach Motiven, den Beweggründen; wozu nach Zweck und Ziel, wohin nach Weg und Ziel. Solche Fragen sind universale Schlüssel, mit denen wir verschlossene Türen öffnen, und Werkzeuge, mit denen wir geduldig und ausdauernd auch schwierige Probleme lösen können. Mit Fragen lassen sich Gespräche zielbezogen steuern. Sie aktivieren, machen neugierig, interessiert, gespannt auf etwas; sie setzen kreative Denkprozesse in Gang.

Wirkungsvolle Gespräche

Bei den ersten Überlegungen mache ich mir bewusst, dass Ausdruck und Eindruck wechselseitig verschränkt sind. Mein sprachlicher und nichtsprachlicher Ausdruck als Sender macht auf den Empfänger Eindruck; allerdings nicht immer in der von mir gewünschten Weise. Beim Empfänger entsteht durch den Eindruck, den er von mir bekommen hat, ein Ausdruck, der wiederum bei mir einen Eindruck hinterlässt. Auf diese Weise wird unsere Beziehung durch einen Regelkreis von Ausdruck und Eindruck wechselseitig gesteuert, und zwar weithin unbewusst, wenn wir in unserem Ausdruck nicht bewusst Akzente setzen. Bereite ich mich auf ein Gespräch vor, frage ich mich: Wie kann ich während des geplanten Gesprächs vorhandene Gegensätze überbrücken? Wie kann ich meinem Partner Nutzen bieten? Wie kann ich dazu beitragen, dass er ruhiger und entspannter wird und seine Ängste abbaut?

Das Gespräch vorbereiten: es planen und organisieren

Dafür ist ein personen-, ziel-, zeit-, ergebnisorientiertes Konzept erforderlich, damit nichts Wichtiges vergessen wird. Im Einzelnen geht es um folgendes:

1. Thema umreißen und eingrenzen.
2. Gesprächsziel selbst festlegen, es mit den Teilnehmern abstimmen oder absprechen. Dabei unterscheiden: unverzichtbares MUSS-Ziel, wünschenswertes SOLL-Ziel, äußerster Kompromiss.
3. Wie lässt sich, ausgehend vom IST-Zustand, dem Problem, das Ziel, der SOLL-Zustand, die erwünschte Lösung, am besten erreichen? Weg, Schritte, mögliche Maßnahmen mit Terminvorstellungen.
4. Zielgruppe: Wer kann zu einer Lösung beitragen?
5. Organisatorische Fragen: Termin, Zeitpunkt, Dauer für einzelne Gesprächspunkte und das ganze Treffen? Raum, Hilfsmittel, Medien, Methoden? Zu zweit antreten, evtl. mit Fachberater? Lässt sich das Gesprächsumfeld kommunikations-

fördernd gestalten? Oder treten störende Reize auf, z. B. Geräusche, ungünstiges Licht, Temperaturen, Sauerstoffmangel usw.?

6. Äußere Erscheinung, z. B. zweckentsprechende Kleidung.

7. Sich zum Thema in Fach- und Sachbüchern, Lexika, Zeitschriften, Zeitungen gründlich informieren. Neben Kernwissen, Sachwissen, auch Hintergrundwissen beschaffen. Auf Schwerpunkte, Argumente und Gegenargumente achten. Unterscheiden:
   a) objektive, bewiesene oder beweisbare Tatsachen;
   b) Meinungen, Deutungen, Thesen, Interpretationen.
   Über das Thema auch mit Nichtfachleuten sprechen, die kein Brett vor dem Kopf haben; sie um ihre Meinung fragen.

8. Was könnte die Gesprächspartner im Zusammenhang mit dem Thema bewegen? Was sind ihre Motive? Eigener Standort? Mögliche Standorte der Partner? Eigene Stärken und Schwächen?

9. Sich Fragen und Argumente ausdenken und sie bereitlegen.

10. Konzept erstellen für schrittweises Vorgehen, um Ziel sicher zu erreichen; für spontane Reaktionen aber zeitlichen Spielraum lassen.

11. Wer führt das Protokoll? Was soll es enthalten? Beispielsweise Maßnahmen, mit Hinweis auf deren Beginn und Abschluss.

12. Sie einigen sich, dass folgende Regeln beachtet werden:
   – Während einer Diskussion geht niemand weg; er wird nicht abgerufen, auch nicht zeitweise.
   – Zusätzliche Themen oder Tagesprobleme werden nicht diskutiert; sie können aber, wenn sie dringend sind, nach Abstimmung mit den Anwesenden anschließend noch als besonderes Thema behandelt werden.
   – Alle verzichten auf Killerphrasen und persönliche Beleidigungen.

Grundhaltung – Einstellung, Einstimmung, Gesprächsatmosphäre

Sie wirken sich bei der Kommunikation zwischen Sender und Empfänger auf der subjektiven emotionalen Ebene aus; dabei laufen viele Prozesse vorbewusst oder unbewusst ab. Folgendes sollte vor einem Gespräch beachtet werden:

1. Sich auf die eigene Person positiv einstellen; mit sich selbst eins sein. Die innere Haltung und das äußere Verhalten sollen sich decken. Sich selbstsicher fühlen, echt und überzeugend sein. Wer über natürliche Selbstsicherheit verfügt, braucht sich nicht dauernd mit anderen wertend oder abwertend zu vergleichen, sich nicht kleiner oder größer zu machen, als er in Wirklichkeit ist.

2. Sich konstruktiv, partnerschaftlich, respektvoll, freundlich und wohlwollend auf den Partner einstellen; ein Lächeln entspannt und baut Ängste ab. Ihn als andersartigen Menschen mit eigener Meinung respektieren und anerkennen. Offen und sensibel für ihn sein; sich höflich und taktvoll zu ihm verhalten, seine Intimsphäre achten.

3. Im Umgang mit den anderen die Gegensätze vereinen, z. B. das Gefühl der Güte und Liebe mit Konsequenz und Sachlichkeit verbinden.

4. Status, Position und besondere Tüchtigkeit eines Menschen zwar beachten und schätzen; sie aber nicht zum Hauptkriterium der Wertschätzung machen.

5. Als Autorität, in gehobener Position, im Gefühl der eigenen Überlegenheit, „Macht und Einfluss" sehr behutsam anwenden, und nur um der gemeinsamen Sache willen. Auch mit Außenseitern, Schwachen, Behinderten fair umgehen.

6. Neben der Situation den Gesprächspartner bewusst wahrnehmen, Blickkontakt mit ihm aufnehmen und ihn mit seinem Namen freundlich grüßen. Sich genügend Zeit für ihn nehmen; sich ihm voll zuwenden, auch emotional.

7. Nicht nur an der Sache interessiert sein, um die es geht, sondern auch am Menschen; sich in ihn einfühlen: das Gehörte geistig nacherleben, in der Phantasie Zusammenhänge erfassen.

8. Davon überzeugt sein, dass wir einander verstehen werden, wenn wir beide den guten Willen dazu haben; aneinander auch die guten Seiten und Fähigkeiten entdecken, einander anerkennen.

9. Uns gegenseitig auf unsere Bedürfnisse, Wünsche, Ideen und

Standpunkte einstellen und sie trotz ihrer Unterschiede und Gegensätze schätzen und würdigen; vielleicht ergibt sich im Gespräch eine fruchtbare Synthese, die wir beide akzeptieren können.

10. Die Aufmerksamkeit des Partners auf sich ziehen; Verständnis für seine Situation und seine Erwartungen äußern. Vertrauen zeigen, darum werben, es beim anderen wecken: Vertrauen für sich als Person und für die Sache, die vertreten wird.

11. Gemeinsam das Ziel umreißen; es sollte für beide Partner einen Nutzen bieten. Keiner soll nur verlieren, keiner soll nur gewinnen! Die gegenseitigen Erwartungen abstimmen; sie sollen nicht unrealistisch sein. Nicht nur das Trennende sehen; auch das Gemeinsame betonen.

12. Bei Spannungen und schwelenden Konflikten darauf achten, dass die durch Emotionen entstandenen Energien durch eine kooperative Einstellung auf ein gemeinsames Ziel gerichtet werden, das von den Beteiligten nicht nur Disziplin erfordert, sondern ihnen auch nützt.

Neben der Einstellung ist die richtige Einstimmung für das Gelingen eines Gespräches erforderlich. Zur richtigen Wellenlänge muss ein guter Ton kommen. Die Reaktion der Partner zeigt, ob der Ton gut ist oder nicht. Beim falschen Ton, bei Misstönen, wird die Beziehung und mit ihr die Verständigung sofort empfindlich gestört. In einem guten Ton lässt sich auch Kritisches, Unangenehmes sagen – mit falschem Ton, rücksichtslos, nicht einmal Gutes. Der Ton ist ganz entscheidend für die Qualität einer Kommunikation. Wichtig ist auch, auf die eigenen Emotionen zu achten und sich auf die Partner emotional zu konzentrieren, in ihnen eine positive emotionale Resonanz zu wecken. Wer zu anderen freundlich ist, erreicht, dass sie auch zu ihm freundlich sind; er erzeugt ein Feld der Sympathie um sich, trägt zu einem guten Gesprächsklima bei und macht die Partner gesprächsbereit für das zur Diskussion stehende Thema. Wenn jeder betont, was die Kommunikation fördert, und alles meidet, was sie hemmt, lässt sich die Entstehung von Konflikten frühzeitig erkennen, wenn auch nicht immer vermeiden. Unterschiede und Widersprüche entmutigen dann nicht, sondern werden als Chance gesehen und genutzt.

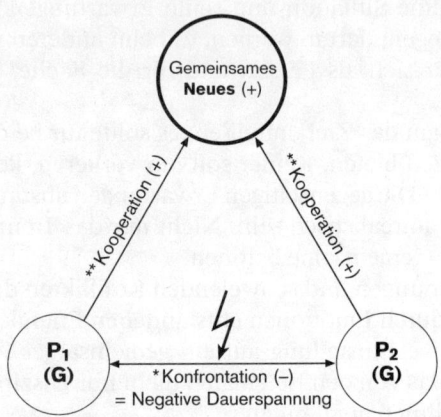

P = Person

G = Gruppe

*) Bei **Konfrontation** fließen die Emotionen mit ihren Energien gegeneinander; die Partner reiben sich, ein Zustand entsteht, der allen schadet.

)Bei **Kooperation fließen die Emotionen in etwas Gemeinsames; bei diesem friedlichen Wettstreit entsteht Neues, das allen nützt.

Grundeinstellung zum Konfliktlösen

Aus R. Lang: Am Arbeitsplatz Konflikte bewältigen, S. 2

Erst wenn eine Atmosphäre gegenseitigen Vertrauens besteht, ist es sinnvoll, sachlich zu argumentieren. Ein gutes Gesprächsklima entsteht oder wird erhalten, wenn die Gesprächsteilnehmer abwertende Du-Botschaften vermeiden, durch die nur Misstrauen und Abwehrreaktionen entstehen, und an deren Stelle ermutigende Ich-Botschaften einsetzen, die etwas über ihre Person aussagen: wie sie sich fühlen, was sie wahrnehmen, was sie wünschen. Auf diese Weise können sie das Vertrauen ihrer Gesprächspartner gewinnen. Kommt trotzdem kein fruchtbares Gespräch zustande, ist es zweckmäßig, über den bisherigen Gesprächsverlauf distanziert nachzudenken und die Schwierigkeiten sachlich anzusprechen, ohne den anderen persönlich zu verletzen.

Das aktive Zuhören ist neben Ich-Botschaften eine weitere Hilfe, um die Botschaft der Partner und ihre Person besser zu verstehen; dies trägt zu einem positiven Gesprächsverlauf und -ergebnis entscheidend bei. Der Empfänger konzentriert sich auf den Sender, nimmt Blickkontakt zu ihm auf und hört ihm aufmerksam zu. Er drückt seine Aufmerksamkeit verbal und nicht-verbal aus, indem er mit dem Kopf nickt und mit den Augen zustimmend reagiert. Versteht er etwas nicht, fragt er zurück; gelegentlich und vor allem am Ende des Gesprächs fasst er die wichtigsten Punkte in eigenen Worten zusammen. Dabei erwähnt er zuerst die Punkte, in denen er mit seinem Gesprächspartner voll übereinstimmt, das *Ja*; die Unterschiede oder noch strittigen Punkte, das *Aber*, erwähnt er sachlich und wie beiläufig.

Sich verständlich ausdrücken

Sich einfach ausdrücken, kurz und prägnant, leicht verständlich formulieren, auf das Wesentliche beschränkt, mit bekannten Wörtern in kurzen Sätzen, fällt vielen Menschen schwer. Sie ringen darum, ihre Gedanken gut und folgerichtig geordnet vorzutragen, sie übersichtlich zu gliedern, in Abschnitte zu unterteilen, Wichtiges hervorzuheben; durch Fragesätze ihre Hörer anzuregen, etwas in direkte Rede zu fassen, Personen auftreten zu lassen, lebensnahe Beispiele und witzige Vergleiche zu bringen. Den Spezialisten fällt es schwer, kein „Fachchinesisch" zu sprechen: Fachausdrücke, Fremdwörter, Abkürzungen möglichst zu vermeiden, die der Gesprächspartner oder Hörer nicht oder nur zum Teil versteht, und sie in die Umgangssprache zu übersetzen, weil nur Experten sich in einer Fachsprache rasch und exakt verständigen können.

Wer richtig verstanden werden will, muss auch die Informationsmenge strikt begrenzen; er darf nicht zu viele Einzelheiten erwähnen. Wenn dies aber nicht zu umgehen ist, wird er diese auf einem besonderen Blatt aufführen, das die Gesprächsteilnehmer erhalten. Er klärt: Was weiß der Empfänger schon? Was muss er unbedingt wissen, um den Sachverhalt beurteilen zu können? Hat er alles eindeutig verstanden? Sind alle Gesprächsbeiträge anschaulich, konstruktiv, kooperativ, zielgerichtet, überzeugend und konsensfähig?

Noch ein Punkt ist beim Formulieren erwähnenswert. Wer andere von sich und einem Sachverhalt überzeugen will, sollte nicht von sich, dem Sender, ausgehen, sondern von seinen Hörern, den Empfängern seiner Nachricht. Er wird möglichst wenig sein „Ich" betonen, sondern mehr das „Sie" oder „Du". Er sagt dann nicht: „Ich sehe das so...", sondern vielmehr: „Für Sie ergeben sich diese Vorteile...". Ich-Botschaften sind dann zweckmäßig, wenn der Sender, um verstanden zu werden, dem Empfänger, ohne diesen zu beschuldigen, unbedingt mitteilen muss, was ihn emotional sehr bewegt, was ihn vielleicht verletzt hat, ohne dass der andere dies beabsichtigt oder vorausgesehen hat.

Das Gespräch aktiv führen

Bei der Einleitung sich klar darüber sein: Was will ich? Auf was kann ich selbst nicht verzichten? Was will der andere? Welche Vorteile kann ich ihm bieten? Mit welchem Aufhänger beginne ich? Den Wunsch nach einem erfolgreichen Verlauf des Gespräches äußern. Das Gespräch ruhig beginnen, statt gleich auf Konfrontationskurs zu gehen. Zum gegenseitigen Vertrauen beitragen.

Aufrecht stehend oder in entspannter, lockerer Haltung sitzend, beide Füße nebeneinander (statt übereinander) auf dem Boden aufgestellt, die Fußspitzen leicht nach außen gerichtet, mit innerer Ruhe: kurz, natürlich, deutlich, klar, richtig betont, sachlich, aber emotional getönt sprechen; die Lippen dabei entschieden bewegen, entspannt atmen. Mimik und Gestik sparsam einsetzen; sie sollten sich durch den inneren Ausdruck von selbst ergeben. Mit Blickkontakt zu den Hörern ziel-, zeit-, aufgaben-, ergebnisbezogen sprechen, die mögliche Reaktion der Hörer abschätzend: deshalb einfühlend, besonnen, überlegt. In freundlicher Entschicdenheit das Sachliche hervorheben, betonen. Tempo, Tonfall, Mimik und Gestik variieren, ebenfalls die Lautstärke; diese den Hörern und der Umweltsituation anpassen. Auf einen guten, warmen Ton achten: „Der Ton macht die Musik!" Für den Sprechenden ist alles vertraut, was er sagt, für die Hörer dagegen nicht. Nicht zu rasch sprechen, damit die Zuhörenden mitdenken und sich das Gesagte vorstellen können; Denkpausen machen. Sich bewusst sein: Ich übermittle auch Werte, nicht nur Worte. Werte ich damit den anderen auf oder ab? Den Partner ab und zu mit Namen anreden. Bei neu kennen gelernten Personen sich den Namen merken; diesen in Gedanken mehrmals wiederholen, bis er sitzt.

Zuerst nachdenken, sich informieren, das Ganze folgerichtig und vorurteilsfrei durchdenken; Zielvorstellung beachten: Was will ich? Den Hörern einen Vorausblick und Überblick geben, ihnen große Zusammenhänge vermitteln. Probleme ansprechen; Tatbestände schrittweise entfalten. Zuerst die Grundstruktur: das Wesentliche, Zentrale, den Umriss, den Rahmen, die Hauptbereiche; dann die Einzelheiten für einzelne Bereiche, immer mit dem Blick aufs Ganze. Nur, was mitteilenswert ist, sagen, gute Argumente bringen; sich an der Situation orientieren. Tatsachen von Meinungen trennen, Person und Sache unterscheiden. Über ein gemeinsames Thema sprechen, zusammen in einer bestimmten Richtung forschen, nach dem Kern der Dinge fragen; sich wechselseitig anregen, dass die Funken sprühen. Durch gezielte Fragen Neugierde wecken auf eine mögliche Lösung oder Antwort. Einen Gedanken, eine Idee, lebendig und anschaulich, als originelle Vorstellung, als ungewöhnliches Bild, in werbender Weise vortragen. Den „Ball" rechtzeitig wieder zurückgeben oder weiterreichen; andere sollen auch zu Wort kommen. Nach einem heftigen Rededuell beim gedanklichen Formulieren wieder zu Atem kommen. Überlegen, ob wichtige Fragen nicht noch ungeklärt sind.

Die Ansicht der anderen achten. Ihre Meinung respektieren; sie freundlich fragen, wie sie dazu gekommen sind. Taktvoll, einfühl-

sam, aber auch entschieden die eigene Meinung vertreten. Die
Meinung der anderen evtl. widerlegen, ohne mit ihnen zu streiten.
Versuchen, sich in einen Gesprächspartner zu versetzen und die
Dinge von seinem Standpunkt aus zu sehen. Ihm möglichst ent-
gegenkommen, damit er sich auch auf mich zubewegen kann. Niemand unterstellen, dass er im Unrecht ist. Keine Fehler anpran-
gern, keine Schadenfreude zeigen. Niemand persönlich angreifen,
nicht in die Enge treiben, nicht demütigen wollen; ihm eher helfen, sein Gesicht zu wahren. Ein „Nein" nicht unnötig provozieren oder in den Raum stellen. Dem Gespräch eine heitere, humorvolle Note geben, wenn dies zur Situation passt, es also „echt"
wirkt und nicht der Manipulation dient. Die Diskussionsbeiträge
der anderen nicht ständig werten; auf rasche Lösungsvorschläge
und einfache „Rezepte" verzichten. Die eigenen Gedanken mit
den Gedanken der Gesprächspartner nicht vermischen. Zunächst
wiederholen, was ein anderer als Problem beschrieben hat; erst
dann die eigenen Ideen dazu vortragen. Vom Empfänger immer
wieder eine Rückmeldung erbitten, um sicher zu gehen, ob dieser
alles so verstanden hat, wie es vom Sender gemeint war. Die Wirkung der Worte verfolgen, besonders emotional besetzter! Wie
kommen sie beim Hörer an? Entsprechen sie seinem Wortschatz?
Hat er alles verstanden? Ist sein Gesichtsausdruck ablehnend, ihn
fragen, welche Zweifel er hat.

Den Gesprächspartner als Menschen achten und anerkennen;
ihn in seinem Selbstwert stärken. Ihm das Gefühl vermitteln, dass
er für eine bestimmte Aufgabe wichtig und notwendig ist. Ihn zu
positivem Wettbewerb herausfordern; dies kann beide Partner
anregen, gemeinsam neue, innovative Ideen zu entwickeln. Bei
Meinungsverschiedenheiten die Punkte herauspicken, die ihm
vertraut sind und die er bejahen kann; dann lässt sich leichter über
Neues und Unbekanntes sprechen und über das, was trennt. Ihn
für etwas gewinnen, das für ihn einen Nutzen hat, an dessen Ergebnis er beteiligt ist und das ihm gute Gefühle vermittelt. In ihm
den Wunsch danach wecken, ihm aber keine falschen oder un-
realistischen Versprechungen machen. Ist eine Kritik notwendig,
das erwünschte SOLL in ermutigendem Ton ansprechen, nicht
das unerwünschte IST. Die Sache in den Mittelpunkt stellen, nicht
die Person. Seine Eigenart berücksichtigen. Jeden individuell be-

handeln, mit ihm seiner Entwicklungsstufe entsprechend umgehen: Mit einem Erregten anders sprechen als mit einem Ruhigen. Mit einem Unreifen anders als mit einem Reifen. Mit einem Jungen anders als mit einem Alten. Mit einem Kranken anders als mit einem Gesunden. Wenn der andere sein Verhalten ändern soll, schon auf die kleinste Verhaltensänderung von ihm reagieren und sie anerkennen; dies wirkt als „positiver Verstärker".

Durch Argumente überzeugen

Sie sind Beweisgründe, mit denen eine Meinung gestützt und abgesichert wird. In einer freien, offenen Gesellschaft, in der jedem ein eigener Standpunkt und eine unterschiedliche Meinung zugebilligt wird, sind sie unverzichtbar. Auf die in einer Demokratie herrschende Meinungsvielfalt müssen sich alle Bürger einstellen; denn nur wenn jeder die anderen mit ihrer besonderen Meinung toleriert und sich trotz aller Gegensätze um eine partnerschaftliche Einstellung bemüht, ist ein gutes Miteinander möglich. Mit Argumenten können wir einen unvoreingenommenen Partner zwar nicht emotional, aber doch rational von einer Sache, Meinung, einem Standpunkt, einem Ziel und unserer eigenen Person überzeugen, wenn wir auf seine Erwartungen und seine Eigenart eingehen. Überzeugen heißt nicht, den anderen zu überreden, ihn mit einem Wortschwall einzudecken, zu überfahren, ihm Vorwürfe zu machen, ihm zu drohen. Besser ist, Argumente als Beweismittel gezielt einzusetzen, bei denen eine Sache im Mittelpunkt steht, und nicht die eigene Person. Dies setzt voraus, dass wir über den Gegenstand des Gespräches gut informiert sind und genügend Argumente bereitgestellt haben. Auch die möglichen Gegenargumente sollten wir wissen, um uns darauf einstellen zu können.

Aber das beste Argument kommt beim anderen nur an, wenn die Beziehung auf der subjektiven emotionalen Ebene nicht gestört ist. Außerdem wirkt die eigene Person durch Stimme, Sprache, Gesichtsausdruck, Gestik usw., die das Gesagte verstärken, aber nicht verfälschen sollen. Hier spielen die Emotionen eine wichtige Rolle. Wer sich auf seine Hörer emotional einstellt und zupackend, verständlich, lebendig, anschaulich spricht, fesselt dadurch ihre Aufmerksamkeit, und alle verstehen, was er meint.

Emotionen werden aber zum Problem, wenn die davon zu sehr durchtränkten Meinungen und Überzeugungen direkt aufeinander prallen; dann fällt es den Partnern schwer, auf der objektiven rationalen Ebene zu argumentieren und den Verstand anzusprechen. Bei erregten Auseinandersetzungen sollten wir versuchen, die Umgangsformen zu wahren und so ruhig wie möglich zu bleiben. Auf Einwände, Schwierigkeiten, Probleme, Konflikte, besonders Interessenkonflikte, sollten wir konstruktiv eingehen.

Zuhören – eine Kunst?

Aufmerksam zuhören ist noch schwieriger als reden; die meisten haben es nicht gelernt. Wer richtig zuhören will, muss seine Tätigkeit unterbrechen, sich dem Sprechenden zuwenden, ihm in die Augen schauen und versuchen, aus dem, was er hört, auch die Untertöne herauszuhören. Der Hörende muss zum Sprechenden einen inneren Kontakt herstellen und eine positive Einstellung entwickeln. Er muss bereit sein, ihn als Menschen zu akzeptieren, wie er ist, und ihn ohne Vorleistung achten und anerkennen.

Er nimmt seine Worte vorurteilsfrei, möglichst wohlwollend auf, überdenkt und verarbeitet sie, um sie zu verstehen. Er ist auch bereit, das anzuhören, was ihm neu, fremd, merkwürdig, fragwürdig, noch unverständlich und vielleicht sogar bedrohlich erscheint. Aus den Untertönen hört er heraus, was hinter den Worten steht und durch sie hindurchschwingt. Er lernt von seinem Partner, überdenkt eigene Positionen, überprüft alte Meinungen und lässt sie in Frage stellen. Er hält Kompromisse für sinnvoll und wirkt an deren Formulierung aktiv mit, statt sich dagegen zu wehren. Die Interessen seines Gesprächspartners berücksichtigt er neben seinen eigenen.

Er lässt den anderen aussprechen und hat den festen Willen, ihn zu verstehen. Durch seine Körpersprache und in kurzen Worten wird er rückmelden, in seinen Worten einen Teil des Gehörten wiederholen, und Fragen stellen, die das Verstehen erleichtern. Was der andere sagt, setzt er in geistige Bilder um; dadurch kann er es besser in seinem Langzeitgedächtnis speichern. Versteht er etwas nicht, fragt er sofort zurück: „Wie haben Sie das gemeint? Können Sie mir das nochmals in Ruhe erklären?" Dadurch vermeidet er Missverständnisse, die das weitere Gespräch erschweren würden. Er hört aktiv zu, d. h., er konzentriert sich mit seiner ganzen Person auf den Sprechenden, bringt ihm Sympathie entgegen und erfasst auch den emotionalen Unterton des Gesagten. Er versetzt sich in die Lage des Sprechenden, interessiert sich für ihn, erkennt seine Bedürfnisse und Werte, versteht und toleriert sie. Er denkt einfühlend mit und reagiert auch auf Körpersignale konstruktiv. Er erfasst, worauf es bei einer Antwort entscheidend ankommt, gibt entsprechende Rückmeldung, stellt weiterführende Fragen, bittet um weitere Informationen. Bisher Gehörtes fasst er zusammen, ohne zu werten, zu kritisieren, zu belehren, zu moralisieren, zu beschwichtigen, zu bagatellisieren. Zuversichtlich erwartet er ein gutes Gesprächsergebnis.

Die meisten Informationen enthalten einen kleinen Tatsachenkern und einen hohen Anteil an Meinungen und Argumenten, mit denen der Sender die Tatsachen interpretiert. Wichtig ist, bei jeder Information beides zu unterscheiden und Meinungen und Argumente rasch zu analysieren; auf diese Weise lässt sich erkennen, was daran wichtig, wahr, sinnvoll, und was vielleicht nur kaschiert und gefärbt ist, um zu täuschen und einen bestimmten Eindruck zu machen. Viele Missverständnisse entstehen, weil Worte eine sehr unterschiedliche, vielschichtige Bedeutung haben, je nachdem, in welcher Situation, in welchem Zusammenhang und in welcher Absicht sie gebraucht werden. Nur wer dies berücksichtigt, versteht eine Information, erfasst ihren Kern, ihre Bedeutung, ihren Sinn. Sprechen wir über Konkretes, können wir uns relativ gut verständigen; denn einen Gegenstand können wir betrachten, nachmessen, wiegen, benützen, ausprobieren. Dagegen wird es schwierig, wenn es um Werte, Emotionen, Gefühle, Eindrücke, Urteile usw. geht, weil diese Begriffe sich nicht ein für allemal klar und eindeutig definieren lassen. Da zeigt sich, dass jeder von uns für die Wahrnehmung der Umwelt einen anderen Filter hat und Begriffe anders versteht. Damit keine Begriffsverwirrung entsteht und nicht jeder am anderen vorbeiredet, müssen sich alle Gesprächspartner bemühen, einander klarzumachen, was sie unter einem bestimmten Begriff verstehen. Nur dann können sie sich in der immer komplexer gewordenen arbeitsteiligen Welt verständigen, in der sie immer mehr aufeinander angewiesen sind.

Empfehlungen zum Zuhören

Sich natürlich geben; der Gesprächspartner braucht sich dann auch nicht zu verstellen. Sich zum Zuhören genügend Zeit nehmen; sich das Wesentliche merken, es sich einprägen. Über das Gehörte ruhig nachdenken; es soll sich im Gesicht spiegeln. Den Worten des anderen nicht mit eigenen Gedanken vorauseilen; seine Sätze nicht selbst beenden wollen. Nichts von dem vergessen, was der andere gesagt hat. Sich evtl. selbst ans aufmerksame Zuhören erinnern mit der Einrede: „Zuhören! Blickkontakt!"

Den anderen achten, respektieren, anerkennen; ihm vorsichtig vertrauen. Ihn tolerieren, ohne sich selbst aufzugeben; sich mit ihm und seinem Anliegen möglichst identifizieren. Ihn ausreden lassen, sich dafür interessieren. Ihn von sich und dem erzählen lassen, was ihn bewegt und belastet; er ist dann offener für das, was seinem Partner wichtig ist. Nicht vorschnell und überkritisch urteilen, oder gar verurteilen. Dem anderen zutrauen, dass auch er umsichtig und vernünftig urteilen kann. Möglichst positiv reagieren: aggressives Verhalten nicht mit Gegenaggression beantworten; nur in Ausnahmefällen einen groben Keil auf einen groben Klotz setzen. Kein Öl ins Feuer schütten: „Hass kommt nicht durch Hass zur Ruhe, sondern durch Güte und Liebe". Emotionalen Streit vermeiden! Er führt selten zu etwas Gutem. Meist schadet er allen Beteiligten oder ist völlig nutzlos. Bei einer sachlichen Auseinandersetzung zuerst die eigenen Fehler sehen und auf den Tisch legen. Tolerierbare Fehler des Partners tolerieren; die anderen Fehler sachlich und möglichst indirekt ansprechen.

Keiner der Gesprächspartner soll als Person Recht behalten; sie sollten sich auf das einigen, was „recht ist", unabhängig davon, was einer von ihnen dazu beigetragen hat. Schwächen eingestehen; sachliche Kritik akzeptieren, Selbstkritik üben. Als Nichtexperte auf einem Gebiet mutig auch „dumme" Fragen stellen, um nicht unwissend zu bleiben. Die besseren Argumente anerkennen, auch wenn es nicht die eigenen sind. Bei indirekter Information über dritte Personen sich vergewissern, ob deren Inhalt dem entspricht, was der Sender gesagt hat. Bei einer Antwort zuerst das „Ja" betonen; erst dann das „Aber" erwähnen. Das Gemeinsame herausstellen. Auch „Nein" sagen können, wenn etwas gegen die innerste Überzeugung geht. Unangenehmes möglichst höflich sagen; es kurz begründen.

Rückmelden (Feed-back)

Warum ist es so wichtig? Der Sender übermittelt dem Empfänger eine kodierte Information mit einer bestimmten Bedeutung für sich und den Empfänger. Diese doppelte Bedeutung versucht der Empfänger durch Dekodierung zu verstehen; ob ihm dies gelingt, hängt ab von seinen Erwartungen, Befürchtungen, Vorerfahrungen, von seiner ganzen Person. Manche Informationen kommen nicht an oder nur verstümmelt, wenn der Empfänger einen gewissen Unterton nicht erfasst oder wenn er etwas hineinliest oder herausliest, das der Sender in seine Nachricht gar nicht hineingelegt hat. Deshalb müssen Empfänger und Sender sich verständigen, ob die empfangene Nachricht mit der gesendeten übereinstimmt. Erst nach einer Rückmeldung weiß der Sender, wie der Empfänger sich fühlt, wie seine Worte gewirkt haben und wie er sie interpretiert. Feedback ist deshalb Kernstück eines Kommunikationstrainings; denn der Sender kann sein Verhalten und die Art seiner Kommunikation nur verbessern, wenn er weiß, wie er auf andere wirkt und welche Missverständnisse und Störungen entstanden sind. Wegen ihrer großen Bedeutung darf die Rückmeldung nicht dem Zufall überlassen bleiben; sie sollte Teil des Systems sein, zur Gewohnheit werden.

Wie soll der Empfänger rückmelden? Oft genügt ein Augenkontakt oder ein Nicken. Oder der Empfänger reagiert durch Wortfetzen wie: „Wirklich?" „Oh." „Ich verstehe." „Wie interessant." „Ja." usw. Oder der Sender fragt den Empfänger: „Wie sehen Sie diese Angelegenheit?" Der Empfänger spricht beim Sender den Sachverhalt an; dies ist der Sachaspekt. Er reagiert auf die Nachricht des Senders, die bei ihm etwas auslöst; dies ist der personale Aspekt. Er drückt aus, wie er zum Sender steht; dies ist der Beziehungsaspekt. Er fragt: Was soll ich ändern oder beibehalten? Dies ist der Handlungs- bzw. Aufforderungsaspekt.

Warum ist Echtheit für die zwischenmenschliche Kommunikation so wichtig? Die Nachricht eines echten, ehrlichen Senders wird der Empfänger am ehesten störungsfrei empfangen und eindeutiger verstehen. Je offener der Sender seine Gedanken und Ge-

fühle ausdrückt und damit preisgibt, desto weniger braucht der
Empfänger unangenehme Überraschungen zu befürchten; er kann
aufmerksam und intensiv zuhören. Verhält der Sender sich dagegen nicht echt, weiß der Empfänger nicht recht, „woran er ist".
Dies verunsichert ihn; es kann ihn aggressiv machen. Hört der
Empfänger mit ganzem Ohr zu, fühlt der Sender sich verstanden;
er wird den Empfänger schätzen und dadurch seine Beziehung zu
ihm verbessern. Dies wirkt sich wieder positiv auf den Empfänger
aus: beide können ihre Masken abnehmen, einander achten und
schätzen und in einfühlender Weise miteinander umgehen. So
entsteht ein positiver Regelkreis.

Das Gespräch beenden und nachbereiten

Ist das Ziel erreicht worden? Liegt ein knappes Protokoll vor?
Das Ergebnis evtl. visualisieren, präsentieren, demonstrieren. Sich
beim Partner oder den Partnern für das Gespräch bedanken. Falls
das Problem noch nicht gelöst ist, über einen neuen Termin sprechen. Die Teilnehmer bitten, sich vor dem nächsten Treffen Gedanken zu machen über Lösungsmöglichkeiten.

Nun das Gespräch nachbereiten, es kritisch analysieren: Was ist
gut gelaufen? Wie habe ich auf meine Partner gewirkt? Habe ich
sie überzeugt? Habe ich etwas bewegt? Wie war die menschliche
Verständigung auf der subjektiven emotionalen Ebene? War die
Übermittlung der Inhalte auf der objektiven rationalen Ebene
störungsfrei? Welche Schwächen habe ich gezeigt? Stand ich unter starkem Disstress? Wenn ja, wie habe ich darauf reagiert? Wie
mein Partner? Sehr emotional? Oder relativ gelassen? Wie kann
ich daran arbeiten, dass aus meinen Schwächen nach und nach
Stärken werden? Evtl. den Partner fragen, wie er mich erlebt hat
und wie er meine Kommunikationsfähigkeit als Sender und Empfänger beurteilt. Ihm sagen, dass ich an mir arbeiten möchte und
ich auf seine Einschätzung großen Wert lege. Was muss ich nach
dem Gespräch veranlassen?

Metakommunikation: das Kommunikationsverhalten
rückblickend überprüfen und weiterentwickeln

Ein Kommunikationsprozess ist vielschichtig und kompliziert.
Er erfordert auch den Willen und die Fähigkeit, über das eigene

Kommunikationsverhalten nachzudenken und mit anderen darüber zu sprechen. Jeder macht sich bewusst, wie er gesprochen, zugehört und rückgemeldet hat und was er dadurch erreichen wollte. Die Partner beleuchten und analysieren kritisch die Art, wie sie miteinander kommuniziert haben. Dadurch werden sie immer besser befähigt, das eigene Unbehagen über einen unbefriedigenden Gesprächsverlauf zu erkennen und in einer Ich-Botschaft auszudrücken, Störfaktoren und deren Ursachen zu durchschauen und zu beseitigen.

Eine Nachricht hat viele Aspekte, die bei einer Kommunikation gleichzeitig im Spiele sind; alle müssen wir verstehen, einmal jeden für sich, zum anderen alle im Zusammenhang. Um folgende Fragen geht es vor allem: Welche Probleme und Störungen können beim Sender und beim Empfänger auftreten? Was kann schief gehen? Worauf sollte ich achten? Welche Kommunikationsfähigkeiten sind notwendig, um die Probleme zu meistern?

Wie gut oder schlecht eine Kommunikation verlaufen ist und was ich damit bewirkt habe, kann ich als Sender nach einer Rückmeldung des Empfängers beurteilen. Diese Rückmeldung ist äußerst wichtig; als Sender sollte ich mich darum bemühen, sie bald zu erhalten. Anfangs ist es nicht leicht, ein Gefühl für die Metakommunikation zu entwickeln: auf dieser zusätzlichen Ebene nicht nur intellektuell zu verstehen, sondern konkret zu denken, zu planen, zu handeln. Aber das Gespür dafür wächst, wenn man sich angewöhnt, Tatsache und Interpretation, Sache und Person sowie die Beziehung zwischen ihnen, konsequent zu unterscheiden. Dann kommen wir Schritt für Schritt vom Sagen und Hören zum gewohnheitsmäßigen Tun, indem wir auf das Gesagte aufmerksam hören, es verstehen, damit einverstanden sind, es behalten, anwenden und beibehalten.

Regeln als kritischer Spiegel für das eigene Kommunikationsverhalten

Alle, die oft miteinander sprechen, sollten sich auf bestimmte Regeln einigen und sie konsequent anwenden. Wer sich nicht an die Regeln hält, die für ein gutes Miteinander notwendig sind, sollte von den anderen an die übertretene Regel erinnert werden. Alle gehen von dem Prinzip aus: „Ich will so mit dir umgehen, wie ich von dir erwarte, dass du mit mir umgehst!" Einfache Regelverstöße, die sich für andere Personen nicht nachteilig auswirken, werden im Allgemeinen toleriert; denn viele Regeln sind SOLL-Vorschriften: Ideale, die nicht jeder erreichen kann, die er aber trotzdem anstreben sollte. Wie man auf die Verletzung unverzichtbarer Regeln reagieren sollte, wenn eine Person sich trotz mehrerer Hinweise nicht daran hält, bestimmt die betroffene Gruppe; dafür kann sie zusätzliche Regeln absprechen, sog. Meta-Regeln. Nachstehend folgen zwei Beispiele; sie sollen zum Formulieren eigener Regeln anregen.

Regeln für Sachgespräche

1. Bei Gesprächsbeginn werden Thema und Ziel bekannt gegeben.
2. Alle nehmen auch das Positive an ihren Gesprächspartnern wahr; sie ermutigen einander und bestärken sich in ihrer Eigenart.
3. Sie pflegen ihre Kontakte, damit daraus dauerhafte konstruktive Beziehungen entstehen.
4. Alle sagen, was sie zum Thema wissen. Sie hören aufmerksam zu, lassen einander ausreden, fragen bei Unklarheiten nach.
5. Alle geben ehrliche, überzeugende Ich-Botschaften; keiner überredet andere, alle streben Konsens an.
6. Durch eine eindeutige Rückmeldung vermeiden sie Irrtümer und Missverständnisse.
7. Sie respektieren einander und greifen niemand persönlich an; die eigene Person können sie zurücknehmen.
8. Alle verzichten auf Schuldzuweisungen; dafür suchen alle nach Lösungen für die vorhandenen Probleme und Konflikte.
9. Wichtige Informationen, Ergebnisse, Maßnahmen, Beschlüsse werden visualisiert.
10. Alle sind mitverantwortlich, dass das Ziel termingerecht erreicht wird.

Regeln, die den Umgang erleichtern, angeregt durch *D. Carnegie*
„Wie man Freunde gewinnt"

1. Ich nehme den anderen wahr und grüße ihn freundlich mit
   seinem Namen.
2. Ich nehme mir Zeit für meinen Gesprächspartner und höre
   ihm aufmerksam zu, anstatt selbst dauernd zu reden.
3. Ich interessiere mich für ihn und seine Probleme, anstatt nur
   meine Probleme zu betonen.
4. Ich versuche, mindestens eine gute Seite an ihm zu entdecken, dazu seine besonderen Fähigkeiten. Diese erkenne
   ich an; dadurch stärke ich sein Selbstwertgefühl.
5. Ich versuche, taktvoll zu sein, und achte seine Intimsphäre.
   Deshalb halte ich einen gewissen Abstand.
6. Spannungen fange ich mit Humor auf, um sie abzuschwächen.
   Ich frage mich: von welchem Standpunkt aus sieht mein Partner das Problem? In welchen Punkten könnten wir uns näher
   kommen?
7. Die Argumente meines Partners prüfe ich sachlich und wohlwollend. Ich beharre nicht auf bestimmten Behauptungen.
   Ich will nicht mit aller Gewalt Recht haben!
8. Ist eine Auseinandersetzung unvermeidlich, versuche ich, zuerst meine eigenen Fehler zu sehen und sie auf den Tisch zu
   legen und die Fehler des anderen soweit wie möglich zu tolerieren.
9. Fehler, die ich unmöglich tolerieren kann, beleuchte ich,
   ohne den anderen zu demütigen. Ich spreche darüber evtl. so,
   als handle es sich um den Fall einer dritten Person.
10. Ich weise meinen Partner darauf hin, dass er seine Fehler kor-
    rigieren kann und dies auch für ihn vorteilhaft ist.

Mit dem Bedürfnis nach Anerkennung hängen die Regeln 1, 4
und 8–10 zusammen, mit dem Bedürfnis nach Sicherheit die Regeln 3 und 5, mit dem Bedürfnis nach sozialen Beziehungen die
Regeln 2, 6 und 7.

4.3 Konflikte am Arbeitsplatz

Konflikte sind lästig, aber sie haben nicht nur Nachteile.
Werden sie konstruktiv gelöst, können daraus Chancen erwachsen.

Im folgenden Abschnitt geht es darum, die durch Konflikte wirksam werdenden Störfaktoren zu erkennen und zu beseitigen, die das Arbeitsklima und die Arbeitszufriedenheit der Mitarbeiter und ihre Arbeitsqualität und -leistung mindern.

Was ist ein Konflikt? Ein unvereinbarer Gegensatz, ein Zusammenstoß, eine Auseinandersetzung, ein Streit, ein Kampf. Wir unterscheiden äußere Konflikte, Auseinandersetzungen mit der Umwelt; bei ihnen reiben sich Personen in und zwischen Gruppen, Organisationen, Institutionen aneinander, sie streiten gegeneinander, verbeißen sich ineinander. Bei inneren Konflikten spielt sich alles in einer Person ab. Vorwiegend äußere Konflikte entstehen durch Personen und Sachen, widersprüchliche Rollen, unklare Kompetenzen, nichterfüllte oder unerfüllbare Aufgaben, ungelöste Probleme. Sie können die Entstehung innerer Konflikte begünstigen, bei denen Verstand und Gefühl, Wille und Trieb, Ich und Es unausgeglichen einander gegenüberstehen und starke Spannungen erzeugen, z. B. durch einen Zwiespalt zwischen Überzeugungen und Verhaltensweisen. Ein Vorgesetzter will seine Mitarbeiter partnerschaftlich führen, mehr im Stil eines Moderators; ihm liegt viel an guten Beziehungen und gegenseitiger Achtung und Anerkennung; auch meint er, dass die Mitarbeiter dann selbst Verantwortung übernehmen und mehr leisten. Sein Vorgesetzter weist ihn aber an, mehr auf Distanz zu gehen, sich autoritär zu verhalten, hart durchzugreifen, viel zu kontrollieren.

Die Spannungen in und zwischen Personen und Gruppen sind vor allem durch die subjektive emotionale Ebene und den sozialen Aspekt bedingt; sie verunsichern die Betroffenen, lähmen, bedrücken, belasten, erschöpfen sie. Das Betriebsklima wird vergiftet. Viel Energie wird nutzlos verbraucht, die für positive Aktivitäten, das Erreichen der Unternehmensziele und eine Erhöhung der Produktivität nicht zur Verfügung steht. Auch können sie Unfälle und affektive Kurzschlusshandlungen auslösen. Krank machender Disstress entsteht, der zusätzlich belastet, die Leistung mindert und langfristig krank macht.

Die wichtigsten Konfliktarten sind:

1. Appetenz-Appetenz-Konflikte: Ich muss zwischen positiven Möglichkeiten oder Zielen wählen, die sich gegenseitig ausschließen, und bin mir im Unklaren, welche die bessere ist. Ich tendiere dazu, möglichst viel Gutes zu erlangen, und entscheide mich für die beste Möglichkeit. Beispielsweise zieht ein Mitarbeiter eine vielseitige, interessante Tätigkeit einer besser bezahlten, aber schematischen Arbeit vor.

2. Aversions-Aversions-Konflikte: Ich muss zwischen negativen Möglichkeiten oder Zielen wählen, die unangenehm, bedrohlich, Angst auslösend sind, und weiß nicht, welche die geringsten Nachteile hat. Ich tendiere dazu, möglichst viele oder alle Übel zu vermeiden, und entscheide mich für die kleinstmöglichen Übel. Beispielsweise verzichtet ein Vorgesetzter auf einen besonders tüchtigen, aber streitsüchtigen Mitarbeiter und trennt sich von ihm, damit die Spannungen und der Streit in einer Gruppe aufhören, in der der Mitarbeiter bisher gearbeitet hat.

3. Appetenz-Aversions-Konflikte: Ich muss zwischen Möglichkeiten wählen, die positive und negative Anteile haben, bei denen Angenehmes, Gutes, und Unangenehmes, Schlechtes, in einem schwer durchschaubaren Verhältnis miteinander vermischt sind, und kann die Konsequenzen in der Zukunft nicht überblicken. Ich tendiere zu möglichst viel Gutem und möglichst wenig Schlechtem, entscheide mich für einen Teil davon und schließe den anderen Teil aus. Beispielsweise lehnt ein Mitarbeiter das sehr lukrative Angebot seiner Firma ab, im Außendienst als technischer Berater zu arbeiten, weil er dann von seiner Familie oft getrennt wäre; sie ist ihm aber wichtiger als ein höheres Einkommen.

Durch ungelöste Konflikte entstehen Frustrationen, die die vorhandenen Spannungen verstärken, ebenso Ressentiments, wenn ein Mitarbeiter eine alte Kränkung nicht vergessen kann. Er trägt sie dem Verursacher lebenslang nach und lauert darauf, sie ihm bei nächster Gelegenheit emotional „heimzuzahlen". Ist dies für den Gekränkten zu riskant, überträgt er seine negativen Emotionen auf andere Personen und Dinge; an ihnen reagiert er seinen Ärger oder seine Wut ab. Andere sind unzufrieden; sie kritisieren hinter vorgehaltener Hand, klatschen, vergiften die Atmosphäre am Arbeitsplatz, setzen Gerüchte in die Welt. Ungelöste Konflikte stören in einer Organisation den Ablauf und binden viel Energie; sie blockieren Entwicklungs- und Innovationsprozesse im Unternehmen.

Zieht sich eine Konfliktlösung zu lange hin oder beseitigt sie nur einen Teil der Konfliktursachen, verbleibt noch genügend Konfliktstoff; dieser erzeugt ständig starke emotionale Spannungen, die alle Beteiligten als unangenehmen Druck empfinden. Gruppenprozesse werden gestört. Alle sind gereizt; schon kleine Anlässe führen zu Streit; Spannungen entladen sich in Raten. Bei starker Selbstdisziplin bricht zwar kein Konflikt aus; dafür entsteht ein immer unerträglicher werdender Überdruck, der sich auf der primitiven Stufe der Träume und Affekte zeigt. Die Folge sind dann Fehlhandlungen und Fehlleistungen; dazu kommen starke emotionale Ausbrüche, die zu Kurzschlusshandlungen führen. Ist dies nicht möglich, wirken sich die Spannungen im Vegetativen Nervensystem der Beteiligten aus, und psychosomatische Störungen und Krankheiten entstehen.

Bei einer Konfliktlösung darf keiner nur gewinnen und keiner nur verlieren. Die Gewinnertypen würden sich zu selbstbewusst, herablassend, arrogant, aggressiv, realitätsfern verhalten; die Verlierertypen dagegen verunsichert, verschüchtert, mutlos, gehemmt, depressiv; sie würden zum Rückzug aus der Wirklichkeit tendieren.

Sind Konflikte vermeidbar?

Ganz lassen sich Konflikte nicht vermeiden; sie entstehen ständig, wo Menschen zusammenleben und zusammenarbeiten; der Mensch ist ein konfliktanfälliges, durch seine Sprach- und Argumentationsfähigkeit aber auch ein konfliktfähiges Wesen. Jeder kann mit jedem innerhalb einer Organisation in einen Konflikt verwickelt werden. Ein Teil wäre aber durch ein bestimmtes Verhalten vermeidbar, und ein anderer Teil könnte entschärft oder gemildert werden. Wir können schon einiges dafür tun, dass aus unvermeidlichen Konflikten kein erbitterter Stellungskrieg entsteht, bei dem die Partner ständig Abwehrgräben aufwerfen und Angriffssalven gegeneinander abfeuern. Weder ein begrenzter noch ein totaler Krieg können den Kontrahenten im Unternehmen langfristig Vorteile verschaffen; und das Unternehmen kann dabei zugrunde gehen.

Wichtig ist, dass die Konfliktursachen beseitigt werden. Sie aus Bequemlichkeit zu übersehen oder zu verdrängen, wäre für die Menschen im Unternehmen und für das Unternehmen selbst schädlich. Auch Scheinlösungen sollten wir vermeiden: einander ermahnen, Schwierigkeiten verharmlosen, nicht ernst nehmen, totschweigen, zerreden. Im Übrigen sollten wir Konflikte mit ihrem Spannungsfeld nicht generell als Störfaktoren betrachten; gut gelöste Konflikte können Innovationen auslösen und damit zum Motor der Weiterentwicklung werden. Und wer es gelernt hat, Konflikte entschlossen und konstruktiv zu lösen, kann dadurch seelisch wachsen und reifen.

Gemeinsam erarbeitete und beschlossene Regeln haben sich als wirksame Hilfen erwiesen, wenn jeder sie strikt anwendet; jeder weiß dann, was er tun darf und was er lassen muss. Die Mitarbeiter erinnern sich gegenseitig an die Einhaltung dieser Regeln, wenn einer von ihnen in ein falsches Verhalten zurückgefallen ist. Andere Möglichkeiten sind: Der Vorgesetzte verhält sich zu einem Mitarbeiter teilnehmend, hilft ihm, seine Probleme zu erkennen und sie möglichst selbst zu lösen. Wirkt ein Mitarbeiter bedrückt, fragt ihn der Vorgesetzte, ob er Sorgen oder Probleme hat, und ermuntert ihn, darüber zu sprechen. Er hört ihm ruhig und teilnehmend zu, damit sich der Mitarbeiter Luft machen kann. Probleme werden in der Gruppe besprochen; dadurch lassen sie sich rascher lösen. Manche Konflikte entstehen auf diese Weise erst gar nicht. Einen Mitarbeiter, der sich problematisch verhalten hat, fordert der Vorgesetzte direkt und engagiert auf, sein Verhalten zu ändern. In einer vorbeugenden Ich-Botschaft sagt der Vorgesetzte einem Mitarbeiter, was er von ihm wünscht; er begründet seine Erwartung sachlich. Er wartet nicht, bis der Mitarbeiter sich falsch verhält. In einer selbst offenbarenden Ich-Botschaft drückt der Vorgesetzte aus, was er denkt, wovon er überzeugt ist, wie er etwas beurteilt. Beispiel: „Ich bin davon überzeugt, dass wir gemeinsam mehr erreichen, wenn wir offen und ehrlich miteinander sprechen und höflich miteinander umgehen."

Alle nehmen ihre Mitmenschen, wie sie sind, nicht wie sie sie gern haben möchten. Von unbegründeten negativen Meinungen und ablehnenden Haltungen lassen sie sich nicht beeindrucken. Sie halten am eigenen Ziel fest, wenn es anderen nicht schadet. Von anderen lassen sie sich in eine Auseinandersetzung nicht hineinziehen. Für das Verhalten der anderen fühlen sie sich nur verantwortlich, wenn Gefahr droht und Schaden für andere entstehen könnte. Wird eine Auseinandersetzung unfruchtbar, brechen die Teilnehmer sie ab; zu einem späteren Zeitpunkt setzen sie sich in ruhiger und konstruktiver Atmosphäre wieder zusammen. Keiner lässt sich alles gefallen; alle reagieren aber nur ruhig, sachlich und besonnen, wenn auch entschieden. Auf Ärger und Wut antworten sie nicht verärgert und wütend; sie zahlen nicht mit gleicher Münze heim. Wollen Wut und Zorn trotzdem aufsteigen, warten sie mindestens 60 Sekunden. In dieser Zeit überlegen sie, ob sich ein Streit lohnt.

Hilfreich kann bei manchen Konfliktpartnern sein, sie zu fragen, ob sie nicht auch unter dem gemeinsamen Konflikt leiden und was man gemeinsam tun könnte, um ihn aus der Welt zu schaffen. Man kann Ärger und Störungen in einen Wunsch umformulieren. Weitere Möglichkeiten sind: eine dritte Person heranziehen, die zwischen den Konfliktpartnern ausgleicht und einen akzeptablen Kompromiss vorschlägt, dem die Konfliktpartner zustimmen. Schließlich könnte ein Teil der Konfliktursachen ausgeschaltet werden durch eine Änderung der Umweltbedingungen; z. B. Arbeitsraum trennen, Kompetenzbereiche besser abgrenzen, genauere Stellenbeschreibung anfertigen. Wichtig ist, dass alle von einem Konflikt betroffenen Personen den Willen haben, den Konflikt zu lösen, und sie zu einem akzeptablen Konsens kommen, der allgemein anerkannten, von Fairness, Achtung und Verständnis geprägten Regeln, Normen, Werten entspricht.

Möglichkeiten, mit Konflikten konstruktiv umzugehen

Konfliktlösungen brauchen meist ihre Zeit. Manchmal empfiehlt es sich, die Bemühungen kurzzeitig zu unterbrechen, um Abstand zu gewinnen. Nicht hilfreich ist, in Tagträume oder in die Arbeit zu fliehen oder zwanghaft zu reagieren, in anonymen Massen unterzutauchen, mit fremden Personen über vertrauliche Dinge zu sprechen. Besser ist, den Konflikt aus der Sicht aller Beteiligten zu sehen und zu beschreiben, nicht nur aus der eigenen. Jeder drückt, was ihn betrifft, durch Ich-Botschaften aus; alle verzichten auf Du-Botschaften, die Vorwürfe und Wertungen enthalten. Alle hören dem Sprechenden aktiv zu; dieser soll spüren, dass die Zuhörer seine Gefühle verstehen und akzeptieren. Keiner beißt sich an sichtbaren Konfliktsymptomen fest; jeder versucht, den Konfliktkern zu erfassen, der oft unsichtbar als Ursache dahintersteht. Sind durch ein Gespräch Aggressionen entstanden, sollten diese zuerst auf möglichst positive Weise abreagiert oder in eine sinnvolle Aktivität umgesetzt werden.

Die Gesprächsteilnehmer machen sich den Konflikt bewusst und akzeptieren ihn. Sie klären: Welche Gegensätze sind im Spiel? Welche Ursachen liegen vor? Was hat zum Konflikt geführt? Welche Konfliktlösung, welcher SOLL-Zustand, ist wünschenswert? Sie versuchen, herauszuschälen, was sie gemeinsam haben und was sie alle bejahen können; damit schlagen sie eine Brücke zueinander. Immer sehen sie auch die positive Seite am Konflikt. Erst dann sprechen sie über das Trennende und bearbeiten es. Sind sie auf diese Weise positiv gestimmt, stellen sie das Trennende in den Mittelpunkt und suchen nach einer Lösung, deren Vorteile sie betonen; ihre Kritik gestalten sie möglichst positiv. Geraten sie aneinander und kommen negative Emotionen ins Spiel, versuchen sie, Sache und Person zu trennen. Sie beschreiben den Tatbestand zwar sachlich, sprechen aber trotzdem mit warmem Unterton. Sie erkennen sich gegenseitig als originelle Persönlichkeit an. Sie bewerten ihren Gesprächspartner nicht negativ, weil dieser anders ist als sie, und erkennen in ihm auch die positiven Seiten. Dies stärkt ihre Selbstachtung und ihr Selbstwertgefühl und entschärft den Konflikt.

Wichtig ist auch, die Stärken des Konfliktpartners anzusprechen, die am Konflikt nicht oder wenig beteiligt sind, statt seine konfliktverursachenden Schwächen mit dem Vergrößerungsglas zu betrachten. Alles Belehrende, Fordernde, Bedrohende wird vermieden. Besser ist eine zum Dialog einladende Ich-Botschaft nach der Methode des Sokrates, die als „Hebammenkunst des Gesprächs" bezeichnet wird und Folgendes ausdrückt:

1. Das Verhalten, das mich am anderen stört.
2. Meine dadurch entstandenen Gefühle.
3. Die Konsequenzen daraus als Grund, warum der andere sein Verhalten ändern soll.

Wer etwas Angenehmes erlebt hat, kann sich anschließend leichter mit etwas Unangenehmem befassen, als wenn er vorher schon frustriert ist. Vor der Bearbeitung eines Konflikts sollte deshalb jeder Konfliktträger an seinem Kontrahenten mindestens eine positive Seite entdecken und dies dem anderen sagen. Es wird ihm dann leichter fallen, einen bisher als negativ eingestuften Tatbestand positiv zu sehen und positiv zu formulieren. Wir gehen mit Konflikten auch positiv um, wenn wir nicht jede Spannung als Konflikt empfinden, sondern ihre Dynamik als leistungsfördernden Wert sehen. Wenn auch unsere Einstellung zur eigenen Person positiv ist und wir das Gefühl der Identität betonen, können wir uns leichter orientieren und einen Sinn im Konflikt sehen. Auch unsere Einstellung zur Aufgabe sollte positiv sein. Wir übernehmen dann eine Aufgabe und Verantwortung gern und bejahen zusätzliche Arbeitsbelastungen, wenn sie nicht zu einer ständigen Überforderung führen; sonst müssen wir, was auf die Dauer zu viel wird, delegieren. Wir haben Freude an einer guten Leistung und handeln zukunftsorientiert. Nach einer Frustration setzen wir uns ein neues Ziel, statt zu resignieren. Im Umgang mit unserem Vorgesetzten bleiben wir gelassen, wenn er überraschend auftaucht. Wir freuen uns, dass er kommt und ein Gespräch sucht.

Voraussetzungen für gute, gemeinsam erarbeitete
Konfliktlösungen

Die Konfliktpartner stellen sich aufeinander positiv ein und sprechen miteinander. Dabei berücksichtigen sie nicht nur den rationalen Aspekt, sondern auch den emotionalen. Sie geben überzeugende Ich-Botschaften, die etwas über sie selbst und die eigenen Zwecke aussagen, und nicht über den anderen. Mit den eigenen Argumenten verletzen sie die Wertvorstellungen der anderen nicht. Sie drücken die eigenen Gefühle und Interessen offen aus, ohne zu werten. Sie hören aufmerksam „aktiv" zu. Für neue Informationen sind sie offen. Sie reagieren darauf, zeigen dies deutlich und geben oft eine Rückmeldung. Auch in kritischen Situationen bleiben sie ruhig und gelassen.

Sie forschen nach den Konfliktursachen, um sie beseitigen zu können. Sie fragen nicht nur „warum?", sondern auch, „warum nicht?". Sie wollen eine Lösung, denken Alternativen durch, akzeptieren und bejahen einen guten Kompromiss; Scheinlösungen vermeiden sie aber. Arbeiten alle am Konflikt Beteiligten aktiv an einer Lösung mit, produzieren sie viele brauchbare Ideen. Sie identifizieren sich mit ihrer Aufgabe und fühlen sich für ein Gelingen mit verantwortlich. Jeder hört sich die Vorschläge der anderen an und geht auf deren Bedürfnisse ein. Alle äußern sich und zeigen ihre Gefühle. Sie kritisieren die Vorschläge der anderen nicht zu direkt und zu scharf; an ihren eigenen Vorstellungen halten sie nicht zäh fest. Dies verbessert die Beziehungen. Bei sehr komplexen Konflikten lassen sich im Team in kürzerer Zeit Lösungsvorschläge erarbeiten und rascher Entscheidungen treffen; sie werden vom Team auch eher mitgetragen und realisiert. An die getroffenen Vereinbarungen halten sich alle.

Die Verhandlungspartner schätzen einander nicht nach ihren Befürchtungen ein. Sie verhalten sich möglichst so, dass es nicht in das „Feindbild" der anderen passt. Sie bemühen sich, die Interessen der anderen herauszufinden; auch überlegen sie, ob sie nicht vielleicht manche gemeinsame Interessen haben. Nach einem Krach versuchen sie, aus Einsicht wieder anzufangen, auch wenn das erste Wort schwer fällt. Auch als Angegriffene reagieren sie besonnen. Sie bemühen sich, im Konflikt die gute Seite zu sehen, die er neben der schlechten hat. Jede notwendige Kritik gestalten sie so konstruktiv wie möglich. Sie sagen dem anderen, wie und warum bzw. wozu etwas anders werden soll. Entschlossen und beharrlich tun sie alles, damit die Konfliktlösung gelingt. Sie danken ihren Partnern für ihr Mitwirken, erkennen sie an, freuen sich mit ihnen.

Wie entstehen Konflikte?

Dafür gibt es unzählige Gründe, von denen ein Teil rational fassbar ist, ein anderer dagegen nicht oder nur schwer. Die Interessen der Konfliktpartner sind unterschiedlich oder gegensätzlich. Ihre Zielsetzungen sind unklar, gegensätzlich oder schließen sich aus. Normen und Wertmaßstäbe sind gegensätzlich; dadurch werden die gleichen Tatbestände unterschiedlich bewertet. Sachprobleme und damit zusammenhängende Verhaltensprobleme, die eine Eigendynamik entwickeln und rational nur schwer zu lösen sind, bleiben ungelöst. Die Sachen werden höher bewertet als die Menschen. Information fehlt oder ist unzureichend; sie wird mangelhaft verarbeitet. Die persönlichen Interessen und die Ziele sind zu unterschiedlich; zwischen Interessen und Zielen der Gruppe bzw. der Organisation bestehen auch Differenzen. Bei der Verteilung von Mitteln, Zuständigkeiten, Positionen usw. fühlt sich der eine und andere benachteiligt. Die Kontrolle am eigenen Arbeitsplatz stört; die Kontrolle an vorausgehenden und nachfolgenden Arbeitsplätzen wird als unzureichend empfunden. Die Arbeitsgruppe ist zu groß. Durch Führungsfehler ist die Kommunikation gestört. Die Koordination innerhalb einer Gruppe und mit anderen Abteilungen ist unzureichend. Zwischen Personen verschiedener Hierarchiestufen bestehen starke Spannungen, ebenso zwischen Stab und Linienorganisation.

Konflikte entstehen auch, wenn die Organisation verändert wird oder sich weiterentwickelt. Besonders viele Konflikte entstehen auf der subjektiven emotionalen Ebene. Z. B. ist das Selbstwertgefühl verletzt, weil die Partner einander nicht anerkennen und ihre persönliche Eigenart zu ausgeprägt ist. Sie sind einander unsympathisch, ohne sagen zu können, warum, und haben Angst voreinander. Sie fühlen sich unverstanden und bemitleiden sich selbst. Einer will anderen seinen Willen aufzwingen, um von eigenen Fehlern und Schwächen abzulenken; er will die anderen durch Streitgespräche besiegen, um sein angeschlagenes Selbstwertgefühl zu bessern. Er reizt die anderen durch seine Aggressivität, seine Rücksichtslosigkeit, seinen Egoismus, seine verletzende Kritik. Er meint immer, die anderen seien schuld an den bestehenden Spannungen.

Andere leiden unter der Abhängigkeit von anderen. Sie sind frustriert, tief verunsichert und entwickeln irrationale Ängste. Sie kapseln sich von anderen ab, sagen nichts von sich, grüßen nicht, gönnen ihren Kollegen keinen freundlichen Blick, wirken auf andere arrogant. Und weil sie die bis zu einem gewissen Punkt normale Neugierde ihrer Mitmenschen nicht befriedigen, sind diese entrüstet. Dadurch entstehen Vorurteile, Verleumdungen und Gerüchte.

Bei Konflikten, die rationale und emotionale Anteile enthalten, sollten zuerst die emotionalen Anteile am Konflikt geklärt werden. Diese lassen sich am ehesten durch gegenseitige Anerkennung abbauen; erst dann ist es sinnvoll, die sachlichen Anteile zu bearbeiten. Manche Mitarbeiter scheuen sich, einen Konflikt auszutragen. Sie haben Angst davor, sind verärgert und fühlen sich als Versager, weil sie ihn nicht vermeiden konnten. Vielleicht haben sie in ihrer Kindheit und Jugend erfahren, dass sie bei einer Konfliktlösung immer unter den Verlierern sind. Sie stehen dann ständig unter Konfliktstress, weil sie etwas tun sollen, für das sie sich nach ihrer Überzeugung nicht eignen.

Sie leiden auch als Gruppenmitglieder stärker unter Konflikten als andere, die damit unbefangener umgehen können. In einer Gruppe oder einem Team entstehen Beziehungskonflikte zwischen den Gruppenmitgliedern und Konflikte mit anderen Abteilungen; die Ursache sind meist abwertende Bemerkungen und fehlende gegenseitige Anerkennung. Inhaltskonflikte entstehen durch unterschiedliche Interessen, sich ausschließende Zielsetzungen und die unterschiedliche Interpretation von Tatsachen. Auch die Organisation kann Konflikte verursachen, die im Rahmen der Organisationsentwicklung gelöst werden. Organisationskonflikte zwischen Gruppen und Abteilungen können durch folgende Anlässe entstehen: Die Aufgabenbereiche werden verändert. Die gesamte Organisation wird umgestaltet. Aufgabenbereiche werden ohne hierarchische Kompetenzen koordiniert. Ein neuer Vorgesetzter kommt von außen. In die Gruppe kommen neue Mitarbeiter. Spannungen zwischen Stab und Linie bestehen. Eine wichtige Entscheidung steht bevor, die die Gruppe fällen muss. Oft sind organisatorische Missstände, personale und soziale Konflikte miteinander vermischt; die einzelnen Anteile zu trennen, ist nicht einfach. Erschwerend kommt hinzu, dass manche Personen ihre Bedürfnisse und Interessen nicht offen ausdrücken, sondern eher unterdrücken und verdrängen und damit aus ihrem Bewusstsein bannen. Betreffen die Konflikte auch die oberen

Führungsebenen, sollten sie zuerst dort bearbeitet und gelöst werden. Sie wirken sonst auf die nächste Führungsebene verunsichernd, demotivierend, leistungsmindernd, und vergiften die Arbeitsatmosphäre.

Auch durch falsch angewandte Macht entstehen Konflikte

Darauf reagieren die vom Unternehmen abhängigen Mitarbeiter, die nicht kündigen können, auf unterschiedlichste Weise. Sie weichen der Macht aus, vermeiden sie, brechen ihre Spitze ab. Sie passen sich nur äußerlich an, fühlen sich für ihre Aufgabe nicht mit verantwortlich, opponieren heimlich. An einer hohen Leistung sind sie nicht interessiert; sie verweigern sie vielleicht sogar, solange dies nicht auffällt. Sie tun nur, was man ihnen sagt und wie man es ihnen sagt. Sie warten auf Anweisungen und Instruktionen, wenn etwas falsch gelaufen ist; an einer selbstständigen Lösung von Problemen sind sie nicht interessiert. Sie handeln nicht initiativ und eigenverantwortlich; ihr kreatives Denken ist blockiert.

Andere reagieren trotzig, offen oder versteckt; sie stellen sich quer. Jede Anweisung und jede Kontrolle empfinden sie als unerträglichen Zwang. Durch ihre Einwände halten sie die anderen Mitarbeiter auf und vermindern dadurch auch deren Leistung; sie verschlechtern das Arbeitsklima, wodurch die Leistung weiter sinkt. Andere reden ihrem Vorgesetzten nach dem Mund, um gut bei ihm angeschrieben zu sein; sie werden zu bloßen Ja-Sagern, Speichelleckern, Schmeichlern. Und die Mitarbeiter, die an ihrem Arbeitsplatz oft belohnt und bestraft werden, verhalten sich zueinander rivalisierend, statt kooperierend; sie behalten ihr Wissen für sich. Wieder andere ziehen sich zurück; sie gehen ihrem Vorgesetzten aus dem Weg, bei Gruppensitzungen schweigen sie. Andere verbünden sich miteinander, um sich gegen den Vorgesetzten besser wehren zu können; als geschlossene Gruppe können sie eine Leistungssenkung oder eine Erhöhung der Pausen eher erzwingen.

Wie wirkt sich die falsche Anwendung von Macht auf den Vorgesetzten aus? Ein Machtkampf kostet viel Zeit und Kraft. Der Vorgesetzte muss sich mit den aufmuckenden Mitarbeitern auseinander setzen, sie in Schach halten und dauernd überwachen.

Trifft er Entscheidungen allein, benötigt er dafür zwar weniger Zeit. Dafür braucht er umso mehr Zeit bei der Durchführung, weil er dauernd kontrollieren muss. Außerdem leisten die Mitarbeiter passiven Widerstand; sie fühlen sich bei der Umsetzung von Maßnahmen für ein Gelingen nicht verantwortlich, weil der Vorgesetzte sie vor einer Entscheidung nicht um ihre Meinung gefragt hat. Wenn die Verärgerung tief sitzt, werden sie auch versuchen, Vorschriften und Verhaltensregeln zu umgehen.

Führt der Vorgesetzte nicht kooperativ, wirkt sich dies vor allem bei jüngeren Mitarbeitern nachteilig aus. Die Beziehungen verschlechtern sich; Vorgesetzter und Mitarbeiter werden einander entfremdet. Der Mitarbeiter fürchtet sich vor dem Vorgesetzten und findet ihn unsympathisch. Versucht der Vorgesetzte, den Mitarbeiter nun noch stärker zu kontrollieren und auf ihn zwingend einzuwirken, verstärkt dies die Spannungen. Es kann sein, dass nun der Vorgesetzte sich vor einer negativen und vielleicht sogar destruktiven Reaktion des Mitarbeiters fürchtet und versucht, sich dagegen abzusichern und noch mächtiger, möglichst unangreifbar zu werden. Manche Vorgesetzte bekommen Schuldgefühle, wenn sie den Ärger und die ohnmächtige Wut ihrer Mitarbeiter spüren. Aber je mehr sie ihre Führungsposition betonen und ihre Macht ausspielen wollen, umso stärker nimmt ihr Einfluss und ihre natürliche Autorität ab. Sie müssen dann Kampftechniken einsetzen, ständig dramatisieren und den Mitarbeitern Sanktionen androhen, was bei diesen neue Trotzreaktionen und passive Leistungsverweigerung auslösen wird. Aus diesem „Teufelskreis" kommt der Vorgesetzte heraus, der sich bemüht, seine Mitarbeiter auch emotional zu verstehen und sie nicht nur ihrer Leistung wegen, sondern auch als Menschen, anzuerkennen. Er wird, wenn er seine Mitarbeiter beeinflussen will, nur noch seine „natürliche" Autorität einsetzen, die er durch sein überlegenes Wissen und Können sowie durch die Leitungsrolle und -funktion besitzt. Die Mitarbeiter sehen ein, dass der Vorgesetzte für sie notwendig ist, und öffnen sich seinem Einfluss, lassen sich von ihm etwas sagen, fragen ihn um Rat; denn sie wissen, dass er ihre Einzelaktivitäten koordinieren und steuern muss, damit eine Gesamtleistung möglich wird bzw. fertige Produkte entstehen können, für die sie sich mitverantwortlich fühlen.

Der Vorgesetzte beeinflusst die Befähigung seiner Mitarbeiter zum Konfliktlösen

Er weiß, dass Konfliktlösungen viel Fingerspitzengefühl und Flexibilität erfordern. Der Vorgesetzte sollte einen Blick für Konfliktsymptome haben und sie rasch erkennen, z. B. eine ständig gereizte Stimmung und Spannungen zwischen ihm und seinen Mitarbeitern und Spannungen zwischen den Mitarbeitern. Weitere Symptome sind eine sinkende Leistung und ein Nachlassen der Arbeits- und Produktqualität.

Der Vorgesetzte sorgt für eindeutige, konfliktmindernde Voraussetzungen, u. a. durch eindeutige und aktuelle Information von oben nach unten, von unten nach oben und auf der gleichen Ebene. Er trifft die richtigen Personalentscheidungen, indem er den geeigneten Mitarbeiter an den richtigen Platz stellt. Betriebsfremde Einflüsse schaltet er möglichst aus. Der Vorgesetzte weiß, wenn er führen will, muss er auf die Mitarbeiter durch seine Persönlichkeit und sein Kommunikationsverhalten so wirken, dass ein gutes Arbeitsklima entsteht und er mit den Mitarbeitern die gesetzten Ziele erreicht. Er fragt sich deshalb immer wieder: Wie wirke ich auf meine Mitarbeiter? Wie reagieren sie auf mich? Er nimmt an einem Mitarbeiter nicht nur Widerspruchsgeist und Leistungsverweigerung wahr, sondern fragt nach deren Ursachen. Diese können auch bei ihm selbst liegen, z. B. wenn er zu autoritär führt. Er fragt auch danach, wie die Beziehungen eines auffälligen Mitarbeiters zu anderen Mitarbeitern und anderen Vorgesetzten sind.

Er halst eine Konfliktlösung, die ihn selbst betrifft, nicht anderen auf, z. B. seinem Vorgesetzten oder einem möglichen Nachfolger. Sein Vorgesetzter könnte aber bei einem wichtigen Gespräch als Beobachter anwesend sein; er dürfte sich nur nicht direkt in das Gespräch einmischen. Ganz allgemein wird der Vorgesetzte an seiner Fähigkeit arbeiten, Konflikte lösen zu können, und sich von Zeit zu Zeit selbstkritisch fragen: Wie verhalte ich mich in Konfliktsituationen? Wie gehe ich mit Konflikten um? Wie kann ich das Konfliktgeschehen positiv beeinflussen? Muss der Konflikt vielleicht noch mehr ausreifen, um lösbar zu werden?

Rolle des Vorgesetzten beim Konfliktlösen

Beurteilt der Vorgesetzte einen Mitarbeiter oder eine Gruppe nach ihrem offenen, ihrem wahrnehmbaren Verhalten, macht er sich klar, dass er sie nur einschätzen kann und das Ergebnis seiner Einschätzung von seiner eigenen Person abhängt und gefärbt wird: von seiner aktuellen Einstellung, seiner Verfassung, seiner Tagesform, ob er zum Beispiel frisch, erholt, gesund, oder ermüdet, erschöpft, krankheitsanfällig ist. Auch der jeweilige Ort, die Umweltbedingungen, das aktuelle Verhalten des Mitarbeiters, spielen eine Rolle. Die Mitarbeiter signalisieren oft durch ihr Verhalten, dass bestimmte Bedürfnisse bei ihnen nicht befriedigt werden, wenn sie z. B. mürrisch oder niedergeschlagen sind, verkrampft, ängstlich, nervös, reizbar, überempfindlich. Wenn sie meckern oder schweigen, anderen nicht in die Augen sehen, geistig abwesend und vergesslich sind und Tagträumen nachhängen. Das Ergebnis seiner Einschätzung kann der Vorgesetzte auf einem DIN-A4-Blatt vermerken: Im oberen Drittel hält er die Konflikte fest, die der Mitarbeiter hat, im untersten Drittel die Konflikte, die er, der Vorgesetzte, selbst hat. In der Mitte notiert er, welche Bedürfnisse beide wechselseitig befriedigen können.

Bei schwierigen, konflikthaften Beziehungen zwischen Mitarbeitern informiert sich der Vorgesetzte, bevor er sich um eine Konfliktlösung bemüht. Er klärt zuerst den IST-Zustand: Was hat sich bisher tatsächlich ereignet? Er erfasst die Vorgeschichte sachlich, indem er fragt: Wer hat was gesagt, getan, verschwiegen, unterlassen? Weiter fragt er nach den Ursachen: Wie kam es dazu? Was sind die Hintergründe? Dabei trennt er die Tatsachen von den Meinungen, der Interpretation der Tatsachen; die Ursachen analysiert er.

Beim nächsten Schritt überlegt der Vorgesetzte, um den SOLL-Zustand bestimmen zu können: Was könnte für die Verhältnisse der Beteiligten und für ihre Beziehung zueinander erstrebenswert sein? Keiner sollte dabei sein Gesicht verlieren; jeder sollte einen Nutzen davon haben. Wenn es schon einen ähnlichen Fall gab: wie wurde dieser bereinigt? Er erstellt einen Plan mit Maßnahmen, um den SOLL-Zustand zu erreichen. Vor einer Entscheidung klärt er: Haben sich die Gemüter inzwischen beruhigt? Ist alles richtig erfasst und beschrieben? Sind alle Tatbestände geklärt? Sind alle Ursachen dafür aufgedeckt? Wer wirkt bei einer Durchführung mit? Wer muss informiert werden? Wer beginnt wann mit der Durchführung? Bis wann muss sie beendet sein? Welche Konsequenzen ergeben sich, wenn die Maßnahmen nach Plan durchgeführt werden? Sind alle realisierbar, üblich, praktikabel, wirtschaftlich? Welche Auswirkungen haben sie auf die Beteiligten? Bei negativen Konsequenzen den Plan ändern.

Nun entscheidet sich der Vorgesetzte für die Durchführung nach dem endgültigen Plan. Während der Durchführung kontrolliert der Vorgesetzte anhand des Plans: Haben alle Beteiligten das Ziel erreicht? Waren die einzelnen Lösungsschritte richtig? Wurden die Konfliktursachen beseitigt, damit die gleichen Konflikte in der Zukunft nicht mehr entstehen? Oder was müsste noch unternommen werden?

Ein kooperativer Führungsstil erleichtert Konfliktlösungen; er schafft einen fairen Ausgleich zwischen den betrieblichen Notwendigkeiten nach hoher Arbeitsleistung und -qualität, und den Bedürfnissen der Mitarbeiter nach guter Zusammenarbeit und einem entspannten Arbeitsklima. Der Vorgesetzte, der konsequent kooperativ führt, hat guten Kontakt zu seinen Mitarbeitern. Er verhält sich zu Einzelnen und zu Gruppen flexibel. Auf jeden Mitarbeiter geht er individuell ein; von Gleichmacherei hält er nichts. Bei jedem berücksichtigt er dessen Persönlichkeitsstruktur, Arbeitsstil, Eigenschaften und Fähigkeiten. Durch kluge Einzel- und Gruppengespräche kann der kooperativ führende Vorgesetzte Konflikte zwischen den Mitarbeitern klären und lösen helfen, weil er sich entschlossen damit auseinander setzt und sich an Arbeitsaufgabe, aktueller Situation und den beteiligten Personen orientiert. Unter seiner Leitung identifizieren sich die Mitarbeiter mit ihrer Arbeitsaufgabe und dem Unternehmen; auch fühlen sie sich für ihre Arbeit verantwortlich.

Ungünstig ist nicht nur ein autoritärer, ein autokratischer Führungsstil, der zu negativen Spannungen innerhalb einer Gruppe führt, sondern auch ein einseitig soziokratischer, bei dem der soziale Gedanke überstrapaziert wird. Bei diesem Führungsstil wäre der „Kontakt aller mit allen" oberstes Prinzip. Jeder wollte wegen jeder Kleinigkeit mitreden und mitentscheiden; das

Ziel, eine gute Leistung und Qualität zu erreichen, stünde im Hintergrund. Eine gesunde, die Mitarbeiter aktivierende Dynamik entstünde nicht und manche Konflikte blieben aus falsch verstandener Solidarität ungelöst.

Konflikte lösen ist nicht einfach

Dabei können viele Schwierigkeiten auftreten. Wichtig ist, zu unterscheiden zwischen Personen mit ihren Beziehungen, Sachen und Sachverhalten, Umweltfaktoren, Konfliktverlauf. Handelt es sich um einen Eigenkonflikt, in den ich selbst verwickelt bin? Oder um einen Fremdkonflikt, den andere Personen miteinander haben und den ich lösen helfen soll?

Ist es ein Eigenkonflikt, beobachte ich mich einige Zeit lang; ich werde mir über meine eigenen Gefühle klar. Auch beobachte ich den Konfliktpartner: Was hat ihn wohl dazu veranlasst, sich so zu verhalten, dass ein Konflikt mit mir entstanden ist? Bei einem Fremdkonflikt achte ich bei den Konfliktpartnern auf Folgendes: Grüßen sie einander nicht? Gehen sie sich aus dem Weg? Sprechen sie nicht miteinander, auch nicht in den Pausen? Gehen sie im Unternehmen nicht gemeinsam essen? Erkennen sie vor ihrem Vorgesetzten die Leistung ihrer Kollegen nicht an? Schwärzen sie sich gegenseitig beim Vorgesetzten an? Unternehmen sie in ihrer Freizeit nichts gemeinsam? Stehen ihre Familien nicht in Kontakt miteinander? Kündigt einer von ihnen?

Bleiben Lösungsvorschläge aus, fragen sich die Beteiligten: „Warum kommen wir eigentlich nicht weiter? Was hindert uns daran, brauchbare Lösungsvorschläge zu finden?" Wenn eine gründliche Untersuchung mehr Daten und Fakten erbringen könnte, beauftragen sie damit eine Untergruppe. Oder sie stimmen sich ab, ob die Sache vertagt und nochmals „überschlafen" werden soll. Wenn ja, sprechen sie einen neuen Termin ab. Sie klären, welche unbefriedigten Bedürfnisse der Beteiligten den Konflikt mit verursacht haben. Wenn hier ein Lösungsansatz gefunden wird, könnte dies die Konfliktpartner vom Rivalitätsdenken abbringen. Muss eine Lösung aus bestimmten Gründen zu einem kurzfristigen festen Termin gefunden werden, informiert einer alle Beteiligten darüber und stellt ihnen die möglichen Konsequenzen vor Augen, wenn der Termin nicht eingehalten wird.

Sie klären, ob die Beteiligten bereit sind, einen Lösungsvorschlag über einen bestimmten Zeitpunkt auszuprobieren. Je öfter die Beteiligten miteinander Konflikte erfolgreich gelöst haben, umso rascher werden sie später weitere Konflikte lösen.

Empfehlungen: Nicht in Klagen und Selbstmitleid verfallen. Erwartungen offen und eindeutig aussprechen. Negative Situationen nicht verwischen; aber trotzdem versuchen, sie ins Positive umzupolen; nach dem Konstruktiven einer Situation fragen, das sie neben dem Negativen hat. Hält einer der Beteiligten die Abmachungen nicht ein, die Konfliktlösungsgruppe darüber informieren und sie fragen, wie reagiert werden soll. Das Spiel „Sich blitzartig entscheiden" anwenden. Einer berichtet über einen Konflikt. Die anderen machen dazu in einer Minute einen Lösungsvorschlag. Alle Vorschläge werden wie beim Brainstorming unkritisch festgehalten. Erst in einem zweiten Schritt werden sie auf ihre Brauchbarkeit bewertet.

Eine andere Methode heißt „Guter Kompromiss": Die Teilnehmer verständigen sich, weil sie an der Sache interessiert sind und ein gemeinsames Ziel verfolgen. Jeder verzichtet auf einen Teil seiner bisherigen Zielvorstellungen. Ist das Problem sehr komplex und undurchsichtig, und hängt eine endgültige Lösung von Faktoren ab, die jetzt noch nicht eindeutig zu übersehen sind, wird ein vorläufiger Kompromiss geschlossen. Bei der Methode „Gute Konfliktlösung" fassen alle den Entschluss dazu aus Einsicht. Ihr Vorschlag berücksichtigt die verschiedenartigen Standpunkte und Sichtweisen aller Beteiligten. Im Blickfeld steht das gemeinsame Ziel; jeder sucht jeden zu verstehen. Alle hören aufeinander, alle lernen voneinander. Sie raufen sich zusammen und verständigen sich auf eine Konfliktlösung, auch wenn die ursprünglichen Ziele verschieden sind und es um wichtige Dinge geht. Grund: Sie haben keine andere, keine bessere Möglichkeit und müssen jetzt unbedingt handeln, um funktions- und aktionsfähig zu bleiben.

Sehr fragwürdig ist die Methode „Mit dem Kopf durch die Wand", bei der einer versucht, ohne Abstimmung mit den anderen seine eigenen Ziele in einer überraschenden Aktion durchzuboxen, auf die sich die anderen nicht einstellen konnten. Diese Methode wäre nur ausnahmsweise und nur unter folgenden Voraussetzungen sinnvoll: Von dem angestrebten Ziel hängt alles ab. Die

Maßnahmen sind sehr unpopulär, aber zur Erhaltung des Unternehmens zwingend erforderlich. Die davon Betroffenen zeigen keinerlei Verständnis; sie würden lieber den Zusammenbruch des Unternehmens akzeptieren. Der Plan kann sofort durchgeführt werden und führt mit großer Sicherheit zum Erfolg.

Grundsätze, die das Konfliktlösen erleichtern

1. Dem Konflikt nicht aus dem Weg gehen. Sich ihm stellen, ihn annehmen und bejahen; den Stier entschlossen bei den Hörnern packen.
2. Kooperation statt Konfrontation: Miteinander für eine gute Lösung, für etwas Positives streiten, nicht gegeneinander! Die angestaute Energie auf das gemeinsame Ziel richten, statt auf den oder die Mitstreiter. Das gemeinsame Erreichen eines Zieles verbindet die Menschen.
3. Diese konstruktive Art zu streiten von der Streitsucht aus Rechthaberei und aus verletztem Geltungsdrang unterscheiden.
4. Den Konfliktpartner nicht für die eigenen Probleme verantwortlich machen. Sich klar darüber sein, dass nie nur einer den Konflikt verursacht hat.
5. An den Konfliktpartnern zuerst die positive menschliche Seite sehen und anerkennen; erst dann konstruktive Kritik äußern.
6. Durch eine gute Konfliktlösung die anderen für sich gewinnen, statt sie besiegen zu wollen; ihnen Handlungs- und Entscheidungsspielraum lassen. Nicht vorschnell werten, urteilen, Schlüsse ziehen.
7. Erst wenn die Partner positiv gestimmt sind, die Sache, den Konflikt, in den Mittelpunkt stellen; dabei zunächst die Lösungsmöglichkeiten und deren Vorteile betonen und die andere Sichtweise der Partner erkunden.
8. Durch kurze Rückmeldungen den stockenden Redefluss der anderen wieder in Gang bringen. Sich gelegentlich vergewissern, ob sie alles richtig verstanden haben.
9. Niemand in die Enge treiben und auf die Knie zwingen wol-

len; keiner ist der Angeklagte, keinem steht die Richterrolle zu.

10. Keine Zeit und Kraft verschwenden, um Schuldige zu suchen; entscheidend ist, dass eine Konfliktlösung gefunden wird. Die Frage, durch wen der Konflikt entstanden ist, interessiert nur, wenn sie zur Konfliktlösung beiträgt.

11. Den Konflikt gewaltfrei lösen, so dass keiner nur verliert und zähneknirschend nachgeben muss, und keiner auf Kosten der anderen nur gewinnt. Dadurch Enttäuschung, Groll, Rachegelüste, Opposition, „Dienst nach Vorschrift" usw. bei den Konfliktpartnern vermeiden.

12. Keiner denkt nur an sich selbst. Alle suchen systematisch nach einer Lösung, die allen Beteiligten weitgehend gerecht wird; sie verzichten auf Vorwürfe und Wertungen.

13. Sie achten ihre Mitstreiter, vertrauen ihnen und gehen auf ihre Bedürfnisse ein.

14. Sie hören aktiv zu und sind für neue Informationen offen.

15. Sie geben ehrliche Ich-Botschaften.

16. Auch der Einsatz „offener" Fragen ist wichtig. „Geschlossene" Fragen werden nur ausnahmsweise eingesetzt; sie könnten als eine Art Verhör empfunden werden.

17. Die Partner setzen sich entschlossen und beharrlich für eine Konfliktlösung ein.

18. Den Konfliktlösungsprozess verstehen sie nicht als Machtkampf; keiner versucht, seine Bedürfnisse mit Gewalt durchzusetzen. Sie sind bereit, die Bedürfnisse der anderen wahrzunehmen und sie im Prinzip anzuerkennen.

19. Als Führungskraft halten sie nicht an alten Rollenklischees von Herren und Knechten fest. Von ihren Mitarbeitern akzeptieren sie sachlich berechtigte Kritik, die diese normalerweise nicht äußern, die aber für eine Konfliktlösung wichtig ist.

20. Sie versuchen, innere Distanz zu sich, zum Konfliktpartner und zum Konflikt zu gewinnen und dann freundlich und in gedämpftem Ton miteinander zu streiten.

21. Mit den Konflikten gehen sie konstruktiv um. Jeder sagt, worauf es ihm bei einer Lösung ankommt, was für ihn zentral wichtig ist.

22. Sie fragen sich: Was haben meine Konfliktpartner und ich gemeinsam? In welchen Punkten stimmen wir schon überein? Diese Punkte trennen sie von dem Ungeklärten und betonen es. Die Spannung, die durch die noch ungelösten Probleme entsteht, halten sie aus.

23. Eine Konfliktlösung soll den Bedürfnissen der beteiligten Personen und den Notwendigkeiten der Organisation weitgehend gerecht werden. Die Konfliktpartner fragen vor allem nach ihren unterschiedlichen Bedürfnissen und berücksichtigen sie bei ihren Lösungsversuchen.

24. Beim Konfliktlösen wirken normalerweise die Personen mit, die über die notwendigen Informationen zum Lösen des Konflikts verfügen.

25. Sie bleiben sachlich, trennen Tatsachen von Meinungen, stützen Meinungen durch Argumente ab.

26. Sachprobleme lassen sich oft so schwer lösen, weil dahinter ungelöste soziale Konflikte schwelen.

27. Keiner der Konfliktpartner darf sein Gesicht und seine Selbstachtung verlieren. Demütigung und Blamage erzeugen nur Revanche- und Rachegelüste.

28. Einsatz und Gewinn bei einer Konfliktlösung sind bei den Kontrahenten nie völlig gleichartig; sie sollten aber möglichst gleichwertig sein.

29. Jeder Lösungsvorschlag bleibt zunächst offen. Keiner der Beteiligten legt sich zu früh auf eine mögliche Lösung fest. Diese entwickelt sich bei schwierigen Konflikten langsam und zeichnet sich erst nach und nach in Umrissen ab.

30. Bevor sie einen Lösungsvorschlag durchführen, schätzen die Partner die Konsequenzen und Risiken ab. Kurzfristig ist ein Nachgeben angenehm; aber dadurch wird der Friede nur vordergründig und vorübergehend hergestellt. tatsächlich schwelt der Konflikt unter der Oberfläche weiter, Dauerspannungen entstehen und das Arbeitsklima wird vergiftet. Besser ist, ein Geschwür aufzuschneiden und den Eiter zu entfernen, als es zuzuschmieren und so zu tun, als existiere es nicht mehr.

Lösungsschritte

Ähnlich wie beim Problemlösen wird zunächst der IST-Zustand beschrieben: Worin besteht der unerwünschte Konflikt, und durch welche Symptome macht er auf sich aufmerksam? In einem zweiten Schritt folgt der SOLL-Zustand: Wie soll die Lösung sein, der symptomfreie erwünschte Zustand? Beim dritten Schritt fragen wir nach den Unterschieden zwischen IST und SOLL und deren Ursachen; diese werden analysiert. Beim vierten Schritt geht es um erste Lösungsvorschläge für den Weg von IST zu SOLL. Beim fünften Schritt prüfen die Konfliktpartner die erarbeiteten Vorschläge und entscheiden sich für den besten, der auf die Beseitigung der Konfliktursachen zielt und sich auf Arbeitsklima, Arbeitszufriedenheit und Produktivität positiv auswirkt. Weitere Schritte sind die Durchführung nach Plan und die Erfolgskontrolle. Die folgenden Vorschläge sollen zu einem individuellen Vorgehen anregen.

1. IST-Zustand beschreiben

Der Initiator gibt bekannt, welcher Konflikt bearbeitet werden soll. Er bittet die Anwesenden, in den folgenden drei (oder fünf) Minuten zu schweigen. Jeder geht in dieser Zeit selbstkritisch in sich und denkt darüber nach, worin für ihn der Konflikt besteht und durch welche Symptome er persönlich davon betroffen ist. Im anschließenden Brainstorming sagt jeder der Konfliktpartner, was ihm von einem bestimmten Standpunkt aus in den Minuten der Selbstbesinnung eingefallen ist. Alle Beiträge werden auf Karten oder TP-Folie festgehalten und visualisiert. Dies ist die erste unkritische Bestandsaufnahme der Konfliktsymptome zur Bestimmung des IST-Zustandes. Sie kann durch eine zweite Brainstorming-Phase ergänzt werden, in der die Teilnehmer weitere wichtige Hinweise über konfliktträchtige Sachverhalte und Verhaltensweisen geben, zu denen sie durch die Aussagen der anderen Konfliktpartner angeregt wurden. Anschließend prüft jeder, worin für ihn der Konfliktkern besteht, die nach seiner Meinung unbestrittene Tatsache; diese wird von den Meinungen, der Deutung der Tatsache, und von Wertungen und Vorwürfen getrennt. Jeder fragt sich, inwieweit habe ich durch mein bisheriges Ver-

halten, vielleicht aufgrund unbefriedigter Bedürfnisse, zur Entstehung des Konflikts bzw. des jetzigen IST-Zustandes beigetragen?
Wo stehen meine Bedürfnisse im Widerspruch zu Bedürfnissen
meiner Konfliktpartner? Wo verhindern oder behindern Verhaltensweisen die Lösung von Sachproblemen, die dann langfristig
zu Konflikten führen? Das Ergebnis dieses Nachdenkens hält jeder zunächst für sich selbst fest; die Ergebnisse dieser Selbstbefra-
gung werden später ausgetauscht, wenn es um die Erforschung der
Konfliktursachen geht.

Unterschiede zwischen den Konfliktparteien bei der Beschreibung der Konfliktsymptome können bedingt sein durch die
verschiedenen Standpunkte und die unterschiedliche Wahrnehmung. Andere Gründe sind: Die Partner projizieren ihre individuellen Konflikte und ihren „Schatten" auf andere Gesprächsteilnehmer. Sie identifizieren sich zu sehr mit einer Sache oder einer
bestimmten Person; dies könnte sich in ihren Träumen und Tagträumen spiegeln. Bewusst oder unbewusst verfolgen sie eigene
Interessen und Ziele. Sie überlegen sich dann: Von welchem
Standort aus habe ich den Konflikt bisher wahrgenommen? Muss
ich meinen Standort vielleicht wechseln? Welches Bild ergibt sich,
wenn ich den Konflikt vom Standort meiner Konfliktpartner aus
sehe? Welche Bedeutung, welchen Sinn hat der Konflikt für uns?
Ergeben sich durch einen Gedankenaustausch zwischen den
Konfliktpartnern neue Gesichtspunkte, überarbeiten sie die bisherige Konfliktbeschreibung oder formulieren sie neu.

2. SOLL-Zustand bestimmen

Nach einer neuen Schweigepause folgt ein weiteres Brainstorming mit dem Thema: Wie ich mir den konfliktarmen oder -freien
SOLL-Zustand vorstelle. Wieder werden alle Aussagen festgehalten und visualisiert; diese können durch weitere Beiträge ergänzt
werden wie bei der Ermittlung des IST-Zustandes. Die Frage:
„Welche Vorteile hat eine gute Konfliktlösung?" soll dazu motivieren, bei den gemeinsamen Bemühungen um eine gute Lösung
den nötigen Schwung und Ausdauer zu entwickeln.

3. Differenz IST–SOLL? Ursachen analysieren

Dazu dienen die in den ersten zwei Lösungsschritten gesammelten und festgehaltenen Informationen. Die Konfliktpartner denken über die Konfliktursachen nach, analysieren sie gründlich und sprechen mit allen beteiligten Personen. Sie fragen: Wer macht was? Mit wem? Wann? Wo? Warum? Wozu? Sie unterscheiden die Symptome von den Ursachen. Neben den offenen Reiz-Reaktions-Abläufen versuchen sie, auch verdeckte zu analysieren und zu erkennen. Welche Elemente tragen zur Dynamik des Konflikts vor allem bei? Aus welchen emotionalen und sachlichen Anteilen besteht der Konflikt? Fällt eine Konfliktdiagnose schwer, können Rollenspiele als Diagnosemittel zur Aufdeckung der Konfliktursachen eingesetzt werden. Durch einen Rollenwechsel kann der Einzelne die Motive besser erkennen.

4. Konkrete Lösungsvorschläge

Wenn die Konfliktursachen bekannt sind, äußert sich jeder Konfliktpartner, welche Maßnahmen und Schritte er für notwendig hält, um die Ursachen zu beseitigen und den Konflikt zu lösen. Die Partner stimmen die Vorschläge aufeinander ab, fassen sie zusammen und entwickeln das erste Konzept. Ist dieses noch nicht überzeugend, beschreiben sie in einem knappen Protokoll die noch strittigen Punkte; davon bekommt jeder eine Ausfertigung mit, oder diese wird ihm zu einem bestimmten Termin zugeschickt. Jeder soll bis zum nächsten Treffen über die offenen Punkte nachdenken. Den Termin für das abschließende Gespräch stimmen sie miteinander ab, bevor sie auseinander gehen. Zum nächsten Treffen bringt jeder neue Vorschläge mit, damit sie sofort gezielt die noch offenen Punkte besprechen können.

5. Sich entscheiden für endgültigen Lösungsvorschlag

Die Konfliktpartner bewerten den letzten Vorschlag in der ersten Phase allein, in der zweiten gemeinsam. Sie wägen jeweils das Für und Wider ab. Zuerst haken sie die Punkte ab, bei denen Konsens erreicht ist. Über die noch strittigen diskutieren sie weiter. Dabei beachten sie folgende Kriterien:

1. Sind alle Vorschläge realisierbar?
2. Werden sie allen Beteiligten gerecht?
3. Müsste der eine oder andere Vorschlag nochmals überarbeitet und weiterentwickelt werden?
4. Ist es notwendig, daraus neue Vorschläge abzuleiten?
5. Welche Schwierigkeiten könnten bei einer Durchführung evtl. auftreten?
6. Wer führt welche Maßnahmen wann wie durch? – Der endgültige Lösungsvorschlag ist so formuliert, dass alle damit einverstanden sind und voll dahinterstehen; für ihn entscheiden sie sich.

6. Durchführen nach Plan

Jeder der davon Betroffenen hat den Plan greifbar, um prüfen zu können, ob er die ihn betreffenden Maßnahmen richtig in die Tat umsetzt. Bei organisatorischen Maßnahmen ist es empfehlenswert, dass eine bestimmte Person die Durchführung überwacht; diese muss dann im Plan erwähnt sein.

7. Durchführung kontrollieren

Die Beteiligten können einander aber auch an die beschlossenen Maßnahmen durch Ich-Botschaften erinnern. Bemerkt einer nach einiger Zeit, dass die Lösung nicht voll befriedigt, kann er anregen, dass für die beanstandeten Punkte ein neuer Lösungsvorschlag ausgearbeitet wird. Bei schwerwiegenden Konflikten und Maßnahmen, die sich erst langfristig auswirken, treffen sich die Hauptkonfliktpartner zu einem vorher bestimmten Termin, um sich abzustimmen, wie jeder von ihnen die Durchführung der Lösungsvorschläge bisher erlebt hat. Alle Änderungen müssen von allen Beteiligten akzeptiert und beschlossen werden. Nicht lösbare Konfliktreste akzeptieren die Konfliktpartner als Realität, mit der sie wohl oder übel leben müssen.

Konfliktberatung durch einen Dritten

In schwierigen Fällen sollte man sich nicht scheuen, die Hilfe eines erfahrenen Beraters in Anspruch zu nehmen. „Neutraler" Berater kann ein Außenstehender sein oder ein Betriebsangehöriger, ein Vorgesetzter oder Kollege. Wird ein Berater hinzugezogen, sollte Folgendes beachtet werden: Alle am Konflikt Beteiligte müssen der Beratung und der Person des Beraters zustimmen. Der Berater zeigt schon durch sein Verhalten, dass er Interessengegensätze und Konflikte für normal und unvermeidlich hält. Er ist sich bewusst, dass eine Beratung bei Konflikten nicht leicht ist, weil fast jeder Konflikt einen emotionalen Personen- und einen rationalen Sachaspekt hat; diese Aspekte hält er auseinander und sorgt dafür, dass beide getrennt geklärt werden. Er betont, dass viele Konflikte nicht im ersten Anlauf gelöst werden können, und einige nur zum Teil oder überhaupt nicht.

Der Berater ergreift für keine Seite Partei. Er verdeutlicht vor allem Argumente und bietet Hilfen an, wenn ein Konfliktbeteiligter Schwierigkeiten hat, sich auszudrücken. Scheinlösungen und Versuche, Differenzen und Schwierigkeiten unter den Teppich zu kehren, lehnt er entschieden ab. Auf Lösungen drängt er erst, wenn die Konfliktursachen bekannt und analysiert sind. Bei Beginn des Gespräches klärt er, was die Konfliktbeteiligten von ihm erwarten. Er hört aufmerksam zu und achtet die Gefühle aller. Hat er den Eindruck, dass sich das gesprochene Wort und die dahinterliegenden Emotionen und Gefühle widersprechen, macht er darauf aufmerksam. Er weiß, dass seine Beobachtungen weitgehend subjektiv sind, und überlässt es den Konfliktbeteiligten, ob sie die Ergebnisse seiner Beobachtungen und seinen Rat annehmen oder ablehnen. Auch klärt er, ob seine Hilfe noch als solche empfunden wird. Er achtet darauf, dass die Gesprächsergebnisse schriftlich festgehalten werden.

Streitkultur zu Hause – sich mit der Partnerin oder dem Partner fair auseinander setzen

Zehn Schritte:
1. Die Partner einigen sich auf ein bestimmtes Thema.
2. Sie verzichten darauf, den anderen anzugreifen, ihm zu drohen, ihn zu beleidigen, ihn abzuwerten.
3. In dieser Einstellung sagt jeder seine Ansicht. Der andere hört aufmerksam und teilnehmend zu.
4. Ab und zu gibt der Zuhörende eine Rückmeldung, wie er das Gehörte verstanden hat.

5. Beide streiten nicht gegeneinander, sondern für etwas: ein Ziel, einen gemeinsamen Weg, eine Lösung.

6. Wird der Ton laut und aggressiv, ist einer oder sind beide sehr erregt, so dass schon eine leichte Kränkung eine Überreaktion auslöst, beruhigen sie sich zuerst.

7. Gelingt dies nicht, unterbrechen sie ihr Gespräch und gehen für eine bestimmte Zeit auseinander, um sich durch eine körperliche Aktivität zu entspannen.

8. Eine andere Möglichkeit ist: Jeder schreibt spontan auf, was ihm an negativen Gedanken durch den Kopf geht. Jeder liest das Geschriebene anschließend selbstkritisch durch und stellt es in Frage.

9. Jeder erinnert sich an die guten Seiten, die der andere doch auch hat, und sagt sie ihm.

10. In beruhigtem Zustand können sie den anderen „spiegeln": in versöhnlichen Worten wiedergeben, was sie von den Worten und Gefühlen des anderen erfasst haben. *D. Goleman* empfiehlt dafür die Formel XYZ: Als du ... (X) getan hast, habe ich ... (Y) gefühlt, und ich wünschte mir, du hättest ... (Z) getan.

4.4 Gruppenarbeit im Unternehmen

Gruppenarbeit bietet viele Vorteile; aber sie ist kein Allheilmittel, mit dem sich alte Versäumnisse und Fehler „wegzaubern" lassen. Soll sie erfolgreich sein, müssen für die Weiterbildung der Gruppenleiter und -mitglieder neben Zeit und Geduld auch ausreichende finanzielle Mittel eingesetzt werden.

Der weltweit zunehmende Kosten- und Konkurrenzdruck erzwingt bei den Unternehmen auch neue Formen der Zusammenarbeit, die an die Mitarbeiter andere Anforderungen stellen, als sie bisher gewohnt waren. Gruppen- oder Teamarbeit ist jedoch kein Allheilmittel, das man nur verordnen braucht, um die Produktivität sofort zu erhöhen. Es gibt nach wie vor Aufgaben, die einzelne Mitarbeiter rationeller ausführen können als Gruppen. Einzelarbeit, vor allem schöpferische, und Gruppenarbeit können sich aber ergänzen und befruchten. Im Übrigen gibt es und gab es schon immer zwischen Einzelarbeit und Gruppen- bzw. Teamarbeit Formen der Zusammenarbeit, bei denen Spezialisten sich ergänzen, ohne gleich eine Gruppe oder ein Team zu bilden; das Gleiche gilt für Arbeitsbesprechungen, die regelmäßig oder nur bei Bedarf stattfinden. Die Frage, wann Gruppenarbeit vorteilhafter ist als die bisher üblichen Arbeitsformen, ist nicht leicht zu beantworten. Mitarbeiter verhalten sich in einer Gruppe anders als sonst, und in der Gruppe summieren sich die Leistungen der Gruppenmitglieder nicht nur; vielmehr potenzieren sie sich durch die wechselseitige Beeinflussung. Und aufgrund der Gruppennormen zeigt die Gruppe als Einheit Eigenschaften und Verhaltensweisen, die ein Einzelner für sich nicht hervorbringen kann: das Ganze ist immer mehr als die Summe seiner Teile. Dies gilt nicht nur für die Vorteile der Gruppe. Wenn bestimmte Voraussetzungen nicht gegeben sind, hat Gruppenarbeit auch große Nachteile.

In der Gruppe lernen Mitarbeiter miteinander und voneinander. Einseitige Meinungen und Perspektiven werden kombiniert. Die unterschiedlichen Interessen mehrerer Personen werden von verschiedenen Seiten beleuchtet. Bereichsübergreifende Aufgaben und Problemstellungen kommen ins Spiel, die dem Einzelnen nicht liegen oder ihm unbekannt sind. Ein Widerspruch durch die Gruppe regt die kreativen Fähigkeiten des Einzelnen an und fordert ihn heraus, sich damit konstruktiv auseinander zu setzen. Gruppenarbeit ist dann günstiger als Einzelarbeit, wenn sie den Gruppenmitgliedern ein gutes Selbstwertgefühl vermittelt, ein konstruktives Arbeitsklima erzeugt und die Gesamtleistung, die Spezialisten durch ihre kooperative Zusammenarbeit gemeinsam erbringen, höher liegt, als die gleiche Anzahl einzelne Mitarbeiter erreichen können. Die Aufgaben oder Probleme sollten so komplex sein, dass sie auch vom kompetentesten Spezialisten nicht gleich gut oder besser bearbeitet werden können als von der Gruppe.

Je größer das Unternehmen, je komplizierter seine Verfahrenstechniken und je differenzierter seine Führungsstruktur ist, umso wichtiger wird die Einführung von Gruppenarbeit. Bei dem hohen Spezialisierungsgrad kann keiner mehr alles wissen und überblicken; jeder weiß auf seinem speziellen Teilgebiet mehr als die anderen, und jeder braucht Information von den anderen. Alle Spezialfunktionen müssen gut koordiniert werden, damit eine möglichst reibungslose und erfolgreiche Zusammenarbeit möglich ist. Die Gruppen- oder Teamarbeit beginnt schon bei der Planung neuer Aufträge und während der ganzen Durchführung, bei der Spezialisten in allen Arbeitsgängen bis zu Montage und Probelauf eng und sehr flexibel zusammenarbeiten. Das Unternehmen besteht dann nicht länger mehr aus einzelnen Mitarbeitern, von denen jeder Teilaufträge erhält und ausführt, sondern aus kleinen und mittleren, durch Computer miteinander vernetzten Gruppen, die als Gruppe umfassende und komplexe Aufträge übernehmen und weitgehend selbst gestalten, organisieren, steuern; in denen die Gruppenmitglieder miteinander und füreinander arbeiten wie die Organe im menschlichen Organismus. Größere Gruppen oder Abteilungen haben ihren eigenen Etat. Die Hierarchie ist schlanker geworden. Die Mitarbeiter sind für die Qualität ihrer Arbeit selbst verantwortlich; dies erhöht ihre Eigenmotivation. Innerhalb des Unternehmens, z. B. zwischen einer Abteilung, die Teile fertigt, und der anderen, die montiert, besteht ein Kunden-Lieferanten-Verhältnis.

Kritiker befürchten, neue Arbeitsformen und die dafür erforderlichen Schlüsselqualifikationen seien nur ein Anpassungsinstrument der Unternehmer; dagegen meint *Prof. Klaus Kornwachs*, dies brauche nicht zu sein. Die in der Industrie immer rascher erforderlich werdende Anpassung an neue Techniken und Technologien und die zunehmend praktizierte Gruppenarbeit erfordert vom Mitarbeiter zwar ein dauerndes Weiterlernen; sie gibt ihm aber auch die Chance, sich beruflich rascher weiterzuentwickeln, als dies früher möglich war. Langfristig bringt Gruppenarbeit für alle Beteiligten Vorteile. Nicht nur sachlich-technische, sondern auch menschliche Probleme werden eher angepackt und gelöst; dies verringert Spannungen und Gegensätze mindestens zum Teil. Normen kanalisieren die Emotionen und richten sie geschlossen auf Ziele. Das Vertrauen zueinander wächst, und die Zusammenarbeit bessert sich, wenn die Gruppenmitglieder einander anerkennen. Das Zusammengehörigkeitsgefühl macht toleranter und lässt Frustration leichter ertragen. Das Arbeiten macht den Beteiligten mehr Freude, setzt Kräfte frei und erfordert einen geringeren Einsatz. Eingebunden in Gruppen können die meisten Mitarbeiter mehr leisten, weil sie den Anreiz haben, andere ähnliche Gruppen zu übertreffen. Sie fühlen sich wohler und sind gegen Krankheiten weniger anfällig. Auch das Unternehmen wird gesünder, weil seine Produktivität wächst. Im Übrigen wirkt Gruppenarbeit dem Prozess der Bürokratisierung entgegen, bei der alles bis ins Kleinste organisiert, von schematischen Regeln bestimmt ist und kontrolliert wird; insbesondere sind Rollen, Positionen und Rangordnungen genau festgelegt. Nichts soll dem Zufall überlassen bleiben. Die Bürokratisierung macht ein Unternehmen schwerfällig. Zahlreiche Reibungsflächen entstehen; die Produktivität sinkt, weil die organisatorisch bestimmten Formalitäten viele zeitraubende Umwege erfordern.

Zusammenfassend lässt sich schon jetzt sagen, dass erfolgreiche Gruppenarbeit dazu beiträgt, dass viele Ziele gemeinsam rascher erreicht werden. Durch Verbesserung der Arbeits- und Produktqualität und eine erhöhte Produktivität stärkt das Unternehmen seine Marktposition; es erhält genügend Aufträge und kann ausreichende Mittel investieren: einmal in neue Produktionsanlagen, zum anderen für neue Innovationen und zur Weiterentwicklung seiner Produkte. Die Mitarbeiter haben mehr Freude an ihrer Arbeit. Die Rivalität unter Kollegen und das Misstrauen zum Vorgesetzten verringern sich, wenn Regeln und Normen für Arbeitsverhalten und -leistung gemeinsam festgelegt, Probleme und Konflikte bewusst gemacht und besprochen werden. Die Übertragung von Verantwortung auf die Gruppe für ihre Arbeitsaufgaben stärkt das Gefühl der Zusammengehörigkeit unter den Gruppenmitgliedern. Eine auf die Gruppe abgestimmte Unterteilung des Raumes und Anordnung der Arbeitsplätze fördert den Gruppenprozess, wenn sie einen Blickkontakt und eine leichte Verständigung ermöglichen. Das Selbstwertgefühl der Mitarbeiter wird gestärkt, ihr Arbeitsplatz wird sicherer.

Gruppenarbeit einführen

Die Umstellung auf Gruppenarbeit muss mit den vorhandenen Mitarbeitern möglich und von oben gewollt sein. Voraussetzung für einen Erfolg ist auch, dass die Mitarbeiter, die künftig kooperativ zusammenarbeiten sollen, die Grundlagen der Kommunikation und des Problem- und Konfliktlösens kennen; auch Verhaltensänderungen werden erforderlich sein.

Außerdem muss über den leistungsbezogenen Lohn von Anfang an Klarheit bestehen. Bei Betonung der Einzelleistung verhielten sich die Mitarbeiter bisher rivalisierend zueinander. Dies führte dazu, dass einzelne Mitarbeiter eine überdurchschnittlich hohe Leistung erbrachten und andere eine unterdurchschnittliche; aber die Leistung aller miteinander rivalisierender „Einzelkämpfer" war niedriger, als sie in einer kooperativ eingestellten Gruppe hätte sein können, bei der die Gruppenleistung bewertet und diese mit der Leistung anderer ähnlicher Gruppen verglichen wird. Gruppenarbeit ist für das Unternehmen am produktivsten, wenn die Gruppen am wachsenden Erfolg ihrer Arbeit mitbeteiligt werden. Voraussetzung dafür ist eine entsprechende Betriebsabrechnung im Zusammenhang mit der Plankostenrechnung. Die größere Erfahrung und Tüchtigkeit einzelner Gruppenmitglieder sollte sich in einem höheren Grundlohn niederschlagen, zu dem dann noch eine von der Gruppenleistung abhängige Gruppenprämie kommt. Im Gegensatz zu Akkordlohn, der nur für einzelne tüchtige Mitarbeiter einen Anreiz bietet, besteht bei Gruppenprämien nicht die Gefahr, dass mit Betriebseinrichtungen und Produktionshilfsmitteln Raubbau getrieben wird; diese werden vielmehr pfleglich behandelt bzw. sparsam verwendet; denn ein Teil der eingesparten Kosten würde ja der Gruppe zugute kommen. Außerdem kontrolliert sich die Gruppe bei guter Zusammenarbeit selbst; die Gruppenmitglieder erziehen sich gegenseitig zu wirtschaftlichem Denken und Handeln. Der Zusammenhalt wird gestärkt, und das Arbeitsklima bessert sich.

Die Führungskräfte müssen voll hinter der Gruppenarbeit stehen. Sie müssen sich an ihre neue, meist noch nicht klar definierte Rolle erst gewöhnen, die höhere Anforderungen an sie stellt; beispielsweise vereinbaren sie Ziele mit der Gruppe und überwachen dann deren Einhaltung. Bei personalen und fachlichen Problemen ziehen sie die Gruppe zur Lösung mit heran.

Unter Gruppe werden bei einer Umstellung auf Gruppenarbeit nicht die organisatorischen Einheiten einer Abteilung verstanden,

in denen jeder einzelne Mitarbeiter für sich jeweils eine genau abgegrenzte Aufgabe erledigt, wo mehrere Mitarbeiter nebeneinander her arbeiten und sich nur gelegentlich Kontakte ergeben, sondern organisierte, weitgehend autonome oder teilautonome Gruppen, bei denen eine Aufgabe, ein Arbeitsvollzug oder ein Problem
das kooperative Zusammenwirken aller Gruppenmitglieder und
eine ständige wechselseitige Kommunikation zwingend erfordert,
um Teilaktivitäten aus technischen Gründen zu koordinieren, sie
aufeinander abzustimmen. Diese Art von Gruppe organisiert sich
weitgehend selbst; jeder stellt sich auf die gemeinsame Aufgabe
ein. Jeder kennt seine eigenen Pflichten und Rechte und die der
anderen. Jeder beachtet sie; das Verhalten in der Gruppe wird von
Solidarität bestimmt. Die Gruppenmitglieder fühlen, dass sie
zusammengehören; jeder weiß, was er zu tun hat. Für einen
störungsfreien, systematischen und zeitlich bestimmten Ablauf
und für das Arbeitsergebnis, möglichst in Null-Fehler-Qualität,
sind alle verantwortlich. Mit ihrer Aufgabe und dem von ihnen
hergestellten Produkt identifizieren sie sich. Jeder Mitarbeiter
konzentriert sich ständig nicht nur auf sein eigenes Tun, sondern
auch auf das Tun der anderen.

Die immer komplexere und sich rasch verändernde Technik
und neue Organisationsformen erfordern laufend Lern- und Anpassungsprozesse, einen ständigen intensiven Informationsfluss
und einen engen Erfahrungs- und Gedankenaustausch. Rivalisie-
rende Einzelkämpfer können viele technische und organisatorische Probleme allein nicht mehr lösen. Auch Mitarbeiter verschiedener Abteilungen und Organisationen bilden Gruppen oder
Teams, um große Objekte planen und durchführen zu können. Allerdings schließt Gruppenarbeit nicht aus, dass auch einzelne Mitarbeiter ein Problem lösen. An einer Info-Ecke findet der Mitarbeiter Einzelheiten über die Arbeitszuteilung und den Qualitäts-
standard. Die Instandhaltung der Anlagen wird mehr und mehr in
die Gruppe integriert, um den Ablauf zu verbessern und die Still-
standzeiten zu verringern.

Neben Zeit erfordert der Umstellungsprozess einen höheren In-
formations-, Qualifikations- und Betreuungsaufwand. Kosten entstehen auch durch Arbeitserweiterung, Planung, Gruppengespräche, Arbeitsbewertung. Die Einsparung u. a. durch Reduzie-

rung der Nacharbeit und eine höhere Leistung dürfte nach der Umstellung die Investitionskosten bald übersteigen. Die Produktqualität wird erheblich besser; durch die integrierte Qualitätssicherung werden Fehler und Probleme am Ort der Entstehung durch rasch und flexibel reagierende Mitarbeiter beseitigt. Die Mitarbeiter entwickeln eine positivere Einstellung zum Produkt und zum Unternehmen. Arbeitszufriedenheit und Arbeitsinteresse nehmen zu; der Krankenstand geht zurück.

Psychologische Voraussetzungen

Dynamik ist eine Voraussetzung für hohe Gruppenleistungen. Alle Mitglieder sind gut auf ihre Aufgabe und das Ziel vorbereitet; jeder kennt seine klar umrissene Rolle. Jeder wird zielgerichtet aktiv und übernimmt von den gestellten Aufgaben einen Teil. Die Gruppe ist so organisiert, dass sie nach gemeinsam beschlossenen Normen gut zusammenarbeitet und reibungsarm funktioniert. Alle richten ihre Aufmerksamkeit auf das gleiche Ziel, alle ziehen an einem Strang. Jeder weiß, was er zu tun hat und wofür er arbeitet. Jeder ist an einer guten Qualität und Leistung und an einer termingerechten Fertigstellung interessiert. Jeder will mit jedem gut auskommen. Jeder verhält sich kooperativ. Dominierende Ansichten werden der Kritik ausgesetzt; die Rolle des unbequemen Kritikers, des „advocatus diaboli", der einseitig vorherrschende Meinungen anfechten soll, übernimmt ein Gruppenmitglied im Wechsel mit anderen. Bürokratismus ist in der Gruppe verpönt; niemand klammert sich perfektionistisch an unwesentliche Einzelheiten.

Der Zusammenhalt, die Bindung an die Gruppe, ist eine weitere Voraussetzung für eine gute Gruppenleistung, aber auch für die Stabilität der Gruppe. In der Gruppe, dieser Einheit, ist jeder gleichberechtigt. Sie kennen sich gut und beeinflussen sich wechselseitig. Alle betonen das Wir-Gefühl: Alle stehen füreinander ein, alle haben das gleiche Ziel im Auge. Trotzdem vertreten sie unterschiedliche Meinungen; dies ist aber bei eigenartigen Personen normal. Keiner betrachtet die anderen als Konkurrenten, keiner wird isoliert; dadurch entstehen in der Gruppe keine starken Spannungen bzw. Aggressionen. Alle setzen sich voll ein. Bei Diskussionen hört jeder aufmerksam zu; störende Zwischenrufe oder

Flüstern sind selten. Zu anderen Gruppen und Organisationsein-heiten hält die Gruppe engen Kontakt.

Anforderungen an die Gruppenleiter

Sie müssen gruppendynamische Gesetzmäßigkeiten berück-sichtigen und auf einen autoritären, repressiven Führungsstil ver-zichten, der die Entstehung eines vertrauensvollen Arbeits-klimas verhindert. Der Leiter steuert die Gruppenprozesse und gleicht aus zwischen den Leistungsanforderungen an die Gruppe durch die gestellte Aufgabe und den Erwartungen und Bedürf-nissen der Gruppe; auch vermittelt er zwischen den einzelnen Gruppenmitgliedern. Informations- und Diskussionsbereitschaft und die Fähigkeit zur kooperativen Zusammenarbeit werden immer wichtiger. Manchen Führungskräften fällt es jedoch schwer, sich auf die neue Rolle einzustellen, ihre Mitarbeiter als Partner zu betrachten und sie zu fördern, um einer „inneren Kündigung" entgegenzuwirken. Für sie sind die vom Personal-leiter oder einem Koordinator organisierten Treffen hilfreich, auf denen Gruppenleiter ihre Erfahrungen austauschen und von-einander lernen. Außerdem laden sich die Gruppenleiter wech-selseitig zu Sitzungen ihrer Gruppe ein, um Spannungen zwischen ihren Gruppen abzubauen, Probleme und Konflikte zu lösen und das Verständnis füreinander zu erhöhen. Nach vor-heriger Abstimmung mit ihrer Gruppe arbeiten sie Regeln aus, nach denen sie die Gruppenprozesse steuern und die größten-teils auch für den Umgang der Gruppenmitglieder untereinander gelten.

Zum Gruppenleiter eignet sich, wer die Gruppe partnerschaft-lich ohne Ranganspruch aufgaben- und zielorientiert steuern und wie ein neutraler Schiedsrichter zwischen Dynamik und Zusam-menhalt, Leistungs- und Gemeinschaftsaspekt, Motivation und Arbeitsprozess ausgleichen kann. Die Gefühle, Bedürfnisse, Wün-sche, Neigungen und Interessen der einzelnen Gruppenmitglieder nimmt er ernst. Die Beziehungen zwischen den Gruppenmitglie-dern, die auf gegenseitiger Anerkennung und Wertschätzung be-ruhen, fördert er. Davon hängen ab: Arbeitsklima, Motivation, Ar-beitszufriedenheit und die quantitativen und qualitativen Leistun-gen der Gruppe.

Auch bei neuen Arbeitsformen ist unverzichtbar, dass der Leiter von der Gruppe Leistungen erwartet und fordert. Allerdings muss er seine Mitarbeiter auch fördern, sie unterstützen, ihnen helfen; denn mit einem nur aufgabenbezogenen Verhalten lassen sich Mitarbeiter nicht motivieren. Deshalb muss der Leiter auch personenbezogen führen. Er versteht die Mitarbeiter dann besser und erkennt Unausgesprochenes früher. Vor allem erfasst er den Unterschied zwischen dem, was gesagt ist, und dem, was gemeint ist. Durch Fragen erkennt er Motive und Einwände der Gruppenmitglieder; dies erleichtert ihm das Problemlösen. Er spricht nicht nur verständlich, bildhaft, mit Beispielen, sondern auch in guter Stimmung und mit warmem Ton. Damit erwärmt er seine Mitarbeiter emotional für die gemeinsame Sache.

Bestehen in der Gruppe Meinungsverschiedenheiten, macht sich der Leiter die praktische Meinung der Mitarbeiter zu Eigen, die eine notwendige Maßnahme ausführen müssen. Steht der Gruppenleiter mit seiner Meinung jedoch im Widerspruch zur ganzen Gruppe und ist er nach selbstkritischer Prüfung und Anhörung der Gruppe weiterhin davon überzeugt, dass seine eigene Meinung richtig ist, bleibt er dabei. Dies verstimmt die Mitarbeiter zwar; aber sie werden den Leiter achten, wenn er sich konsequent verhält und nicht bei jedem Widerspruch „umfällt".

Ein kooperativer Leiter kann durch ermutigende Gespräche mit seiner Gruppe Folgendes bewirken: Die Gruppe strukturiert sich auf natürliche Weise von selbst. Die Mitarbeiter nehmen Anteil aneinander; jeder lässt den anderen auch menschlich gelten, nicht nur wegen seiner Arbeitsleistung. Das Gruppenklima und die Beziehungen untereinander bessern sich. Alle sind an ihrer Arbeit und am Erfolg ihrer Arbeit interessiert. Durch Anerkennung und ermutigende Kritik entstehen starke innere Leistungsantriebe und hohe Leistungen.

Erwartungen an die Mitarbeiter

Das Unternehmen erwartet von den Mitarbeitern, dass sie ihre Erfahrungen zum Problemlösen und für Innovationen verstärkt einbringen. Dafür will das Unternehmen attraktivere Arbeitsbedingungen, einen größeren Arbeitsumfang und verbesserte Kommunikation bieten. Allerdings sind viele Mitarbeiter von neuen

Arbeitsbedingungen nicht erbaut. Sie fürchten, dass alles anders wird und sie vieles neu lernen müssen; manche zweifeln daran, ob sie den ständig wachsenden Anforderungen entsprechen können. Beim bisherigen Arbeitssystem musste der Einzelne nur wenige Handgriffe beherrschen; bei der geplanten ganzheitlichen Gruppenarbeit sollte einer sehr flexibel sein und alles können, um den sich ständig wechselnden Anforderungen zu genügen. Andere fürchten, dass alte Beziehungen zerrissen werden. Starke innere Widerstände kommen vor allem von älteren Mitarbeitern. Sie fragen: „Was habe ich davon?" Sie sind misstrauisch, weil das Unternehmen die Gruppenarbeit einführt und sie oder die Gewerkschaft sie nicht erkämpft haben; sie schätzen die Vorteile, die sie ihnen langfristig gewährt, nicht so hoch ein wie erstrittene Rechte. Andere Gründe für einen inneren Widerstand sind: Die Gruppenarbeit wird eingeführt, weil sich das Unternehmen finanzielle Vorteile verspricht. Besonders tüchtige, überdurchschnittlich begabte, ehrgeizige und strebsame Mitarbeiter setzen noch zu sehr auf ihre eigene Leistung, weil sie dazu erzogen wurden, mit anderen zu konkurrieren und sich als Einzelperson zu profilieren; manche fürchten, dass sie bei Gruppenarbeit weniger verdienen als bisher. Dies muss vermieden werden; denn sonst wäre ihre Leistungsbereitschaft verringert. Außerdem führt die Gruppenarbeit meist nicht sofort zum gewünschten Erfolg; dies entmutigt ungeduldige Mitarbeiter, die nicht einsehen, dass nur viele kleine Schritte langfristig zum Ziel führen und Rückschläge in der Anfangsphase normal sind.

Auf die Mitarbeiter kommt durch die Gruppenarbeit viel Neues und Ungewohntes zu. Von ihnen wird erwartet, dass sie „freiwillig" bereit sind, in einer Gruppe zu arbeiten und die damit verbundenen Anlaufschwierigkeiten anzupacken, die den Beteiligten oft erst durch die praktische Gruppenarbeit bewusst werden. Dazu kommen Probleme, die früher totgeschwiegen wurden. Die Mitarbeiter sollen sich in der weitgehend sich selbst steuernden Gruppe gut verstehen und verständigen, sich mit Gruppennormen und -zielen identifizieren, wechselseitig unterstützen, ein Gefühl der Zusammengehörigkeit entwickeln, mehr Verantwortung übernehmen, sich ständig neues Wissen und Können aneignen. Von Zeit zu Zeit sollen sie Orientierungsgespräche miteinander führen. Jeder soll nicht nur seine Stärken erkennen, sondern selbstkritisch auch seine Schwächen, um sie zu überwinden.

Das Gelingen der Gruppenarbeit setzt auch folgende Verhaltensweisen der Gruppenmitglieder voraus: Sie verstehen und bejahen ihre Aufgabe und die damit verbundenen Zwecke und Ziele. Ihre Erwartungen sind realistisch. Sie können sich in die Gruppe einfügen, die eigene Person zurücknehmen, sachliche Kritik akzeptieren, verträglich sein, kooperativ zusammenarbeiten. Das alte Wettbewerbsdenken, bei dem sich ständig jeder mit den anderen verglichen hat, ist verpönt; niemand soll dominieren. Alle wissen, dass sie aufeinander angewiesen sind und nur gemeinsam Erfolg haben. Deshalb sind sie bereit, Zugeständnisse zu machen, wenn diese im Interesse der gemeinsamen Arbeit erforderlich sind. Unterschiedliche Positionen entwickeln sie, bis ein Konsens erreicht ist. Statt sich und andere herabzusetzen und zu entmutigen, bestätigen und ermutigen sie sich und die anderen; durch mehr Vertrauen bauen sie Ängste ab. Sie stehen zu ihrer persönlichen Überzeugung und verhalten sich entsprechend; sie helfen einander und lassen sich helfen. Sie können Emotionen zulassen, sie ausdrücken, mit ihnen umgehen, sie verstehen und akzeptieren. Sie bejahen sich und andere, können aber auch Nein sagen und Grenzen setzen. Sie sind sensibel, aufgeschlossen, aufrichtig, arbeiten kollegial zusammen und tragen zu einem konstruktiven Arbeitsklima bei, in dem alle einander akzeptieren und vertrauen und sich jeder auf jeden verlassen kann. Sie entwickeln Fehlertoleranz, Motivation, Anstrengungs- und Verantwortungsbereitschaft, und informieren einander bereitwillig, ehrlich, rasch und umfassend.

Sie stellen Grundsätze bzw. Regeln auf, an denen sie künftig ihr Verhalten messen und nach denen sie es ausrichten. Sie sind sich klar darüber, dass die Gruppe dem Einzelnen seine Verantwortung nicht abnehmen kann und jedes Gruppenmitglied sich in eigenen Angelegenheiten aus Einsicht und persönlicher Überzeugung selbst entscheiden und entsprechend handeln muss. Sie erfahren, dass sie aktiver werden, wenn sie zusammen mit anderen einer gemeinsamen Aufgabe gegenüberstehen. Nehmen ihre Kontakte zu, kommen sie einander auch emotional näher. Durch erwünschte Kontakte entsteht Sympathie; Sympathie zieht weitere

Kontakte nach sich, und beide verstärken sich wechselseitig. Als Gruppenmitglieder setzen sie einander nicht unter negativen Stress; sie kontrollieren einander nicht ständig und üben keinen übermäßigen Gruppendruck aus.

In vielen Fällen sollten die Mitarbeiter vor Beginn der Gruppenarbeit qualifiziert werden. Jeder muss die Notwendigkeit und die Vorteile der Gruppenarbeit kennen, ebenso die Umstellungsprobleme und wie man sie löst. Dazu kommen die neuen Rollen und Aufgaben, die andere Gestaltung der Arbeit und des Arbeitsumfeldes. Auch mit Aufgaben und Wahlmodalitäten des Gruppensprechers müssen sie sich auseinander setzen. Notwendig ist eine gewisse Sozialkompetenz und ein Grundwissen über gruppendynamische Prozesse.

Vorteile der Gruppenarbeit

In einer richtig zusammengesetzten Gruppe ergänzen sich die Mitarbeiter mit ihren Stärken und Schwächen, und durch ihr vorbildliches Verhalten, durch Diskussion, konstruktive Kritik und leichtes Rivalitätsdenken regen sie sich gegenseitig an. Die Kommunikation und Zusammenarbeit mit anderen befriedigt das Bedürfnis nach Kontakt und Zugehörigkeit und stärkt das eigene Selbstwertgefühl; dies ist zur Erhaltung der Gesundheit und Leistungsfähigkeit wichtig. Durch Erfahrungen im Umgang mit eigen- bzw. andersartigen Personen entsteht bei kooperativem Verhalten Solidarität: gegenseitige Hilfe, ein angstfreies Miteinander, Sensibilität für die Probleme der anderen usw. Bei der Frage nach Vor- und Nachteilen der Gruppenarbeit spielt die Art der Leistung auch eine wichtige Rolle, je nachdem, ob es sich um kreative, innovative, planende, disponierende, organisierende, ausführende Aufgaben handelt. Stehen Sachen und Sachverhalte im Vordergrund, sind neben sozialen Fähigkeiten vor allem Fachwissen und Können erforderlich. Kommt es mehr auf das kooperative, spontane Zusammenwirken bei ständig wechselnden Anforderungen an, müssen die Gruppenmitglieder einander auch emotional verstehen. Eine positive mitmenschliche Einstellung, Einfühlungsvermögen und gegenseitige Hilfsbereitschaft sind dann für eine gute Zusammenarbeit unverzichtbar.

Bei starker Arbeitsteilung ist Gruppenarbeit effektiver, weil bei dem rasch zunehmenden Wissen jeder nur noch auf einem Teilgebiet Bescheid weiß und viele Leistungen eine enge Zusammenarbeit zwingend erfordern. Bei der Planung und beim Problemlösen kommt in der Gruppe mehr Information zusammen. Der Erfahrungshintergrund ist größer. Möglichkeiten zur Diskussion bestehen, bei der jeder seine Gedanken präzise formulieren muss. Fehler, Unklarheiten und Lücken werden rascher und mit größerer Wahrscheinlichkeit erkannt. Durch unterschiedliche Sichtweisen und das breitere Informationsspektrum lässt sich eine Aufgabe oder ein Problem gründlicher, umfassender, abgerundeter bearbeiten. Das Arbeitsziel wird in der Regel mit größerer Sicherheit erreicht.

Beim Problemlösen ist eine Kombination von Einzel- und Gruppenarbeit am produktivsten. Jeder denkt über eine Aufgabe, eine Frage oder ein Problem zunächst allein nach, anschließend in der Gruppe zusammen mit den anderen. Auf diese Weise kommen die besten Ideen. Einer im kreativen Denken geübten Person, die über eine gute Vorstellungsgabe verfügt, kommen zunächst allein viele brauchbare Ideen. Der anschließende kritische Gedankenaustausch mit anderen über diese Ideen regt weiter an und fördert die individuelle Kreativität noch. Gruppendiskussionen sind am fruchtbarsten, wenn sich jeder für sich gründlich darauf vorbereitet hat.

Gegenüber Einzelarbeit bietet die Gruppe viele Leistungsvorteile. Ihre Speicherkapazität zum Abrufen für eine Aufgabe oder ein Problem ist sehr viel größer, und die Abrufzeit ist viel geringer als bei einzelnen Mitarbeitern. Das unterschiedliche Sachwissen und Können der einzelnen Gruppenmitglieder ergänzt sich gegenseitig; es kann gemeinsam für Innovationen und für Problemlösungen eingesetzt werden. Die Gruppe bietet mehr Kontaktmöglichkeiten; alle Gruppenmitglieder können sofort miteinander sprechen. Das Urteilsvermögen der Gruppe ist größer. Sie kontrolliert besser, dass die Gesprächsteilnehmer am Thema bleiben, den roten Faden nicht verlieren und das Ziel im Auge behalten. Bei der gegenseitigen Anregung sind der Lerneffekt und das kreative Potential größer. Durch die verstärkte Autorität der Gruppe lassen sich beschlossene Maßnahmen und Programme leichter durchsetzen.

Was ist eine Gruppe?

Mehrere Personen, die sich zusammengehörig fühlen, ähnliche oder gleiche Interessen haben und das gleiche Ziel anstreben, schließen sich emotional und rational zu einer ihnen übergeordneten und ihr Verhalten steuernden Instanz zusammen. Sie treffen sich, um etwas zu unternehmen, weil sie dies besser gemeinsam als allein tun können. Dadurch entstehen über einen gewissen Zeitraum direkte zwischenmenschliche Beziehungen, bei denen alle Gruppenmitglieder einander „von Angesicht zu Angesicht" wechselseitig beeinflussen. Die Gruppenmitglieder üben bestimmte Funktionen aus. Durch das, was sie gemeinsam haben, z. B. Rollen, Verhaltensnormen, Regeln, das Wir-Gefühl als Gruppenbewusstsein, unterscheiden sie sich von anderen Einzelpersonen und Gruppen und grenzen sich gegen diese ab. Neben Organisation ist Gruppe der wichtigste Begriff für soziale Gebilde, durch die das Individuum mit der Gesellschaft verbunden ist. Dabei werden noch überschaubare kleine Gruppen mit maximal 40 bis 60 Personen von Großgruppen wie Körperschaften, Verbänden, Organisationen u. a. unterschieden. Eine unstrukturierte Vielzahl von Menschen wird als Menge, Haufen, Ansammlung oder Masse bezeichnet.

Was ist ein Team?

In dieser besonderen Gruppenform arbeiten gleichberechtigte Spezialisten in Forschung, Entwicklung und Fertigung koordiniert und kooperativ zusammen, um ein Projekt zu bearbeiten, eine Aufgabe zu erledigen, ein Problem oder einen Konflikt zu lösen. Keiner kann dies allein schaffen; sie benötigen einander, um erfolgreich zu sein.

Im homogenen Team arbeiten Spezialisten mit gleicher Vorbildung und ähnlichem Erfahrungshorizont zusammen; durch Arbeitsteilung wird eine hohe Produktivität erreicht. Im heterogenen Team arbeiten Spezialisten mit unterschiedlicher Vorbildung; das Team löst Aufgaben, die aus verschiedenartigen Teilaufgaben bestehen.

Nach der Teamtheorie kommen zum Treffen von Entscheidungen in einem Team Personen zusammen, die über unterschiedliche Informationen verfügen und diese austauschen, aber die gleichen Interessen verfolgen – im Unterschied zur Organisationstheorie, die von unterschiedlichen Interessen der einzelnen Teilnehmer ausgeht. Ziel ist eine optimale gemeinsame Entscheidung; ihr geht voraus, dass die einzelnen Teammitglieder zunächst eine Entscheidung für sich getroffen und sie den anderen erläutert haben.

Formelle und informelle Gruppen unterscheiden

Formelle Gruppen sind vom Unternehmen absichtlich, zielbewusst gegründete, durchstrukturierte Gruppen: kleine bis mittelgroße, für wirtschaftliche Zwecke organisierte soziale Einheiten, an die bestimmte Anforderungen gestellt, denen Teilaufgaben übertragen werden, deren Ausführung in einer bestimmten Situation ständige oder wiederkehrende Kontakte erfordert.

Informelle Gruppen sind aus Mitarbeitern am Arbeitsplatz, in einer Abteilung oder dem Unternehmen, spontan entstanden, zum Teil auch aus Angehörigen formeller Gruppen, weil sie die gleichen Interessen haben, den gleichen Dialekt oder die gleiche Fremdsprache sprechen, der gleichen Generation angehören, ähnlich ausgebildet sind; die gleiche soziale, weltanschauliche oder religiöse Einstellung haben. Dies können sein: die Italiener, die Spanier, die Türken, die Angestellten, die Facharbeiter, die Männer, die Frauen, die da oben, wir da unten usw.

In informellen Gruppen versuchen die Mitarbeiter, ihre Arbeit mit persönlichen Interessen zu verbinden und individuelle und soziale Bedürfnisse zu befriedigen. Die positive Bedeutung der informellen Gruppen wurde nach dem Ersten Weltkrieg in den USA durch die Hawthorne-Experimente erkannt; ihre negative Bedeutung hat den Führungskräften das Leben schon immer schwer gemacht. Die informelle Gruppe, aus der sich Cliquen, kleine Grüppchen, abspalten können, die auch noch nach Feierabend die Köpfe zusammenstecken, soll deshalb besonders beleuchtet werden.

Besonderheiten der informellen Gruppen

Sie bilden sich vor allem bei den Mitarbeitern der untersten ausführenden Ebene, die wenig Chancen haben, befördert zu werden.

Viele von ihnen haben keine Freude an ihrer Berufstätigkeit; mit ihr können sie sich nicht identifizieren. Dies tun sie dann umso mehr mit den Kollegen ihrer Arbeitsgruppe. Bei den Mitarbeitern, die aus dem Arbeitermilieu kommen und sich noch als Klasse fühlen, ist diese Tendenz am stärksten; für sie ist Solidarität ein hoher Wert.

In der Gruppe bilden sich rasch Regeln heraus, nach denen die Einzelnen sich in bestimmten Arbeitssituationen zu verhalten haben; ein Gruppenmitglied, der informelle Gruppenleiter, wird von den anderen als Autorität anerkannt, obwohl er keine formelle Vorgesetztenfunktion hat. Auf Einzelgänger, die sich um Gruppenregelungen nicht kümmern und den informellen Gruppenleiter nicht akzeptieren, übt die Gruppe Druck aus. Am stärksten kann die informelle Gruppe das Verhalten ihrer Mitglieder emotional beeinflussen und kontrollieren, wenn diese auf die Gruppe angewiesen sind und je enger der Vorgesetzte mit Gruppenleiter und Gruppe eng zusammenarbeitet. Die Gruppenmitglieder haben dann das Gefühl, dass sie als geschlossene Gruppe etwas gegen „die da oben" bewirken können: einmal im Widerstand gegen Maßnahmen der Geschäftsleitung, die die bestehenden Arbeitsbedingungen verschlechtern würden, zum anderen bei zukünftigen Entwicklungen, die ihren Arbeitsplatz betreffen und bei denen sie mitplanen und mitentscheiden wollen.

Bemerkt der Vorgesetzte, dass sich in seiner Abteilung eine informelle Gruppe gebildet hat, sollte er versuchen, zum informellen Gruppenleiter, der die anderen beeinflusst und tonangebender Mittelpunkt der Gruppe ist, eine vertrauensvolle Beziehung aufzubauen, ihn durch einen partnerschaftlichen Führungsstil für sich zu gewinnen. Bei einer informellen Gruppe, die sich aus Mitarbeitern einer bestimmten Nationalität gebildet hat, wird der informelle Gruppenleiter der am besten deutsch sprechende Mitarbeiter sein. Ihm wird der Vorgesetzte bei allen Fragen zu Rate ziehen, die die betreffende Ausländergruppe betrifft. Ihn wird er dolmetschen lassen. Wenn möglich, wird er ihm sogar formell gewisse Aufgaben übertragen; auf diese Weise kommt die natürliche Autorität, die der informelle Gruppenleiter bei seinen Anhängern besitzt, dem Vorgesetzten und dem Unternehmen zugute.

Auseinandersetzungen mit informellen Gruppen, denen manche Führungskräfte am liebsten ausweichen möchten, haben den Vorteil, dass der Wert neuer Planungen und manche bürokratische Auswüchse an der alltäglichen Betriebswirklichkeit gemessen und sie auf ihre Realisierbarkeit hin kritisch überprüft werden, wie dies in japanischen Unternehmen schon lange selbstverständlich ist. Vorgesetzte, die informelle Gruppen ernst nehmen und richtig mit ihnen umgehen, können sie für sich gewinnen und sich ihre Dynamik zunutze machen.

Der Psychologe *E. Mayo* und seine Mitarbeiter erkannten in Hawthorne bei Western Electric, dass gute Beziehungen am Arbeitsplatz, persönliche Anerkennung und ein gutes Gruppenklima wichtige Voraussetzungen für eine hohe Arbeitsproduktivität sind. Aus ihrer Sicht vermitteln informelle Gruppen den Mitarbeitern der untersten Ebene Gefühle der Sicherheit und des Schutzes vor tatsächlichen oder nur befürchteten Veränderungen und als abwertend empfundenen Überwachungspraktiken ihres Vorgesetzten. Außerdem befriedigen sie das Bedürfnis nach Solidarität; zwischen den Gruppenmitgliedern entsteht ein starkes Zusammengehörigkeitsgefühl. Wer dies als Vorgesetzter anerkennt und z. B. freie Aussprachen zwischen den Mitarbeitern zulässt, trägt dazu bei, dass Arbeitszufriedenheit und Leistungen zunehmen. Dies setzt aber voraus, dass am Arbeitsplatz zwischen formellen Kontakten und informellen Beziehungen ein ausgewogenes Gleichgewicht besteht. Die Kommunikation innerhalb der eigenen Gruppe und zu anderen Gruppen muss die Einstellung der Mitarbeiter zu ihrer Arbeitsaufgabe, ihrer Rolle und zum Unternehmen und langfristig auch das Verhalten verändern. Aber auch Führungsstil, Umgangsformen, Arbeitsorganisation und -verfahren müssen sich ändern. Die neu gebildeten Gruppen dürfen nicht nur isoliert betrachtet werden, sondern auch als Teil des großen sozialen Systems Unternehmen, mit dem sie in Interaktion stehen.

Welche Struktur haben Gruppen?

Die Struktur als Gefüge bzw. Ordnungs- und Beziehungsmuster einer Gruppe – gleichzeitig der Gegenpol zur Dynamik, mit der die Gruppenstruktur eine Einheit bildet – baut sich aus folgenden Elementen auf:

1. Gruppenmitglieder, die sich in einer bestimmten Grundhaltung und abhängig von der Gruppenstruktur in gruppendynamischen Prozessen wechselseitig beeinflussen.
2. Die Art ihrer direkten und über einen längeren Zeitraum bestehenden Kontakte, Beziehungen und Bindungen am Arbeitsplatz und außerhalb von ihm, durch die ein Gruppenbewusstsein, das Wir-Gefühl, entsteht.
3. Gemeinsame Aufgaben, Interessen, Ziele, Motive, Pflichten.
4. Gruppengröße und -zusammensetzung.
5. Position der Gruppenmitglieder im Machtgefüge der Gruppe: Rolle, Rang, Status jedes Mitglieds, die bestimmen, wer mit wem kommuniziert und wer für was zuständig und verantwortlich ist.
6. Von allen Gruppenmitgliedern anerkannte Normen, Werte, Regeln, Gewohnheiten, die das Verhalten bestimmen.

Durch die Art ihrer Gliederung bestimmt die Gruppenstruktur den Stellenwert und die Funktion der einzelnen Elemente für die Gruppe; dementsprechend wird jedem Gruppenmitglied Rolle, Rang, Status und Position zugeteilt. Wir unterscheiden die organisatorisch festgelegte offizielle Gruppenstruktur, durch die rational vorgegebene Aufgaben erledigt und Aktionsziele erreicht werden, von der die sozialen Beziehungen regelnden inoffiziellen Gruppenstruktur, auf der die weitgehend unbewusst bleibende emotionale Dynamik des Gruppengeschehens, ihr Prozesscharakter, beruht. Sie drückt aus, wer wem sympathisch oder unsympathisch ist, wer mit wem am liebsten zusammenarbeiten möchte und mit wem nicht. Diese Zusammenhänge zwischen Struktur und Dynamik der Gruppe neben der jeweiligen aktuellen Situation zu kennen, ist für den Gruppenleiter besonders wichtig, um die Gruppenmitglieder beeinflussen und die Gruppenprozesse gemeinschafts- und leistungsfördernd steuern zu können.

Kontakte, Beziehungen, Bindungen in der Gruppe

Die Gruppenmitglieder fühlen sich miteinander verbunden; sie identifizieren sich emotional und rational mit ihrer Gruppe und entwickeln emotional getönte Gruppenstrukturen. Gegenüber Nichtmitgliedern grenzen sie sich ab. In der Gruppe beliebte Mitglieder sind offen, unbefangen, humorvoll, heiter, einfallsreich, schlagfertig, verträglich; bei Auseinandersetzungen verhalten sie sich fair. Interaktion zwischen den Gruppenmitgliedern heißt, sie beeinflussen sich wechselseitig emotional, nichtverbal, und kognitiv, verbal. Was ein Mitglied tut, beeinflusst das Tun aller anderen einzelnen Mitglieder; umgekehrt ist es auf das Verhalten der anderen abgestimmt sowie auf die dadurch entstandenen Gefühle von Sympathie oder Antipathie. Auch die von der Organisation als Rahmen gesetzten Aufgaben, Ziele, Kommunikationsmöglichkeiten, Normen, Rollen, Rang und Status wirken sich auf die Gruppenbeziehungen aus. Die Mehrzahl der Gruppenmitglieder passt sich dem Gruppenbewusstsein bzw. Gruppenurteil an, das einige in der Gruppe aber als Gruppendruck empfinden.

Die Struktur der Gruppe hängt auch davon ab, wie die Gruppenmitglieder miteinander verbunden sind: einmal äußerlich, organisatorisch, hierarchisch aufgebaut, mit klaren Kompetenzen und Anordnungen, um gemeinsam Ziele zu erreichen, Aufgaben zu erledigen und Probleme zu lösen; zum anderen auch innerlich durch menschliche Zuwendung, die Zahl und Intensität der Kontakte, das Gefühl der Zugehörigkeit, die Abgrenzung zu anderen Personen und Gruppen, durch das Gruppenbewusstsein, ein ausgeprägtes Wir-Gefühl, das auf dem gemeinsamen, emotional gefärbten Erleben, der Zusammenarbeit, ähnlichen Vorstellungen und Gewohnheiten beruht. Die Gruppenmitglieder fühlen sich als Gemeinschaft; sie können ihre Einzelinteressen dem Gruppeninteresse unterordnen, wenn die Gruppe ihnen genügend Möglichkeiten und Spielraum bietet, Bedürfnisse zu befriedigen und ihre Eigenart in der Gruppe zu entfalten. Außerdem sollte sie jedem Einzelnen das Gefühl vermitteln, dass er wichtig und notwendig ist, um das gemeinsame Ziel zu erreichen.

Ein weiterer wichtiger Faktor ist die Kommunikationsstruktur; neben der Kommunikationsfähigkeit bestimmt sie weitgehend, wie eng oder distanziert die Gruppenbeziehungen, wie zufrieden oder unzufrieden die Gruppenmitglieder mit ihrer Gruppe sind und was sie insgesamt leisten. Eine enge Zusammenarbeit und das Lösen von Problemen und Konflikten setzt eine Strukturform voraus, bei der jeder mit jedem direkt kommunizieren kann; dies ist z. B. die netzartige Vollstruktur einer Fünfergruppe. Bei der Sternstruktur, der hierarchischen bzw. Vorgesetztenstruktur, hat nur der Gruppenleiter Kontakt mit allen Gruppenmitgliedern, bei der Kreisstruktur bestehen auf der horizontalen Ebene unter Gleichrangigen Kontaktmöglichkeiten zu jeweils zwei Mitgliedern, bei Kettenstrukturen nur zu jeweils einem Mitglied. Erforderlich ist ein Ausgleich zwischen zu großer Nähe und zu großer Distanz; das auf diese Weise entstandene dynamische Gleichgewicht wirkt einer Erstarrung der Gruppe entgegen und wirkt als Motor der Gruppenentwicklung. Die Gruppenstruktur kann sich verändern, wenn, durch Misserfolge oder Isolierung bedingt, bisher lebhafte Gruppenmitglieder sich stark zurückhalten und andere mehr aus sich herausgehen, mehr ins Spiel kommen.

Bei konstruktivem Verhalten stärkt ein Gruppenmitglied die anderen, erkennt sie an, hilft ihnen, belohnt sie, zeigt Solidarität. In entspannter Atmosphäre wird gescherzt und gelacht. Einer stimmt zu, versteht, gibt nach. Ein anderer macht Vorschläge, gibt Anleitung; er akzeptiert die anderen. Einer äußert seine Meinung, bewertet, analysiert, drückt Wünsche aus. Ein anderer orientiert, informiert, wiederholt, klärt, bestätigt. Dagegen möchte ein anderer Orientierung, Information, Wiederholung, Bestätigung. Einer wünscht Meinungen, Stellungnahmen, Bewertungen. Ein anderer fragt nach Vorschlägen, Anleitungen, möglichen Wegen des Vorgehens. Bei problematischem Verhalten lehnt ein Gruppenmitglied Personen und Maßnahmen ab, verhält sich abweisend, hilft anderen nicht, zieht sich zurück, setzt andere herab, verteidigt oder behauptet sich.

Wer von Kindheit an in der Familie und später in Kindergarten und Schule ein gesundes, genügend starkes Selbstwertgefühl entwickelt hat, wird sich in einer Arbeitsgruppe am ehesten wohlfühlen, sich angstfrei verhalten, sich einordnen und behaupten. Aus vielen positiven Erfahrungen in der Vergangenheit ist in ihm das Vertrauen entstanden, dass es in der Zukunft auch in neuen, unbekannten Situationen gut gehen wird. Durch seine positive Einstellung trägt der Betreffende dazu bei, dass sich die Verhältnisse relativ positiv gestalten und er Erfolgserlebnisse hat; dagegen überträgt, wer schlechte Erfahrungen gemacht hat, diese auf neue Situationen; er erwartet dann unbewusst weiteren Misserfolg und zieht ihn dadurch oft an.

Die Gruppenzugehörigkeit kann sich positiv und negativ auswirken

Positiv ist, dass die Gruppenmitglieder in der Gruppe z. B. ihre Bedürfnisse nach Anschluss, Anerkennung, Sicherheit befriedigen können. Bei Gruppen mit guten sozialen Beziehungen sind Fehlzeiten und Fluktuationsrate gering; die Arbeitszufriedenheit dagegen ist hoch. Oft machen erst freundschaftliche Beziehungen eine befriedigende Kommunikation möglich. Wenn alle Gruppenmitglieder die Gruppenziele bejahen, steigt in solchen Gruppen die Produktivität von selbst an. Labile, zu Ängstlichkeit neigende Gruppenmitglieder finden in der Gruppe, die sie akzeptiert hat, Halt, Sicherheit, Schutz vor Isolierung. Sie können nun persönliche Schwierigkeiten und Schwächen leichter überwinden, andersartige Menschen besser ertragen, auf die Anwendung von Abwehrtechniken eher verzichten; ihre Wahrnehmung wird realistischer, ihre Kontakt- und Kommunikationsfähigkeit bessert sich. Von den anderen anerkannt, gewinnen sie ein besseres Selbstwertgefühl; die gleiche Wirkung hat der Erfolg der Gruppe. Manche finden bei anderen Gruppenmitgliedern für ihre Probleme und Konflikte ein offenes Ohr, Rat, Zuspruch und praktische Hilfe.

Die Gruppenzugehörigkeit kann sich aber auch negativ auswirken. Durch widersprüchliche Bestrebungen und Interessen entstehen starke Spannungen in der Gruppe, aus denen sich offene oder verdeckte Konflikte entwickeln. Einzelne Gruppenmitglieder werden durch das negative Modell anderer zu ihrem Nachteil beeinflusst; sie lassen sich unterdrücken und zu ordnungs- und rechtswidrigem Verhalten anstiften. Bei labilen Gruppenmitgliedern, vor allem wenn sie durch besondere persönliche Eigenarten oder durch ihr soziales Verhalten in eine Außenseiterposition gekommen sind, nehmen Verunsicherung und Ängste zu; das angeschlagene Selbstwertgefühl wird weiter geschwächt, die Tendenz zu Fluchtverhalten und zur Anwendung von Abwehrtechniken wird verstärkt, die Wahrnehmung wird verfälscht, Kontakt- und Kommunikationsfähigkeit verschlechtern sich, Leistungsbereitschaft und -fähigkeit nehmen ab. Vitalschwache Gruppenmitglieder tendieren zu depressiven Verstimmungen, ungerechtfertigter, abwertender Kritik der übrigen Gruppenmitglieder, die darauf mit

verstärktem Gruppendruck reagieren. Vereinzelt drohen die sozialen Kontakte zum Selbstzweck zu werden; in Arbeitsbesprechungen treten dann die Sachfragen in den Hintergrund. Aus folgenden Gründen beginnt die Gruppe zu zerfallen: Die Mehrheit
richtet sich nicht mehr nach den gemeinsam beschlossenen Normen. Die Gruppenmitglieder können sich nicht mehr auf gemeinsame Interessen und Ziele einigen. Durch Rolle, Rang, Status sind
Spannungen und Konflikte entstanden. Die Gruppenmitglieder
verstehen einander nicht mehr. Sie sind einander gleichgültig geworden; passive und labile Gruppenmitglieder verlieren den Halt,
den sie in der Gruppe gefunden hatten.

Einfluss von Interessen, Aufgaben, Zielen

Arbeitsgruppen erfüllen fest umrissene Aufgaben: Aufträge, die
erledigt, oder Probleme, die gelöst werden müssen; als konkrete
Handlungsziele bestimmen sie das Arbeitsverhalten der Mitarbeiter. Jeder weiß, was von ihm erwartet wird, und jedes Gruppenmitglied soll möglichst die Arbeitsaufgabe erhalten, bei der es sein
Wissen, seine Erfahrung, seine Fähigkeiten, und in zunehmendem
Maße auch seine überfachlichen Kompetenzen einsetzen kann.
Gruppen verfolgen sachliche Zwecke gemeinsam; sie streben vorgegebene oder selbst gesetzte Ziele an: die Herstellung eines Produkts in möglichst kurzer Zeit und hoher Qualität, eine bestimmte
Gesamtleistung, von der jedes Gruppenmitglied in einer bestimmten Funktion einen Teil erbringt.

Jeder in der Gruppe entwickelt Initiative, orientiert sich über
die aktuelle Situation, sucht nach Informationen, gibt sie weiter,
erfragt sie von den anderen; entwickelt Lösungsvorschläge, unterbreitet sie den anderen, diskutiert mit ihnen, knüpft an die Vorschläge der anderen an; fasst zusammen, entwickelt Maßnahmen,
setzt sich für eine praktische Umsetzung ein.

Aus arbeitspsychologischer Sicht sollten Aufgaben im Unternehmen, abgestimmt auf die Kompetenz des Mitarbeiters, möglichst „vielfältig, ganzheitlich und bedeutsam" sein, um den Mitarbeiter zu guten Leistungen zu motivieren. Auf diese Einsicht
reagiert das Unternehmen mit der Aufgabenerweiterung, dem Job-
Enrichment, die dem Mitarbeiter einen größeren Entscheidungsspielraum gibt, z. B. durch eigene Planungs- und Kontrollaufga-

ben, bzw. der Aufgabenvergrößerung, dem Job-Enlargement, einer Arbeitsbereicherung, die dem Mitarbeiter mehr Tätigkeitsspielraum einräumt. Eignen sich die Aufgaben dafür aber nicht, wird versucht, bei sich ständig wiederholenden Tätigkeiten die ermüdende Eintönigkeit zu durchbrechen durch den Aufgabenwechsel, die Job-Rotation: den geplanten, wechselseitigen Tausch der Arbeitsaufgaben in der Gruppe innerhalb einer Schicht.

Gruppengröße und -zusammensetzung

Wichtige Kriterien für die Bestimmung der Gruppengröße sind: Neben der Aufgabe, dem Grad ihrer Komplexität, dem gesetzten Ziel und der Organisationsform muss die Gruppe noch überschaubar und trotz unterschiedlicher Herkunft, Bildung, Erfahrung, Einstellung usw. eine Einheit sein. Jedes für die Aufgabe befähigte Mitglied muss mit jedem anderen in persönliche Beziehung treten können. Für einfache Aufgaben können schon drei Gruppenmitglieder genügen; die obere Grenze liegt bei 30 bis 40 Personen; solche Gruppen werden meist in Untergruppen geteilt, die sich leichter informieren, leiten, überwachen lassen. Als optimal hat sich in vielen Fällen eine Zahl von 5 bis 9 Gruppenmitgliedern erwiesen. Bei dieser Gruppengröße entfalten die Gruppenmitglieder ihre Kräfte am stärksten. Sie können sich am besten in die Gruppe integrieren, ein Wir-Gefühl entwickeln und am gesetzten Ziel festhalten.

Bei gerader Mitgliederzahl könnte sich leicht ein Patt ergeben; bei nur zwei Personen werden die Probleme nicht so entschlossen angepackt und meist nur unter starker Spannung bearbeitet. In einer Dreiergruppe verbünden sich häufig zwei gegen einen. Das eine isolierte Gruppenmitglied fühlt sich verunsichert; es neigt dann zur Anpassung und hält überängstlich auffallende Ansichten und provozierende Fakten zurück. Bei Gruppen mit über 15 Mitgliedern besteht eher die Gefahr der Cliquenbildung; der Einzelne fühlt sich für das Ganze nicht mehr so verantwortlich. Bei über 30 Mitgliedern zeigen sich qualitative Veränderungen, z. B. sind die Rollen nicht mehr klar verteilt. Die Gruppe ist nicht mehr voll überschaubar, und die Mitglieder bilden keine dynamische Einheit mehr. Mit zunehmender Mitgliederzahl steigt die Leistung zunächst stark an; wie erwähnt, erreichen Gruppen mit 5 bis 9 Mitgliedern die höchste Durchschnittsleistung. Dabei waren einmal homogene, ein andermal heterogene Gruppen produktiver. Wächst die Mitgliederzahl weiter an, wird der Leistungsanstieg immer geringer.

Viele Untersuchungen haben ergeben, dass die Zahl der Abwesenheitsfälle bei vergleichbaren Arbeitsgruppen von der Stärke des Gruppenzusammenhalts beeinflusst wird. Je größer die Arbeitsgruppe wird, umso eher nimmt die Zahl der Abwesenheitsfälle pro Person und Zeitabschnitt zu; gleichzeitig nimmt die Produktivität ab. Außerdem wird es schwieriger, innerhalb der Gruppe fehlerfrei zu kommunizieren. Warum liegt die Abwesenheitsrate in Kleingruppen viel niedriger? Die Gruppenmitglieder fühlen sich in der Kleingruppe den anderen gegenüber persönlich mehr verantwortlich; auch ein starker Gruppendruck ist nicht auszuschließen.

Position in der Gruppe: Rolle, Rang, Status

Position ist die Stellung in einer Gruppe oder in der Unternehmenshierarchie, die eine entsprechende Bedeutung, einen Rang bzw. Status mit einer bestimmten Wertschätzung hat, z. B. als Chef, Assistent, Vorgesetzter, Mitarbeiter. Die Position drückt auch aus, ob jemand ein gutes oder schlechtes Prestige hat, ob er von anderen anerkannt und empfohlen oder abgelehnt wird und einen schlechten Ruf hat. Wie jemand sich in einer bestimmten Position im Umgang mit anderen Gruppenmitgliedern zur Erledigung von Aufgaben verhalten soll, beschreibt seine Rolle.

Rolle umfasst die Einstellungen und Verhaltensweisen mit allen Pflichten und Rechten, die von einem Gruppenmitglied mit einem bestimmten Rang in einer bestimmten sozialen Position zur Erledigung von Aufgaben und Erreichung von Zielen innerhalb der Gruppe erwartet und gefordert werden; sie sollen auch dazu beitragen, Bedürfnisse der Gruppenmitglieder zu befriedigen. Die Gruppenmitglieder übernehmen unterschiedliche Rollen. Diese bestimmen ihren Rang innerhalb der Gruppe und die Arbeitsteilung; auch sind sie aufeinander bezogen und ergänzen sich gegenseitig. Durch die Rollen stehen die Gruppenmitglieder in dynamischer Wechselbeziehung zueinander. Die Unternehmensorganisation arbeitet ein System arbeitsteiliger Rollen mit bestimmten Funktionen aus, die als Rollenstruktur die Struktur der Gruppe maßgeblich mitbestimmt, die Aufgabenverteilung regelt und damit auch die Art, Häufigkeit und Intensität der Interaktionen zwischen den Gruppenmitgliedern beeinflusst. An diese organisatorischen Vorgaben, die die Eignung der Gruppenmitglieder für Teilaufgaben und das bisher in der Gruppe gezeigte Verhalten berücksichtigen, hält sich die Gruppe meist, um die gesteckten Ziele zu erreichen.

Verhaltensweisen in der Gruppe als Ausdruck formeller Rollen sind u. a.:

1. Aktiv und initiativ die Gruppe anregen.
2. Informationen erfragen oder selbst geben.
3. Meinungen anderer herausfinden oder eigene Meinungen äußern.
4. Etwas selbst abklären, ausarbeiten, weiterentwickeln.
5. Verschiedene Beiträge koordinieren, abwägen, ausgleichen, zusammenfassen, gut formulieren, bewerten, auswerten.
6. Gruppenklima verbessern: ermuntern, loben, beschwichtigen, Missverständnisse beseitigen, vermitteln, emotional bedingte Spannungen abbauen, Übereifrige bremsen.
7. Grenzen abstecken: Sie selbst einhalten, aber auch darauf achten, dass andere sie einhalten.
8. Regeln für die Gruppe bilden; an ihre Einhaltung erinnern.
9. Gruppenentscheidungen selbst akzeptieren; auch andere dazu anhalten.
10. Das Wir der Gruppe betonen, „Gruppengeist" demonstrieren.

Von der Rolle, die einer sichtbar spielt, lassen sich einzelne Aspekte seiner verdeckten Persönlichkeitsstruktur erschließen. Besonders aufschlussreich sind die Rollen, die ein Mensch leidenschaftlich gern spielt, und die Rollen, die er heftig ablehnt; sie sagen am meisten aus über seine Wünsche, Interessen, Bedürfnisse, Antriebe, Motive. Wer seine Rolle nicht wie erwartet nach den festgesetzten Normen spielt, fällt aus der Rolle; wie im Leben ist dies auch im Unternehmen unerwünscht. Auf der anderen Seite führt der rasche technische, ökonomische und soziale Wandel dazu, dass manche bisher gültige Rollen überholt sind und nicht mehr gelten. Nun ist ein Rollenwechsel fällig, der vielen Mitarbeitern schwer fällt, den sie aber vollziehen müssen, wenn sie ihre Position im Unternehmen nicht gefährden wollen.

Rollenkonflikte entstehen, wenn ein Gruppenmitglied bestimmte Erwartungen nicht erfüllt, den Anforderungen nicht gewachsen ist; oder aber, wenn die verschiedenen Rollenerwartungen an ein Gruppenmitglied nicht aufeinander abgestimmt sind. Dadurch können in der Gruppe starke Spannungen entstehen, die das Gruppenklima belasten und zu einem Leistungsabfall führen. Rollenkonflikte lassen sich durch Rollenspiele klären und oft auch lösen.

Informelle Rollen spiegeln unbewusste Gruppenprozesse; sie haben eine besondere Bedeutung. Diese zu kennen ist für die Einschätzung einer Gruppe wichtig. Folgende Rollen werden in mehr oder weniger eindeutiger Form „gespielt": informeller Gruppenleiter, Außenseiter, Prügelknabe, Sündenbock, guter Kumpel, Schlauberger, Schwätzer, Miesmacher, Alleswisser, Streber, Ablehnender, Dickfelliger, Streitsüchtiger, Vermittler, Schlichter, Schiedsrichter, Experte, Ratgeber, Tatkräftiger, Spaßvogel, Witzeerzähler, Stimmungsmacher.

Rang ist die hierarchisch geordnete feste und anerkannte Stellung innerhalb der Gruppe, oft mit den Pflichten und Rechten einer Leitungsposition, z. B. der Verpflichtung, im Verhalten für die Gruppenmitglieder Modell zu sein, und dem Recht, Weisungen zu erteilen. Die Machtstruktur der Gruppe sagt aus, wie die Einflussmöglichkeiten unter den Gruppenmitgliedern verteilt sind. Eine zentrale Position in der Gruppe bietet die meisten Kommunikationsmöglichkeiten, die bestimmen, welchen Einfluss das einzelne Gruppenmitglied auf die Gruppe ausüben kann und wie zufrieden es sich in der Gruppe fühlt.

Wie entsteht eine Rangordnung? Die Gruppe weist ihren Mitgliedern Rolle und Rang bzw. Status zu. Einzelne Gruppenmitglieder oder Spezialisten bewerten Funktionen und Leistungen der einzelnen Gruppenmitglieder nach deren Tüchtigkeit und Beliebtheit. Nur selten ist ein Gruppenmitglied für bestimmte Aufgaben besonders befähigt und gleichzeitig bei den anderen Gruppenmitgliedern sehr beliebt. Durch die fachliche Befähigung entsteht der fachliche Geltungsrang als Aussage über die Leistungsqualitäten nach der Einschätzung des Gruppenleiters und des

Unternehmens, durch den Grad der Beliebtheit oder Unbeliebtheit der soziale Geltungsrang, den die Gruppe einem Einzelnen zubilligt. Aufgrund dieser doppelten Einschätzung wird einem Gruppenmitglied ein Aufgabenbereich mit bestimmten Pflichten und Rechten übertragen. Je höher der Rang in der Hierarchie ist, umso mehr kann der Rollenträger über andere Gruppenmitglieder bestimmen. Abgesehen davon sind der Rang und das Ansehen eines Gruppenmitgliedes innerhalb der Gruppe umso größer, je mehr sich der Betreffende mit den Normen und Zielen der Gruppe identifiziert. Rangunterschiede können auch auf der gleichen Hierarchiestufe, z. B. zwischen Kollegen, entstehen. Bei dieser horizontalen Unterscheidung gibt es eine Zentralposition, eine Mittelposition, eine Randposition, eine Außenseiterposition.

Status drückt die Bedeutung aus, die ein Gruppenmitglied für die Gruppe hat, die entsprechende Wertschätzung und das Ansehen bei den Gruppenmitgliedern; der Begriff ist weitgehend bedeutungsgleich mit Rang. Ein niedriger Status mit geringer Wertschätzung wird von dem Betreffenden negativ erlebt, ein hoher Status mit großer Wertschätzung vermittelt positive Erlebnisse. Statussymbole wie wertvolle Gebrauchsgegenstände erleichtern die Zuordnung eines Mitgliedes zu dem ihm zukommenden Status und ermöglichen eine bessere Orientierung; sie dürfen aber nicht zum Selbstzweck werden. In unserer Industriegesellschaft gilt Leistung weitgehend als unterscheidendes Merkmal, nach dem einer Person in der Gruppe ihr Platz zugewiesen wird und damit ihr Status. Dieser umfasst aber auch die Stellung innerhalb der Gesellschaft, die durch die Zugehörigkeit zu einer bestimmten Schicht und durch persönlichen Besitz bestimmt wird.

Bedeutung der Gruppennormen

Als SOLL-Vorschriften regeln sie das Verhalten der einzelnen Gruppenmitglieder, damit ein Mindestmaß an Übereinstimmung erreicht wird, ohne das ein Zusammenwirken nicht möglich wäre. Normen sollen auch Leitbilder vermitteln, an denen sich die Gruppenmitglieder orientieren. Nach ihnen bewerten sie gegenseitig ihr soziales Verhalten innerhalb der Gruppe. Die Gruppennormen helfen den Gruppenmitgliedern, das gemeinsame Ziel zu erreichen und gleichzeitig Bedürfnisse zu befriedigen. Die Gruppennormen beeinflussen Verhalten und Arbeitsmoral der Gruppenmitglieder am stärksten. Je mehr sich ein Gruppenmitglied mit der Gruppe identifiziert, umso eher übernimmt es die Einstellungen, Überzeugungen, Normen und Wertvorstellungen der Gruppe, die das Gruppenbewusstsein und das Gruppenverhalten maßgeblich bestimmen. Verhalten, das mit den Gruppennormen übereinstimmt, wird belohnt. Mitglieder, die von den Normen abweichen, werden kritisiert, ignoriert; auf sie übt die Gruppe Druck aus.

Norm bedeutet zweierlei: zum einen Maßstab, Regel; zum anderen Durchschnitt: von dem, was am häufigsten vorkommt, der mittlere Wert. In der Sozialpsychologie werden unterschieden: statistische Norm, Idealnorm, funktionale Norm. Statistische Norm bedeutet: Normal ist, was am häufigsten vorkommt; die mittleren Werte dominieren. Danach werden Eigenschaften und Leistungen vorwiegend gemessen. Die Idealnorm beruht auf Konvention; was ihr entspricht, gilt als normal. Je mehr das Verhalten eines Gruppenmitglieds davon abweicht, desto eindringlicher erlebt es die Gruppe als anormal. Die Idealnorm ist gruppendynamisch bedeutungsvoll, weil sie für die Gruppe Werte und Prioritäten setzt, die das Verhalten der Gruppenmitglieder vor allem bestimmen, und die erklären, warum die Gruppe auf Personen, die davon abweichen, Druck ausübt. Nach der funktionalen Norm gilt ein Zustand als funktionell normal, wenn er in Bezug auf seine Voraussetzungen, Zielsetzungen und die Situation einer Person angemessen ist und ihre Arbeits-, Liebes- und Genussfähigkeit nicht zu sehr beeinträchtigt.

Die Gruppenziele müssen auf die Unternehmensziele mit ihren Normen, Geboten und Verboten abgestimmt sein; sie dürfen ihnen nicht widersprechen. Ein Gruppenabsolutismus, bei dem das Denken und Handeln der Gruppe zum absoluten Maßstab für andere erhoben wird, wäre für das Unternehmen und langfristig auch für die Gruppe sehr schädlich. Entstehen Konflikte, müssen sie mit der Unternehmensleitung ausgeräumt werden.

Werte stehen über den Normen und legitimieren diese. Durch die Normen, die der Gruppe vorgegeben sind oder die sie sich selbst gibt und die auch Sanktionen enthalten, wird eine soziale Kontrolle ausgeübt. Normen beschreiben die Pflichten und

Rechte der Gruppenmitglieder und bestimmen, was erwünscht und was unerwünscht ist, was man darf und was nicht, was richtig und was falsch ist; daran wird das Verhalten der Gruppenmitglieder gemessen und ausgerichtet, das den Rollenerwartungen des Unternehmens und der einzelnen Rollenträger entsprechen soll. Die Toleranz gegenüber Abweichungen ist umso geringer, je wichtiger ein bestimmtes Verhalten für die Gruppe ist.

Wie erfolgreich sind eingearbeitete Gruppen? Die Erfahrung hat gezeigt, dass kooperative, gut koordinierte Gruppenarbeit durch die wechselseitige Ergänzung und die Beachtung bestimmter Grundsätze Problemlösungen erleichtert, die Produktion verbessert und die Produktivität erheblich steigert; außerdem bessert sich das Arbeitsklima, die Mitarbeiter erleben ihre Arbeit als sinnvoll, ihre fachlichen und menschlichen Potenzen werden aktiviert.

Gruppendynamik: das Kraftfeld einer Gruppe und das Kräftespiel in ihr

Im folgenden Abschnitt geht es um dynamische Prozesse, die in einer Gruppe auf drei Ebenen zwischen Personen ablaufen, die sich bei gemeinsamen Aktivitäten wechselseitig beeinflussen und dadurch ihr Verhalten steuern. Zum einen die Gruppenmitglieder, zum anderen der Gruppenleiter und die Gruppe als Einheit; schließlich auch der Gruppenleiter und die einzelnen Gruppenmitglieder. Zwischen allen werden positive und negative Kräfte und Informationen wirksam, die den Gruppenprozess und das Kräftespiel zwischen den Gruppenmitgliedern ständig verändern und einen hohen Synergieeffekt haben. In der Gruppe verhält eine Person sich anders als allein, von der Gruppe isoliert. Von jedem wird ein Verhalten erwartet, das den vorgegebenen Normen entspricht und zum Erreichen des gesetzten Ziels beiträgt. Unter diesen Voraussetzungen beobachten die Gruppenmitglieder sich, nehmen sie einander wahr, analysieren und bewerten sie ihr Verhalten, beeinflussen sie sich.

Bewusste und unterschwellige Erwartungen an die Gruppe, besonders emotionsgefärbte, Vorgänge in der Gruppe, deren Auswirkung auf die einzelnen Gruppenmitglieder, die ganze Gruppe und das soziale Umfeld, sowie die entstehenden Phänomene, lassen sich durch Außenstehende z. T. beobachten, untersuchen und beschreiben. Sie unterliegen zwar bestimmten Gesetzmäßigkeiten, lassen sich aber rational nur teilweise erfassen. Das Soziogramm gibt Auskunft über die in der Gruppe praktizierten Kontakt- und Sympathieformen und ihr Gegenteil: soziale Distanz und Antipathie; auch beantwortet das Soziogramm folgende Fragen: Wer ist wem sympathisch oder unsympathisch; wer kann es mit wem besonders gut und mit wem überhaupt nicht? Wer kommuniziert mit wem wie oft verbal und nonverbal? Kann innerhalb der Gruppe genügend Information ausgetauscht werden? Im Soziogramm wird jedes Gruppenmitglied durch einen Kreis mit Namen dargestellt. Der Informationsfluss zwischen den Gruppenmitgliedern wird durch Pfeile angedeutet. Dadurch werden Abläufe, Kommunikationsrichtungen, mögliche Konfliktursachen usw. sichtbar. Zur rationalen, relativ festen Gruppenstruktur ist die von *Kurt Lewin* begründete Gruppendynamik, die Anregungen der Informationstheorie und der Tiefenpsychologie aufgenommen hat, der emotionale, flexible Gegenpol. Als Teilgebiet der Sozialpsychologie erforscht die Gruppendynamik mit bestimmten Methoden alle Prozesse, die sich in der Gruppe abspielen. Der Gruppenleiter soll die Gruppe und ihr Kräftefeld beobachten und untersuchen, was sich im sozialen Umfeld verändert.

Das Soziogramm gibt Aufschluss darüber, wer mit wem gern auf eine Ferienreise gehen, zusammenarbeiten oder die Unterkunft teilen möchte. Die Wahl oder Ablehnung eines Partners wird mit dem Eindruck begründet, den ein Gruppenmitglied auf das andere macht, ob es sympathisch oder unsympathisch, populär oder unpopulär ist. Die Zahl der Kontakte ist unterschiedlich. Zu einem Mitglied bestehen häufige, zu anderen seltene, zu Dritten evtl. gar keine Kontakte. Es gibt Gruppenmitglieder mit warmer, positiver Ausstrahlung: Optimisten, Lober, Anerkenner, Zustimmer, Kompromissbereite. Daneben gibt es Gruppenmitglieder mit kalter, eher negativer Ausstrahlung: Pessimisten, Meckerer, Neider, Ablehner, unerbittliche Schwarz-weiß-Seher. Untersucht werden die emotionalen und rationalen Gruppenstrukturen. Dadurch soll deutlich werden, wie die Gruppenmitglieder ihre Gruppe, die Situation, sich selbst in der Gruppe und die einzelnen Gruppenmitglieder wahrnehmen.

Möglich sind auch systematische Befragungen. Beim Gruppeninterview werden mehrere Gruppenmitglieder gemeinsam befragt. Bei einem Gruppentest sollen bei Mitgliedern verschiedener Gruppen die Unterschiede in der Persönlichkeitsstruktur festgestellt werden. Beim Einzelinterview werden die Gruppenmitglieder getrennt befragt.

Macht oder Einfluss – Verhalten des Gruppenleiters

Der Gruppenleiter ist bei der formellen Gruppe von der Organisation eingesetzt worden; sein Führungsstil beeinflusst das Gruppenverhalten nachhaltig. Um die Gruppe auf die gemeinsame Arbeit vorbereiten zu können, muss er die Rollenerwartungen der Gruppenmitglieder kennen, ebenso die informellen Kommunikationsstrukturen. Kommunikationsrollen sind: Informationsbegrenzer: Dieser kontrolliert den Zugang von Informationen zur Gruppe, filtert sie. Verbindungsperson: Sie verbindet die Gruppenmitglieder miteinander, stärkt den Zusammenhalt. Meinungsführer: Dazu wird ein Mitglied durch seine in der Gruppe bewiesene fachliche und soziale Kompetenz. Bei einem partizipativen Führungsstil braucht der Meinungsführer nicht der Gruppenleiter zu sein; bei einem autoritären Führungsstil wäre dies problematisch. Kontaktperson: Sie stellt zur Umwelt oder zu anderen Gruppen Verbindung her und erhält sie aufrecht; dies ist wichtig, wenn die Erledigung der Aufgabe einen ständigen Erfahrungsaustausch und die Präsentation von Gruppenergebnissen erfordert. Meist fallen einzelnen Gruppenmitgliedern im dynamischen Gruppenprozess und im Zeitablauf mehrere solcher Rollen zu.

Das folgende Fallbeispiel zeigt gruppendynamisches Geschehen. Rainer M., Anfang 30, Diplom-Ingenieur, übernimmt als neuer, noch wenig erfahrener Vorgesetzter drei seit Jahren bestehende, gut eingespielte Gruppen. Bei der ersten, die aus älteren Mitarbeitern besteht, sieht er vieles, was anders gemacht werden sollte; dies kritisiert er offen und direkt. Daraufhin schließt sich die durch die Kritik verletzte Gruppe spontan gegen ihn zusammen und will ihn wegekeln. Die Gruppenleistung geht leicht

498   *4.4 Gruppenarbeit im Unternehmen*

zurück. Die zweite Gruppe, die Rainer M. in seiner Ahnungslo-
sigkeit ähnlich kritisiert hat, reagiert unterschiedlich. Die älteren
Gruppenmitglieder durchweg negativ; sie lehnen ihn ab. Die jüngeren dagegen stehen den Ideen von Rainer M. positiv gegenüber,
weil sie sich einen rascheren Aufstieg erhoffen, wenn sie ihn unterstützen. Zwischen den beiden Parteien in der Gruppe entsteht
Streit. Die Mitarbeiter fühlen sich unwohl; einige fallen durch
Krankheit aus. Die Gruppenleistung geht stark zurück. Durch
Schaden klüger geworden, geht Rainer M. bei der dritten Gruppe
anders vor. Er versteht nun, dass vor allem sehr erfahrene Mitarbeiter ihre bewährten Arbeitsgewohnheiten beibehalten wollen,
zum einen, weil ihr Selbstwertgefühl damit zusammenhängt, zum
anderen, weil dies bequemer ist. Rainer M. erkennt deshalb
zunächst die zuverlässige Arbeit und die gute Gemeinschaft der
Gruppe an; dadurch erwirbt er ihr Vertrauen. Er spricht mit ihnen
über einzelne ihrer bisherigen Arbeitsgewohnheiten, stellt die eine
und andere in Frage und bittet die Gruppe, darüber nachzudenken, was anders gemacht werden könnte. Nachdem erste Vorschläge gekommen sind, bespricht er sie mit der Gruppe. Auf diese
Weise gewöhnt sich die Gruppe an andere Arbeitsmethoden; sie
setzt sich neue Ziele und geänderte Verhaltensregeln. Die Folge
ist: Ein neues Gruppenbewusstsein entsteht, das den neuen Vorgesetzten einschließt, und die Gruppenleistung nimmt schon nach
kurzer Zeit stark zu.

**Gruppenbewusstsein: Wir-Gefühl und Gruppendruck als
Störfaktor**

Gruppenmitglieder, die emotional miteinander verbunden sind
und schon längere Zeit zusammenarbeiten, ziehen sich gegenseitig an. Sie finden einander sympathisch und fühlen sich als Gemeinschaft, in der „alle für einen und einer für alle" gilt; als Einheit grenzen sie sich anderen Personen und Gruppen gegenüber
ab.

Mit ihren Rollen stehen die Gruppenmitglieder in dynamischer
Wechselwirkung zueinander. Auch die gemeinsame Aufgabe aktiviert die Gruppenmitglieder; der Kontakt zwischen ihnen wird
intensiver, und das Gefühl des Einander-nahe-Seins, die gegensei-

tige Sympathie, nimmt zu. Durch die Gruppenzugehörigkeit und das Wir-Gefühl fühlen sich die Gruppenmitglieder stärker und weniger ängstlich in einer Gruppe, die sie gegen Kritik und Angriffe von Nichtmitgliedern schützt. Labile Gruppenmitglieder finden dadurch einen Halt in ihrer Gruppe. Dies trägt dazu bei, dass sich die Gruppenmitglieder mit ihrer Aufgabe und dem gemeinsam gesetzten Ziel identifizieren. Je mehr sie sich für eine Aufgabe begeistern, die sie nur zusammen mit anderen bewältigen können, umso tiefer und stärker wird der Zusammenhalt in der Gruppe. Dazu kann auch ein gemeinsamer Gegner beitragen.

Allerdings müssen die Gruppenmitglieder bei aller Übereinstimmung und einem ausgeprägten Wir-Gefühl darauf achten, dass für sie ein persönlicher Spielraum verbleibt und jeder die Eigenart der anderen achtet. Außerdem dürfen sie den Gruppendruck nur im äußersten Fall anwenden, um die Meinung, Einstellung und Verhaltensweise einzelner Gruppenmitglieder zu beeinflussen, z. B. wenn das unter Druck gesetzte Gruppenmitglied in der Diskussion und bei der gemeinsamen Entscheidung ein Ziel bejaht, nun aber ohne triftige Gründe seine Meinung geändert hat. Eine andere Gefahr besteht darin, dass ein Gruppenmitglied sich mit seiner Gruppe überidentifiziert und dann völlig unkritisch und unrealistisch in seinem ganzen Denken nur noch für gut hält, was dem Verhalten der eigenen Gruppe entspricht, was davon abweicht, jedoch für fragwürdig oder verdammenswert. Dadurch entsteht langfristig ein Zwang, dogmatisch zu denken und sich in allen Situationen absolut in Übereinstimmung mit der Gruppe und ihren Normen auch gegenüber Außenstehenden zu verhalten.

Nicht nur der Gruppenleiter, auch alle Gruppenmitglieder sollten wissen, welche Nachteile ein vorschnell ausgeübter Gruppendruck hat: Meinungsmacher beeinflussen die übrige Gruppe zu stark. Die Gruppe spricht nicht über alle Lösungsmöglichkeiten. Sie bezieht nur die Informationen in eine Entscheidung ein, die eine bestimmte Meinung bestätigen, und ist sich zu rasch einig. Sie verzichtet auf Informationen von Experten, überbetont ihre Einsichten und fördert damit die eigene Betriebsblindheit. Einen eingeschlagenen Kurs überprüft sie nicht laufend; sie betrachtet ihn als unabänderlich. Unterschwellige Konflikte werden verharmlost oder verdrängt. Die Gruppe entwickelt keine Notmaßnahmen.

Gruppenklima als seelisches Barometer

Es spiegelt Art und Qualität der Beziehungen der einzelnen Gruppenmitglieder zueinander und zum Leiter: Zu- und Abneigungen, Anerkennung oder Abwertung; deren Kommunikationsstil und -ton. Gruppenklima ist das Ergebnis der Gruppenaktivitäten und -perspektiven, die sie den einzelnen Mitgliedern und der Gruppe als Ganzes eröffnet. Ist das Gruppenklima vertrauensvoll, sind die Einzelnen kreativ. Bei starken Spannungen dagegen verhalten sich die Gruppenmitglieder unfrei, abhängig, angepasst, unselbstständig, resigniert, ohne Initiative. Das Gruppenklima wirkt sich auf das emotionale Erleben, Befinden und Verhalten der Gruppenmitglieder aus, wird aber auch von diesen beeinflusst.

Folgende Faktoren wirken sich aus: Die Gruppenmitglieder erwarten vom Gruppenleiter neben einem partnerschaftlichen Führungsstil, dass er ihnen Vorteile bietet und auf ihre Bedürfnisse eingeht. Enttäuscht er sie, reagieren sie aggressiv oder passiv, depressiv; Minderwertigkeits- und Schuldgefühle können auftreten. Ein Feindbild entsteht; gegen den angeblichen Gegner, den Leiter oder Außenstehende, schließt sich die Gruppe enger zusammen. Entweder bekämpft sie den „Gegner" offen oder sie versucht, sich seinem Einfluss durch Fluchtverhalten zu entziehen. Die Gruppe will aber die Arbeitsaufgabe erledigen oder das Ziel erreichen. Führt dieses Streben zum Erfolg, verstärkt dies den Zusammenhalt der Gruppe und das Selbstvertrauen der Gruppenmitglieder; bei Misserfolg entstehen Minderwertigkeitsgefühle und Aggressionen. Gruppenmitglieder tragen individuelle Konflikte oft unbewusst in die Gruppe; dort erscheinen sie als Gruppenkonflikte. Erst wenn die Gruppe diesen Zusammenhang durchschaut, kann sie die Konflikte lösen.

Verhalten der Gruppenmitglieder

Es spiegelt den nicht beobachtbaren Gruppenhintergrund: fachliche und überfachliche Erfahrungen und Eigenschaften, die jedes Gruppenmitglied mitbringt. Das Verhalten kann mehr aufgaben-, gruppen- oder ichorientiert sein. Dies sollte der Gruppenleiter wissen; auch sollte es die Organisation bei der Gestaltung der Arbeitsaufgabe berücksichtigen. Allein verhält ein Mensch sich anders als in einer Gruppe; in ihr ist sein Verhalten dynamisch verändert. Bestimmte Verhaltensweisen werden ausgelöst, andere gehemmt oder gebremst; ein völlig neues Verhalten kann entstehen.

Der Status der Gruppenmitglieder sollte möglichst ausgeglichen sein, damit keine Spaltungen in der Gruppe entstehen. Alle sollten sich mit der Gruppe solidarisch fühlen; aber manchen fällt dies schwer. Bei ihnen bricht der Egoismus immer wieder durch. Darauf muss die Gruppe, wenn das Verhalten von der Gruppennorm abweicht, sofort durch Kritik, Druck oder Sanktionen reagieren, damit sich nicht gruppenschädliche Gewohnheiten bilden. Umgekehrt sollte sie ein Verhalten, das der Gruppennorm entspricht, anerkennen und belohnen. Wer ein besonders wünschenswertes Verhalten konstant zeigt, bekommt eine Sonderstellung; er wird z. B. informeller Gruppenleiter. Aber auch die anderen Gruppenmitglieder nehmen einen bestimmten Rangplatz ein. Dieser wird durch ihre besonderen Fähigkeiten bestimmt, weil sie sich vielleicht bei einer Gruppenaufgabe besonders kooperativ verhalten haben oder dafür eine positive Einstellung, größere Kenntnisse und Fähigkeiten besitzen. Die Rangstruktur ist der Gruppenaufgabe am besten angepasst, wenn die Gruppenmitglieder jeweils den Rangplatz einnehmen, auf dem sie für die gemeinsame Aufgabe die besten Voraussetzungen mitbringen.

Zwischen Gruppenmitgliedern kann ein gewisser Rangneid oder -streit entstehen, wenn ihre Rollenerwartungen und ihre tatsächliche Rangposition zu sehr auseinanderklaffen und sie, ohne dass ihnen die Ursache bewusst ist, unzufrieden sind. Dadurch verschlechtert sich nicht nur das Gruppenklima; auch die Einzelleistungen der betroffenen Gruppenmitglieder und die Gruppenleistung nehmen ab. Oft ist ein schwaches Selbstwertgefühl die Ursache, wenn ein Mitarbeiter sich unterbewertet fühlt. Ist sein Geltungsdrang sehr verletzt worden, kann es sein, dass er sehr emotional, vielleicht sogar primitiv und destruktiv reagiert.

Auch Konkurrenzdenken und Rivalität innerhalb der Gruppe werden immer wieder auftreten; dann kann es sein, dass sich eine informelle Teilgruppe, eine Koalition, ein Bündnis oder eine

Clique bildet, die leicht zum Störfaktor wird, wenn sie nicht fest in die formelle Gruppe eingebunden bleibt. Alle Gruppenmitglieder sollten auf solche Fehlentwicklungen achten, damit sie möglichst früh erkannt werden; sie werden dann einander aufmerksam wahrnehmen. Voraussetzung dafür ist, dass sie mit den eigenen Emotionen, Gefühlen, Phantasien, Vorurteilen selbstkritisch umgehen, alles, was in ihrem Arbeitsumfeld geschieht, realistisch und konstruktiv beurteilen und darauf entsprechend reagieren.

Unruhe, Spannungen, Aggressionen unter den Gruppenmitgliedern können auch durch andere Gruppen entstehen, zu denen keine direkten Kontakte bestehen. Die Mitglieder der einander fremd bleibenden Gruppen haben falsche, unrealistische Vorstellungen voneinander, die oft nur Projektionen der eigenen Schattenseiten, Fehler und Schwächen sind. Auf diese Weise entstehen Feindbilder. Die eigene Gruppe gilt dann als gut, fehlerlos und überlegen, die fremde Gruppe als böse, fehlerhaft und minderwertig. Zwar kann ein Feindbild die eigene Gruppe nochmals zusammenschließen; die durch den angeblichen „Feind" in der eigenen Gruppe entstandenen Aggressionen sind aber viel nachteiliger als der verstärkte Zusammenhalt. Die Feindbilder sollten deshalb aufgelöst werden, am besten durch ein persönliches Treffen der beiden Gruppen, bei dem die Gruppenmitglieder einander menschlich näher kommen.

Hat sich die Gruppendynamik bewährt?

Nur zum Teil. Sie entstand in den USA teilweise als Reaktion auf den Taylorismus, dem es einseitig um hohe Leistung und Produktivität ging und der den menschlichen Faktor nicht ausreichend berücksichtigte. Nach dem Zweiten Weltkrieg wurde von der Gruppendynamik zu viel erwartet. Sie sollte auf einfachste Weise und in kürzester Zeit dem Einzelnen zur Selbstfindung als Basis der Selbstverwirklichung verhelfen, hohe Leistungen beim Lernen und Arbeiten ermöglichen und soziale Konflikte in Gruppen und der ganzen Gesellschaft lösen. Auch sollte die Gruppendynamik in allen Lebensbereichen das demokratische Prinzip fördern und am Arbeitsplatz durch kooperative Arbeitsformen und die Beteiligung an Entscheidungsprozessen die Arbeitszufriedenheit erhöhen.

Diese überzogenen Erwartungen von Sozialpsychologen haben sich nicht erfüllt. Die Gruppendynamik bietet keine Patentrezepte; mit ihr lassen sich nicht alle Gruppenprobleme lösen. Sie kann jedoch dazu beitragen, Interaktionsstrukturen zu durchschauen, das soziale Lernen zu erleichtern, das Gruppenlernen effektiver zu organisieren und soziale Konflikte aufzudecken und zu lösen.

Wie bilden und entwickeln sich Gruppen?

Die geplante oder spontane Gruppenbildung erfordert einen Entwicklungsprozess, der verschiedene, zum Teil krisenhafte Phasen durchläuft. In ihm soll aus mehreren Einzelpersonen die Gruppe als Einheit entstehen, um gemeinsam eine Aufgabe zu erledigen oder ein Problem zu lösen. Alle sollten motiviert sein, sich der Gruppe freiwillig anzuschließen, um gemeinsam eine Herausforderung zu bestehen und eigene Bedürfnisse zu befriedigen. Die Zugehörigkeit zur Gruppe sollte für die Gruppenmitglieder möglichst attraktiv, erstrebenswert, lohnend sein. Vom Gruppenleiter wird im Allgemeinen ein hohes Maß an Intelligenz, Begeisterungsfähigkeit, Autorität, Selbstvertrauen, Gerechtigkeitssinn und soziale Kompetenz verlangt. Seine günstige Position in der Gruppe und die ihm vom Unternehmen verliehene Autorität ermöglichen ihm viele Kontakte, die er nützen sollte, um zum einen mit seiner Gruppe das gesetzte Ziel zu erreichen, zum anderen dazu beizutragen, dass innerhalb seiner Gruppe stabile, möglichst reibungsarme, vertrauensvolle Beziehungen und Arbeitszufriedenheit entstehen.

Bevor er die Gruppenmitglieder auswählt, sollte der zuständige Vorgesetzte u. a. klären: Welchen Zweck soll die Gruppe verfolgen? Was gibt die Organisation als Plan vor? Welche Ziele soll die Gruppe erreichen? Sind diese alle klar und widerspruchsfrei? Sind sie allen Gruppenmitgliedern bekannt; werden sie auch anerkannt? Welche Aufgaben soll die Gruppe bearbeiten; mit welchem Schwierigkeitsgrad und welchen besonderen Bedingungen? Sind diese gut koordiniert? Verfügen alle Gruppenmitglieder über die nötigen Informationen? Bestehen Beziehungen zu anderen Gruppen, für die die eigene Gruppe arbeitet, und andere Gruppen, von deren Vorleistungen sie abhängig ist?

Die Gruppengröße hängt ab von der Aufgabenstellung, der Komplexität der Aufgabe und den Fähigkeiten der Gruppenmitglieder. Die Gruppengröße beeinflusst zwar Leistung und Arbeitszufriedenheit nicht direkt; aber sie wirkt sich über die unterschiedlichen Kommunikationsstrukturen auf die Aufgabenmotivation der Gruppenmitglieder aus sowie auf die sozialen Beziehungen in der Gruppe. Umgekehrt wirken diese auf Leistung und Arbeitszufriedenheit zurück. Für den Gruppenzusammenhalt gilt: Er kann umso größer sein, je kleiner die Gruppe ist; in ihr lassen sich Spannungen und Frustration leichter ertragen. Allerdings sind die Gruppenmitglieder sehr eng aufeinander bezogen und voneinander abhängig. Was einer tut, beeinflusst sofort das Tun der anderen, und die anderen wirken auf ihn zurück.

Größere Gruppen dürfen nicht zu heterogen zusammengesetzt sein; sonst wird zu viel gestritten und die Spannung ist zu dynamisch. Ist die Gruppe aber zu homogen, sind sich die Gruppenmitglieder zu rasch einig und Langeweile entsteht. Bei der Auswahl der Gruppenmitglieder für die größere Gruppe ist neben fachlicher Kompetenz für die vorliegende Aufgabe in besonderem Maße die soziale Kompetenz als Auswahlkriterium wichtig, wenn die Betreffenden eng zusammenarbeiten müssen und durch unvermeidliche Stresssituationen leicht Emotionen freigesetzt werden, mit denen nicht alle Mitarbeiter gut umgehen können.

Zusammensetzung der Gruppe

Diese sollte so sein, dass es zu einem Fließgleichgewicht zwischen Gruppendynamik und Gruppenstruktur bzw. -zusammenhalt kommt, der im Abschnitt „Gruppenarbeit einführen" beschrieben worden ist. Für die Auswahl der Gruppenmitglieder sollen neben dem fachlichen auch der personale und soziale Aspekt der möglichen Gruppenmitglieder berücksichtigt werden, die etwas zur Erledigung einer Aufgabe oder zum Lösen eines Problems beitragen können und sich dabei ergänzen.

Personen mit gegensätzlicher Persönlichkeitsstruktur und unterschiedlichem Erfahrungshorizont, aber ähnlichem Ausbildungsniveau, setzen Kontraste; durch sie entsteht genügend Dynamik. Personen mit ähnlichen Einstellungen und Verhaltensweisen tragen zum Zusammenhalt der Gruppe bei. Im Einzelnen bedeutet dies beispielsweise, dass eine ideenreiche Person mit guten analytischen und kreativen Fähigkeiten und eine tatkräftige Person, die über ein starkes Durchsetzungsvermögen verfügt, Entscheidungen herbeiführt und durchführt, sich ergänzen. Andere mögliche Kontraste ergeben sich durch den Praktiker in der Fertigung, der aus innovativen Ideen ein gut funktionierendes und durch seinen Preis konkurrenzfähiges Produkt macht, und einem sozial kompetenten Kollegen, der in der Entwicklungsphase, wenn z. B. der Konstrukteur und der Marketing-Spezialist aneinander geraten und sich nicht einig werden, eine Brücke schlägt, die scheinbar unvereinbaren Gegensätze integriert, die Gruppe zusammenhält und den Ausgleich schafft. Frauen in einer Männergruppe schaffen eine besonders kreative Atmosphäre; auch progressive und konservative, junge und ältere Mitarbeiter, disponierende und ausführende, planende und organisierende, motivierende und kontrollierende Mitarbeiter ergänzen einander und regen sich an.

Wichtig für die Zusammensetzung ist neben ähnlichen Sachinteressen auch eine gewisse Sympathie der Gruppenmitglieder. Gute zwischenmenschliche Beziehungen erhöhen die Schaffensfreude. Das Gefühl gegenseitiger Zuneigung darf aber die Gruppenzusammensetzung nicht allein bestimmen; denn sie könnte, wenn ein neuer Mitarbeiter in die Gruppe kommt, oder bei Sachkonflikten und Misserfolg, rasch in Antipathie umschlagen. Es kann auch sein, dass eine Gruppe vorübergehend einen Experten benötigt, dessen Auftreten in der Gruppe die Beziehungen der Gruppenmitglieder nachhaltig beeinflusst. Der Grund dafür ist die Autorität, die sein Spezialwissen ihm verleiht. Als selbstständiger und relativ unabhängiger Spezialist und Nichtmitglied der Gruppe kann er sich besondere Freiheiten herausnehmen. Er beachtet nicht immer die betrieblichen Gegebenheiten, die vom Markt ausgehenden Sachzwänge, sondern orientiert sich mehr am Fachwissen externer Fachleute seines Sachgebiets. Er tendiert zu einer „Fachloyalität" mit Richtlinien und Verhaltensnormen, die von außen kommen und in Widerspruch zu den Normen und Zielen der beratenen Gruppe stehen, deren Geschlossenheit beeinträchtigen und auch die Organisationsform der Gruppe verändern, die von fest umrissenen Zwecken bestimmt wird, beispielsweise von markt- und produktbedingten Sachzwängen.

Auf die Leistung wirkt sich die Gruppenzusammensetzung auch aus. Die Leistung des einzelnen Mitarbeiters wird durch die Gruppe mitbestimmt, weil die Gruppenmitglieder unterschiedlich rasch auffassen, mehr oder weniger intelligent und flink sind, auf die anderen sympathisch oder unsympathisch wirken. Ein Teil von ihnen ist mehr sozial, der andere mehr egoistisch eingestellt, ehrgeizig oder träge, friedliebend oder streitsüchtig. Wichtig ist, dass die Gruppenmitglieder sich gegenseitig anpassen, weil Einzelne von ihnen die Gruppe und deren Leistung stark beeinflussen können. Niemand sollte seinen Ärger an anderen abreagieren. Keiner sollte Unruhe und Streit in die Gruppe hineintragen, weil dadurch eine gereizte Atmosphäre entsteht. Die Gruppe sollte sich von einem sehr nervösen Gruppenmitglied, das sich leicht aufregt, nicht anstecken lassen; denn durch diese falsche Verhaltensweise geht die Gruppenleistung stark zurück.

Entwicklung einer neuen Gruppe

Aus dem Nebeneinander oder Gegeneinander von Personen soll ein Miteinander werden, ein überpersönliches Wir. Dies erfordert viel emotional getönten Kontakt, wachsendes Vertrauen, Offenheit, Freude und Begeisterung für das gesetzte Ziel und den festen Willen, es zusammen mit anderen zu erreichen. Bei den Kontakten der Gruppenmitglieder werden unterschieden: Kontakte, die sich aus der offiziellen Arbeitsanweisung ergeben, die für das Ausführen der Arbeitsaufgabe erforderlich sind, von Kontakten, die der Pflege „informeller" Beziehungen dienen und mehr Arbeitszufriedenheit herstellen sollen.

Das Gruppenbewusstsein, ein verbindendes Wir-Gefühl, als vorherrschende und von Emotionen getönte Gesinnung mit starkem Kraftfeld, entsteht, das den Zusammenhalt der Gruppenmitglieder ausdrückt, die Art, Häufigkeit und Intensität ihrer Interaktionen, ihre Identifizierung mit den Gruppennormen und -zielen. Das Gruppenbewusstsein als Grundlage für das Verhalten der Gruppe nach außen vermittelt den Gruppenmitgliedern mehr Sicherheit; es wächst durch räumliche Nähe, abnehmende soziale Distanz, zunehmende Ähnlichkeit, gemeinsame Erfahrungen der Gruppenmitglieder. Auch Kontrast, Distanz und Abgrenzung zu anderen Gruppen und gemeinsame Feinde können Gruppenbewusstsein und -zusammenhalt stärken. Je intensiver die Innenkontakte sind, umso rascher nehmen die Außenkontakte ab; umgekehrt entstehen durch wenige Innenkontakte mehr Außenkontakte.

Die Gruppenmitglieder fühlen sich mit ihrer Gruppe zunehmend verbunden und sind stolz, ihr anzugehören. Ihr Verhalten stimmt mit den Gruppenzielen überein; Erfolg festigt den Zusammenhalt. Ermöglicht die Gruppe den Mitgliedern persönliche Bindungen und die Befriedigung anderer Bedürfnisse, stärkt auch dies den Zusammenhalt; die Fluktuation wird geringer, Neulinge, auch ausländische, lassen sich leichter integrieren. Außerdem nimmt die Angst ab, und die Leistungsunterschiede zwischen den Gruppenmitgliedern werden geringer. Allerdings wird die eigene Gruppe mit zunehmendem Erfolg viel zu hoch eingeschätzt, andere Gruppen dagegen zu niedrig.

Rangordnungen bilden sich aus. Dem Tüchtigsten und dem Beliebtesten räumt die Gruppe einen höheren Rang ein; beide bilden ein Führungspaar. Der Tüchtigste wird den sachlichen Anforderungen gerecht, der Beliebteste den menschlichen. Andere übernehmen bestimmte offizielle Rollen, die zur Stabilisierung der Gruppe beitragen und das Wir-Gefühl stärken. Von der Organisation werden der Gruppe formelle, sanktionierte Verhaltensregeln und Normen mit Geboten und Verboten vorgegeben; danach verhalten die einzelnen Gruppenmitglieder sich mehr und mehr konform. Ein bestimmtes Gruppenklima entsteht.

Durch die Handlungsdynamik und neue Aufgaben können sich Aufgabenverteilung, Rangordnungen und Rollenzuweisung verschieben. Kommen neue Gruppenmitglieder hinzu, wird die Gruppe umstrukturiert.

Neben den formellen entstehen auch informelle, nicht sanktionierte Rollen mit bestimmtem Rang und entsprechenden Funktionen, die von einzelnen Mitgliedern übernommen werden; ebenso entwickelt die Gruppe weitere informelle Verhaltensregeln.

Die Gruppenmitglieder lernen sich noch mehr kennen; dabei identifizieren sie sich mit der Gruppe, wenn sie diese durch die Nähe und Ähnlichkeit der anderen Gruppenmitglieder und die emotionale Bindung als Einheit erleben. Diese Tendenz zur Vereinheitlichung ist bei einer sehr eng verbundenen, einer stark kohärenten Gruppe, stärker als bei Gruppen, deren Rollenverknüpfung nur schwach ist. Von der Mittebildung, der gefühls- oder verstandesmäßigen Orientierung auf einen Inhalt, Zweck oder ein Ziel der Gruppe, hängt ab, ob eine Gruppe dauerhaft besteht. Deren Stärke und Wirkung ist bedingt durch die Erlebnisintensität und Zentripetalkraft, die sie auf die Mitglieder ausübt. Mitte kann aber auch eine Person oder ein personifiziertes Wesen sein. Hat sich die Gruppe durch die Mittebildung stabilisiert, wird sie durch Ausdifferenzierung von Rollen, Strukturen, Normen usw. organisiert. Über den Gruppenleiter und bestimmte Symbole wie die Kleidung können die Gruppenmitglieder ihre Identifizierung mit der Gruppe verstärken. Aber hier müssen ich-schwache Gruppenmitglieder aufpassen, dass die Bindung nicht zu beengend für sie wird; sie würden sonst auch schon das geringste Abweichen anderer Gruppenmitglieder von der Gruppennorm nicht tolerieren, die möglichst frei, mit sich identisch sein und ein hohes Selbstwertgefühl entwickeln wollen.

Die Spannungen zu fremden Gruppen verstärken das Zugehörigkeitsgefühl der Gruppenmitglieder. Je mehr die soziale Distanz in der Gruppe abnimmt, umso stärker wird das Wir-Gefühl. Konkrete Unterschiede zwischen den Gruppenmitgliedern werden heruntergespielt, bewusst klein gehalten; ein Autostereotyp, ein günstiges Selbstbild der Gruppe, ein Idealbild mit „weißer Weste" als Richtmaß entsteht. Die Unterschiede zu rivalisierenden Gruppen dagegen werden überbetont; das Bild, das sich die Gruppenmitglieder von der fremden Gruppe machen, das Heterostereotyp, wird zu schwarz gemalt, und die Gefahr besteht, dass es zum „Feindbild" wird.

Was erschwert die Gruppenarbeit in der Anlaufphase?

Dafür gibt es viele Gründe; meist treffen einige der nachfolgenden Punkte zu:

1. Die Arbeitsplätze sind räumlich so angeordnet, dass Kontakte während der Arbeitszeit kaum oder nur sehr schwer möglich sind.

2. Leistungsbetonte Mitarbeiter werden ungeduldig und nervös, wenn zu Beginn der Gruppenarbeit vor allem bei gemeinsamen Entscheidungsprozessen mehr Zeit gebraucht wird.

3. Einzelne Außenseiter in einer Gruppe sind und denken anders als die ganze Gruppe; sie haben andere Interessen.

4. Ein größerer Altersunterschied macht sich trennend bemerkbar; dadurch entstehen negative Spannungen.

5. Unerfahrene Gruppenmitglieder wissen nichts von der Dynamik in Gruppen; sie kommen bei Diskussionen zu keinem Ergebnis.

6. Rangstreitigkeiten entstehen; bisher sehr erfolgreiche „Einzelkämpfer" haben Angst, ihr eigenes Profil zu verlieren.

7. Zu Beginn der Gruppenarbeit werden die Rollen nicht eindeutig verteilt; der Überblick über die zu behandelnden Aufgaben und Probleme fehlt.

8. Die Gruppe geht nicht geordnet vor; sie kann kein befriedigendes Ergebnis vorweisen.

9. Spezialisten drücken sich nicht allgemein verständlich aus; sie können sich mit den anderen nur schwer verständigen.

10. Das Wettbewerbsdenken herrscht noch vor; der Erfolg der einen wird als Misserfolg der anderen gewertet. Dadurch entsteht keine Kooperation.

11. Nicht nur Feindschaften, auch sehr enge Freundschaften innerhalb der Gruppe gefährden den Zusammenhalt der Gruppe und vergiften das Arbeitsklima.

12. Mehrere Gruppenmitglieder können wichtige Bedürfnisse nicht befriedigen; sie sind sehr frustriert.

Im Laufe der Gruppenentwicklung können sich weitere Probleme ergeben. In der Anfangsphase fehlt ein Bezugssystem oder es ist noch unzureichend. Die Gruppenmitglieder orientieren sich zunächst an einem einzigen Mitglied, das sich durch seine Persönlichkeit und seine fachliche Qualifikation von den übrigen Mitgliedern abhebt. Diese zentrale Figur in der Gruppe erschwert oder verhindert durch ihre Machtposition, dass sich die Gruppe als Einheit selbst steuern kann.

Nach einiger Zeit reagiert die Gruppe, die inzwischen ein starkes Wir-Gefühl entwickelt hat; sie entzieht sich dem starken einseitigen Einfluss des bisherigen „Machthabers" und verweist ihn in seine Grenzen. Die Gruppennormen, die die Gruppe inzwischen akzeptiert hat, wirken sich nun stärker ordnend aus; sie steuern mehr und mehr den Gruppenprozess. Wer sich gegen die Normen stellt oder in seinem Verhalten gegen sie verstößt, wird unter Druck gesetzt oder aus der Gruppe ausgeschlossen. Die Gruppe erzieht sich nun selbst; sie achtet darauf, dass die Teilaufgaben gerecht verteilt und ihre Erledigung gut koordiniert wird, damit eine hohe Gruppenleistung möglich ist, auf die dann alle stolz sind. Gegen Einmischung von außen wehrt sich die Gruppe.

Praktische Arbeit in und mit Gruppen

Die Gruppe hat ihre Eigengesetzlichkeit, die sich in vielem von der Lebensordnung unterscheidet, der ein einzelner Mensch unterliegt. In der Gruppe fühlt sich der Einzelne besser, wenn die anderen Gruppenmitglieder ähnliche Anliegen haben und gleiche Interessen vertreten; dies stärkt die persönliche Position. Die kooperativ sich verhaltende Gruppe weiß mehr und sieht eher einen Ausweg als der einzelne; deshalb sprechen manche von der „Weisheit der Gruppe". Bei Schwierigkeiten im Verhältnis zu Kollegen kann die Gruppe klärend und helfend eingreifen. Die Schubkraft und der Sog eines Zieles wirken in der Gruppe durch die gebündelte Kraft mehrerer Gruppenmitglieder viel stärker, wenn die Gruppe sich in der Zielsetzung einig ist; umgekehrt ist die Irritation größer, wenn die Gruppe wegen des Ziels zerstritten ist und formelle, vom Unternehmen gesetzte, und informelle, von der Gruppe gewünschte Ziele einander widersprechen. Der Zielkonflikt absorbiert dann viel Kraft. Das Gleiche gilt für die gesamte Gruppenstruktur; decken sich die formellen und informellen Aspekte, potenziert sich das kreative Potential der Gruppe; stehen sie in Widerspruch zueinander, blockieren sie die kreativen Möglichkeiten der einzelnen Gruppenmitglieder und der ganzen Gruppe.

Sachliche Voraussetzung für das Gelingen jeder Art von Gruppenarbeit ist die Gruppenorganisation, die Rahmenbedingungen umreißt, Prozesse und Maßnahmen beschreibt, wie das Ziel erreicht werden soll, und die Verteilung der Funktionen an die Gruppenmitglieder regelt. Die Verfahrensweise, die bestimmt, wie die Gruppe eine Aufgabe erfüllt oder ein Problem löst, sollte aber flexibel sein, damit die Gruppe sich veränderten Bedingungen rasch anpassen kann. Der partnerschaftlich eingestellte Gruppenleiter muss bei Beginn der Gruppenarbeit von der Organisation bestimmt sein oder von der Gruppe gewählt werden. Er soll nicht dominieren, aber dafür sorgen, dass alle das gemeinsame Ziel im Auge behalten. Je nach Schwerpunkt einer Aufgabe oder eines Problems kann er wechseln. Seine sachliche Eignung und seine Kompetenz, mit einer Gruppe umzugehen, sollten für seine Wahl entscheidend sein; Machtkämpfe dürfen nicht entstehen. Das gelegentliche Treffen bestimmter Personengruppen wie Führungskräften, Angestellten, Facharbeitern, Frauen, Jugendlichen usw. fördert die Selbsterkenntnis der Anwesenden und das Verstehen anderer Personen. Der Leiter weckt bei den Gruppenmitgliedern den Ehrgeiz, dass alle intensiv mitarbeiten und am Gelingen interessiert sind; bei speziellen Aufgaben stimmt er sich mit der Gruppe über eine vorgegebene Zeit ab, um ihr einen Anreiz zu bieten. Er bemüht sich um ein konstruktives Gruppenklima, in dem das Arbeiten Spaß macht und bei allen Kräfte freisetzt. Dann ist die Spannung zwischen Neigung und Pflicht aufgehoben und beide verstärken einander.

Dies schafft gute Voraussetzungen für die Interaktion zwischen Gruppe und Gruppenleiter, der die Gruppe erfolgreich zum Ziel führt. In der Diskussion gelten Grundsätze, die alle Gruppenmitglieder aktivieren, ihre unabhängige Meinung herausfordern und das kreative Potential der Gruppe freisetzen. Beispielsweise gilt bei der Firma Bosch als guter, sich verantwortungsvoll verhaltender Gesprächspartner, wer gut informiert ist, konzentriert zuhört, vorurteilsfrei und folgerichtig denkt, seine Gedanken gut ausdrückt und sich ans Thema hält; wer andere als Person achtet, sie nicht persönlich angreift, sie ausreden lässt, sachlich argumentiert und die besseren Argumente anerkennt. Auf diese Weise entsteht ein intensiver Informationsaustausch, der jede Art von Gruppenarbeit und das Lösen von Problemen fördert. Der Informationsfluss kann durch bestimmte Kreativitätstechniken noch gesteigert werden; Einzelheiten bringt Kapitel „3.4 Kreativität – warum ist sie für das Unternehmen so wichtig?" Dort ist auch das Brainstorming als einfache, aber sehr wirksame Technik beschrieben worden. Ihre wichtigsten Grundsätze lauten: Jeder sagt spontan oder schreibt auf eine Karte, was ihm zum Thema oder Problem einfällt. Über die einzelnen Beiträge wird nicht diskutiert. Keiner wird kritisiert; sie werden nur gesammelt und festgehalten, visualisiert. Jeder Teilnehmer soll frei phantasieren; je ungewöhnlicher die Beiträge sind, desto besser. Möglichst viele Beiträge sollten kommen; die Ideen der anderen sollen aufgegriffen und weiterentwickelt werden. Erst wenn der Sammelvorgang nach etwa 15 Minuten abgeschlossen ist, wird gesichtet, geordnet, bewertet.

Ein systematisches Vorgehen ist in allen Fällen wichtig. Folgende Schritte haben sich bewährt:

1. Leiter stellt Aufgabe oder Problem in den Mittelpunkt, interessiert die Gruppe dafür, stellt Fragen, deutet mögliche Lösungsansätze nur an, erbittet Vorschläge.
2. Diese notiert, ergänzt und ordnet er mit der Gruppe; über alle wird diskutiert. Die Gruppenmitglieder schieben weitere Informationen nach und stellen Verständnisfragen.
3. Ist alles geklärt, verbindet die Gruppe die neuen Informationen mit dem bisherigen Wissen und speichert sie im Langzeitgedächtnis; schriftliche Notizen ordnet sie ein.
4. Die Gruppe bezieht das neue Wissen auf die Praxis und ergänzt sie „praxisbezogen".
5. Die Gruppe wendet das neue Wissen am Arbeitsplatz praktisch an, überprüft die gemachten Erfahrungen und Ergebnisse kritisch und führt nach Abstimmung mit anderen Gruppenmitgliedern evtl. weitere Verbesserungen durch.

a) Arbeitsgruppen

Auf Unterschiede bei der Gruppenarbeit ist der Abschnitt „Gruppenarbeit einführen" eingegangen. Arbeitsgruppen werden mit unterschiedlichem Autonomiegrad für Aufgaben oder Aufgabenbereiche innerhalb einer Organisation gebildet. Sie sollen ihre Arbeit weitgehend selbst organisieren. Das Arbeitsziel steht im Mittelpunkt der Gruppenaktivität. Die Gruppe erledigt die ihr übertragenen Aufgaben gemeinsam am zweckmäßigsten. Ihre Verbundenheit nimmt zu, wenn sie gemeinsam mitentscheiden kann bei der Aufteilung der Aufgaben, der Wahl der Arbeitsplätze, der Einstellung bzw. Aufnahme neuer Mitarbeiter. Vollautonome Gruppen legen bei Arbeitsbeginn den Tagesablauf fest. Jedes

Gruppenmitglied kann Vorschläge machen, die die anderen prüfen, korrigieren, verwerfen oder als Lösung akzeptieren. Beispielsweise stimmen sie die Maschinenbelegung zeitlich ab, ordnen Arbeiten bestimmten Gruppenmitgliedern zu, stimmen Schnittstellen ab, entscheiden und beschließen das Programm. Jeder erledigt dann die ihm zugewiesene Arbeit bzw. Aufgabe.

In Arbeitsgruppen müssen oft Gespräche geführt werden. Darauf geht der folgende Abschnitt „Gesprächsgruppen" ein.

b) Gesprächsgruppen

Es gibt viele Anlässe, um miteinander zu sprechen, etwas zu besprechen, einander zu informieren, um zu moderieren, konferieren, planen, koordinieren, verhandeln, entscheiden. Bei Gruppengesprächen tauschen die Mitarbeiter und ihre Vorgesetzten Gedanken und Erfahrungen aus. Dabei soll einmal der Gesamtzielrahmen im Zusammenhang deutlich werden, in den die Mitarbeiter sich selbst, ihre Aufgaben und Ziele einordnen können als Voraussetzung für eine Mitwirkung bei der Absprache von Zielen; zum anderen die Einzelziele selbst, die der Gruppenleiter mit den Gruppenmitgliedern vereinbart.

Gruppengespräche regen die Gruppenmitglieder an, befriedigen ihr Kontaktbedürfnis, bauen Ängste und Spannungen ab, stärken ihr Selbstwertgefühl. Durch die unterschiedliche Sichtweise der Gruppenmitglieder und ihren großen Erfahrungshintergrund kommen in der Gruppe zur Bearbeitung einer Aufgabe oder eines Problems rascher mehr Informationen zusammen; außerdem besteht sofort die Möglichkeit zurückzufragen und zu diskutieren. Dabei wird die Fähigkeit, sich verbal auszudrücken, weiterentwickelt; denn um von den anderen verstanden zu werden, muss jedes Gruppenmitglied seine Gedanken knapp und präzis formulieren. Alle argumentieren, tragen etwas sachlich und begründet vor. Art und Qualität der Kommunikation sind von entscheidender Bedeutung für Entstehung, Entwicklung und Fortbestand einer Gruppe. Bei der Untersuchung der Kommunikationsprozesse kann man an der Kommunikationsstruktur oder der Kommunikationsrolle ansetzen. Die Kommunikationsstruktur gestaltet die Kommunikationswege der Gruppenmitglieder zueinander aus, die möglichst alle direkt miteinander in Kontakt treten soll-

ten; die Kommunikationsrolle bestimmt ihr Kommunikationsverhalten, ob sie sich gut verständlich machen und einander eindeutig verstehen können.

Gruppenbesprechungen sollten nur einberufen werden, wenn
Probleme von zentraler oder übergeordneter Bedeutung zu lösen
sind, die einen umfassenden Meinungsaustausch erfordern. Nur
die Personen werden eingeladen, die zum Thema etwas beitragen
können und davon an ihrem Arbeitsplatz betroffen sind. Das Treffen muss gut organisiert werden; das Gliederungsschema berücksichtigt Zeit, Gruppe, Thema, Ziel. Der Leiter bereitet sich gründlich darauf vor. Die Teilnehmer werden über die Probleme und Inhalte des Gesprächs rechtzeitig vorher informiert, damit auch sie
sich vorbereiten und erste Lösungsvorschläge mitbringen können.
Die beschlossenen Maßnahmen werden im Gesprächsprotokoll
festgehalten; bestimmt wird, wer sie durchführt und wer ihre
Durchführung überwacht.

Am Gespräch sind alle Mitarbeiter aktiv beteiligt; der Leiter
führt das Gespräch im Stil eines Moderators. Er geht systematisch
vor, vermittelt eine klare Zielvorstellung und einen „roten Faden",
umreißt Thema und Rahmenbedingungen, stimmt sie mit der
Gruppe ab. Er setzt aktivierende Arbeitsformen ein und stellt
Fragen, damit eine offene, sachliche und engagierte Diskussion in
Gang kommt; die Gesprächsbeiträge visualisiert er. Er gibt oft eine
Rückmeldung, die er als Mittel zur Anerkennung und konstruktiven Kritik einsetzt. Auf erbrachte Leistungen geht er individuell,
angemessen und zum richtigen Zeitpunkt ein; besondere Leistungen erkennt er sofort spontan an, ständig gute Leistungen von Zeit
zu Zeit, nicht nur beim jährlichen Mitarbeitergespräch. Dadurch
fördert er die Arbeitszufriedenheit und motiviert zu weiteren
guten Leistungen.

Der Gruppenleiter stellt auch die unterschiedlichen Standorte
fest und vermittelt zwischen den Gruppenmitgliedern. Er achtet
darauf, dass alle Teilnehmer zu Wort kommen und sachlich diskutiert wird. Er sagt, in welchen Punkten schon Übereinstimmung
erzielt wurde und was noch zu klären ist. Einzelne Beiträge, Ergebnisse, Entscheidungen, getroffene Vereinbarungen, Maßnahmen usw. hält er zusammen mit dem Protokollführer fest; nach Erledigung eines Punktes fasst er das Erreichte kurz zusammen. Er

appelliert an die Mitarbeiter, sich weiter voll einzusetzen, und dankt ihnen für ihre Mitarbeit. In der Rolle des Schiedsrichters achtet der Leiter auf die Einhaltung von Regeln. Jeder vertritt seinen Standpunkt; Thesen und Antithesen werden entfaltet. Vor einer Entscheidung bereitet er Kriterien für Entscheidungsprozesse vor und stimmt sie mit der Gruppe ab. Nach diesen Kriterien entscheidet die Gruppe Schritt für Schritt gemeinsam, damit alle das Ergebnis bejahen und sich damit identifizieren können.

Arbeitsgespräche mit Anerkennung und Kritik finden meist regelmäßig statt, um sich über die Aufgabenverteilung und Termine abzustimmen, Schwach- und Reibungsstellen herauszufinden, partnerschaftlich und verstehend Erfahrungen auszutauschen.

Bei Planungsgesprächen wird das Problem entfaltet und als IST-Zustand dargestellt; ein möglicher SOLL-Zustand wird in Lösungsansätzen aufgezeigt. Die Lösungsvorschläge werden nach Pro und Kontra bewertet in Bezug auf Möglichkeiten der technischen Realisierung, die Kosten, die Anforderungen an die Teilnehmer, die Termine. Die Gruppe fasst einen Beschluss über die bestmögliche Lösung und die Schritte, die notwendig sind, um das Ziel, den SOLL-Zustand, zu erreichen. Die Maßnahmen werden in Teilschritten mit Teilzielen aufgegliedert, Teilaufgaben werden einzelnen Personen zur Durchführung zugeteilt. Nähere Bedingungen werden festgelegt, z. B. Termine, Qualitäten u. a.; Sicherungen und Reserven werden vorgesehen. Abgesprochen wird, wer die Durchführung koordiniert und kontrolliert und wann die nächste Besprechung stattfindet.

Bei Koordinierungsgesprächen geht es um einen Interessenausgleich. Der Leiter stellt das Problem oder den Konflikt als IST-Zustand dar und zeigt, worauf es ankommt; er schildert vor allem die nachteiligen Folgen und analysiert Ursachen und Schwierigkeiten. Alle Beteiligten nehmen aus ihrer Sicht Stellung; der Leiter fasst zusammen und versucht, die verschiedenen Beiträge und Interessen zu koordinieren.

c) Lerngruppen

Sie setzt das Unternehmen ein zum Neulernen, Anlernen, Umlernen und in der Ausbildung, damit die Mitarbeiter den neuen und ständig sich ändernden Anforderungen entsprechen können.

In der Gruppe lernen die Gruppenmitglieder miteinander und voneinander; denn das Gruppenlernen ist auch ein Kommunikationsprozess. Eine gut eingespielte Gruppe, die sich regelmäßig trifft und in der alle sich mit ihren Zielen, Aufgaben, Normen identifizieren, ist ein lernendes System. Der Lernstoff wird nicht nur vermittelt, sondern gemeinsam erarbeitet. Nach Überwindung der ersten Schwierigkeiten entwickeln viele zu dieser ihnen bisher ungewohnten Art zu lernen eine positive Einstellung; plötzlich macht ihnen das Lernen Spaß. Folgendes Vorgehen hat sich bewährt:

1. Zu Beginn Thema und Hauptziel festlegen und mit der Gruppe abstimmen. Bei umfangreichen Aufgaben und schwierigen Problemen auch Teil- bzw. Etappenziele und Lernschritte bestimmen.

2. Informationen zum Thema sammeln, sie in Teilgruppen erarbeiten lassen und alles der Gesamtgruppe vermitteln. Sich zuerst einen Überblick verschaffen, den Rahmen abstecken, das Skelett; dann Einzelheiten dazu, Muskeln, Fleisch, Organe.

3. Mit dem Einfachen beginnen, zum Schwierigeren fortschreiten. Ausgangspunkt ist die Praxis und der für die Praxis bestehende Bedarf an Information. Praktische Sachverhalte werden an der Theorie überprüft; umgekehrt wird untersucht und praktisch getestet, wie sich eine Theorie in der Praxis bewährt.

4. Einzelne Gruppenmitglieder und die Gruppe als Ganzes machen sich „Erfolgserlebnisse" bewusst, die u. a. durch „entdeckendes" Lernen entstehen, und freuen sich darüber; auch sollen alle in der Gruppe sich gegenseitig anerkennen.

Auszubildende lernen, wie man Gespräche führt und in kleinen Lerngruppen kooperativ zusammenarbeitet. Sie passen sich an, lernen sich bei Sachfragen behaupten, lösen miteinander Probleme und Konflikte. Auf diese Weise entwickeln sie ihre soziale Kompetenz. Bei Gruppenarbeit zwischen Auszubildenden und Fachkräften versuchen alle Beteiligten, sich einfühlsam einzubringen und sich zu beteiligen, ohne rechthaberisch zu sein und ohne sich zu verstecken. Auch erfahren sie, dass man kompromissbereit sein, trotzdem aber konstruktiv-kritisch bleiben kann.

Der Gruppenleiter sollte wissen: Über welche Lernfähigkeit und -bereitschaft verfügen die Lernenden? Sind sie bereit, sich weiterzubilden und aktiv zu lernen? Sind sie ausreichend motiviert? Wenn ja, in welchem Tempo können sie die Informationen verstehen, aufnehmen, speichern? Zu Beginn werden bekannt gegeben: Thema, Zweck, Ziel, Inhalt. Der Gruppenleiter informiert sich, über welche Kenntnisse, Fähigkeiten, Fertigkeiten, Verhaltensweisen die Lernenden bei Lernbeginn verfügen; dies ist der IST-Zustand, auf dem aufgebaut wird. Er sagt den Lernenden, über welche Kenntnisse, Fähigkeiten, Fertigkeiten, Verhaltensweisen sie nach Abschluss des Lernprozesses verfügen, wie sie diese anwenden, welches Verhalten sie zeigen sollten; dies ist das Bildungsziel als SOLL-Zustand. Die Differenz zwischen IST und SOLL ist der Bildungsbedarf, der möglichst in Form eines Lehrgespräches vermittelt werden sollte, bei dem Lehrender und Lernende sich gegenseitig aktivieren. Unterschieden wird zwischen Kernwissen, das die Lernenden sich verstehend aneignen und das sie im Langzeitgedächtnis speichern müssen, zum anderen Hinweise, wo sie weitere Einzelheiten finden.

Es gibt aber immer wieder auch Lernphasen, in denen der Gruppenleiter in der Rolle des Lehrenden auftritt und die Gruppe informiert bzw. instruiert. Geht er dabei induktiv vor, kommt er vom konkreten Fallbeispiel zur Theorie. Bei der deduktiven Methode ist es umgekehrt: da kommt er von der Theorie ausgehend zum konkreten Problemfall.

Lerngruppen zur persönlichen Weiterbildung

Sie organisieren ihre Lernaktivitäten selbst. In der Anfangsphase treffen sich drei bis fünf Personen. Sie stellen sich vor und lernen sich kennen; wenn sie von verschiedenen Unternehmen kommen, tauschen sie ihre Adressen aus. Jeder umreißt seine besonderen Interessen und Erwartungen an die Gruppe. Geübte Gruppen verteilen sofort zu Beginn die Rollen. Einer übernimmt die Leitung, ein anderer führt Protokoll. Sie schaffen sich einen Überblick über die zu bearbeitenden Aufgaben und Probleme. Sie gehen nach einem Konzept geordnet vor und kommen auf diese Weise zu greifbaren Ergebnissen. Alle wirken kooperativ zusammen. Sie wissen: Der Erfolg des einen ist auch der Erfolg aller anderen. Das Wettbewerbsdenken ist verpönt. Sie können miteinander kommunizieren, sich gut verstehen und verständigen. Sie einigen sich auf bestimmte Verhaltensregeln, z. B. dass jeder sich tolerant, kollegial und selbstkritisch verhält, sie alle das gleiche Ziel anstreben und am Thema interessiert sind. Bei einer wissenschaftlichen Arbeit sollten die Standpunkte nicht allzu verschieden sein. Sie klären die Arbeitsweise und legen Zeitpläne für die künftige Arbeit fest. Zum Inhalt stellen sie erste Fragen; sie tragen Probleme und Gedanken zusammen und sprechen über die Materialbeschaffung, an der sich jeder beteiligt. Sie planen das weitere Vorgehen inhaltlich. Nach der ersten Literaturdurchsicht präzisieren sie die Themenstellung, legen Schwerpunkte fest und bestimmen, wer welche Aufgaben übernimmt und nach welchen Kriterien die Literatur ausgewertet wird. Trotz der Arbeitsteilung soll jeder eine Übersicht über das Ganze haben; nur dann wird eine Diskussion fruchtbar.

Nach der Gruppenarbeit vertieft jeder für sich den eigenen Kenntnisstand. Jeder arbeitet Literatur intensiv durch und erarbeitet ein Konzept, das Bestandteil einer Gesamtarbeit wird, wenn dies geplant ist. Vor allem aber bereitet sich jeder durch Einzelarbeit für das weitere Gruppenlernen vor. Er macht sich mit dem Thema vertraut, beschafft sich einen Überblick über die notwendige Literatur, notiert Literaturhinweise und formuliert Fragen, die er in die Gruppe einbringen will. Er ist sich klar darüber, dass schwierige und langwierige Projekte nicht nur eine gute Konzentrationsfähigkeit erfordern, sondern auch einen langen Atem und eine hohe Frustrationstoleranz. Treffen sich die Gruppenmitglieder wieder, nachdem sie einzeln am Thema weitergearbeitet haben, sprechen sie über die Probleme und Schwierigkeiten, die bei der Einzelarbeit aufgetreten sind. Sie diskutieren über ihre Beiträge, bewerten und verändern sie und arbeiten sie in die Gesamtkonzeption ein; auch überprüfen sie die möglichen theoretischen und praktischen Konsequenzen der erzielten Ergebnisse. Sie haben den Wunsch nach sachlicher Kritik durch die anderen und feuern einander beim Lernen im fairen Wettbewerb an.

Wie gelingt das Gruppenlernen? Welche Vorteile hat es?

Das Gruppenlernen gelingt, wenn vor allem folgende Voraussetzungen gegeben sind:

– Die Gruppe hat ein klares gemeinsames Ziel; jedes Gruppenmitglied weiß, was es zu tun hat. Über Verfahrensweisen und Inhalte besteht Konsens.
– Für eigene Ideen und Entscheidungen der Gruppenmitglieder bleibt Raum.
– Die Beteiligten haben an die Kleingruppenarbeit keine überzogenen Erwartungen; sie wissen, dass Gruppenarbeit die Einzelarbeit nicht ersetzen, sondern nur ergänzen kann.
– Beim Lernen von neuem Wissensstoff, mit dem man sich kritisch auseinander setzen, den man strukturieren, geistig durchdringen und in eigenen Worten formulieren muss, ist Einzelarbeit günstiger.
– Die Lernprozesse der anderen schätzen sie realistisch ein; sie erwarten nicht zu viel von ihnen.
– In der Gruppe versucht niemand zu dominieren; alle können sich entfalten.
– Jeder ist bereit, Zugeständnisse zu machen, wenn diese im Interesse der gemeinsamen Arbeit erforderlich sind. Jeder fügt sich in den vereinbarten Arbeitsstil ein und stellt seine Lieblingsideen zurück.

Wenn Gruppenmitglieder gegenseitig ihr Wissen prüfen, sollten sie nicht nur die sachliche Richtigkeit der Aussagen testen, sondern auch Aufgaben und Fragen variieren: Probleme stellen, die mit dem Stoff zusammenhängen, Kontraste betonen, nach Zusammenhängen fragen, die das schöpferische Denken anregen. Dadurch können sie sich vergewissern, ob sie „das Prinzip" begriffen haben. Aussagen darüber sollten sie in eigenen Worten ausdrücken, mit eigenen Beispielen und Vergleichen, Diagrammen, Skizzen usw., und auf andere Situationen angewandt, als sie im Lehrbuch stehen. Alle sollen einander anregen, helfen, anerkennen. In einer Atmosphäre des Humors und der Freude, in der auch einmal ein Spaß gemacht wird, lernen alle am leichtesten und wirksamsten; auch können sie mit Sachzwängen besser fertig werden.

Die Vorteile, die das Gruppenlernen bietet, sind unter anderem: Der Stoff wird „erarbeitet"; er haftet besser als ein nur gehörter Stoff. Beim Lesen behält der Lernende nur ca. 10 %, beim Hören ca. 20 %, beim Sehen ca. 30 %, beim Hören und Sehen ca. 50 %;

beim Hören, Sehen, Sprechen und Wiederholen ca. 70 %; beim Hören, Sehen, Sprechen, Wiederholen und Tun ca. 90 %. Auch durchschnittlich begabte Teilnehmer lernen, selbstständig zu denken, Probleme zu lösen, methodisch zu arbeiten. Sie erkennen die Vorteile einer positiven Arbeit mit anderen in der Gruppe; sie hören aufeinander und lernen miteinander und voneinander. Jeder lernt jeden kennen; sie verstehen einander. Durch das Gruppenerlebnis wird ihr Bedürfnis nach Zugehörigkeit befriedigt. Durch das Gespräch mit anderen verarbeitet der Einzelne seine Gedanken besser. Er setzt neues Wissen mit altem Wissen rascher in Beziehung, klärt Unverständliches, erkennt Widersprüche, entdeckt eigene Fehler und Lücken. In der Auseinandersetzung mit anderen formuliert er seine Gedanken noch klarer. Bei schriftlichen Arbeiten lassen die Lernenden ihre Entwürfe von anderen Gruppenmitgliedern kritisch lesen; mit den Kommentaren setzen sie sich selbstkritisch auseinander. Bei der Vorbereitung auf eine Prüfung fragen die Gruppenmitglieder einander ab, was sie gelernt haben. Der Kontakt in der Gruppe vor einer Prüfung, bei der sich die Lernenden gegenseitig ermutigen, wirkt sich Angst abbauend aus.

In der Gruppe werden Fehler beim Lernen eher ausgeglichen. Die Gruppennormen oder ein Gruppenplan werden mit geringerem Kraftaufwand befolgt. Eine angemessene, leichte Konkurrenzsituation in der Gruppe steigert die Leistung, ohne dass es darum geht, die anderen zu übertrumpfen. Auch schwächere Gruppenmitglieder bemühen sich, wenigstens Schritt zu halten. Müdigkeit oder Lustlosigkeit überwindet der Einzelne in der Gruppe leichter. Das erzielte Ergebnis verschafft den Teilnehmern ein Erfolgserlebnis; das Arbeiten und Lernen macht immer mehr Spaß. Durch die eigene Arbeit werden sie aktiviert; ihr Interesse wird gesteigert. Sie bringen ihre Erfahrung in die Arbeit ein und sammeln dabei neue Erfahrungen. Ihr Selbstwertgefühl wird gestärkt; jeder in der Gruppe ist gleichberechtigt, abgesehen vom Gruppenleiter, der aber wechseln kann. Zu persönlichen Problemen entsteht in der Gruppe eher Distanz; sie lassen sich klarer durchschauen. Bisher übersehene Zusammenhänge werden erkannt, der Gedankenaustausch mit Personen, die ähnliche Probleme haben, bestätigt oder berichtigt die eigene Meinung und

gibt Schwung, um alte, immer wieder verschobene Aufgaben anzupacken.

Projektgruppen

Sie erfüllen spezifische und zeitlich begrenzte Aufgaben, können aber auch Elemente spontaner Arbeitsgruppen aufweisen.
Damit aus einer Projektgruppe kein Debattierclub entsteht, sollte
Folgendes sichergestellt sein: Die Gruppe umfasst höchstens sieben Mitglieder. Sie besteht aus sehr erfahrenen und aus jüngeren
Mitarbeitern bzw. Führungskräften, die den Ehrgeiz haben, aufzusteigen; die soziale Distanz zwischen ihnen soll aber nicht zu
hoch sein. Für die gestellten Aufgaben wird ein fester Termin vorgegeben.

In der Gruppe herrscht ein großer Freiheitsgrad; für Tendenzen
zur Bürokratisierung besteht kein Ansatz. Völlig neue Aufgaben
werden sehr flexibel angepackt und bearbeitet. Die Gruppenatmosphäre ist kreativ; in ihr können Innovationen wachsen. Die
Gruppenmitglieder müssen nicht nur gruppenfähig sein, sondern
auch selbstbestimmt, selbstbewusst, sehr selbstständig. Trotzdem
helfen alle einander; der Synergieeffekt ist hoch. Alle Beschlüsse
werden demokratisch gefasst. Ähnlich können auch Führungs-
bzw. Management-Gruppen arbeiten.

Koordinationsgruppen können zwischen Abteilungen ausgleichen, die bisher zu eigenwillig nur ihre Abteilungsinteressen verfolgt haben. Eine Beratungs- und Planungsgruppe könnte vor Be-
triebsumstellungen und Neuplanungen den Betriebsleiter unterstützen. Durch eine Beratungsgruppe, die über den Interessen von
zerstrittenen Parteien steht, ließen sich Schwierigkeiten in der
Kommunikation klären und die Ursachen eines Konflikts an der
Wurzel erkennen.

Innovationsgruppen entwickeln neue Ideen, Produkte, Dienstleistungen usw.; in ihnen sollten einige „Querdenker" mitarbeiten,
die das kreative Potential der Gruppe erhöhen. Es ist erstaunlich,
welche ausgefallenen Ideen in solchen Gruppen bei einem
Brainstorming produziert werden, aus denen Spezialisten dann
neue, bahnbrechende Produkte entwickeln. Besonders bewährt
hat sich ein kombiniertes Verfahren. In der ersten Phase sucht jeder allein nach Ideen und Lösungsmöglichkeiten. In der zweiten

Phase arbeiten mehrere Personen zusammen an der gleichen Aufgabe. In der dritten Phase arbeitet wieder jeder für sich. Allein kommen nun die besten Ideen; allein lassen sich Gedanken auch besser formulieren. Daraus lassen sich folgende Schlüsse ziehen: Kreative Personen sind allein produktiver. Ein Gedankenaustausch mit anderen regt den Einzelnen aber an, und dies wirkt sich auf seine Kreativität vorteilhaft aus.

Problemlösungsgruppen

Die Methode des Problemlösens wurde unter Methodenkompetenz im Kapitel 2.4 „Am Arbeitsplatz Probleme lösen" ausführlich beschrieben. Im Folgenden sollen nur noch einige Aspekte aus der Sicht der Gruppenpsychologie zusätzlich erwähnt werden. Zum Problemlösen schließen sich mehrere Personen, die von Problemen an ihrem Arbeitsplatz betroffen sind und mehr wissen und können als der beste Einzelne, zu einer Gruppe zusammen. Sie sprechen kooperativ miteinander über Probleme und setzen sich sachlich und zielbezogen damit auseinander. Sie erkennen und beschreiben problematische IST-Zustände, bestimmen positiv veränderte SOLL-Zustände und arbeiten Lösungsvorschläge aus, wie der IST-Zustand als Ausgangspunkt in den SOLL-Zustand als Ziel verändert werden kann.

Solche Gruppen wurden schon in den 70er Jahren auch in deutschen Unternehmen im Rahmen der Lernstatt und des Qualitätszirkel-Systems eingesetzt. In den 90er Jahren entstanden mit einer ähnlichen Zielsetzung unter dem Stichwort CIP (Continuous Improvement Process) ähnliche Gruppen zur Beseitigung von Schwachstellen, zur Verbesserung der Qualität des Arbeitsprozesses und des Produkts, zur Lösung von Sach- und Verhaltensproblemen, zum Erarbeiten neuer Organisationsstrukturen. Solche Gruppen treffen sich regelmäßig 50 bis 60 Minuten lang während der Arbeitszeit in einem Gruppenraum möglichst in der Nähe des Arbeitsplatzes. Die Gruppe entscheidet sich gemeinsam für die Probleme, die sie direkt betreffen und auf die sie Einfluss nehmen kann; sie werden der Gruppe von oben nicht aufgezwungen. Meist wählt die Gruppe aber 80 bis 90 % der Themen, die auch das Management für wichtig hält. Zu Beginn der Gruppenarbeit werden einfache Probleme angepackt, damit die sich rasch ergebenden Erfolgserlebnisse die Gruppe für die weitere Arbeit motivieren. Der Vorgesetzte steuert die Gruppe möglichst wenig und nur sehr behutsam; er bietet ihr aber Hilfestellung an, bis sie gelernt hat, auch schwierigere Probleme systematisch zu bearbeiten und zu lösen. „Schädliche" Spannungen und hohe Kosten verursachende Probleme können verursacht worden sein durch Arbeitsbedingungen, Arbeitsabläufe, Arbeitsmittel, Arbeitsmethoden, Führungsstil, unzureichende Befähigung für bestimmte Aufgaben, Wissensdefizite u. a.; sie werden erkannt, benannt, beschrieben. Die Ursachen für die Entstehung der Probleme werden aufgedeckt und analysiert.

Wichtig ist, dass die Gruppe sich auf ein am Arbeitsplatz oder im Arbeitsumfeld erkanntes Problem einstellt und sich damit identifiziert. Der Gruppenleiter oder ein Gruppenmitglied, das vom Problem besonders betroffen ist, motiviert die Gruppe, Lösungsvorschläge zu erarbeiten. Der Gruppenleiter, der im Stil eines Moderators arbeitet, hält sich in der Gruppe sehr zurück, damit die Gruppenmitglieder aktiv werden. Seine eigenen Vorstellungen bringt er nicht zu früh ein. Bei Beginn des Gruppengesprächs formuliert er nur Fragen und Problemstellungen; seine eigene Meinung hält er so lange wie möglich zurück. Tatsachen und Meinungen trennt er; nur aus Tatsachen zieht er Schlussfolgerungen. Er fördert das konstruktive Denken in der Gruppe, die alle Informationen in vertrauensvoller Atmosphäre offen und frei austauscht. Jeder macht seine Vorschläge; auch extreme Ideen, abweichende Ansichten dürfen frei geäußert werden. Die Gruppe prüft alle vorurteilsfrei und nimmt dazu Stellung. In einem zweiten Schritt werden alle Vorschläge auf ihren Nutzen und ihre Realisierbarkeit untersucht. Dabei ermutigt der Leiter die Gruppenmitglieder, eine Meinung nachträglich zu ändern; er betont, dass jeder Impuls aus der Gruppe das Wissen aller bereichert. Vorschläge, die nicht eindeutig und leicht verständlich sind, werden visualisiert.

Die Gruppe vermeidet Verhaltensweisen, die das kreative Denken blockieren könnten, wenn einige Gruppenmitglieder unter Terminzwang stehend zu rasch messbare Erfolge erwarten; wenn sie unnötigen Gruppendruck ausüben, der die kreativen Möglichkeiten Einzelner einschränkt. Wenn einer vorschnell als abnorm bezeichnet, was nicht der Durchschnittsnorm entspricht. Auf viele weitere Einzelheiten geht das Kapitel 6.4 „Kreativität – warum ist sie für das Unternehmen so wichtig?" ein.

Die Mitarbeiter können auch schriftliche Verbesserungsvorschläge einreichen und in einen aufgestellten Kasten einwerfen; auch können sie nur die Probleme nennen, die gelöst werden sollten. Für alle realisierbaren Vorschläge wird eine Prämie bezahlt; brauchbare Vorschläge werden am schwarzen Brett veröffentlicht; dies motiviert neben der Prämie andere Mitarbeiter, ebenfalls Verbesserungsvorschläge zu machen. Von der Gruppe erarbeitete Lösungsvorschläge werden dem Vorgesetzten zur Entscheidung präsentiert. Fällt diese positiv aus und sind die dafür erforderlichen Mittel genehmigt, werden die beschlossenen Maßnahmen konsequent durchgeführt.

Vorteile beim Problemlösen in der Gruppe

Je komplexer ein Problem ist, umso mehr ist die Gruppe dem Einzelnen beim Problemlösen aus folgenden Gründen überlegen: In der Gruppe ist das kreative Potential größer. Die einzelnen Gruppenmitglieder mit ihren unterschiedlichen Erfahrungen regen einander an; der Synergieeffekt ist hoch. Wenn jedes Gruppenmitglied seine Erfahrungen vorbehaltlos in die Gruppe einbringt und sich durch den Gedankenaustausch mit allen anderen für die Ausarbeitung von Lösungsvorschlägen anregen lässt, summieren sich die kreativen Fähigkeiten der Gruppenmitglieder nicht nur, vielmehr potenzieren sie sich, vorausgesetzt, dass jedes Gruppenmitglied unabhängig von anderen nach einer Lösung sucht und die ganze Gruppe bereit ist, auch die von einem Einzelnen gefundene richtige oder beste Lösung zu akzeptieren. In der Gruppe ist die Motivation besser; die Anwesenheit der anderen erhöht das Interesse und Engagement. Durch ihre Kontakte haben die Gruppenmitglieder mehr Ideen. Sie sprechen sie aus, hören aufeinander, gehen auf Vorschläge der anderen ein und lassen sich wechselseitig beeinflussen. Beim Diskutieren entwickeln sie zueinander mehr freundschaftliche Gefühle. Mit der Gruppe und ihren Leistungen sind sie zufriedener.

Die Gruppe beleuchtet ein Problem eher von verschiedenen Seiten; das Spektrum der Ansichten ist größer. Sie analysiert die möglichen Ursachen exakter und definiert die angestrebten Ziele besser. Wer erfährt, dass andere nicht der gleichen Meinung sind wie er, denkt darüber nach; er überdenkt seine bisherige Meinung. Durch die Gespräche in der Gruppe werden die Gedanken klarer; denn jeder muss sorgfältig formulieren und sich genau ausdrücken, damit die anderen ihn verstehen. Die Gruppe löst Aufgaben nicht nur schneller, sondern auch qualitativ besser. Je arbeitsteiliger die Aufgaben sind, je mehr jeder Einzelne davon überzeugt ist, dass sein Beitrag zur Erreichung des gemeinsamen Zieles notwendig und wichtig ist, umso höher wird die Gruppenleistung sein. In der Gruppe werden falsche Lösungen rascher aufgedeckt, weil man bei anderen einen Fehler leichter erkennt als bei sich selbst. Auch die Folgeprobleme, die sich aus einer bestimmten Lösungsmöglichkeit ergeben, durchschaut die Gruppe klarer, und sie ermittelt mehr Kontrollmöglichkeiten.

Wird eine Problemlösungsgruppe bei sehr umfangreichen Problemen in mehrere Kleingruppen aufgeteilt, ergeben sich folgende Vorteile: Durch die Aufgliederung wird das Problem „handlicher". Einzelne Gesichtspunkte werden intensiver bearbeitet. Jedem einzelnen Gruppenmitglied steht mehr Zeit zur Verfügung, sich zu äußern. Unterschiedliche Auffassungen zeigen sich deutlicher; sie können einander gegenübergestellt werden. Verfahrensfragen in Bezug auf Tagesordnung, Abstimmung, Diskussionsleitung usw. tauchen entweder nicht auf oder sie können schnell gelöst werden. Nach Ablauf einer vorgegebenen Frist präsentieren die Untergruppen ihre Arbeitsergebnisse der Gesamtgruppe und stellen sie zur Diskussion.

Gruppen entscheiden (mit)

Bei der Entscheidungsfindung sollte die Gruppe mit herangezogen werden, wenn es um ihre eigenen Pläne für die Zukunft geht oder das Problem so komplex ist, dass es die Kapazität des qualifiziertesten Spezialisten übersteigt. Nur die Personen sollen mitwirken, die motiviert sind, eine Entscheidung durch Konsens in gemeinsamer Verantwortung und in eindeutiger Form zu treffen, mit der sich alle identifizieren können.

Für das eigentliche Entscheidungsgespräch hat sich folgendes Vorgehen bewährt:

1. Der Leiter umreißt das Thema, ein Problem, den IST-Zustand.
2. Die Gruppe äußert sich dazu; alle Informationen werden festgehalten.
3. Der Leiter legt die Entscheidungskriterien dar; die Gruppe äußert sich dazu. Die Kriterien werden festgelegt.
4. Die Gruppe prüft alle Vorschläge, sichtet und bewertet sie nach Pro und Contra.
5. Die Gruppe wählt die geeignetsten Vorschläge aus und entscheidet sich dafür, nachdem ein Konsens erreicht worden ist.
6. Der endgültige Lösungsvorschlag wird durchgeführt.

Bei der Prüfung der Lösungsvorschläge vor der Entscheidung müssen alle Gruppenmitglieder frei von Statusaspekten ihre Zweifel offen äußern. Sie sollen sich klar darüber sein, dass Gruppen im Allgemeinen dazu neigen, ein höheres Risiko einzugehen als Einzelpersonen. Ist das Problem komplex und das Risiko hoch, sollten Kollegen und von Betriebsblindheit freie Experten die Entscheidung absichern; ihr Rat wird dann vor der endgültigen Entscheidung ausgewertet. Gelegentlich werden kleine Untergruppen gebildet, in denen gegensätzliche Meinungen freier geäußert werden.

Die Gruppe akzeptiert die getroffene Entscheidung, wenn alle von ihr Betroffenen an der Entscheidungsfindung beteiligt waren, und setzt sich auch nachhaltig für eine Realisierung ein. Sie wird dann auch unangenehme Aufgaben bejahen, die notwendig sind, um das von ihr gesetzte Ziel, eine gute Problemlösung, zu erreichen. Das Ziel muss aber realistisch, d. h. erreichbar sein, damit die Anstrengung, es zu erreichen, den Gruppenmitgliedern Erfolgserlebnisse verschafft, die die Gruppenmitglieder zum weiteren Einsatz motivieren. Unrealistische, viel zu hoch angesetzte Ziele würden nur frustrieren statt zu motivieren und dadurch den Leistungswillen lähmen. Umgekehrt würden auch zu niedrig angesetzte Ziele demotivieren, weil sie keine Anreize bieten und keine Erfolgserlebnisse ermöglichen.

Bei sehr wichtigen, grundsätzlichen Entscheidungen sollten zwei Teilgruppen unabhängig voneinander Entscheidungsvorschläge ausarbeiten, die beide in die Gesamtgruppe eingebracht werden. Alle Gruppenmitglieder diskutieren über das Entscheidungsproblem mit Personen, die nicht zur Entscheidungsgruppe gehören. Externe Mitglieder legen ihre Auffassung völlig unabhängig von der Gruppe dar. Routinemäßig wird ein Kritiker bestimmt, der absichtlich und kompromisslos eine Gegenposition zur Gruppenmehrheitsmeinung vertritt, sobald sich in der Gruppe vorschnell eine Einigkeit andeutet. Die Entscheidungsgruppe arbeitet nicht dauernd zusammen, sondern wird zeitweilig in Untergruppen aufgeteilt. Ist sich die Gruppe aber endgültig einig geworden, wird das Ergebnis noch einmal bewusst in Frage gestellt.

Allgemeine Voraussetzungen für ein Gelingen der Gruppenarbeit

Die Gruppe ist so organisiert und strukturiert, dass jedes Gruppenmitglied weiß, was es zu tun hat; jedes kann sich über seine persönlichen Vorstellungen und Ideen jederzeit mit den anderen Gruppenmitgliedern auseinander setzen. Treten Probleme auf, suchen die davon Betroffenen nicht Schuldige, sondern Lösungen! Dabei haben sie das Interesse des Ganzen im Auge; deshalb sagen sie alles, was sie zum Thema wissen. Fehlende Informationen besorgen sie sich. Für einen guten vertikalen und horizontalen Informationsfluss setzen sie sich ein; dieser ist Voraussetzung für einen ständigen Erfahrungsaustausch.

Jeder bereitet sich auf die Gruppenarbeit vor, macht sich mit Thema und Ziel rechtzeitig vertraut, stellt und stimmt sich darauf ein, denkt darüber nach, notiert Einfälle stichwortartig und bringt sie mit. Zu Beginn der Gruppenarbeit werden die Rollen verteilt. Einer leitet, ein anderer führt Protokoll. Der Leiter gibt einen Überblick über die zu bearbeitenden Aufgaben und Probleme; die Gruppenmitglieder stimmen sich über das Konzept ab, nach dem vorgegangen wird.

Beim Bearbeiten von Problemen haben drei bis fünf Personen meist den größten Erfolg; sie müssen aber drei Dinge beachten:

1. Die Gruppenmitglieder tauschen laufend Gedanken aus.
2. Sie akzeptieren eine richtige Lösung als Gruppe, auch wenn der Vorschlag nur von einem Gruppenmitglied stammt.
3. Jeder in der Gruppe sucht auf unabhängige Weise nach einer Lösung; keiner versucht, den anderen zu kopieren, keiner opponiert.

528   *4.4 Gruppenarbeit im Unternehmen*

Der Gruppenleiter fördert die Entfaltung einzelner Gruppenmitglieder. Er sorgt für eine anregende, entspannte, vertrauensvolle Gruppenatmosphäre. Folgende Verhaltensweisen sind wünschenswert, weil sie das Problemlösen optimieren: Die Gruppenmitglieder stimmen brauchbaren Vorschlägen zu; sie knüpfen
daran an und ergänzen sie, statt sie abzuwerten. Sie informieren
einander und tragen zur Orientierung der anderen bei; sie
scheuen sich aber auch nicht, sich orientieren zu lassen. Jeder
äußert offen und ehrlich seine Meinung; jeder toleriert andersartige Meinungen der anderen. Jeder bemüht sich, mit den anderen menschlich und sachlich richtig umzugehen und die wu-
chernden Egoismen abzubauen, die zwischen einzelnen Personen, Gruppen und Abteilungen bisher die Zusammenarbeit
erschwert haben.

Gruppenleistung

Leistung hat eine doppelte Bedeutung: zum einen ist damit das
Arbeitsverhalten gemeint, zum anderen das Ergebnis dieses Verhaltens. Gruppenleistung als Ergebnis des Arbeitsverhaltens der
Gruppenmitglieder und ihrer Zusammenarbeit wird von vielen
Faktoren bestimmt: Gruppenzusammenhalt. Art und Komple-
xitätsgrad der Aufgaben. Ziele, vorgegebene oder in der Gruppe
vereinbarte. Pläne, mit denen sich die Gruppenmitglieder mehr
oder weniger identifizieren. Größe der Gruppe. Kommunikations-
und Informationsstruktur. Rang- und Rollenstruktur. Prestige-
struktur. Normen- und Wertesystem, Gruppendisziplin. Anspruchsniveau, Leistungsanspruch der Gruppe und der einzelnen
Gruppenmitglieder. Einstellungen, Verhaltensweisen, Arbeitszufriedenheit der Gruppenmitglieder; ihre Beziehungen zueinander.
Verhalten des Gruppenleiters. Gruppenatmosphäre. Besonders
wichtig sind: die Kommunikations- und Informationsstruktur,
Aufgaben und Ziele, Motivation, soziale Beziehungen.

Der Gruppenleiter richtet die einzelnen Gruppenmitglieder und
die ganze Gruppe auf das Ziel, z. B. die Erledigung eines Auftrags,
die Lösung eines Problems. Die Motivation des Einzelnen wird erhöht oder vermindert durch die Sanktion der Gruppe und die soziale Situation, die Anwesenheit anderer Mitglieder, deren Urteil,
Einstellung und Wertschätzung wichtig ist. Eine gute Gruppenlei-

stung setzt voraus, dass Personen mit unterschiedlichen Erfahrungen, Kräften und Begabungen sich bei der Zusammenarbeit ergänzen. Alle Gruppenmitglieder müssen bereit sein, das Gruppensoll zu erfüllen, das Gruppenziel zu erreichen. Alle wissen, dass nach außen nicht die Einzelleistung gilt, sondern die Gruppenleistung als Ergebnis des Zusammenwirkens aller. Obwohl sie einander tolerieren müssen, soll niemand seine Eigenart in der Gruppe aufgeben.

Die Gruppenleistung ist umso größer, je mehr die Mitglieder zusammenhalten; verringert wird sie durch Uneinigkeit und Rivalität unter den Gruppenmitgliedern. Überwindbare Bedrohungen von außen und Wettbewerb mit anderen Gruppen schließen die Mitglieder zusammen und erhöhen die Leistung. Druck von oben wird heute abgelehnt; er würde den inneren Widerstand nur verstärken und das Gefühl der Enttäuschung und Aggressionen erzeugen. Besser ist, bei den Mitarbeitern den Widerstand gegen das Unternehmen, die Unternehmensziele und die Führungskräfte abzubauen und sie positiv zu motivieren, damit sie Arbeitsfreude entwickeln.

Schwierigkeiten und Probleme bei der Gruppenarbeit

Sie sind nicht zu vermeiden und treten auch noch auf, wenn die Gruppen schon längere Zeit zusammenarbeiten. Ein Teil der sachlichen Anforderungen des Unternehmens an den Mitarbeiter und dessen soziale Bedürfnisse widersprechen einander; dadurch entstehen Spannungen in der Gruppe, die sich nur durch gute Beziehungen zwischen den Gruppenmitgliedern mildern lassen. Mit den wirtschaftlichen Zielen des Unternehmens können die Mitarbeiter sich nicht identifizieren. Sie sind der Meinung, dass die Geschäftsleitung und die Aktionäre zu viel verdienen, sie, die Arbeiter, aber nicht leistungsgerecht entlohnt werden; deshalb haben sie keine Leistungsantriebe. Sie machen auch keine Verbesserungsvorschläge, weil sie von vornherein überzeugt sind, dass ihr Vorgesetzter sie abblocken wird. Der Gruppenleiter verhält sich sehr autoritär; die Gruppe reagiert aggressiv. Zielkonflikte entstehen, weil die Gruppenmitglieder die Gruppenziele unterschiedlich interpretieren; die Gruppe spaltet sich. Ein Teil der Gruppenmitglieder fühlt sich verletzt und erkrankt rascher. Chronisch unzufriedene Mitarbeiter aus verschiedenen Gruppen entwickeln innere Widerstände, andere ziehen sich zurück. Oder sie schließen sich zu einer emotional geladenen, leicht erregbaren Masse zusammen, die sich von einer starken Persönlichkeit anstecken, aufhetzen und mitreißen lässt. Andere bilden eine Clique und verfolgen neben den offiziellen Zielen ihre eigenen Ziele; dabei wenden sie unlautere Mittel an. Beispielsweise verbreiten sie verleumderische Gerüchte, die jeder Grundlage entbehren.

Neue, verängstigte Gruppenmitglieder mit schwachem Selbstwertgefühl sind gehemmt und trauen sich nicht, zu einer Gruppe zu sprechen. Andere versuchen, sich ständig zu profilieren; sie unterbrechen die anderen, wollen den Ton angeben und immer Recht haben. Sie denken in Klischees, verallgemeinern und vereinfachen ständig, ziehen voreilige Schlüsse; Menschen in ihrem sozialen Umfeld teilen sie in Gute und Böse, Starke und Schwache, Beliebte und Unbeliebte ein. Auf differenzierte und sorgfältig abgewogene Urteile ihrer Kollegen und ihres Vorgesetzten reagieren sie ungeduldig und abwertend. Anstatt selbstkritisch an ihre eigene Brust zu schlagen, projizieren sie ihre Fehler und Schwächen und ihr Versagen auf andere und lasten sie ihnen an. Andere tragen, ohne dass ihnen dies bewusst ist, persönliche Konflikte mit sich herum, die den Gruppenprozess stören; kreative Spannungen zeigen sich, aus denen Gruppenkonflikte entstehen können. In einer neu gebildeten Projektgruppe, deren Mitglieder aus verschiedenen Abteilungen und Hierarchieebenen stammen, reden die Gruppenmitglieder vor allem zu Beginn der Gruppenarbeit aneinander vorbei; auch hören sie einander nicht aufmerksam zu und geben sich zu wenig Rückmeldung. Sie verwenden Begriffe, die sie nicht erläutern und unter denen jeder etwas anderes versteht, so dass viele Missverständnisse und Vorurteile entstehen. Ein Gruppenmitglied klammert sich emotional an andere und versucht, sie für sich zu gewinnen und seine Probleme bei ihnen abzuladen. Ein anderes Gruppenmitglied will dauernd seine abgestandenen Witze anbringen und den Gruppenclown spielen; damit stört es die Gruppenarbeit. Um Geschlossenheit zu erreichen, übt die Gruppe Druck auf ein Gruppenmitglied aus, das Gruppenregeln verletzt hat und nun gereizt reagiert. Die Gefahr besteht, dass die Gruppe den Kritisierten zum Außenseiter und

Sündenbock macht und ihm dann alle Schwierigkeiten und Fehler der Gruppe anlastet. Die Gruppe schweigt; keiner weiß recht, woran das liegt: am Desinteresse der Gruppenmitglieder, einer Spannung mit dem Gruppenleiter, an der verbrauchten Luft? Zwei Gruppenmitglieder haben ihre privaten Probleme in die Gruppe hincingetragen und fangen dort zu streiten an. Das Gruppenbewusstsein, das Wir-Gefühl, ist geschwächt worden, weil einige Gruppenmitglieder sich nicht mehr voll auf die gemeinsame Aufgabe konzentriert haben. Einige Gruppenmitglieder haben es noch nicht gelernt, Tatsachen, die sie real beobachten können, und die davon ausgelösten Phantasien zu unterscheiden; sie vermischen sie ständig miteinander.

Kleingruppen, bei denen jeder auf jeden angewiesen ist, kommen miteinander nicht klar. Je mehr sie miteinander auf der rationalen Ebene diskutieren, umso weniger verstehen sie sich emotional. Jeder erwartet von den anderen, dass diese ihre Einstellung und ihr Verhalten ändern; sie kommen nicht auf die Idee, dass jeder zuerst bei sich mit der Verhaltensänderung beginnen sollte. Einzelne Vorgesetzte, die sich mit der Gruppenarbeit noch nicht angefreundet haben und nur zum Schein auf das neue System eingehen, erschweren die Gruppenarbeit durch ihr distanziertes und überkritisches Verhalten; sie vermiesen den Gruppenmitgliedern ihre Arbeit und blockieren sie vielleicht sogar, indem sie der Gruppe für eine Besprechung zu wenig Zeit geben und kleine Fehler überbetonen, so dass diese anfangs keine oder zu wenig Erfolgserlebnisse hat. Der Gruppenleiter hat es noch nicht geschafft, den informellen, den „heimlichen" Gruppenleiter zum Bundesgenossen für sich zu gewinnen, durch den die Gruppe eine besondere Dynamik entwickelt, der manchmal sehr tüchtig und hilfsbereit ist und mehr weiß als die anderen; er ist oft sehr unzufrieden und wünscht sich Erfolgserlebnisse und Anerkennung. Einige Gruppenmitglieder haben nach einigen Gruppensitzungen die Lust an der Gruppenarbeit aus folgenden Gründen verloren: Die Gruppe diskutierte ziellos. Die Ergebnisse und die beschlossenen Maßnahmen wurden nicht festgehalten; deren Durchführung wurde nicht kontrolliert. Im Umgang mit anderen Gruppen bestehen starke Spannungen, die sich durch ein überzogenes Konkurrenzdenken bis zur Feindseligkeit steigern; durch ihren Konfrontationskurs tauschen die Gruppen zu wenig Information aus. In fast allen diesen Fällen ist die Gruppenleistung unzureichend.

Fertige „Rezepte" können Schwierigkeiten und Probleme in einer Gruppe nicht lösen. Wer sich als Gruppenleiter oder als Gruppenmitglied für den Gruppenprozess mitverantwortlich fühlt und an einer Verbesserung interessiert ist, sollte sich täglich bei Arbeitsschluss fragen: Was lief heute gut, was war erfreulich? Was weniger gut und unerfreulich – und warum? Die gewonnenen Einsichten sollte er in einer Art Tagebuch festhalten. Einmal im Monat sollten sich alle Gruppenmitglieder zu einem Erfahrungsaustausch treffen, bei dem über die Beziehungen der Gruppenmitglieder zueinander, über die in der Gruppe aufgetretenen Probleme, Konflikte, besondere Stresssituationen, aber auch über ihre Erfolge gesprochen wird.

Fallbeispiel: Cockpit-Besatzung hat Schwierigkeiten. Die Kollegen und Kolleginnen verstehen einander nicht richtig, sie kommen miteinander nicht klar. Alles Diskutieren führt zu keinem Ergebnis. Bisher haben sie ihr eigenes Verhalten und das der anderen eingeschätzt, um sich darauf einstellen zu können; sie haben darüber aber nicht miteinander gesprochen. Meist haben die anderen sich nicht so verhalten, wie einer das aufgrund seiner Einschätzung erwartet hat; er fühlte sich dann in seinen Erwartungen getäuscht und war enttäuscht. Bei einem weiteren Treffen beschließen sie, dass jeder sagt, wie er alle anderen einschätzt; jeder prüft anschließend, inwieweit seine Einschätzung der anderen mit deren eigener Einschätzung ihrer Person übereinstimmt und in welchen Punkten die Fremd- und Selbsteinschätzung sich voneinander unterscheiden. Künftig stellt sich jeder auf die anderen so ein, wie diese sich selbst sehen und wie sie wirklich sind. Keiner erwartet von den anderen mehr, dass sie sich ändern; jeder weiß, dass nur er selbst seine Einstellung und sein Verhalten ändern kann.

Bei der Beobachtung des Gruppengeschehens sollte man auf folgende Aspekte achten: Wie ist oder wie hat sich die Gruppe organisiert? Ist die Gruppenstruktur stabil, trotzdem aber flexibel, um auf veränderte Situationen erfolgreich reagieren zu können? Ist das Arbeitsklima entspannt, konstruktiv, anregend? Sind alle Gruppenmitglieder genügend aktiv? Gibt es Ansätze zur Parteienbildung innerhalb der Gruppe? Wenn ja, wer gehört zu wem, warum? Schwierige, noch nicht voll durchschaute Gruppensituationen und -konstellationen können in einem Rollenspiel mit Rollenwechsel dargestellt werden, über das anschließend zuerst mehrere Kleingruppen und anschließend die Gesamtgruppe spricht. Die Gruppe, die Einstellungen und Verhaltensweisen ihrer Gruppenmitglieder positiv beeinflusst, kann dazu beitragen, Sozialisationsdefizite zu verringern und sie durch soziales, gruppenförderndes Verhalten zu ersetzen; dadurch trägt sie zu einer besseren Kooperation und Kommunikation sowie zu mehr emotionaler Sicherheit bei.

Selbsthilfe- oder Therapiegruppen einsetzen?

Denkbar ist, dass sich im Unternehmen Selbsthilfegruppen bilden, die sich in einem anderen Zusammenhang, z. B. bei den Anonymen Alkoholikern, so bewährt haben: einmal, um die Probleme zu bearbeiten, die bei der Gruppenarbeit am Arbeitsplatz auftreten, zum anderen aber nach einer gewissen Anlaufzeit auch für persönliche Schwierigkeiten. In der Anfangsphase benötigen solche Gruppen noch einen Leiter, der über Spezialkenntnisse und viel Erfahrung in der Arbeit mit Gruppen verfügt und selbst in Gruppen mitgearbeitet hat. Er muss fähig sein, selbstkritisch seine eigenen Einstellungen, Reaktionen und Verhaltensweisen zu beobachten und zu überprüfen, ob sie seiner Rolle, der Situation, der Gruppendynamik und dem aktuellen Problem entsprechen. Er verhält sich Angst reduzierend und zurückhaltend, strukturiert das Gruppengeschehen nur wenig, verbindet die Gruppenmitglieder aber miteinander und richtet sie auf Thema und Ziel aus. Nach und nach kann die Gruppe immer selbstständiger und zu einer echten Selbsthilfegruppe ohne Leiter werden, wenn folgende Voraussetzungen gegeben sind: Die Gruppenmitglieder kennen sich gut, sie haben genügend Erfahrung gesammelt. Sie sind als Person reifer geworden, haben ihre soziale Wahrnehmung und ihr soziales Verhalten verbessert, ihr Selbstwertgefühl gestärkt und ihre Einstellung zur Autorität neu bestimmt.

Das Unternehmen könnte für Mitarbeiter, die mit sich selbst,

ihrem Vorgesetzten, ihren Kollegen und mit der Gruppe nicht zurechtkommen, eine Gruppentherapie anbieten, bei der ein Psy-
chotherapeut mit einer Kleingruppe von fünf bis sieben Personen
arbeitet. Bei der Verhaltenstherapie übt der Therapeut mit der
Gruppe ein erwünschtes, gruppenkonformes Verhalten in Rollenspielen ein. Bei der psychoanalytisch orientierten Gruppentherapie decken die Gruppenmitglieder in Rollenspielen mit Hilfe des
Therapeuten gegenseitig unbewusste seelische Inhalte auf, die als
Ursachen für Schwierigkeiten, Spannungen, Probleme und Konflikte in der Gruppe vermutet werden. Weil es oft dabei dramatisch
zugeht, werden diese „aufdeckenden" Rollenspiele nach dem
Amerikaner *J. L. Moreno* „Psychodrama" genannt. Der Psycho-
analytiker übernimmt die Vaterrolle, die Gruppenmitglieder die
Geschwisterrolle; auf sie lenkt der Therapeut einen Teil der „Übertragung" ab, der emotionalen Bindung an den Therapeuten, die
Voraussetzung für einen therapeutischen Erfolg ist. Dies bedeutet,
dass das einzelne Gruppenmitglied sich wegen seiner Probleme
und seines Selbstbildes nicht nur mit dem Therapeuten auseinander setzt, sondern in Rollenspielen auch mit einigen Gruppenmitgliedern, die sich in einer ähnlichen psychischen und sozialen
Situation befinden wie er selbst. Der Therapeut verhält sich nicht
autoritär; in seiner „Geburtshelfer-Funktion" schafft er in der
Gruppe eine vertrauensvolle, entspannte Atmosphäre, in der sich
jeder angst- und hemmungsfrei aussprechen kann. Die sozialen
Rollen, die einzelne Gruppenmitglieder spielen, um die Ursachen
für ihre Schwierigkeiten aufzudecken, wählen sie selbst aus. Der
Therapeut kann, wenn schon genügend Klarheit darüber besteht,
die Rolle des Gegenspielers übernehmen, der das Problem verursacht hat. Rollenspiele, in denen ein neues, erwünschtes, kompetentes Verhalten eingeübt wird, wählt meist der Therapeut aus; er
stimmt sich darüber aber mit den Gruppenmitgliedern ab und gibt
ihnen die notwendige Hilfestellung, indem er sie über Regeln,
Übungsmittel und -schritte informiert; vgl. das Kapitel 3.5 „Das
eigene Verhalten ändern".

Gegen eine Therapiegruppe im Unternehmen spricht, dass
Gruppenmitglieder, die jeden Tag eng zusammenarbeiten, nicht
wünschen, dass andere zu viel von ihren Schwächen erfahren; sie
möchten ein „seelisches Striptease" vermeiden. Dies spricht dafür,

dass Therapiegruppen mit Personen aus verschiedenen Unternehmen gebildet werden, die über ihre Probleme in neutraler Form sprechen, also nicht unternehmens- und arbeitsgruppenbezogen.

Grundsätze für eine produktive Gruppenarbeit im Unternehmen

Grundsätze bzw. Regeln schaffen Klarheit: In einer Gruppe, die einfache Grundsätze bejaht, weiß jeder, was er tun und lassen soll, und was er nicht darf. Dies ist für psychologische Zusammenhänge besonders wichtig; denn jede Entwicklung braucht ihre Zeit. Dies gilt auch für den Aufbau von Beziehungen, die Bildung einer Gewohnheit, die Lösung eines Problems oder Konflikts. Zu Beginn der Gruppenarbeit benötigen die Gruppen „Hilfe zur Selbsthilfe" durch interne und externe Berater.

Eine gute Gruppe hat Anziehungs- und Ausstrahlungskraft; wer zu ihr gehört, ist stolz darauf. Die Gruppe setzt sich für ihre Mitglieder ein und schützt sie gegen bedrohliche Einflüsse von außen. Eine Bedrohung durch andere Gruppen und der Wettbewerb mit ihnen stärken den Zusammenhalt der Gruppe; Uneinigkeit und Wettbewerb unter den Gruppenmitgliedern dagegen schwächen ihn. Je besser die Gruppe in sich zusammenhält, desto mehr leistet sie. Eine „einige" Gruppe kann Gruppenmitglieder zur Ordnung rufen und, wenn sie widerspenstig reagieren, auf sie Druck ausüben. Bei Gruppengesprächen, die in einer guten Atmosphäre verlaufen, geben einzelne Mitglieder wichtige Informationen bereitwilliger als in Einzelgesprächen. Entscheidungen, die die Gruppe nach einer Gruppendiskussion trifft, akzeptiert und realisiert sie am ehesten. Was die Gruppe als richtig erkannt hat, setzt sie im Rahmen der Organisation zur Verbesserung der Zusammenarbeit, der Arbeitsverfahren und Produkte, und zur Erhöhung der Produktivität praktisch um.

Grundsätze für das Verhalten des Gruppenleiters

1. Der Gruppenleiter bevorzugt kein Gruppenmitglied. Er hört allen geduldig zu, diskutiert nicht mit, sondern steuert den

Gesprächsablauf zeit- und zielbezogen so, dass die Gruppe aktiviert wird.

2. Er lässt Gesprächsbeiträge durch die Gruppe bewerten und verzichtet auf Belehrungen und Ermahnungen.

3. Passive Teilnehmer aktiviert er, überaktive bremst er.

4. Die Diskussion führt er zu Thema, Ziel, vernachlässigte Gesichtspunkte und „untergegangene" Beiträge zurück; damit verhindert er, dass sich die Gruppe vorschnell einigt.

5. Unklarheiten beseitigt er durch Rückfragen an die Gruppe.

6. Einzelnen Gruppenmitgliedern bietet er Hilfen zum genaueren Ausdruck an.

7. Er achtet nicht nur auf das, was einer sagt, sondern auch auf das, was dieser damit ausdrücken will, was er meint.

8. Er sieht darauf, dass bei Problemen nicht nur die Sache und der Leistungsaspekt zur Sprache kommen, sondern auch die Person und der Gemeinschaftsaspekt.

9. Kritik an seiner Person und seiner Gesprächsführung blockiert er nicht; er geht ihr auf den Grund, anstatt sich zu rechtfertigen.

10. Durch „offene" Fragen, die nicht mit „ja" oder „nein" beantwortet werden können, regt er das Gespräch an.

Grundsätze für das Verhalten der Gruppenmitglieder

1. Die Gruppenmitglieder achten, anerkennen und helfen einander; auf der Beziehungsebene gehen sie menschlich miteinander um, damit sie einander auch emotional verstehen.

2. Neben ihrer eigenartigen Person lassen sie gleichberechtigt das „Wir" der Gruppe gelten.

3. Jedes Gruppenmitglied ist gleichgestellt; die Gruppe entwickelt entsprechende Umgangsformen.

4. Jeder vertritt seine eigenen Angelegenheiten, jeder bestimmt über sich selbst.

5. Die Gruppe entscheidet in Angelegenheiten, die nur sie betreffen, selbstverantwortlich.

6. Was in der Gruppe geschieht, geht nur die Gruppenmitglieder an; über alles, was in der Gruppe gesprochen wird, besteht strikte Schweigepflicht.

7. In Kleingruppen schaltet sich jeder direkt, aber rücksichts-

voll, in die Diskussion ein; nur in Großgruppen melden sie sich durch Handerheben oder Hochstellen ihres Namensschildes.

8. Wer etwas zum Thema zu sagen hat, fasst sich kurz. Seinen Beitrag trägt er sachlich, aber auch engagiert vor.

9. Die anderen hören aufmerksam zu und achten darauf, dass jeder jeden gut versteht.

10. Keiner unterbricht den Sprechenden, wenn dieser sich an die Regeln hält.

11. Die Gesprächsteilnehmer nehmen interessante Gedanken auf und entwickeln sie in der Diskussion ziel- und themenbezogen weiter, statt sie zu zerreden.

12. Den „roten Faden" behalten sie im Auge.

13. Sie akzeptieren das bessere Argument, auch wenn es nicht von ihnen selbst stammt.

14. Wenn es in der Gruppe hitzig zugeht, setzt der Leiter in Abstimmung mit der Gruppe aus deren Mitte einen „Ordner" ein, der durch Hochheben von Symbolen, z. B. einer „gelben oder roten Karte", an die Einhaltung von Regeln erinnert.

15. Wichtige Punkte und offene Fragen werden auf Zettel oder Karten schriftlich festgehalten und an einer Pinnwand befestigt, d. h. visualisiert.

16. Für kreative Einfälle bleibt genügend Spielraum.

17. Vorurteile werden erkannt, benannt, abgebaut.

18. Bei Kritik gehen die Gruppenmitglieder nur kurz auf den Fehler ein, das IST; sie betonen das SOLL: wie etwas künftig besser gemacht werden kann.

19. Einfache Dinge werden in der Gruppe rasch und direkt entschieden; Schwieriges wird erst gründlich geprüft. Entscheidungen werden eindeutig, verständlich und durch Konsensbildung getroffen.

20. Am Schluss einer Gruppensitzung fasst der Leiter oder ein Gruppenmitglied das Wesentliche zusammen; auf die Ergebnisse und die beschlossenen Maßnahmen weist er besonders hin.

21. Alle Gruppenmitglieder versuchen, Konflikte schon im Entstehungsstadium zu erkennen, sich methodisch mit ihnen auseinander zu setzen und sie fair zu lösen.

22. Probleme, die die Gruppe selbst lösen kann, packt sie zuerst an; sie sucht keine Schuldigen, sondern wirtschaftliche und realisierbare Lösungen!

Grundsätze für die praktische Zusammenarbeit

1. Bei kooperativer Einstellung akzeptieren und achten die Gruppenmitglieder einander. Statusunterschiede werden nicht betont.
2. Die Gruppenmitglieder fühlen sich emotional miteinander verbunden.
3. Die dadurch entstehende erwachsenengerechte, relativ angstfreie, entspannte, Sicherheit und Initiative vermittelnde „positive" Atmosphäre ermöglicht jedem Gruppenmitglied ein aktives, eigenverantwortliches Arbeiten und Zusammenarbeiten.
4. Rollen und Aufgaben sind klar verteilt.
5. Durch Normen oder gemeinsam erstellte Handlungspläne, die für alle Gruppenmitglieder verbindlich sind und an die sich alle halten, leistet die Gruppe mehr.
6. Leistungsmindernde Faktoren wie Monotonie, Müdigkeit, Lustlosigkeit, Überdruss lassen sich in der Gruppe leichter überwinden.
7. Zwischen einzelnen Gruppenmitgliedern entsteht ein fairer Wettstreit. Sie wollen sich zwar nicht ständig übertrumpfen, aber zurückbleiben will auch keiner, um nicht als Außenseiter zu gelten.
8. Der Einzelne, der sich mit seiner Gruppe identifiziert, fühlt sich für die Gruppe als Ganzes und für deren Leistungen mitverantwortlich; dadurch kann er zusätzliche Kräfte mobilisieren.
9. In der Gruppe kann sich der Einzelne auf andere Gegebenheiten leichter einstellen, auf andere Gewohnheiten umstellen, sich geänderten Normen anpassen, sich flexibler verhalten.
10. Jeder stellt sich auf die Aufgabe oder das Problem und das Ziel ein und bereitet sich gründlich vor.
11. Alle bejahen das gleiche Ziel auch emotional; sie wollen es ge-

meinsam erreichen. Dafür setzen sie ihre ganze Energie ein, ohne sich zu erschöpfen. Ihre egoistischen Interessen stellen sie zurück.

12. Was die Gruppe gemeinsam plant, führt sie auch aus; alle arbeiten auf das gemeinsame Ziel hin.
13. Bei der Durchführung denken alle auch für die anderen mit; sie halten den Fortgang der verschiedenen Teilaktivitäten im Auge, damit einer sofort eingreifen kann, wenn aus seiner Sicht etwas schief zu laufen droht.
14. Jeder hat einen Gesamtüberblick; parallel dazu denkt er aber auch analytisch.
15. Alle äußern ihre Bedenken offen; sie gehen aber auch auf die Meinungen und Einwände der anderen ein.

Grundsätze für Ausbilder und Auszubildende

1. Alle gehen konstruktiv miteinander um.
2. Jeder behandelt die anderen so, wie er gern selbst von ihnen behandelt werden möchte, z. B. höflich und freundlich: „Der Ton macht die Musik".
3. Der Mensch steht im Mittelpunkt und gilt etwas; Ausbilder und Auszubildende interessieren sich auch menschlich füreinander und bringen einander Sympathie entgegen.
4. Sie bemühen sich, einfühlsam und kontaktfähig zu sein, und entwickeln gute Beziehungen zueinander.
5. Sie sind aufgeschlossen und aufrichtig; sie überzeugen einander nicht durch viele Worte, sondern durch ihre ganze Person.
6. In kooperativer Einstellung verstehen und akzeptieren sie Aufgaben und Ziele und verfolgen sie; sie arbeiten partnerschaftlich zusammen.
7. Sie sind bereit, sich zu integrieren und sich ihrer Gruppe mit Blick auf das gemeinsame Ziel anzupassen.
8. Zu einem konstruktiven Arbeitsklima tragen sie bei, indem sie einander gelten lassen und sich anerkennen.
9. Jeder entwickelt Fehlertoleranz, Motivation, Anstrengungs- und Verantwortungsbereitschaft; jeder kann sich auf jeden verlassen.
10. Ihre persönlichen Ziele stimmen die Auszubildenden mit ihrem Ausbilder ab; sie entscheiden gemeinsam.

11. Jeder informiert die anderen rasch und umfassend.
12. Besonders die Ausbilder demonstrieren „Gruppengeist". Sie sprechen über Probleme miteinander und setzen sich sachlich und zielbezogen damit auseinander.
13. Sie berücksichtigen nicht nur die Unternehmens- und Leistungsziele, sondern auch die Bedürfnisse der Auszubildenden.
14. In der Gruppe wirken gelegentlich auch fertig ausgebildete Mitarbeiter anderer Ebenen mit; alle lernen dadurch, abteilungs- und bereichsübergreifend zu denken und zu handeln.

Versuch einer Bewertung der Gruppenarbeit

Manches spricht gegen Gruppenarbeit. Nicht immer kann in Gruppen gearbeitet werden; es gibt Arbeitsplätze, bei denen nur einzelne Mitarbeiter, von anderen isoliert, arbeiten müssen, z. B. Kranführer, Maschinisten, Elektroniker u. a. Die Umstellung auf Gruppenarbeit verursacht viel Arbeit und hohe Kosten. Der neue Führungsstil fällt manchen Vorgesetzten schwer; sie sind dafür nicht ausgebildet worden. Andere setzen die kooperative Führungsform mit der Pflege informeller Gruppen gleich; mit diesen hat ein Teil der Unternehmer negative Erfahrungen gemacht.

Soziologen befürchten, dass der Arbeiter durch die Einführung der Gruppenarbeit ausgenützt werden soll. In den USA wird von einer Kuh-Soziologie gesprochen: „Gib der Kuh die besten Lebensbedingungen, damit sie mehr Milch gibt." Die positive Auswirkung der Gruppenarbeit wird durch höhere Produktionszahlen belegt. Daraus schließen manche, nur mehr Profit sei das Motiv der Unternehmer für die Einführung der Gruppenarbeit gewesen. Psychologen, den Befürwortern der Gruppenarbeit, ging es aber darum, dass der Mitarbeiter sich im Unternehmen wohler fühlt. Die Mehrleistung war die Folge eines kooperativen Führungsstils, der bei den Führungskräften ein Umdenken erforderte, und verbesserte zwischenmenschliche Beziehungen am Arbeitsplatz. Unter den veränderten Arbeitsbedingungen lief die Arbeit besser und reibungsloser; dies war die Ursache, die höhere

Produktion war die Folge davon. Der Mehrertrag sollte allerdings nicht nur dem Unternehmen zugute kommen, sondern durch Produktivitätsprämien auch den Mitarbeitern.

Gegen die kooperative Führungsform, ohne die eine erfolgreiche Gruppenarbeit nicht möglich ist, wird eingewandt, die Gruppe sei ihrem Wesen nach hierarchiefeindlich, sie werde die Hierarchie des Unternehmens zerstören. Auch habe sie eine eigene Gesetzmäßigkeit und meist auch ihre Sonderinteressen. Kroeber-Kenneth, von dem diese Aussage stammt, unterscheidet nicht informelle, egoistische Gruppen, von formellen, die das Unternehmen selbst gegründet hat, um die Bildung informeller Gruppen mit ihren Sonderinteressen überflüssig zu machen. Das Unternehmen, das formelle Arbeitsgruppen bildet, befriedigt nicht nur das Bedürfnis seiner Mitarbeiter nach sozialer Eingliederung, sondern nützt auch sich selbst.

Der nächste Einwand lautet: Gruppenarbeit führe zur Cliquenbildung. Dies trifft aber nur zu, wenn das Unternehmen sozialpsychologische Zusammenhänge nicht beachtet; denn Cliquen schließen sich von der Öffentlichkeit ab. Bei den vom Betrieb gegründeten und geförderten Arbeitsgruppen dagegen wird das Gruppengeschehen durchsichtig; über alles wird offen gesprochen. Sie überwinden daher die Cliquenbildung.

Schließlich soll Gruppenarbeit die Autorität der Führung untergraben. Tatsache ist jedoch, dass Arbeitsgruppen ohne Führung gar nicht erst entstehen können. Ohne die Autorität des Gruppenleiters, die allerdings auf gemeinschaftsbildenden und -erhaltenden Werten und gegenseitigem Vertrauen beruht und nicht auf einer formalen Rangstellung, kann die Gruppenarbeit nicht funktionieren. Überträgt der Gruppenleiter einen Teil seines Aufgabengebietes an Gruppenmitglieder, hat dies nur Vorteile für ihn. Er braucht sich nicht mehr um Kleinigkeiten zu kümmern und hat mehr Zeit für seine Führungsaufgaben, für das eigentlich Schöpferische, für zukunftsträchtige Planungen und für die Koordinierung der delegierten Teilaufgaben. Mitarbeiter, die sehr selbstständig arbeiten und für ihre Leistungen mehr anerkannt werden als bisher, bedrohen die Stellung ihres Vorgesetzten nicht. Sie, die nun in der Gruppe zusammenarbeiten, wollen sich gegen ihren partnerschaftlich führenden Vorgesetzten nicht auflehnen.

Umgekehrt haben sich bisher die Mitarbeiter bei einem sehr autoritären Führungsstil unterdrückt gefühlt. Die entstandenen Aggressionen haben sie nicht gezeigt; aber dadurch entstanden starke Spannungen und ein schlechtes Betriebsklima. Die unterschwelligen Spannungen können bei der Gruppenarbeit bewusst gemacht und durch Aussprachen abgebaut werden; dann bessert sich die Arbeitsatmosphäre von selbst. Solche Prozesse erfordern jedoch Zeit; ein Vorgesetzter kann sich auch nicht von heute auf morgen völlig ändern. Veränderungen sind aber im Interesse aller Beteiligten notwendig; nur wenn alle am gleichen Strick ziehen, können Unternehmen und Mitarbeiter sich den rasch wechselnden Anforderungen durch den Markt und neue Technologien stellen und sie gemeinsam bewältigen. An die Stelle von Konfrontation mit ihrem Teufelskreis von Frustration und Aggression muss die Kooperation treten, bei der Führungskräfte und Mitarbeiter vertrauensvoll zusammenarbeiten. Im Übrigen ermöglicht die Gruppenarbeit die natürliche Auslese von Mitarbeitern, die fähig sind, eine Gruppe zu leiten; auf diese Weise lässt sich das Nachwuchsproblem lösen.

Erschwert Gruppenarbeit die Arbeit der Vorgesetzten? Für Vorgesetzte, die nur auf ihre Amtsautorität pochen, bringt die Gruppenarbeit eine einschneidende Umstellung und gewisse Unannehmlichkeiten. Sie müssen nun ihre Maßnahmen begründen, sich darüber mit ihren Mitarbeitern unterhalten und von diesen Kritik akzeptieren. Ob sie wollen oder nicht, müssen sie sich nun den Meinungen ihrer Mitarbeiter stellen und versuchen, diese durch sachliche Argumente zu überzeugen. Sie können nicht mehr etwas in kurzen Worten anordnen oder gar befehlen, sondern müssen Gespräche führen, um ihre Mitarbeiter für sich und ihre Pläne zu gewinnen. Der neue Führungsstil hat für den Vorgesetzten aber auch Vorteile. Seine Arbeit wird erleichtert, sobald die Mitarbeiter gelernt haben, sachbezogen und kooperativ zu denken und zu handeln. Sie nehmen dann Anteil an der Arbeit ihres Vorgesetzten, denken mit, identifizieren sich mit ihm, tragen Mitverantwortung und setzen sich dafür ein, dass die von ihnen mit entschiedenen Maßnahmen zum Erfolg führen. Dies beweisen die geringere Abwesenheit der Mitarbeiter, höhere Produktionszahlen und geringere Ausschussquoten nach Einführung von Gruppenarbeit.

Verzögert die Gruppenarbeit Entscheidungen? Oft ja, denn Gruppenprozesse erfordern mehr Zeit als Einzelentscheidungen. Aber die nach Abstimmung mit der Gruppe getroffenen Entscheidungen sind meist besser und ausgereifter, weil das Problem von mehr Seiten beleuchtet worden ist. Allerdings gibt es Situationen, die eine sofortige Entscheidung durch den Vorgesetzten erfordern; dies werden die Mitarbeiter aber akzeptieren. Nur sollte der Vorgesetzte sie über die getroffenen Maßnahmen bald informieren.

Gefährdet die Gruppenarbeit die Geheimhaltung von Unternehmensplänen? Ist eine Geheimhaltung notwendig, braucht die Gruppe nicht informiert zu werden. Dies macht die Gruppenarbeit aber nicht entbehrlich; denn die meisten Probleme treten im Arbeitsalltag auf. Dort ist das Arbeitsfeld der Gruppe, wo sie Lösungsvorschläge erarbeiten und umsetzen muss.

Zusammenfassend lässt sich sagen, dass die Gruppenarbeit mehr Vorteile hat als das bisherige Arbeitssystem, wenn die Voraussetzungen dafür geschaffen werden. Für ein fortschrittliches Unternehmen, das sich im globalen Wettbewerb behaupten will, ist Gruppenarbeit unverzichtbar; dies gilt auch für Klein- und Mittelbetriebe.

4.5 Das Unternehmen und seine Mitarbeiter – Versuch eines Brückenschlages

„Persönlichkeiten werden nicht durch schöne Reden geformt, sondern durch Arbeit und Leistung." (H. Wagner)

Vom Markt gehen viele Sachzwänge aus; auf diese harten Notwendigkeiten muss sich das Unternehmen einstellen, wenn es bestehen will. Unerbittlich fordert der Markt preisgünstige Produkte und Dienstleistungen in hoher Qualität mit kurzer Lieferzeit.

Das Kapital ist notwendig für das laufende Geschäft und für Investitionen. Nur ein Teil des im Unternehmen arbeitenden Kapitals gehört den aktiv tätigen Unternehmern; der Rest stammt von im Unternehmen nicht tätigen Personen bzw. Institutionen und von Banken, deren einziges Interesse in der angemessenen Verzinsung ihres Geldes liegt. Darauf wollen sie so wenig verzichten wie ein Mitarbeiter auf seinen Lohn bzw. sein Gehalt. Arbeitet das

Unternehmen nicht produktiv, macht es keinen ausreichenden Gewinn, besteht die Gefahr, dass die Kapitaleigner ihr Geld vom Unternehmen abziehen und es an anderer Stelle anlegen.

Als Bürger eines Staates, der ihnen in seiner Verfassung viele Grundrechte zugesteht, sollten sie sich aber auch fragen: Habe ich diesem Staat und seinen Menschen gegenüber nicht auch Pflichten? Denn im gleichen Artikel 14 des Grundgesetzes, das dem Bürger das Recht auf Eigentum und den Schutz vor willkürlicher Enteignung garantiert, steht: „Eigentum verpflichtet. Sein Gebrauch soll zugleich dem Wohle der Allgemeinheit dienen." Daran sollte jeder Unternehmer denken, der, ohne dass seine Existenz auf dem Spiel steht, trotz des Millionenheeres von Arbeitslosen und deren Familien mit dem Gedanken spielt, im Ausland zu investieren, Geld anzulegen, nur weil es dort ein paar Prozent mehr bringt.

Mit den vorhandenen und noch entstehenden gesellschaftlichen und die Umwelt betreffenden Problemen wird sich das Unternehmen, zusammen mit Politikern und Gewerkschaften, auseinander setzen müssen. Der Mitarbeiter sollte darüber informiert werden; denn er hat nicht nur ein Recht auf eine lebens- und überlebensfähige Umwelt; er ist für sie auch mit verantwortlich.

Das Unternehmen ist vielen Sachzwängen ausgesetzt. Abgesehen von der Forderung des Kapitals nach angemessener Verzinsung muss sich das Unternehmen marktgerecht verhalten, d. h. die vom Markt verlangten oder eine Marktlücke schließenden Produkte mit guter Funktion und Qualität entwickeln, kostengünstig herstellen und mit entsprechendem Service preisgünstig liefern. Das Unternehmen bleibt nur leistungs- und konkurrenzfähig, wenn es auf die Marktforderungen kurzfristig reagiert, möglichst rascher als die Mitbewerber; dann wird es genügend Aufträge aus dem In- und Ausland erhalten, die den Mitarbeitern Arbeit und Brot und dem Unternehmen die Auslastung der technischen Anlagen und einen ausreichenden Gewinn ermöglichen.

Dies setzt eine hohe Produktivität voraus, und diese wiederum ist Voraussetzung und Folge laufender ausreichender Investitionen zur Modernisierung und Rationalisierung, aber auch menschengerechter Formen der Zusammenarbeit. In einem solchen Unternehmen bezieht nicht nur der Unternehmer ein hohes Ein-

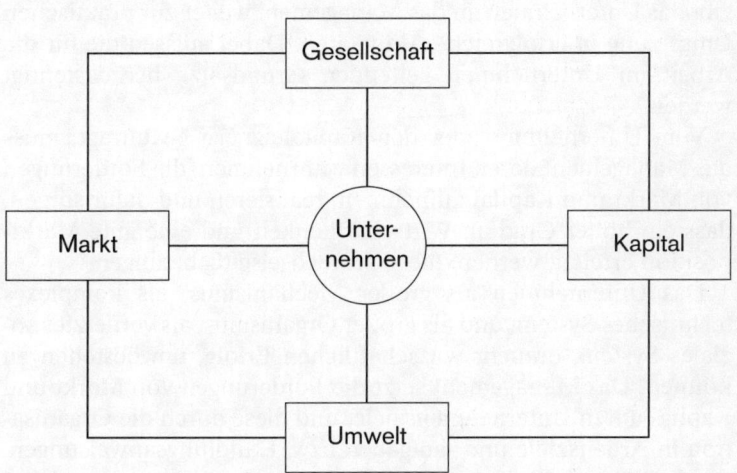

Externes Spannungsfeld, Ziel: stabile soziale und
wirtschaftliche Verhältnisse

kommen für seine Arbeit, sein Kapital und sein Risiko; auch der Mitarbeiter verdient überdurchschnittlich gut und hat einen sicheren Arbeitsplatz. Er wird in fortschrittlichen Unternehmen am Gewinn beteiligt, von dem ein Teil allerdings nicht ausbezahlt, sondern als Kapitalanteil gutgeschrieben und verzinst wird. Dies macht den Mitarbeiter zum Miteigentümer des Unternehmens, der für den Betriebserfolg mit verantwortlich ist.

Die im externen Spannungsfeld entstandenen Anforderungen gibt das Unternehmen an das Management weiter zur praktischen Umsetzung in erfolgreiche Aktivitäten. Dabei müssen die für die Arbeit im Unternehmen geltenden Grundsätze berücksichtigt werden.

Vom Unternehmer oder den Kapitaleignern beauftragt, muss das Management deren Interessen wahrnehmen, die Forderungen von Markt und Kapital aufnehmen, realisieren und dafür sorgen, dass ein hoher Grad an Wirtschaftlichkeit und eine gute Marktposition erreicht werden, die sich wechselseitig bedingen.

Das Unternehmen als großer Mechanismus, als komplexes technisches System, und als großer Organismus, als vernetztes soziales System, braucht wirtschaftlichen Erfolg, um bestehen zu können. Das Management setzt die Forderungen von Markt und Kapital um in Unternehmensziele, und diese durch die Organisation in Arbeitsziele und -aufgaben bzw. Handlungsanweisungen, die die Führungskräfte an die Mitarbeiter weitergeben.

Manager brauchen für ihre vielfältigen Aufgaben nicht nur technische und wirtschaftliche, sondern in zunehmendem Maße auch psychologische, pädagogische und soziologische Kenntnisse und Fähigkeiten. Der Manager wird kein einseitig analytisch denkender Spezialist mit Mikroskopblick sein, der von immer weniger immer mehr weiß, sondern ein vernetzt und ganzheitlich denkender Generalist mit Panoramablick, der die Weichen für die Zukunft richtig stellen kann. Dies setzt innere Ruhe und Abstand von den Problemen voraus; nur dann wird der Mann oder die Frau an der Spitze des Unternehmens „durchblicken" und gute Entscheidungen treffen. Fehlen innere Ruhe und Abstand, sollten Manager einen externen, einfühlsamen Berater heranziehen, der ihnen beim Abbau von Spannungen und Disstress und bei der Freisetzung ihres blockierten schöpferischen Potentials hilft.

Der Mitarbeiter will als Teil des großen Organismus „Unternehmen" das Gefühl haben, dass er notwendig ist und eine wichtige Aufgabe im Unternehmen erfüllt; er will nicht als Nichts in einer großen Masse verschwinden.

Je mehr er davon überzeugt ist: „Ich werde vom Unternehmen gebraucht, meine Arbeitskraft und meine Fähigkeiten werden geschätzt, ich bin für das Unternehmen wertvoll", desto eher setzt er sich für das Unternehmen ein, identifiziert sich mit ihm und gibt an seinem Arbeitsplatz sein Bestes.

Ein gutes, weitblickendes Management berücksichtigt deshalb nicht nur die Interessen des Unternehmens und der Kapitaleigner, sondern auch die der Mitarbeiter; denn ohne hoch qualifizierte, leistungswillige und zuverlässige Mitarbeiter kann das Unternehmen nicht erfolgreich arbeiten. Ziel wird deshalb auch ein hohes Maß an „Menschlichkeit" sein, das die „Wirtschaftlichkeit" erst ermöglicht. Diese beiden Faktoren sind einander komplementär zugeordnet; sie schließen einander nicht aus, sondern bedingen einander. Sie bilden ein konstruktives Spannungsfeld, dessen Dynamik dem Unternehmen Fortschritt und Wachstum ermöglicht.

Menschlichkeit im Unternehmen bedeutet: Es kommt zu einem Ausgleich zwischen den Leistungsanforderungen an die Mitarbeiter aufgrund der Marktforderungen mit der Erwartung eines betrieblichen Erfolgs bzw. Gewinns, und der Arbeitszufriedenheit der Mitarbeiter, die nicht nur eine gute Bezahlung und soziale Leistungen voraussetzt, sondern auch eine befriedigende Kommunikation. Ein Vorgesetzter muss sich deshalb immer wieder fragen: Sind meine Mitarbeiter gut motiviert? Können sie sich mit dem Unternehmen und seinen Zielen voll identifizieren?

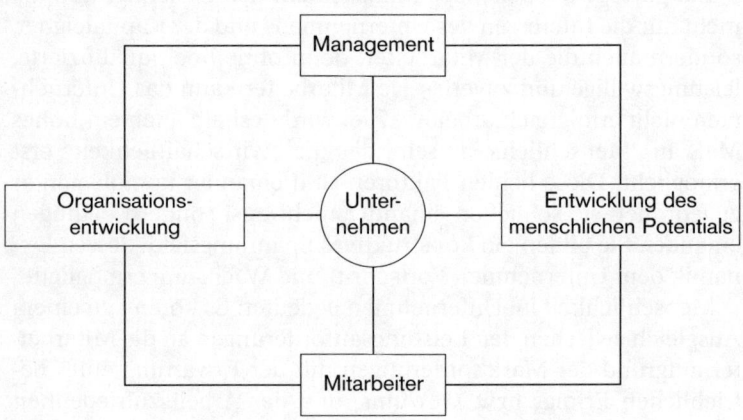

Internes Spannungsfeld, Ziel: gemeinsamer Erfolg

Die Unternehmensziele ergeben sich aus den Forderungen des Marktes und des Kapitals. Das Management realisiert die Unternehmensziele mit Hilfe der Planung und Organisation und setzt sie in konkrete Arbeitsziele, -aufgaben und -maßnahmen um. Die Arbeitsaufgaben insgesamt werden in einzelne arbeitsplatz- und mitarbeiterbezogene Teilaufgaben zerlegt.

Jeder Mitarbeiter soll möglichst die Arbeitsaufgabe erhalten, bei der er seine Fähigkeiten, sein Wissen, seine Erfahrung und seine Fertigkeiten am besten einsetzen kann und sich sicher und wohlfühlt. Jeder muss genau wissen, was von ihm gefordert wird und was er zu tun hat. Die Erledigung erfordert nicht nur fachliche, sondern auch überfachliche Kompetenz und bestimmte organisatorische Voraussetzungen.

Alle Ziele müssen integriert, d. h. aufeinander abgestimmt und nach dem Hauptziel des Unternehmens ausgerichtet sein. Als Grundlage benötigen die Unternehmensziele eine klare Markt- und Produktkonzeption mit Prioritäten, um auf Marktforderungen rasch, flexibel und richtig so reagieren zu können, dass die Wirtschaftlichkeit des Unternehmens bestehen bleibt oder verbessert wird. Auch muss klar sein, ob neue Produkte den Erwartungen und Bedürfnissen der Abnehmer tatsächlich entsprechen und wie das Unternehmensimage bei den Abnehmern ist.

Die Unternehmensziele lassen sich auch aufteilen in aufgabenbezogene Sachziele und personen-bezogene Verhaltensziele.

Sachziele ergeben sich durch die Marktforderungen nach Produkten und Dienstleistungen in bestimmter Ausführung und Qualität, abgestimmt auf die vorhandenen und die mit angemessenem Aufwand noch zu schaffenden Produktionsmöglichkeiten; sie sollen aber auch zur Unternehmensphilosophie bzw. -politik passen, die die Grundsätze für die Arbeit im Unternehmen bestimmt, nach denen die durch den Markt gestellten Aufgaben angepackt und Probleme und Konflikte in zunehmendem Maße nicht mehr von einzelnen, sondern im Team gelöst werden. Ein Sachziel ist z. B., Produkte in hoher Qualität kostengünstig zu produzieren.

Verhaltensziele sind z. B. ein gutes Betriebsklima, Arbeitszufriedenheit, Erleben von Sinn durch die Arbeit, Erhaltung der Fitness, Identifizierung mit der Arbeitsaufgabe und dem Unternehmen.

In der Planung analysieren Planer die Unternehmensziele, erstellen und koordinieren Arbeitsabläufe und treffen Maßnahmen in dem schon vorher entwickelten Rahmen. Sie ordnen, steuern und regeln Personen, Gruppen, technische Systeme auf und zwischen den verschiedenen Ebenen der Unternehmenshierarchie und richten sie auf die gesetzten Ziele aus, damit diese SOLL-Zustände auf möglichst optimale Weise erreicht werden.

Mit Hilfe der Organisation steuert das Management alle Abläufe im Unternehmen sinnvoll so, dass mit möglichst geringen Reibungsverlusten gearbeitet werden kann. Gleichzeitig fördert es die Mitarbeiter so, dass sie ihre Arbeitsaufgabe richtig und effizient erfüllen können, aber auch persönlich zufrieden sind. Über Maßnahmen zur Rationalisierung und Automatisierung wird die Geschäftsleitung alle wichtigen und davon betroffenen Mitarbeiter rechtzeitig unterrichten und Gespräche mit ihnen führen.

Die Organisation wird weiterentwickelt, damit eine kooperative Kommunikation und Interaktion zwischen den Mitarbeitern und zwischen Führungskräften und Mitarbeitern möglich ist, durch die kostspielige Investitionen auf dem technischen Sektor einen größeren Nutzen erbringen.

Auch der Wunsch nach einem reibungsärmeren Zusammenspiel von Organisation und Mitarbeitern erfordert eine ständige Organisationsentwicklung. Sie wird zu einem wichtigen Führungsinstrument für das Management; denn sie beseitigt Schwachstellen in der Kommunikation, verbessert das Führungsverhalten, die Zusammenarbeit in und zwischen den Gruppen und die Kooperation im ganzen Unternehmen. Außerdem schafft sie ein günstiges Innovationsklima für die Einführung neuer Techniken und Technologien und die Entwicklung bahnbrechender Produkte. Außerdem erleichtert sie die Weiterentwicklung des menschlichen Potentials. Zwar sind Spannungen zwischen der Organisation und dem Faktor „Mensch" unvermeidlich; durch sie entsteht eine starke Dynamik. Wichtig ist nur ein laufender Ausgleich zwischen den beiden Polen, um Reibungsverluste zu vermeiden und den Mitarbeitern die Entwicklung starker lustvoller Antriebe zur Arbeit zu ermöglichen.

Alle Systeme sollten auch organisationspsychologisch beleuchtet werden. Berücksichtigen sie neben den markt- und leistungsbezogenen Aspekten auch die Bedürfnisse der im Unternehmen tätigen Personen? Wenn nicht, sollte die Organisationsstruktur so verändert werden, dass der menschliche und mitmenschliche Aspekt auch ins Spiel kommt; sonst lassen Leistungsfähigkeit und Leistungswille der Mitarbeiter nach und ihre Gesundheit wird beeinträchtigt.

Die Organisation muss auch unter dem Gesichtspunkt laufend weiterentwickelt werden, dass „mehr Wirtschaftlichkeit" nicht nur technische Investitionen, sondern auch Maßnahmen und Investitionen zur Entwicklung des menschlichen Potentials erfordert, um ein gutes Zusammenspiel von Mitarbeitern und Organisation, Mensch und Maschine, zu erreichen.

Finanzielle Mittel müssen aufgrund der kurz- und mittelfristigen Planung rechtzeitig zur Verfügung stehen zum Kauf von Produktions- und Arbeitsmitteln sowie zur Bezahlung von Löhnen, Gehältern, Steuern usw.

Die Produktions- und Arbeitsmittel, zusätzlich notwendige Gebäude, Räume, Einrichtungen, Maschinen, Betriebsmittel sowie die für die laufende Produktion erforderlichen Rohstoffe, Halbfabrikate usw. werden aufgrund der kurz- und mittelfristigen Planung termingerecht disponiert, beschafft, aufgestellt und gelagert.

Mit Arbeitsplatz und Arbeitsbedingungen sowie durch die Bereitstellung der geeigneten Arbeitsmittel schafft das Unternehmen die sachlich-technischen und die arbeitsphysiologischen und -psychologischen Voraussetzungen in Bezug auf Umgebung, Geräusche, Beleuchtung usw., damit der Mitarbeiter bei der Erledigung einer bestimmten Arbeitsaufgabe eine gute Leistung erbringen kann.

Aus der Arbeitsplatzbeschreibung gehen die fachlichen und überfachlichen Anforderungen klar hervor, die ein Mitarbeiter erfüllen muss, um an einem bestimmten Arbeitsplatz bestimmte Aufgaben optimal erledigen und Probleme lösen zu können.

Die Arbeitsbedingungen sollten dem Menschen weitgehend angepasst sein. Umgekehrt muss sich der Mitarbeiter den Arbeitsbedingungen anpassen; dazu muss er aber auch befähigt werden, um den Anforderungen an seinem Arbeitsplatz voll gewachsen zu sein. Fehlanpassungen wirken sich auf Betriebsklima und Leistungsverhalten nachteilig aus, ebenso auf Unfallhäufigkeit, Krankenstand, Fluktuation, Absentismus.

Durch rechtzeitige und verständliche Information erweckt das Management bei den Mitarbeitern das nötige Verständnis auch für unangenehme, aber zwingend erforderliche Maßnahmen. Das Führungsverhalten hat eine besondere Bedeutung erlangt. Schon auf der untersten Führungsebene in der Produktion soll das Führungsverhalten kooperativ sein, damit ein möglichst positives Betriebsklima entsteht, in dem sich die Mitarbeiter wohlfühlen und sie leistungsfähig sind. Auch der Arbeiter der untersten ausführenden Ebene im Unternehmen soll als Mensch geachtet und geschätzt werden. Er soll das Gefühl haben, dass sein Einsatz für das Unternehmen notwendig und wichtig ist. Gute Leistungen sollen anerkannt werden. Aufträge werden nicht im Befehlsstil erteilt, sondern in möglichst freundlichem, wenn auch konsequentem Ton; Ziele werden vereinbart. Bei sehr unangenehmen Aufträgen und bei Kritik wird deren Sinn kurz erklärt, damit der Betreffende die Maßnahmen nicht als Schikane empfindet, sondern als zwingende Notwendigkeit.

Langfristig sollte sich der Mitarbeiter zum Mitunternehmer entwickeln. Dies setzt aber auch eine veränderte Grundeinstellung zum Menschen im Unternehmen voraus. Jede Führungskraft sollte sich fragen: Sehe ich meine Mitarbeiter als Mitunternehmer? Behandle ich sie entsprechend? Die Arbeit soll dem Mitarbeiter Freude machen! Dann leistet er mehr! Welche Bedürfnisse sind dem Mitarbeiter wichtig? Welche Werte bedeuten ihm viel? Welche könnten ihn zu hohen Leistungen motivieren?

Künftig sollte es bei der Weiterbildung der Mitarbeiter mehr um Persönlichkeitsentwicklung gehen statt um Personalentwicklung.

Wie ist die Arbeitsmotivation? Der Mitarbeiter wird im Allgemeinen arbeiten, um Geld zu verdienen zum Lebensunterhalt für sich und seine Familie und zur Erhaltung seines Lebensstandards mit einer bestimmten Lebensqualität.

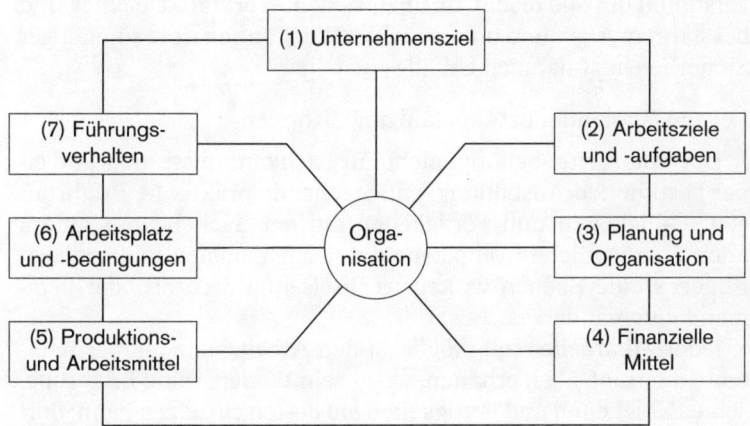

Weiterentwicklung der Organisation

Darüber hinaus hat er individuelle und psycho-soziale Bedürfnisse nach Selbstachtung bzw. Selbstwert, Aktivität, einem gewissen Maß an Selbstbestimmung, Selbstverwirklichung, Lebenssinn, Anerkennung, innerer und äußerer Sicherheit, guten sozialen Beziehungen. Sie will er bei seiner Arbeit möglichst befriedigen. Kann er dies wenigstens zum Teil, bleibt er eher gesund, und Arbeitszufriedenheit und starke Leistungsantriebe entstehen. Umgekehrt entstehen Leistungshemmungen, wenn der Mitarbeiter zu viele der genannten Bedürfnisse unterdrücken oder verdrängen muss. Dies verstimmt ihn und macht ihn unzufrieden; er erkrankt leichter, und bei starkem Ärger und unterdrückter Wut können trotz sorgfältiger Sicherheitsmaßnahmen Unfälle entstehen.

Leistungspotential bzw. -befähigung, Können

Der Mitarbeiter benötigt nicht nur Fachkenntnisse aufgrund einer bestimmten Ausbildung, entsprechende praktische Erfahrungen, Fähigkeiten und Fertigkeiten auf der Sachebene, sondern auch überfachliche Kompetenz auf der personalen und sozialen Ebene. Beide Ebenen wirken wechselseitig fördernd oder hemmend aufeinander.

Jeder Mitarbeiter soll möglichst den Arbeitsplatz mit bestimmten Arbeitsaufgaben erhalten, wo er sein Wissen, seine Erfahrung, seine Fähigkeiten und Fertigkeiten am besten einsetzen kann; dort wird er sich am wohlsten fühlen und am meisten leisten.

Leistungsbereitschaft, Wollen

Wie das Leistungsverhalten, wird die Leistungsbereitschaft auf einen bestimmten Arbeitsplatz und eine bestimmte Arbeitsaufgabe bezogen. Auch hier wird zwischen fachlichen Faktoren auf der Sachebene und überfachlichen Faktoren auf der personalen und sozialen Ebene unterschieden. Diese wirken sich bei der Leistungsbereitschaft besonders aus: bei positiven Voraussetzungen z. B. als Wille zu Präzision, Pünktlichkeit, Leistung u. a. in Verbindung mit Konzentrationsfähigkeit, Aktivität, Identität, starken Antrieben. Bei negativen Voraussetzungen wird das Gegenteil eintreten: ein schwacher Wille, der zu Zerstreutheit, Unlust und mangelnder Identität tendiert; die Folge sind dann innere Bremseffekte, Reibungsflächen, schwache Leistungsantriebe.

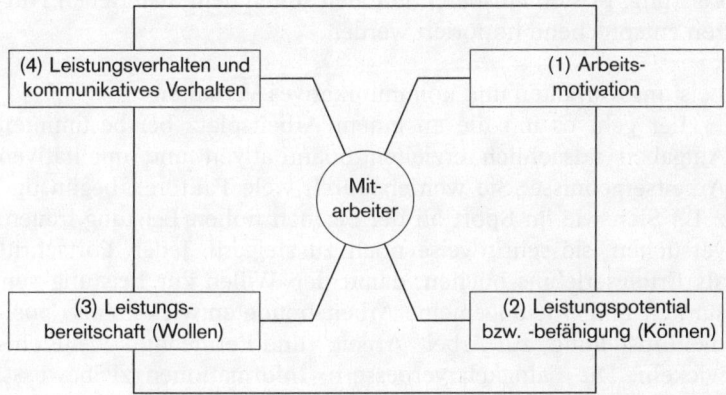

Weiterentwicklung des menschlichen Potentials

Leistungsbereit machen und leistungsfördernd wirken sich aus: Selbstständigkeit, persönlicher Spielraum, Befriedigung wichtiger Bedürfnisse, Erfolgserlebnisse, Arbeitsfreude, Arbeitszufriedenheit durch den Beruf und die Erledigung bestimmter Aufgaben; außerdem eine kooperative und konstruktive Kommunikation und ein gutes Betriebsklima.

Kann der Mitarbeiter Verbesserungsvorschläge machen und wird er dafür ideell und materiell anerkannt, steigert dies auch seine Arbeitszufriedenheit und vermittelt ihm starke Antriebe zur Leistung. Kosten einsparende Ideen sollen dem materiellen Nutzen entsprechend honoriert werden.

Leistungsverhalten und kommunikatives Verhalten

Hier geht es um die an einem Arbeitsplatz bei bestimmten Aufgaben tatsächlich erzielten quantitativen und qualitativen Arbeitsergebnisse. Sie werden durch viele Faktoren begünstigt, z. B.: Sich wie im Sport an der eigenen hohen Leistung freuen; versuchen, sie schrittweise noch zu steigern. Jeden Fortschritt als Erfolgserlebnis buchen; damit den Willen zur Leistung verstärken und eine allgemeine Arbeitsfreude entwickeln als „positive Einstellung" zur Arbeit. Arbeits- und Lerntechnik weiterentwickeln. Die Fähigkeit verbessern, Informationen zielbewusst, rasch und richtig zu verarbeiten und in konsequente Aktionen umzusetzen.

Die arbeitsteiligen Prozesse in der Industrie erfordern in steigendem Maße gute kommunikative Fähigkeiten und eine kooperative Zusammenarbeit mit Vorgesetzten und Kollegen. Freundliche, tolerante, verständnis- und humorvolle Mitarbeiter, die nicht so rasch verstimmt sind und sich nur selten ärgern, sind nicht nur umgänglichere, sondern auch leistungsfähigere Mitarbeiter; sie werden meist auch weniger oft krank, und die Zusammenarbeit mit ihnen macht schwierige und frustrierende Arbeit erträglicher.

Kosteneinsparungen werden auch durch eine psychologisch-pädagogische Beratung und Schulung möglich sein, die Fehlanpassungen der Mitarbeiter, Unfälle, Krankenstand, Fluktuation und Absentismus im Unternehmen verringert, Zusammenhänge zwischen Betriebsklima, Arbeitszufriedenheit und Arbeitsleistung aufzeigt und Maßnahmen zu einer positiven Veränderung vorschlägt.

Das Management sorgt z. B. dafür, dass der Mitarbeiter auch als Mensch anerkannt wird. Dem entspricht der Führungsstil des Unternehmens, der mehr partnerschaftlich und kooperativ ist. Nur wenn z. B. bei Unfällen oder in Krisen rasch und entschlossen gehandelt werden muss, wird ohne Begründung angeordnet oder befohlen.

Das kommunikative Verhalten zwischen Führungskräften und Mitarbeitern sowie der Mitarbeiter untereinander ist konstruktiv. In dem auf diese Weise entstehenden Betriebsklima bleiben die Mitarbeiter eher gesund; sie fühlen sich wohl, Arbeitsfreude und -zufriedenheit entstehen; auf kraftsparende Weise werden hohe Arbeitsleistungen erzielt.

Vorteile einer kooperativen Zusammenarbeit für Unternehmer und Mitarbeiter

Die aufgezeigten Zusammenhänge helfen dem Mitarbeiter, in zunehmendem Maße bei seiner Arbeit unternehmerisch, d. h. „wirtschaftlich und selbstverantwortlich" zu denken und zu handeln. Die Einstellung des Mitarbeiters zum Unternehmen und zu dessen marktbedingten Sorgen und Problemen verändert sich positiv; dies wirkt sich auch auf sein Leistungsverhalten günstig aus und macht seinen Arbeitsplatz sicherer.

Der Mitarbeiter kann sich die Vorteile unserer Marktwirtschaft bewusst machen, die er als Konsument genießt, wenn Unternehmen ihre Produkte verbessern und diese zu günstigen Preisen auf dem Markt anbieten.

Der Unternehmer wird künftig nicht nur seinen Führungskräften die Möglichkeit bieten, ihre personalen und kommunikativen Fähigkeiten weiterzuentwickeln, sondern nach und nach allen weiterbildungswilligen und -fähigen Mitarbeitern. Was der Unternehmer zur „optimalen Entwicklung des menschlichen Potentials im Unternehmen" an Zeit und Geld investiert, wird für Erhaltung und weiteres Wachstum des Unternehmens mindestens so wichtig sein wie die sehr teuren Investitionen für modernste Technik, die auch ein hohes Maß an menschlicher Flexibilität erfordert. Vermutlich wird der „befähigte" Mensch auf lange Sicht zum wirtschaftlichen Überleben noch wichtiger sein als die Technik; denn ohne einen Stamm guter hoch qualifizierter Mitarbeiter geht im Unternehmen nichts.

Literaturverzeichnis

1 *ABBEGLEN, J. C./STALK, G., jr.*: KAISHA Das Geheimnis des japanischen Erfolgs. Düsseldorf, Wien 1986
2 *ADAMS, L./LENZ, E.*: Frauenkonferenz. Wege zur weiblichen Selbstverwirklichung. Hamburg 1981
3 *ADLER, A.*: Menschenkenntnis. Zürich 1947
4 *AIGNER, G.* (Hrsg.): 30 Überlebens-Konzepte für deutsche Manager. München 1982
5 *ALIOTH, A./ULICH, E.*: Gruppenarbeit und Mitbestimmung am Arbeitsplatz. In: STOLL, F. (Hrsg.): Arbeit und Beruf, Band 2. Weinheim und Basel 1983
6 *ALLPORT, G. W.*: Persönlichkeit. 1949
7 *ders.*: Gestalt und Wachstum in der Persönlichkeit. 1970
8 *ders.*: Das Werden der Persönlichkeit. München 1974
9 *ALTMANN, H. Ch.*: Motivation der Mitarbeiter: Methoden, Konzepte, Erfolgsbeispiele. Frankfurt a. M. 1989
10 *AMA*, American Management Association (Hrsg.): Die Fabrik der Zukunft. Düsseldorf 1959
11 Arbeitsgemeinschaft der Handwerkskammern in Baden-Württemberg und der Arbeitsgemeinschaft der bayerischen Handwerkskammern (Hrsg.): Das Handwerk. Berufe mit Zukunft. Stuttgart 1993
12 Arbeitsgemeinschaft Partnerschaft in der Wirtschaft e. V. (AGP, Hrsg.): Mitarbeiterkapitalbeteiligung – Fundament für die soziale Marktwirtschaft. Ein Erfahrungsaustausch. Dokumentation. Stuttgart 1998
13 *ARNOLD, W.*: Person, Charakter, Persönlichkeit. München 1975
14 *BASTINE, R.*: Gruppenführung. In: GRAUMANN, C. F. (Hrsg.): Handbuch der Psychologie, Band VII: Sozialpsychologie, 2. Halbband. Göttingen 1972
15 *BAUMGARTEN, F.*: Zur Psychologie des Maschinenarbeiters. Zürich 1947

16 *ders.*: Lehrling und Lehre. Zürich 1952
17 *ders.*: Die Psychologie der Menschenbehandlung im Betrieb. Zürich 1954
18 *ders.*: Berufs- und sozialpsychologische Untersuchungen bei Arbeitern. Zürich 1956
19 *BAUMGARTEN, R.*: Führungsstile und Führungstechnik. Berlin 1977
20 *BECKMANN, J.*: Kognitive Dissonanz: Eine handlungstheoretische Perspektive. Berlin 1984
21 *BEER, U.*: Methoden der geistigen Arbeit. Tübingen 1966
22 *BERTELSMANN AG.*, Zentrale Personalabteilung (Hrsg.): Gewinnbeteiligung und Vermögensbildung. Gütersloh 1997
23 *BEYER, H.*: Vorteil Unternehmenskultur: partnerschaftlich handeln – den Erfolg mitbestimmen. Gütersloh 1996
24 *BIÄSCH, H.*: Das Anlernen und Umschulen von Hilfsarbeitern in der Industrie. Eine Anleitung zur Einführung von Instruktoren. Bern und Stuttgart 1953
25 *BIÄSCH, H./UNGRICHT, J.*, u. a.: Menschliche Probleme bei der Büroarbeit. Bern 1959
26 *BIERHOFF, H. W.*: Vom ersten Eindruck zur sozialen Interaktion. Berlin 1986
27 *BIRKENBIHL, V. F.*: Kommunikationstraining. Zwischenmenschliche Beziehungen erfolgreich gestalten. München 1982
28 *BLEICHER, K./MEYER, E.*: Führung in der Unternehmung. Formen und Modelle. Reinbek bei Hamburg 1976
29 *BÖDIKER, M.-L. / LANGE, W.*: Gruppendynamische Trainingsformen, Techniken, Fallbeispiele, Auswirkungen im kritischen Überblick. Reinbek bei Hamburg 1975
30 *BOERGER, M.*: Moderne Führung von Mitarbeitern in Wirtschaft und Verwaltung. Frankfurt a. M. o. J.
31 *BRIAM, K.-H.*: Unternehmenskultur als Erfolgsfaktor. Gütersloh 1996
32 *BROCHER, Th.*: Gruppendynamik und Erwachsenenbildung. Braunschweig 1967
33 *BROCKERT, S.*: Konzentriert lernen – konzentriert arbeiten. München 1972
34 *BRONNER, K./LEVI, L.*: Stress im Arbeitsleben. Ursachen

und Folgen. Möglichkeiten zur Vorbeugung und Heilung. Göttingen 1973

35 *BÜHL, W. L.* (Hrsg.): Konflikte und Konfliktstrategie. München 1972

36 *BÜHLER, C./MASSARIK, F.*: Lebenslauf und Lebensziel. Stuttgart 1969

37 Bundesinstitut für Berufsbildung (Hrsg.): Info-Markt. Neue Berufe fordern neue Methoden. Berlin 1990

38 Bundesinstitut für Berufsbildung (Hrsg.): Mit Leittexten ausbilden. Berlin 1990

39 Bundesverband Junger Unternehmer, BJU (Hrsg.): Unternehmer und neue Märkte. Gütersloh 1997

40 *CARNEGIE, D.*: Management: Durch Menschenführung zum Erfolg. Bonn 1992

41 *CHERRY, E. C.*: Kommunikationsforschung – eine neue Wissenschaft. Frankfurt 1963

42 *CORRELL, W.*: Lernen und Verhalten. Frankfurt a. M. 1974

43 *COSER, L. A.*: Theorie sozialer Konflikte. Neuwied 1972

44 *CRISAND, E.*: Psychologie der Gesprächsführung. Heidelberg 1982

45 *CROTT, H.*: Soziale Interaktion und Gruppenprozesse. Stuttgart 1979

46 *DECKER, F.*: Aus- und Weiterbildung am Arbeitsplatz. München, Wien o. J.

47 *ders.*: Grundlagen und neue Ansätze in der Weiterbildung. München, Wien o. J.

48 *ders.*: Neue Ansätze und erprobte berufspädagogische Programme. München 1985

49 *ders.*: Gruppenmoderation – eine Hexerei? München 1987

50 Deutscher Industrie- und Handelstag (Hrsg): Industriemeister 2000. Profile einer Führungskraft in Gegenwart und Zukunft. DIHT 229. Bonn 1986

51 Deutscher Industrie- und Handelstag (Hrsg): Zukunft durch Weiterbildung. DIHT 244. Bonn 1988

52 *DÖRNER, D.*: Problemlösen als Informationsverarbeitung. Stuttgart 1976

53 *DRUCKER, P. F.*: Neue Management-Praxis, 2 Bände. Düsseldorf 1974

54 *DUNCKER, K.*: Zur Psychologie des produktiven Denkens. Berlin, Göttingen, Heidelberg, Stuttgart 1963

55 *EBERLE, W./KIRCHHOFF, G.*: Mit Konflikten leben. Entstehung, Vermeidung und Verarbeitung von Konflikten in der Arbeitswelt. Köln 1981

56 *EIFF, A. W. v.*: Seelische und körperliche Störungen durch Stress. Stuttgart 1976

57 *FAMULLA, G.-E.*: Menschliche Arbeit im Betrieb. München 1985

58 *FEGER, H.*: Konflikterleben und Konfliktverhalten. Bern, Stuttgart 1977

59 *FESTINGER, L.*: Theorie der kognitiven Dissonanz. Bern 1978

60 *FEUCHTERSLEBEN, E. v.*: Zur Diätetik der Seele. Halle a. d. S., o. J.

61 *FEYLER, G.*: Endlich mehr Zeit haben. München 1982

62 *FIEDLER, F. E./CHEMERS, M. M./MAHAR, L.*: Der Weg zum Führungserfolg. Stuttgart 1979

63 *FIEDLER, K.*: Kognitive Strukturierung der sozialen Umwelt: Untersuchungen zur Wahrnehmung kontingenter Ereignisse. Göttingen 1985

64 *FRANKE, H.*: Das Lösen von Problemen in Gruppen. München 1976

65 *FREIMANN, J.*: Betrieblicher Leistungsprozess, München 1985

66 *FREUD, A.*: Das Ich und die Abwehrmechanismen. Wien 1936

67 *FREY, D./IRLE, M.* (Hrsg.): Theorien der Sozialpsychologie. Band 1: Kognitive Theorien. Bern 1984

68 *dies.*: Band 2: Gruppen- und Lerntheorien. Bern 1985

69 *dies.*: Band 3: Motivations- und Informationsverarbeitungstheorien. Bern 1985

70 *FROMMER, H.*: Lernpsychologie für die Praxis der Erwachsenenbildung. Villingen-Schwenningen 1977

71 *dies.*: Kleine Didaktik für die Praxis der Erwachsenenbildung. Villingen-Schwenningen 1983

72 *dies.*: Schlüsselqualifikationen – Pädagogisches Universalrezept? In: Lehren und Lernen 23. Jg., 1/1997. Villingen-Schwenningen

73 *GEHMACHER, E.*: Lebens-Management. Planungswissenschaft für die individuelle Lebensgestaltung. Stuttgart 1975
74 *GEISSNER, U.*: Lehren und Lernen. In: Füting, M. u. a. (Hrsg.): Reden und reden lassen. Rhetorische Kommunikation. Stuttgart 1975
75 Gemeinschaftswerk der Evangelischen Publizistik e. V. (Hrsg.): Kommunikationstraining. Frankfurt a. M. o. J.
76 *GEYER, E.*: Kreativität im Unternehmen. Landsberg am Lech 1987
77 *GLOTZ, P./SÜSSMUTH, R./SEITZ, K.*: Die planlosen Eliten. Versäumen wir Deutschen die Zukunft? München 1992
78 *GOLDRATT, E. M./COX, J.*: Das Ziel. Höchstleistung in der Fertigung. Maidenhead (UK) 1990
79 *GOLEMAN, D.*: Emotionale Intelligenz. München 1997
80 *GORDON, Th.*: Managerkonferenz. Effektives Führungstraining. Hamburg 1979
81 *GRAF, F. A.*: Lernen ist menschlich. München 1984
82 *GRAUMANN, C.-F.*: Bewusstsein und Bewusstheit. In: METZGER, W. (Hrsg.): Handbuch der Psychologie, Allgemeine Psychologie, I., 1. Halbband: Wahrnehmung und Bewusstsein. Göttingen 1966
83 *GRIMM, W.*: Des Menschen Arbeit – aus biblischer Sicht. In: Evangelium und Wissenschaft. Beiträge zum interdisziplinären Gespräch. Nr. 32/1997. Karl-Heim-Gesellschaft Marburg
84 *GROFFMANN, J. / WEWETZER, K. H.*: Person als Prozess. 1968
85 *GROSSARTH-MATICEK, R.*: Soziales Verhalten und die Krebserkrankung. Empirische Studien. Weinheim und Basel 1979
86 *GROSSMANN, G.*: Sich selbst rationalisieren. Methode zur Planung des Lebenserfolges. München 1953
87 *GUILFORD, J. P.*: Persönlichkeit. Weinheim 1974
88 *HALL, C. S./LINDZEY, G.*: Theorien der Persönlichkeit. München 1978
89 Handelsblatt (Hrsg.): Serie 84/85: Qualität. Düsseldorf 1985
90 *HARRIS, A. B./HARRIS, Th. A.*: Einmal okay, immer okay – Transaktionsanalyse für den Alltag. Reinbek bei Hamburg 1990

91 *HASSELHORN, M.* (Hrsg.): Wirkungsvoller lernen und arbeiten. Heidelberg 1977

92 *HEINEN, E.*: Grundlagen betriebswirtschaftlicher Entscheidungen. Das Zielsystem der Unternehmung. Wiesbaden 1971

93 *ders.*: Betriebswirtschaftliche Führungslehre. Ein entscheidungsorientierter Ansatz. Wiesbaden 1978

94 *HEINTEL, P.*: Das ist Gruppendynamik. Eine Einführung in Bedeutung, Funktion und Anwendbarkeit. München 1974

95 *HEISS, R.*: Die Lehre vom Charakter. Berlin o. J.

96 *HENNIG, W.* (Hrsg.): Zur Erforschung der Persönlichkeit. Berlin 1978

97 *HIEBSCH, H.*: Sozialpsychologische Grundlagen der Persönlichkeitsforschung. Berlin 1976

98 *HILL, W./FEHLBAUM, R./ULRICH, P.*: Organisationslehre. Ziele, Instrumente und Bedingungen der Organisation sozialer Systeme, Band 1 bis 2. Bern 1976

99 *HÖHLER, G.*: Die Zukunftsgesellschaft. Frankfurt und Berlin 1989

100 *HOEPFNER, F. G.*: (Hrsg.): Gruppendynamik. Motivation durch maßgeschneidertes Training. München 1977

101 *HÖRMANN, H.*: Konflikte und Entscheidung. 1960

102 *HOFSTÄTTER, P. R.*: Gruppendynamik. 1971

103 *HOFSTÄTTER, P. R./TACK, W. H.*: Menschen im Betrieb. 1967

104 *HUBER, G. K. M.*: Stress und Konflikte bewältigen. München 1977

105 *HUTH, A.*: Diagnose der Person. Bern 1963

106 *IRLE, E. M.*: Lehrbuch der Sozialpsychologie. Göttingen 1975

107 *IRLE, M.*: Führungsverhalten in organisierten Gruppen. In: *MAYER, A./HERWIG, B.* (Hrsg.): Handbuch der Psychologie Band 9, Betriebspsychologie. Göttingen 1970

108 *JÖNSON, K.*: Qualität. Eine Herausforderung für alle. Goch 1986

109 *JULI, D./ENGELBRECHT-GREVE, M.*: Stressverhalten ändern lernen. Reinbek bei Hamburg 1980

110 *JUNGBLUT, M.*: Nicht vom Lohn allein. Elf Modelle für Mitbestimmung und Gewinnbeteiligung. Hamburg 1973

111 *KAMP, L.* (Hrsg.): Arbeit in der Fabrik der Zukunft. Marburg 1989

112 *KAUFMANN, A.*: Moderne Methoden der Kreativität. München 1972

113 Kirchenamt der Evangelischen Kirche in Deutschland/Sekretariat der Deutschen Bischofskonferenz: Zur wirtschaftlichen und sozialen Lage in Deutschland. Hannover/Bonn 1994

114 *KIRST, W./DIEKMEYER, U..*: Kreativitätstraining. Stuttgart 1971

115 *KLAGES, L.*: Grundlagen der Charakterkunde. Bonn 1969

116 *KLUTH, H.*: Soziologie der Großbetriebe. Stuttgart 1975

117 *KOESTLER, A.*: Der göttliche Funke, der schöpferische Akt in Kunst und Wissenschaft. Bern, München, Wien 1966

118 *LANDAU, E.*: Psychologie der Kreativität. München, Basel 1969

119 *LANDSBERG, G. v.*: Die informierte Unternehmung. Köln 1986

120 *LANG, K./SURKAMP, M.*: Zielsystem und Führung im hauswirtschaftlichen Bereich von Anstalten. Allgemeine theoretische Orientierung und Darstellung der Erkenntnisse aus der Beobachtung eines Krankenhauses. Freie wissenschaftliche Arbeit zur Erlangung des Grades eines Diplom-Haushaltswissenschaftlers. Stuttgart-Hohenheim 1978

121 *LANGER, D.*: Informationstheorie und Psychologie. 1962

122 *LANGER, I./SCHULZ VON THUN, F. T./TAUSCH, R.*: Sich verständlich ausdrücken. München 1981

123 *LANGMAACK, B./BRAUNE-KRICKAU, M.*: Wie die Gruppe laufen lernt. Weinheim 1985

124 *LATTMANN, Ch.*: Führungsstil und Führungsrichtlinien. Bern, Stuttgart 1975

125 *LAUSTER, P.*: Der Persönlichkeitstest. Gütersloh, Wien 1974

126 *LAYER, H./SCHREIBER, W. K./FREIBICHLER, H.*: Problemlösen. Probleme erkennen und Ideen entwickeln. Heidelberg 1976

127 *LEHR, U./THOMAE, H.*: Konflikt, seelische Belastung und Lebensalter. 1965

128 *LEITNER, S.*: So lernt man Lernen. Freiburg, Basel, Wien 1977

129 *LEONARD, G. B.*: Erziehung durch Faszination. Lehren und Lernen für die Welt von morgen. München 1971

130 *LEONTEV, A. N.*: Tätigkeit, Bewusstsein, Persönlichkeit. Stuttgart 1977

131 *LERSCH, P.*: Aufbau der Person. München 1970

132 *LEWIN, K.*: Die Sozialisierung des Taylor-Systems. Eine grundsätzliche Untersuchung zur Arbeits- und Berufspsychologie. Berlin 1920

133 *ders.*: Eine dynamische Theorie der Persönlichkeit. 1935

134 *ders.*: Die Lösung sozialer Konflikte. 1953

135 *ders.*: Feldtheorie in den Sozialwissenschaften. 1963

136 *LIEGERT, F.*: Der betriebliche Formularratgeber. München 1970

137 *LILLI, W.*: Grundlagen der Stereotypisierung. Göttingen 1982

138 *LINDEMANN, H.*: Anti-Stress-Programm. So bewältigen Sie den Alltag. München 1985

139 *ders.*: Überleben im Stress. Autogenes Training. München 1987

140 *LÜCKERT, H.-R.*: Konflikt-Psychologie. 1972

141 *MALIK, F.*: Der Mythos vom Team. In: manager Seminare 33, 1998, S. 44 ff.

142 *MANN, W. E.*: Organisationsentwicklung in der Produktion: Wege zur Produktivität und Flexibilität (Dissertation). Grafenau/Württ. 1984

143 *MASLOW, A. H.*: Motivation und Persönlichkeit. Reinbek bei Hamburg 1987

144 *MATUSSEK, P.*: Kreativität als Chance. München 1974

145 *MC CLELLAND, D. C.*: Die Leistungsgesellschaft. Stuttgart, Berlin, Köln, Mainz 1966

146 *MC DOUGALL, W.*: Psychoanalyse und Sozialpsychologie. Bern 1947

147 *ders.*: Psychologie. Die Wissenschaft von den Verhaltensweisen. Bern 1951

148 *MC GREGOR, D.*: Der Mensch im Unternehmen. Düsseldorf, Wien 1970

149 *MC QUADE, W./ALKMANN, A.*: Keine Angst vor Stress. Mit Trainingsprogramm für Körper und Seele. Zürich 1976

150 *MILGRAM, S.*: Das Milgram-Experiment: Zur Gehorsamsbereitschaft gegenüber Autorität. Reinbek bei Hamburg 1974

151 *MOHN, R.*: Unternehmenskultur als Bedingung für unternehmerischen Erfolg: Interview mit Reinhard Mohn, Vorsitzender des Vorstandes der Bertelmann Stiftung. Gütersloh 1996

152 *MÜLLER, G. F.*: Prozesse sozialer Interaktion. Göttingen 1985

153 *MÜLLER-FREIENFELS, R.*: Gedächtnis- und Geistesschulung. Bad Homburg v. d. H. 1972

154 *NAEF, R. D.*: Rationeller Lernen lernen. Weinheim und Basel 1977

155 *NEUBERGER, O.*: Theorien der Arbeitszufriedenheit. Stuttgart 1974

156 *NIGGEMANN, W.*: Praxis der Erwachsenenbildung. Freiburg, Basel, Wien 1975

157 *OGGER, G.*: Nieten in Nadelstreifen. Deutschlands Manager im Zwielicht. München 1995

158 *OSTRANDER, S./SCHROEDER, L.*: Super-Learning. Die revolutionäre Lernmethode. München 1979

159 *OVERBECK, G.* und *A.* (Hrsg.): Seelischer Konflikt und körperliche Leiden. Reinbek bei Hamburg 1978

160 Pädagogische Arbeitsstelle für Erwachsenenbildung in Baden-Württemberg (Hrsg.): Wirtschaftswachstum und Arbeitslosigkeit. Erwachsenenbildung nach 2000 (Schwerpunkte). In: Arbeitshilfen für die Erwachsenenbildung 1/2, 1997. Villingen-Schwenningen

161 *PAROW, J.*: Atemfibel. Stuttgart 1967

162 *PEIRCE, J. R.*: Phänomene der Kommunikation. Informationstheorie. Düsseldorf, Wien 1965

163 *PFAEHLER, A. W.*: Ausbildung in der Industrie. Bern und Stuttgart 1959

164 *PONGRATZ, L.*: Die Psychologie menschlicher Konflikte. 1961

165 *RATTNER, J.*: Psychosomatische Medizin heute. Seelische Ursachen körperlicher Erkrankungen. Frankfurt a. M. 1981

166 *RAUDSEPP, E.*: So steigern Sie Ihre Kreativität. München 1984

167 *REETZ, L./REITMANN, Th.* (Hrsg.): Schlüsselqualifikationen. Hamburg 1990

168 *REFA*, Verband der Arbeitsstudien und Betriebsorganisation e. V., Darmstadt: Arbeitspädagogik, Methodenlehre der Betriebsorganisation. München 1987

169 *REMPLEIN, H.*: Psychologie der Persönlichkeit. Die Lehre von der individuellen und typischen Eigenart des Menschen. 1967

170 *REVERS, W. J.*: Philosophisch orientierte Theorien der Person und Persönlichkeit. In: LERSCH, P./THOMAE, H. (Hrsg.): Handbuch der Psychologie, Band 4. Göttingen 1960

171 *ROCHEBLAVE-SPENLI, A. M.*: Psychologie des Konflikts. Freiburg/Br. 1973

172 *ROCK, I.*: Wahrnehmung. Vom visuellen Reiz zum Sehen und Erkennen. Heidelberg 1985

173 *ROGERS, C. R.*: Entwicklung der Persönlichkeit. Stuttgart 1976

174 *ROSENSTIEL, L. v.*: Die motivationalen Grundlagen des Verhaltens in Organisationen. Leistung und Zufriedenheit. Berlin 1975

175 *ders.*: Arbeitsgruppe. In: MAYER, A. (Hrsg.): Organisations-Psychologie. Stuttgart 1978

176 *ROTH, E.*: Persönlichkeitspsychologie. Stuttgart 1974

177 *ROTHACKER, E.*: Die Schichten der Persönlichkeit. 1952

178 *ROTTER, J. B./HOCHREICH, D. J.*: Persönlichkeit, Theorie, Messung, Forschung. Berlin – Heidelberg – New York 1979

179 *RÜTTINGER, B.*: Konflikte und Konfliktlösung, Psychologie im Betrieb. München 1977

180 *SADER, M.*: Psychologie der Gruppe. München 1976

181 *SANFORD, F. H./CAPALDI, E. J.* (Hrsg.): Wahrnehmung, Lernen und Konflikt. 1971

182 *SCHAEFER, H./BLOHMKE, M.*: Herzkrank durch psychosozialen Stress. Heidelberg 1977

183 *SCHARMANN, Th.*: Leistungsorientierte Gruppen. In: GRAUMANN, C. F. (Hrsg.): Sozialpsychologie, Forschungs-

bereiche, Handbuch der Psychologie in 12 Bänden, Band 7. Göttingen 1972.

184 *SCHART, D.* (Hrsg.): Zukunft der Arbeit. Einsichten und Aussichten. Stuttgart 1988

185 *SCHERER, K. R./WALLBOTT, H. G.*: Nonverbale Kommunikation. Weinheim 1979

186 *SCHIEFELE, U.*: Einstellung, Selbstkonsistenz und Verhalten. Göttingen 1990

187 *SCHLICKSUPP, H.*: Kreative Ideenfindung in der Unternehmung. Berlin/New York 1976

188 *SCHMIDHEINY, St.*: Kurswechsel. Globale unternehmerische Perspektiven für Entwicklung und Umwelt. München 1992

189 *SCHMIDTKE, H.* (Hrsg.): Ergonomie I. Grundlagen menschlicher Arbeit und Leistung. München 1973

190 *SCHULZ VON THUN, F.*: Psychologische Vorgänge in der zwischenmenschlichen Kommunikation. In: FITTKAU, B./MÜLLER-WOLFF, H.-M./SCHULZ VON THUN, F. (Hrsg.): Kommunizieren lernen (und umlernen). Braunschweig 1977

191 *ders.*: Kommunikation, innerbetriebliche. Enzyklopädisches Stichwort. In: Personal-Enzyklopädie Band 2. München 1978

192 *ders.*: Miteinander reden: Störungen und Klärungen. Psychologie der zwischenmenschlichen Kommunikation. Reinbek bei Hamburg 1987

193 *SCHWÄBISCH, L./SIEMS, M.*: Anleitung zum sozialen Lernen. Reinbek bei Hamburg 1974

194 *SEIFERT, J. W.*: Besprechungs-Moderation. Offenbach 1996

195 *ders.*: Visualisieren Präsentieren Moderieren. Offenbach 1997

196 *SELYE, H.*: Stress, Lebensregeln vom Entdecker des Stress-Syndroms. Reinbek bei Hamburg 1977

197 *SELYE, H./KERNER, F.*: Ihr Herz braucht Spannung – aber sie muss verarbeitet werden. Bern und Stuttgart 1966

198 *SIKORA, J.*: Die neuen Schnell-Lesetechniken. München 1972

199 *ders.*: Die neuen Lern-Techniken. München 1972

570 *Literaturverzeichnis*

200 *SIMEONS, A. T. W.*: Ärger und Aufregung als Krankheitsursachen. München 1976
201 *SIX, B./SCHÄFER, B.*: Einstellungsänderung. Stuttgart 1985
202 *SOPP, H.*: Was der Mensch braucht – Ein tiefenpsychologischer Exkurs über Erfüllung und Versagen im Beruf. Freiburg 1958
203 *SPLETT, J.*: Der Mensch ist Person. Frankfurt 1978
204 *STEIN, G.* und *B.*: Stress. Erfolgreich und doch gesund. München 1972
205 *STEINLE, C.*: Führung. Grundlagen, Prozesse und Modelle der Führung in der Unternehmung. Stuttgart 1978
206 *STIEFEL, R. Th.*: Lehren und Lernen in der Management-Schulung. Frankfurt a. M. 1973
207 *STIRN, H.*: Die Arbeitsgruppe. In: MAYER, A. / HERWIG, B. (Hrsg.): Betriebspsychologie. Göttingen 1970
208 *STROEBE, R./STROEBE, G.*: Grundlagen der Führung, Arbeitshefte zur Führungspsychologie Heft 2, Heidelberg 1977
209 *SUTER, J./CARRARD, A.*: Zur Psychologie der Arbeit. I., psychologische Seite der Arbeit. II. Zur Psychologie und Führung. Zürich 1927
210 *TAYLOR, F. W.*: Die Grundsätze wissenschaftlicher Betriebsführung. Berlin 1919
211 *TEEGEN, F./GRUNDMANN, A./RÖHRS, A.*: Sich ändern lernen. Reinbek bei Hamburg 1975
212 *THIESS, G./SCHNABEL, G./BAUMANN, R.* (Hrsg.): Training von A bis Z. Berlin 1980
213 *THOMAE, A.*: Persönlichkeit. Eine dynamische Interpretation. 1955
214 *ders.*: Konflikt, Entscheidung, Verantwortung. Stuttgart 1974
215 *THOMMEN, B./AMMAN, R./CRANACH, M. v.*: Handlungsorganisation durch soziale Repräsentation. Bern 1988
216 *TOMAN, W.*: Dynamik der Motive. Wien und Frankfurt 1954
217 *ders.*: Motivation, Persönlichkeit, Umwelt. Göttingen 1968
218 *TULODZIECKI, G./BREUER, K./HAUF, A.*: Konzepte für das berufliche Lehren und Lernen. Bad Heilbrunn und Hamburg 1986
219 *ULICH, E./FREI, F.*: Persönlichkeitsförderliche Arbeitsge-

staltung und Qualifizierungsprobleme. In: Volpert, W. (Hrsg.): Beiträge zur psychologischen Handlungstheorie. Schriften zur Arbeitspsychologie, Band 28. Bern 1980

220 *ULLMANN, F./BIERBAUM, G.*: Nichts vergessen – mehr behalten. Frankfurt/M. – Berlin 1987

221 *ULMANN, G.*: Kreativität. Weinheim 1970

222 *ULRICH, H.*: Die Unternehmung als produktives soziales System. Bern 1970

223 *VESTER, F.*: Phänomen Stress. München 1978

224 *WATZLAWICK, P./BEAVEN, J. B./JACKSON, D. D.*: Menschliche Kommunikation. Bern, Stuttgart, Wien 1969

225 *WEBER, W.*: Wege zum helfenden Gespräch. Gesprächspsychotherapie in der Praxis. München/Basel 1974

226 *WEILENMANN, G.*: Instruieren will gelernt sein. Stuttgart 1972

227 *WEINGARDT, E.*: Sinnvoll lernen statt gedankenlos pauken. Ratingen, Kastellaun, Düsseldorf 1972

228 *WELLEK, A.*: Die Polarität im Aufbau des Charakters. Bern 1966

229 *WIENER, N.*: Kybernetik. Düsseldorf 1963

230 *WIESENHÜTTER, E.*: Grundbegriffe der Tiefenpsychologie. Darmstadt 1969

231 *WINKLER, W.*: Lerne schneller – behalte länger! Stuttgart 1974

232 *ZEPF, G.*: Kooperativer Führungsstil und Organisation. Zur Leistungsfähigkeit und organisatorischen Verwirklichung einer kooperativen Führung in Unternehmungen. Wiesbaden 1972

233 *ZWICKY, F.*: Entdecken, Erfinden, Forschen im morphologischen Weltbild. München und Zürich 1966

234 *ZWIESELE, R.*: Soziales Lernen im Betrieb. In: Institut Mensch und Arbeitswelt Stuttgart. Beiträge aus Wissenschaft und Praxis, 6/82

Zuordnung der Literatur zu einzelnen Kapiteln des Buches

(Die einzelnen Ziffern verweisen auf die jeweiligen Titel im Literaturverzeichnis)

Themenübergreifende wissenschaftliche Literatur, Fachlexika, Lehrbücher

ARNOLD, W./EYSENCK, H. J./MEILI, R. (Hrsg.): Lexikon der Psychologie. Freiburg, Basel, Wien 1987

BENESCH, H.: Anwendungsfelder der Psychologie. Weinheim 1992

BIÄSCH, H.: Arbeitspsychologie. Bemerkungen zur Methodenfrage. Zürich 1954

BIÄSCH, S., u. a. (Hrsg.): Angewandte Psychologie als Lebensaufgabe. Bern, Stuttgart, Wien 1977

BIERHOFF, H.W.: Psychologie hilfreichen Verhaltens. Stuttgart 1990

ders.: Sozialpsychologie: Ein Lehrbuch. Stuttgart 1988

BLAKE, R. R./MOUTON, J. S.: Verhaltenspsychologie im Betrieb. Düsseldorf, Wien 1969

BORNEMANN, E.: Betriebspsychologie. Wiesbaden 1967

BRÄUTIGAM, W./CHRISTIAN, P.: Psychosomatische Medizin. Ein kurz gefasstes Lehrbuch. Stuttgart, New York 1981

BRUGGEMANN, A./GROSKURTH, P./ULRICH, E.: Arbeitszufriedenheit, Schriften zur Arbeitspsychologie. Bern 1975

CARRARD, A.: Praktische Einführung in Probleme der Arbeitspsychologie. Zürich 1949

CLAUSS, G., u. a. (Hrsg.): Wörterbuch der Psychologie. Köln 1976

DICHTL, E./ISSING, O. (Hrsg.): Vahlens Großes Wirtschaftslexikon Band 1 und 2. München 1993

DREVER, J./FRÖHLICH, W. D.: Wörterbuch zur Psychologie. München 1974

FREY, D./GREIF, S. (Hrsg.): Sozialpsychologie: Ein Handbuch in Schlüsselbegriffen. München 1987

FUCHS, W., u. a. (Hrsg.): Lexikon zur Soziologie Band 1 bis 2. Reinbek bei Hamburg 1975

GIESE, F.: Methoden der Wirtschaftspsychologie. Berlin, Wien 1927

HACKER, W.: Arbeitspsychologie. Psychische Regulation von Arbeitstätigkeiten. Bern, Stuttgart, Toronto 1986

HAHN, P. (Hrsg.): Kindlers „Psychologie des 20. Jahrhunderts". Psychosomatik Band 1 und 2. Weinheim und Basel 1983

HEHLMANN, W.: Wörterbuch der Psychologie. Stuttgart 1974

HERRMANN, T.: Lehrbuch der empirischen Persönlichkeitsforschung. Göttingen 1976

HOFSTÄTTER, P. R.: Einführung in die Sozialpsychologie. Stuttgart 1966

HOFSTÄTTER, P. R. (Hrsg.): Psychologie. Frankfurt a. M. 1977

KORFF, W., u. a. (Hrsg.): Handbuch der Wirtschaftsethik Bd. 1 bis 4. Gütersloh 1999

KRECH, D./CRUTCHFIELD, R. S., u. a. (BENESCH, H., Hrsg.): Grundlagen der Psychologie. Studienausgabe. Weinheim 1992

LERSCH, P./THOMAE, H. (Hrsg.): Handbuch der Psychologie, Band 4. Göttingen 1960

MAYER, A./HERWIG, B. (Hrsg.): Betriebspsychologie. Handbuch der Psychologie. 9. Band. Göttingen 1970

MENG, H.: Psychohygienische Vorlesungen. Eine Einführung in Theorie und Praxis des Seelischen Gesundheitsschutzes. Basel/Stuttgart 1958

MENG, H./MORGENTHALER, W./PFISTER, O., u. a.: Praxis der seelischen Hygiene. Erfahrung und Experiment. Basel/Stuttgart 1960

MÜLLER, G. F./THOMAS, A.: Einführung in die Sozialpsychologie. Göttingen 1974

PFISTER-AMMENDE, M. (Hrsg.): Geistige Hygiene. Forschung und Praxis. Basel 1955

ROSENSTIEL, L. v./MOLT, W./RÜTTINGER, B.: Organisationspsychologie. Stuttgart, Berlin, Köln, Mainz 1977

STOLL, F. (Hrsg.): Kindlers „Psychologie des 20. Jahrhunderts", Arbeit und Beruf, Band 1 bis 2. Weinheim, Basel 1983

STROEBE, W./HEWSTONE, M., u. a. (Hrsg.): Sozialpsychologie: Eine Einführung. Berlin 1990

SURY, K. v.: Wörterbuch der Psychologie und ihrer Grenzgebiete. Olten und Freiburg im Breisgau 1974

TRAMER, M.: Allgemeine Psychohygiene. Basel/Stuttgart 1960

ZIMBARDO, Ph. G.: Psychologie. Springer-Lehrbuch. Berlin, Heidelberg, New York, London u. a. 1992

Stichwortverzeichnis

Buchanzeigen

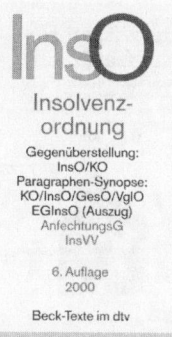

Insolvenz-
ordnung

Gegenüberstellung:
InsO/KO
Paragraphen-Synopse:
KO/InsO/GesO/VglO
EGInsO (Auszug)
AnfechtungsG
InsVV

6. Auflage
2000

Beck-Texte im dtv

InsO · Insolvenzordnung

Synopse: Insolvenzordnung (komplett) und Konkurs-ordnung (Auszug), Insol-venzrechtliche Vergütungs-verordnung, EGInsO (Auszug), GesO, Paragraphen-Synopsen von InsO, KO, VglO und verschiedene Entwurfs- und Berichtsversionen.
....
Textausgabe.
6.A. 2000. 153 S.
DM 14,50. dtv 5583
....

VermG · Vermögensgesetz

u.a. mit Einigungsvertrag, MauergrundstücksG.
....
Textausgabe.
11.A. 2000. Rd. 450 S.
Ca. DM 19,50. dtv 5566
....
In Vorbereitung für Sommer 2000

Starthilfen für Unternehmer

Hammer
Soll ich mich selbständig machen?

Was zeichnet den erfolg-reichen Gründer und Unter-nehmer aus? Chancen und Risiken bei der Neugrün-dung, Geschäftsübernahme oder Beteiligung, Standort-wahl, Finanzierung, Recht, Marketing und Controlling.
....
3.A.1997. 260 S.
DM 16,90. dtv 5853
....

Schaub/Koch
Ich mache mich selbständig
....
5.A. 2000. Rd. 500 S.
Ca. DM 17,50. dtv 5236
....
In Vorbereitung

Beck-Wirtschaftsberater im dtv

Wikner/Schwarz/Schneider
Existenzgründung für junge Leute

Von innovativen Gründungsideen zum Unternehmenskonzept.
....
1.A. 2000. 278 S.
DM 19,90. dtv 50839
....

Ratgeber Existenzgründung

1000 Ideen und
Checklisten zum Erfolg
Von Karsten Füser

Beck-Wirtschaftsberater im dtv

Füser
Ratgeber Existenzgründung

1000 Ideen und Checklisten zum Erfolg.
....
1.A.1998. 413 S.
DM 24,90. dtv 50828
....

Existenzgründung in der EU

Ein Wegweiser für den Schritt in die
Selbständigkeit in 15 Staaten
Von Andreas Hammer

Beck-Wirtschaftsberater im dtv

Hammer
Existenzgründung in der EU

Ein Wegweiser für den Schritt in die Selbständig-keit in 15 Staaten. Gesetzliche Pflichten vor Betriebsaufnahme, Wahl der Rechtsform, steuer-liche Verpflichtungen, Finanzierungshilfen sowie Personalarbeit.
....
1.A.1999. 323 S.
DM 29,90. dtv 5899
....

Grimm
Existenzgründung in den USA
Standort, Rechtsform, Finanzierung, Personal.
1.A.1999. 360 S.
DM 29,90. dtv 50826

So gründe und führe ich eine GmbH
Vorteile nutzen · Risiken vermeiden
Von Wolfram Waldner und Erich Wölfel
6. Auflage 2000
Beck-Rechtsberater im dtv

Waldner/Wölfel
So gründe und führe ich eine GmbH
Haftungsbeschränkung, Gründungsvoraussetzungen, Vertragsgestaltung, Geschäftsführer, Gesellschafterversammlung, Liquidation, Steuer- und Kostenrecht.
6.A. 2000. 215 S.
DM 15,50. dtv 5278

Waldner/Wölfel
GbR, OHG, KG
Gesellschaft des bürgerlichen Rechts, Offene Handelsgesellschaft, Kommanditgesellschaft, GmbH & Co. KG.
Vertragsgestaltung, Geschäftsführung und Vertretung, Haftung, Liquidation, Steuer- und Kostenrecht.
4.A.1999. 219 S.
DM 12,90. dtv 5294

Dieterle/Winckler
Gründungsplanung und Gründungsfinanzierung
Der Unternehmensgründer, Planung und Organisation, Markt, Personal/Recht, Finanzierung, Rechnungswesen.
2.A.1995. 454 S.
DM 24,90. dtv 5813

Geigenberger
Risikokapital für Unternehmensgründer
Der Weg zum Venture Capital.
1.A.1999. 246 S.
DM 24,90. dtv 50832

Steuerwissen für Existenzgründer
Praktische Tipps zu Steuern, Recht und Sozialversicherung
Von Ralf J. Bombita, Bernhard Köstler und Hermann Steindl
1. Auflage 2000
Beck-Wirtschaftsberater im dtv

Bombita/Köstler/Steindl
Steuerwissen für Existenzgründer
Praktische Tipps zu Steuern, Recht und Sozialversicherung.
1.A. 2000. 285 S.
DM 19,50. dtv 50831

Risikokapital für Unternehmensgründer
Der Weg zum Venture-Capital
Von Isabel Geigenberger
1. Auflage 1999
Beck-Wirtschaftsberater im dtv

→

Sattler
Unternehmerisch denken lernen

Das Denken in Strategie, Liquidität, Erfolg und Risiko.
Wie sichern Unternehmen unmittelbar ihre Existenz? Woran erkennt man erfolgreiche Unternehmen? Wie sichern diese Unternehmen ihren Erfolg? Wie kann man mit Unsicherheiten umgehen? Was muß man wissen, um langfristig Erfolg zu haben?

1.A.1998. 207 S.
DM 16,90. dtv 50819

Schmoeckel
Meine Rechte und Pflichten als junger Unternehmer

Rechte und Pflichten des Selbständigen sowie alle staatlichen Fördermittel für kleine/mittlere Unternehmen im Überblick.

3.A.1998. 172 S.
DM 14,90. dtv 50617

Arnold
Das Franchise-Seminar

Selbständig mit Partner. Eine Orientierung für Unternehmensgründer.

2.A.1998. 258 S.
DM 17,90. dtv 5831

Buchhaltung, Rechnungswesen, Controlling

Thomas
Praxis der Betriebsorganisation

U. a. zur Leitungsspanne, Stellenbeschreibung, Linie, Stab- und Matrixorganisation.

2.A.1996. 247 S.
DM 16,90. dtv 5839

Schultz
Basiswissen Rechnungswesen

Grundlagen der Unternehmensführung.
Dieser Überblick über das gesamte betriebliche Rechnungswesen zeigt mit Beispielen und Übersichten die Verzahnung von Buchführung, Bilanzierung, Kostenrechnung und Controlling.

1.A.1998. 255 S.
DM 17,90. dtv 50815

Herrling/Mathes
Der Buchführungs-Ratgeber

3.A.1997. 262 S.
DM 16,90. dtv 5836

Heyel/Schmidt
VIERDREI · Einnahmen-Überschußrechnung am PC

Erfassung · Beratung · Auswertung.
Komfortable Einnahmen-Überschußrechnung mit Umsatzsteuerabrechnung (IST-Versteuerung), Kassenbuchführung und Auswertungsmöglichkeiten für Freiberufler, Selbständige und Gewerbetreibende.

2.A.1998. Diskette 9 cm ($3^1/_2$") für MS-DOS. Mit 99 Seiten Programmanleitung. DM 198,– (unverbindliche Preisempfehlung incl. 16% MwSt.) dtv 50556

Scheffler
Bilanzen richtig lesen

Was Bilanzen aussagen und verschweigen.

4.A.1998. 298 S.
DM 17,90. dtv 5827

Schöne
Bilanzierung in Fallbeispielen

Grundlagen, Fälle und Lösungen zur Handels- und Steuerbilanz.
Der Band ist ein Übungsbuch zur Bilanzierung nach Handels- und Steuerrecht sowie eine Einführung in das Arbeiten mit Gesetzestexten.

1.A.1998. 182 S.
DM 14,90. dtv 50818

Weber
Kosten- und Finanzplanung

Ein Praxisleitfaden für Klein- und Mittelbetriebe.
Liquiditätssicherung, Kalkulation, Erfolgsplanung, Budgetierung, Controlling.

1.A.1992. 146 S.
DM 9,80. dtv 5838

Witt
Lexikon des Controlling

Von ABC-Analyse bis ZVEI-Kennzahlensystem.
Das Lexikon des Controlling zeigt, wie schlankes, modernes und effizientes Controlling aussieht.
Für Studenten, Controller und Manager

1.A.1997. 409 S.
DM 29,90. dtv 5830

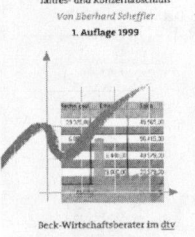

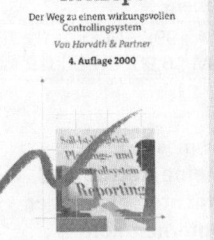

Jossé
Basiswissen Kostenrechnung

Kostenarten, Kostenstellen, Kostenträger, Kostenmanagement.
Die bewährten Systeme der Kostenrechnung in didaktisch ansprechender Aufbereitung mit zahlreichen Beispielen und Graphiken.

1.A.1998. 221 S.
DM 16,90. dtv 50811

Scheffler
Lexikon der Rechnungslegung

Begriffe zu Buchführung, Finanzen, Jahres- und Konzernabschluß.
Dieses Lexikon ist Nachschlagewerk und Ratgeber für alle Fragen zur Darstellung und Beurteilung der Vermögens-, Finanz- und Ertragslage von Unternehmen und Konzernen.

1.A.1999. 411 S.
DM 24,90. dtv 50814

Horváth & Partner
Das Controlling-konzept

Der Weg zu einem wirkungsvollen Controlling-system.

4.A. 2000. 334 S.
DM 18,50. dtv 5812

Neu im Juni 2000

Witt/Witt
Controlling für Mittel- und Kleinbetriebe

Bausteine und Handwerkszeug für Ihren Controllingleitstand.

2.A.1996. 488 S.
DM 24,90. dtv 5858